Kurzer · Nationalsozialismus und Konsumgenossenschaften

Studien und Materialien zum Rechtsextremismus
herausgegeben von Prof. Dr. Eike Hennig

Band 5

Nationalsozialismus und Konsumgenossenschaften

Gleichschaltung, Sanierung und Teilliquidation zwischen 1933 und 1936

Ulrich Kurzer

Centaurus Verlag & Media UG 1997

Das Buch wurde mit freundlicher Unterstützung der Hans-Böckler-Stiftung gedruckt.

Der Autor, **Ulrich Kurzer,** studierte Sozialwissenschaften an der Universität Göttingen mit Abschluß zum Sozial-Diplomwirt, 1995 Promotion. Derzeit ist er als Lehrbeauftragter am Seminar für Politikwissenschaft der Universität Göttingen tätig.

Die Deutsche Bibliothek – CIP-Einheitsaufnahme

Kurzer, Ulrich:
Nationalsozialismus und Konsumgenossenschaften :
Gleichschaltung, Sanierung und Teilliquidation
zwischen 1933 und 1936 / Ulrich Kurzer. –
Pfaffenweiler : Centaurus Verl.-Ges., 1997
(Studien und Materialien zum Rechtextremismus ; Bd. 5)
Zugl.: Göttingen, Univ., Diss., 1995
ISBN 978-3-8255-0113-6 ISBN 978-3-86226-854-2 (eBook)
DOI 10.1007/978-3-86226-854-2

ISSN 0940-2977

Satz: Vorlage des Autors

Vorbemerkung

Die vorliegende Arbeit wurde im Sommer 1995 vom Fachbereich Sozialwissenschaften der Universität Göttingen als Dissertation unter dem Titel "Konsumgenossenschaften im nationalsozialistischen Deutschland 1933 bis 1936. Gleichschaltung, Sanierung und Teilliquidation" angenommen. Für die Drucklegung habe ich das Manuskript überarbeitet. Prof. Richard Saage als Erstgutachter gilt mein Dank, das umfangreiche Manuskript gelesen zu haben. Prof. Walter Euchner als Zweitgutachter möchte ich darüber hinaus für seine Anregungen zur Veröffentlichung danken. Bedanken möchte ich mich ferner bei der Hans-Böckler-Stiftung, die mich drei Jahre mit einem Promotionsstipendium gefördert hat. Ohne die freundliche Hilfe der Kolleginnen und Kollegen dort wäre diese Arbeit nicht geschrieben worden, was in gleicher Weise für die finanzielle Unterstützung gilt, die meine Eltern mir über viele Jahre gewährten. Daneben gilt mein aufrichtiger Dank Prof. Wolf Rosenbaum, der mir (ebenso wie Prof. Bernd Weisbrod) ein fairer Prüfer war und sich während meiner Stipendiatenzeit als wirklicher "Vertrauensdozent" der Hans-Böckler-Stiftung gezeigt hat. Mein aufrichtiger Dank gilt außerdem Prof. Peter Lösche, der mir während meiner Beschäftigung am Seminar für Politikwissenschaft der Universität Göttingen die Zeit ließ, meine Arbeit zu beenden.

Bedanken möchte ich mich weiterhin bei den Beschäftigten der Bibliotheken und öffentlichen Archive, die mich - von ganz wenigen Ausnahmen abgesehen - jederzeit hilfsbereit und nach besten Kräften unterstützt haben. In gleicher Weise danke ich den Mitarbeiterinnen und Mitarbeitern der co op Konsumgenossenschaften Norderney und Dortmund-Kassel, die mir bereitwillig Einsicht in die bei ihnen noch vorhandenen "Unterlagen aus alter Zeit" gewährten. Einschließen will ich hier Herrn Dr. Reinhold Bengelsdorf und Frau Seeler-Manns aus Hamburg, Herrn Jürgen Wolters vom Revisionsverband deutscher Konsumgenossenschaften und Dr. Michael Prinz, die mich an ihren Kenntnissen der Geschichte der Konsumgenossenschaften teilhaben ließen und behilflich waren, die Restbestände konsumgenossenschaftlichen Archivgutes in Hamburg zu erschließen. Vergessen will ich nicht die Handelskammer Bremen, die mir die Arbeit in ihrem Archiv erlaubte. Gedankt werden kann hingegen nicht der Handelskammer Hamburg, die mir 1990 aus "Grundsatzerwägungen" den Zugang verweigerte.

In der Zeit, in der ich diese Arbeit geschrieben habe, konnte ich mich immer auf gute Freunde verlassen, die für mich da waren, wenn ich sie brauchte. Für die geduldigen Gespräche und für ihre Unterstützung möchte ich außerdem Dr. Joachim Weisbrich und Dr. Peter-H. Silies herzlich danken. Ebenso herzlich bedanke ich mich für ihren wissenschaftlichen Rat bei Dr. Ilse Costas, Frank Fahlke, Dr. Joachim Bons und Prof. Adelheid v. Saldern; ferner bei Prof. Eike

Hennig für seine wertvollen Anregungen zur Veröffentlichung meiner Arbeit und für seine Bereitschaft, diese in die von ihm herausgegebene Reihe "Studien und Materialien zum Rechtsextremismus" aufzunehmen.

Dieter Reinbrecht, Claudia und Karin Wirth, meinem Vater und besonders Petra Meyer-Niehaus danke ich für die Hilfe bei der Korrektur, meiner Schwester, Matthias Jürgen Weber und Kornelia Krome für die hilfsbereite Unterstützung bei der Herstellung eines reprofähigen Manuskripts. Joseph v. Westphalen gilt mein Dank für seine Geschichten des Freiherrn Harry v. Duckwitz, die mir an so manchem Abend geholfen haben, zu entspannen.

Widmen möchte ich diese Arbeit schließlich Sonja und Fritz und ihren fünf Kindern.

Inhalt

1 Einleitung. Zur Relevanz der Fragestellung und zum Stand der Forschung

Im Laufe der achtziger Jahre führten mich die Arbeiten Gerhard Weissers über Genossenschaften und Gemeinwirtschaft zufällig auf die Spur der Konsumgenossenschaften[1] im nationalsozialistischen Deutschland. Da ich von den engen Verbindungen dieser Selbsthilfeorganisationen der Konsumenten oder Endverbraucher zur sozialistischen bzw. sozialdemokratischen Arbeiterbewegung der Weimarer Republik wußte, war ich entsprechend überrascht, als ich bei meinen ersten, noch sporadischen Nachforschungen feststellte, daß die Konsumgenossenschaften auch nach 1933 fortbestanden hatten. Das Schicksal der Arbeiterparteien und Freien Gewerkschaften nach dem 30. Januar 1933 vor Augen, war meine Vermutung dahin gegangen, daß die Konsumvereine in gleicher Weise wie KPD, SPD und die dem ADGB angeschlossenen Gewerkschaften zerschlagen worden waren.

Bei der Suche in der Literatur[2] nach den Gründen des Weiterbestehens der Konsumgenossenschaften stellte sich heraus, daß eine systematische Auseinander-

---

1 Zum Charakter der Konsumgenossenschaften als Selbsthilfeeinrichtungen der Verbraucher in Abschnitt 2.1. Der Bezeichnung "Konsumgenossenschaft/en" gleichbedeutend kommt in der vorliegenden Arbeit unter stilistischem Aspekt der Begriff "Konsumverein/e" zur Anwendung. Beide waren in der Genossenschaftsbewegung etabliert. Seit 1933 wurden diese Bezeichnungen zunehmend durch den Begriff der "Verbrauchergenossenschaft/en" ersetzt, der bald für die offizielle Sprachregelung stand. Nun ist dieser zwar längst nicht so eindeutig okkupiert wie der des "Dritten Reichs" - im März 1933 sprach der "Zentralverband deutscher Konsumvereine" (siehe u.) selbst von "Verbrauchergenossenschaften" - aber er steht ohne Zweifel in der konkreten Politik des Nationalsozialismus, dessen Terminologie allein dort Verwendung finden sollte und kenntlich gemacht werden muß, wo es aus sachlichen Notwendigkeiten geboten ist (wie beispielsweise in der unzweideutigen Wiedergabe von Dokumenten oder Amtsbezeichnungen). Vgl. a. Wehler, Entsorgung der deutschen Vergangenheit?, S. 218 und Berning, Vom "Abstammungsnachweis" zum "Zuchtwart", S. 55ff.

2 In der vorliegenden Arbeit wird die ausgewertete Literatur i. d. R. mit einem eindeutigen und Verwechselungen mit anderen Titeln ausschließenden Kurztitel zitiert, der auf den Namen des Verfassers bzw. der Verfasserin folgt. Sofern dies möglich und auch sachlich zulässig war, sind die ungedruckten und gedruckten Quellen in gleicher Weise nachgewiesen worden. Der vollständige Titel findet sich im Quellen- und Literaturverzeichnis, über verwendete Abkürzungen gibt das Abkürzungsverzeichnis Auskunft. Herausgeber/innen und Bearbeiter/innen werden wie Verfasser/innen geführt, es sei denn, es handelt sich um Verbände oder Institutionen. In diesen Fällen erfolgt die Titelaufnahme nach mechanischer

setzung in dieser Perspektive bisher fehlte. Erst 1987 erschien in der IWK ein Aufsatz von Karl Ditt, der über das mir inzwischen Bekannte hinaus neue Aspekte enthielt, gleichzeitig aber ungeklärte Fragen aus der bis dahin spärlich beleuchteten Entwicklung nach der "Machtübergabe"[3] an die Nationalsozialisten nicht weiter thematisierte.[4]

Eine wichtige Arbeit, die bei den Verweisen auf die Konsumgenossenschaften innerhalb der (jüngeren) historischen Mittelstandsforschung[5] regelmäßig zitiert wird, veröffentlichte 1968 Kuno Bludau. Er verfolgt in seiner "Studie der Begegnung von Nationalsozialismus und Genossenschaft unter politisch-soziologischem Aspekt"[6] in drei Kapiteln über das mittelständische und landwirtschaftliche Genossenschaftswesen und die Konsumgenossenschaften "die Frage, ob und warum innerhalb des Konsumgenossenschaftswesens besonders resistente Kräfte wirksam waren oder zwischen Nationalsozialismus und dem übrigen Genossenschaftswesen irgendwelche Faktoren wirkten, die den vorgezeichneten Konflikt zwischen Führerprinzip und demokratischem Willensbildungsprinzip zu neutralisieren vermochten."[7] Das Anliegen des 1971 erschienenen Buchs von Erwin Hasselmann ist dagegen die Darstellung der Geschichte der deutschen Konsumgenossenschaften.[8] Weitere Hinweise, die Eingang in die folgende Skizze gefunden haben,

---

Wortfolge, direkte und indirekte Artikel, Präpositionen etc. bleiben unberücksichtigt. In den Aktenüberlieferungen auftretende Fehler in Rechtschreibung und Grammatik wurden stillschweigend korrigiert. An der seinerzeit üblichen Schreibweise - mit Ausnahme der durch "ß" ersetzten Konsonantenfolge "ss" und der fortgelassenen Punkte bei "eigenständigen" Abkürzungen (wie S.P.D.) - wurde bei der wörtlichen Wiedergabe aus Quellen generell festgehalten.

3 So Saage, Das »Dritte Reich«, S. 257 und Fischer, Hitler war kein Betriebsunfall, S. 180. Der Terminus "Machtübergabe" bringt m. E. deutlicher als "Machtergreifung" und "Machtübernahme" zum Ausdruck, daß für die Kanzlerschaft Hitlers - neben den Wahlerfolgen der NSDAP - das Bündnis, die "Komplizenschaft von Nationalsozialismus und traditionellen Eliten" von Bedeutung ist, Euchner, Die Naziherrschaft eine Normaltyrannei?, S. 1118. Vgl. weiter Fischer, Bündnis der Eliten, S. 72ff und 93. Allerdings werden die Begriffe in der vorliegenden Arbeit nicht in einem einander ausschließenden Sinne gegenübergestellt. Vgl. hierzu auch Frei, "Machtergreifung".

4 Zu Ditts Aufsatz weiter unten.

5 Vgl. Winkler, Der entbehrliche Stand, S. 2, 5, 12; v. Saldern, Mittelstand, S. 61ff.

6 Bludau, Nationalsozialismus und Genossenschaften, S. 9.

7 Ebenda, S. 10.

8 Es handelt sich um eine Auftragsarbeit des ZdK der Bundesrepublik zur "wissenschaftlichen Untersuchung und objektiven Darstellung des Werdegangs der deutschen Konsumgenossenschaftsbewegung", Hasselmann, Konsumgenossenschaften, S. XI.

konnten darüber hinaus den Arbeiten von Marahrens, Uhlig und Novy/Prinz entnommen werden.[9]

1929 hatte die NSDAP gezielt den Kampf gegen die ihrer Ansicht nach mittelstandsgefährdenden und -vernichtenden Konsumvereine (und andere Großbetriebsformen im Einzelhandel) aufgenommen. Zum einen agitierten und agierten nationalsozialistische Kampfbünde oder -gemeinschaften zunehmend aggressiver gegen die Konsumgenossenschaften, zum anderen führte die Partei in den Parlamenten der Länder eine Kampagne, die v. a. darauf zielte, die Konsumvereine einer Sonderbesteuerung zu unterwerfen. Doch auch andere Maßnahmen wurden angewandt: Die nationalsozialistisch geführte Regierung in Thüringen verbot im März 1933 den ihr unterstellten Behörden, Lieferverträge mit Konsumgenossenschaften abzuschließen, nachdem sie schon zwei Monate zuvor die thüringischen Gemeinden aufgefordert hatte, die Mitgliedschaft in den Konsumvereinen aufzugeben. In Württemberg war 1932 eine entsprechende Initiative der NSDAP im Landtag gescheitert. Nachdem Hitler am 30. Januar 1933 durch den Reichspräsidenten v. Hindenburg zum Reichskanzler ernannt worden war, schien es nur eine Frage weniger Wochen, bis durch entsprechende Maßnahmen der neuen Koalitionsregierung aus Nationalsozialisten, Deutschnationalen und parteilosen Kabinettsmitgliedern den Konsumgenossenschaften die Existenzgrundlage entzogen werden würde.

Doch entgegen den Erwartungen, die im gewerblichen Mittelstand an die Regierungsverantwortung der NSDAP geknüpft wurden, kam es nicht zur Auflösung bzw. Zerschlagung der diesen Kreisen verhaßten Konkurrenz. Die Konsumvereine wurden gleichgeschaltet und politisch der Deutschen Arbeitsfront unterstellt. Die DAF entsandte Beauftragte in die örtlichen Genossenschaften und Bezirksverbände, und Ley setzte einen "Reichsbeauftragten für die deutschen Verbrauchergenossenschaften" ein. Ein großer Teil der Funktionäre in den Vorständen und Aufsichtsräten blieb im Amt! Das Reichswirtschaftsministerium behielt in den wirtschaftlichen bzw. wirtschaftspolitischen Fragen zur Behandlung der Konsumgenossenschaften die federführende Kompetenz. Im Juni bewilligte das Kabinett auf Antrag des Ministeriums schließlich Gelder aus dem Reichshaushalt zur Sanierung der Konsumvereine.

Ab August 1933 kam es zwischen dem Reichswirtschaftsministerium, der DAF, dem gewerblichen Mittelstand und dem Stellvertreter des Führers[10] zu

---

9 Vgl. Marahrens, Konsumgenossenschaften, eine 1948 angefertigte Dissertation, die trotz ihrer begrenzten Quellenbasis wichtige Informationen enthält; Uhlig, Warenhäuser; Novy/Prinz, Gemeinwirtschaft.

10 Heß stützte sich in seinen Entscheidungen maßgeblich auf seinen - gleichfalls an den Verhandlungen zur Behandlung der Konsumgenossenschaftsfrage beteiligten - wirtschaftspoli-

Auseinandersetzungen um die Werbetätigkeit der Konsumgenossenschaften, die erst im Februar 1935 zum Ende kamen. Offensichtlich hatten diese Differenzen die geschäftliche Entwicklung einiger großer Konsumvereine so nachhaltig beeinträchtigt, daß das Reichswirtschaftsministerium ihren Konkurs - und von diesem Auswirkungen auf alle Konsumgenossenschaften - befürchtete. Es plädierte daher für eine grundlegende Lösung in der Konsumgenossenschaftsfrage. Im Mai 1935 wurde im Gesetz über Verbrauchergenossenschaften für die Liquidation "lebensunfähiger" Konsumvereine ein Betrag von 60 Mio. RM bereitgestellt.[11] Die DAF verlor ihre politischen Kompetenzen, die ihr mit der Unterstellung der Konsumgenossenschaften übertragen worden waren. Dem Reichswirtschaftsministerium wurde die ausschließliche Zuständigkeit für alle Angelegenheiten in der Konsumgenossenschaftsfrage zuerkannt. Zu der in den dem Gesetz vorangehenden Verhandlungen von mittelständischer Seite geforderten vollständigen Auflösung der Konsumgenossenschaften kam es nicht. Die Erwartungen dieser Kreise blieben erneut unerfüllt, als die Abwicklung der 72 unter den gesetzlichen Bestimmungen liquidierenden Konsumvereine 1936 nicht im Wege der Stillegung, sondern der Privatisierung ihrer Anlagen erfolgte. Als sich daneben auch noch abzeichnete, daß in einigen Fällen anstelle selbständiger Einzelhändler von der Großeinkaufs-Gesellschaft der Konsumgenossenschaften gegründete Auffanggesellschaften die Einrichtungen der liquidierenden Konsumvereine übernehmen würden, war die Erregung im gewerblichen Einzelhandel groß. Doch die dagegen gerichteten Bemühungen der Reichsgruppe Handel vermochten eine entscheidende Korrektur dieser ihr ungewünschten Entwicklung nicht herbeizuführen.

In der vorliegenden Arbeit wird untersucht, worin diese kurz skizzierte besondere Behandlung der Konsumgenossenschaften im nationalsozialistischen Herrschaftssystem bis 1936 begründet ist. Dabei zielt, und das soll noch einmal herausgestellt werden, die Frage nach der besonderen Behandlung nicht auf den Vergleich von Konsumgenossenschaften und anderen - landwirtschaftlichen und mittelständischen - Genossenschaften. Sie bezieht ihre Relevanz aus der grundlegend unterschiedlichen Behandlung der verschiedenen Einrichtungen der Arbeiterbewegung. Denn während der organisatorische Zusammenhang der Arbeiterparteien und der Gewerkschaften durch den Nationalsozialismus vollständig zerschlagen wurde, blieben die Konsumgenossenschaften als Element der "dritten Säule" der Arbeiterbewegung[12] entgegen den Ankündigungen der NSDAP vor

---

tischen Beraterstab. Aber er war an diesen Auseinandersetzungen auch persönlich (als handelnde Person) beteiligt. Dazu im vierten Kapitel.

11 Vgl. Gesetz über Verbrauchergenossenschaften. Vom 21. Mai 1935. RGBL I, S. 681.

12 Vgl. Novy, Praxis und Theorie der Wirtschaftsreformen, S. 281, zu den insgesamt vier Säulen des Emanzipationskampfes der Arbeiterbewegung seit den frühsozialistischen Projekten. Neben dem "Kampf um die politischen Institutionen (vor allem durch die Arbeiter-

1933 im Kern nicht nur bestehen; der NS-Staat schritt sogar zur Sanierung der Konsumvereine, um ihre Fortexistenz im nationalsozialistischen Deutschland zu ermöglichen. Auch die Bauhütten, die Arbeiterbank und die Volksfürsorge - als weitere Elemente der "dritten Säule" - wurden gleichgeschaltet und der Arbeitsfront unterstellt.[13]

Dem von mir verfolgten methodologischen Ansatz liegt die Auffassung zugrunde, daß die besondere Behandlung der Konsumgenossenschaften im betrachteten Zeitraum nur vor dem Hintergrund der sozioökonomischen Entwicklung und der polykratischen Struktur des Herrschaftssystems zu begreifen ist, wobei letztere selbst wieder von dieser Entwicklung beeinflußt wird. Dabei wird in der vorliegenden Untersuchung Polykratie als beschreibender Begriff für die Existenz verschiedener, lokalisierbarer, im NS-Staat um Einfluß konkurrierender Herrschaftsträger benutzt. In der Konsumgenossenschaftsfrage waren dies zwischen 1933 und 1936 die DAF, der wirtschaftspolitische Beraterstab des Stellvertreters des Führers, das Reichsfinanzministerium und das Reichswirtschaftsministerium; punktuell traten das Reichswehrministerium und ab 1935 erstmals das Gestapa hinzu.

Der Begriff der Polykratie impliziert hier aber, anders als bei Hüttenberger, nicht "die Vorstellung von einer wechselseitigen gleichgeordneten Relationalität der Herrschaft".[14] Der vorliegenden Arbeit liegt vielmehr die Auffassung zugrunde, daß die entscheidende Voraussetzung der ambitionierten Aufrüstungs- und Kriegsplanungen des Nationalsozialismus in der Existenz einer leistungsstarken, ungestört funktionierenden Wirtschaft, also letztlich in der (sich als "soziale Funktion" des Nationalsozialismus erweisenden) Wiederherstellung des kapitalistischen Verwertungsprozesses, der "Rekonsolidierung der gesamten krisenbehafteten kapitalistischen Wirtschaft"[15] unter gleichzeitiger Ausschaltung der diesen Prozeß störenden organisierten gewerkschaftlichen und politischen Interessenvertretung der abhängig Beschäftigten gesehen werden muß.[16]

---

parteien)" als erster Säule ist es weiterhin der von den Gewerkschaften als zweiter Säule geführte "Kampf am kapitalistischen Arbeitsplatz und Arbeitsmarkt". Als dritte Säule stehen "Genossenschaften, gemeinwirtschaftliche Unternehmen (und) sozialisierte Betriebe" in der Auseinandersetzung "um eine Alternative zur kapitalistischen Ökonomie, während der "Kampf um eine eigene Kultur" von "Bildungs- und Freizeitvereine(n)" als vierter Säule geführt wird.

13 Zu den Parallelen und Differenzen in der Behandlung der verschiedenen Elemente der "dritten Säule" durch die Nationalsozialisten vgl. Novy/Prinz, Gemeinwirtschaft, S. 202ff.

14 Hüttenberger, Nationalsozialistische Polykratie, S. 422.

15 v. Saldern, Mittelstand, S. 234.

16 Vgl. hierzu auch Neumanns Ausführungen über "das Wesen der nationalsozialistischen Gesellschaftspolitik", Neumann, Behemoth, S. 427, allgemein S. 425ff. Weiterhin Hennig, Bürgerliche Gesellschaft und Faschismus, S. 40f.

Dementsprechend wird die Autonomie der verschiedenen Herrschaftsträger von mir verhaltener betrachtet als von Hüttenberger.[17] Obwohl nicht widerspruchs- und widerstandslos, setzten sich in den hier untersuchten Konflikten der Konsumgenossenschaftsfrage tendenziell das Reichswirtschaftsministerium und das Reichsfinanzministerium, und damit diejenigen Herrschaftsträger durch, die gewissermaßen in besonderer Weise für die "soziale Funktion" des Nationalsozialismus standen; die für den Fortbestand der Konsumgenossenschaften eintraten und dies nicht zuletzt mit den Gefahren begründeten, die bei ihrem Zusammenbruch für den Bereich der Wirtschaft befürchtet wurden. Die Autonomie anderer Herrschaftsträger stieß (auch) in der Konsumgenossenschaftsfrage dort an ihre Grenze, wo ihre Einflußnahme die "soziale Funktion" des Regimes zu beeinträchtigen drohte. Maßnahmen gegen die Konsumgenossenschaften waren nur innerhalb des solcherart begrenzten Rahmens möglich: Die Wiederherstellung und Absicherung der kapitalistischen Ökonomie durfte (auch auf diesem Gebiet) nicht gefährdet werden. Unter Bezug auf Neumann (der vier verschiedene Gruppen in der im Nationalsozialismus herrschenden Klasse repräsentiert sah: Großindustrie, NSDAP, Bürokratie und Wehrmacht), ist diese Autonomie als "nur" relative Autonomie zu begreifen. Relativ, weil Macht und Einfluß der verschiedenen Herrschaftsträger eben nicht unbegrenzt waren, sondern nur gegeneinander konkurrierend gewonnen werden konnten.[18]

Im Mittelpunkt der vorliegenden Arbeit steht ausdrücklich nicht nur die deskriptive Darstellung der konsumgenossenschaftlichen Entwicklung in den ersten vier Jahren der nationalsozialistischen Herrschaft. Das erkenntnisleitende Interesse zielt vielmehr darauf, herauszuarbeiten, daß die konkreten Entscheidungen in der Konsumgenossenschaftsfrage zum einen einem Geflecht übergeordneter Reichsinteressen geschuldet sind - die ihre Erklärung finden, wenn die sozioökonomische Entwicklung berücksichtigt wird - und zum anderen eingebunden sind in die sich (auch) hier manifestierenden Konflikte verschiedener lokalisierbarer Herrschaftsträger. Diese beiden Bestimmungsfaktoren, die sozioökonomische (oder gesamtgesellschaftliche) Entwicklung und die polykratische Struktur des

---

17 Vgl. Hüttenberger, Nationalsozialistische Polykratie, S. 420, wonach unter Polykratie "eine Vielzahl von weitgehend autonomen Herrschaftsträgern" verstanden wird, "die miteinander unter bestimmten Bedingungen in Konflikt geraten können."

18 Vgl. Neumann, Behemoth, S. 422, 425-464 (bes. 434, 459ff), 659ff. Vgl. in diesem Zusammenhang auch Hennigs These der Arbeitsteilung bzw. arbeitsteiligen Kooperation von großer Industrie, nationalsozialistischer Oligarchie, Wehrmacht und Verwaltung: "Strukturelle Grundlage für die Stellung der NS-Oligarchie in der arbeitsteiligen Kooperation (...) ist die (»relative«) Autonomie der NSDAP als einer politischen Massenbewegung", Hennig, Bürgerliche Gesellschaft und Faschismus, S. 288.

Herrschaftssystems bilden so die Folie, auf der den Gründen der besonderen Behandlung der Konsumgenossenschaften nachgegangen wird.

Dabei stützt sich die vorliegende Arbeit im Unterschied zu der Studie Bludaus und der Darstellung Hasselmanns auf bisher von der Forschung nicht berücksichtigte umfangreiche Archivalien. Während Hasselmann ausweislich des Literaturverzeichnisses seiner Abhandlung keine Unterlagen aus Archiven herangezogen hat, weist Bludau mehrfach auf die seine Studie behindernde fragmentarische Quellenlage hin. Seine Vermutung, es sei nicht auszuschließen, "daß bisher nicht alle Akten über die Vorgänge in Konsumgenossenschaften von den deutschen Archiven aufgefunden werden konnten",[19] lag, wie sich herausstellen sollte, nur dicht neben der Wahrheit.

Da nach der bisherigen Literaturrecherche zweifelsfrei feststand, daß die Frage der Konsumgenossenschaften politisch auf "höchster Ebene" behandelt worden war, machte ich mich auf die Suche nach den Archivalien der maßgeblich beteiligten NSDAP-Stellen (DAF, Stellvertreter des Führers) und der mit dieser Angelegenheit befaßten obersten Reichsbehörden, v. a. des Reichswirtschaftsministeriums, aber auch des Reichsfinanzministeriums.

Während für einen großen Teil des Schriftgutes der NSDAP gegen Kriegsende gezielt die Vernichtung befohlen worden war, hatte als Folge der Auslagerungen von Registraturen zum Schutz vor den Luftangriffen der Alliierten auf Berlin und deren Beschlagnahmungen der Aktenbestände nach Ende der Kriegshandlungen eine Odyssee der Archivalien der obersten Reichsbehörden eingesetzt, deren Ende sich erst mit der allmählichen "Rückgabe" an deutsche Archive abzeichnete, wobei die Existenz zweier deutscher Staaten zu so mancher Besonderheit - wie beispielsweise der zufälligen "Aufteilung" der überlieferten Bestände des Reichsfinanzministeriums und des Reichswirtschaftsministeriums auf Potsdam und Koblenz - führte. Über die von den USA und Großbritannien seit 1958 an die BRD abgegebenen Archivbestände ließ sich mit Hilfe der 1977 in dritter und erweiterter Auflage erschienenen Übersicht über die Bestände des Bundesarchivs ein erster Eindruck über die Archivalien gewinnen, in denen vereinzeltes Material über die Konsumgenossenschaften in den verschiedenen Dienststellen des Bundesarchivs vermutet werden konnte.[20] Außerdem enthalten die 1983 veröffentlichten Akten der Reichskanzlei vom Januar 1933 bis August 1934 da und dort Unterlagen zur Behandlung der Konsumgenossenschaftsfrage im Kabinett.[21]

---

19 Bludau, Nationalsozialismus und Genossenschaften, S. 130.

20 Vgl. Granier/Henke/Oldenhage (Bearb.), Das Bundesarchiv und seine Bestände, S. XXXIVff, S. XXXIXf. Zum Verlust von DAF-Akten vgl. BAK, NS 5/I Nr. 237; für die Unterlagen des StdF vgl. AdP, Teil I, Bd. 1, S. Xf.

21 Vgl. AdR, Reg. Hitler, Teil I, Bd. 2, S. 1459 (Sachregisternachweis).

Insgesamt aber änderten Existenz und Kenntnis dieser Bestände an der unzureichenden Quellenlage nichts Substantielles, so daß die Frage, warum die Konsumgenossenschaften von den Nationalsozialisten nicht zerschlagen wurden, vorerst noch unbeantwortet blieb.

Über die Bestände des Zentralen Staatsarchivs der DDR (des ehemaligen Deutschen Zentralarchivs) informierte eine 1957 herausgegebene Übersicht. Anhaltspunkte für Unterlagen über Konsumgenossenschaften in dem dort nachgewiesenen Aktenbestand des Reichswirtschaftsministeriums fanden sich nicht. Erst im Frühjahr 1991, bei meinem ersten Besuch im jetzigen Bundesarchiv - Abteilungen Potsdam, stellte ich fest, daß dort fast vollständig die Konsumgenossenschaften betreffenden Akten des Reichswirtschaftsministeriums lagerten,[22] die nach Kriegsende in die UdSSR gegangen und erst 1959 (also zwei Jahre nach der veröffentlichten Bestandsübersicht) an das Deutsche Zentralarchiv übergeben worden waren.[23]

Parallel zu meiner Suche nach Unterlagen über Konsumgenossenschaften in den Beständen der zentralen Reichsbehörden ermittelte ich in verschiedenen Staats- und Stadtarchiven und bei noch bestehenden Konsumgenossenschaften diverse Unterlagen, die dem bis dahin lückenhaften Kenntnisstand zunehmend abhalfen. Es handelte sich v. a. um den Schriftwechsel oberster Reichsbehörden (meist des Reichswirtschaftsministeriums) mit nachgeordneten Behörden wie z. B. Polizei, Bürgermeisterämtern, Regierungspräsidien und Landesregierungen. Doch auch vereinzelte Korrespondenz von Konsumgenossenschaften mit verschiedenen Behörden konnte so aufgefunden werden, während Unterlagen der Konsumgenossenschaften selbst leider kaum zu ermitteln waren. Als besonders wertvoll erwiesen sich die in den Staatsarchiven Bremen und Detmold lagernden Bestände des Bremer Senats und der Lippischen Landesregierung und die Aktensplitter, die ich bei den heute noch bestehenden Konsumgenossenschaften Dortmund-Kassel und Norderney auffand; ferner die zahlreichen Unterlagen des ehemaligen BdK (Bund deutscher Konsumgenossenschaften), die inzwischen vom Revisionsverband deutscher Konsumgenossenschaften in Hamburg übernommen worden sind.[24] Aber erst aus der verknüpfenden Auswertung dieser Archivalien mit den in Potsdam überlieferten Unterlagen im Bestand des Reichswirtschafts-

---

22 Die Lücke im Potsdamer Bestand 31.01 (RWM) konnte, wenn auch nicht völlig, weitgehend durch Überlieferungen im Potsdamer Bestand 21.01 (RFM) geschlossen werden.

23 Auf eine frühere Anfrage beim Zentralen Staatsarchiv der DDR zu entsprechenden Beständen hatte ich lediglich eine Benutzungserlaubnis, jedoch keinen Hinweis auf deren Vorhandensein erhalten.

24 Vgl. im einzelnen die Nachweise im Quellenverzeichnis.

ministeriums, die von der Forschung bisher unberücksichtigt geblieben waren,[25] konnte schließlich die Frage nach den Gründen der besonderen Behandlung der Konsumgenossenschaften im nationalsozialistischen Herrschaftssystem beantwortet werden.

Die Auswertung dieser Quellen fühlt sich folgendem methodologischen Ansatz verpflichtet: Da die Quellen aus sich allein nicht aussagefähig sind, läßt sich ohne Rückbezug auf den historischen Prozeß allenfalls eine darstellende, deskriptive "Geschichte" der Konsumgenossenschaften nachzeichnen. Werden aber die aus den Archivalien rekonstruierbaren konkreten Entscheidungen in der Konsumgenossenschaftsfrage vor dem Hintergrund (bzw. auf der Folie) des komplexen Wechselverhältnisses der beteiligten Herrschaftsträger (und ihrer Funktion im Herrschaftssystem) und der gesamtgesellschaftlichen Entwicklung im betrachteten Zeitraum hermeneutisch erschlossen, so läßt sich zeigen, daß die besondere Behandlung der Konsumgenossenschaften zu keiner Zeit aus sich selbst heraus, sondern nur zu erklären ist, wenn dieses Wechselverhältnis berücksichtigt wird.

In dieser Blickrichtung kann am Beispiel der besonderen Behandlung der Konsumgenossenschaften außerdem dargestellt werden, wie und warum nach 1933 die mittelstandsprotektionistische Politik der NSDAP und ihre bis dahin gegen die Konsumvereine unternommenen Angriffe nicht die in den Mittelstandskreisen erwartete Fortsetzung erfuhren. An der programmatischen Forderung der NSDAP nach Schaffung und Erhaltung eines "gesunden Mittelstandes"[26] wurde zwar weiterhin festgehalten, jedoch hatten die mittelständischen Interessen dort zurückzutreten, wo sie übergeordnete Reichsinteressen berührten, die Einlösung mittelständischer Forderungen also die Funktionsfähigkeit der Wirtschaft zu gefährden drohte. Wenngleich die Mittelstandspolitik diesen Interessen auch in der Konsumgenossenschaftsfrage untergeordnet war, wurde sie nach 1933 keineswegs völlig vernachlässigt. Oder anders: Zwar erfüllte die Politik des Regimes zur Sanierung der Konsumgenossenschaften nicht das mittelstandspolitische Maximalziel der Zerschlagung ihrer Konkurrenten, aber die getroffenen Maßnahmen zur Beschränkung der geschäftlichen Tätigkeit der Kon-

---

25 Ein großer Teil der die KG betreffenden Akten in Potsdam ist zuvor (mit Ausnahme der Ordnungs- und Verzeichnungsarbeiten) nicht benutzt worden. Vereinzelte Bände wurden für die 1971 von Raubaum und Keller für den Verband Deutscher Konsumgenossenschaften der DDR verfaßte kurze "Geschichte der deutschen Konsumgenossenschaften" ausgewertet, in der - und dies in seltener Eintracht mit der westdeutschen Interpretation ("Vernichtung") in Hasselmanns Auftragsarbeit für den ZdK der BRD - von "Zerschlagung der Konsumgenossenschaften" die Rede war, Raubaum/Keller, Konsumgenossenschaften, S. 81. Weiterhin Hasselmann, Konsumgenossenschaften, S. 497.

26 So in Punkt 16 des 25-Punkte-Programms der NSDAP von 1920. Abdruck beispielsweise bei Hofer (Hg.), Nationalsozialismus, S. 28ff.

sumvereine entsprachen sehr wohl protektionistischen Forderungen aus dem gewerblichen Mittelstand, ohne allerdings die "soziale Funktion" negativ zu beeinflussen.

Die vorliegende Untersuchung folgt in ihrer Gliederung den verschiedenen Phasen der konsumgenossenschaftlichen Entwicklung mit dem Ziel ihrer systematisch-analytischen Rekonstruktion und findet ihren Abschluß im Oktober 1936, als mit der weitgehenden Privatisierung der 72 unter dem Gesetz über Verbrauchergenossenschaften aufgelösten Konsumvereine "ein gewisser Abschnitt in der Durchführung der Abwicklung erreicht"[27] war. Der Herbst 1936 markiert so einen wichtigen Einschnitt in der Konsumgenossenschaftsfrage: Das Gesetz über Verbrauchergenossenschaften schuf mit der Liquidation der "lebensunfähigen" Konsumvereine u. a. die Grundlage für die Fortexistenz der übrigen Konsumgenossenschaften. Die im Zuge der Privatisierung gegründeten Auffanggesellschaften waren als Übergangseinrichtungen gedacht und verpflichtet worden, den Verkauf der von ihnen übernommenen genossenschaftlichen Einrichtungen an selbständige Einzelhändler zu betreiben. Nach Ablauf von drei bis vier Jahren sollten ihre Bemühungen einer Prüfung unterzogen und erforderlichenfalls fortgesetzt werden.

Die Zäsur in der Konsumgenossenschaftsfrage fällt zeitlich mit derjenigen überein, die die Verkündung des Vierjahresplans im September 1936 in der Wirtschafts- und Rüstungspolitik des nationalsozialistischen Deutschland darstellt und in deren Folge es zu weitreichenden inhaltlichen, organisatorischen und personellen Veränderungen auf diesem Gebiet kam. Die 1941 mit kriegswirtschaftlichen Erfordernissen begründete Überführung der Konsumgenossenschaften in den Verantwortungsbereich der DAF erklärt sich zum einen vor diesem Hintergrund und zum anderen mit dem Bedeutungswandel der Arbeitsfront, deren Stellung im Regime einerseits mit dem Erreichen der Vollbeschäftigung ab 1936 insofern gestärkt wurde, als sie nunmehr - im Unterschied zu den Jahren davor - eine "Mangelware"[28] "vertrat",[29] und ihr andererseits mit dem durch die Vierjahres-

---

27 Schreiben des RWM an die Deutsche Großeinkaufs-Gesellschaft (Deugro) vom 17. Oktober 1936, STA DT, L 80 II A, zu Gruppe V, Titel 14 Nr. 21, fol. 227-230, hier fol. 228. Zum Charakter der Deugro in Abschnitt 5.1.

28 Mason, Sozialpolitik, S. 229.

29 Damit soll keineswegs behauptet werden, daß die DAF als Gewerkschaft angesehen werden kann, die die Interessen der abhängig Beschäftigten vertrat. Allerdings war sie gezwungen, deren materielle Interessen nach höheren Löhnen bei verkürzter Arbeitszeit aufzunehmen und gegen die Reichsministerien für Arbeit und Wirtschaft zu formulieren. Mason hat in seiner Studie herausgearbeitet, daß die Arbeitsfront "im Namen einer ideologisch verstandenen Überwindung der Klassengegensätze (in der ideologischen Konstruktion der "Volksgemeinschaft" - U. K.) und einer vermeintlichen Steigerung der Produktivität (durch ihre KdF-Aktivitäten - U. K.) (...) zum Verfechter verbesserter Lebens- und Ar-

planung geschwächten Reichswirtschaftsministerium kein entschlossener Widerpart mehr gegenüberstand, der ihrem Expansionsdrang *in der Konsumgenossenschaftsfrage* Widerstand entgegensetzte.

Die Entwicklung nach dem Herbst 1936 wird in dieser Arbeit nicht mehr analysiert. Zum einen erfährt die Frage nach der besonderen Behandlung der Konsumvereine vor dem Hintergrund der sozioökonomischen Situation in den Jahren zwischen 1933 und 1936 eine umfassende Beantwortung. Es kann gezeigt werden, daß in jedem Stadium übergeordnete Aspekte wirtschaftlicher, politischer und sozialpolitischer Art die Entscheidungen zur Zukunft der Konsumgenossenschaften maßgeblich bestimmt haben. Diese Feststellung ändert auch die 1935 mit dem Gesetz über Verbrauchergenossenschaften eingeleitete Auflösung der als konkursreif angesehenen Konsumvereine nicht. Wenngleich für ihre wirtschaftliche Entwicklung wohl erst die fortgesetzten Auseinandersetzungen im polykratisch strukturierten Herrschaftssystem seit August 1933 verantwortlich waren, wurde - wenn auch praktisch in letzter Minute - eine Lösung realisiert, die daneben die Bestandssicherung der nicht liquidierenden Konsumgenossenschaften ermöglichte. Zum anderen muß für eine Untersuchung der Jahre nach 1936 die Frage nach den Gründen der besonderen Behandlung der Konsumvereine modifiziert werden. Im Mai 1938 wurde die Konsumgenossenschaftsfrage durch den neuen Reichswirtschaftsminister Funk erneut und mit der - dem Gesetz über Verbrauchergenossenschaften zuwiderlaufenden - Absicht aufgegriffen, alle Konsumgenossenschaften einschließlich ihrer Herstellungs- und Großhandelsstufe aufzulösen, da sie als "kollektive Großbetriebe von Verbrauchern"[30] mit den Grundsätzen nationalsozialistischer Wirtschaftsführung unvereinbar seien. Anlaß dieser Initiative waren also nicht etwa fortgesetzte wirtschaftliche Schwierigkeiten der nicht aufgelösten Konsumvereine, sondern ausschließlich politisch-ideologische Motive. Die gesetzliche Regelung hatte zur Konsolidierung des verbleibenden Teils der Konsumgenossenschaften beigetragen, die sogenannten liquidationsreifen waren mit Mitteln aus dem Reichshaushalt aufgelöst. Die Gefahr eines Zu-

---

beitsbedingungen des Arbeitnehmers in der Industrie geworden (war). (...) Zu einer Gewerkschaft im herkömmlichen Sinne wurde die DAF ganz gewiß nicht. Aber ihre sozialpolitische Rolle wurde weitgehend durch die Notwendigkeit geprägt, den materiellen Interessen der Arbeiterklasse auf irgendeine Weise entgegenzukommen und sie wirksam zu vertreten", ebenda, S. 198f. Anders Prinz, Die soziale Funktion moderner Elemente, S. 306ff. Dezidiert anders und Mason nicht korrekt zitierend, Zitelmann, Nationalsozialismus und Moderne, S. 202. Vgl. weiter Mason, Sozialpolitik, S. 8ff zum Begriff "Arbeiterklasse", S. 228ff und 254ff zur Rolle der DAF. Vgl. hierzu a. Siegel, Rationalisierung statt Klassenkampf, S. 111f.

30 So in dem Bericht des VB, NA vom 26. Mai 1938 in einem Bericht über die Rede Funks anläßlich der Einführung Haylers als neuem Leiter der Reichsgruppe Handel.

sammenbruchs der Konsumvereine mit - wie zwischen 1933 und 1935 befürchteten - weitreichenden Folgewirkungen bestand nach 1935/36 nicht mehr. Im April 1940 trat Ley an Hitler, Göring, Heß und Funk heran.[31] Von den drei Erstgenannten erhielt er die Zustimmung zur neuerlichen Unterstellung der Konsumgenossenschaften unter die DAF, nachdem es ihm offensichtlich gelungen war, sie davon zu überzeugen, daß von dem Zusammenschluß der Konsumvereinsmitglieder eine politische Gefahr ausgehe. Eine Auflösung der materiellen Gestalt der Konsumgenossenschaften war jedoch nicht beabsichtigt und wurde auch nicht beschlossen. Funk setzte augenscheinlich Leys Bestrebungen keinen Widerstand entgegen. Ab 1941 erfolgte - veranlaßt durch eine Weisung Hitlers an Funk[32] - die Überführung der Konsumvereine und ihres Vermögens in den Zuständigkeitsbereich der Arbeitsfront.[33]

Diese kurze Skizze mag an dieser Stelle ausreichen, um die Verlagerung der Kräfteverhältnisse im Regime und die Veränderungen der ökonomischen Rahmenbedingungen ab 1936 zu verdeutlichen. Die Untersuchung der Konsumgenossenschaftsfrage für die Folgezeit verlangt, unter Rückgriff auf die vorliegenden Arbeiten[34] zum Stellenwert dieser Kompetenzverschiebungen, ihrer Ursachen und (unmittelbaren) Auswirkungen und unter Berücksichtigung der veränderten wirtschaftspolitischen Situation, aber auch angesichts des Einflusses der Kriegsauswirkungen ab 1939, eine gesonderte Arbeit, um diesen Hintergrund bei einer Analyse der Frage, warum, beginnend mit dem Vorstoß Funks vom Mai 1938, der sanierte Bestand der Konsumvereine erneut zur Disposition gestellt (und schließlich doch anders als von Funk angekündigt behandelt) wurde, angemessen berücksichtigen zu können. Einige Aspekte, die in diesem Zusammenhang zu diskutieren wären, finden Eingang in das fünfte Kapitel.

Das sich der Einleitung anschließende zweite Kapitel gibt einen Überblick der Entwicklung der Konsumgenossenschaften in Deutschland von den Anfängen in der Mitte des 19. Jahrhunderts bis zum Frühjahr 1933. Der gewerbetreibende

---

31 Vgl. Schreiben Leys an RWM Funk vom 13. April 1940 in: BAK, NS 5/I Nr. 337; Schreiben Leys an Göring vom 6. Mai 1940, ebenda. Schreiben an Hitler und Heß waren nicht zu ermitteln.

32 Schreiben Hitlers an RWM Funk vom 4. November 1940, Abschrift für den RFM, BAK, R 2 Nr. 15910, fol. 3. Das Original war nicht zu ermitteln.

33 Vgl. VO zur Anpassung der verbrauchergenossenschaftlichen Einrichtungen an die kriegswirtschaftlichen Verhältnisse. Vom 18. Februar 1941. RGBL I, S. 106.

34 Noch immer von großem Wert: Petzina, Autarkiepolitik, S. 15-115; Mason, Sozialpolitik, S. 208-299. Aus jüngerer Zeit, jedoch nur kurz, und in diesem Zusammenhang fast ausschließlich mit bereits veröffentlichtem Material arbeitend, v. Beesten, Untersuchungen zum System der militärischen Planung, S. 406-418, der im übrigen nicht die vorstehend zitierte und 1968 veröffentlichte Arbeit Petzinas nachweist, sondern stattdessen das 1965 abgeschlossene Manuskript dieser Dissertation auswertet.

Einzelhandel hatte in den Konsumvereinen (und mit dem Aufkommen anderer Großbetriebsformen im Einzelhandel auch in diesen) bereits frühzeitig Konkurrenten erkannt und fortgesetzt behördliche Schutzmaßnahmen gefordert.[35] Der von ihm gegen die Konsumgenossenschaften als sogenannte mittelstandsvernichtende Konkurrenz geführte Kampf entbehrte jedoch - wie im zweiten Abschnitt dieses Kapitels gezeigt werden kann - einer realen Grundlage oder tatsächlichen ökonomischen Bedrohung. Anhand eigener vorsichtiger Berechnungen auf der Grundlage des von der amtlichen und halbamtlichen Statistik bereitgestellten Datenmaterials und den Erhebungen des Zentralverbands deutscher Konsumvereine kann einerseits ein Anteil der Konsumgenossenschaften am Gesamtumsatz des deutschen Lebensmitteleinzelhandels von 9 bis 11 % in den Jahren zwischen 1929 und 1931 und andererseits eine starke "Übersetzung" in diesem Bereich mit Kleinbetrieben nachgewiesen werden, in der v. a. die ökonomisch schlechte Situation des Lebensmitteleinzelhandels - neben den allgemeinen Bedingungen der Weltwirtschaftskrise seit Ende der zwanziger Jahre - begründet ist. Ab 1929 griff die NSDAP die protektionistischen Wünsche des gewerbetreibenden Einzelhandels organisatorisch in Kampfbünden auf. Daneben gelang es ihr beispielsweise in einigen Ländern - ermöglicht durch ihre Wahlerfolge und Regierungsbeteiligungen -, dessen sich zu eigen gemachte fortgesetzte Forderungen nach einer Sonderbesteuerung der Konsumvereine durchzusetzen. Nach der "Machtübergabe" stand zu erwarten, daß ihnen mit vergleichbaren Maßnahmen nun endgültig die Existenzgrundlage entzogen würde. Doch im Gegensatz zu den Erwartungen im gewerblichen Einzelhandel vollzog das Reichskabinett einen Kurswechsel in der Konsumgenossenschaftsfrage.

Dieser wird im dritten Kapitel rekonstruiert und analysiert. In dessen Gesamtzusammenfassung[36] (und dies gilt in entsprechender Weise für die gleichbezeichneten Abschnitte des vierten und fünften Kapitels) erfolgt eine Verknüpfung der im betrachteten Zeitraum vollzogenen Entscheidungen zur Fortexistenz der Konsumvereine mit der gesellschaftlichen Entwicklung während dieser Monate. Vor

---

35 Grundlegend hierzu Winkler, Mittelstand, S. 44ff.

36 Ich habe die regelmäßige Zusammenfassung von Argumenten, Ergebnissen und Interpretationen ganz bewußt vorgenommen, um interessierten Leserinnen und Lesern auch einen "punktuellen Einstieg" in die vorliegende Arbeit zu erleichtern. Es ist, wenngleich wünschenswert, wohl vermessen, zu erwarten, daß meine Arbeit von der Mehrzahl der Interessierten vollständig gelesen wird (vgl. hierzu den treffenden "Zwischenruf" Heinz Schlaffers: "Stupendes Wissen", Frankfurter Rundschau vom 6. Februar 1996, S.10). Außerdem ist diese Form der Darstellung m. E. von Wert, weil sie beim Rückgriff auf die zusammenfassenden Ausführungen in Verbindung mit der sachlichen und chronologischen Gliederung der Arbeit jederzeit eine gezielte Orientierung über die bisherigen Ergebnisse und die weitere Darstellung und Analyse ermöglicht. Wiederholungen sind so nicht nur unvermeidlich, sondern beabsichtigt.

deren Hintergrund kann so noch einmal pointiert gezeigt werden, daß die (im Sinne der Fragestellung dieser Arbeit) besondere Behandlung der Konsumgenossenschaften von einem Geflecht übergeordneter Reichsinteressen bestimmt war, die zwar nur z. T. mit denen der NSDAP identisch, aber im Ganzen gleichzeitig sowohl für die von ihr beabsichtigte Festigung und Erweiterung ihrer politischen Macht zur Alleinherrschaft als auch für die "Rekonsolidierung der gesamten krisenbehafteten kapitalistischen Wirtschaft"[37] konstitutiv waren. Konkret für die Monate zwischen Januar und August 1933: Die Erwartungshaltung im gewerblichen Mittelstand hatte insoweit zurückzutreten, als von der geforderten Zerschlagung der Konsumvereine nachteilige Auswirkungen auf den Reichshaushalt, die wirtschaftliche Entwicklung, beispielsweise im Kredit- und Sparkassenwesen, oder den propagierten "gewaltigen und umfassenden Angriff gegen die Arbeitslosigkeit"[38] befürchtet werden mußten. Gleichzeitig aber waren beispielsweise mit dem Einzelhandelsschutzgesetz vom 12. Mai 1933 und dem Verbot für NSDAP-Mitglieder, für die Konsumvereine zu werben, Maßnahmen möglich, die den Konsumgenossenschaften die Ausweitung ihres Geschäftsbetriebs untersagten. So fanden langjährige Schutzforderungen des gewerblichen Mittelstands tatsächliche Berücksichtigung, ohne die übergeordneten Reichsinteressen nachhaltig zu tangieren.[39] Denn im Fall der Konsumvereine ging es zuallererst darum, diese zu stabilisieren, ihre abwärts gerichtete wirtschaftliche Entwicklung, den fortdauernden Abzug der Spareinlagen abzufangen. Ihre Ausdehnung, beispielsweise durch die Neuerrichtung von Verkaufsstellen stand zu dieser Zeit gar nicht auf der Tagesordnung.

In dem Prozeß der Kursänderung in der Konsumgenossenschaftsfrage lassen sich drei Etappen unterscheiden. Die erste - beginnend mit dem 30. Januar 1933 - fand ihr Ende mit einer Regierungsverlautbarung am 28. April. Eine finanzielle Unterstützung der Konsumvereine durch das Reich wurde hiernach zwar für die Zukunft ausgeschlossen, aber die Regierung erklärte gleichzeitig, sie beabsichtige nicht, Maßnahmen zu ergreifen, die den Bestand der Konsumvereine gefährdeten. Auch entsprechende Einzelaktionen - das meinte die nach der Wahl vom 5. März noch gesteigerten Aktivitäten nationalsozialistischer Eingriffe in den konsumgenossenschaftlichen Geschäftsbetrieb, insbesondere durch den Kampfbund für den

---

37 v. Saldern, Mittelstand, S. 234.

38 So Hitler in seinem "Aufruf an das deutsche Volk", seiner ersten Rede als Reichskanzler am 2. Februar 1933, zitiert nach dem Abdruck in der WTB-Meldung vom 2. Februar 1933, Ausschnitt in: BAK, R 43 II/146, fol. 2-3, hier fol. 3.

39 Vgl. hierzu Saage, Faschismustheorien, S. 141, wonach "die NSDAP nur in Zusammenarbeit mit den traditionellen Eliten die Macht erwerben und erhalten konnte und daß sie gleichzeitig zur Aufrechterhaltung ihrer »Identität« des ständigen plebiszitären Rekurses auf die mobilisierbaren mittelständischen Massen bedurfte."

gewerblichen Mittelstand - wollte sie nicht mehr billigen. Diese Ein- und Übergriffe hatten sich keineswegs auf die Konsumvereine beschränkt; in der gesamten Wirtschaft und den Behörden entfalteten nationalsozialistische Organisationen ihre Aktivitäten, führten Beschlagnahmungen durch, vertrieben Amtsinhaber und setzten sogenannte Kommissare ein. In gleicher Weise wie zuvor (in der ersten Märzhälfte) schon verschiedene Versuche von Hitler, Göring, Frick und Heß (am 7. April) erfolglos geblieben waren, stieß auch diese Erklärung des Kabinetts bei den Adressaten weitgehend auf taube Ohren. Man muß sich hierbei vergegenwärtigen, daß die parteioffizielle Boykottaktion der ersten Apriltage gegen die im Ausland geführte "jüdische Greuelhetze" als Kulminationspunkt der seit der Märzwahl ständig zunehmenden Übergriffe im gesamten öffentlichen Leben in den Kreisen der mittelständischen Parteibasis natürlich die Hoffnungen genährt hatte, daß nunmehr die Tage ihrer Konkurrenten gezählt seien. Tatsächlich aber befand sich das Regime in einer Zwickmühle: Einerseits erwiesen sich diese Aktionen für den Gleichschaltungsprozeß als durchaus funktional; zumeist schufen sie Fakten, die beispielsweise die nationalsozialistische Ausrichtung der Einzelhandelsverbände erleichterte. Andererseits aber durfte weder in der deutschen Industrie noch im Ausland der Eindruck einer unberechenbaren Wirtschaftspolitik entstehen.

Besonders in den Tagen nach der Wahl vom 5. März von den nationalsozialistischen Ein- und Übergriffen nicht unbeeindruckt, sondern irritiert, machte das Reichswirtschaftsministerium schließlich Anfang April das Kabinett auf die Gefährdung der den Konsumgenossenschaften von den Präsidialkabinetten gewährten Bürgschaften durch diese, die wirtschaftliche Lage der Konsumvereine nachhaltig verschlechternden, fortgesetzten Übergriffe aufmerksam. Die Reichsbank artikulierte darüber hinaus die Befürchtung, daß andauernde Rückzahlungen konsumgenossenschaftlicher Spareinlagen nicht ohne Auswirkungen auf das übrige Sparkassenwesen bleiben könnten. Vor diesem Hintergrund kam es Ende April 1933 zu der Verlautbarung des Kabinetts, die sich aber als nicht ausreichend erweisen sollte. Ende Juni vollendete daher die Regierung den Kurswechsel angesichts der fortdauernden wirtschaftlichen Abwärtsentwicklung der Konsumgenossenschaften und der durch ihre Unterstellung unter die Arbeitsfront veränderten politischen Situation. Die von den Präsidialkabinetten eingeleitete Bürgschaftsaktion wurde - und dies steht für den zweiten Schritt der Kursänderung - nicht nur fortgeführt, sondern wenige Tage später um 6 Mio. RM aufgestockt, womit der Kurswechsel endgültig vollzogen war. Heß hatte unmittelbar nach diesem Kabinettsbeschluß eine Erklärung veröffentlicht, wonach die Haltung der NSDAP in der Konsumgenossenschaftsfrage zwar unverändert sei, die Partei aber angesichts der Wirtschaftslage keine Maßnahmen für geboten halte, die zum Zusammenbruch der Konsumvereine führten. Mitte Juli informierte das Reichswirtschaftsministerium die Länderregierungen und wenig später die Öffentlichkeit ausführlich über die Motive und Auswirkungen dieser Entscheidung, die im gewerblichen Mittelstand erwartungsgemäß keinen Zuspruch fand, woran auch die Erklärung von Heß nichts zu ändern vermocht hatte.[40]

In der Zwischenzeit war es am 11. Mai durch eine Vereinbarung zwischen Hitler und Ley zur Unterstellung der Konsumvereine unter die DAF gekommen, um die "Spargroschen der deutschen Arbeiter und Angestellten" zu erhalten und "die großen Werte , die in den Konsumvereinen festgelegt (...) und zweifellos gefährdet sind, nicht verfallen zu lassen." Ziel dieser Aktion sollte zwar "die möglichst verlustlose Abwicklung"[41] sein, die Ley dem zum "Reichsbeauftragten für die deutschen Verbrauchergenossenschaften" ernannten neuen nationalsozialistischen Direktor der Arbeiterbank Karl Müller übertrug, doch es kam anders.

Nach Bludau und Hasselmann ist die unterlassene Zerschlagung der Konsumvereine auf die persönliche Initiative zweier führender Konsumgenossenschafter zurückzuführen, denen es zwischen Mitte April und Mitte Mai gelungen sei, Ley - als dafür vorgesehene Person - von diesem Vorhaben abzubringen.[42] Ihre Darstellung aus den Jahren 1968 und 1971 wird durch einen im Bundesarchiv Koblenz überlieferten - 1973 angefertigten und wenig später noch ergänzten - Erinnerungsbericht eines Zeitzeugen dahingehend korrigiert, daß für die unterbliebene Zerschlagung der Einsatz nur einer dieser Personen maßgeblich gewesen ist.[43]

Gegen diese Positionen wird in der vorliegenden Untersuchung herausgearbeitet, daß der Entschluß zum Fortbestand der Konsumvereine von einem - oben skizzierten - Geflecht übergeordneter gewichtiger Reichsinteressen bestimmt gewesen ist, die sich bereits für den Kabinettsbeschluß vom April als ausschlaggebend erwiesen hatten und von der NSDAP nicht ignoriert werden konnten: die Inanspruchnahme des Reichs aus seinen Bürgschaftsverpflichtungen bei einem Zusammenbruch oder einer Zerschlagung der Konsumvereine und - vor dem Hintergrund der sogenannten Bankenkrise des Jahres 1931 - die Befürchtung, daß sich die in den andauernden Abhebungen konsumgenossenschaftlicher Spareinlagen zeigende Beunruhigung der Sparer auf die übrigen Sparkassen ausweiten könnte.

---

40 Nach der zu den Konsumvereinen vom 27. Juni gab Heß am 7. Juli eine entsprechende Erklärung zu den Warenhäusern heraus, vgl. Abschnitt 3.2.

41 Die Zitate aus der Notiz des VB (vermutlich Berliner Ausgabe - U. K.) vom 12. Mai 1933, Ausschnitt in: BAP, 31.01 Nr. 10591, fol. 151.

42 Vgl. Bludau, Nationalsozialismus und Genossenschaften, S. 109ff; Hasselmann, Konsumgenossenschaften, S. 461ff.

43 Vgl. BAK, Kl. Erw. Nr. 602. Zum ausführlichen Nachweis in Abschnitt 3.2.

Die mit der Unterstellung der Konsumvereine unter die Arbeitsfront begonnene Gleichschaltung dokumentierte die - den oben genannten Reichsinteressen geschuldete - geänderte politische Bewertung der Konsumgenossenschaften; die zukünftigen Maßnahmen sollten und mußten ihren Fortbestand sichern. Dies brachte Mitte Juli 1933 der Erlaß des Reichswirtschaftsministeriums an die Länderregierungen unzweifelhaft zum Ausdruck. Die DAF hatte sofort nach der Vereinbarung vom 11. Mai damit begonnen, den Gleichschaltungsprozeß zu forcieren. Umgehend traten Beauftragte in die Vorstände bzw. Geschäftsleitungen der Bezirksverbände und örtlichen Genossenschaften, und schon im August wurde die - von Ley bereits am 15. Mai angekündigte - Zwangsverschmelzung von Zentralverband und Reichsverband vollzogen. Auch in dem hieraus gebildeten "Reichsbund der deutschen Verbrauchergenossenschaften, GmbH (GEG)" stützte sich die DAF bei der Besetzung der Geschäftsführung auf das Personal der beiden zentralen Verbände, und dabei maßgeblich auf Personen aus dem ehemaligen Zentralverband, während der Aufsichtsrat der Gesellschaft mehrheitlich aus den nationalsozialistischen Bezirksbeauftragten der DAF bestand. Den Versuchen des Kampfbundes für den gewerblichen Mittelstand, auf diesen Gleichschaltungs- und Umstrukturierungsprozeß Einfluß nehmen zu können und damit die Auflösung der Konsumvereine zu bewirken, war kein Erfolg beschieden.

Im vierten Kapitel werden die widerstreitenden Interessen hinsichtlich der konsumgenossenschaftlichen Werbetätigkeit zwischen dem Sommer 1933 und Februar 1935 analysiert; daneben die Verhandlungen, die im Mai 1935 mit dem Gesetz über Verbrauchergenossenschaften zur Liquidation eines Teils der Konsumvereine führten. Zu Beginn wird der im September 1933 von Ley verfolgte Plan einer "Reichsverbrauchergenossenschaft" vorgestellt, der exemplarisch den Expansionsdrang der Arbeitsfront dokumentiert, sich auf Kosten anderer Herrschaftsträger Einfluß im nationalsozialistischen Staat zu verschaffen. Mit seinem Vorhaben verstellte Ley sich frühzeitig die Möglichkeit, *zumindest in der Konsumgenossenschaftsfrage*, das Reichswirtschaftsministerium als Verbündeten gegen den Stellvertreter des Führers zu gewinnen, wenngleich ein solches Bündnis angesichts der sonst noch von der DAF im Bereich der gewerblichen Wirtschaft gegen das Reichswirtschaftsministerium und andere Ressorts angestellten Expanisonsbestrebungen (die in der Gesamtzusammenfassung dieses Kapitels nachgezeichnet werden) wohl kaum dauerhaften Bestand gehabt haben dürfte.

Der Plan der "Reichsverbrauchergenossenschaft" wurde in der Arbeitsfront ohne Kenntnis des in den wirtschaftlichen Angelegenheiten der Konsumgenossenschaften zuständigen Reichswirtschaftsministeriums ausgearbeitet und diesem erst nach Abschluß zur Kenntnis gebracht. Er sah an keiner Stelle Kompetenzen des Ministeriums vor und hielt außerdem an denjenigen Konsumvereinen fest, die ökonomisch angeschlagen waren und - wie im Erlaß des Reichswirtschaftsministeriums vom Juli angekündigt - liquidieren sollten. Auch im gewerblichen Mittelstand stieß Leys Vorhaben auf Ablehnung. Man befürchtete - während weiter für die Auflösung der Konsumgenossenschaften eingetreten wurde - die Bildung eines Großunternehmens, das den selbständigen Einzelhandel erdrücken werde.

Im März 1934 stellte die DAF mit einer Vereinbarung zwischen dem Beauftragten für die deutschen Verbrauchergenossenschaften und der NS-Hago das Reichswirtschaftsministerium erneut vor vollendete Tatsachen. Gleichzeitig konterkarierte diese Übereinkunft die Bemühungen des Ministeriums um einen gemeinsamen, zu veröffentlichenden Erlaß mit dem Stellvertreter des Führers, der klarstellen sollte, daß zwischen der Stellung der Reichsregierung zu den Konsumvereinen auf der Grundlage des Erlasses vom Juli 1933 und der Erklärung von Heß in der Konsumgenossenschaftsfrage im Juni 1933 (die zum Anlaß jeweils unterschiedlicher Berufungen von Konsumvereinen und gewerblichem Mittelstand geworden waren) keine Differenzen bestünden. Diese aber gab es, wie gezeigt werden kann, tatsächlich: Der Widerstand des Stellvertreters des Führers (als der parteiseitigen Vertretungsinstanz mittelständischer Interessen) gegen den vom Reichswirtschaftsministerium (als dem Ort einer berechenbaren pragmatischen Wirtschaftspolitik) gewünschten klärenden gemeinsamen Erlaß wirkte sich auf die geschäftliche Entwicklung einiger Konsumvereine in so nachhaltiger Weise aus, daß er für den im Gesetz über Verbrauchergenossenschaften gefaßten Beschluß zur Liquidation der sogenannten ungesunden Konsumvereine verantwortlich gemacht werden muß.

Die Eigenmächtigkeiten der DAF und ihre Eingriffe in die wirtschaftspolitische Kompetenz des Reichswirtschaftsministeriums veranlaßten das Ministerium ab Mai 1934 zu dem Versuch, die Konsumvereine von der Arbeitsfront "abzutrennen". Dabei fand es im Stellvertreter des Führers einen Verbündeten, dem es nach seiner alleinigen Erklärung vom Juli 1934 darum ging, die von ihm der Kommission für Wirtschaftspolitik übertragene parteiseitige Überwachung seiner Verlautbarung gegen die DAF durchzusetzen. Wenngleich nicht unzweideutig zu belegen ist, daß der Konflikt zwischen Heß und Ley in ihren Kompetenzüberschneidungen in der NSDAP begründet ist, muß doch davon ausgegangen werden, daß die Kontroversen beider hierin eine schlüssige Erklärung finden.

Diese Vermutung wird durch die im zweiten Halbjahr 1934 ausbrechenden und im Februar 1935 beendeten Auseinandersetzungen zwischen der Arbeitsfront und dem Stellvertreter des Führers um die Überwachung der Heß-Erklärung vom Juli 1934 gestützt. Die bereits im ersten Halbjahr 1934 feststellbaren Fronten finden hier eine Fortsetzung. Zum einen trachteten das Reichswirtschaftsministerium und der Stellvertreter des Führers (wenn auch aus unterschiedlichen Motiven) danach, die DAF aus der parteipolitischen Zuständigkeit zu verdrängen, zum anderen arbeiteten beide gegeneinander. Während es dem Ministerium um wirtschaftspolitische Entscheidungen ging, die zur Sanierung der Konsumvereine beitrugen, trat der Stellvertreter des Führers mit seinem wirtschaftspolitischen Beraterstab für eine Beschränkung der konsumgenossenschaftlichen Geschäftstätigkeit und damit, zumindest teilweise, für die Interessen der mittelständischen (Wähler)basis der NSDAP ein, ohne jedoch deren Maximalforderungen nach einer vollständigen Auflösung der Konsumvereine vertreten zu können. Seinen Widerstand gegen die vom Reichswirtschaftsministerium verfolgte Politik mußte Heß zum einen aufgeben, als Hitler in der zweiten Junihälfte 1934 - offensichtlich angesichts der vom Reichswehrminister vorgebrachten Argumente für die Fortführung der in den militärischen Planungen des Aufstellungsfalls von Truppen bei der Mobilmachung eingebundenen Konsumvereine und vor dem Hintergrund der Bedeutung der Reichswehr in der aktuellen innenpolitischen Situation - für eine gemeinsame Erklärung von Heß und Reichswirtschaftsministerium eintrat, und zum anderen, als Hitler im Februar 1935 entschied, die Konsumgenossenschaftsfrage endgültig dem Reichswirtschaftsministerium unter wirtschaftspolitischen Gesichtspunkten zu überlassen.

Die geschäftliche Entwicklung einiger großer Konsumvereine hatte sich seit dem Sommer 1933 so nachhaltig verschlechtert, daß das Reichswirtschaftsministerium ihren baldigen Konkurs und von diesem Auswirkungen auf die übrigen Konsumgenossenschaften befürchtete. Das Ministerium verband daher ihre Behandlung mit der grundsätzlichen Frage zur Zukunft der Konsumvereine im nationalsozialistischen Staat. Ende Februar kam es zur ersten (von insgesamt fünf) Besprechungen. Das schließlich im Mai 1935 verabschiedete Gesetz über Verbrauchergenossenschaften folgte zum größten Teil einem schon im Februar vorgelegten Plan aus dem Reichswirtschaftsministerium, der die Liquidation nur der als lebensunfähig bezeichneten Konsumgenossenschaften mit Mitteln aus dem Reichshaushalt förderte. Im April hatte sich Schacht erstmals direkt in die Verhandlungen eingeschaltet und war dabei von der bisher durch sein Ministerium verfolgten Liquidation ausschließlich der konkursreifen Konsumvereine abgerückt. Seine - schon in einen Gesetzentwurf gekleideten - Überlegungen wurden praktisch in letzter Minute vom Reichsfinanzministerium (unter Beteiligung des zuständigen Referats im Reichswirtschaftsministerium, der Deutschen Zentralgenossenschaftskasse und dem Reichskommissariat für das Kreditwesen) verhindert. Reichsfinanzminister Schwerin v. Krosigk war nicht bereit, die Kosten zu übernehmen, die bei einer Durchführung von Schachts Vorhaben entstanden wären. Die Motive für die Initiative des Reichswirtschaftsministers bleiben im Verborgenen.

Ein Erfolg war auch dem Vorstoß der Reichsgruppe Handel nicht beschieden, die die Überlegungen aus dem Reichswirtschaftsministerium zum Anlaß genommen hatte, im März 1935 einen Vorschlag zur Auflösung aller Konsumgenossenschaften auszuarbeiten. Ein Jahr später vermochte sie sich - wie im fünften Kapitel gezeigt wird - bei der Privatisierung der Anlagen liquidierender Konsumvereine abermals nicht durchzusetzen. Neben dem bereits im Frühjahr 1935 maßgeblichen finanziellen Aspekt, an dem ihr Vorhaben - das im Ergebnis erneut auf die Auflösung der Konsumgenossenschaften gerichtet war - auch 1936 scheiterte, war hierfür außerdem ihre Bereitschaft ausschlaggebend, die Arbeitsfront bei ihren Planungen einzubeziehen. Das Reichswirtschaftsministerium ließ diese Pläne offiziell wegen finanzieller Fragen hinsichtlich einer Garantie für die in den liquidierenden Konsumvereinen angelegten Spargelder scheitern. Dahinter aber stand die Absicht, der Arbeitsfront, die mit dem Gesetz über Verbrauchergenossenschaften ihre Kompetenzen in der Konsumgenossenschaftsfrage eingebüßt hatte, nicht die Gelegenheit zu eröffnen, sich an der weiteren Behandlung dieser Angelegenheit entscheidend beteiligen zu können. Zwar hatte die DAF noch Gelegenheit, sich bei den Verhandlungen zur Privatisierung der aufzulösenden Konsumvereine einzubringen, die Tatsache der nun ausschließlichen Zuständigkeit des Reichswirtschaftsministeriums aber vermochte sie in dem in dieser Arbeit untersuchten Zeitraum nicht mehr zu revidieren.

Entgegen seiner ursprünglichen Absicht, die Anlagen der nach den Bestimmungen des Gesetzes über Verbrauchergenossenschaften liquidierenden Konsumvereine auf selbständige Einzelhändler zu überführen, mußte das Reichswirtschaftsministerium in 24 Fällen die Gründung von Auffanggesellschaften zulassen. Auf einem anderen Weg war die angestrebte günstigste Verwertung der konsumgenossenschaftlichen Einrichtungen nicht möglich. Die am Sitz der liquidierenden Konsumvereine zwischen den örtlichen Behörden, den Industrie- und Handelskammern und den Liquidatoren nach Maßgabe verschiedener Richtlinien des Reichswirtschaftsministeriums geführten Privatisierungsverhandlungen werden an zwei Beispielen nachgezeichnet: Zum ersten für die Konsumgenossenschaft in Wesermünde, deren Anlagen mehrheitlich an Einzelbewerber aus dem Kreis ihres Personals veräußert wurden, und zum zweiten für den Lippischen Konsumverein in Lage, dessen Einrichtungen von einer Auffanggesellschaft übernommen wurden. Den Abschluß des fünften Kapitels bildet die Diskussion der 1968 durch Bludau aufgestellten These, daß für die Auswahl der nach dem Gesetz über Verbrauchergenossenschaften zur Auflösung kommenden Konsumvereine auch sicherheitspolitische Erwägungen mitentscheidend gewesen waren.[44] Im Ergebnis kann festgestellt werden, daß Bludaus Bewertung der in den Konsumgenossenschaften - übrigens in der vorliegenden Arbeit auch nicht bezweifelten - feststellbaren Anzeichen politischen Widerstands[45] als mitentscheidend für den Entschluß ihrer Auflösung nach der Auswertung der ihm noch nicht zugäng-

44 Vgl. Bludau, Nationalsozialismus und Genossenschaften, S. 120ff, bes. S. 123.

45 Vgl. ebenda, S. 128ff.

lichen Akten des Reichswirtschaftsministeriums im ehemaligen Zentralen Staatsarchiv der DDR in Potsdam nicht aufrechterhalten werden kann.

Es kann nicht völlig ausgeschlossen werden, daß das bisherige Schattendasein der Konsumgenossenschaften in der Forschung zum Nationalsozialismus zu einem Teil auch der weitgehenden Unkenntnis von der Existenz dieser Potsdamer Überlieferung geschuldet ist. Wahrscheinlicher aber ist dieses Thema in der Auseinandersetzung mit dem Nationalsozialismus bisher so unterbelichtet, weil es abseits der großen Linien der Faschismusforschung und -interpretation liegt. Andere Bereiche standen im Vordergrund und wurden kontrovers diskutiert.[46] Die Entwicklung der Konsumgenossenschaften im Nationalsozialismus ist, von wenigen Ausnahmen abgesehen,[47] nur zusammenfassend skizziert oder beiläufig[48] - vor allem im Rahmen der historischen Mittelstandsforschung - berührt worden:

Anhand der vorliegenden Untersuchung müssen einige der bisherigen Ausführungen in der Forschung revidiert werden. So kann beispielsweise gegen Schweitzers Aussage, daß die NSDAP "in Wirklichkeit (...) die Konsumgenossenschaften in Besitz"[49] nahm, gezeigt werden, daß das Reichswirtschaftsministerium in den wirtschaftspolitischen Angelegenheiten zuständig blieb und seine Kompetenz gegen die Arbeitsfront und den Stellvertreter des Führers - wenn auch nicht ohne erhebliche Konflikte und Auswirkungen auf die geschäftliche Entwicklung der Konsumvereine - verteidigen konnte. Der Heß-Erlaß vom Juli 1934 kam weiterhin - anders als bei Schweitzer dargestellt - erst nach langwierigen Auseinandersetzungen zustande.[50] Gleichfalls anders verhält es sich mit der nach Schoenbaum 1934 durch "Initiative der Partei" gesteigerten "Wettbewerbsfähigkeit der Verbrauchergenossenschaften".[51] Bis zum Februar 1935 dauerten die Versuche des Stellvertreters des Führers zu ihrer Beschränkung. Auf die übergeordneten Reichsinteressen bei der Behandlung der Konsumgenossenschaftsfrage

46 Ein Überblick der verschiedenen Interpretationen bei Kershaw, Der NS-Staat.

47 Neben den bereits nachgewiesenen Arbeiten von Bludau, Hasselmann, Marahrens und Novy/Prinz, ist weiter eine 1989 von Glaeßner vorgelegte Studie zu nennen, die sich zum einen der Einbindung der Konsumvereinsgründungen im 19. Jahrhundert in die Arbeiterkultur und -bewegung, zum anderen der Entstehung und Entwicklung der Konsumvereine in Berlin bis zum Neubeginn nach 1945 widmet. Bei der Darstellung der Jahre von 1933 bis 1945 stützt Glaeßner sich maßgeblich auf die Arbeit Bludaus und den - weiter unten nachgewiesenen - 1987 von Ditt veröffentlichten Aufsatz, auf den hier gleichfalls hinzuweisen ist.

48 So z. B. bei Mason, Sozialpolitik, S. 254 und bei Heuel, Der umworbene Stand, S. 262, mit der völlig unzutreffenden Charakterisierung der Konsumgenossenschaften als gewerkschaftliche Konsumvereine.

49 Schweitzer, Nazifizierung, S. 35.

50 Vgl. ebenda, S. 35f.

51 Schoenbaum, Die braune Revolution, S. 180.

weist zutreffend Winkler hin.[52] Seiner Einbindung des Heß-Erlasses Ende Juni 1933 in die "Kehrtwende der nationalsozialistischen Mittelstandspolitik"[53] kann jedoch nicht gefolgt werden, was in gleicher Weise für die von ihm übernommene These Bludaus zu den sicherheitspolitischen Gründen der Auflösung von Konsumvereinen durch das Gesetz über Verbrauchergenossenschaften gilt.[54] v. Saldern übernimmt in ihrer Analyse der nationalsozialistischen Mittelstandspolitik das von Bludau Schacht zugeschriebene Verdienst, in den diesem Gesetz vorangehenden Verhandlungen den Bestrebungen der Reichsgruppe Handel nach einer völligen Auflösung der Konsumvereine entgegengetreten zu sein.[55] Im Gegensatz dazu kann nachgewiesen werden, daß Schacht selbst einen Gesetzentwurf auf den Weg brachte, der im Reichsfinanzministerium zu der Befürchtung Anlaß gab, es würden - mit erheblichen Folgekosten für den Reichshaushalt - fast alle (und nicht bloß die liquidationsreifen) Konsumgenossenschaften ihre Auflösung beschließen. Wenn auch die Motive für Schachts Vorstoß im Dunklen bleiben, so muß doch die hier überlieferte Rolle des damaligen Reichswirtschaftsministers anders bewertet werden. Bludau[56] übernimmt diese Darstellung zum einen aus der 1948 abgeschlossenen Dissertation von Marahrens[57] und zum anderen aus einem 1936 vorgelegten Sonderbericht des Amtes Information der DAF,[58] der seinerseits in die Arbeit von Marahrens Eingang gefunden hat. Während in dieser im weiteren schon zutreffend auf übergeordnete Reichsinteressen bei der ab 1933 gewandelten Beurteilung der Konsumgenossenschaftsfrage in der NSDAP hingewiesen wurde,[59] bewertet Hasselmann alle Maßnahmen in der Summe als Schritte zur "Vernichtung der Verbrauchergenossenschaften".[60] Seine Betrachtungsweise

---

52 Vgl. Winkler, Der entbehrliche Stand, S. 5; derselbe, Mittelstand, S. 186.

53 Winkler, Der entbehrliche Stand, S. 5. Zur Kritik an Winklers Interpretation im dritten Kapitel.

54 Vgl. Winkler, Der entbehrliche Stand, S. 12.

55 Vgl. v. Saldern, Mittelstand, S. 63.

56 Vgl. Bludau, Nationalsozialismus und Genossenschaften, S. 121.

57 Vgl. Marahrens, Konsumgenossenschaften, S. 92. Trotz ihrer beschränkten Quellenbasis enthält diese Arbeit eine Reihe wichtiger Informationen.

58 Vgl. Sonderbericht des Amtes Information der DAF, Teil I, S. 4. Vgl. zum Vorstehenden auch Abschnitt 4.3.

59 Vgl. Marahrens, Konsumgenossenschaften, S. 142ff.

60 Hasselmann, Konsumgenossenschaften, S. 497 in der Überschrift des letzten Abschnitts im VII. Kapitel "Unter der nationalsozialistischen Diktatur 1933-1945".

bleibt fixiert an der Verdrängung einer Konsumgenossenschaftsbewegung durch "eine gleichgeschaltete Konsumgenossenschaftsorganisation, die nicht mehr den Charakter einer Bewegung hatte, da sie keine eigenen konsumgenossenschaftlichen Ziele mehr verfolgen, keine reine und saubere Genossenschaftsidee mehr vertreten konnte." Oder anders: Die "freien und selbstbewußten Konsumvereine (waren mit der Zwangsverschmelzung im August 1933 - U. K.) in nationalsozialistisch kontrollierte und ihrem Wesen entfremdete »Verbrauchergenossenschaften«"[61] verwandelt worden. Doch sie bestanden bis 1945, wenn auch ab 1941 nicht mehr in genossenschaftlicher Rechtsform, in ihrem wirtschaftlichen Gehalt (trotz der Teilliquidation im Gefolge der gesetzlichen Regelung vom Mai 1935) als Konkurrenten des gewerblichen Einzelhandels fort. Auf diesen Sachverhalt weist auch Ditt in seinem 1987 erschienenen Aufsatz hin. Im Gegensatz zu Hasselmann stellt er fest, daß "erst im Jahre 1941 (...) die Genossenschaftsidee endgültig aufgegeben (wurde); jedoch blieb der Bestand der Konsumgenossenschaften sowie die Zielsetzung der Verbesserung und Verbilligung der Lebenshaltung der Käufer in Konkurrenz zum Einzelhandel erhalten."[62] Ditts Ausführungen ist m. E. tendenziell zuzustimmen. Allerdings werden diese durch die vorliegende Untersuchung in einigen Punkten ergänzt und modifiziert. So diskutiert Ditt beispielsweise weder Bludaus Version über die Initiative führender Konsumgenossenschafter zum Fortbestand der Konsumvereine im April und Mai 1933, noch den im Bundesarchiv Koblenz überlieferten Erinnerungsbericht aus der Feder eines Zeitzeugen, auf den oben hingewiesen wurde.[63] Die Auseinandersetzungen zwischen Reichswirtschaftsministerium und Stellvertreter des Führers um die Werbetätigkeit der Konsumgenossenschaften bleiben ebenso unberücksichtigt[64] wie der Vorstoß Schachts - und die anschließende Intervention des Reichsfinanzministers - in den dem Gesetz über Verbrauchergenossenschaften vorangehenden Verhandlungen.[65] Hingegen übernimmt Ditt nicht die - unzutreffende - Darstellung, wonach der Versuch der Reichsgruppe Handel zur vollständigen Auflösung der Konsumvereine von Schacht verhindert wurde.

Überwiegend sind die in der vorstehenden Literatur-Diskussion als revisionsbedürftig benannten Urteile der ihnen zugrunde liegenden beschränkten Quellen-

---

61 Ebenda, S. 467f. Vgl. a. Oschilewski, Wille und Tat, S. S. 103ff, bes. S. 127f; 60 Jahre GEG, S. 133ff, bes. S. 148.

62 Ditt, Konsumgenossenschaften, S. 110.

63 Vgl. ebenda, S. 84f.

64 Vgl. ebenda, S. 89, 91.

65 Vgl. ebenda, S. 95f. Anstelle der tatsächlich abgehaltenen fünf Besprechungen wurde der Beschluß zur Auflösung von Konsumvereinen nach Ditt in nur einer Sitzung gefaßt.

basis geschuldet.[66] Durch die Auswertung bisher in der Forschung unberücksichtigter Archivalien können aber nicht nur in Einzelaspekten der Konsumgenossenschaftsfrage neue Akzente gesetzt werden. Vielmehr vermag die vorliegende Arbeit zu zeigen, daß der Weg der Konsumgenossenschaften in den ersten vier Jahren des nationalsozialistischen Herrschaftssystems durch ein Geflecht übergeordneter Reichsinteressen bestimmt gewesen ist, die in erster Linie vom Reichswirtschaftsministerium[67] formuliert und gegen mittelständische Interessen in der NSDAP - die vom Stellvertreter des Führers nachhaltig vertreten wurden - durchgesetzt werden mußten. Anders als die Arbeitsfront - gegen deren Expansionsbestrebungen das Reichswirtschaftsministerium seine Zuständigkeit in den wirtschaftspolitischen Angelegenheiten der Konsumgenossenschaftsfrage verteidi-

---

66 Doch werden vorliegende Forschungsergebnisse zuweilen auch ignoriert. So heißt es in einer 1995 erschienenen Arbeit in totalitarismustheoretischer Diktion: "Die zunehmende Eingliederung in die Zentralverwaltungswirtschaft der Vorkriegs- und Kriegszeit von 1933 bis 1945 traf die Genossenschaften in unterschiedlicher Weise. Grundsätzlich paßten die auf demokratischer Selbstverwaltung beruhenden Genossenschaften nicht in das gesellschaftspolitische und wirtschaftsordnungspolitische Konzept des Nationalsozialismus, doch hatten sie sich andererseits eine so starke Machtposition erarbeiten können, daß man sie auch nicht einfach auflösen konnte. Dies geschah denn auch nur in einem einzigen Bereich, nämlich bei den Konsumgenossenschaften, deren sozialistisch orientierte Aktivitäten durch die Zerschlagung ihrer Träger unterbunden werden sollten: Mit diesem Ziel wurden sämtliche konsumgenossenschaftlichen Organisationen, also neben den Verbänden auch die Geschäftszentralen, zunächst der Befehlsgewalt der »Deutschen Arbeitsfront« unterstellt und die beiden national operierenden Spitzenverbände aufgelöst. Im Jahre 1941 übernahm das »Gemeinschaftswerk der Deutschen Arbeitsfront« das gesamte Vermögen der Konsumgenossenschaften, ihrer Verbände und ihrer Zentralen; die Konsumgenossenschaften wurden zu Filialbetrieben, sogenannten Versorgungsringen, zusammengefaßt und hörten damit einstweilen auf zu bestehen", Aschhoff/Henningsen, Genossenschaftswesen, S. 36f. Die 1987 von Ditt und 1991 von mir vorgelegten Aufsätze in der IWK, die eine differenzierte Betrachtungsweise der Jahre zwischen 1933 und 1945 an den Tag legen, bleiben in gleicher Weise unberücksichtigt wie die wichtige Arbeit Bludaus; obwohl der Verweis auf die "sozialistisch orientierte(n) Aktivitäten" der Konsumvereine die Vermutung nahelegt, daß hier (ohne expliziten Nachweis) auf Bludau Bezug genommen wird.

67 Diese Feststellung vermag auch Schachts Initiative vom April 1935 nicht zu ändern. Denn obwohl das zuständige Referat des RWM gemäß der Weisung Schachts einen Gesetzentwurf ausarbeitete, der wegen der befürchteten finanziellen Auswirkungen den RFM auf den Plan rief, hatte es zugleich Schacht auf die hiernach drohenden Gefahren aufmerksam gemacht und gemeinsam mit der zuständigen Abteilung des RFM, der DZK und dem Rkom. für das Kreditwesen einen - den Befürchtungen Rechnung tragenden - neuen Gesetzentwurf erstellt, der im wesentlichen mit dem wenig später verabschiedeten Gesetz über Verbrauchergenossenschaften identisch war.

gen mußte - unternahm der Stellvertreter des Führers in seinen Aktivitäten jedoch keinen Versuch, in die Kompetenz des Ministeriums einzugreifen.

Nach 1936 waren neben veränderten ökonomischen Rahmenbedingungen Machtverschiebungen im polykratischen Herrschaftsgefüge dafür verantwortlich, daß die DAF die Konsumgenossenschaften aus dem Einflußbereich des Reichswirtschaftsministeriums lösen und in ihr "Gemeinschaftswerk" überführen konnte. Diese Entwicklung wäre ohne die durch das Gesetz über Verbrauchergenossenschaften erreichte Lösung, die durch die Auflösung der wirtschaftlich schwachen Konsumvereine zur Stabilisierung der nichtliquidierenden beigetragen hatte, wohl kaum möglich gewesen.

2 Die Konsumgenossenschaften in Deutschland bis zum Ende der Weimarer Republik - eine Skizze ihrer Entwicklung

2.1 Die zyklische Aufwärtsentwicklung bis zum Ersten Weltkrieg

Mit der Zwangsverschmelzung der zentralen konsumgenossenschaftlichen Verbände im August 1933 fanden die unterschiedlichen politischen Orientierungen dieser Selbsthilfeeinrichtungen ihr Ende.

Bis 1933 aber existierten verschiedene zentrale Organisationen dieser Verbraucherselbsthilfe. Von *den* Konsumgenossenschaften (i. S. *eines* alleinigen Verbandes und *seines* politisch homogenen Erscheinungsbildes) zu sprechen, erweist sich bei genauer Betrachtung als unzulässig, wenngleich letztlich die dem Hamburger "Zentralverband deutscher Konsumvereine" (ZdK) angeschlossenen Konsumgenossenschaften ökonomisch bedeutender waren, als die im Kölner "Reichsverband deutscher Konsumvereine" (RV) organisierten.[1]

Das Jahr 1845 stellt den Beginn der Konsumgenossenschaftsbewegung in Deutschland dar, der erste überregionale Zusammenschluß von Konsumvereinen erfolgte 1862.[2] Sowohl bei den örtlichen Konsumvereinen als auch den überregionalen Verbänden handelte es sich noch ausschließlich um bürgerliche, nichtproletarische Einrichtungen, die mehrheitlich in dem "Allgemeinen Verband der deutschen Erwerbs- und Wirtschaftsgenossenschaften" bzw. dessen Vorläufer or-

---

1 Im Geschäftsjahr 1930 erzielten beide Verbände ihre höchsten Umsätze. Diese standen in einem Verhältnis von etwa 6:1 (ZdK:RV). Hinsichtlich der angeschlossenen Konsumgenossenschaften betrug das Verhältnis 3,5:1 und bei den Mitgliedern 3,7:1, vgl. die Tabellen 1 und 5 im Anhang.

2 Diese wohl zutreffende Datierung bei Hasselmann, Konsumgenossenschaften, S. 109. Ebenso Novy, Genossenschaften und Arbeiterbewegung, S. 207 und Huck, Arbeiterkonsumverein, S. 217. Zu den Anfängen der Konsumgenossenschaftsbewegung vgl. Novy, Vorwärts oder rückwärts?, S. 119; Bimberg, Konsumverein, S. 39; Novy/Prinz, Gemeinwirtschaft, S. 18. Göhre nennt 1852 als Jahr der ersten Gründung bürgerlicher Konsumvereine, vgl. Göhre, Arbeiter-Konsumvereine, S. 1. Nach Marahrens, Konsumgenossenschaften, S. 2, entstand 1850 in der Provinz Sachsen der erste Konsumverein Deutschlands. Durch Boykottmaßnahmen des Einzelhandels und behördlichen Widerstand brach dieser jedoch nach drei Jahren zusammen.

ganisiert waren.[3] Hierin hatten - entsprechend den Vorstellungen des Initiators dieser Verbände (Hermann Schultze-Delitzsch) die Rohstoffassoziationen der Handwerker (mittelständische Produzenten) und v. a. die Kreditgenossenschaften das größte Gewicht.[4]

Das Verhältnis zwischen diesen mittelständisch orientierten Erzeugergemeinschaften und Kreditgenossenschaften unter Schirmherrschaft Schultze-Delitzsch' auf der einen, und den - bürgerlich dominierten - Konsumvereinen auf der anderen Seite, gestaltete sich von Anfang an nicht ohne Konflikte. Im Mittelpunkt der Auseinandersetzungen standen mehrere Versuche der Konsumvereine, den Warengroßeinkauf zu organisieren, was an Widerständen im Allgemeinen Verband - namentlich an Schultze-Delitzsch - scheiterte. Göhre erblickt darin "die vielleicht unrühmlichste und verhängnisvollste Leistung Schulzes gegen die deutschen Konsumvereine."[5] Als Verdienst hingegen gilt das von Schultze-Delitzsch entworfene Genossenschaftsgesetz, das 1889 deutsches Reichsgesetz wurde, die Selbsthilfevereinigungen rechtlich absicherte, und zusammen mit der Mitgliedschaft im All-

---

3 Der Allgemeine Verband entstand 1864 aus der "Anwaltschaft der Deutschen Erwerbs- und Wirtschaftsgenossenschaften", welche 1860 wiederum aus dem "Zentralkorrespondentenbüro" von 1859 hervorgegangen war. Vgl. Hasselmann, Konsumgenossenschaften, S. 109, Faust, Genossenschaftsbewegung, S. 197; Göhre, Arbeiter-Konsumvereine, S. 487; Marahrens, Konsumgenossenschaften, S. 2f; Seelmann-Eggebert, Genossenschaftswesen, S. 129; Huck, Arbeiterkonsumverein, S. 219f.

4 Die Charakterisierung des Allgemeinen Verbandes als "mittelständische Genossenschaftsorganisation" (so Novy/Prinz, Gemeinwirtschaft, S. 28) bedarf m. E. insofern der *Konkretisierung*, als es in der Umsetzung der Idee der Produzenten- und Kreditgenossenschaften um die Hebung der ökonomischen Lage v. a. des Handwerks ging. Der Mittelstandsbegriff jedoch ist umfassender zu sehen. Seit den fünfziger Jahren des vorigen Jahrhunderts verlagert er sich vom Bildungs- und Besitzbürgertum hin zu den Kleingewerbetreibenden in Handwerk und Handel. Seit den siebziger Jahren des 19. Jahrhunderts erfährt der Begriff eine erneute Ausdehnung, indem in den Parteiprogrammen von Zentrum und später auch der Konservativen Partei die Bauern dem Mittelstand hinzugerechnet werden. Von diesen drei Gruppen des ökonomisch selbständigen, sogenannten alten Mittelstands ist seit Ende des letzten Jahrhunderts der "neue" Mittelstand, die wirtschaftlich abhängig beschäftigten Angestellten und die freiberuflich Tätigen, zu unterscheiden. Vgl. hierzu ausführlich Winkler, Mittelstand, S. 21ff, bes. S. 23-25; v. Saldern, Mittelstand, S. 9-11, jeweils mit weiterführender Literatur. Zur Parteiprogrammatik vgl. Mommsen, Deutsche Parteiprogramme, S. 215 (zum Programmentwurf des Zentrums von Münster 1870) und S. 79 (zum "Tivoli-Programm" der Deutschen Konservativen Partei von 1892). Vgl. a. Lösche, Kleine Geschichte, S. 31-36, 50-56. Genossenschaften des gewerblichen Einzelhandels gehörten dem Allgemeinen Verband m. W. zumindest in der Zeit vor 1900 nicht an, bäuerliche bzw. landwirtschaftliche Genossenschaften zu keiner Zeit, vgl. Faust, Genossenschaftsbewegung, S. 248.

5 Göhre, Arbeiter-Konsumvereine, S. 28.

gemeinen Verband für die einzelnen Genossenschaftsmitglieder "in politischen Krisenzeiten Sicherheit"[6] bedeutete.

Ab 1890 spitzten sich die Konflikte zwischen Konsumgenossenschaften und Allgemeinem Verband (bzw. den übrigen hierin organisierten Genossenschaften) politisch zu. Mit dem seit dieser Zeit verstärkten Eintritt von Arbeitern in die Konsumgenossenschaften veränderte sich deren soziale Zusammensetzung. Zunehmend entstanden neue *Arbeiterkonsumvereine*, die sich nicht mehr dem Allgemeinen Verband anschlossen.

1894 gelang mit der Gründung der "Großeinkaufs-Gesellschaft deutscher Konsumvereine" (GEG) der Durchbruch von der relativ isolierten lokalen Verbraucherselbsthilfe zur überregionalen sozialen Bewegung. Mit dem Übergang zur zentralen Eigenproduktion und deren kontinuierlicher Ausweitung verfestigte sich die Wirtschaftsmacht der Konsumvereine. Im Gefolge dieser Entwicklung veränderte sich auch das Verhältnis von organisierter Arbeiterbewegung und Konsumgenossenschaften grundlegend. 1905 verabschiedeten die Delegierten des 5. Kongresses der Freien Gewerkschaften eine Resolution, die in den Konsumvereinen

> "ein Mittel zur Erhöhung der Lebenshaltung" sah und alle "gewerkschaftlich organisierten Arbeiter und Arbeiterinnen (aufforderte), durch ihren Beitritt zu den Konsumvereinen und Propagierung der genossenschaftlichen Ideen, die Genossenschaftsbewegung in Deutschland aufs tatkräftigste zu unterstützen."[7]

Die Haltung der sozialdemokratischen Partei veränderte sich nachhaltig erst im Zuge des Revisionismus-Streits.[8] Auf dem Berliner Parteitag von 1892 war ihre Stellung zu den Genossenschaften noch eine deutlich ablehnende. Der Schlußabsatz der verabschiedeten Resolution hatte folgenden Wortlaut:

> "Im übrigen haben die Parteigenossen der Gründung von Genossenschaften entgegenzutreten und namentlich den Glauben zu bekämpfen, daß Genossenschaften imstande seien, die kapitalistischen Produktionsverhältnisse zu beeinflussen, die Klassenlage der Arbeiter zu heben, den politischen und gewerkschaftlichen Klassenkampf der Arbeiter zu beseitigen oder auch nur zu mildern."[9]

---

6 Mersmann, Wirtschaftliche Selbsthilfe, S.23. Vgl. auch Novy/Prinz, Gemeinwirtschaft, S. 20, 23; Göhre, Arbeiter-Konsumvereine, S. 312, der in diesem Gesetz nun Schulzes größte Leistung für die deutschen Arbeiterkonsumgenossenschaften erkennt.

7 Zitiert nach Barthel (Bearb.), Gewerkschaftskongresse, S.135f. Vgl. ferner Mersmann, Wirtschaftliche Selbsthilfe, S.23; Novy/Prinz, Gemeinwirtschaft, S. 27.

8 Zur Bewertung der Konsumgenossenschaften durch Bernstein, vgl. derselbe, Voraussetzungen des Sozialismus, S. 142ff.

9 Zitiert nach Schröder (Bearb.), Parteitage, S. 170. Die gesamte Diskussion in: Protokoll über die Verhandlungen des Parteitages der Sozialdemokratischen Partei Deutschlands zu Berlin 1892, S. 220ff.

Vor 1878, dem Jahr der beginnenden zwölfjährigen Unterdrückung durch das "Sozialistengesetz", standen im "Allgemeinen Deutschen Arbeiterverein" (ADAV), bei den "Eisenachern" (der Sozialdemokratischen Arbeiterpartei) und den dann in Gotha zur Sozialistischen Arbeiterpartei Deutschlands (ab 1891: Sozialdemokratische Partei Deutschlands) vereinigten Strömungen *Produktivassoziationen*/Produktivgenossenschaften im Mittelpunkt der genossenschaftlichen Vorstellungen.[10] Hieran ist deutlich der Einfluß Ferdinand Lassalles auf die Programmatik der Arbeiterparteien abzulesen, der solche (Arbeiter-)Assoziationen durch staatliche Gelder gefördert sehen wollte, was ihm posthum den Vorwurf von Marx einbrachte, sich einzubilden, "daß man mit Staatsanlehn ebensogut eine neue Gesellschaft bauen kann, wie eine Eisenbahn."[11]

Konsumvereine finden in den programmatischen Äußerungen der Arbeiterparteien vor 1878 überhaupt keine Erwähnung. Auch hierfür ist der Einfluß Lassalles verantwortlich, der, gestützt auf seine Überlegungen der Existenz eines ehernen ökonomischen Gesetzes, den Konsumvereinen nicht nur absprach, die Lage des Arbeiterstandes entscheidend heben zu können, sondern sie dafür verantwortlich machte, "daß der *Arbeitslohn in Folge des durch die Konsumvereine billiger gewordenen Lebensunterhaltes um ebensoviel fallen muß*", sobald die Konsumvereine "mehr und mehr den *gesamten Arbeiterstand* zu umfassen beginnen."[12] Dieses sogenannte *eherne Lohngesetz* besteht nach Lassalle darin, "daß der durchschnittliche Arbeitslohn immer auf den nothwendigen Lebensunterhalt reduziert bleibt, der in einem Volke gewohnheitsmäßig zur Fristung der Existenz und zur Fortpflanzung erforderlich ist."[13] *Demgegenüber* wies Marx bekanntlich die *doppelte Wertbestimmung der Ware Arbeitskraft* nach.[14]

1899, auf dem Parteitag zu Hannover, vertrat die SPD gegenüber der Gründung von Genossenschaften nunmehr einen neutralen Standpunkt, sah in ihnen jedoch "keine entscheidende Bedeutung (...) für die Befreiung der Arbeiterklasse aus den Fesseln der Lohnsklaverei."[15]

---

10 Vgl. Schröder (Bearb.), S. 460ff zu den "Programme(n) der Sozialdemokratie".

11 Marx, Kritik des Gothaer Programms, in: MEW 19, S. 26. Zur Position Lassalles siehe sein "Offenes Antwortschreiben an das Central-Comité zur Berufung eines Allgemeinen Deutschen Arbeiter-Congresses zu Leipzig", in: Bernstein (Hg.), Lassalle's Reden und Schriften, Bd. 2, S. 393-455, hier S. 442. Vgl. a. Sywottek, Genossenschaften, S. 21.

12 Zitiert nach Bernstein (Hg.), Lassalle's Reden und Schriften, Bd. 2, S. 428, Hervorh. i. Orig.

13 Ebenda, S. 421, zitiert ohne Hervorh.

14 Vgl. Marx, Das Kapital Bd. 1, in: MEW 23, S. 184ff.

15 Zitiert nach Schröder (Bearb.), Parteitage, S. 171. Zur Bewertung der Konsumvereine durch die deutsche Sozialdemokratie vgl. a. Bludau, Nationalsozialismus und Genossenschaften, S. 85-91; Domack, Genossenschaftssozialismus, S. 91ff; Auszüge aus den Programmen der sozialdemokratischen Parteien bei Mommsen, Deutsche Parteiprogramme,

Zum Durchbruch des genossenschaftlichen Gedankens in der SPD kam es schließlich auf dem Magdeburger Parteitag 1910. In der angenommenen Resolution hieß es:

"Die allgemeine *Verteuerung der Lebensmittel* und der notwendigsten Gebrauchsgegenstände, die vor allem eine Folge der *agrarischen Zoll- und Wirtschaftspolitik* des Deutschen Reiches ist, hat die breiten Volksmassen in steigendem Maße auf die *Nützlichkeit des Zusammenschlusses in Konsumgenossenschaften* hingewiesen.

Je mehr die Massen den *Konsumvereinen beitreten* und dort ihre Bedürfnisse dekken, desto mehr steigert sich die Leistungsfähigkeit dieser Organisationen auf wirtschaftlichem Gebiete. Je mehr die *Mitglieder der Konsumvereine mit den Mitgliedern der sozialdemokratischen Partei und der freien Gewerkschaften identisch* werden und von deren Geist erfüllt sind, desto besser können sie *wertvolle soziale Arbeit* leisten durch Schaffung *vorbildlicher, mit den Gewerkschaften vereinbarter Lohn- und Arbeitsverhältnisse* für ihre Angestellten."

Der Text endet wie folgt:

"Die sozialdemokratische Partei vertritt die Interessen der Konsumgenossenschaften in der Presse und in den parlamentarischen Körperschaften wider die Angriffe ihrer Gegner. Dieses *Eintreten für die Konsumvereine entspricht den Klasseninteressen des Proletariats*, denn die genossenschaftliche Tätigkeit ist eine wirksame Ergänzung des politischen und gewerkschaftlichen Kampfes für die Hebung der Lage der Arbeiterklasse.

Der Parteitag fordert die Genossinnen und Genossen dringend auf, in diesem Sinne zu wirken und *die im Geiste der modernen Arbeiterbewegung geleiteten Konsumvereine zu unterstützen.*"[16]

Dieser Prozeß der Anerkennung der Konsumgenossenschaften als - wie es hier heißt - "wirksame Ergänzung des politischen und gewerkschaftlichen Kampfes für die Hebung der Lage der Arbeiterklasse", als dritter Säule also neben Partei und Gewerkschaft, dieser Wandel in der Bewertung der Konsumvereine war *zum einen* aber auch nur deshalb möglich, weil sich der Konflikt im Allgemeinen Verband zwischen Produzenten- und Kreditgenossenschaften auf der einen und Konsumgenossenschaften auf der anderen Seite politisch und organisatorisch

---

S. 308-314. Vgl. a. Protokoll über die Verhandlungen des Parteitages der Sozialdemokratischen Partei Deutschlands zu Hannover 1899, S. 94ff.

16 Zitiert nach Handbuch der sozialdemokratischen Parteitage 1910-1913, S. 162, Hervorh. i. Orig. Dort auch der vollständige Resolutionstext. Zur Diskussion der Genossenschaftsfrage in der SPD vgl. Bernstein, Voraussetzungen des Sozialismus, passim; Gerhard, Konsumgenossenschaft, passim; Kautsky, Consumvereine, passim; Protokoll über die Verhandlungen des Parteitages der Sozialdemokratischen Partei Deutschlands in Magdeburg 1910, S. 450ff.

"gelöst" hatte. Auf dem Genossenschaftstag des Allgemeinen Verbandes 1902 in Kreuznach provozierte die Verbandsspitze mit einem Ausschließungsantrag den Austritt von ca. 100 sozialdemokratisch orientierten Konsumvereinen, einschließlich der GEG. Noch im gleichen Jahr wurden die Vorbereitungen für einen eigenen Verband getroffen, der dann im Mai 1903 als "Zentralverband deutscher Konsumvereine" (ZdK) gegründet wurde.[17]

Zum anderen muß gesehen werden, daß dieses Bekenntnis der Sozialdemokratischen Partei zu den Konsumgenossenschaften durch die politische Realität insofern überholt war, als, beginnend mit dem Jahrzehnt nach der Aufhebung des Sozialistengesetzes, neben Gewerkschaft und Partei auch die Konsumgenossenschaften einen starken Zustrom von sozialdemokratisch/freigewerkschaftlich orientierten Mitgliedern in Verbindung mit einem Gründungsschub zu verzeichnen hatten.[18] So entstanden neue, von ihrer sozialen Zusammensetzung nicht mehr mittelständisch, sondern sozialdemokratisch geprägte Konsumvereine, in denen nun auch zunehmend Leitungsfunktionen durch diesen Personenkreis ausgefüllt wurden. Von 1890 bis 1900 stieg die Anzahl der (noch dem Allgemeinen Verband angehörenden) Konsumvereine um mehr als das Doppelte auf ca. 570 Genossenschaften, die mehr als 522.000 Mitglieder verzeichnen konnten. Im Jahre 1913 hatten 1.129 zur Statistik des ZdK berichtende Konsumvereine (von 1.157 angeschlossenen) mehr als 1,6 Mio. Mitglieder.[19]

Der allgemein formulierte Zusammenhang, wonach "der Aufstieg der Konsumgenossenschaft zu einer nach Millionen zählenden sozialen Bewegung (...) vom Anwachsen der organisierten Arbeiterbewegung (und damit dem Industrialisierungsprozeß mit seinen spezifischen gesellschaftlichen Problemen - U. K.) nicht zu trennen (ist)"[20] , müßte dahingehend untersucht werden, ob festzustellen ist, daß in früh und/oder stark industriell (im weitesten Sinne) geprägten Regio-

---

17 Die nach dieser Spaltung noch im Allgemeinen Verband verbliebenen Konsumvereine schlossen sich im Jahre 1920 dem ZdK an. Organisatorische Veränderungen im Gefolge abnehmender politischer Differenzen im mittelständisch orientierten Genossenschaftswesen führten im gleichen Jahre (1920) zu einem Zusammenschluß von Allgemeinem Verband und dessen 1901 gegründeten Konkurrenten, dem "Hauptverband deutscher gewerblicher Genossenschaften". Es entstand der "Deutsche Genossenschaftsverband". Vgl. Göhre, Arbeiter-Konsumvereine, S. 494; Novy/Prinz, Gemeinwirtschaft, S. 28f.; Faust, Genossenschaftsbewegung, S. 248-256; Domack, Genossenschaftssozialismus, S. 103; Bludau, Nationalsozialismus und Genossenschaften, S. 16ff.

18 Vgl. Cassau, Konsumvereinsbewegung, S. 125; Novy/Prinz, Gemeinwirtschaft, S. 28f.

19 Vgl. Jb. ZdK, 1928, Bd. 1, S. 330 sowie Tabelle 1 im Anhang dieser Arbeit. Rechnet man die hinter den Einzelmitgliedern stehenden Familienmitglieder hinzu, so erhöht sich die Anzahl derer, die einen unmittelbaren Vorteil durch den Warenbezug im Konsumverein erzielten, um ein Vielfaches.

20 Novy/Prinz, Gemeinwirtschaft, S. 34.

nen des Deutschen Reichs eine Konsumvereinsbewegung auch (entsprechend) früher und zahlenmäßig stärker vertreten war als in den Gebieten, die weniger durch die Industrie geprägt waren.[21] Ein derartiger Versuch ist nun allerdings nicht das Anliegen dieser Arbeit und kann auch ansatzweise nicht unternommen werden.[22] Die bisherigen Ausführungen über die Behandlung der Konsumgenossenschaftsfrage in Gewerkschaften und SPD sollen - ebenso wie die sich anschließenden Bemerkungen - nicht mehr sein als eine Hinführung, eine ganz und gar gedrängte Skizze der konsumgenossenschaftlichen Entwicklung bis zum Ende der Weimarer Republik.[23]

Die Mitgliederentwicklung der Freien Gewerkschaften verlief zwischen 1890 und 1913 noch rasanter als die der Konsumgenossenschaften. Bis zum Jahre 1900 stiegen die Mitgliederzahlen um mehr als das Doppelte (294.551 zu 680.427). 1913 war dann ein Stand von mehr als 2,5 Mio. erreicht.[24]

---

21 Vgl. Cassau, Konsumvereinsbewegung, S. 72ff.

22 Hierzu stattdessen folgende Anmerkung, die natürlich die für ein solches Unternehmen erforderlichen intensiven Regionalstudien nicht ersetzen kann und will, sondern allenfalls die Perspektive eines solchen Vorgehens aufzuzeigen beabsichtigt: Die Verknüpfung der Industrialisierung Deutschlands mit dem Aufstieg der Konsumvereinsbewegung bietet - wohl gerade bei lokal- und regionalgeschichtlicher Akzentuierung - die Chance, soziale Alltagsprozesse neben den "großen Linien" der Partei- und Gewerkschaftsgeschichtsschreibung nachzuzeichnen, um kollektive Lebenszusammenhänge jenseits verklärter Schwärmerei erfahrbar zu machen. Vgl. z. B. Novy/Prinz, Gemeinwirtschaft, S. 34f zur "Integration der Konsumvereine in das sozialdemokratisch-proletarische Milieu", sowie Novy, Genossenschafts-Bewegung, S. 7-21. Besonders die bisherige Vernachlässigung der sogenannten dritten Säule der Arbeiterbewegung durch die sozial- und wirtschaftshistorische Forschung birgt in sich ein großes Reservoir für Fragestellungen einer kritischen historischen Sozialwissenschaft. Vgl. beispielsweise Novy, Praxis und Theorie der Wirtschaftsreformen, S. 291ff.

23 1933 gehörten dem ZdK neben den in den Bezirksverbänden (die zugleich Revisionsverbände waren) angeschlossenen Konsumgenossenschaften weiterhin die GEG und eine Verlagsgesellschaft (zum Druck und Vertrieb genossenschaftlichen Schrifttums) an. Angegliedert waren eine Pensionskasse, eine Feuer- und Sachversicherungs-Aktiengesellschaft ("Eigenhülfe") und die gemeinsam mit den Freien Gewerkschaften gegründete "Volksfürsorge". Dem 1913 gegründeten RV (Vorläufer war der 1908 gegründete "Verband westdeutscher Konsumvereine") gehörten neben den in Bezirksverbänden zusammengeschlossenen Konsumvereinen die "Großeinkaufs- und Produktions-Aktiengesellschaft" (Gepag), ein Ruhegehaltsverein und eine Sterbeunterstützungskasse an. Zur Herausbildung der Organisationen vgl. Hasselmann, Konsumgenossenschaften, passim; Jb. RV, 1930, S. 16ff; Novy/Prinz, Gemeinwirtschaft, passim; Jb. ZdK, 1928, Bd. 1, S. 1-368.

24 Vgl. Hohorst/Kocka/Ritter, Sozialgeschichtliches Arbeitsbuch, S. 135f. Zu Anfang dieser Periode, zwischen 1890 und 1893 war die Mitgliederentwicklung erst rückläufig (1890:

Die Mitgliederentwicklung der SPD läßt sich erst für die Jahre nach der Jahrhundertwende gesichert darstellen, wobei für 1905/06 384.327 Mitglieder erfaßt sind. Im Vergleich zu Freien Gewerkschaften und Konsumgenossenschaften erfolgte der Sprung über die Millionengrenze erst relativ spät, 1913/14 sind knapp 1,1 Mio. Mitglieder ausgewiesen.[25]

Einen Eindruck der Ausbreitung sozialdemokratischen Bewußtseins (im weitesten Sinne) in der deutschen Bevölkerung vermögen die Ergebnisse der SPD bei den Reichstagswahlen zu vermitteln. Zwischen 1890 und 1912 verdreifachten sich fast die für sie abgegebenen Stimmen. Mit 4,25 Mio Wählern brachte es die SPD bei der Reichstagswahl vom Januar 1912 auf 34,8 % der abgegebenen Stimmen.[26]

Der Durchbruch der organisierten sozialdemokratischen Arbeiterbewegung (Freie Gewerkschaften und SPD) zur Massenorganisation in den Jahren nach Aufhebung des "Sozialistengesetzes" ist zum einen eben diesem Gesetz bzw. seiner Aufhebung geschuldet[27] und zum anderen maßgeblich als eine Folge der ökonomischen Entwicklung Deutschlands und deren damit entstandenen Problemen sozialer und politischer Art zu begreifen (die durch das "Sozialistengesetz" eben nicht "in den Griff" zu bekommen waren), mit denen die "Zahl und Bedeutung

---

294.551, 1893: 218.972), um dann den dargestellten Verlauf zu nehmen. Grebing verweist zur Erklärung dieses Rückgangs (sie spricht von einer "Stagnation" in Anschluß an die Streikbewegungen 1889/90) auf "einen konjunkturellen Einbruch, vor allem aber (auf) den Widerstand der Arbeitgeber gegen Streiks und Organisationsbemühungen", die hierbei erstmals die Massenaussperrung als Disziplinierungsinstrument in Arbeitskämpfen einsetzten. Siehe Grebing, Arbeiterbewegung, S. 96 mit weiterführender Literatur. Einen Überblick zur Entstehung und Herausbildung der deutschen Gewerkschaften gibt z. B. Klönne, Arbeiterbewegung, S. 69ff.

25 Diese Zahlen bei Fricke, Arbeiterbewegung, S. 245, vgl. generell ebenda, S. 243ff.

26 Siehe Tabelle 6 im Anhang zu dieser Arbeit.

27 Vgl. Schneider, Gewerkschaften, S. 66: "Das Sozialistengesetz erwies sich insgesamt - vom Standpunkt Bismarcks aus - als Schlag ins Wasser. Die Unterdrückungsmaßnahmen hatten die Entwicklung von SPD und Gewerkschaften bremsen, aber nicht aufhalten können; trotz - oder wegen der staatlichen Ausnahmegesetzgebung war die sozialdemokratische Arbeiterbewegung stärker und vor allem politisch radikaler geworden." Auch Grebing stellt fest, "daß das Sozialistengesetz die Ziele seiner Initiatoren verfehlt hat. Vor aller Welt hatte die deutsche Arbeiterbewegung bewiesen, daß sie nicht zu unterdrücken und das Bismarcksche Herrschaftssystem sichtbar brüchig geworden war", Grebing, Arbeiterbewegung, S. 87. Die durchaus zwiespältigen Konsequenzen des Sozialistengesetzes arbeitet Klönne heraus, z. B. die strenge "»Arbeitsteilung« zwischen wirtschaftlichem Kampf (Gewerkschaften) und politischem Kampf (Partei)" ohne eine "Perspektive politischer Massenkämpfe, die eine Verbindung von Partei- und Gewerkschaftsaktivitäten versucht hätte." Klönne, Arbeiterbewegung, S. 90, generell zur Bilanzierung des Sozialistengesetzes für die Arbeiterbewegung ebenda, S. 65ff und 89ff.

der Arbeiter und Arbeiterinnen (wuchs), die die Trägerschaft des Durchbruchs der Gewerkschaften (und der SPD[28] - U. K.) zur Massenbewegung bildeten."[29]

"Innerhalb weniger Jahrzehnte hatte das Reich seinen Anteil an der Weltindustrieproduktion von 13 % (1870) auf 16 % (1913) erhöht.(...) Deutschland, das erst ein halbes Jahrhundert später als Großbritannien, aber auch einige Jahrzehnte nach Frankreich und Belgien, mit der Industrialisierung begonnen hatte, entfaltete in der Periode der Hochindustrialisierung ein Tempo der industriellen Entwicklung, das seinerzeit in Europa keine Parallele besaß. Seine Industrieproduktion stieg zwischen 1870 und 1913 auf das Sechsfache, im Vergleich dazu die französische auf das Dreifache, die englische auf das Doppelte."[30] Erklärt wird diese Entwicklung v. a. durch die starke Zunahme des Anteils der Wertschöpfung von Industrie und Handwerk an der Gesamtwertschöpfung, die von 26,4 % im Jahre 1870 (3.742 Mio. Mark) auf 41,1 % (19.902 Mio. Mark) - jeweils in Preisen von 1913 - im Jahre 1913 anstieg.

Der Anteil des landwirtschaftlichen Sektors an der Wertschöpfung ging demgegenüber im gleichen Zeitraum von 40,5 % auf 23,3 % zurück.

Einen besonders starken Anstieg verzeichnete der Verkehrssektor, der von 2 % Anteil am Nettoinlandsprodukt zu Faktorkosten im Jahre 1870 auf 6,5 % 1913 anstieg - ein Ausdruck der zunehmenden Bedeutung dieses Bereichs für einen entwickelten Industriestaat am Vorabend des Ersten Weltkriegs.[31]

---

28 Vgl. Grebing, Arbeiterbewegung, S. 100f.

29 Schneider, Gewerkschaften, S. 66.

30 Petzina, Die deutsche Wirtschaft, S. 52. Vgl. auch Wagenführ, Die Industriewirtschaft, S. 6-21.

31 Diese Angaben bei Hohorst/Kocka/Ritter, Sozialgeschichtliches Arbeitsbuch, S. 88f.; Hoffmann, Das Wachstum der deutschen Wirtschaft, S. 454f. Bei den Zahlenangaben für den sekundären Sektor gilt es zu beachten, daß hierin nicht zwischen Industrie- und Handwerksbetrieben unterschieden wurde. Diese weisen aber wichtige Differenzen auf (z.B. im Eigenkapital und in der Betriebsgröße), die für die jeweilige Entwicklung im Industrialisierungsprozeß von Bedeutung sind. Die gemeinsame Darstellung bildet diesen Prozeß also verzerrt ab, er dürfte sich für den industriellen Bereich allein rasanter vollzogen haben, als in den Angaben zum Ausdruck kommt. Bei den Angaben Hoffmanns ist zu berücksichtigen, daß es sich um geschätzte Daten handelt, die zudem nicht unumstritten sind. Dennoch haben sie in die Forschung Eingang gefunden, wohl auch deshalb, weil andere (bessere?) Berechnungen nicht vorliegen. Für die in dieser Arbeit verfolgten Zwecke reichen sie bzw. die auf sie bezogenen Darstellungen allerdings völlig aus. Zur Terminologie siehe Hohorst/Kocka/Ritter, Sozialgeschichtliches Arbeitsbuch, S. 90f. Betont werden muß aber, daß die dort erläuterten Begriffe der Volkswirtschaftlichen Gesamtrechnung sich erst im 20. Jahrhundert (wie übrigens diese selbst) herausgebildet haben, was bei der Benutzung der von Hoffmann extrapolierten Daten ebenfalls zu berücksichtigen ist. Zur Geschichte und Kritik der Volkswirtschaftlichen Gesamtrechnung siehe Costas, Wirtschafts- und Sozi-

Die Zunahme der Wertschöpfung von Industrie und Handwerk ist zum einen auf die Verdoppelung der Zahl der Arbeiter in diesem Bereich (einschließlich Bergbau und Baugewerbe) zurückzuführen. Von knapp 4,1 Mio. im Jahre 1882 stieg sie auf ca. 8,6 Mio. im Jahr 1907. Zum anderen und bedeutenderen Teil ist für die Zunahme der Wertschöpfung des sekundären Sektors (und generell die der gesamten Volkswirtschaft) die Erhöhung der Arbeitsproduktivität verantwortlich.[32]

Der Prozeß der voranschreitenden Industrialisierung Deutschlands wird ferner durch die Veränderungen des Verhältnisses von Arbeitern und Angestellten an den Erwerbspersonen dokumentiert. Für alle drei Wirtschaftssektoren ergibt sich nach Berechnungen von Hohorst, Kocka und Ritter das folgende Bild: Der Anteil der Arbeiter stieg von 66,1 % im Jahre 1882 auf 72,5 % im Jahre 1907, während sich derjenige der Angestellten von 1,9 % auf 5,2 %(!) veränderte.[33]

Eine differenziertere Analyse des deutschen Industrialisierungsprozesses aus sozialgeschichtlichem Blickwinkel kann im Rahmen dieser Arbeit nicht geleistet werden. Bei der Bewertung der referierten Daten ist - neben den schon aufgeführten Vorbehalten - zu beachten, daß es sich um Durchschnittswerte für das Deutsche Reich handelt, in denen regionale Unterschiede nicht angemessen zur Geltung kommen.[34]

Das vorläufige Ende der wirtschaftlichen Aufwärtsentwicklung der Konsumgenossenschaften markierten der Ausbruch und die vier Jahre des Ersten Welt-

---

alstatistik, S. 97ff. Zur Produktion des Verkehrssektors vgl. Hoffmann, Das Wachstum der deutschen Wirtschaft, S. 395ff.

32 Vgl. Hohorst/Kocka/Ritter, Sozialgeschichtliches Arbeitsbuch, S. 66f. Für die Ermittlung der Arbeitsproduktivität sind neben der absoluten Zahl der Arbeiter die von diesen geleisteten Arbeitsstunden erforderlich. Zur Bestimmung der Produktivkraft der Arbeit siehe Marx, MEW 23, S. 54f und 60f. Zur Frage der geleisteten Arbeitsstunden vgl. ebenda, Abschnitte 3-5, passim. Zum Versuch, die Entwicklung der Arbeitsproduktivität seit 1850 darzustellen, vgl. Hoffmann, Das Wachstum der deutschen Wirtschaft, S. 12ff (S. 14, Tabelle 1), 18-21. Zur Problematik der Aussagefähigkeit der Arbeitsproduktivitätsmessung vgl. Costas, Wirtschafts- und Sozialstatistik, S. 139ff.

33 Vgl. Hohorst/Kocka/Ritter, Sozialgeschichtliches Arbeitsbuch, S. 69. Im gleichen Zeitraum ging der Anteil der Selbständigen in allen drei Sektoren von 32,0 % auf 22,3 % zurück.

34 Zu den "Ungleichmäßigkeiten und Verzerrungen" des Industrialisierungsprozesses in Deutschland, die sich nicht nur auf den regionalen Aspekt beschränken, sondern gleichermaßen für seinen zeitlichen Ablauf gelten, siehe Hohorst/Kocka/Ritter, Sozialgeschichtliches Arbeitsbuch, S. 60ff. Für den regionalen Aspekt detaillierter sind die diesen Zusammenstellungen zugrunde liegenden Übersichten zur Verteilung der Erwerbstätigen in den verschiedenen Wirtschaftsektoren nach regionaler Differenzierung, siehe Stat. d. DR, Bd. 211, S. 282ff.

kriegs. Die kriegsbedingten Schwierigkeiten (hauptsächlich aufgrund der Einberufung großer Teile des männlichen Personals und Versorgungsengpässen bei Lebensmitteln) führten in einigen Fällen zum Konkurs von Konsumgenossenschaften, denen es ansonsten gelang, ihren erreichten Stand ohne weitreichende und schwerwiegende Einbrüche des Geschäftsbetriebes zu halten.

Bemerkenswert ist der Anstieg der Mitgliederzahlen, die bei den im ZdK organisierten Konsumgenossenschaften von 1915 auf 1916 die 2-Millionen-Grenze überschritten. Aus Tabelle 4 im Anhang geht hervor, daß in den Kriegsjahren der Anteil der Selbständigen in Gewerbe und Landwirtschaft sowie der der Angehörigen freier Berufe und staatlicher Beamte im Vergleich zu den Vorjahren enorme Zuwächse verzeichnete. Allerdings ging es diesen als Angehörige "sozialer Gruppen, die der Arbeiterbewegung bis dahin gesellschaftlich und politisch ferngestanden hatten (...)", "vor allem um die Sicherung möglichst vieler Bezugsquellen."[35]

2.2 Die Jahre in der ersten deutschen Republik

Das Ende des ersten Nachkriegsjahrfünfts markierte die Einführung der Rentenmark und mit ihr die Stabilisierung der Währung nach dem in der Hyperinflation des Jahres 1923 mündenden Verlauf der deutschen Wirtschaft. Neben immer schnellerer Geldentwertung und deren Folgen für die Volkswirtschaft ist diese Periode durch einen "ausgeprägten industriellen Nachkriegsboom"[36], eine nur in Deutschland zu verzeichnende Inflationskonjunktur gekennzeichnet.

Allerdings sind zuverlässige Daten zur wirtschaftlichen Entwicklung der Weimarer Republik bis 1923 nicht verfügbar, eine Ausnahme bilden die Berechnungen Wagenführs.[37] Diese Feststellung gilt im wesentlichen auch für den Bereich der Konsumgenossenschaften. Sämtliche Angaben über die Umsatzentwicklung

---

35 Novy/Prinz, Gemeinwirtschaft, S. 68. Vgl. Cassau, Konsumvereinsbewegung, S. 10f; Jb. ZdK, 1928, Bd. 1, S. 164ff. Ausführlich für die Zeit des Ersten Weltkriegs, Hasselmann, Konsumgenossenschaften, S. 352ff.

36 Petzina, Die deutsche Wirtschaft, S. 13. Vgl. a. SOST, Ghetto der Arbeiterbewegung, S. 34-42.

37 Siehe Wagenführ, Die Industriewirtschaft. Vgl. a. Czada, Große Inflation, S. 388, wonach "die Inflation (...) selbst, einem perfekten Verbrecher ähnlich, ihre statistischen Spuren im Zeitraum hemmungslosen Preisverfalls verwischt bzw. eine auf vergleichbaren Wertgrößen basierende Rechnung unmöglich gemacht (hat)." Für die Zwischenkriegszeit vgl. die Vielzahl an Beiträgen in: Mommsen/Petzina/Weisbrod (Hg.), Industrielles System, die, obwohl 1973 entstanden, noch immer einen reichhaltigen Fundus für die sozialökonomischen Probleme der Weimarer Republik bilden. Von Bedeutung weiterhin Petzina, Die deutsche Wirtschaft, S. 75ff; Petzina/Abelshauser/Faust, Sozialgeschichtliches Arbeitsbuch III.

(aufgrund der sinkenden Kaufkraft war sie natürlich rückläufig) und zur Bilanz in den Jahren 1919-1924 sind nur begrenzt mit Daten der Vorkriegszeit zu vergleichen.[38] Derartige Versuche werden daher im folgenden auch nicht unternommen.

Neben den Verlusten durch die Inflation profitierten die Konsumgenossenschaften zumindest in einem Punkt von dieser: Ihre Hypothekenschulden waren von 41,3 Mio. Mark auf 10,9 Mio. Reichsmark (1913/1924) zurückgegangen.[39]

Die Stabilisierung der Währung leitete eine neue - die zweite - konsumgenossenschaftliche Aufschwungsperiode ein, die allerdings in ihrer Intensität hinter der in den 1890er Jahren beginnenden und bis 1914 andauernden zurückblieb, was auf den verschärften Konkurrenzkampf v. a. durch neue Großbetriebe des Handels zurückzuführen ist.[40]

Voraussetzung für diesen Aufschwung, "für die wirtschaftliche und ideologische Festigung der Bewegung",[41] war zum einen (um mit dem letzteren zu beginnen) ein "innere(r) Reinigungsprozeß"[42] bezüglich der Mitglieder und der angeschlossenen Konsumgenossenschaften (siehe u. zu den Verschmelzungen), zum anderen eine zunehmende wirtschaftliche Leistungsfähigkeit als Folge von Rationalisierung und gleichzeitigem Ausbau des konsumgenossenschaftlichen Wirtschaftsapparates.[43]

Im Jahrbuch des ZdK von 1925 wurde angekündigt, was dann, beginnend mit dem Geschäftsjahr 1925, zum Vollzug gelangte: die rücksichtslose Bereinigung der Mitgliederlisten. Nach entsprechender Fristsetzung wurden die sogenannten Papiersoldaten, also die Mitglieder, die sich nicht mehr im Konsumverein mit Waren versorgten, ausgeschlossen.[44] Es handelte sich dabei wohl zu einem großen Teil um den Personenkreis, der während des Krieges den Weg zu den Konsumgenossenschaften gefunden hatte.

Parallel dazu erfolgte die Liquidation von wirtschaftlich schwachen Konsumvereinen, worunter v. a. Neugründungen aus der Inflationszeit fielen. "Niemals in der konsumgenossenschaftlichen Geschichte sind so viele Konsumvereine li-

---

38 Zur Umrechnung der Umsätze der Infationsjahre auf Goldmark für die Statistik des ZdK vgl. die Anmerkung 4 zu Tabelle 1 im Anhang.

39 Vgl. Hasselmann, Konsumgenossenschaften, S. 406.

40 Vgl. ebenda, S. 414.

41 Novy/Prinz, Gemeinwirtschaft, S. 68.

42 Ebenda.

43 Vgl. Hasselmann, Konsumgenossenschaften, S. 412.

44 Vgl. Jb. ZdK, 1925ff, jeweils Bd. 1, die Abschnitte über die "Mitgliederbewegung der Konsumgenossenschaften" im Kapitel über den Zentralverband. Dieser Prozeß war 1928 im wesentlichen abgeschlossen. Für den Reichsverband vermutet Hasselmann keine vergleichbar gründliche Bereinigung der Mitgliederlisten, siehe Hasselmann, Konsumgenossenschaften, S. 410. Vgl. weiterhin Verhandlungen und Berichte des Unterausschusses für Gewerbe: (III. Unterausschuß) 9. Arbeitsgruppe (Handel), 1. Band, S. 241.

quidiert worden, wie in den drei Jahren (korrekt gezählt sind es vier Jahre - U. K.) nach der Währungsstabilisierung 1924 bis 1927. Im Jahre 1924 waren es 279, im Jahre 1925 sogar 325 und im Jahre 1926 noch 224, dann war die Bereinigungskrise im wesentlichen abgeschlossen, immerhin wurden auch im Jahre 1927 noch 151 Konsumvereine aufgelöst."[45] Allerdings muß betont werden, daß in diesen Zahlen auch die Verschmelzungen von Konsumgenossenschaften enthalten sind, womit diese Angaben in einem ganz anderen Licht erscheinen, da in diesem Prozeß dann der Rationalisierungseffekt deutlicher zum Ausdruck kommt.[46]

Aussagefähig, weil in Relation zu anderen stehend, sind diese Zahlen aber erst, wenn sie vor dem Hintergrund der ökonomischen Entwicklung der Republik nach der Stabilisierung der Währung betrachtet werden. Die nach der Einführung der Rentenmark (im November 1923) einsetzende "Konjunkturverbesserung konnte (...) nicht darüber hinwegtäuschen, daß der wirtschaftliche Organismus faul war."[47] Zur Ankurbelung der Produktion war liquides Betriebskapital erforderlich, jedoch nicht ausreichend verfügbar. "Infolge des Kapitalmangels gaben die Preise, Devisen- und Effektenkurse nach, begleitet von ersten Konkursen, die besonders im Handel eintraten."[48] Diese allgemeine Feststellung zur ökonomischen Lage des Handelsgewerbes gilt es, im folgenden für die Jahre ab 1924 soweit zu präzisieren, daß von der wirtschaftlichen Situation des Einzelhandels mit Lebensmitteln und Kolonialwaren[49] zumindest ein überblicksartiger Eindruck vermittelt werden kann.

Die anschließende Darstellung widmet sich daher drei ineinander verwobenen Schwerpunkten. *Zum ersten* wird der bereits aufgeworfenen Konkursentwicklung, v. a. im Lebensmitteleinzelhandel, nachgegangen. *Sodann* wird untersucht, welche Betriebsstruktur in diesem Bereich vorherrschend war und ob diese es recht-

---

45 Hasselmann, Konsumgenossenschaften, S. 413, die Zahlen sind ohne Quellenangabe der amtlichen Statistik entnommen, vgl. WISTA, 1925, S. 38; 1926, S. 70; 1927, S. 94; 1928, S. 77 zu den Auflösungen der Konsumgenossenschaften. Diese Angaben finden sich ebenfalls in den Jahrbüchern des ZdK, jedoch sind sie für jeweils ein Jahr später ausgewiesen, siehe z. B. Jb. ZdK, 1928, Bd. 1, S. 512.

46 Vgl. den allgemeinen Hinweis zum "Zusammenschluß" bei Konsumvereinen in: WISTA, 1925, S. 38. Ebenso in WISTA, 1926, S. 70. Von den 224 Auflösungen des Jahres 1926 waren 50 Verschmelzungen, siehe WISTA, 1927, S. 95. Für 1927 lassen sich 54 Verschmelzungen (bei 151 Auflösungen) nachweisen, siehe WISTA, 1928, S. 77. Vgl. weiter die (mißverständliche) Formulierung zum Zusammenhang von Auflösungen und Verschmelzungen bei Hasselmann, Konsumgenossenschaften, S. 413.

47 Krohn, Stabilisierung, S. 56.

48 Ebenda.

49 Im folgenden auch als Einzelhandel mit Nahrungs- und Genußmitteln oder Lebensmitteleinzelhandel bezeichnet. Zur Begründung der Eingrenzung auf diesen siehe weiter unten.

fertigt, von einem "Übersetzungsproblem"[50] zu sprechen. *Abschließend* wird die Frage nach dem Anteil der konsumgenossenschaftlichen Umsätze am Umsatz des Lebensmitteleinzelhandels gestellt, um beurteilen zu können, ob das Konkurrenzverhältnis zwischen Konsumgenossenschaften und gewerblichem, traditionell geführten Lebensmitteleinzelhandel für letzteren ein bedrohliches oder gar existenzgefährdendes war, wie seitens der gewerblichen Mittelstandsvertreter beständig wiederholt und als Begründung für protektionistische Forderungen herangezogen wurde.

Auf bei diesem Vorgehen auftretende (in der Statistik begründete) Schwierigkeiten direkter bzw. zuverlässiger Vergleichbarkeit wird - wo immer nötig - hingewiesen. Zuerst also zu den Konkursen:

Zuverlässige, im Sinne nachprüfbarer, Angaben zur Konkursentwicklung von Konsumvereinen ließen sich kaum ermitteln.[51] Diese verbergen sich in den Auf-

---

50 "Übersetzung" meint den hohen Anteil von leistungsschwachen Kleinbetrieben im Einzelhandel. Die amtliche Statistik führt in der Gewerbezählung 1925 die gewerblichen Niederlassungen (vgl. die Definition in Anm. 1 der Tabelle 9b) mit bis zu fünf Personen als Kleinbetriebe. Hierunter fallen folgende Größenklassen: Alleinbetriebe, 0-Betriebe (vgl. die Definition in den Anmerkungen 4 und 6 der Tabelle 9b), die gewerblichen Niederlassungen mit 1 bis 3 beschäftigten Personen und die mit 4 und 5 beschäftigten Personen (jeweils einschließlich Betriebsinhaber). Nieschlag bestimmt als Übersetzung "das Zuviel an Betrieben (und Beschäftigten), (das) sich vor allem auf leistungsunfähige Klein- und Kleinstbetriebe (erstreckte)", Nieschlag, Weg des deutschen Binnenhandels, S. 813. Mit den gesellschaftlichen Strukturveränderungen seit Mitte des 19. Jahrhunderts wurde der Einzelhandel, so Nieschlag, "vor seine moderne Aufgabe gestellt, große Verbrauchermassen mit allen notwendigen Waren zu versorgen. (...) Lange Zeit hat er (der Einzelhandel - U. K.) geglaubt, daß es ausreiche, wenn die Zahl der Betriebe und Beschäftigten zunimmt, das Handelsnetz also dichter wird; er erkannte die qualitative Seite der modernen Aufgaben nicht, obwohl gerade dort das eigentlich Neue lag. Um breite Verbrauchermassen gut und billig versorgen zu können, genügte die bloße Ausdehnung des Handels bei weitem nicht (...), sondern es war (...) notwendig, (...) die Arten und Formen des Warenangebots und der Verkaufsabwicklung zu reformieren, die Leistungen zu verbessern und die Kosten zu senken, um mit niedrigen Spannen und Preisen auskommen zu können." Ebenda, S. 811.

51 Das Jb. RV, 1930, S. 10, weist (wobei sich eine Quelle nicht feststellen ließ) für die Jahre 1924 bis 1930 folgende Konkurse von Konsumgenossenschaften aus (in Klammern die Zahl der Auflösungen von Konsumvereinen nach dieser Quelle insgesamt): 1924: 33(290), 1925: 35(316), 1926: 34(177), 1927: 13(144), 1928: 8(75), 1929: 8(70), 1930: 11(67). Diese Angaben zur Auflösung von Konsumvereinen differieren erheblich von denen der amtlichen Statistik (siehe o.). Der Grund für diese Differenz ließ sich nicht ermitteln. Die Zahlen im Jahrbuch des RV beziehen sich ebenso wie die der amtlichen Statistik auch auf die Konsumvereine, die in keinem der beiden zentralen Verbände organisiert sind. Im Kalenderjahr 1926 waren dies 567 (bei 285 im RV und 1.090 im ZdK), 1927 456 (RV: 275, ZdK: 1.086). Die wirtschaftliche Bedeutung der nicht verbandlich organisierten Konsum-

stellungen der amtlichen Statistik über die Konkurse von Genossenschaften allgemein[52] sowie den Zusammenstellungen über die Verteilung der Konkurse auf die Berufs-, Erwerbs- und Geschäftszweige.[53] Die Differenzierungen der Kon-

---

vereine ist allerdings nicht erheblich, vgl. Jb. RV, 1926-27, S. 99 und 150f. Zur Erfassung der Konkurse durch die amtliche Statistik vgl. Vjh. z. Stat. d. DR, 1925, H. I, S. 14-16. Für die Konkurse von Konsumgenossenschaften siehe Tabelle 8 im Anhang und die dortigen Quellenangaben.

52 Vgl. WISTA, 1925, S. 39, wonach 1924 95 Genossenschaften in Konkurs gerieten, 1923 waren es 18, 1922 32 Genossenschaften. Die Zahlen für 1925: 130 Genossenschaften, siehe WISTA, 1926, S. 71; für 1926: 174, siehe WISTA, 1927, S. 95; für 1927: 104, siehe WISTA, 1928, S. 77. Sie geben die "Neuen Konkurse" des jeweiligen Berichtsjahres an, die sich zusammensetzen aus eröffneten Konkursverfahren und denen, die mangels Masse nicht eröffnet wurden. In den Konkursstatistiken für das Deutsche Reich finden sich z. T. abweichende Angaben über Konkurse von Genossenschaften. So werden für 1924 98 eingetragene Genossenschaften aufgeführt, Vjh. z. Stat. d. DR, 1926, H. I, S. 146 u. H. IV, S. 108. Für 1925, 1926 und 1927 sind in Reihenfolge 136, 178 und 131 Konkurse eingetragener Genossenschaften ausgewiesen. Vgl. Vjh. z. Stat. d. DR, 1926, H. IV, S. 108 u. 1930, H. II, S. 116. Die Differenzen lassen sich aus der zugrunde liegenden Aufgliederung der Konkurszahlen nach Monaten (die Summe ergibt dann die jährliche Zahl) erklären. Die Angaben in den Konkursstatistiken werden aus Zählkarten der Gerichte zusammengestellt, die Angaben in WISTA nach den Veröffentlichungen im Reichsanzeiger. "Sie erfassen also nicht die in dem betreffenden Zeitabschnitt angeordneten, sondern die vollzogenen Konkurse. Außerdem fehlen die im Reichsanzeiger nicht veröffentlichten Ablehnungen wegen Massemangels." Vjh. z. Stat. d. DR, 1926, H. IV, S. 108. Die Zahlen der Konkursstatistik sind demzufolge nach Lesart des Statistischen Reichsamts eine Berichtigung der in WISTA veröffentlichten Zahlen.

53 Vgl. die Konkursstatistiken für die jeweiligen Jahre in den Vierteljahrsheften zur Statistik des Deutschen Reichs. Die Konkursstatistik für 1923 (in 1925, H. I, S. 92ff.) weist 497 neue Konkurse aus, wobei auf das Handelsgewerbe insgesamt 253 (50,91 %) entfallen. Allein der Warenhandel (und darin sind die Konsumgenossenschaften enthalten) verzeichnete hiervon 203 Konkurse, was 80,2 % der Konkurse des Handelsgewerbes und 40,85 % der gesamten Konkurse im Jahr 1923 ausmacht. Über die Entwicklung in den Jahren 1924-1929 informiert Tabelle 7 im Anhang. Die vom Statistischen Reichsamt erstellten Konkursstatistiken (erstmals für die Konkurse im Jahre 1920) haben für das Jahr 1925 verschiedene Erweiterungen erfahren. Für die hier verfolgten Zwecke reicht es aus, auf die genauere Aufgliederung der Konkurse nach Berufen und Gewerbezweigen in regionaler Gliederung hinzuweisen. Hierbei wurde die Gewerbegruppe XX (Handelsgewerbe) unterteilt in 5 Gewerbeklassen mit 16 weiteren Untergliederungen (Gewerbearten), deren erste die des Warenhandels ist. Vgl. Vjh. z. Stat. d. DR, 1926, H. IV, S. 108 und 119f. Mit der Konkursstatistik für 1926 erfolgte eine weitere Differenzierung des Handelsgewerbes. Von Bedeutung ist hier v. a. die erstmals vorgenommene Gliederung des Warenhandels in Kleinhandel und Großhandel, wobei z. B. "Kleinhandel mit Nahrungs- und Genußmitteln"

kursstatistik für das Handelsgewerbe ab 1926 mit dessen Gliederung in Kleinhandel und Großhandel (ab 1928 Einzelhandel und Großhandel) erlauben die Zusammenstellung der Konkursentwicklung für die Bereiche des Einzelhandels, in denen auch Konsumvereine vertreten waren.[54]

Zwar läßt sich auch mit diesem Vorgehen nicht ermitteln, wieviele Konsumgenossenschaften nach erfolgter Währungsstabilisierung Konkurs anmeldeten, doch es läßt sich ein Eindruck der wirtschaftlichen Verhältnisse des gewerblichen Einzelhandels gewinnen, der mit den Konsumgenossenschaften um Käufer konkurrierte. Es handelt sich im wesentlichen um den Einzelhandel mit Nahrungs- und Genußmitteln.[55] Obwohl auch Schuhwaren, Bekleidung und Wäsche, Möbel und Kohlen in Konsumgenossenschaften erhältlich waren, bleiben diese Bereiche unberücksichtigt, erzielten die Konsumvereine doch um die 90 % ihrer Umsätze mit Nahrungs- und Genußmitteln.[56] Diese Eingrenzung ist m. E. erforderlich, weil beim Vergleich statistischer Erhebungen unbedingt zu beachten ist, ausschließlich tatsächlich Vergleichbares in Beziehung zu setzen[57] und eingeschränkte Vergleichsmöglichkeiten zu benennen.

Trotz des begrenzten Aussagewerts wegen fehlender *direkter* Vergleichsmöglichkeiten mit entsprechenden Angaben über Konsumgenossenschaften vermittelt die Tabelle 8 im Anhang einen ersten Eindruck der wirtschaftlichen Situation im Lebensmitteleinzelhandel. Mit Ausnahme des Jahres 1926 war der Einzelhandel mit Nahrungs- und Genußmitteln innerhalb des gesamten Einzelhandels am stärk-

---

oder "Kleinhandel mit anderen und verschiedenen Waren" aufgeführt sind. Daneben bestehen weitere achtzehn statistische Untergliederungen des Kleinhandels.

54 Der Großhandel findet hier keine Berücksichtigung.

55 Zur Aufnahme des Einzelhandels mit Waren aller Art in den Tabellen vgl. die Anmerkung 2 der Tabelle 9b.

56 Vgl. Benning/Nieschlag, Umsatz, Lagerhaltung und Kosten, S. 69, wonach in beiden Zentralverbänden für die Jahre 1929-1931 der überwiegende Teil der Umsätze auf den Umsatz von Lebensmitteln entfällt, "und zwar bemerkenswerterweise fast der gleiche Prozentsatz (rd. 92 v. H.)." Vgl. weiter Hasselmann, Konsumgenossenschaften, S. 409; Verhandlungen und Berichte des Unterausschusses für Gewerbe: (III. Unterausschuß) 9. Arbeitsgruppe (Handel), 8. Band, S. 28ff.

57 So sind beispielsweise Gegenüberstellungen der Umsatzbewegung von Konsumgenossenschaften und dem gesamten gewerblichen Einzelhandel wenig aussagekräftig. Ganz anders hingegen, wenn Konsumgenossenschaften und Lebensmitteleinzelhandel (im weitesten Sinn) verglichen werden, da beide bezüglich der Art der Waren weitgehend über ein gleiches Sortiment verfügten. Die Aufnahme des Einzelhandels insgesamt in die entsprechenden Tabellen im Anhang verfolgt eingedenk dieses Zusammenhangs denn auch nur den Zweck, einen Eindruck der Größenordnung von Einzelhandel mit Lebensmitteln und Kolonialwaren sowie dem Einzelhandel mit Waren aller Art innerhalb des gesamten Einzelhandels zu vermitteln.

sten von Konkursen betroffen.[58] Begründet ist dies in dem Ursachengeflecht von Übersetzung des Lebensmitteleinzelhandels mit Kleinbetrieben, deren zwangsläufig starker Konkurrenz untereinander, ihrer Kapitalschwäche sowie der Konkurrenz durch die (v. a. aufgrund ihrer Größe über erhebliche Kostenvorteile verfügenden) neuen Betriebsformen der Einheitspreisgeschäfte, Filialbetriebe, Warenhäuser und schließlich auch der Konsumgenossenschaften (mit ihrem leistungsfähigen Großhandel im Hintergrund).[59] Dies gilt es, im folgenden näher zu belegen.

Hierzu werden die Struktur des Lebensmitteleinzelhandels und die der Konsumgenossenschaften für diejenigen Bereiche des privaten (gewerblichen), traditionell geführten Einzelhandels beleuchtet, die aufgrund ihres Warenangebots in direkter Konkurrenz zu Konsumvereinen standen.

Exemplarisch sei eingangs auf die Ergebnisse der Volks- Gewerbe- und Berufszählung vom 16. Juni 1925 verwiesen.[60] Diese Zählung weicht von der des Jahres 1907 in einigen wesentlichen Punkten bezüglich der methodischen Anlage und technischen Durchführung ab. Ferner sind die Gebietsveränderungen des Deutschen Reichs nach dem Ersten Weltkrieg zu berücksichtigen.[61]

---

58 Nur 1926 wies der Einzelhandel mit Spinnrohstoffen, Garnen und Textilwaren aller Art (ohne Bekleidung) mit 1.528 Konkursen eine höhere Ziffer aus als der Einzelhandel mit Nahrungs- und Genußmitteln. Die Konkursentwicklung in den insgesamt 20 Geschäftszweigen des Einzelhandels konnte in Tabelle 8 nicht dargestellt werden. Vgl. hierzu die Quellenangaben dort.

59 Um kein falsches Bild von der Bedeutung dieser Konkurrenz für die traditionell geführten Einzelhandelsgeschäfte aufkommen zu lassen, sei (den weiteren Ausführungen ein wenig vorgreifend) auf eine 1947 veröffentlichte Studie des Deutschen Instituts für Wirtschaftsforschung verwiesen, in der es heißt: "So hatte der Anteil der Warenhäuser in Deutschland in der Zeit zwischen den beiden Weltkriegen in einzelnen Jahren mit 4 bis 4,5 v. H. des gesamten Einzelhandelsumsatzes den höchsten Stand erreicht. Die Einheitspreisgeschäfte (Gemischtwaren-Einheitspreisgeschäfte) kamen in ihrer günstigsten Zeit (1931 und 1932) nicht über reichlich 1 v. H. und die Konsumgenossenschaften brachten es auf nicht mehr als rund 5 v. H. Der Anteil aller sogenannten Großbetriebe des Einzelhandels (also einschließlich der Filialunternehmen, Textilkaufhäuser und so weiter) hat sich in Deutschland zu der für diese Betriebe günstigsten Zeit in der Größenordnung von 15-20 v. H. des Einzelhandelsumsatzes bewegt." Nieschlag, Weg des deutschen Einzelhandels, S. 813.

60 Veröffentlicht in: Stat. d. DR, Bd. 413-418. Vgl. a. Bevölkerung und Wirtschaft 1872 - 1972, S. 187, wonach "statistische Unterlagen über den Binnenhandel (...) in der Vorkriegszeit (das meint hier vor 1939 - U. K.) nur im Rahmen der in längeren Zeitabständen durchgeführten gewerblichen Betriebszählungen" anfielen.

61 Dies ist für die Darstellung statistischer "langer Reihen" von Belang. Hier wird darauf nicht weiter eingegangen. Nur soviel ist hier von Bedeutung: Der durch die Gebietsveränderungen des Deutschen Reiches entstandene Verlust beziffert sich für die Gewerbegruppe XX (Handelsgewerbe) bei den Betrieben auf knapp 64.000 (-8,3 %) und bei den beschäf-

Über die Verteilung der gewerblichen Niederlassungen in den Größenklassen nach der Zählung von 1925 und die Zahl der Beschäftigten gibt Tabelle 9b im Anhang Auskunft (siehe a. Tabelle 9a). Bemerkenswert ist der hohe Anteil von Alleinbetrieben, Betrieben mit 0-Personen und denen mit 1-3 Beschäftigten in den beiden dargestellten Gewerbearten. Im Einzelhandel mit Waren aller Art fallen hierunter 88,21 % (33.509 Betriebe), im Einzelhandel mit Lebensmitteln und Kolonialwaren 93,85 % (242.176 Betriebe) der Gesamtzahl der gewerblichen Niederlassungen. In der Gewerbeklasse Einzelhandel (ohne Buch- und Tabakhandel) sind es 88,76 % (553.687 Betriebe).

In diesen drei Größenklassen sind im Einzelhandel mit Waren aller Art nun allerdings nur 64,67 % der insgesamt in dieser Gewerbeart beschäftigten Personen (einschließlich haupt- und nebenberufliche Inhaber) beschäftigt, im Einzelhandel mit Lebensmitteln und Kolonialwaren lautet der entsprechende Wert 83,24 %, während es für den Einzelhandel insgesamt (auch wieder ausschließlich Buch- und Tabakhandel) 59,61 % sind.

Betrachtet man nur die Betriebe, in denen der Alleininhaber haupt- oder nebenberuflich ohne Angestellte und ohne mithelfende Familienangehörige tätig ist, so machen bereits diese sogenannten Allein- und 0-Betriebe im Einzelhandel mit Waren aller Art 27,08 %, im Einzelhandel mit Lebensmitteln und Kolonialwaren 39,66 % und im gesamten Einzelhandel (auch wieder ohne Buch- und Tabakhandel) 40,38 % aus.

Will man der Übersetzung mit Kleinbetrieben weiter nachgehen, so kann untersucht werden, inwieweit Unternehmen/Firmen von Einzelpersonen in den verschiedenen Größenklassen vertreten sind. Zum Vergleich werden die ermittelten Werte über die von eingetragenen Genossenschaften betriebenen Wirtschaftseinheiten (Unternehmen/Firmen) dargestellt. Zu betonen ist, daß unter den eingetragenen Genossenschaften der größte Teil der Konsumgenossenschaften enthalten sein dürfte, ein exaktes Verhältnis von Einzelinhabern zu Konsumgenossenschaften aus den Tabellen 10a und 10b im Anhang aber nicht abzulesen ist.[62]

---

tigten Personen auf gut 147.000 (-7 %), wenn der Gebietsstand von 1907 zugrunde gelegt wird. Nach dem Gebietsstand des Jahres 1925 hingegen hat im Handelsgewerbe die Zahl der Betriebe um fast 446.000 (+63,7 %), die der Beschäftigten um über 1,2 Mio. (+62,7 %) zugenommen. Die Zahlen nach Stat. d. DR, Bd. 413, T. I, S. 246. Zum Vergleich der Zählungen von 1907 und 1925 vgl. ebenda, S. 73ff (Anlage 13), 244ff. Berücksichtigt werden muß jedoch, daß in diesen Angaben der Geldhandel (Bankgewerbe) enthalten ist, der im Handelsgewerbe die relativ stärksten Zunahmen erfahren hat. "Der Warenhandel ist von der Entwicklung (der Umschichtung der Wirtschaftsstruktur des Deutschen Reichs - U. K.) in sehr verschiedenartiger Weise begünstigt worden." Ebenda, S. 246.

62 Während in den Tabellen 9a und 9b die gewerblichen Niederlassungen und ihre Verteilung nach Größenklassen dargestellt wurde, bezieht sich die Auswertung nach der Rechtsform

In den Wirtschaftseinheiten von Einzelinhabern im Einzelhandel mit Lebensmitteln und Kolonialwaren haben nach der Aufstellung in Tabelle 10a diejenigen mit 0-10 Beschäftigten einen Anteil von 99,75 % (hier sind 96,97 % der in dieser Gewerbeart insgesamt beschäftigten Personen tätig). Für den Einzelhandel mit Waren aller Art liegt der Anteil der Wirtschaftseinheiten mit 0-10 Beschäftigten bei 99,5 % (während 95,3 % der in dieser Gewerbeart Beschäftigten hier tätig sind). Im gesamten Einzelhandel (ohne Buch- und Tabakhandel) fallen 99,05 % der von Einzelinhabern betriebenen Unternehmungen in diese Kategorie, der Anteil der Beschäftigten beläuft sich hier auf 89,54 %.

In den von eingetragenen Genossenschaften betriebenen Unternehmen liegen die entsprechenden Werte erheblich darunter, wie der Tabelle 10b zu entnehmen ist. Die Unternehmen mit 0-10 Beschäftigten stellen im Einzelhandel mit Lebensmitteln und Kolonialwaren einen Anteil von 73,23 % der Wirtschaftseinheiten dieses Bereichs, in ihnen sind knapp 9,3 % aller Beschäftigten tätig. Für den Einzelhandel mit Waren aller Art sind es ca. 71,5 % der Wirtschaftseinheiten mit 11,37 % aller hierin beschäftigten Personen. Für den Einzelhandel insgesamt lauten die Werte 75,98 % für die Unternehmen und 11,51 % für die Beschäftigten.

Aufschlußreich für die betrieblichen Strukturunterschiede zwischen von Einzelinhabern und von eingetragenen Genossenschaften geführten Unternehmungen ist überdies die durchschnittliche Beschäftigtenzahl je Betrieb, die in den Tabellen 10a und 10b errechnet wurde. Diese liegt bei Einzelinhabern des Einzelhandels mit Lebensmitteln und Kolonialwaren in der Größenklasse von 0-10 Personen bei 1,65 Personen. Für die eingetragenen Genossenschaften lautet die entsprechende Zahl 3,46! Im Einzelhandel mit Waren aller Art weisen die von Einzelinhabern geführten Unternehmungen mit 0-10 Beschäftigten durchschnittlich 1,97 Personen aus, die Unternehmungen der eingetragenen Genossenschaften durchschnittlich 3,47!

Über die Verteilung nach der Rechtsform (für alle Betriebsgrößenklassen) im Lebensmitteleinzelhandel und dem Handel mit Waren aller Art auf Grundlage der

---

auf die gewerblichen Unternehmungen/Wirtschaftseinheiten. Die gewerblichen Niederlassungen (örtliche Einheiten) geben insofern ein präziseres Bild der Situation in den untersuchten Bereichen des Einzelhandels, als in ihnen auch die Zweigniederlassungen der gewerblichen Unternehmungen erfaßt werden. Für die Verteilung nach der Rechtsform liefert die amtliche Statistik jedoch nur Zahlen für die gewerblichen Unternehmungen/Wirtschaftseinheiten. Bei der Frage nach der Übersetzung der untersuchten Bereiche des Einzelhandels muß darüber hinaus die veränderte Einteilung der Größenklassen der gewerblichen Unternehmungen nach ihrer Rechtsform berücksichtigt werden. Die Kleinbetriebe lassen sich nicht exakt ermitteln, da sie in der Größenklasse der Wirtschaftseinheiten mit 0-10 Beschäftigten enthalten sind.

Zählung von 1925 geben die Tabellen 11a und 11b im Anhang Auskunft (siehe a. Tabelle 11c für den Einzelhandel insgesamt).

Herausragend ist auch hier der hohe Anteil der Unternehmungen von Einzelinhabern in den jeweiligen Gewerbearten: im Einzelhandel mit Lebensmitteln und Kolonialwaren beläuft er sich auf 97,59 %, im Einzelhandel mit Waren aller Art sind es immerhin auch noch knapp 95 %.

In der Gewerbezählung des Jahres 1933 (Stichtag: 16. Juni) finden erstmals Konsumgenossenschaften in der tabellarischen Darstellung ausdrücklich Erwähnung. Sie wurden, wie in Anmerkung 2 zu Tabelle 9b nachgewiesen, sämtlichst dem Handel mit Waren aller Art zugerechnet. Doch obwohl nun amtliche Daten über Konsumgenossenschaften verfügbar sind, ist ein zuverlässiger Vergleich mit den Ergebnissen der vorangegangenen Zählung des Jahres 1925 nicht möglich, da 1925 Angaben über Konsumgenossenschaften nicht explizit, sondern "versteckt" in den verschiedenen Gewerbearten des Einzelhandels enthalten sind.[63]

Dennoch werden im Fortgang ausgewählte Ergebnisse der Zählung des Jahres 1933 - wie für 1925 - herangezogen, um zumindest für einen weiteren Zeitpunkt (Stichtag) über Daten zur Illustration - vornehmlich der Übersetzung in für diese Arbeit bedeutenden Bereichen des Einzelhandels - zu verfügen. Die Entwicklung der Zeit zwischen den Stichtagen beider Zählungen kann damit nicht nachgezeichnet werden. Versuche, dies über die jeweiligen Gewerbeaufsichtsstatistiken des Statistischen Reichsamts zu unternehmen, scheitern hier (bei einem Überwiegen der Kleinbetriebe) v. a. daran, daß in diesen Statistiken Betriebe mit weniger als fünf Beschäftigten nicht erfaßt und zudem mithelfende Familienangehörige nicht gezählt werden, was ebenfalls gegen ein Heranziehen der Gewerbeaufsichtsstatistiken spricht.[64]

Tabelle 12 im Anhang gibt Aufschluß über die Zahl der Betriebe und der beschäftigten Personen nach Betriebsgrößenklassen im Jahr 1933.

Der Versuch, Resultate der Erhebungen der Jahre 1925 und 1933 in Beziehung zu setzen, wurde vom Statistischen Reichsamt mit der "Vergleichende(n) Über-

---

63 Auch der Vergleich der Gewerbeklassen der Zählungen von 1925 und 1933 im Einzelhandel ist nicht ohne weiteres möglich. War 1925 der Einzelhandel mit Lebensmitteln und Kolonialwaren eine Gewerbeart der Gewerbeklasse Einzelhandel (ohne Buch- und Tabakhandel), so bildet der Einzelhandel 1933 die Gewerbegruppe XXV. Diese war in acht Gewerbeklassen (z. B.: 1. Einzelhandel mit Waren aller Art und 2. Einzelhandel mit Lebens- und Genußmitteln) untergliedert, die ihrerseits wieder in Gewerbearten zerfielen, von denen der Handel mit Lebensmitteln eine ist, die Konsumgenossenschaften eine andere. Vgl. die jeweilige Ordnung der Gewerbearten. Für die Zählung von 1925, Stat. d. DR, Bd. 413 T. I, S. 55ff. Für die Zählung von 1933, ebenda, Bd. 462 H. 1, S. 26ff. Siehe ebenda, S. 10-12 zum Vergleich der beiden Zählungen generell.

64 Vgl. Stat. d. DR, Bd. 413 T. I, S. 248ff; WISTA, 1931, S. 590ff.

sicht über die Ergebnisse der gewerblichen Betriebszählungen 1925 und 1933"[65] unternommen. Hierbei mußten die Abweichungen in den systematischen Gewerbeverzeichnissen der beiden Erhebungen berücksichtigt werden. Dies geschah in der "Gegenüberstellung der Ordnung der Gewerbearten der Zählungen von 1933 und 1925", die den vorgenommenen Vergleichsberechnungen des Statistischen Reichsamts zugrunde liegt.[66] Zu beachten ist, daß diese Gegenüberstellung auf z. T. anderen Größenklassen als in den Zählungen von 1925 und 1933 basiert, worunter die Auswertung der Daten über Kleinbetriebe leidet.

Eine vergleichende Übersicht der Ergebnisse der gewerblichen Betriebszählungen von 1925 und 1933 für ausgewählte Bereiche des Einzelhandels bieten die Tabellen 13a und 13b im Anhang, die für die Entwicklung der Konsumgenossenschaften im Vergleich zum gewerblichen Einzelhandel mit Waren aller Art bzw. Lebens- und Genußmitteln allerdings keine ausreichenden und gesicherten Angaben zu liefern vermögen.[67]

Zuverlässig läßt sich für die Konsumgenossenschaften für die Jahre nach der Währungsstabilisierung folgendes zusammentragen:[68]

Zu Beginn des (auch noch das erste Jahr der Weltwirtschaftskrise einschließenden) Aufschwungs der Konsumgenossenschaften standen Entlassungen - v. a. des weiblichen Verkaufsstellenpersonals - in den Geschäftsjahren 1924 und 1925. Die Anzahl der Verteilstellen aber nahm in beiden Jahren zu, gleichzeitig stiegen die Umsätze erheblich, wobei eine deutliche Zunahme der Eigenproduktion (und Zunahme der Erlöse aus dieser) festzustellen ist.[69]

---

65 Vgl. Stat. d. DR, Bd. 462 H. 2, S. 20ff.

66 Vgl. Stat. d. DR, Bd. 462 H. 1, S. 10. Die Gegenüberstellung S. 42ff.

67 Hier kann hilfsweise auf die Verbandsstatistiken der beiden konsumgenossenschaftlichen Zentralverbände zurückgegriffen werden, aus denen die Anzahl der Konsumgenossenschaften und ihrer Verteilstellen, sowie die Zahl der beschäftigten Personen (jedoch nur für die dem ZdK angeschlossenen Konsumvereine) hervorgeht, vgl. die Tabellen 1, 2 und 5 im Anhang. Die Angaben der Verbandsstatistiken beziehen sich aber (wie bereits in Anmerkung 1 zu Tabelle 1 dargelegt), nicht auf Kalender-, sondern auf Geschäftsjahre.

68 Dies ist v. a. durch die ausführliche Verbandsstatistik des ZdK möglich. Die unmittelbare Vergleichbarkeit mit Daten aus der amtlichen Statistik wird aber durch die unterschiedlichen Erhebungszeiträume erschwert.

69 Zur Entwicklung der Eigenproduktion der dem ZdK angeschlossenen Konsumvereine vgl. 60 Jahre GEG, S. 110ff, sowie die Tabellen 1, 3a und 3b im Anhang. Ferner Hasselmann, Konsumgenossenschaften, S. 422ff; für die Entwicklung im Reichsverband, ebenda, S. 427ff.

Der Rationalisierungseffekt dieser wirtschaftlichen Maßnahmen kommt im Anstieg des durchschnittlichen Umsatzes je beschäftigter Person in den Verteilstellen und seiner Entwicklung in den Folgejahren zum Ausdruck.[70]

Verfolgte die Darstellung ausgewählter Ergebnisse der Gewerbezählungen von 1925 und 1933 den Zweck, die Übersetzung, also den hohen Anteil von Kleinbetrieben in den jeweiligen Gewerbearten zu illustrieren, so soll im folgenden die (volks)wirtschaftliche Bedeutung der Konsumvereine im Vergleich zum gewerblichen, traditionell geführten Lebensmitteleinzelhandel skizziert werden, um abschließend die Frage beantworten zu können, ob die konsumgenossenschaftliche Konkurrenz für diesen - wie fortgesetzt von dieser Seite behauptet - eine bedrohliche oder gar existenzgefährende gewesen ist.

Nach Berechnungen des Instituts für Konjunkturforschung[71] nahm die Umsatzentwicklung im deutschen Einzelhandel von 1924 bis 1931 den in Tabelle 14

---

70 Vgl. Tabelle 3b im Anhang für die dem ZdK angeschlossenen KG. Für den RV waren Vergleichszahlen nicht zu ermitteln. Beim Vergleich der Zunahme des Umsatzes (Erlöses) je beschäftigter Person in den Verteilstellen ist zu beachten, daß es sich für das Geschäftsjahr 1923 um auf Goldmark umgerechnete Umsätze handelt und die Angaben für die Inflationsjahre (ebenfalls umgerechnet) nur unter starkem Vorbehalt mit denen nach der Währungsstabilisierung zu vergleichen sind. Vgl. auch Keiser/Ruberg, Umsatz und Lagerhaltung, S. 31 und 38.

71 Ich beziehe mich hierbei auf Keiser/Ruberg, Umsatz und Lagerhaltung, sowie in erster Linie auf die Studie von Benning/Nieschlag, Umsatz, Lagerhaltung und Kosten, die sich als Fortführung und Vertiefung der erstgenannten Arbeit begreift. Für verallgemeinerbare Aussagen muß natürlich der Frage der Repräsentativität nachgegangen werden: Für die Verfasser selbst erscheint "der Ausschnitt (der erfaßten Betriebe ihrer Folgeuntersuchung - U. K.) so repräsentativ (...), daß daraus sehr wohl Schlüsse auf den Einzelhandel im ganzen gezogen werden können", Benning/Nieschlag, Umsatz, Lagerhaltung und Kosten, S. 5. Allerdings bleiben sie bei 13.239 in ihrer Untersuchung erfaßten Betrieben mit 114.714 Beschäftigten die jeweiligen Gesamtzahlen für den Einzelhandel in Deutschland schuldig. Vgl. allgemein zur Erörterung der Repräsentativität und Methode, ebenda, S. 5-8. Desgleichen in der Studie von Keiser/Ruberg, Umsatz und Lagerhaltung, S. 5-7 und 39ff. Besonders zu erwähnen sind in dieser Quelle (S. 39f) der Hinweis auf die mangelhafte Erfassung der Betriebe mit 1-2 Personen und der Versuch, diesem durch Schätzungen abzuhelfen, sowie die Berechnungen zur Ermittlung der Umsätze je Beschäftigter/m als Grundlage der Umsatzermittlung in den Betrieben. Neben den Ermittlungen des Ausschusses zur Untersuchung der Erzeugungs- und Absatzbedingungen der deutschen Wirtschaft - siehe Verhandlungen und Berichte des Unterausschusses für Gewerbe: (III. Unterausschuß) 9. Arbeitsgruppe (Handel), 1. Band, passim; 8. Band, passim - sind mir keine weiteren vergleichbaren Arbeiten grundlegender Art zur wirtschaftlichen Situation im Einzelhandel bekannt. Die hier erörterten Arbeiten aus dem Institut für Konjunkturforschung sind ohne Zweifel als Pionierarbeiten auf diesem Gebiet zu begreifen.

verschiedenen Branchen des Einzelhandels nicht einheitlich verläuft. Im untersuchten Zeitraum hat der Anteil des Nahrungsmitteleinzelhandels am gesamten Umsatz des Einzelhandels (wenn auch nur leicht) absolut und relativ zugenommen (obwohl auch hier nach dem höchsten Umsatz von 1929 starke Umsatzrückgänge zu verzeichnen sind). Noch stärker gilt diese Feststellung für Konsumvereine (einschließlich Werkskonsumanstalten), die ihren Anteil zwischen 1925 und 1931 fast verdoppeln konnten, was sich erklärt, wenn bedacht wird, daß der weitaus größte Teil der Umsätze der Konsumgenossenschaften mit Lebensmitteln (also Gütern des sogenannten starren Bedarfs) erzielt wird. Es fällt auf, daß die Konsumvereine und Werkskonsumanstalten ihren höchsten Umsatz im Jahr 1930 erzielten, zu einem Zeitpunkt, als der Fachhandel mit Nahrungs- und Genußmitteln bereits einen Umsatzrückgang zu verzeichnen hatte. Danach gingen auch bei Konsumgenossenschaften und Werkskonsumanstalten die Umsätze zurück (für 1932 und 1933 siehe u.).

Bei der genaueren Betrachtung der jeweiligen Umsatzentwicklung (siehe Tabelle 15) läßt sich die allgemeine Aussage bestätigen, daß die Umsätze mit lebensnotwendigen Gütern (des sogenannten starren Bedarfs) im zyklischen Wirtschaftsverlauf "ein größeres Beharrungsvermögen" aufweisen als die Umsätze von Waren, "deren Anschaffung aufgeschoben oder zurückgestellt werden kann."[72] Dazu zählen Waren des Kultur- und Luxusbedarfs (auch bestimmte Genußmittel) und Bekleidungsgegenstände. Aufgrund der besonderen Lage im Wohnungsbau dieser Jahre gilt diese Feststellung nicht für den Einzelhandel mit Hausrat und Wohnbedarf.[73]

Zugleich aber - und das scheint mir ungleich bedeutsamer - zeigt diese Zusammenstellung der Umsätzveränderungen die Dynamik der Entwicklung bei Konsumgenossenschaften[74] im Vergleich zum Fachhandel mit Nahrungsmitteln.

---

72 Benning/Nieschlag, Umsatz, Lagerhaltung und Kosten, S. 12. Siehe a. Vjh. z. Konjunkturforschung, 1932, Teil B, Heft 4, S. 258, wonach auf der Basis der in Tabelle 14 dargestellten Berechnungen der Anteil des Umsatzes des Einzelhandels mit Nahrungs- und Genußmitteln am gesamten Umsatz des Einzelhandels in den Krisenjahren ab 1929 zwar Schwankungen unterlag, jedoch 1932, im Tiefpunkt der Krise, mit knapp 46 % seinen höchsten Wert seit der Stabilisierung erzielte.

73 Vgl. Benning/Nieschlag, Umsatz, Lagerhaltung und Kosten, S. 9 und 13.

74 Angesichts der in Tabelle 16c ermittelten tatsächlichen Kalenderjahresumsätze der im ZdK und - soweit feststellbar - im RV organisierten Konsumgenossenschaften verliert sich fast die Bedeutung der von Benning und Nieschlag in die Erhebung eingeschlossenen Werkskonsumvereine, als auch der Werkskonsumvereine überhaupt. Vgl. Benning/Nieschlag, Umsatz, Lagerhaltung und Kosten, S. 74, wonach der Umsatz aller Werkskonsumgenossenschaften für das Jahr 1927 vom Enquête-Ausschuß zur Untersuchung der Erzeugungs- und Absatzbedingungen der deutschen Wirtschaft auf 72 bis 75 Mio. RM beziffert wurde.

Lagen hier zwischen 1926 und 1929 die jährlichen Umsatzzuwächse jeweils unter 10 %, 1929 nur noch bei 2 %, so verzeichneten Konsumgenossenschaften (und Werkskonsumvereine) Zuwächse von 19 % und 17 %, 1929 noch 12 %. Einen Rückgang gab es bei diesen (wie schon oben erwähnt) erstmals von 1930 auf 1931, wobei er prozentual betrachtet nur halb so groß war wie der des Fachhandels mit Nahrungsmitteln. Nach der Zusammenstellung der Kalenderjahresumsätze in Tabelle 16c sank der Umsatz jedoch auch bei den Konsumgenossenschaften schon von 1929 auf 1930, und zwar um 2,16 %.[75] In das Krisenjahr 1930 fiel in beiden Verbänden das Geschäftsjahr (1.7.1929 bis 30.6.1930) mit den höchsten Umsätzen,[76] obwohl die Preisentwicklung nach der amtlichen Statistik in diesem Jahr rückläufig war.[77] Hasselmann weist zudem darauf hin, daß die Konsumgenossenschaften "in ihren Preisreduzierungen sehr weit gegangen waren, weiter als der Handel im allgemeinen."[78]

Eine zutreffendere Relation zur Beurteilung der Bedeutung der Konsumgenossenschaften im Einzelhandel würde sich ergeben, wenn deren Umsätze - gedenk

---

Siehe a. Verhandlungen und Berichte des Unterausschusses für Gewerbe: (III. Unterausschuß) 9. Arbeitsgruppe (Handel), 3. Band, S. 5.

75 Diese Differenz zu der von Benning und Nieschlag durchgeführten Erhebung (nach dieser kam es erst 1930 zu einem Umsatzrückgang) erklärt sich daraus, daß dieser Untersuchung Angaben von 45 Konsumgenossenschaften (33 des Zdk und 12 des RV) bei insgesamt 1245 in beiden Verbänden im Geschäftsjahr 1930 zugrunde liegen, deren Anteil am Gesamtumsatz ihrer Verbände 51 % bzw. 56 % ausmachte. Hinzu kommen noch 30 Werkskonsumanstalten (von insgesamt 64 der "Verweko", der "Vereinigte Werkskonsumanstalten GmbH., Essen"), die im Jahr 1927 einen Anteil von ca. 40 % aller darin organisierten Werkskonsumvereine erzielten. Bezüglich der im ZdK und RV organisierten Konsumvereine stellen Benning und Nieschlag fest: "Die Ergebnisse (der Erhebung - U. K.) dürften im ganzen als repräsentativ für alle großen Konsumvereine mit ausgedehntem Verteilungsstellennetz sein. Bei der Übertragung der Ergebnisse auf die umfangreiche Zahl der kleinen Konsumvereine mit nur wenigen Verkaufsstellen dürften allerdings Abschläge notwendig sein." Benning/Nieschlag, Umsatz, Lagerhaltung und Kosten, S. 69. Vgl. a. S. 74.

76 Vgl. die Tabellen 1 und 5 im Anhang; Hasselmann, Konsumgenossenschaften, S. 449f. Ferner Marahrens, Konsumgenossenschaften, S. 10ff, der feststellt, daß es den Konsumgenossenschaften besser als den privatwirtschaftlichen Unternehmen gelang, die Krise zu überstehen. "Durch die Wirtschaftskatastrophe sind Gefüge und Grundlage der deutschen Konsumgenossenschaftsbewegung nicht ins Wanken geraten, und der Vorsprung der konsumgenossenschaftlichen Wettbewerbsfähigkeit gegenüber der privatwirtschaftlichen Güterverteilung konnte gehalten werden, ebenda, S. 13.

77 Vgl. WISTA, 1931, S. 19f.

78 Hasselmann, Konsumgenossenschaften, S. 449. Vgl. auch die (nicht belegten!) Ausführungen zum Verhältnis zwischen amtlichem Ernährungsindex und konsumgenossenschaftlichem Ernährungsindex, ebenda, S. 450. Zum Problem der Indizes allgemein vgl. Costas, Wirtschafts- und Sozialstatistik, S. 161ff.

der Tatsache, daß sie den weitaus größten Teil mit Lebensmitteln erzielten[79] - mit denen verglichen werden könnten, die der gewerbliche Einzelhandel dieser Branche erwirtschaftete. Tabelle 16b *nähert* sich in den Teilen I und II diesem Verhältnis. Exakt vergleichbare Angaben lassen sich nicht berechnen, da *zum einen* in den Umsätzen der Konsumgenossenschaften (die zudem noch die Werkskonsumanstalten einschließen) auch solche mit Nicht-Lebensmitteln wiedergegeben werden und *zum anderen* der Einzelhandel mit Nahrungs- und Genußmitteln nicht vollständig ist. Es fehlt der Gemischtwarenhandel, der den Großteil der Umsätze im Geschäft mit Nicht-Lebensmitteln erzielt.

Mit den genannten Vorbehalten läßt sich jedoch feststellen, daß der Anteil der Konsumgenossenschaften am Einzelhandel mit Nahrungs- und Genußmitteln (wenn auch mit unterschiedlichen jährlichen Steigerungsraten) im betrachteten Zeitraum stetig zunimmt.

Von Bedeutung sind in diesem Zusammenhang die Verbandsstatistiken der beiden konsumgenossenschaftlichen Zentralverbände, die jedoch - worauf bereits verwiesen wurde - umfassende Angaben nicht für Kalenderjahre, sondern für Geschäftsjahre liefern.[80] Allerdings lassen sich aus der Konsumgenossenschaftlichen Rundschau, dem Organ des Hamburger Zentralverbandes, für die Jahre 1924 bis 1932 für die diesem angeschlossenen Konsumgenossenschaften die Kalenderjahresumsätze zusammenstellen. Für die Konsumvereine des Reichsverbandes war eine gleiche Zusammenstellung aus den Jahrbüchern des Reichsverbandes für diese Jahre nur lückenhaft möglich.[81]

Im Jahr 1932, dem Tiefpunkt der Krise, ging der Umsatz des Einzelhandels mit Nahrungs- und Genußmitteln (worin derjenige der Konsumgenossenschaften enthalten ist) nach Berechnungen des Instituts für Konjunkturforschung noch einmal um gut 2 Mrd. RM auf nunmehr 10,6 Mrd. zurück.[82]

---

79 Vgl. Anm. 56.

80 Vgl. Tabelle 1, Anm. 1.

81 Vgl. Tabelle 16c im Anhang. Von der Existenz dieser Kalenderjahreserhebungen des ZdK erfährt man weder aus den zeitgenössischen statistischen Arbeiten des Instituts für Konjunkturforschung noch aus denen der Forschungsstelle für den Handel. Auch die hier mehrfach zitierte Arbeit Hasselmanns zur Geschichte der deutschen Konsumgenossenschaften erwähnt diese Kalenderjahreserhebungen nicht. Dies ist nun insofern bemerkenswert, als damit ökonomisch relevante Daten für einen Vergleich mit anderen, gleichfalls auf Kalenderjahre bezogenen Erhebungen, zur Verfügung stehen. Daß die Existenz dieser Kalenderjahreserhebungen aus der einschlägigen Literatur nicht hervorgeht, ist ein großer Mangel. Zur Anlage der Kalenderjahreserhebungen beim Zentralverband vgl. KgR, 1933, S. 146-148.

82 Im gesamten Einzelhandel belief sich der Rückgang auf 5,4 Mrd. RM, womit der Umsatz des Einzelhandels im Deutschen Reich 1932 nur noch 23,1 Mrd. RM betrug. Siehe Vjh. z. Konjunkturforschung, 7. Jg. 1932, Teil B, Heft 4, S. 258.

Im Jahr 1933 verlangsamte sich die rückläufige Entwicklung der Umsätze merklich,[83] um dann bis 1939 in eine stetige Aufwärtsentwicklung überzugehen.

Für die Geschäftsjahre 1932 und 1933[84] weisen die Statistiken der beiden Zentralverbände folgende Umsätze aus: 1932 ca. 1,1 Mrd. RM und 1933 ca. 820 Mio. Reichsmark. Im *Kalenderjahr* 1932 verzeichneten beide Verbände einen Umsatz von etwa 920 Mrd. RM, und im *Kalenderjahr* 1933, dem Jahr, in dem beide Verbände im August zwangsverschmolzen wurden, waren es ca. 704 Mio. RM).[85]

Eine weitere Annäherung zur Erfassung des konsumgenossenschaftlichen Anteils am Umsatz mit Nahrungs- und Genußmitteln unter Einschluß der Jahre 1932 und 1933 liefert Tabelle 16b in Teil III.

Somit erscheint vor dem Hintergrund der vorstehenden Ausführungen und der in den Tabellen 14, 15, 16a, 16b und 16c zusammengestellten Zahlen für die im Reichsverband und Zentralverband organisierten Konsumgenossenschaften ein Anteil von 9-11 % am Einzelhandelsumsatz mit Nahrungs- und Genußmitteln in den Jahren 1929 bis 1931 realistisch.[86] Bezüglich des Anteils dieser Konsumver-

---

83 Hierzu lassen sich aus verschiedenen Quellen leicht voneinander abweichende Zahlen angeben. Vgl. FfH-Mitteilungen, 5. Jg. 1934, Nr.5/6, S. 42, wonach die Einzelhandelsumsätze insgesamt von hier für 1932 ausgewiesenen 21,5 Mrd. RM auf 20,7 Mrd. in 1933 fortgeschrieben werden und nach einer auf Grundlage der Betriebszählung von 1933 erfolgten Neuschätzung auf 21,2 Mrd. RM beziffert werden (diese Angaben verstehen sich ohne die Umsätze des Handwerkshandels). Diese Neuschätzung (siehe Neuschätzung der Einzelhandelsumsätze nach der Betriebszählung von 1933, in: FfH-Mitteilungen, 5. Jg. 1934, Nr. 4, S. 29-40.) liegt vermutlich jedoch zu niedrig. Nach Nieschlag, Weg des deutschen Binnenhandels, S. 812, nahmen die Umsätze im gesamten Einzelhandel von 1932 auf 1933 noch einmal leicht um 0,9 Mrd. auf 21,8 Mrd. RM ab. Der Umsatz des Einzelhandels mit Nahrungs- und Genußmitteln sank hiernach um 0,5 Mrd. auf 10 Mrd. RM (Umsätze ohne die des Handwerkshandels, das sind v. a. Bäcker- und Fleischerumsätze).

84 Diese umfassen die Zeiträume 1.7.1931 bis 30.6.1932 und 1.7.1932 bis 30.6.1933.

85 Die genauen Zahlen und Quellenangaben in den Tabellen 1, 5 und 16c.

86 Bei dieser Schätzung dürften die ausgewiesenen 11 % die *obere Grenze* des konsumgenossenschaftlichen Anteils am Umsatz des Einzelhandels mit Nahrungs- und Genußmitteln angeben. Neben den bisherigen Ausführungen zum Handel der Konsumvereine mit Nicht-Lebensmitteln sowie zum Verhältnis von Warenmenge und Umsatzhöhe (siehe u.) sei noch auf eine Übersicht der Einzelhandelsumsätze des Instituts für Konjunkturforschung verwiesen. Vgl. Vjh. z. Konjunkturforschung, 7. Jg. 1932, Teil B, Heft 4, S. 258, die offensichtlich auf Grundlage der Berechnungen von Benning/Nieschlag, Umsatz, Lagerhaltung und Kosten erstellt worden ist (vgl. a. Tabelle 14 im Anhang). Hiernach belief sich der Umsatz des Einzelhandels mit Nahrungs- und Genußmitteln 1926 auf 13,1 Mrd. RM, 1927 auf 14,3 Mrd. RM, 1928 auf 15,2 Mrd. RM, 1929 auf 15,5 Mrd. RM, 1930 auf 14,6 Mrd. RM, 1931 auf 12,5 Mrd. RM und 1932 auf 10,6 Mrd. RM. Diese Zahlen liegen etwa zwischen 1,4 bis 1,8 Mrd. RM über denen des in den Teilen I und II der Tabelle 16a

eine am Umsatz des gesamten deutschen Einzelhandels dürften bei ebensolcher vorsichtigen Schätzung 3,8-5 % als realistisch betrachtet werden.[87] Für 1932 und 1933 sind die Größenordnungen bei Umsätzen der Konsumgenossenschaften von ca. 920 und ca. 704 Mio. RM (im jeweiligen Kalenderjahr) schon deutlich niedriger.[88] Im wesentlichen dürfte für diese Entwicklung der Terror der mittelständischen Interessengruppen in der NSDAP verantwortlich sein.[89]

Bemerkenswert - und letztlich auch politisch interessant - ist hierbei die Tatsache, daß die Konsumgenossenschaften gerade in den Krisenjahren bis 1931 im Vergleich zum gewerblichen, traditionell geführten Lebensmitteleinzelhandel geringere Umsatzeinbußen zu verzeichnen hatten.

An dem erneuten Zustrom von neuen Mitgliedern (besonders in den Geschäftsjahren 1929-1931 nach der "Bereinigung" der Mitgliederlisten bis 1928) läßt sich die wirtschaftliche Bedeutung der Konsumvereine für die Mitglieder als Verbraucher ablesen. Deutlicher noch tritt deren Vertrauen in die Konsumgenossenschaften zutage, wenn die Entwicklung der Sparguthaben bzw. Spareinlagen der Mitglieder betrachtet wird.[90] Neben den Veränderungen der betrieblichen

---

ausgewiesenen Einzelhandels mit Nahrungs- und Genußmitteln, der jedoch nicht vollständig ist (siehe d. Anmerkungen zu der Tabelle). Zur Vervollständigung der Schätzung des Anteils der (im ZdK und im RV organisierten) Konsumgenossenschaften sind diese Umsatzzahlen als Teil III in die Tabelle 16a aufgenommen. Zur Berechnung des Umsatzanteils der Konsumgenossenschaften am Einzelhandel mit Nahrungs- und Genußmitteln nach diesen Angaben siehe Teil III der Tabelle 16b.

87 Siehe Nieschlag, Weg des deutschen Binnenhandels, S. 882, der für die Zeit um 1930 einen Anteil der Konsumgenossenschaften von 4,5 % am gesamten Einzelhandelsumsatz und 10 % am Umsatz des Einzelhandels mit Nahrungs- und Genußmitteln angibt.

88 Legt man die Umsatzzahlen von Nieschlag, Weg des deutschen Binnenhandels, S. 812 zugrunde, die eine Fortschreibung der Angaben der Vjh. z. Konjunkturforschung, 7. Jg. 1932, Teil B, Heft 4, S. 258 darstellen, so hatten die Konsumgenossenschaften (berechnet nach deren Kalenderjahresumsätzen) 1932 am Einzelhandel mit Nahrungs- und Genußmitteln einen Anteil von 8,76 %, am gesamten Einzelhandel belief er sich auf 4,05 %. Für 1933 lauten die entsprechenden Werte 7,04 % und 3,23 % (siehe a. Teil III der Tabelle 16b).

89 Hierzu näheres im folgenden Abschnitt.

90 1926 betrugen diese für die im ZdK organisierten Konsumvereine 109 Mio. RM, 1927: 176 Mio. RM, 1928: 252,5 Mio. RM, 1929: 340,7 Mio. RM, 1930: 403,9 Mio. RM, 1931: 411 Mio. RM. Es handelt sich um gerundete Zahlen für Geschäftsjahre. Vgl. die exakten Angaben im Jb. ZdK, 1933 Bd. 1, S. 419. Die Bankenkrise vom Juli des Jahres 1931 fällt bei den Konsumgenossenschaften in das Geschäftsjahr 1932, vgl. dazu das folgende Kapitel. Der Rückgang der Spareinlagen auf knapp 293 Mio. RM in diesem Geschäftsjahr dokumentiert, daß auch die Konsumvereine von Auszahlungen in großem Ausmaß (und fehlendem Ausgleich durch Neueinzahlungen) betroffen waren. Vgl. ebenda, S. 66 sowie Marahrens, Konsumgenossenschaften, S. 17ff. Zur Bankenkrise siehe weiter Winkler,

Strukturen nach der Währungsstabilisierung ist hierin wohl in erster Linie "das Fundament des Aufstiegs nach dem Tiefpunkt der Inflationszeit"[91] zu suchen.

Wenngleich nicht geleugnet werden kann, daß die Konsumvereine für die gewerblichen Lebensmitteleinzelhändler Konkurrenten darstellten, kann doch festgestellt werden, daß bei einem (vorsichtig geschätzten) Umsatzanteil der Konsumgenossenschaften von 9-11 % am Lebensmitteleinzelhandel[92] zwischen 1929 und 1931 von einer bedrohlichen oder gar mittelstandsvernichtenden Konkurrenz durch Konsumgenossenschaften nicht die Rede sein kann.

Zu bedenken ist allerdings noch folgendes: *Erstens* bezieht sich diese Durchschnittszahl für den Einzelhandel mit Nahrungs- und Genußmitteln auf das gesamte Wirtschaftsgebiet der Weimarer Republik, regionale (sowie lokale) Unterschiede können hier nicht angemessen zur Geltung kommen. Die Durchschnittslage, die sich in dieser Zahl widerspiegelt, muß nicht identisch sein mit der subjektiven Erfahrung selbständiger Einzelhändler, die - vor Ort - mit Konsumgenossenschaften um Kunden konkurrierten. Dieses Problem mehrerer Ebenen kann hier nur angedeutet werden. Unzweifelhaft steht fest, daß solcherart subjektives Erleben in seiner lokalen (oder auch regionalen) Begrenztheit für mittelstandsprotektionistische Forderungen einen guten Nährboden abgab. *Zweitens* gilt es zu berücksichtigen, daß in Anbetracht der i. d. R. geringeren Preise für die konsumgenossenschaftlichen Waren im Vergleich zum gewerblichen Einzelhandel hinter den Umsatzzahlen verschiedene Warenmengen stehen.[93] Oder anders: Beim Einkauf in den Verteilstellen der Konsumgenossenschaften haben die Verbraucher eine größere Warenmenge erhalten als in den Geschäften der selbständigen Lebensmitteleinzelhändler, wodurch für diese der Verlust durch die Konkurrenz der Konsumvereine größer ist, als er sich in dem genannten Umsatzanteil von 9-11 % darstellt. Eingeschränkt wird dieses Ungleichgewicht der Warenmenge jedoch dadurch, daß in den ausgewiesenen Umsätzen der Konsumgenos-

---

Katastrophe, passim. Die Spareinlagen nach Kalenderjahren finden sich in der KgR, 1933, S. 147. 1930 betrugen sie hiernach ca. 406 Mio., 1931 etwa 319 Mio. und 1932 noch knapp 242 Mio. RM.

91 Novy/Prinz, Gemeinwirtschaft, S. 80.

92 Diese Zahl ist für einen Vergleich relevant, da sie mit den genannten Vorbehalten Vergleichbares (bezogen auf den Einzelhandel mit vergleichbarem Warensortiment) ausdrückt. Die genannten 3,8-5 % Anteil der Konsumgenossenschaften am Umsatz des Einzelhandels insgesamt sind unter dieser Prämisse ungeeignet.

93 Vgl. hierzu die Notiz in der Gewerkschafts-Zeitung 1932, S. 576 über die "Preisgestaltung in den Konsumgenossenschaften", wonach lt. einer Erhebung des Statistischen Reichsamts in 33 Städten am 22. Juni 1932 für 23 der wichtigsten Bedarfsgüter im Einzelhandel 22,64 RM und in den KG des ZdK (nach dessen Feststellungen) 21,49 RM zu zahlen waren. Am 21. Dezember kosteten diese Waren im Einzelhandel 22,47 RM und in den KG 21,36 RM, vgl. Jb. ZdK, 1933, Bd. 1, S. 14. Vgl. auch die Ausführungen in Abschnitt 3.4.

senschaften auch diejenigen enthalten sind, die nicht mit Nahrungs- und Genußmitteln erzielt wurden und zwischen 1929 und 1931 ca. 8 % ausmachten.[94]

Wenn also nicht in der Konkurrenz durch Konsumgenossenschaften, worin lag dann die Bedrohung der wirtschaftlichen Existenz des mittelständischen Lebensmitteleinzelhandels?

Anhand der ausgewählten Ergebnisse der Betriebszählungen von 1925 und 1933 konnte der große Anteil von Kleinbetrieben in den entsprechenden Gewerbearten aufgezeigt werden. Bei aller Vorsicht, die angesichts der mehrfach erwähnten Vorbehalte bezüglich des statistischen Materials geboten ist, kann doch bilanzierend festgestellt werden, daß in dieser Übersetzung mit kapitalschwachen Kleinbetrieben das wesentliche existenzgefährdende Moment zu sehen ist, das für die Inhaber die erträumte gesicherte wirtschaftliche Existenz nicht zuließ.[95]

---

94 Vgl. Anm. 56.

95 Von Übersetzung im Handel, namentlich dem wegen der raschen Warenumschlagszeiten nur geringes Kapital erfordernden Handel mit Nahrungs- und Genußmitteln spricht auch Nieschlag, Weg des deutschen Binnenhandels, S. 812. Die Frage nach der Übersetzung ist in den Kreisen des gewerblichen Einzelhandels selbst diskutiert worden. Hier drei Beispiele: Erstens: In dem amtlichen Organ der Hamburger Detaillistenkammer ("Der Einzelhandel") erschien am 15. März 1927 ein Artikel in dem es hieß.: "(...) Die Ungunst der Verhältnisse, die Abnahme der Kaufkraft der Bevölkerung durch Krieg und Inflation und die gleichzeitige Abwanderung zahlreicher Personen aus den Kreisen der Angestelltenschaft auf das Dornenfeld des »freien Berufs« des Einzelhandels haben die Konkurrenz der Detaillisten untereinander bis zum Äußersten verschärft. (...)." Zitiert nach Flemming/Krohn/Stegmann/Witt (Hg.), Die Republik von Weimar, Bd. 2, S. 335f (Dokument 7b). Zweitens: Der seinerzeitige Direktor des Edeka-Verbandes König äußerte sich in einem Diskussionsbeitrag auf einer Tagung der Forschungsstelle für den Handel im Frühjahr 1931 u. a. wie folgt: Der Handel sei in der Frage der Überfüllung "nicht Subjekt, sondern Objekt der Entwicklung (...). Wir sind es wirklich nicht, die diese Eindringlinge (...) gerufen haben, sondern es handelt sich häufig um Existenzen, die als Opfer der allgemeinen wirtschaftlichen und sozialen Not in den Lebensmittelhandel eingedrungen sind und die glauben, daß ihre Existenz gesichert ist, wenn sie ein Paket Ware über den Ladentisch verkaufen können!" In: Handelsspanne, S. 123, der gesamte Redebeitrag S. 122-126. Drittens: Im März 1932 erschien eine Denkschrift der Hauptgemeinschaft des deutschen Einzelhandels mit dem Titel "Das Übersetzungsproblem im Warenhandel". Anhand der Ergebnisse und einer Kritik der Methoden der amtlichen Betriebszählungen von 1907 und 1925 wird der Frage nach der Vermehrung(!) im Handel nachgegangen und betont, daß diese von der Übersetzung zu trennen ist (vgl. S. 5.). "Unter Verzicht auf eine Definition des Begriffs »Übersetzung«" kommt die Denkschrift zu dem Schluß, "daß jede Vermehrung, die über eine gesunde und organische Entwicklung hinausgeht, als »Übersetzung« angesehen werden müsse. (...) Als »organisch und gesund« wird man jene Ausweitung des Verteilungsapparats bezeichnen müssen, die mit der Vermehrung der Nachfrage, des Bedarfs Schritt hält." (S. 48) Die der Denkschrift zugrunde liegenden Untersuchungen

Die Verantwortlichen für diese wirtschaftliche Lage indes wurden in den sogenannten marxistischen Konsumgenossenschaften,[96] jüdischen Warenhäusern und der Republik von Weimar "gefunden", die den Artikel 164 der Verfassung nun gar nicht zur Zufriedenheit der Mittelstandsideologen erfüllten.[97]

"zeigen, daß in den weitaus meisten Handelszweigen die Vermehrung organisch und ohne bemerkenswerte Überfüllungserscheinungen verlaufen ist. Insbesondere im Handel mit landwirtschaftlichen Produkten und Lebensmitteln, dem in erster Linie der Vorwurf der Übersetzung gemacht wird, dürften Übersetzungserscheinungen nicht zu beobachten sein. (...) Für die Behauptung einer Übersetzung des gesamten Warenhandels dürfte nach diesen Ausführungen wenig Raum bleiben", ebenda. Diese Denkschrift - so wird weiter formuliert - versucht zu zeigen, "daß die Ausweitung des Handels (von 1907 auf 1925 - U. K.) in ihrem Umfang der Bedarfsdeckung entspricht. (...) Erst nach 1929 hat sich das Bild insofern geändert, als sich das Umsatzvolumen stärker verringerte als die Kapazität des *gesamten* Handels" (S. 49, Hervorhebung i. O.), was bei der absteigenden Konjunktur einen besonders heftigen Konkurrenzkampf und die zwangsläufige Ausscheidung unwirtschaftlicher Betriebe zur Folge habe. Politisch gewendet aber liest sich dies an anderer Stelle folgendermaßen: "Die *Ausschaltung unwirtschaftlicher Betriebe*, die man künstlich durch behördliche Massnahmen erreichen will, *vollzieht sich ohnehin unter dem Druck des verschärften Konkurrenzkampfes in der jetzigen Krise mit zunehmender Schnelligkeit*. (...) Nicht zuletzt ist das Anwachsen der Konkursziffern auch eine Folge der vielfachen *Bestrebungen, den selbständigen, privatwirtschaftlichen Einzelhandel auszuschalten*. Verbraucherorganisationen wie Beamtenwirtschaftsvereine und Konsumvereine versorgen ihre Mitglieder durch Bezug vom Erzeuger bezw. Großhändler (...) unter Ausschaltung des Handels (...)". S. 55f, Hervorhebung i. O.

96 Die Angriffe zielten ausdrücklich auf Konsumgenossenschaften und waren nicht gegen Genossenschaften allgemein gerichtet. Siehe z. B. die vorstehend zitierte Denkschrift der Hauptgemeinschaft des deutschen Einzelhandels, S. 54, wonach "auch der kleinbetriebliche Einzelhandel bemüht (ist), durch genossenschaftlichen Zusammenschluß günstigere Einkaufsmöglichkeiten zu erreichen." Bereits seit 1907 bestand die Edeka als "Einkaufsgenossenschaft deutscher Kolonialwaren- und Lebensmitteleinzelhändler", deren Geschäftsbetrieb nicht als mittelstandsgefährdend bzw. -vernichtend begriffen wurde. 1932 belief sich der Umsatz der Edeka-Geschäfte in Deutschland nach den Angaben der Forschungsstelle für den Handel auf 1,2 Mrd. RM, damit lag er um knapp 0,3 Mrd. RM höher als der Einzelhandelsumsatz der beiden konsumgenossenschaftlichen Zentralverbände in diesem Kalenderjahr. Vgl. FfH-Mitteilungen, 4. Jg. 1933, Nr. 9, S. 87; König, Händlergenossenschaft, S. 87f.

97 Hierüber ausführlicher im folgenden Abschnitt. Zur politischen Entwicklung des Kleinhandels in der Weimarer Republik siehe Winkler, Mittelstand.

2.3 Der Kampf des gewerblichen Mittelstands und der NSDAP gegen die Konsumgenossenschaften als einer unerwünschten Großbetriebsform im deutschen Einzelhandel

Angriffe gegen die Konsumgenossenschaften sind so alt wie diese selbst. Die Organisationen des gewerblichen Einzelhandels - insbesondere die des Einzelhandels mit Lebens- und Genußmitteln - sowie Verbände einzelner Handwerkszweige (vor allem die der Bäcker und Fleischer, aber auch der Müller) bekämpften die konsumgenossenschaftlichen Selbsthilfeeinrichtungen, sobald sie ihnen am Markt als Konkurrenten gegenübertraten.

Bestimmten in den Jahren der "Großen Depression", der wirtschaftlichen Krise zwischen 1873 und 1896, die "Schutzverbände" (zu Beginn noch beschränkt auf die örtliche Ebene) gegen die aufkommenden Großbetriebsformen im Einzelhandel das Bild,[98] so wurden diese mit Beginn der Aufschwungsphase ab 1896 (und besonders nach der Jahrhundertwende) allmählich von "Fachverbänden" und vereinzelten "Einkaufsgenossenschaften" verdrängt und schließlich nach 1918 abgelöst.[99]

Ein wesentliches Bestimmungsmerkmal des gewerblichen Mittelstands im Einzelhandel mit Nahrungs- und Genußmitteln in den Jahren der ersten deutschen Republik war, wie gezeigt, dessen Übersetzung mit einer Vielzahl von Kleinbetrieben. Die auf Artikel 164 der Weimarer Verfassung Bezug nehmenden Forderungen der verschiedenen Organisationen des gewerblichen Lebensmittel-Einzelhandels, diesen selbständigen Mittelstand "in Gesetzgebung und Verwaltung zu fördern und gegen Überlastung und Aufsaugung zu schützen", richteten sich v. a. gegen die Großbetriebsformen im Einzelhandel, gegen die Warenhäuser, Einheitspreisgeschäfte und Konsumgenossenschaften.[100]

Bis in die letzten Jahre der Weimarer Republik bewegten sich die Auseinandersetzungen um die Konkurrenz der Konsumvereine zum einen im Rahmen einer

---

98 Eine Übersicht über einige örtliche Schutzvereine gibt Wein, Verbandsbildung, S. 38. Zu überregional tätigen Schutzverbänden vgl. ebenda, S. 42f.

99 So wurde z. B. im September 1917 der "Reichsverband deutscher Kolonialwaren- und Lebensmittelhändler e. V., Berlin" gegründet, der ab 1926 der allgemein anerkannte Fachverband im Einzelhandel mit Kolonialwaren in Deutschland war. Gleichfalls 1917 entstand im November mit Sitz in Hannover der "Reichsbund des deutschen Lebensmittelhandels", dem bis 1920 auch der 1905 gegründete "Edeka-Verband" angehörte. Vgl. ebenda, S. 138ff. Eine Übersicht über Spezialfachverbände im deutschen Lebensmitteleinzelhandel ebenda, S. 182f. Vgl. a. Winkler, Mittelstand, S. 47f.

100 Der vollständige Wortlaut des Artikels 164 der Weimarer Verfassung: "Der selbständige Mittelstand in Landwirtschaft, Gewerbe und Handel ist in Gesetzgebung und Verwaltung zu fördern und gegen Überlastung und Aufsaugung zu schützen." Abgedruckt in: Hildebrandt (Hg.), Verfassungen, S. 109.

zunehmend organisierten Verbandspolitik, die von den Rechtsparteien mit großem Nachdruck eine staatliche Förderung ihres Anliegens - eine Politik zur Erhaltung des gewerblichen Mittelstands - verlangte und sich dabei auf den Artikel 164 berufen konnte; zum anderen - und dies betont nochmals das starke protektionistische Element in den Fachverbänden des mittelständischen Einzelhandels mit Nahrungs- und Genußmitteln - lassen sich, einem rotem Faden gleich, seit der Gründung des Zentralverbandes deutscher Konsumvereine 1903 örtliche und regionale, direkte Aktionen dieser Kreise gegen Konsumgenossenschaften verfolgen.

Im Zentrum der mittelständischen Interessenpolitik gegen die Konsumgenossenschaften auf Reichs- und Länderebene standen neben genossenschaftsrechtlichen Fragen zum Mitgliedergeschäft vor allem Auseinandersetzungen über deren steuerliche Behandlung, insbesondere über ihre Gewerbe-, Körperschaft- und Umsatzsteuerveranlagung.

Seit 1896 stand durch die Novelle zum Genossenschaftsgesetz die Warenabgabe an Nichtmitglieder unter Geldstrafe.[101] Die Beschränkung der Geschäftstätigkeit auf den Kreis der Mitglieder findet sich bereits im Preußischen Genossenschaftsgesetz von 1867[102] und dem Gesetz des Norddeutschen Bundes aus dem Jahr 1868.[103] Eine Strafandrohung enthielten diese beiden hingegen nicht. Auch der Gesetzentwurf von Schultze-Delitzsch sah 1863 vor, den Geschäftsbetrieb auf die Mitglieder zu beschränken. Erst das Reichsgesetz von 1871 ließ die Warenabgabe an Nichtmitglieder zu.[104] 1888 setzten Konservative und Zentrum das Verbot erneut durch, der Verstoß stand jedoch noch nicht unter Strafe. Diese Bestimmung wurde erst 1896 (siehe o.) in das Gesetz aufgenommen.[105] Im gesamten Reichsgebiet versuchten örtliche Konkurrenten nun in beharrlicher Stetigkeit, die Konsumgenossenschaften durch Spitzel bei einem Verstoß gegen diese Bestimmung zu überführen.

---

101 Siehe das Gesetz betreffend die Abänderung über die Erwerbs- und Wirtschaftsgenossenschaften vom 1. Mai 1889 sowie den Geschäftsbetrieb von Konsumanstalten. Vom 12. August 1896. RGBL, S. 695. Das Gesetz betreffend die Erwerbs- und Wirtschaftsgenossenschaften vom 1. Mai 1889: RGBL, S. 55. Siehe a. Sammlung des Bundesrechts, BGBL III, Sachgebiet 4 Folge 19 vom 1. März 1961, S. 113.

102 Vgl. das Gesetz betreffend die privatrechtliche Stellung der Erwerbs- und Wirtschaftsgenossenschaften. Vom 27. März 1867. Gesetz-Sammlung für die Königlich-Preußischen Staaten, S. 501, hier § 1 Abs. 4.

103 Gesetz betreffend die privatrechtliche Stellung der Erwerbs- und Wirtschaftsgenossenschaften. Vom 4. Juli 1868. BGBL (des Norddeutschen Bundes), S. 415.

104 Gesetz betreffend die Deklaration des § 1 des Gesetzes vom 4. Juli 1868 (Bundesgesetzblatt des Norddeutschen Bundes S. 415). Vom 19. Mai 1871. RGBL, S. 101.

105 Vgl. Wein, Verbandsbildung, S. 69.

Bezüglich der Gewerbe- und Einkommensteuer (Körperschaftsteuer) ging die Auseinandersetzung um die Frage, ob Konsumgenossenschaften im Mitgliedergeschäft überhaupt als Gewerbebetrieb anzusehen sind. Um Waren im Konsumverein erhalten zu können, war die Mitgliedschaft Voraussetzung. Rechtlich betrachtet, erfolgte in den Verteilstellen(!) - und nicht etwa Verkaufsstellen - der Genossenschaften kein Verkauf, sondern eine Warenabgabe, welcher nicht die Absicht einer Gewinnerzielung, sondern die Versorgung der Mitglieder mit preiswerten und "reellen Waren"[106] zugrunde lag. In die gleiche Richtung weist die Heranziehung der Konsumgenossenschaften zur Umsatzsteuer. Durch die ausschließliche Warenabgabe oder -verteilung an Mitglieder lag bei den ihm angeschlossenen Vereinen nach Ansicht des Zentralverbands "nicht nur wirtschaftlich, sondern auch juristisch kein Umsatz vor."[107]

Die Bereitschaft der bürgerlichen Rechtsparteien, die Interessen des gewerblichen Mittelstands programmatisch und praktisch politisch zu vertreten, reichten diesem i. d. R. nicht aus. Wenn die Parteien sich auch mit unterschiedlichem Nachdruck für den gewerblichen Mittelstand einsetzten, so stimmten sie darin überein, "daß besondere Mittelstandsparteien der Sache des Kleingewerbes nur schaden könnten."[108] Dessen Enttäuschung über die seiner Ansicht nach ausbleibenden Erfolge der Mittelstandspolitik der Rechtsparteien "fand ihren Ausdruck in eigenen Mittelstandsvereinigungen und Mittelstandsparteien, die zum größten Teil ohne praktische Bedeutung blieben."[109] Eine bemerkenswerte Ausnahme stellt allein die "Reichspartei des deutschen Mittelstandes" dar, die schon 1920 als "Wirtschaftspartei" gegründet worden war und der es besonders in der Zeit der Präsidialkabinette gelang, "gelegentlich eine Schlüsselstellung im Reichstag (zu) erlangen. In allgemeinpolitischen Fragen orientierungslos, machte sie ihr Votum häufig von irgendwelchen Konzessionen auf dem Gebiet der Mittelstandspolitik abhängig. Sie verkörperte auf paradoxe Weise den mittelständischen Überdruß an der »Parteipolitik« und war zumindest in dieser Hinsicht eine Vorfrucht des Nationalsozialismus."[110] Eine solche Schlüsselrolle nutzte sie im ersten

106 Das meinte v. a. unverfälschte, nicht mit irgendwelchen Fremdstoffen gestreckte Waren (z. B. Milch mit Wasser, Zucker mit Mehl oder Gips, Butter mit nichttierischen Fetten) und Waren, deren Gewicht korrekt war; beispielsweise finden sich regelmäßig Berichte über den Verkauf mindergewichtigen Brotes durch selbständige Bäckermeister, vgl. Hasselmann, Konsumgenossenschaften, S. 35ff und die regelmäßigen Notizen in der KgR.

107 Jb. ZdK, 1926, Bd. 1, S. 54. Nach Einführung einer allgemeinen Umsatzsteuer in Deutschland durch das Umsatzsteuergesetz vom 24.12.1919 (RGBL, S. 2157) hatte der ZdK die Umsatzsteuerveranlagung der Konsumvereine noch akzeptiert, vgl. Jb. ZdK, 1921, Bd. 1, S. 52f.

108 Winkler, Mittelstand, S. 123.

109 Ebenda, S. 139.

110 Ebenda, S. 124.

Kabinett Brüning - in dem sie den Justizminister stellte - in den Beratungen des Reichshaushalts für das Rechnungsjahr 1930/31, um die Umsatzsteuer für Einzelhandelsunternehmen mit einem Gesamtumsatz von mehr als einer Million RM um ein halbes Prozent auf 1,35 % heraufzusetzen, was sich fast ausschließlich auf Warenhäuser und Konsumgenossenschaften auswirkte. Die Erhöhung erging im Gesetz zur Änderung des Biersteuergesetzes.[111] Der ZdK bewertete diese Sonderumsatzsteuer als "schandbares Ausnahmegesetz gegen die Konsumvereine. (...) Der Bestand des jetzigen Kabinetts Brüning wurde bis auf weiteres durch skandalöse Benachteiligung der Verbraucherinteressen erkauft!"[112] Die Gruppe der NSDAP-Abgeordneten hatte geschlossen gegen das Gesetz gestimmt. Wichtiger, als mit der Sonderumsatzsteuer für mittelstandspolitische Forderungen einzutreten, war es der NSDAP zu diesem Zeitpunkt, der Regierung Brüning nicht mit nationalsozialistischen Stimmen über die erste politische Hürde des Etatabschlusses zu verhelfen. Die Einführung der erhöhten Umsatzsteuer "hat mit dazu beigetragen (...), jene Lawine extrem protektionistischer Forderungen auszulösen," welche für den Bereich des Einzelhandels auf eine Einschränkung der Gewerbefreiheit zielten, und "schließlich den Staat von Weimar unter sich begrub(en)."[113]

Die Politik sämtlicher Präsidialkabinette vermochte den mittelständischen Einzelhandel letztlich nicht zufrieden zu stellen. Seine Ängste vor der als übermächtig empfundenen Konkurrenz der Großbetriebsformen im Einzelhandel wurden ab 1929 von der NSDAP auch organisatorisch aufgegriffen. In diesem Jahr "entstanden in den »Gauen« nationalsozialistische Wirtschafts- und Kampfbünde mittelständischer Orientierung mit der Aufgabe (so der Völkische Beobachter - U. K.), »den nationalsozialistischen Gedanken im Kampf gegen die Warenhäuser

---

111 Gesetz zur Änderung des Biersteuergesetzes. Vom 15. April 1930. RGBL I, S. 136. Es erhielt bei 228 zu 223 Stimmen die Zustimmung der DVP, des Zentrums, großer Teile der DNVP, der Christlich-Nationalen Volksgemeinschaft, der Bayerischen Volkspartei, der Wirtschaftspartei, der Deutschen Bauernpartei, der Deutsch-Hannoverschen Partei, der Volksrechtspartei und der DDP, worüber der ZdK besonders empört war, vgl. KgR, 1930, S. 291f und 303ff; Verhandlungen des Reichstags. IV. Wahlperiode 1928, Bd. 427, S. 5000ff. Die Sonderumsatzsteuer (auch Großbetriebssteuer genannt) war nach Winkler "Teil eines Tauschgeschäftes, das den Schutzzollforderungen der Agrarier die Zustimmung auch der Wirtschaftspartei sicherte", Winkler, Mittelstand, S. 141. Die Zustimmung der Bayerischen Volkspartei wurde ermöglicht, weil die Erhöhung der Biersteuer moderater ausfiel als beabsichtigt, vgl. die Bekanntmachung der Neufassung des Umsatzsteuergesetzes. Vom 8. Mai 1926. RGBL I, S. 218. Ferner die VO über die Änderung der Durchführungsbestimmungen zum Umsatzsteuergesetz (erhöhte Umsatzsteuer). Vom 27. Juni 1930. RGBL I, S. 194.

112 KgR, 1930, S. 303.

113 Winkler, Mittelstand, S. 141.

und Konsumvereine praktisch in die Wege zu leiten«."[114] Federführend wurde die "Kampfgemeinschaft gegen Warenhaus und Konsumverein des Gaues München-Oberbayern der NSDAP" unter Georg Sturm. Daß die Ängste im gewerblichen Einzelhandel im Ganzen gesehen einer realen Grundlage entbehrten, ist bezüglich der Verteilung der Einzelhandelsumsätze im deutschen Reich bereits im zweiten Abschnitt dieses Kapitels analysiert worden, u. a. weist auch Winkler auf diesen Sachverhalt hin.[115]

Vor Ort sahen sich die Konsumgenossenschaften ab 1928/29 mit einer neuen Qualität gegen sie gerichteter Politik konfrontiert, die unter dem Einfluß der nationalsozialistischen Kampfgemeinschaften und der Wahlerfolge der NSDAP in der Weltwirtschaftskrise bis 1933 zunehmend aggressiver und gewalttätiger wurde. Bis dahin bewegten sich die Aktionen aus den Kreisen des gewerblichen Mittelstands im Rahmen der oben skizzierten Schutzbundpolitik protektionistischen Gepräges, i. d. R. ohne eine langfristig angelegte politische Strategie zur Durchsetzung ihrer Forderungen. Als aufschlußreiche Quellen sind in dieser Hinsicht die Jahrbücher des ZdK und dessen Mitgliederzeitschrift, die "Konsumgenossenschaftliche Rundschau" heranzuziehen. Für die Jahre ab 1924 soll im folgenden eine kurze - und nicht vollständige - Übersicht aus diesen Quellen einen Eindruck der Aktionen vermitteln, denen sich die Konsumgenossenschaften zunächst vor Ort und schließlich auch reichsweit gegenübersahen.[116]

Fast schon traditionell sind die Versuche zu nennen, die Konsumgenossenschaften über angestiftete "Käufe" von Nichtmitgliedern der Warenabgabe an Nichtmitglieder bezichtigen zu können.[117] Desweiteren wurden Lieferanten der Konsumvereine zu Liefersperren veranlaßt[118] und Boykottaufrufe gegen gewerbetreibende Mitglieder von Konsumgenossenschaften erlassen,[119] die zuvor durch

---

114 VB, MA, vom 18.1.1933, zitiert nach Uhlig, Warenhäuser, S. 66. Vgl. auch ebenda, S. 63.

115 Vgl. Winkler, Mittelstand, S. 144.

116 In den Jahrbüchern des Kölner Reichsverbandes hat dagegen keine Auseinandersetzung mit derartigen Aktionen stattgefunden. Vereinzelte Nachweise finden sich in dessen Mitgliederorgan "Konsumgenossenschaftliche Praxis".

117 So z. B. durch die Handwerkskammern in Meiningen und Frankfurt/Oder, Jb. ZdK, 1924 Bd. 1, S. 29; Bäckermeister in Gladbeck, Jb. ZdK, 1925 Bd. 1, S. 81; Geschäftsleute in Gleiwitz, Jb. ZdK, 1928 Bd. 1, S. 429.

118 So z. B. durch die Schmiedeinnung in Gera, Jb. ZdK, 1924 Bd. 1, S. 29f; Liefersperre einer Großhandlung im Raum Essen nach Druck dortiger Einzelhändler, ebenda, S. 32; Versuch der Milchhändler in Leipzig, die Molkereibesitzer vertraglich zu verpflichten, keine Milch an den Konsumverein zu liefern; entsprechendes beabsichtigten Bäcker in Calbe gegenüber den Mühlenbetrieben, Jb. ZdK, 1926, Bd. 1, S. 42.

119 Beispielsweise gegen Handwerker auf einem Verbandstag der niedersächsischen Lebensmitteleinzelhändler in Braunschweig, Jb. ZdK, 1927 Bd. 1, S. 66; Pressemitteilung der

Einsicht in das Genossenschaftsregister ermittelt wurden. Überliefert sind auch Fälle, in denen Mitglieder durch Anschreiben aufgefordert wurden, ihre Mitgliedschaft im Konsumverein zu kündigen.[120] Weiterhin wurde der Vorwurf besonders günstiger Kreditvergaben an Konsumgenossenschaften erhoben[121] und behauptet, der Zweck ihrer Tätigkeit sei es, Gelder für die SPD und die Freien Gewerkschaften zu beschaffen.[122]

Erste vergleichbare Aktionen der NSDAP ab 1928/29[123] wurden - soweit feststellbar ab 1931 - zunehmend von gewalttätigen Übergriffen durch Mitglieder der Kampfgemeinschaft gegen Warenhaus und Konsumverein und der SA begleitet. Besonders schwer von den Überfällen auf die Verteilstellen war die Hamburger Konsumgenossenschaft "Produktion" betroffen. Bei den in der Konsumgenossenschaftlichen Rundschau regelmäßig aufgelisteten Schadensmeldungen über zertrümmerte Schaufensterscheiben und Bombenattentate handelte es sich mit Abstand am häufigsten um Berichte über diesen Konsumverein.[124] Doch auch in anderen Teilen des Reichs tobte sich die Wut des braunen Mobs aus, um dem Postulat des Artikels 164 der Verfassung in eigener Auslegung des Parteiprogramms

---

"Arbeitsgemeinschaft deutscher Verbände des Lebens- und Genußmittel-Einzelhandels" vom März 1928, Jb. ZdK, 1929 Bd. 1, S. 57; vgl. a. Jb. ZdK, 1930 Bd. 1, S. 26ff.

120 Z. B. Jb. ZdK, 1927 Bd. 1, S. 65; Jb. ZdK, 1930 Bd. 1, S. 26ff. Vgl. a. das Schreiben des Niedersächsischen Handwerkerbundes an seine Mitglieder vom 1. November 1928, in dem es nach den üblichen Vorwürfen über das angebliche Ziel der Leiter der Konsumvereine, den "selbständigen gewerblichen, landwirtschaftlichen und kaufmännischen" Berufsstand vernichten zu wollen, u. a. heißt: "Es kann deshalb nicht angehen, daß deutsche Landwirte, deutsche Handwerker und deutsche Kaufleute Mitglieder eines sozialdemokratischen Konsumvereins sind." Der anschließenden Aufforderung zum Austritt aus den Konsumvereinen war ein entsprechendes Formular beigelegt. Zitiert nach Vieth, Konsumgenossenschaftsbewegung, S. 4.

121 So durch den Dresdener Einzelhandelsverband über einen angeblichen Kredit der Dresdener Ortskrankenkasse über 5 Mio. RM an den dortigen Konsumverein, Jb. ZdK, 1926 Bd. 1, S. 40f.

122 Vgl. Jb. ZdK, 1927 Bd. 1, S. 72; Jb. ZdK, 1930 Bd. 1, S. 42.

123 Vgl. KgR, 1929, S. 15, 29 u. 801; KgR, 1930, S. 366, 523, 535, 768f, 785f, 812, 964, 973 u. 993; KgR, 1931, S. 30, 86, 140, 339, 454, 546, 574, 585, 596, 606, 626, 646 u. 720.

124 Vgl. z. B. KgR, 1932, S. 324, 552, 637 u. 995; KgR, 1933, S. 157. Vgl. a. Hasselmann, Verbraucherselbsthilfe, S. 211f; Remmele, Parteipolitische Befehdung, S. 49, wonach allein in Hamburg im Jahre 1932 in 163 Fällen Ladenschaufenster der "Produktion" demoliert wurden. Nur in 9 Fällen gelang es hiernach, die Täter zu ermitteln. Vgl. weiterhin die Presseausschnittsammlung des Hamburger Senats, in: STA HH, Staatliche Pressestelle, I-IV, 7425.

der NSDAP nachzukommen.[125] Erfolgten die Überfälle anfangs in den Nachtstunden, so kam es mit der Zeit auch zu Übergriffen während des Geschäftsbetriebs am Tage und damit zwangsläufig zu Personenschäden[126] und weiteren Einschüchterungsversuchen.[127] Nach dem Januar 1933 häuften sich dann die Fälle, in denen SA-Führer die Durchsuchung von Konsumvereinen vornahmen und durch Schließung von Büros, Lagern und Verteilstellen direkt in den Geschäftsbetrieb eingriffen.[128] Die Übergriffe und Straftaten wurden im März 1933 rückwirkend legalisiert, sie galten hinfort als im "Kampfe für die nationale Erhebung des deutschen Volkes" bzw. deren Vorbereitung erbracht.[129] Begleitet wurde dieser Terror von gezielten Werbeversuchen, Gewerbetreibende zum Eintritt in die örtlichen Kampfgemeinschaften gegen Warenhäuser und Konsumvereine unter Hinweis auf die eigene Politik und deren "Erfolge" zu bewegen.[130] Diese an den ge-

---

125 Vgl. z. B. KgR, 1932, S. 324, 347, 741, 777 u. 817 (wonach auf dem NS-Fliegertag in Gera Schauangriffe auf Firmenattrappen der GEG und des Konsumvereins geflogen wurden). Ein Handgranatenanschlag auf eine Verteilstelle des Lübecker Konsumvereins in Eutin ist nach Schaap mit großer Sicherheit von SA-Hilfspolizisten verübt worden. Vgl. Schaap, Endphase, S. 227; derselbe, Oldenburgs Weg, S. 138; KgR, 1932, S. 667. Zu Übergriffen im Jahr 1933 vgl. KgR, 1933, S. 69, 104, 121, 157, 189 u. 190. Punkt 16 des Programms der NSDAP forderte "die Schaffung eines gesunden Mittelstandes und seine Erhaltung, sofortige Kommunalisierung der Groß-Warenhäuser und ihre Vermietung zu billigen Preisen an kleine Gewerbetreibende, schärfste Berücksichtigung aller kleinen Gewerbetreibenden bei Lieferung an den Staat, die Länder oder Gemeinden." Zitiert nach Hofer (Hg.), Nationalsozialismus, S. 29. In der KgP des Kölner RV finden sich 1932 keine konkreten Berichte zu Übergriffen auf angeschlossene Genossenschaften. Buchloh, Machtergreifung, S. 137 weist hingegen beispielsweise für die RV-Genossenschaft "Selbsthülfe" in Duisburg derartige Aktionen in diesem Jahr anhand mündlicher Auskünfte von Zeitzeugen nach. Auch wenn bei solchen Quellen immer mit Fehldatierungen aus der zeitlichen Distanz zu rechnen ist, scheint mir viel dafür zu sprechen, in diesem konkreten Zusammenhang von Übergriffen auch auf Genossenschaften des RV auszugehen. Wenn diese in der Presse der Kölner Organisation keine Erwähnung fanden, so kann das wohl als Indiz für die frühe Anpassung der Verbandsspitze an den Nationalsozialismus gewertet werden. Dazu weiter unten.

126 Vgl. KgR, 1933, S. 53 und 157.

127 So beispielsweise das Fotographieren der Mitglieder beim Betreten oder Verlassen von Verteilstellen, die "Belästigung der Käufer (und) Aufhetzung der Arbeitgeber gegen bei ihnen beschäftigte Konsumgenossenschafter", Everling, Einzelhandel, S. 8.

128 Vgl. KgR, 1933, S. 177, 189 u. 190.

129 VO des Rpräs. über die Gewährung von Straffreiheit. Vom 21. März 1933. RGBL I, S. 134, § 1. Die Abschrift eines Einstellungsbeschlusses der Hamburger Staatsanwaltschaft vom Mai 1933 unter Bezug auf diese VO in: Die Konsumgenossenschaft "Produktion" in Hamburg unter der Naziherrschaft, S. 1, in: Archiv des RdK.

130 Vgl. KgR, 1932, S. 581 und 216; KgR, 1933, S. 11 und 17.

werbetreibenden Mittelstand gerichtete Agitation war keineswegs neu, sie hatte bereits mit der Gründung der verschiedenen nationalsozialistischen Kampfbünde eingesetzt. Angesichts der im gewerblichen Mittelstand - und v. a. dem selbständigen Lebensmitteleinzelhandel - vorherrschenden protektionistischen Anforderungshaltung fanden Aussagen wie die folgenden in diesen Kreisen einen günstigen Nährboden:

> "Auf wessen Kosten ging die Inflation, die vom Deutschlandretter Hilfferding (sic!) gemacht wurde? Wer leidet wieder am meisten durch den jetzigen Preisabbau sowie der Stillegung vieler Wirtschaftsbetriebe? Der Geschäftsmann, der Mittelstand. Und warum? Wie immer, so sind auch heute noch die Verbände einzelner Organisationen des Mittelstandes nach den Statuten politisch neutral aufgezogen, so daß ihnen jeder Einfluß bei den politischen Parteien fehlt. (...) Wann wird der Mittelstand zur Einsicht kommen, daß die Politik die Wirtschaft bestimmt und politische Neutralität seinen Untergang bedeutet? (...) Jawohl, Mittelständler, es gibt nur eines für uns und das ist politisch aktiv zu werden, um den Kampf aufzunehmen gegen die Bedrücker unserer Existenz. Es gibt nur eine Partei, die sich als obersten Grundsatz auf die Fahne geschrieben hat, Kampf und wieder Kampf den Unterdrückern unseres Volkes. Das ist die nationalsozialistische Arbeiterbewegung. Diese Partei hat im Gau München-Oberbayern eine Kampfgemeinschaft gegründet gegen Warenhaus und Konsumvereine (sic!), welche sich ein großes Ziel gesteckt und eine große Aufgabe zu erfüllen hat. (...) Der nächstliegende Zweck dieser Kampfgemeinschaft ist, die organisierte Verbraucherschaft der NSDAP restlos den mittelständischen Geschäften zuzuführen und die Interessen der Berufsstände in wirtschaftspolitischer Hinsicht wahrzunehmen. Wir sagen den Warenhäusern und Konsumvereinen offenen Kampf an und werden nicht zurückschrecken, wenn auch öfter kleinere Gegenaktionen gegen uns unternommen werden. Mit allen Mitteln, welche wir zur Verfügung haben, wollen wir unser Ziel erkämpfen. (...) Wir werden aber noch weiter gehen in unserem Kampfe, da wir wissen, daß durch die Zerschlagung des heutigen Systems erst der Weg frei gemacht wird, unser Endziel in die Tat umzusetzen. Der Nationalsozialismus sieht in vielen selbständigen Mittelstandsbetrieben das Fundament eines Leistungsprinzipes der Qualitäten, im Gegensatz zu den heutigen Ramschbetrieben. (...) Säumen Sie deshalb nicht und treten Sie ein in die Kampfgemeinschaft gegen Warenhaus und Konsumverein. Helfen Sie auch in finanzieller Hinsicht, soweit ihnen ihre wirtschaftliche Lage es gestattet.(...)."[131]

---

131 Aufruf von Georg Sturm, Führer der Kampfgemeinschaft gegen Warenhaus und Konsumverein, "Einzelhändler! Gewerbetreibender! Handwerker!", in: BAK, Slg. Schumacher Nr. 242a, fol. 110. Vgl. ebenda, fol. 111, einen Aufruf desselben an "Handwerker! Gewerbetreibende! Einzelhändler! Mittelständler!" unter der Überschrift "Euch geht's an!", worin es heißt: "Die Todfeinde des Mittelstandes, Warenhaus und Konsumverein, welche als wirtschaftliche Träger marxistischer Belange bekannt sind, müssen mit aller Energie bekämpft werden." Zur Politik gegen die Warenhäuser (und andere Großbetriebsformen im Einzelhandel) vgl. Uhlig, Warenhäuser, S. 31ff.

Wie die Wahlergebnisse in der Weimarer Republik beweisen, fanden die Vorstellungen der NSDAP zunehmenden Zuspruch. Aus den Analysen der Reichstagswahlen ist bekannt, daß v. a. der gewerbetreibende Mittelstand starke Affinitäten zur Politik der NSDAP entwickelte. Deutungen der politischen und ökonomischen Lage des Mittelstands, wie die vorstehend wiedergegebene, genossen in diesen Kreisen große Anziehungs- und Überzeugungskraft. Die Erfolge der Nationalsozialisten in den Wahlen zum Reichstag während der Weltwirtschaftskrise[132] korrelierten - wie anderenorts ausführlich nachgewiesen, und Gleiches dürfte im Großen und Ganzen ebenso für die Landtagswahlen gelten - mit den Verlusten der antiparlamentarischen Rechten und bürgerlichen Parteien (mit weitgehender Ausnahme der beiden katholischen Parteien) und der Mobilisierung der bisherigen Nichtwähler durch die NSDAP.[133] Die folgenden Ausführungen sollen das Anwachsen der NSDAP in den Wahlen der Weimarer Republik und die parlamentarischen Kampfmaßnahmen der NSDAP illustrieren, sie sind keineswegs als Versuch einer Wahlanalyse gedacht. Wenn die Mitgliederentwicklung und -struktur der NSDAP hier unberücksichtigt bleibt, so nicht aus Geringschätzung dieses Aspekts zur Analyse des Nationalsozialismus und seiner Durchsetzung. Für die in dieser Arbeit verfolgte Fragestellung ist dieser Gesichtspunkt jedoch entbehrlich. Er besitzt im übrigen einen eigenen Stellenwert, der hier (ebenso wie eine Wahlanalyse) nicht angemessen berücksichtigt werden kann.[134]

Die 1929 einsetzenden Erfolge der Nationalsozialisten in den Landtagswahlen und die Bereitschaft bürgerlicher Rechtsparteien zu Koalitionen mit der NSDAP in den Ländern ermöglichten dieser die Verwirklichung repressiver gesetzgeberischer Maßnahmen gegen die Konsumgenossenschaften, die nun - wie im folgenden gezeigt wird - in den Ländern mit nationalsozialistischer Regierungsbeteiligung einer besonderen steuerlichen Behandlung unterworfen wurden. Aus diesen Ausführungen wird deutlich, daß 1933 mit der Kanzlerschaft Adolf Hitlers

---

132 Zum Zusammenhang von Weltwirtschaftskrise, Wahlerfolgen und Mitgliederzuwächsen der NSDAP vgl. z. B. Broszat, Der Staat Hitlers, S. 13f; Mason, Sozialpolitik, S. 42ff; Kühnl, nationalsozialistische Linke, S. 207ff.

133 Diese Feststellung hat auch vor dem in den nachfolgend genannten Arbeiten hervorgehobenen relativ hohen Anteil ehemaliger SPD-Wähler bei den NSDAP-Stimmen Bestand. Vgl. Falter, Hitlers Wähler, bes. S. 364ff; derselbe, Volkspartei?, S. 31ff und 41f; derselbe, Die Wähler der NSDAP 1928-1933, S. 52f und 56ff; Schieder, Die NSDAP vor 1933, S. 151ff.

134 Es steht in diesem Zusammenhang zu vermuten, daß auch Mitglieder von Konsumgenossenschaften in die NSDAP eintraten, was quellenmäßig aber nicht zu belegen - wie auch nicht zu widerlegen - ist. Vereinzelte Hinweise, wie z. B. in der KgP, 1932, S. 235, helfen nicht weiter. Zur Mitgliederentwicklung und -struktur vgl. u. a. Broszat, Der Staat Hitlers, S. 49ff; Mason, Sozialpolitik, S. 62ff sowie v. a. Kater, Methodologische Überlegungen, passim.; derselbe, Sozialer Wandel, passim.

und der nach den Märzwahlen gefestigten Regierungsverantwortung der NSDAP die sowohl in den mittelständischen Interessenverbänden als auch in den mittelständischen Kreisen der Partei vorherrschende Erwartung einer Auflösung der Konsumgenossenschaften als nur konsequente Fortsetzung der bisherigen mittelstandsprotektionistischen Politik tatsächlich begründet war. Die Enttäuschung über den vom Reichskabinett dann vollzogenen Kurswechsel in der Konsumgenossenschaftsfrage im Frühjahr 1933, die fortgesetzten Forderungen und andauernden Versuche des gewerblichen Mittelstands zur Ausschaltung seiner wirtschaftlichen Konkurrenten sind ohne die im folgenden geschilderte Phase der parlamentarischen Repressionspolitik der NSDAP gegen die Großbetriebsformen im deutschen Einzelhandel nicht zu begreifen. Im Reich beschränkten ab 1930 die Präsidialkabinette auch ohne Zutun der Nationalsozialisten den Geschäftsbetrieb der Konsumgenossenschaften (und allgemein der Großbetriebsformen im Einzelhandel): Der Einführung über die Sonderumsatzsteuer im April 1930 folgte in der Notverordnung vom 9. März 1932 neben verschärften Bestimmungen zum Zugabe- und Ausverkaufswesen das bis zum 1. April 1934 befristete Errichtungsverbot für Einheitspreisgeschäfte in Städten mit weniger als 100.000 Einwohnern,[135] das in der gleichfalls auf Artikel 48 Abs. 2 der Verfassung gestützten Verordnung vom 23. Dezember 1932 - unter Beibehaltung vorstehender Frist - für alle Gemeinden verfügt wurde.[136]

Drei der fünf Landtagswahlen und die Lübecker Bürgerschaftswahl des Jahres 1929 brachten der Partei erste nennenswerte Zuwächse an Wählerstimmen und Abgeordnetensitzen. In Lippe blieb die NSDAP auch nach der Wahl vom Januar noch ohne Mandat und in Mecklenburg-Schwerin verlor sie im Juni (mit 2 von 51 Sitzen) gegenüber der vorangegangenen Wahl ein Mandat.[137] In den badischen Landtag zogen nach der Wahl vom Oktober erstmals 6 Nationalsozialisten von 88 Mandatsträgern ein.[138] In Sachsen waren nach der Wahl vom Mai nun 5 (gegenüber 2 nach der vorangegangenen Landtagswahl) Abgeordnete Mitglieder der NSDAP, die damit "zum Zünglein an der Waage zwischen dem bürgerlichen

---

135 VO des Rpräs. zum Schutze der Wirtschaft. Vom 9. März 1932. RGBL I, S. 121. Zur Sonderumsatzsteuer siehe o.

136 VO des Rpräs. über Wirtschaft und Finanzen. Vom 23. Dezember 1932. RGBL I, S. 571. Vgl. Winkler, Mittelstand, S. 140ff zum Vorstehenden und zur den gewerblichen Mittelstand letztlich nicht zufrieden stellenden Politik der Präsidialkabinette.

137 Vgl. Huber, Deutsche Verfassungsgeschichte VI, S. 847 und 826. Ein hier von der NSDAP im Juni 1930 eingebrachter Initiativantrag betreffend die Warenhaus- und Filialsteuer fand im Landtag keine Mehrheit, vgl. KgR, 1930, S. 533.

138 Vgl. Huber, Deutsche Verfassungsgeschichte VI, S. 797. Am 17. Juni 1931 wurde im Landtag ein Antrag der Nationalsozialisten angenommen, der die Einführung einer Warenhaus- und Filialsteuer in Baden anregte, vgl. KgR, 1931, S. 318, 528 u. 574f.

und dem marxistischen Block"[139] geworden war. In den Bürgerschaftswahlen in Lübeck im November fielen ihr erstmals 6 von 80 Mandaten zu.[140] Im Januar 1930 kam es nach der thüringischen Landtagswahl vom 8. Dezember 1929 zur ersten Regierungsbeteiligung der NSDAP in der Weimarer Republik. Sie stellte - bei 6 von 53 Parlamentariern (davor 2 von 56) - mit Frick, dem späteren Reichsinnenminister, den Innenminister und den Minister für Volksbildung, dem damit die Polizei und das Schulwesen in Thüringen unterstanden. Als weiteres Regierungsmitglied war der spätere thüringische Ministerpräsident Marschler als Staatsrat für die NSDAP in dem Kabinett der aus fünf Parteien bestehenden Koalitionsregierung vertreten.[141] Am 8. Mai 1930 beschloß die Koalition ein Steuerprogramm, das für die Großbetriebsformen im thüringischen Einzelhandel - und damit auch für die Konsumgenossenschaften in Thüringen - über die Gewerbesteuererhöhung eine Filialsteuer einführte. Hinzu kam noch eine Sonder-Lohnsummensteuer in Höhe von 6 %.[142]

In den beiden Landtagswahlen des Jahres 1930 in Sachsen (Juni) und Braunschweig (September) sowie in der Wahl zur Bremer Bürgerschaft im November verstärkte sich der Aufwärtstrend der NSDAP nachhaltig. In Sachsen entfielen auf sie nun 14 von 96 Abgeordnetensitzen. Damit war die Partei nach der SPD (die mit 32 Sitzen einen verloren hatte) und vor der KPD mit 13 (zuvor 12) Sitzen zur zweitstärksten Fraktion aufgestiegen. Mehrheitsfähige Koalitionen waren mit dieser Wahl nicht möglich geworden, das sogenannte Beamtenkabinett Schieck blieb bis zum März 1933 weiter im Amt.[143] Gleichfalls zweitstärkste Fraktion wurde die NSDAP mit 32 von 120 Mandaten in der Bremer Bürgerschaft.[144] Zur zweiten Regierungsbeteiligung der Nationalsozialisten in der Weimarer Republik kam es in Braunschweig. Im Oktober 1930 trat sie in eine Koalitionsregierung mit der "Bürgerlichen Einheitsliste" ein und stellte bei 9 von 40 Abgeordneten den Innen- und Kultusminister. Die SPD verfügte über 17, die KPD über 2 Abgeordnete. Die Wahl der Rechtskoalition ermöglichte der Abgeordnete der Deutschen Staatspartei mit seiner Stimmenthaltung.[145] Die Koalition

139 Kühnl, nationalsozialistische Linke, S. 220. Vgl. Huber, Deutsche Verfassungsgeschichte VI, S. 810.

140 Vgl. Huber, Deutsche Verfassungsgeschichte VI, S. 846.

141 Vgl. ebenda, S. 819f; Winkler, Katastrophe, S. 223. Zur Bedeutung der Regierungsbeteiligung in Thüringen für die Münchener Reichsleitung der NSDAP siehe Dickmann, Regierungsbildung. Zum Konflikt hierüber in der Partei, Kühnl, nationalsozialistische Linke, S. 224ff.

142 Vgl. Jb. ZdK, 1931, Bd. 1, S. 233; KgR, 1930, S. 305, 387, 403f u. 972f.

143 Vgl. Huber, Deutsche Verfassungsgeschichte VI, S. 811f.

144 Vgl. ebenda, S. 844.

145 Vgl. ebenda, S. 837; Roloff, Bürgertum, S. 11f; derselbe, Braunschweig, S. 161 u. 208; Winkler, Katastrophe, S. 223.

beschloß umgehend eine Warenhaussteuer, die über einen Zuschlag von 300 % zum allgemeinen Gewerbesteuersatz auch die Konsumgenossenschaften berührte. Die Filialsteuer erhöhte sich um 150 %.[146]

Auch aus der Hamburger Bürgerschaftswahl vom September 1931 ging die NSDAP als zweitstärkste Fraktion hervor. Sie gewann 40 Sitze hinzu und stellte 43 von 160 Abgeordneten. Im Amt blieb - in der Minderheit - die bisherige Koalition von SPD, DVP und DDP/Staatspartei, die ihre Regierungsgeschäfte mit Hilfe des Notverordnungsrechts führte.[147] In Hessen ging die NSDAP aus der Wahl vom 15. November mit 27 von 70 Sitzen als stärkste Fraktion hervor. Bis dahin war sie im hessischen Landtag lediglich zwischen 1924 und 1927 mit einem Abgeordneten vertreten gewesen. Da eine Mehrheitsbildung unmöglich war, blieb die bisherige Regierung (SPD, Zentrum, DDP) geschäftsführend im Amt.[148] Ebenfalls zur stärksten Fraktion mit 19 von 48 Sitzen stieg die NSDAP im Oldenburger Landtag nach den Wahlen vom Mai 1931 auf. Da auch hier eine neue Regierungsbildung durch das Wahlergebnis nicht möglich war, blieb die bisherige Regierung bis zu der durch eine Volksabstimmung nach der Landesverfassung erfolgten Auflösung des Landtags und den dann angesetzten Neuwahlen im Mai 1932 geschäftsführend im Amt.[149] Zur zweitstärksten Fraktion wurde die NSDAP im Landtag von Schaumburg-Lippe nach der Wahl vom Mai 1931; sie erreichte 4 von 15 Mandaten. Zu einer Regierungsbeteiligung kam es hingegen nicht. Die SPD verfügte über 7 (zuvor 8) Sitze und blieb - nun in einer Koalition mit der DDP (1 Mandat) - bis zum März 1933 in der Regierung.[150]

Weitere erdrutschartige Wahlerfolge für die NSDAP brachten neben der Reichstagswahl vom Juli 1932[151] die Landtagswahlen dieses Jahres. Nur in zwei Ländern und der Hansestadt Lübeck blieb sie in ihren Abgeordnetensitzen noch hinter anderen Parteien zurück. So reichte es in Mecklenburg-Strelitz (nur) zu 9 von 35 Sitzen, hier lag die NSDAP noch hinter der DNVP mit 11 und der SPD mit 10 Mandaten. Dennoch genügte dieses Ergebnis zur Regierungsbeteiligung; mit Stichtenoth stellten die Nationalsozialisten einen Minister in der Landesregie-

---

146 Vgl. Jb. ZdK, 1931 Bd. 1, S. 233; KgR, 1930, S. 993; 1931, S. 30.

147 Vgl. Huber, Deutsche Verfassungsgeschichte VI, S. 841f. Vgl. weiter die VO des Rpräs. zur Sicherung der Haushalte von Ländern und Gemeinden. Vom 24. August 1931. RGBL I, S. 453. Es handelt sich - benannt nach dem Ausfertigungsort - um die "Dietramszeller VO".

148 Vgl. Huber, Deutsche Verfassungsgeschichte VI, S. 799ff; Winkler, Katastrophe, S. 446ff zur möglichen Koalition von NSDAP und Zentrum.

149 Vgl. Huber, Deutsche Verfassungsgeschichte VI, S. 831ff.

150 Vgl. ebenda, S. 849.

151 Vgl. Stat. Jb. f. d. DR, 1932, S. 542f.

rung.[152] In Bayern blieben sie mit 43 von 128 Sitzen um zwei Mandate hinter der Bayerischen Volkspartei zurück,[153] und in Lübeck wurden sie in der Bürgerschaftswahl vom November mit 27 von 80 Abgeordneten hinter der SPD mit 29 Mandaten zweitstärkste Fraktion.[154] In Preußen erlangte die NSDAP den Status der stärksten Fraktion mit 162 von 423 Sitzen,[155] ebenso im württembergischen Landtag mit 23 von 80[156] und in Anhalt, wo sie 14 Sitze hinzugewann, 15 von 36 Mandaten erhielt und mit Unterstützung der bürgerlichen Rechtsparteien den Ministerpräsidenten stellte.[157] Schon am 5. Juli, knapp zweieinhalb Monate nach der Landtagswahl, fand ein Gesetzentwurf der NSDAP die Mehrheit, der für die Konsumgenossenschaften eine Filialsteuer vorsah. Sofern sie in einer Gemeinde des Landes eine Verteilstelle unterhielten, ohne dort auch mit ihrer Betriebszentrale ansässig zu sein, erhöhte sich die Gewerbesteuer um 20 %. Auch der bisher steuerfreie Kundengewinn von 5 % wurde künftig steuerlich erfaßt.[158] Mit den Stimmen der Nationalsozialisten faßte der Steuerausschuß des württembergischen Landtags im September hinsichtlich der Gewerbesteuer den gleichen Beschluß. Im Landtag fand diese Bestimmung (ebenfalls mit den Stimmen der NSDAP) am 29. November 1932 die notwendige Mehrheit, allerdings blieb es in Württemberg den Gemeinden überlassen, diesen erhöhten Gewerbesteuersatz einzufordern.[159] Keine Zustimmung fand am Jahresende ein Antragspaket der Nationalsozialisten, welches auf die Konsumgenossenschaften bezogen vorsah, "ein Änderungsgesetz zur Gemeindeordnung und zur Bezirksordnung vorzulegen, das den Gemeinden, Gemeindeverbänden und Amtskörperschaften den Beitritt zu einem Konsumverein verbietet." Den Staatsbehörden sollte der "Einkauf von Waren bei Warenhäusern und Konsumvereinen" untersagt werden.[160]

Auch aus der Bürgerschaftswahl in Hamburg gingen die Nationalsozialisten nun mit 51 von 140 Abgeordneten als stärkste Fraktion hervor. Im Amt blieb bis März 1933 die geschäftsführende Koalitionsregierung (siehe o.). Im Landtag von

---

152 Vgl. Huber, Deutsche Verfassungsgeschichte VI, S. 828f.

153 Vgl. ebenda, S. 788f.

154 Vgl. ebenda. S. 846.

155 Vgl. ebenda, S. 761; derselbe, Deutsche Verfassungsgeschichte VII, S. 954ff; Winkler, Katastrophe, S. 545ff; Stat. Jb. f. d. DR, 1932, S.544f. Ende 1932 brachte die Fraktion der NSDAP im Landtag einen Antrag ein, der u. a. die Konzessionspflicht der Konsumgenossenschaften einzuführen beabsichtigte und gleichzeitig ihre Neuerrichtung durch Konzessionsverweigerung unterbinden wollte, vgl. KgR, 1932, S. 889.

156 Vgl. Huber Deutsche Verfassungsgeschichte VI, S. 794.

157 Vgl. ebenda, S. 823; Winkler, Katastrophe, S. 546.

158 Vgl. KgR, 1932, S. 583.

159 Vgl. ebenda, S. 734, 767, 775 u. 957f. Dort auch Ausführungen zur Rolle des Zentrums bei diesem Gesetz.

160 Zitiert nach KgR, 1932, S. 1007.

Thüringen war die NSDAP nach der Wahl vom Juli 1932 mit 26 von 61 Abgeordneten gleichfalls zur stärksten Partei aufgestiegen. Gegenüber der letzten Landtagswahl hatte sie 20 Sitze hinzugewonnen. Nach der Regierungsbeteiligung der NSDAP zwischen dem Januar 1930 und dem April 1931 kam es nun in Thüringen zu einer nationalsozialistisch geführten Regierung unter dem Ministerpräsidenten Sauckel. In der insgesamt siebenköpfigen Landesregierung (3 Minister und 4 Staatsräte) fand sich lediglich ein vom Landbund gestelltes und nicht der NSDAP angehörendes Regierungsmitglied als Staatsrat.[161] Zur stärksten Fraktion war die NSDAP daneben auch in Hessen (nun 32 von 70 Abgeordneten) geworden, was jedoch an den Mehrheitsverhältnissen nichts Grundlegendes änderte, so daß die bisherige geschäftsführende Regierung weiterhin im Amt blieb.[162] In zwei Ländern erreichten die Nationalsozialisten 1932 in den Landtagswahlen die absolute Mehrheit der Mandate; zur absoluten Mehrheit der gültigen Stimmen hatte es jedoch auch in Mecklenburg-Schwerin und Oldenburg nicht gereicht. Aus der Wahl in Oldenburg am 29. Mai ging die NSDAP bei 48,4 % der gültigen Stimmen mit 24 von 46 Abgeordneten hervor und vermochte eine alleinige Regierung unter dem Leiter des NSDAP-Gaus Weser-Ems, Röver, zu stellen.[163] Eine Woche später erreichte sie in Mecklenburg-Schwerin 30 von 59 Mandaten. hier waren 49,0 % der gültigen Stimmen auf die Partei entfallen; unter Granzow stellte die NSDAP ab Juli 1932 die alleinige Regierung.[164]

1933 fanden noch Landtagswahlen in Lippe und Preußen statt. Angesichts ihres Rückschlags bei den Wahlen zum Reichstag am 6. November 1932 (33,1 % zu 37,3 % der gültigen Stimmen in der Reichstagswahl vom 31. Juli des gleichen Jahres - das waren ca. 2 Millionen Stimmen weniger)[165] fuhr die NSDAP in den letzten zehn Tagen des lippischen Wahlkampfes in Großveranstaltungen auch in den Dörfern an Prominenz auf, was sie zu bieten hatte. Wie schon in den Wahlkämpfen des Vorjahres kam "modernste" Technik zum Einsatz, Großlautsprecherwagen z. B. sorgten dafür, daß auch die Zuhörer am Rande die Reden verfolgen konnten.[166] Doch ohne die Unterstützung der bürgerlichen Parteien gelang es der NSDAP auch im Land Lippe nicht, die Regierung zu übernehmen. Aus der Wahl am 15. Januar ging sie mit 39,5 % der gültigen Stimmen als stärkste

---

161 Vgl. Huber, Deutsche Verfassungsgeschichte VI, S. 821; Facius, Politische Geschichte, S. 518ff.

162 Vgl. Huber, Deutsche Verfassungsgeschichte VI, S. 801f.

163 Vgl. ebenda, S. 833; Schaap, Endphase, S. 186ff; derselbe, Oldenburgs Weg, S. 11ff, 109ff, 122ff; derselbe, Regierungsübernahme, S. 25.

164 Vgl. Huber, Deutsche Verfassungsgeschichte VI, S. 826.

165 Vgl. Stat. d. DR, Bd. 434, S. 8 u. 76.

166 Vgl. Broszat, Der Staat Hitlers, S. 44f. Speziell zu Lippe: Wulfmeyer, Lippe 1933, S. 3-33; Hüls, Wähler und Wahlverhalten, S. 77ff.

Fraktion hervor, sie entsandte 9 von 21 Abgeordneten. Zuvor waren die Nationalsozialisten im lippischen Landtag nicht vertreten gewesen. KPD und SPD hatten zusammen 9 Mandate, die SPD mit 7 eines verloren, die Kommunisten eines hinzugewonnen. Verloren hatten v. a. DNVP und DVP (jeweils 2 Mandate), die DDP war nicht mehr im Landtag vertreten (1929 stellte sie einen Abgeordneten). Im Februar einigten sich die Vertreter von DNVP, DVP und dem Evangelischen Volksdienst auf die Wahl eines ausschließlich aus Nationalsozialisten besetzten Landespräsidiums.[167]

Die preußische Landtagswahl fand am gleichen Tage mit der Reichstagswahl am 5. März 1933 statt. Wenngleich beide Wahlen durch die Verordnungen des Reichspräsidenten vom 4. und 28. Februar "bereits unter den Bedingungen des weitgehenden Ausnahmezustandes"[168] durchgeführt wurden, erreichte die NSDAP in keiner ihr Ziel, allein auf legalem Wege durch Wahlen an die Macht zu gelangen. Sie war im Reich mit 43,9 % und fast 17,3 Mio. Stimmen auf die Hilfe der DNVP/Kampffront Schwarz-weiß-rot (8,0 % und etwas mehr als 3,1 Mio. Stimmen) angewiesen. In Preußen kam die NSDAP auf knapp über 10,3 Mio. Stimmen (43,2 % der gültigen Stimmen), ihr deutschnationaler Partner brachte es auf wenig mehr als 2,1 Mio. Stimmen (8,9 %).[169]

In vier Ländern war die NSDAP von 1930 bis 1933 in einer Koalitionsregierung: Thüringen zwischen 1930 und 1931 und ab 1932, Braunschweig ab 1930, Mecklenburg-Strelitz und Anhalt ab 1932. In Oldenburg und Mecklenburg-Schwerin stellte sie ab 1932 und in Lippe ab 1933 die alleinige Regierung.

Neben den bisher nachgewiesenen parlamentarischen Auseinandersetzungen über die Sonderbesteuerung der Konsumgenossenschaften fanden weitere 1932 im thüringischen Landtag vor dem Wiedereintritt der NSDAP in die dortige Regierung und in Sachsen statt. In Thüringen wurde am 30. Juni mit den Stimmen von SPD, KPD und Staatspartei die im Jahre 1930 eingeführte Sonderbesteuerung der Konsumvereine aufgehoben. Die Landesregierung erklärte daraufhin, sie sei nicht bereit, diesen Aufhebungsbeschluß durchzuführen! Gleichzeitig verband sie diese Äußerung mit einer Ankündigung ihres Rücktritts, der am 7. Juli erfolgte. Eine Woche später, am 15. Juli löste sich der Landtag auf, da eine Regierungsbildung in Anbetracht der Mehrheiten im Parlament nicht möglich war. Die vom Landtag

---

167 Vgl. Huber, Deutsche Verfassungsgeschichte VI, S. 847f; Wulfmeyer, Lippe 1933, S. 12f; Hüls, Wähler und Wahlverhalten, S. 137ff und 152ff.

168 Broszat, Der Staat Hitlers, S. 105. Es handelt sich um die VO des Rpräs. zum Schutze des deutschen Volkes. Vom 4. Februar 1933, RGBL I, S. 35 und die VO des Rpräs. zum Schutz von Volk und Staat. Vom 28. Februar 1933. RGBL I, S. 83.

169 Vgl. Stat. Jb. f. d. DR, 1933, S. 540f.

zuvor beschlossene Befreiung der Konsumvereine von der Lohnsummensteuer wurde jedoch noch revidiert.[170]

Am 27. Januar 1933 forderte die nationalsozialistisch dominierte Koalitionsregierung die thüringischen Kreisämter auf, die Mitgliedschaft bei Konsumvereinen aufzugeben, da sie mit der erforderlichen Neutralität dieser Behörden gegenüber der Wirtschaft unvereinbar sei. Unter Bezug auf diesen thüringischen Erlaß übersandte die Hauptgemeinschaft des Deutschen Einzelhandels dem Reichsminister des Innern am 8. April eine Eingabe mit der Bitte, die Frage der Mitgliedschaft von Gemeinden in Konsumvereinen zentral für alle Länder entsprechend zu regeln. Am 10. April forderte das Reichsinnenministerium sämtliche Landesregierungen zu einer Stellungnahme in dieser Angelegenheit auf. Der Bremer Senat z. B. unterstützte nach Rücksprache mit der dortigen Kleinhandelskammer das Anliegen der Hauptgemeinschaft. In Erwartung einer reichseinheitlichen Bestimmung erließ er jedoch keine entsprechende Anweisung für Bremen. Auch die Regierung von Schaumburg-Lippe äußerte sich gegen eine Mitgliedschaft der Gemeinden in Konsumvereinen.[171]

Weiterhin untersagte die thüringische Regierung in einer Verfügung vom 2. März 1933 den ihr unterstellten Behörden "strengstens (...), Kauf- oder sonstige Lieferungsverträge bei Warenhäusern, Konsumvereinen und Einheitspreisgeschäften abzuschließen. (...) Staatliche Aufträge sind in Zukunft lediglich dem alten soliden Unternehmertum, dem guten alten Mittelstand und christlichen Geschäften zuzuwenden."[172]

In Sachsen sollte die Regierung 1932 über den Antragsweg veranlaßt werden, für eine Änderung der Reichsgewerbeordnung einzutreten, um auch für Konsumgenossenschaften den Genehmigungszwang einzuführen, wobei die Erteilung einer Genehmigung an einen Bedürfnisnachweis geknüpft werden sollte. Außerdem

---

170 Der Beschluß vom 30. Juni war möglich geworden, weil die NSDAP-Mitglieder des Landtags in der Sitzung wegen bewußter Störung ausgeschlossen wurden. Vgl. KgR, 1932, S. 567, 578, 583 u. 599; Facius, Politische Geschichte, S. 518.

171 Vgl. STA HB, 3 - V. 2. No. 781.12; STA Bbg., L 4 Nr. 8011. Soweit feststellbar, ist eine reichsrechtliche Regelung speziell zur Mitgliedschaft von Gemeinden in Konsumvereinen nicht ergangen. Zur Besonderheit der Bremer *Klein*handelskammer vgl. Abschnitt 5.3.

172 BAK, R 43 I/2084, fol. 157. Im thüringischen Gotha hatte der Stadtrat im Frühjahr 1932 mit nationalsozialistischer Mehrheit beschlossen, dem Bezirkskonsumverein zu untersagen, die Warengutscheine der Wohlfahrtsempfänger anzunehmen, vgl. KgR, 1932, S. 216. In Hattingen war der Bochumer Konsumverein "Wohlfahrt" durch Beschluß des "überwiegend nationalsozialistische(n) Magistrat(s)" von der Kartoffelbelieferung für die Wohlfahrtsempfänger ausgenommen worden, vgl. ebenda. S. 947.

war beabsichtigt, die Konsumvereine auch hier einer Filialsteuer in der Kompetenz der Gemeinden zu unterwerfen, und schließlich sollte sich die Landesregierung "gegen eine Stützung der Konsumvereine durch das Reich"[173] aussprechen.

Der ZdK reagierte erstmals 1930[174] auf das Vorgehen der Nationalsozialisten, das Ausmaß der Bedrohung in seiner ganzen Dimension erkannte er jedoch zu keiner Zeit. Charakteristisch für die (publizistische) Gegenwehr des Zentralverbands sind einerseits die Versuche, die Nationalsozialisten als politische Gegner nicht ernst zu nehmen. So wurde beispielsweise ein versuchter Überfall auf eine Konsumvereinszentrale im März 1932 durch NSDAP-Mitglieder voller Empörung als "Bubenstreich" bezeichnet.[175] Und Anfang 1933 fand man die Vokabeln "Kinder" und "politische Babys" für die Nationalsozialisten.[176] Andererseits kam man der gewalttätigen Realität schon sehr viel näher, wenn die andauernden Überfälle auf Verteilstellen als "Fensterscheibenkrieg" benannt wurden.[177] Schließlich unternahm der Zentralverband angesichts der durch die Nationalsozialisten vorgenommenen Gleichsetzung der Konsumgenossenschaften mit Warenhäusern und Einheitspreisgeschäften den Versuch, sich von diesen Großbetriebsformen abzugrenzen. Standen diese nach Lesart des ZdK in offener Konkurrenz zum gewerblichen Einzelhandel, so traf dies nicht auf die Konsumvereine zu, da sie ausschließlich im Mitgliedergeschäft tätig waren.[178] Im übrigen fehlte kaum einmal der Vergleich von KPD und NSDAP hinsichtlich ihrer jeweiligen Konsumvereinspolitik. 1930 äußerte sich der ZdK hierüber folgendermaßen:

> "Auch in ihren Preßerzeugnissen gegen die Konsumvereine zeigen sich die teutschen Mannen Hitlers als skrupellose Verleumder und wüste Krakeeler, die dem von ihnen reklamemäßig betonten Deutschtum wahrlich nicht zur Zierde gereichen. Immerhin bekämpfen diese »Politiker«, so rüpelhaft und unwahrhaftig sie sich auch gebärden, die Konsumvereine von *außen* her und als offene *Feinde*, während die von Moskau dirigierten Kommunisten sich als *Freunde* in die Konsumvereine einschleichen und sie von *innen* her zu schädigen suchen. Das ist zweifellos erheblich verwerflicher."[179]

---

173 KgR, 1932, S. 442, siehe a. ebenda, S. 1039. Zur Stützung der Konsumgenossenschaften durch das Reich im folgenden Kapitel.

174 Vgl. KgR, 1930, S. 543f, Artikel über "Nationalsozialisten und Konsumvereine"; Jb. ZdK, 1930 Bd. 1, S. 14f.

175 Vgl. KgR, 1932, S. 324.

176 Vgl. KgR, 1933, S. 35.

177 Vgl. KgR, 1932, S. 777.

178 Vgl. KgR, 1933, S. 117.

179 Jb. ZdK, 1930, Bd. 1, S. 14, Hervorh. i. Orig.

Und selbst im März 1933 formulierte der ZdK in seinem Jahrbuch den Satz:

> "Die Kommunisten finden in den Konsumgenossenschaften alles »reformistisch« und unmarxistisch, die Nationalsozialisten aber bezeichnen sich als die Todfeinde der Konsumgenossenschaften, weil in ihnen der böse »Marxismus« stecke, der den gewerblichen Mittelstand total vernichten wolle. Aus dieser ihrer Todfeindschaft heraus führen sie mit den Kommunisten um die Wette gegen die Konsumgenossenschaften ein wahres Kesseltreiben."[180]

Andere Versuche der (reichsweit) organisierten Gegenwehr - als die der bis dahin regelmäßig geübten Beschwerden und Eingaben bei den zuständigen Behörden oder Strafanzeigen nach Verleumdungen und Übergriffen - sucht man in diesen Jahren bei den Vorständen der Hamburger Verbände vergeblich.

Zentrale Aufrufe zur Bildung eines genossenschaftlichen Selbstschutzes zur Abwehr von Übergriffen scheint es nicht gegeben zu haben. Der genossenschaftliche Selbstschutz, wie er in Hamburg und Lörrach bestand, scheint die Ausnahme von der allgemeinen Regel gewesen zu sein. In Hamburg, wo die dortige Konsumgenossenschaft "Produktion" besonders schweren und häufigen Übergriffen ausgesetzt war, setzten sich ab 1932 etwa 5.000 Mitglieder in einem genossenschaftlichen Ladenschutz zur Wehr. Es gelang ihnen, "manchen Anschlag zu verhüten und eine Anzahl von Tätern festzustellen."[181] In Lörrach wurden seit 1932 an den Tagen, an denen die NSDAP Versammlungen abhielt, "Wachen organisiert, die sich aus den männlichen Arbeitern und Angestellten zusammensetzten und den Zweck hatten, tätliche Angriffe, wie sie in anderen Städten stattfanden, abzuwehren."[182]

---

180 Jb. ZdK, 1933, Bd. 1, S. 232. Der Verfasser dieser Zeilen war Adam Remmele, SPD-Mitglied, zwischen 1918 und 1928 Badischer Minister und Staatspräsident, von 1928 bis 1933 Mitglied des Reichstags, vom Mai 1933 bis April 1934 im Konzentrationslager, vgl. Lübbe/Schumacher (Bearb.), M. d. R., S. 458. Im Vorwort zu einer von ihm verfaßten Broschüre über die wirtschaftspolitischen Kämpfe der Konsumgenossenschaften im Jahr 1932 heißt es entsprechend, daß sowohl die Nationalsozialisten als auch die Kommunisten den Kampf gegen die Konsumvereine in intensiver Form führen, vgl. Remmele, Parteipolitische Befehdung, S. 3.

181 Hasselmann, Verbraucherselbsthilfe, S. 212. Zur Niederschlagung der Strafverfolgung siehe die oben nachgewiesene VO des Rpräs. über die Gewährung von Straffreiheit vom 21. März 1933.

182 Die Gleichschaltung der Konsumvereine, Archiv des RdK, Mikrofilm, Zweite Rolle Teil 1 [Nr. 7]. Vgl. a. den Bericht der KgR, 1932, S. 908 (Ausgabe vom 19. November), wonach das PrMdI dem Zentralverband der Angestellten empfahl, ergänzend zu den polizeilichen Maßnahmen gegen Übergriffe für einen gewissen Selbstschutz durch männliche Beschäftigte zu sorgen, um die Täter bis zum Eintreffen der Polizei festhalten zu können.

In ersten Anzeichen schon vor dem 30. Januar, spätestens jedoch nach der Märzwahl 1933, war die Politik des ZdK eine deutlich defensive. Adam Remmle, zu dieser Zeit geschäftsführendes Vorstandsmitglied, schrieb im Januar 1933 (noch vor der Machtübergabe an die Nationalsozialisten):

> "Weil nun aber die Hoffnung auf eine loyalere Beurteilung der Konsumgenossenschaften in den rechtsradikalen Kreisen nicht besteht, ist es dringend erforderlich, alles zu vermeiden, was einer bösartigen Agitation gegen die Konsumvereine willkommen ist. Die genossenschaftlich organisierten Verbraucher leisten sich selbst und ihrer genossenschaftlichen Sache den besten Dienst, wenn sie auf die strengste Einhaltung der genossenschaftlichen Grundsätze beharren und alle Versuche, den Selbstzweck der Genossenschaften zu verwischen und die Konsumgenossenschaften politisch mißbrauchen zu lassen, nachdrücklichst zurückweisen. Auf dem Boden der Selbsthilfe kämpfend, wird es ihnen dann auch möglich sein, ihre Konsumvereine gegen alle Angriffe, woher sie auch kommen mögen, mit Erfolg zu verteidigen."[183]

Einer Kapitulation gleichbedeutend war die am 27. März 1933 vom ZdK an Hitler als Reichskanzler gerichtete Eingabe. Unter Hervorhebung der stets gepflegten politischen Neutralität erklärten sich Vorstand und Ausschuß des Zentralverbands deutscher Konsumvereine "uneingeschränkt und selbstlos" zur Mitarbeit im "neuen Staat" bereit.[184]

Erheblich weiter ging der Kölner RV, der sich der NSDAP schon 1932 regelrecht angebiedert hatte und zwischen Nationalsozialismus und (Reichsverbands-) Genossenschaftswesen Übereinstimmung "in der Bedarfsdeckung als Aufgabe der Volkswirtschaft, der Verurteilung der Profitwirtschaft und des Preisdiktates der Monopole, in der Forderung nach Mitbesitz und Mitbestimmung in der Wirtschaft, gerechter Besteuerung und genossenschaftlicher Teilgestaltung der Wirtschaft"[185] ausmachte. Oder anders:

> "Die Prinzipien der Nationalsozialistischen Deutschen Arbeiterpartei, soweit sie die Wirtschaft zu beeinflussen versuchen: Tätigkeit nicht gegen die Interessen der Allgemeinheit; Stellung gegen Trusts und Warenhäuser; Gewinnbeteiligung an Betrie-

---

183 Remmele, Parteipolitische Befehdung, S. 55.

184 Die Eingabe ist abgedruckt in: KgR, 1933, S. 213f. Ein Exemplar für den RWM in: BAP, 31.01 Nr. 10578, fol. 339-344.

185 KgP, 1932, S. 257, in einer Eigenbesprechung Schloessers seiner mit Breuer verfaßten Broschüre über "Nationalsozialsmus und Genossenschaftswesen", die 1932 im Verlag der Gepag erschienen war. Zur Einschätzung des Verhaltens des RV vgl. auch Novy/Prinz, Gemeinwirtschaft, S. 209 und Godenschweger/Leuchtmann, Historische Erfahrungen, S. 118.

ben; Kampf gegen Wucher und Profitsucht; Stellung gegen (das) Finanzkapital; Abschaffung der Zinsknechtschaft (und die) Forderung einer nationalen Wirtschaft (...) werden ganz zwangsläufig durch die Gestaltung des konsumgenossenschaftlichen Wirtschaftsplanes verwirklicht."[186]

In einer am 17. März 1933 gefaßten Entschließung erklärte der RV zwar formal der Reichsregierung gegenüber, sie "in ihrer Arbeit, Nation und Volk aufwärts zu führen, selbstlos mit aller Kraft zu unterstützen", da die bisherige Arbeit des RV "sich mit den Grundsätzen (deckt), die auch die Reichsregierung in ihren programmatischen Erklärungen als Grundlage ihrer Arbeit bezeichnet."[187] Tatsächlich jedoch richteten sich diese Zeilen ohne Zweifel an die NSDAP. In einem Rundschreiben an seine Verbandsgenossenschaften vom 29. März unterstützte der RV den Aufruf der NSDAP vom selben Tage zum Boykott jüdischer Geschäfte und erklärte, daß die Verwaltungen der RV-Genossenschaften es ablehnen, bei jüdischen Firmen zu kaufen.[188]

Zu diesem Zeitpunkt, Ende März - die sogenannte nationale Revolution hatte nach der Ernennung Hitlers zum Reichskanzler mit dem Wahlergebnis vom 5. März ihren zweiten Höhepunkt erreicht und am 21. März ihre Vollendung mit dem "Tag von Potsdam" erfahren[189] - sah man in beiden Zentralverbänden keine anderen Möglichkeiten als in der vorbezeichneten Weise zu versuchen, die Organisationen durch Anpassung zu retten. Ob einer offensiven - notwendigerweise bewaffneten - Gegenwehr der Konsumgenossenschaften Erfolg beschieden gewesen wäre, kann hier nicht beurteilt werden, angesichts der unterbliebenen gemeinsamen Gegenwehr der sozialdemokratischen und kommunistischen Arbeiterbewegung sind Zweifel am Gelingen dieser Strategie (erst zu diesem späten Zeitpunkt)

---

186 KgP, 1932, S. 115. Im Original nach der Aufzählung gesperrt gedruckt. Vgl. auch den Text einer Entschließung des Genossenschaftstags der Bezirksverbände Rheinland und Westfalen vom 19. Juni des Jahres, in dem es u. a. hieß: "Die Konsumgenossenschaften unseres Reichsverbandes und die angeschlossenen Mitglieder lassen sich in nationaler Pflichterfüllung von keiner anderen Organisation und anderen Staatsbürgern übertreffen." Ebenda, S. 204.

187 Die Entschließung in: KgP, 1933, S. 101. Am 20. März ging sie an den "Hochwohlgeboren(en) (sic!) Herrn Reichskanzler Adolf Hitler". Ein Exemplar für den RWM in: BAP, 31.01 Nr. 10574, fol. 144f.

188 Vgl. Archiv des RdK, Mikrofilm, Erste Rolle [Nr. 25]. Ebenda auch der Entwurf eines Mitgliederrundschreibens (einer Genossenschaft des Kölner RV oder des Vorstandes des RV selbst, sehr wahrscheinlich nach der Reichstagswahl vom 5. März 1933 verfaßt - U. K.), in dem zu lesen ist: "Gerade das Programm der *National - sozialistischen Partei* deckt sich weitestgehend mit Programm und Ziel unserer Genossenschaft", Hervorh. i. Orig. Vgl. weiterhin den Artikel Robert Schloessers "Die Genossenschaftsbewegung und der nationale Sozialismus", in: KgP, 1933, S. 102f.

189 Vgl. Schumann, Nationalsozialismus und Gewerkschaften, S. 51; Bracher, Stufen, S. 149.

angebracht. Über eine mögliche Initialzündung ließe sich spekulieren, die Niederlage der sozialistischen Arbeiterbewegung (und auch der bürgerlichen Demokratie) in Deutschland ist hingegen nicht Resultat ihrer Unentschlossenheit in diesen letzten Atemzügen der Republik von Weimar.

Es gab nach der Ablehnung der Reichsbürgschaften durch das Reichskabinett am 21. Februar[190] und den fortdauernden regierungs- und parteiseitig tolerierten, von Teilen der NSDAP auch aktiv unterstützen Überfällen und Übergriffen, die für nachhaltige Umsatzrückgänge und starke Abzüge von Spareinlagen sorgten, scheinbar wenig Aussicht auf eine Kursänderung dieser Regierungspolitik gegenüber den Konsumgenossenschaften. Und doch leitete das Reichskabinett bereits Anfang April einen solchen Kurswechsel ein. Es kann gezeigt werden, daß dieser zuerst aus der Furcht vor einem Übergreifen der ökonomischen Erschütterungen, denen die Konsumvereine ausgesetzt waren, auf die übrige Wirtschaft erfolgten. Und das war das genaue Gegenteil von dem, was der Regierung Hitler dienlich gewesen wäre.[191] Daneben war die Regierung darauf angewiesen und bemüht, im Ausland politischen Kredit zu erhalten, der angesichts der Übergriffe auf ausländische Diplomaten und Boykottaktionen gegen jüdische Geschäfte auf dem Spiel stand.[192] Und schließlich ergab sich mit diesem Kurswechsel die Chance, öffentlich für das Interesse der Konsumgenossenschaftsmitglieder aus Arbeiterkreisen an der Sicherheit ihrer dort angelegten Ersparnisse (und Geschäftsanteile) - und damit auch hier in den "Kampf um die Seele des deutschen Arbeiters" - einzutreten.[193] Der Konflikt zwischen der Regierung auf der einen, dem gewerblichen Mittelstand und seinen Interessenvertretern in der NSDAP auf der anderen Seite - die die bisherigen Maßnahmen gegen die Konsumgenossenschaften immer als Ankündigung auf die Zukunft des nationalsozialistischen Staates begriffen hatten und nun ihre protektionistischen Wünsche erfüllt sehen wollten - war damit vorprogrammiert.

---

190 Darüber im folgenden Kapitel.

191 Vgl. z. B. Hitlers "Aufruf an das Deutsche Volk!", in dem es u. a. hieß, daß "binnen vier Jahren (...) die Arbeitslosigkeit endgültig überwunden" sein muß, und Hitler abschließend forderte: "Nun, deutsches Volk, gib uns die Zeit von vier Jahren und dann urteile und richte uns!", BAK, R 43 II/146, fol. 2f, hier fol. 3.

192 Vgl. AdR, Reg. Hitler, Teil I, Bd. 1, S. XXIff.

193 Vgl. beispielsweise Bons, Der Kampf um die Seele, passim; Mason, Sozialpolitik, passim.

2.4 Zusammenfassung

In einem Zeitraum von etwas mehr als achtzig Jahren, bis zum Beginn der dreißiger Jahre des 20. Jahrhunderts, hatten sich die Konsumgenossenschaften in Deutschland zu einer in zwei zentralen Verbänden organisierten Verbraucherselbsthilfe entwickelt. Im 1903 gegründeten Hamburger Zentralverband und dem in Köln ansässigen Reichsverband - gegründet 1913 - waren 1932 knapp 3,66 Mio. Mitglieder in 1.208 Konsumvereinen organisiert, die mit 12.451 Verteilstellen über ein weitverzweigtes Netz an "Läden" verfügten. Dazu kamen die Herstellungsbetriebe der einzelnen Konsumgenossenschaften und die zentralen Produktionsanlagen der beiden Großeinkaufs- und Produktionsgesellschaften GEG und Gepag. Die wirtschaftliche Bedeutung beider Verbände gestaltete sich jedoch unterschiedlich, der sozialdemokratisch geprägte Hamburger ZdK war in jeder Hinsicht ökonomisch stärker als der katholisch geprägte und am Zentrum orientierte Kölner Reichsverband.

Die ablehnende Haltung der organisierten Arbeiterbewegung zu den Konsumvereinen wich erst durch die in den neunziger Jahren des letzten Jahrhunderts beginnenden Veränderungen in den Konsumgenossenschaften einer positiven Haltung; sie schlug sich schließlich 1905 in den Freien Gewerkschaften und fünf Jahre später in der SPD auch programmatisch nieder.

In den Jahren nach 1890 begann mit der Gründung der GEG (1894), dem starken Zustrom neuer Mitglieder, der Loslösung der freigewerkschaftlich-sozialdemokratisch orientierten Konsumvereine vom mittelständischen Allgemeinen Verband und ihrer Organisation im ZdK (1903) eine Aufschwungsphase, die vom Ersten Weltkrieg und der Nachkriegsinflation abgelöst wurde. 1924 setzte mit der Stabilisierung der Währung eine erneute Phase wirtschaftlicher Aufwärtsentwicklung in den Konsumgenossenschaften ein, die aber in ihrer Intensität hinter der vorangegangenen zurückblieb. Nach 1931 machten sich dann auch in den Konsumvereinen die Auswirkungen der Weltwirtschaftskrise bemerkbar.

Der gewerbliche Einzelhandel stand der in den Konsumgenossenschaften erwachsenen Konkurrenz von Anfang an ablehnend und feindselig gegenüber. Obwohl der Anteil der Konsumvereine am Umsatz des Einzelhandels mit Nahrungs- und Genußmitteln in den Jahren von 1929 bis 1931 etwa zwischen 9 % und 11 % gelegen hat (und auch zuvor nie über diese Marke hinausgekommen war), also keinesfalls ein den gewerbetreibenden Mittelstand ernsthaft bedrohendes Ausmaß erreichte, sah dieser in den Konsumgenossenschaften mittelstandsvernichtende Konkurrenten. Ab 1929 nahmen dessen Aktionen unter dem Einfluß nationalsozialistischer Kampfgemeinschaften zunehmend eine neue, d.h. gewalttätige Form an. Parallel dazu begann die NSDAP in den Ländern - ermöglicht durch ihre

Wahlerfolge - einen parlamentarischen Feldzug zur Beschränkung des konsumgenossenschaftlichen Geschäftsbetriebs.

Nach der Machtübergabe an die NSDAP schien es vor dem Hintergrund ihrer bisherigen Haltung zu den Konsumvereinen nur eine Frage weniger Wochen, bis vergleichbare Maßnahmen auch von der Reichsregierung ergriffen wurden. Der im Februar 1933 gefaßte Beschluß des Kabinetts, den Konsumgenossenschaften keine "verlorenen" Zuschüsse zu gewähren, verstärkte in den Kreisen des gewerblichen Mittelstands diese Erwartungshaltung , die sich mit der Zerschlagung der Freien Gewerkschaften Anfang Mai bis zum äußersten spannte. Doch es sollte anders kommen: Die im April veröffentlichte Verlautbarung der Regierung - in der an der Nichtbewilligung finanzieller Mittel für die Konsumvereine festgehalten wurde, während gegen ihren Bestand gerichtete Maßnahmen nun nicht mehr unternommen werden sollten und auch Einzelaktionen gegen die Konsumgenossenschaften nicht mehr die Billigung der Reichsregierung fanden - trug zwar nicht dazu bei, die Eingriffe in den Geschäftsbetrieb der Konsumvereine zu unterbinden, aber die Erklärung des Kabinetts leitete den nicht erwarteten Kurswechsel der Regierung ein, der im Juni 1933 mit der Bereitstellung zusätzlicher finanzieller Mittel zur Sanierung der Konsumgenossenschaften vollzogen wurde.

3 Konsumgenossenschaften zwischen Machtübergabe und Neuorganisation. Januar bis August 1933

Mit dem Eintritt der NSDAP in die Reichsregierung stand zu erwarten, daß ihre bisherige Parteipolitik gegen die Konsumgenossenschaften (und allgemein gegen die Großbetriebsformen des Einzelhandels) eine nachhaltige Fortsetzung erfahren würde. Die ersten beiden Monate des Kabinetts Hitler schienen diese Erwartung zu bestätigen. Erwägungen politischer und wirtschaftlicher Art oder ganz einfach machtpolitische Überlegungen führten schließlich zu einem Kurswechsel, dessen Etappen in diesem Kapitel nachgezeichnet und analysiert werden.

3.1 Die Entscheidungen des Kabinetts der "nationalen Konzentration" in der Konsumgenossenschaftsfrage bis zum April 1933

Als die "Regierung der nationalen Erhebung"[1] am 21. Februar 1933 zu einer Kabinettssitzung zusammentraf und in diesem Rahmen erstmals über die finanzielle Stützung mittelständischer Kreditinstitute und Konsumgenossenschaften beriet, befand sich der gefaßte Beschluß noch im Einklang mit der Erwartungshaltung des gewerblichen Mittelstands. Hermann Göring, zu jener Zeit Reichsminister ohne Geschäftsbereich[2] brachte diese gewissermaßen stellvertretend zum Ausdruck. Er hielt, so das Protokoll dieser Sitzung, "die Bewilligung von Mitteln für die Konsumgenossenschaften (für - U. K.) nicht vereinbar mit dem Programm der Reichsregierung, das die Stützung des gewerblichen Mittelstandes bezwecke."[3]

---

1 So Hitler in dem auch über den Rundfunk verbreiteten "Aufruf an das Deutsche Volk", abgedruckt in: VB, NA vom 03. Februar 1933; WTB-Meldung vom 2. Februar 1933, Ausschnitt in: BAK, R 43 II/146, fol. 2-3, hier fol. 3; Schulthess 1933, S. 34-37, hier S. 37.

2 Vgl. AdR, Reg. Hitler, Teil I, Bd. 2, S. 1393f.

3 BAK, R 43 I/1459, fol. 482, sowie AdR, Reg. Hitler, Teil I, Bd. 1, S. 91. Die Protokolle geben die Beiträge der Teilnehmer i. d. R. nicht wörtlich, sondern in indirekter Rede wieder. Als Regierungsprogramm aus dieser Zeit sind lediglich 12 Programmpunkte aus Hitlers Rede im Berliner Sportpalast vom 10. Februar 1933 überliefert. Konsumgenossenschaften werden darin ebensowenig genannt wie der gewerbliche Mittelstand. Vgl. das Flugblatt der Reichszentrale für Heimatdienst "Die 12 Programmpunkte des Reichskanzlers Adolf Hitler" in: BAK, R 43 II/146, fol. 15. Ein Auszug aus Hitlers Rede, Schulthess 1933, S. 42-44. Siehe a. Broszat, Der Staat Hitlers, S. 97 und 444. Denkbar ist, daß Göring sich mit seiner Bemerkung auf das 25-Punkte-Programm der NSDAP aus dem Jahr

Obwohl sich der Reichswirtschaftsminister in seiner Kabinettsvorlage vom 16. Februar noch für die Einbeziehung der Konsumgenossenschaften in die Stützungsaktion des Reiches ausgesprochen und dieses ausführlich begründet hatte,[4] erklärte er im Verlauf der Kabinettssitzung sein Einverständnis, die Konsumgenossenschaften bei dieser Hilfsaktion nicht mehr zu berücksichtigen! Der Kabinettsbeschluß erging entsprechend: Die Notverordnung vom 18. März 1933 ermächtigte den Reichsfinanzminister sodann demgemäß, zur Stützung lediglich der mittelständischen Kreditinstitute die Summe von 30 Millionen RM auszugeben.[5]

Doch zunächst ein kurzer Rückblick auf die Vorgeschichte dieser vorerst gestoppten Stützungsaktion des Reiches für die Konsumgenossenschaften beider Richtungen:

Nach dem Zusammenbruch der Danatbank (Darmstädter und Nationalbank) am 11. Juli 1931 begann am 13. Juli - dem Tag, an dem die Schalter dieses Instituts geschlossen blieben - und an den auf die gesetzlich verordneten "Bankfeiertage" vom 14. und 15. Juli folgenden Tagen auch bei den Spareinrichtungen der Konsumgenossenschaften ein Run auf die Konten.[6] Hatten die Spareinlagen bei den Konsumgenossenschaften des ZdK zu Beginn des Ge-

---

1920 bezog, welches Konsumgenossenschaften zwar auch nicht erwähnte, auf dessen Punkt 16 sich die "Kampfgemeinschaft gegen Warenhaus und Konsumverein" sowie der am 15. Dezember 1932 als dessen Nachfolgeorganisation gegründete "Kampfbund für den gewerblichen Mittelstand" bei ihren Terrorfeldzügen gegen die KG und deren Mitglieder immer wieder beriefen. Das Programm der NSDAP z. B. bei Hofer (Hg.), Nationalsozialismus, S. 28-31.

4 Die Vorlage in: BAK, R 43 II/238 fol. 2-5. Im einzelnen hierzu weiter unten.

5 Siehe d. VO des RPräs. über Maßnahmen auf dem Gebiete der Finanzen, der Wirtschaft und der Rechtspflege. Vom 18. März 1933. RGBL I, S. 109, hier S. 122.

6 Vgl. zur Bankenkrise AdR, WR, Die Kabinette Brüning I u. II, Bd 1, S. XLVII ff; Bd. 2, S. 1324ff. Die mit der Schließung der Schalter der Danatbank am 13. Juli und einer Erklärung des Kabinetts hierüber beabsichtigte Beruhigung der Öffentlichkeit trat nicht ein, so daß noch am gleichen Tage mittels einer NotVO für den 14. und 15. gesetzliche Bankfeiertage angesetzt wurden. Die VO über die Danatbank vom 13. Juli 1931 in: RGBL I, S. 359, die VO vom gleichen Tage über Bankfeiertage nebst DVO, ebenda S. 361. Die Verlautbarung der RReg. in: Schulthess 1931, S. 156-157. Zur Bankenkrise siehe weiterhin Winkler, Katastrophe, S. 366ff, 382ff; Born, Bankenkrise, passim; Petzina, Zwischenkriegszeit, S. 98f. Der ZdK veröffentlichte am 18. Juli 1931 in der KgR (S. 569f) einen Artikel, der den Mitgliedern die Sorge um ihre Einlagen nehmen sollte. Wie die Abhebungen der Folgezeit belegen, verfehlte er jedoch seine Wirkung, wenngleich nicht vergessen werden darf, daß viele Mitglieder angesichts der verheerenden Wirtschaftslage auch so gezwungen waren, auf ihre "Notgroschen" zurückzugreifen. Vgl. weiter die Veröffentlichungen zum konsumgenossenschaftlichen Sparwesen in der KgR der Jahre 1931 bis 1933.

schäftsjahres 1932 (also am 1. Juli 1931[7]) fast 411 Mio. RM ausgemacht, so waren sie an dessen Ende (30. Juni 1932) auf ca. 293 Mio. RM zurückgegangen.[8]

Feingliedriger ist die Aufschlüsselung der Entwicklung der Spareinlagen nach Kalendervierteljahren, die in Tabelle 17a im Anhang dargestellt ist.[9]

Zum Ende des Kalenderjahres 1931 gingen bei den im ZdK organisierten Konsumvereinen die Spareinlagen gegenüber dem 31. Dezember 1930 von 406 Mio. RM auf 319 Mio. RM (- 21,4 %) zurück. Bis zum Jahresende 1932 reduzierten sie sich dann nochmals um ca. 77 Mio. RM (- 24,1 %) auf nun 242 Mio. RM.[10]

Für den RV liegen die Angaben aus den Jahresberichten für die Geschäftsjahre 1931 und 1932 vor, welche ebenfalls nicht mit den Kalenderjahren identisch sind.

---

7 Zur Differenz zwischen Kalender- und Geschäftsjahr siehe die Anm. 1 zu Tabelle 1 im Anhang.

8 Die exakten Zahlen für das jeweilige Ende der Geschäftsjahre im Jb. ZdK, 1933 Bd. 1, S. 419, für 1931: 410.946.857 RM u. für 1932: 292.797.068 RM. Das entspricht einem Rückgang um knapp 29 %.

9 Nach den im Stat. Jb. f. d. DR, 1934, S. 340-341 veröffentlichten Jahresbilanzen deutscher Banken für 1932 betrugen deren Depositen und Spareinlagen im Jahre 1932 399,1 Mio. RM gegenüber 483,4 Mio. RM im Jahr zuvor. Das entspricht einem Rückgang von 84,3 Mio. RM oder ca. 17 %. Siehe a. Stat. Jb. f. d. DR, 1935, S. 350-351. Nach der Jahresstatistik 1932 der Sparkassen im Deutschen Reich betrugen deren Spareinlagen (ohne Depositen und Kontokorrenteinlagen) am 31. Dezember 1932 bereits wieder ca. 10,16 Mrd. RM gegenüber ca. 10,06 Mrd. RM 1931, was einer Zunahme(!) von gut 0,1 Mrd. RM oder etwa 1 % entspricht, nachdem sie von 10,67 Mrd. RM 1930 um 0,61 Mrd. (-5,68 %) auf besagte 10,06 Mrd. RM 1931 gefallen waren, Stat. Jb. f. d. DR, 1934, S. 344-345. Die Zahl für 1933 hiernach: 11,15 Mrd. RM, ebenda 1935, S. 354-355. Auf Grundlage der Zweimonatsbilanzen lauten die (auf Mrd. RM umgeschriebenen und gerundeten) Zahlen zum jeweiligen Jahresende wie folgt: 1930: 10,32 Mrd.; 1931: 9,68 Mrd.; 1932: 9,87 Mrd.; 1933: 10,83 Mrd. RM, Vjh. z. Stat. d. DR, 1932, H. III, S. 117; 1933, H. II, S. 76,87; 1934, H. II, S. 107,121. Hingewiesen werden soll abschließend zum einen noch auf die "Repräsentativstatistik" über "die Spareinlagen der Verbrauchergenossenschaften" im Stat. Jb. f. d. DR, 1934, S. 352, die auf der Grundlage von ca. 80 % aller Einlagen bei diesen die monatlichen Veränderungen zwischen Januar 1930 und Juni 1934 dokumentiert, sowie zum anderen auf die Übersicht der Spareinlagen bei den Sparkassen und den 5 großen Genossenschaftsverbänden, ebenda, 1933, S. 356. Da eine mit den dort gelieferten Zahlen mögliche detailliertere Auseinandersetzung über die Entwicklung der Spareinlagen im Nachgang der Bankenkrise oder allgemein der Weltwirtschaftskrise für die Fragestellung dieser Arbeit nicht erforderlich ist, muß dieser Hinweis genügen, was mir auch deswegen zulässig erscheint, da die herangezogenen Quellen i. d. R. leicht zugänglich sind.

10 Vgl. KgR, 1933, S. 147.

Hiernach verringerten sich die Spareinlagen jeweils zum Ende der Geschäftsjahre von ca. 35 Mio. RM um 20,25 % auf etwas mehr als 28 Mio. RM.[11]

Das Gesamtbild für beide Verbände zum Ende der jeweiligen Geschäftsjahre sieht hiernach wie folgt aus: Von ca. 446 Mio. RM 1931 gingen die Spareinlagen um ca. 125 Mio. RM (- 28 %) auf ca. 321 Mio. RM zurück.

Bei der Rückzahlung dieser Gelder kam es nun angesichts des vorstehenden Umfangs zwangsläufig zu Engpässen bei einigen Konsumgenossenschaften.[12] Die betroffenen Konsumgenossenschaften mußten ihrerseits auf ihre Spareinlagen bei den jeweiligen Zentralorganisationen zurückgreifen. Für die Genossenschaften des ZdK waren dies Einlagen bei der Bankabteilung der GEG in Hamburg, für die Konsumvereine der Kölner Richtung bestand eine solche Bankabteilung bei der Gepag.[13] Im Ergebnis kann festgestellt werden, daß es den Konsumgenossenschaften gelang, die Auszahlungen der Sparguthaben ihrer Mitglieder aus eigenen Mitteln vorzunehmen, was einerseits durch eine solidarische interne Kreditaktion gewährleistet werden konnte, die 68 Konsumgenossenschaften in Anspruch nehmen mußten,[14] und andererseits durch Reichsbürgschaften, die sogenannten Sonderkredite I und II, ermöglicht wurde.

---

11 Die exakten Zahlen für das Ende des Geschäftsjahres 1931: 35.244.870 RM und für das Ende des Geschäftsjahres 1932: 28.106.564 RM, siehe Jahresbericht RV für 1931, S. 4 und KgR, 1933, S. 576.

12 Während Marahrens, Konsumgenossenschaften, S. 19, die Ansicht vertritt, daß die Liquiditätsreserven der Konsumgenossenschaften im Vergleich mit anderen das Spargeschäft betreibenden Geldinstituten "besonders hoch" gewesen waren, erklärte das Mitglied des Reichsbankdirektoriums Schippel in der Kabinettssitzung vom 25. April 1933, "die Konsumgenossenschaften hätten fehlerhafterweise die Sparkasseneinlagen in Produktionsbetrieben investiert", BAK, R 43 I/1461, fol. 272. Diese Ansicht auch in: Sonderbericht des Amtes Information der DAF, Teil II, S. 18. Der ZdK selbst wies in einer Eingabe an den RWM vom 8. März 1933 darauf hin, "daß die Spareinlagen - von Ausnahmen (einzelner KG - U. K.) abgesehen - mit Sorgfalt angelegt worden sind", BAK, R 53/79, fol. 127.

13 Vgl. KgR, 1933, S. 201f, wonach auf einer gemeinsamen Sitzung von Vorstand, Ausschuß und Generalrat des ZdK vom 27. u. 28. April 1932 in Kassel ein Beschluß über die den KG anvertrauten Spargelder gefaßt wurde, worin es u. a. hieß, daß "es für die Leitungen aller Konsumgenossenschaften eine selbstverständliche Pflicht (bedeutet), die flüssigen Spareinlagen und alle sonstigen flüssigen Mittel ohne Ausnahme bei der Bankabteilung der Großeinkaufs-Gesellschaft Deutscher Consumvereine m. b. H. anzulegen."

14 Diese Zahl bezieht sich auf Konsumgenossenschaften des ZdK. Für den RV kann keine Aussage getroffen werden. Vgl. Marahrens, Konsumgenossenschaften, S. 17ff; Hasselmann, Konsumgenossenschaften, S. 452ff; Sonderbericht des Amtes Information der DAF, Teil II, S. 19; Zirwas, Verbrauchergenossenschaften, S. 121ff, bes. S. 126, wonach die KG bis zum Gesetz über VG vom 21. Mai 1935 verlorene Zuschüsse des Reichs - abgesehen von einzelnen Fällen - nicht erhalten haben.

Innerhalb der internen Kreditaktion des ZdK, der hierzu im Dezember 1931 eine "Notgemeinschaft" gründete, wurde eine Kreditsumme zwischen 14 und 15 Mio. RM aufgebracht,[15] während die Regierung des Reichskanzlers Heinrich Brüning im November 1931 unter Bezug auf die Notverordnung vom 27. Juli 1931 beschlossen hatte, "für dinglich gesicherte Liquiditätskredite, die die Deutsche Zentralgenossenschaftskasse einzelnen Konsumgenossenschaften gewährt, Reichsbürgschaften bis zur Höhe von 25 Millionen RM zu übernehmen (Sonderkredit I)."[16]

Im März 1932 sahen sich dann der ZdK und der RV gezwungen, erstmals mit der Bitte um Reichs*zuschüsse* von 11 und 1,275 Mio. RM an den Reichswirtschaftsminister heranzutreten, der beide Anträge aus wirtschaftlichen Überlegungen und mit Rücksicht auf den gewerblichen Einzelhandel in einer Kabinettsvorlage vom 10. März 1932 ablehnte. Die Höhe ihrer beantragten Zuschüsse entsprach der jeweils von ihnen seit April 1930 gezahlten Sonderumsatzsteuer.[17]

Zur Begründung ihrer Ersuchen um Zuschüsse des Reichs konnten sich beide Zentralverbände auf die am 8. Dezember 1931 ergangene vierte Notverordnung des Reichspräsidenten beziehen, in welcher der Reichsfinanzminister ermächtigt wurde, für Zwecke der Rationalisierung ausschließlich des gewerblichen Genossenschaftswesens einen Betrag bis zur Höhe von 20 Mio. RM bereitzustellen.[18] Wegen des hierdurch geschaffenen Präzedenzfalles hatte sich der Reichswirtschaftsminister in einer Besprechung mit Vertretern beider Verbände jedoch bereit erklärt, "eine Entscheidung des Kabinetts darüber herbeizuführen (...), ob

---

15 In einem Vermerk des RWM vom 9. März 1933 über eine Besprechung mit Vertretern beider Konsumgenossenschaftsverbände am 3. März, ist die Rede von 14 Mio. RM, die im Januar 1932 von "noch einigermaßen kräftigen Genossenschaften der Hamburger Richtung (...) gesammelt und über die Zentrale den schwachen Genossenschaften zugeführt" wurden, BAP, 31.01 Nr. 10578, fol. 274. Der ZdK bezifferte das Kapital der Notgemeinschaft auf knapp 15 Mio. RM, vgl. BAK, R 53/79, fol. 131. In BAP, 95 Nr. 51, findet sich das Exemplar des Konsum-, Spar- und Produktiv-Vereins Mühlhausen u. Umgegend der "Richtlinien für die Notgemeinschaft der Konsumgenossenschaften des Zentralverbandes deutscher Konsumvereine e. V. in Hamburg" vom 22. Dezember 1931 nebst dem Schreiben des ZdK an die angeschlossenen KG vom 14. Dezember, in dem über die Bildung und die Aufgaben dieser Notgemeinschaft informiert und aufgefordert wurde, ihr beizutreten.

16 BAP, 31.01 Nr. 10580, Vermerk für den RWM vom 12. Mai 1933 über "Stützungsmaßnahmen zu Gunsten von Konsum-Genossenschaften".

17 Die Kabinettsvorlage des RWM in: BAK, R 43 I/674, fol. 34-35. Abschriften der Anträge, ebenda, fol. 36-37, RV vom 1. März 1932 und ebenda, fol. 38-40, ZdK vom 7. März 1932. Zur Sonderumsatzsteuer vgl. das vorangegangene Kapitel.

18 Vierte VO des RPräs. zur Sicherung von Wirtschaft und Finanzen und zum Schutze des inneren Friedens. Vom 8. Dezember 1931. RGBL I, S. 699, hier S. 715.

nicht aus politischen Gründen dem Antrage der beiden Spitzenverbände ganz oder teilweise Rechnung getragen werden müßte."[19]

In der Kabinettsvorlage vom 14. März 1932 erklärte sich der Reichswirtschaftsminister nun zu einer Hilfe des Reichs bereit,[20] sofern sich das Kabinett für die Unterstützung des schwer angeschlagenen, dem RV angeschlossenen Berliner Beamtenwirtschaftsvereins ausspreche.[21] In den Ministerbesprechungen vom 18. und 21. März wurde hierüber beraten. Als Ergebnis der Sondierungen der beteiligten Ressorts am 19. März faßte das Kabinett am 21. März den Beschluß, dem Berliner Beamtenwirtschaftsverein einen Liquiditätskredit über eine halbe Million RM gegen Überlassung von Sicherheiten in gleicher Höhe zu gewähren. Es folgte damit - wie auch in der Frage der Zuschußanträge der Zentralverbände vom Monatsanfang - dem Vorschlag des Reichswirtschaftsministers, der sich zu diesen Anträgen noch nicht abschließend äußerte, weil noch Klärungsbedarf bestand.[22]

Zwar wurde im Reichswirtschaftsministerium am 2. Mai 1932 noch eine Vorlage für die Ministerbesprechung am 6. d. M. erarbeitet, doch nicht mehr behandelt.[23] Darin wurde der Kreditbedarf beider Zentralen auf 16 Mio. RM taxiert.[24] Auch in der Ministerbesprechung am 23. Mai vormittags ist diese Angelegenheit auf einen späteren Zeitpunkt vertagt worden.[25] Tatsächlich hat im zweiten Kabinett Brüning keine Beratung mehr hierüber stattgefunden.

Die ursprünglich für die Ministerbesprechung am 6. Mai vorgesehene Vorlage des Reichswirtschaftsministeriums vom 2. Mai war erst wieder in der Sitzung - nunmehr des Kabinetts des Kanzlers Franz v. Papen - am 7. Juni 1932 Gegenstand der Tagesordnung. Der hierin gefaßte Beschluß über eine Reichsbürgschaft

---

19 So der Text der Kabinettsvorlage des RWM vom 10. März 1932 in: BAK, R 43 I/674, fol. 35.

20 Gedacht war dabei an Reichsbürgschaften, nicht etwa an verlorene Zuschüsse wie von ZdK und RV beantragt - was sich aus der Durchsicht der im folgenden nachgewiesenen Quellen und dem Kabinettsbeschluß vom 7. Juni 1932 ergibt.

21 Vgl. BAK, R 43 I/674, fol. 42-43.

22 Vgl. Protokoll der Ministerbesprechung vom 18. März in: BAK, R 43 I/1455, fol. 323-341, hier fol. 333-338. Protokoll der Ministerbesprechung vom 21. März, ebenda, fol. 377-387, hier fol. 378-384. Die Protokolle auch in: AdR, WR, Die Kabinette Brüning I u. II, Bd. 3, S. 2382-2392, hier S. 2387-2390 u. S. 2394-2398, hier S. 2395-2397. Zum Beschluß des Kabinetts vom 20. April 1932 über die Nichtgewährung eines verlorenen Zuschusses über 300.000 RM für den Essener Beamtenkonsumverein siehe BAK, R 43 I/1455, fol. 531-537, hier fol. 535-537, sowie BAK, R 43 I/674, fol. 73-74. Dieser Vorgang z. T. auch in: AdR, WR, Die Kabinette Brüning I u. II, Bd. 3, S. 2462-2464.

23 Siehe BAK, R 43 I/1456, fol. 71-78, hier fol. 76.

24 Vorlage vom 2. Mai 1932, siehe BAK, R 43 I/674, fol. 115-122, hier fol. 120.

25 Siehe BAK, R 43 I/1456, fol. 215-230, hier fol. 223.

in Höhe von 16 Mio. RM für einen Kredit der Preußischen Zentralgenossenschaftskasse in Berlin an die Warenzentralen GEG (12 Mio.) und Gepag (4 Mio.)[26] wurde in seinen Modalitäten nach Beratungen der Spitzenverbände mit dem Reichswirtschaftsministerium - vermutlich am 13. Juli 1932[27] - in der Ministerbesprechung vom 19. August auf dessen Vorschlag verändert und sah danach Folgendes vor:

Die Laufzeit des 16-Millionen-Kredites wurde auf 8 Jahre festgesetzt, anstelle der beabsichtigten gesamtschuldnerischen Haftung aller den beiden Zentralverbänden angeschlossenen Konsumgenossenschaften traten Sicherheiten aus dem Grundbesitz von GEG und Gepag. Schließlich übernahm das Reich einen Betrag von ca. 3,4 Mio. RM als Zinszuschuß.

Zur Sicherstellung dieses Kreditpaketes, des sogenannten Sonderkredits II, wünschte der Reichswirtschaftsminister eine besondere Notverordnung, die innerhalb derjenigen vom 4. September 1932 erging.[28] Die vorliegenden Anträge der konsumgenossenschaftlichen Zentralorganisationen über Reichszuschüsse in Höhe 11 und 1,275 Mio. RM (siehe o.) lehnte das Kabinett in dieser Sitzung ab.[29]

Während der kurzen Amtszeit des Reichskanzlers Kurt von Schleicher stand infolge anhaltender Auszahlung von Spareinlagen und fortdauernden Umsatzrückgängen bei den Konsumgenossenschaften[30] die Bereitstellung von Zuschüssen

---

26 Siehe BAK, R 43 I/1456, fol. 307-315, hier fol. 309-311.

27 Diese Datierung in einem Schreiben des ZdK an den RWM Hermann Warmbold vom 17. August 1932. Durchschlag für den RK in: BAK, R 43 I/674, fol. 205-206.

28 Es handelt sich um die VO des RPräs. zur Belebung der Wirtschaft. Vom 4. September 1932. RGBL I, S. 425, hier S. 429. Der RFM wurde ermächtigt, "zur Behebung finanzieller Notstände für Darlehen, die an gewerbliche Kreditgenossenschaften und Konsumgenossenschaften, die das Depositengeschäft betreiben, sowie an Warenzentralen der Konsumgenossenschaften zu Stützungszwecken gegeben werden, Garantien bis zur Höhe von 45 Millionen Reichsmark zu übernehmen und sich zur Zahlung von Zinszuschüssen bis zur Höhe von insgesamt 3,4 Millionen Reichsmark zu verpflichten." Die vom RWM vorgeschlagenen Änderungen des Kabinettsbeschlusses vom 7. Juni sind seiner Kabinettsvorlage vom 29. Juli für die Ministerbesprechung vom 19. August zu entnehmen, siehe BAK, R 43 I/674, fol. 197-200. Das Protokoll der Kabinettssitzung vom 7. Juni in: BAK, R 43 I/1456, fol. 307-315, hier fol. 309-311, die Ministerbesprechung vom 19. August in: BAK, R 43 I/1457, fol. 307-325, hier fol. 316. Vgl. a. AdR, WR, Kabinett von Papen, Bd. 1, S. 31-36, 411-420.

29 Vgl. BAK, R 43 I/1456, fol. 309-311.

30 Zum Umsatzrückgang vgl. das zweite Kapitel, insbesondere die Zusammenstellung der Kalenderjahresumsätze in Tabelle 16c, wonach 1932 die Umsätze beider Verbände gegenüber dem Vorjahr um ein Viertel zurückgegangen waren. 1931 hatte dieser "nur" um 13 % abgenommen. 1933 entsprach der Rückgang um 23,5 % erneut fast dem von 1932. Zum fortdauernden Abzug von Spareinlagen in den Genossenschaften des ZdK bis 1932 siehe o.

(und nicht bloß Bürgschaften) auf der Tagesordnung der Ministerbesprechung vom 16. Januar 1933, nachdem sich sowohl ZdK als auch RV am 21. und 22. Dezember 1932 erneut mit dem Ersuchen um solche über zusammen 30 Mio. RM an den Reichswirtschaftsminister gewandt hatten.[31] Aus sogenannten "Billigkeitserwägungen" beabsichtigte der Reichswirtschaftsminister - der sich in der Begründung seines Vorhabens eng an der Eingabe des ZdK[32] vom 21. Dezember 1932 orientierte - die Einbeziehung der Konsumgenossenschaften in eine Schlußaktion der letztmaligen Zahlung weiterer Zuschüsse an mittelständische Kreditinstitute in Höhe von 27 Mio. RM. Für die Konsumgenossenschaften wollte er - ebenfalls letztmalig[33] - 8 Millionen zur Verfügung stellen. Obwohl das Kabinett Bedenken des Finanzministers gegen "weitere Subventionen" - offensichtlich angesichts der Rundfunkrede Schleichers vom 15. Dezember des Vorjahres - teilte, sprach es sich dennoch allgemein für den Vorschlag des Reichswirtschaftsministers aus, da es zugleich bekundete, mit dieser Entscheidung hinsichtlich des Mittelstands eine abschließende Regelung getroffen zu haben. Über die genaue Summe der Zuschüsse sowie deren Verteilung sollten der Reichsminister der Finanzen, der Reichsarbeitsminister und der Reichswirtschaftsminister eine gemeinsame Vereinbarung treffen,[34] die sich schließlich auf 38 Mio. RM belief (28

---

und Tabelle 17a im Anhang. Vgl. auch die bereits erwähnte "Repräsentativstatistik" über die Spareinlagen der VG im Stat. Jb. f. d. DR, 1934, S. 352, hiernach die folgenden Angaben zum Monatsende in Mio. RM: Okt. 1932: 245,3; Nov. 1932: 240,4; Dez. 1932: 232,2; Jan. 1933: 232,8.

31 Antrag des ZdK auf Gewährung eines verlorenen Zuschusses über 25 Mio. RM an den RWM vom 21. Dezember 1932, BAP, 31.01 Nr. 10578, fol. 195-199, hier fol. 195. Das Exemplar für den RK, BAK, R 43 I/674, fol. 291-294, hier fol. 291. Die RV-Eingabe über 5 Mio. RM vom 22. Dezember 1932 mit Begleitschreiben für den RK in: BAP, 31.01 Nr. 10578, fol. 200-203.

32 In AdR, WR, Kabinett von Schleicher, S. 246, ist irrtümlich von der RV-Eingabe die Rede.

33 Die Konsumgenossenschaften hatten im Gegensatz zu gewerblichen Kreditgenossenschaften bis dahin keine Unterstützungszahlungen (verlorene Zuschüsse) des Reiches erhalten, sondern lediglich Reichsbürgschaften im Rahmen der vorstehend behandelten Sonderkredite I und II erwirken können. Die verlorenen Zuschüsse an die gewerblichen Kreditgenossenschaften seit dem Juli 1931 lassen sich auf ca. 80 Mio. RM beziffern, an Reichsbürgschaften wurden ihnen etwa 50 Mio. RM zur Verfügung gestellt. Diese Summen nach einem im Februar 1935 vom RWM vorgelegten Vorschlag zur Lösung der Konsumgenossenschaftsfrage im Vorfeld des dann ergangenen Gesetzes über Verbrauchergenossenschaften. Ein Exemplar dieses Vorschlags "betrifft: Verbrauchergenossenschaften" in: BAP, 31.01 Nr. 10524, fol. 124-129. Ein Exemplar mit Begleitschreiben des RWM an den RWehrM vom 14. Februar 1935 in: BA/MA, RW 19/979.

34 Siehe das Protokoll der Ministerbesprechung vom 16. Januar 1933 in: BAK, R 43 I/1459, fol. 19-27, hier fol. 21-22, sowie in: AdR, WR, Kabinett von Schleicher, S. 243-249, hier

Mio. für die gewerblichen Kreditgenossenschaften, 2 Mio. für die Mittelstandsbanken und 8 Mio. für die Konsumvereine).[35]

Zu einer Aufnahme dieser Kabinettsentscheidung bzw. konkreten Vereinbarung der beteiligten Ressorts in die beabsichtigte Notverordnung zur Finanzpolitik ist es jedoch nicht mehr gekommen.[36]

Am 30. Januar 1933 übergaben die traditionellen Eliten der NSDAP die Macht in Deutschland.

Soweit dieser Rückblick.

Der Deutschnationale Alfred Hugenberg, im Kabinett Nachfolger von Warmbold als Wirtschaftsminister, brachte die bis dahin noch unerledigte Angelegenheit am 21. Februar erneut ins Kabinett. In einer Vorlage vom 16. d. M. - die in ihrem begründenden Teil mit der seines Vorgängers vom 12. Januar bis auf die vorgesehenen Beträge identisch war - befürwortete auch er die Gewährung von Reichszuschüssen an Konsumgenossenschaften. Zur Begründung seiner Absicht, den Konsumgenossenschaften diese 8 Mio. RM an Reichszuschüssen zukommen zu lassen, verwies er auf die in ihnen angelegten Spargelder, die durch die Bankenkrise und die "Zuspitzung der Wirtschaftslage" in starkem Maße abgefordert wurden und werden, so "daß ein Teil von ihnen mit den bisherigen Stützungsmaßnahmen (Reichsbürgschaften) nicht mehr zu halten ist", weshalb er wenigstens 8 Mio. RM verlorener Reichszuschüsse "unbedingt (für - U. K.) erforderlich (hielt), um die schwersten Notstände zu beseitigen."[37] Der vortragende Refe-

---

S. 245-246. Die Vorlage des RWM vom 12. Januar 1933 mit Begleitschreiben hierzu in: BAK, R 43 I/2010 fol. 280-282. Die Rede von Schleichers vom 15. Dezember 1932 als WTB-Bericht vom gleichen Tage in: BAK, R 43 I/1504, fol. 96-101. Ein Abdruck hiervon in: AdR, WR, Kabinett von Schleicher, S. 101-117.

35 Vgl. das Begleitschreiben d. RWM zu seiner Kabinettsvorlage vom 16. Februar 1933 an den StSRkei. in: BAK, R 43 II/238, fol. 2. Ferner die "Zusammenstellung der Punkte, die vom Standpunkte des Reichsfinanzministeriums bald geregelt werden müssen", als Anlage zum Schreiben des RFM an den StSRkei. vom 4. Februar 1933, BAK R 43 II/778, fol. 2-7, hier fol. 5. Am 26. Januar hatte von Schleicher in einer Unterredung mit ADGB-Vertretern - angesprochen auf den ZdK-Antrag über 25 Mio. RM - wörtlich geäußert: "Wenn die anderen etwas bekommen, müssen die Konsumvereine auch etwas erhalten." AdR, WR, Kabinett von Schleicher, S. 300-304, hier S. 303. Vgl. ebenda, S. 300, Anm. 1 zur Überlieferung der Aktennotiz dieser Unterredung.

36 Es handelt sich um die (eingangs dieses Kapitels bereits erwähnte) am 18. März 1933 ergangene NotVO des RPräs. über Maßnahmen auf dem Gebiete der Finanzen, der Wirtschaft und der Rechtspflege, welche den mittelständischen Kreditinstituten 30 Mio. RM in den Rechnungsjahren 1932, 1933 u. 1934 (als verlorenen Zuschuß) zugestand, vgl. RGBL (1933) I, S. 109, hier S. 122.

37 BAK, R 43 II/238, fol. 4.

rent in der Reichskanzlei unterstützte den Antrag des Reichswirtschaftsministers.[38]

Der Kabinettsbeschluß erging jedoch, wie eingangs dieses Kapitels schon aufgezeigt, ohne die Konsumgenossenschaften einzubeziehen. Die Motive für Hugenbergs Kehrtwende in der Sitzung bleiben im Verborgenen. Abgesehen davon, daß die Kabinettsvorlage nicht von ihm persönlich, sondern in Vertretung durch den von ihm auf diesen Posten berufenen Staatssekretär, den gleichfalls Deutschnationalen Paul Bang, gezeichnet worden war, fällt auf, daß Hugenberg und Finanzminister Lutz Graf Schwerin von Krosigk in dem Moment von der beabsichtigten Ausdehnung der Zuschußaktion auf die Konsumgenossenschaften abrückten, als Göring gegen diese auftrat. Es liegt durchaus im Bereich des Möglichen, daß Hugenberg die Vorlage erst in der Sitzung des Kabinetts am 21. Februar oder kurz zuvor zur Kenntnis genommen hat. Daß er zu diesem Zeitpunkt von der wirtschaftlichen Dimension der Angelegenheit eine Vorstellung gehabt hat, kann (eingedenk seiner Ämterhäufung) bezweifelt werden. Auch so könnte sein Verhalten im Kabinett erklärt werden - sofern es überhaupt eine andere Begründung als die gibt, daß Hugenberg nur einem Konflikt mit Göring aus dem Wege gehen wollte, daß er also zuerst für die Vorlage "aus seinem Hause" eintrat, dann jedoch von der darin vorgesehenen Einbeziehung der Konsumgenossenschaften abrückte, nachdem sich Göring dagegen ausgesprochen hatte. Ob aber dieser Zusammenhang tatsächlich besteht, ist eine spekulative Frage, die hier nicht weiter verfolgt werden soll. Zu dieser (frühen) Zeit des Kabinetts Hitler blies Hugenberg der Wind noch nicht so stark ins Gesicht. Sein Weg in die Isolation begann wenige Wochen später im Mai 1933, nachdem bereits seit "dem Wahlerfolg der NSDAP vom 5. März (...) die bisherige Rücksichtnahme Hitlers gegenüber Hugenberg - wie unter anderem die Kabinettsprotokolle zeigen - einem selbstherrlichen Umgangston Platz gemacht (hatte)."[39] Und denkbar ist schließlich auch, daß die Sitzung des Kabinetts nur unvollständig protokolliert worden ist, Hugenbergs Verhalten also aus diesem (profanen) Grund Rätsel aufgibt. Denn: "nicht unberücksichtigt (kann) bleiben, daß es sich hierbei (den Protokollen der Kabinettssitzungen - U. K.) vorwiegend um stark verkürzte, teils auch nur beschlußprotokollartige Aufzeichnungen handelt, die weder einen vollständigen Überblick über das Hin und Her der Argumente noch über Motive und Hintergründe geben können. Es wird daher mit ziemlicher Sicherheit davon auszugehen sein, daß eine größere Anzahl von Redebeiträgen - auch solche des Reichs-

---

38 MinR Fessler hatte seinen Vortrag mit dem Satz beendet: "Den Vorschlägen wird zuzustimmen sein." Ebenda, fol. 6.

39 Broszat, Der Staat Hitlers, S. 121. Zu Hugenbergs Rolle im Kabinett vgl. a. Petzina, Hauptprobleme, S. 51; Stegmann, Kapitalismus und Faschismus, S. 61ff; Hiller von Gaertringen, Die deutschnationale Volkspartei, S. 588, 599ff.

kanzlers, was in Einzelfällen nachgewiesen werden konnte - von den Schriftführern nicht protokolliert worden ist."[40] Andererseits heißt es aber an anderer Stelle der gleichen Edition über die Protokolle "in den ersten Wochen" der Regierung Hitler: "Die Sitzungsniederschriften dieser Anfangsphase, in der die Reichsregierung regelmäßig und in kurzen Abständen zu Kabinettssitzungen und Ministerbesprechungen zusammentrat, sind demgemäß überraschend ausführlich gehalten, sie geben in ähnlich eingehender Weise wie die Protokolle der Weimarer Zeit den Verlauf kontroverser Erörterungen wieder und lassen auch erkennen, daß Hitler in seinen Anfängen hin und wieder sachlichen Einwänden zugänglich war. Seit April/Mai 1933 begann sich hierin jedoch ein grundlegender Wandel abzuzeichnen: Immer seltener wurden nun die Sitzungen der Reichsregierung, immer unergiebiger und knapper auch die betreffenden Niederschriften."[41]

Der ZdK protestierte am 22. Februar beim Reichswirtschaftsministerium und Reichsfinanzministerium gegen den Beschluß des Kabinetts vom Vortag und wiederholte seinen Antrag vom 21. Dezember des Vorjahres über einen verlorenen Zuschuß von 25 Millionen RM aus Reichsmitteln. "Die erneute Ablehnung des vom Zentralverband deutscher Konsumvereine beantragten Zuschusses durch das Reichskabinett muß in den Kreisen der organisierten Verbraucher als eine schwere und ungerechtfertigte Zurücksetzung und Benachteiligung empfunden werden. Dies gilt um so mehr, als die Ablehnung des begründeten Ansinnens der Konsumgenossenschaften zugleich mit dem Beschluß einer neuerlichen Stützung der mittelständischen Kreditinstitute bekannt gegeben wird. (...) Die abermalige Zurücksetzung der Konsumgenossenschaften dürfte schwerlich mit guten Gründen vertreten werden können."[42] Weiterhin sah der ZdK unter Bezug auf die Artikel 151, 156 und 159 der Reichsverfassung "eine rechtliche Stütze" seines Anliegens und berief sich schließlich auf die "uneigennützige Arbeit", die die Konsumgenossenschaften "seit jeher dem Volksganzen" im Krieg und in den Inflationsjahren hinsichtlich der Lebensmittelversorgung und Preisstabilität geleistet haben. Der Antrag schloß mit der Bitte um einen Termin zur mündlichen Aussprache, die am 3. März im Reichswirtschaftsministerium stattfand.[43] Insgesamt betrachtet ist dieser Protest bereits Ausdruck ohnmächtiger Hilfs- und Orientierungslosigkeit, die schließlich zu der Eingabe des ZdK vom 27. März führte. Der erste Augenschein, dieses Protestschreiben sei der Versuch, argumentativ für die Revision des Kabinettsbeschlusses zu wirken, besteht nicht

40 AdR, Reg. Hitler, Teil I, Bd. 1, S. XXXIf.

41 Ebenda, S. XVII.

42 Zitiert nach der Durchschrift des Exemplars für den RFM, die dem Vizekanzler von Papen "zur Kenntnisnahme und Berücksichtigung" übersandt wurde, BAK, R 53/79, fol. 133-138, hier fol. 135. Das Exemplar für den RWM in: BAP, 31.01 Nr. 10578, fol. 255-259.

43 Vgl. BAK, R 53/79, fol. 137-138. Zu der gewünschten Unterredung siehe u.

vor der Realität. Man sucht - ebenso wie in dem ausführlich den gewünschten Zuschuß über 25 Mio. RM begründenden Antrag vom 21. Dezember des Vorjahres - vergeblich auch nur nach dem kleinsten Hinweis auf die schwerwiegenden und letztlich ökonomisch ausschlaggebenden Folgen der Kampfbund- und SA-Übergriffe für die Umsatzentwicklung und das Spareinlagengeschäft der Konsumgenossenschaften.

Offenkundig devot wirkt dagegen die "Bitte an die verehrliche Reichsregierung (...), diesen ablehnenden Beschluß einer Nachprüfung unterziehen zu wollen", welche der RV am 23. Februar an den Reichswirtschaftsminister richtete.[44] Werde diese Kabinettsentscheidung aufrechterhalten, so drohe besonders der Konsumgenossenschaft "Eintracht" in Dortmund-Hafen der Konkurs, was "30.000 unbemittelte christlich-nationale Arbeitnehmerfamilien (betreffen würde), die zum großen Teil arbeitslos sind."[45] Unter Hinweis auf die Gewährung von Reichshilfe an die "notleidenden Genossenschaften der Landwirtschaft und des Mittelstandes" heißt es: "Man kann deshalb die Erbitterung verstehen, die diese ärmsten Kreise des Volkes erfaßt, wenn sie hören, daß die Reichsregierung nicht bereit ist, auch ihre geringen Existenzmittel zu sichern. (...) Der ablehnende Beschluß würde in den Kreisen der Arbeitnehmer den Glauben an Gerechtigkeit der Beschlüsse der Reichsregierung erschüttern."[46] Auch der RV bat den Reichswirtschaftsminister um eine persönliche Besprechung, in welcher dessen Vertreter, Ministerialrat Ronde, den Abgesandten beider Zentralverbände versicherte, "daß das Reichskabinett sich ausschließlich von sachlichen Gesichtspunkten bei seiner Entscheidung habe leiten lassen",[47] nachdem zuvor Hugo Bästlein als Vertreter des ZdK die parteipolitische Neutralität seines Verbandes unterstrichen hatte und der Politik nur insofern Bedeutung zuerkannte, als die Kommunisten die Geschäftsführung des Zentralverbandes angegriffen, zu beeinflussen und zu sabotieren versucht hätten! In einer erneuten Eingabe an den Reichswirtschaftsminister vom 8. März schilderte der Hamburger Verband diesem unter Bezug auf die Unterredung abermals seine Ansicht von der Bedeutung der

---

44 Antrag des Kölner RV an den RWM, BAP, 31.01 Nr. 10578, fol. 267-269, hier fol. 267. Eine Durchschrift für den "Hochwohlgeboren(en) (sic!) Herrn Reichskanzler Adolf Hitler" mit Begleitschreiben zur "gefälligen Kenntnisnahme und wohlwollenden Prüfung" in: BAK, R 43 II/238, fol. 9-12, hier fol. 9. Am 1. März bestätigte der StSRkei. den Empfang dieses Schriftsatzes, "von den Ausführungen wurde mit Interesse Kenntnis genommen", ebenda, fol. 13.

45 Ebenda, fol. 11.

46 Ebenda, fol. 11-12.

47 Aktenvermerk des RWM vom 9. März über die Besprechung vom 3. d. M., BAP, 31.01 Nr. 10578, fol. 274.

Konsumgenossenschaften und die Gründe ihrer derzeitigen wirtschaftlichen Situation, um abschließend "dem Herrn Reichswirtschaftsminister noch einmal das Ersuchen um eine Stützung der Konsumgenossenschaften im Rahmen der anderen Genossenschaftsarten zuteil gewordenen Stützung"[48] zu unterbreiten. Bereits "die Gewährung der ursprünglich vorgesehenen Unterstützung (in Höhe von 8 Mio. RM verlorener Zuschüsse in der Kabinettsvorlage des Reichswirtschaftsministers vom 16. Februar d. J. - U. K.) würde die Schwierigkeiten mildern. Die zuversichtlich zu erwartende Besserung der allgemeinen Wirtschaftsgestaltung (sic!) wird sicher gleichfalls dazu beitragen, daß sich die Verhältnisse konsolidieren und vorhandene Schwierigkeiten nach und nach überwunden werden können."[49]

Über die permanenten An- und Eingriffe durch Mitglieder der NSDAP verlor der ZdK wiederum kein Wort.[50] Stattdessen hob er, wie in der Besprechung vom 3. des Monats, die nachteiligen Auswirkungen einer "wüsten und unverantwortlichen" kommunistischen "Hetze" im Zusammenhang mit der Wahlpropaganda am Beispiel der Konsumgenossenschaft für Berlin und Umgegend sowie sein traditionelles Bemühen um parteipolitische Neutralität hervor.[51]

Vom zuständigen Referat des Reichswirtschaftsministeriums erhielt der Hamburger Verband am 18. März die Mitteilung, dieser erneute Antrag auf Gewährung eines verlorenen Zuschusses könne nicht unterstützt werden. Einem Vermerk des Regierungsrats Holtz für den Staatssekretär vom 10. d. M. ist jedoch zu entnehmen, daß "angesichts der jüngsten Entwicklungen, die Zusammenbrüche (von Konsumvereinen - U. K.) befürchten lassen", erwogen wurde, die Angelegenheit noch einmal zum Gegenstand einer Kabinettssitzung zu machen, was zu diesem Zeitpunkt dann doch noch verworfen wurde.[52]

---

48 Ebenda, fol. 293. Der gesamte Antrag auf Gewährung eines verlorenen Zuschusses, ebenda, fol. 283-293. Durchschrift nebst Begleitschreiben für von Papen in: BAK, R 53/79, fol. 121-132.

49 BAP, 10578, fol. 288f.

50 Soweit feststellbar, führte der ZdK erstmals zwei Tage später Klage bei verschiedenen Reichsbehörden über Behinderungen des Geschäftsverkehrs durch Angehörige der NSDAP. Ausführlicher dazu weiter unten.

51 Vgl. BAP, 31.01 Nr. 10578, fol. 289, 291f.

52 Aktenvermerk vom 10. März, ebenda, fol. 295-297. Ob es zu dem darin von Holtz gewünschten Vortrag beim StS kam, geht aus der Aktenüberlieferung nicht hervor, kann jedoch angesichts der ablehnenden Mitteilung an den ZdK vom 18. März als wahrscheinlich angenommen werden. Diese als handschriftlicher Entwurf ebenda, fol. 294. Holtz hatte im übrigen in seinem Vermerk an den StS festgehalten, daß "in politischer Beziehung (...) darauf hingewiesen werden (darf), daß die Konsumgenossenschaften, worauf auch Präs(ident) Helferich von der Zentralgenossenschaftskasse besonders hinwies, im Abwehrkampf gegen den Kommunismus immerhin gewisse Maßnahmen zu verzeichnen

Eine Woche später beabsichtigte derselbe Beamte unter ausdrücklichem Bezug auf den Kabinettsentscheid vom 21. Februar, die Fortführung der Sonderkreditaktionen I und II einzustellen, da "das Reichskabinett jede weitere Stützung von Konsumgenossenschaften grundsätzlich abgelehnt (hat)."[53]

Im Gegensatz zu dieser Auffassung interpretierte der zuständige Abteilungsleiter, Ministerialdirektor Reichardt, den Kabinettsbeschluß vom 21. Februar dahin, daß "die durch die früheren Entscheidungen eingeleiteten Maßnahmen weiter abgewickelt werden sollen. Bei gänzlicher Einstellung auch der früher in Aussicht gestellten Hilfe" befürchtete er "erhebliche Schwierigkeiten" und "Beunruhigung im gesamten Kreditapparat."[54] Nach dem Vortrag der im Referat herrschenden Unterschiede in der Beurteilung der Konsequenzen des Kabinettsbeschlusses vom 21. Februar entschied sich der Reichswirtschaftsminister am 23. März für die Fortführung der Bürgschaftsaktionen im Rahmen der vorliegenden Ermächtigungen aus den Sonderkrediten I und II.[55]

Schon eine Woche nach diesem Ministerentscheid hatte sich die Situation nach Ansicht des Referats grundlegend verändert. Es waren seitdem, wie der Regierungsrat Holtz in einem Vermerk am 29. März formulierte, "mehrere neue Gesichtspunkte politischer und wirtschaftlicher Art zutage getreten,"[56] die eine neuerliche Entscheidung des Ministers erforderlich machten. So sah der Reichsfinanzminister seinerseits die Notwendigkeit, die Frage der Fortsetzung der Bürgschaftsaktion nach dem Kabinettsbeschluß vom 21. Februar zu überprüfen, und hatte hierfür die Stellungnahme und Entscheidung des Reichswirtschaftsministers erbeten. Angesichts der in Thüringen von der Landesregierung den Beamten abgeforderten Erklärung über die Nichtzugehörigkeit zu Konsumvereinen des ZdK ergab sich (da vermutet wurde, daß sich andere Landesregierungen diesem Standpunkt anschließen würden) - wie es weiter hieß - "die nach Auffassung des Referats schwer tragbare politische Situation, daß die Reichsregierung konsumgenossenschaftliche Institute stützt, deren Beseitigung von den Landesregierungen offenbar gewünscht wird."[57] Am schwerwiegendsten wog allem Anschein nach

---

(ursprünglich: Bedeutendes geleistet - U. K.) haben und heute im wachsenden Maße eine parteipolitische Neutralisierung anzustreben scheinen." Wie die Fragezeichen des MinR Ronde an dieser Stelle dokumentieren, traf diese Einschätzung nicht auf ungeteilte Zustimmung im RWM.

53 Aktenvermerk von Holtz vom 17. März, ebenda, fol. 310f., hier fol. 310. Wenige Tage später hatte er sein Votum geändert, gegen die Fortführung des Sonderkredits II bestanden bei ihm nunmehr keine Bedenken, vgl. ebenda, fol. 312-314.

54 Handschriftliche Anmerkung Reichardts vom gleichen Tage, ebenda.

55 Vgl. Vermerk des RegR Holtz vom 29. März, ebenda, fol. 324. Der dort auf den 21. terminierte Vortrag beim RWM hat (erst) am 23. März stattgefunden, vgl. ebenda, fol. 312.

56 Ebenda, fol. 324.

57 Ebenda, fol. 325. Das Schreiben des RFM, ebenda, fol. 320.

die Mitteilung des Präsidenten der DZK vom 25. März über die erhebliche Verschlechterung der finanziellen Lage der GEG durch die fortdauernden Mehrauszahlungen von Spargeldern bei deren angeschlossenen Konsumvereinen, die ihrerseits in der Sorge der einzelnen Mitglieder über die Zukunft ihrer Genossenschaft begründet seien. Da sich angesichts der politischen Gesamtsituation nach Auffassung des Referats an dieser Entwicklung nichts ändern werde, sah man die Gefahr, "daß die Lage der Konsumgenossenschaften in ihrer Gesamtheit sich in Kürze krisenhaft zuspitzen wird (und) die weitere Bürgschaftsübernahme im Endergebnis zum guten Teil der Gewährung verlorener Zuschüsse gleichkommen wird."[58] Da sich daneben das Direktorium der Reichsbank mit Schreiben vom 28. März an den Reichswirtschaftsminister gewandt und auf die Gefahren sowohl für das deutsche Sparkassenwesen als auch für die Gesamtwirtschaft durch den "Run auf die konsumgenossenschaftlichen Spareinlagen" hingewiesen hatte, der zu einer erneuten Bedrohung des gerade erst stabilisierten Sparkassensektors führen könne, entschied sich Hugenberg am Monatsletzten nun doch für die vorläufige Einstellung jeder Kredithergabe durch die DZK an Konsumgenossenschaften und deren Warenzentralen im Rahmen der Sonderkredite I und II. In Verbindung mit einer aktuellen Aufstellung der gefährdeten Kredite und den möglichen Folgen für das Reich bei einer Inanspruchnahme der Bürgschaften veranlaßte er die Vorbereitung einer erneuten Kabinettsvorlage.[59]

Anlaß des Schreibens des Reichsbank-Direktoriums war eine an dieses gerichtete Eingabe des ZdK vom 22. März, in welcher der Zentralverband angesichts der nach den Märzwahlen gesteigerten Hetze und "maßlose(n) Angriffe gegen die Konsumgenossenschaften und ihre Sparkassen" durch deren wirtschaftliche Gegner darauf hinwies, daß ein Anhalten dieser Entwicklung einige Konsumgenossenschaften zwingen werde, "ihre Sparabteilungen zu schließen und die Auszahlung von Spareinlagen einzustellen."[60] Zum Erlaß der vom ZdK gewünschten öffentlichen Erklärung zur Untersagung der schädigenden Aktivitäten sah sich die Reichsbank nicht berufen (wenngleich sie dieses Anliegen unterstützte), hierfür kam ihres Erachtens insbesondere das Reichswirtschaftsministerium in Frage, von dessen Seite eine solche allerdings nach wie vor abgelehnt wurde.[61] Am 10. März

58 Ebenda, fol. 325.

59 Das Schreiben des Reichsbank-Direktoriums ebenda, fol. 370-371. Der Aktenvermerk über den Ministerentscheid vom 31. März, ebenda, fol. 327. Zur Vorlage vom 4. April siehe u.

60 Vgl. die Durchschrift der Eingabe mit Begleitschreiben für das RWM, ebenda, fol. 315-319. Weitere Exemplare gingen an den RKom. für das Bankgewerbe und den Präsidenten der DZK.

61 Vgl. ebenda, fol. 370. Dort auch die handschriftliche Anmerkung des RegR Holtz vom 4. April: "Die Entscheidung darüber, ob eine Erklärung zur Beruhigung der Sparer gegeben werden soll, bleibt abzuwarten." Ein entsprechender (gleichfalls handschriftlicher) Ver-

hatte der ZdK sich gegenüber verschiedenen Reichsbehörden erstmals über schädigende "eigenmächtige Angriffe nicht beamteter uniformierter Anhänger der Nationalsozialistischen Deutschen Arbeiterpartei" beklagt, die verschiedentlich auch die Belieferung der Konsumvereine verhindert hatten.[62] Im Reichswirtschaftsministerium vertrat Holtz am 13. März in einem Vermerk unter Hinweis auf den Erlaß des Reichskanzlers an die nationalsozialistischen Organisationen zum Verbot derartiger Aktionen die Auffassung, abzuwarten, ob dieser etwas bewirke![63]

Bei der in den vorstehenden Aktenvermerken betonten Gefahr einer krisenhaften Zuspitzung der Lage der Konsumgenossenschaften fällt die Gelassenheit bzw. Zurückhaltung auf, mit der im zuständigen Referat des Reichswirtschaftsministeriums die Notwendigkeit einer auf Mitglieder und Sparer zumindest beruhigend wirkenden Erklärung beurteilt wurde. Es steht zu vermuten, daß dieses Zaudern keinesfalls der Überzeugung entsprang, die wirtschaftliche Lage der Genossenschaften sei real gar nicht so bedrohlich, daß das Reich aus seiner Bürgschaftsverpflichtung in Anspruch genommen werde, als vielmehr dem Ausgang der Märzwahl geschuldet war. Vor allem die nach diesem Wahlergebnis gesteigerte Dynamik der nationalsozialistischen Kampfverbände, deren Ein- und Übergriffe sich auf das gesamte öffentliche Leben (einschließlich der Behörden) ausweiteten - und für die Stabilisierung der nationalsozialistischen Herrschaft durchaus auch eine funktionale Seite beinhalteten - sind in diesem Zusammenhang von Bedeutung. Zu einem Zeitpunkt, als die politische Entscheidung über die zukünftige Behandlung der Konsumgenossenschaften noch ausstand, war das zuständige Referat im Reichswirtschaftsministerium nicht bereit, für den Schutz der Konsumgenossenschaften einzutreten. Aus der Befürchtung, ein solch offensives Auftreten gegen die mittelständischen Interessengruppen könne das Ministerium selbst (oder das zuständige Referat) zum Ziel von Angriffen dieser Kreise werden lassen, unterblieb zu diesem Moment eine die Genossenschaftsmitglieder möglicherweise beruhigende Erklärung.[64]

---

merk des MinR Ronde vom 24. März zur ablehnenden Haltung bezüglich der Abgabe einer amtlichen Erklärung zur Beendigung der Hetze gegen die Konsumvereine, ebenda, fol. 315.

62 Telegramm des ZdK vom 10. März, das lt. KgR, 1933, S. 186 an den RMdI ging. Weitere gleichlautende Exemplare erhielten hiernach der Reichskanzler, der Vizekanzler und der RWM. Dieses in: BAP, 31.01 Nr. 10574, fol. 107.

63 Vgl. BAP, 31.01 Nr. 10574, fol. 108. Auch die Rkei. verwies am gleichen Tage in der Empfangsbestätigung des Telegramms auf diesen Erlaß, vgl. KgR, 1933, S. 186. Der Erlaß des RK vom 10. März an die SA, SS und die Partei in: Schulthess 1933, S. 56. Hiernach als Aufruf "Parteigenossen! SA- und SS- Männer!"

64 Vgl. Broszat, Der Staat Hitlers, S. 108ff. Vgl. a. Mason, Sozialpolitik, S, 105, der zugespitzt feststellt, daß es "staatliche Bürokratie" und "die führenden Industriellen" waren,

Obwohl in der Kabinettsvorlage des Reichswirtschaftsministeriums vom 4. April unter Hinweis "auf die besondere Dringlichkeit der Angelegenheit" gebeten wurde, diese zum Gegenstand der nächsten Kabinettssitzung am 7. April zu machen, zog Hugenberg sie dort zurück.[65] Am 22. April setzte das Kabinett die Beratung von der Tagesordnung ab,[66] so daß es erst am 25. des Monats zur Behandlung in der Ministerrunde kam. Nach dem Vortrag der in der Vorlage geschilderten - durch etliche Einzelaktionen gegen Konsumvereine entstandenen - besorgniserregenden Entwicklung, dem andauernden Abzug konsumgenossenschaftlicher Spareinlagen, den Folgen für die beiden Warenzentralen und den seitens der Reichsbank geäußerten Befürchtungen hinsichtlich des Kredit- und Sparkassenwesens kamen fünf Teilnehmer zu Wort. In eine ausführliche Beratung der Vorlage trat das Kabinett nicht ein. Angesichts der möglichen Rückwirkungen auf das Sparkassenwesen bei einem Zusammenbruch von Konsumvereinen befürwortete der Vertreter der Reichsbank "die Verlautbarung einer Regierungserklärung, daß Sondermaßnahmen gegen Konsumgenossenschaften nicht beabsichtigt seien", nachdem zuvor der Reichsfinanzminister festgestellt hatte, er sei "vom Standpunkt der Kreditpolitik aus gegen die Fortsetzung der Bürgschaftsaktion". Hugenberg erklärte, "wenn Bindungen des Reichs nicht vorlägen, dann käme die Hingabe weiterer Mittel auch nicht in Frage. Die weitere Abwicklung müsse dem natürlichen Verlauf überlassen werden. Der Mittelstand würde eine weitere Hingabe von Geldmitteln nicht verstehen. Er sei deshalb dagegen, daß noch mehr Geld hineingesteckt würde. Gegen die Verlautbarung der vorgenannten Erklärung habe er keine Bedenken." Nachdem sich Goebbels "gegen jede geldliche Hilfe" ausgesprochen hatte, befand Hitler abschließend, "daß ein Angriff gegen die Konsumgenossenschaften nicht unternommen werden solle. Er sei jedoch gegen jede weitere geldliche Unterstützung." Als Ergebnis

---

"und nicht die NSDAP und ihre Gliederungen, die die Neuordnung auf wirtschaftlichem und gesellschaftlichem Gebiet bestimmten; es gelang ihnen anfänglich, die »nationale Erhebung« zur Durchsetzung eigener Ziele auszunutzen, wobei sie gleichzeitig bemüht waren, altbewährte Ordnungsstrukturen im Staat, in der Wirtschaft und in allen Bereichen des öffentlichen Lebens vor dem umwälzenden, ins Chaos führenden Eingriff der nationalsozialistischen Bewegung zu bewahren. Kehrseite ihres zynisch-aggressiven Opportunismus in Bezug auf die Arbeiterbewegung war eine autoritär-defensive Haltung gegenüber dem populistischen Element im Nationalsozialismus." Vgl. weiter Mommsen, Beamtentum, S. 39ff, bes. S. 40f zum sogenannten Berufsbeamtengesetz von 1933, dem Gesetz zur Wiederherstellung des Berufsbeamtentums. Vom 7. April 1933. RGBL I, S. 175; Ruck, Führerabsolutismus und polykratisches Herrschaftsgefüge, S. 49f.

65 Die Vorlage in: BAK, R 43 II/351, fol. 2-3. Das Protokoll der Kabinettssitzung vom 7. April vermerkte: "Der Reichswirtschaftsminister bat um die Zurückstellung der Beratung. Das Kabinett war damit einverstanden." BAK, R 43 II/246a, fol. 27.

66 Vgl. BAK, R 43 I/1461, fol. 207-219; AdR, Reg. Hitler, Teil I, Bd. 1, S. 363.

notierte das Protokoll: "Das Reichskabinett stimmte den vorstehenden Ausführungen zu."[67]

In der in der Presse veröffentlichten Meldung über diesen Beschluß hieß es:

> "Im Zusammenhang mit anderen wirtschaftlichen Maßnahmen hat das Reichskabinett jüngst beschlossen, Bürgschaften für Kredite, die an Konsumgenossenschaften zum Zwecke der Stützung der Liquidität dieser Genossenschaften gegeben werden, sowie Zinsverbilligungszusschüsse *von jetzt an* nicht mehr zur Verfügung zu stellen. *Gleichzeitig* hat es aber erklärt, daß die Reichsregierung keine Maßnahme plane, die sich gegen den Bestand der Konsumvereine richte, und daß sie auch Einzelaktionen gegen Konsumvereine, durch die nur die Sicherheit der Spargelder breiter Bevölkerungsschichten gefährdet werden könnten, nicht billige."[68]

In der Öffentlichkeit mußte angesichts dieser schwammigen und widersprüchlichen Formulierung der Eindruck entstehen, den Konsumgenossenschaften würden ab sofort (eben "von jetzt an") keine Mittel (Bürgschaften und Zinsverbilligungszuschüsse) mehr gewährt. Tatsächlich verhielt es sich jedoch so, daß lediglich neue Bürgschaftsanträge von Konsumgenossenschaften bei der DZK nicht mehr bewilligt und den Warenzentralen keine neuen Kredite mehr eingeräumt wurden. "Gegen die weitere Inanspruchnahme der Sonderkredite I u. II durch die daran bislang beteiligten Genossenschaften in dem bisherigen Umfang bestehen Bedenken nicht; auch werden für den Sonderkredit II Zinsverbilligungszuschüsse, wie vereinbart, geleistet, soweit dieser Kredit durch die Warenzentralen bisher in Anspruch genommen wurde."[69] Alles andere als mindestens diese Gewährleistung bisher übernommener Bürgschaften hätte mit großer Wahrscheinlichkeit zum finanziellen Zusammenbruch von Konsumgenossenschaften über den Kreis der an dem Sonderkredit I beteiligten hinaus geführt, da der Sonderkredit II den durch eine Reichsbürgschaft gesicherten Kredit der DZG an die Warenzentralen betraf.

Ob diese Auslegung des Kabinettsbeschlusses in seinem auf die Bürgschaftsfrage bezogenen Teil zwingend und unzweideutig aus dem Protokoll und auch der Presseveröffentlichung folgt, muß mit Recht bezweifelt werden. Die Interpretation des zuständigen Referats des Reichswirtschaftsministeriums wurde später jedoch nicht korrigiert! Auf diese Unschärfe des Kabinettsbeschlusses hat - soweit mir bekannt - bisher allein Vieth (in einer jedoch nicht veröffentlichten Arbeit) hingewiesen: "Das Kabinett beschloß zunächst auf Antrag Hugenbergs (sic!), die Kreditgewährung an die Verbrauchergenossenschaften einzustellen. Bezog sich

---

67 Die Zitate aus dem Protokoll der Kabinettssitzung vom 25. April, in: BAK, R 43 I/1461, fol. 263-276, hier fol. 272f. Vortrag der Kabinettsvorlage durch StS Bang. Auf mögliche Auslassungen in den Niederschriften der Sitzungen ist bereits verwiesen worden.

68 WTB-Meldung vom 28. April 1933, in: BAK, R 43 II/351, fol. 10, Hervorh. U. K.

69 Schreiben des RWM vom 24. Mai an den Präsidenten der DZK, BAP, 31.01 Nr. 10578, fol. 401.

dieser Beschluß nur auf neue Kredite, bedeutete er eine Erschwerung der Verbrauchergenossenschaftsbewegung. War er aber so zu verstehen, daß die bereits gewährten Kredite nicht prolongiert werden durften, bedeutete er das Ende einer Reihe großer und größter Verbrauchergenossenschaften. Eine Klarheit über diesen Beschluß war lange nicht zu erlangen."[70] In der übrigen (veröffentlichten) Literatur überwiegt in der Betrachtung dieses Kabinettsbeschlusses seine Einschätzung als einer Einstellung der Kreditaktion für die Konsumvereine. So beispielsweise in der zeitgenössischen Analyse von Hertz, der heraushebt, daß die Regierung Hitler "die Zuweisung der erst unter der Regierung Papen beschlossenen Zuschüsse an die Konsumvereine"[71] einstellte. Schumann, der wie Hertz die Freigabe und Ausweitung der Kreditaktion im Juni nicht mehr berücksichtigt, bewertet den Kabinettsbeschluß in gleicher Weise.[72] Für Hasselmann zeigte die Regierung Hitler "durch die Ablehnung von Bürgschaften und Zinsverbilligungszuschüssen für Konsumgenossenschaften, was sie von diesen Unternehmen hielt: sie waren damals schon für eine Sonderbehandlung als »unerwünschte Unternehmungsformen« ausersehen. (...) Die Erklärung der Regierung war praktisch wertlos für die Konsumgenossenschaften."[73] Kemeney bewertet "die erste offizielle Stellungnahme der Regierung Adolf Hitler" in seiner 1937 erschienen Dissertation einerseits als "Ablehnung einer staatlichen Hilfe, die sich dem Außenstehenden als Bevorzugung der Konsumvereine vor den auf eigene Kraft ange-

---

70 Vieth, 80 Jahre Verbrauchergenossenschaftsbewegung, S. 451. Ferdinand Vieth, von 1908 bis zu seiner Pensionierung 1933 Sekretär des Verbandes der nordwestdeutschen Konsumvereine im ZdK, der nach 1945 auch als "Nestor" der Hamburger Genossenschaftsbewegung geführt wurde, hat sich mit dieser Fest-Schrift kein Ruhmesblatt an die Jacke heften können. Sie dürfte wegen ihres apologetischen Charakters nach 1945 bewußt nicht veröffentlicht worden sein. Die Gründe ihrer Nichtveröffentlichung in den Jahren der nationalsozialistischen Herrschaft waren nicht zu ermitteln und sollen hier auch nicht spekuliert werden. Das o. g. Attribut in der einleitenden Redaktionsbemerkung zu Vieths Artikel "Die Konsumgenossenschaften unter der Naziherrschaft", Hamburger Echo vom 21. September 1946, Sonderdruck in: Archiv des RdK.

71 Hertz, Konsumgenossenschaftsbewegung, S. 663. Er meint damit den sogenannten Sonderkredit II. Der Kabinettsbeschluß beeinhaltete allerdings auch den bereits vom Kabinett Brüning beschlossenen Sonderkredit I. Der Kurswechsel der nationalsozialistischen Konsumgenossenschaftspolitik vollzog sich nach Hertz im Mai, als "ein *Zickzackkurs* (begann), der die tiefen Gegensätze im nationalsozialistischen Lager deutlich erkennen ließ." Ebenda, S. 664, Hervorh. i. Original. Schoenbaum, Die braune Revolution, S. 179, spricht (unter Verweis auf Hertz) unzutreffend von "Subventionen an die Genossenschaften (...), die von Papen eingeführt hatte."

72 Vgl. Schumann, Nationalsozialismus und Gewerkschaftsbewegung, S. 84f.

73 Hasselmann, Konsumgenossenschaften, S. 459f. Vgl. Bludau, Nationalsozialismus und Genossenschaften, S. 109; Oschilewski, Wille und Tat, S. 105.

wiesenen Unternehmungen darstellen mußte, (und) auf der anderen Seite (als Ausdruck der) weitere(n) Duldung der verbrauchergenossenschaftlichen Organisationen."[74]

In ihrem anderen, den Bedenken der Reichsbank und des Reichswirtschaftsministeriums Rechnung tragenden, *den konsumgenossenschaftlichen Bestand sichernden* Teil war diese Erklärung die erste regierungsoffizielle ihrer Art für die Konsumgenossenschaften und steht insofern *für* den ersten Schritt eines Kurswechsels der Reichsregierung gegenüber diesen Organisationen. Die bis dahin an NSDAP-Organisationen und Gliederungen dieser Partei ergangenen Verlautbarungen hatten - wie im Folgenden gezeigt werden kann - in keinem Fall eine Formulierung enthalten, der ein Bestandsschutz für die Konsumgenossenschaften zu entnehmen gewesen war.

Wie die beim Reichswirtschaftsminister und dem Reichsminister des Innern nach wie vor der veröffentlichten Kabinettsmitteilung eingehenden Beschwerden des Hamburger Zentralverbandes über Eingriffe in den konsumgenossenschaftlichen Geschäftsbetrieb belegen,[75] blieb auch dieser Erklärung, wie schon den vorangegangenen, der beabsichtigte Erfolg versagt,[76] wobei auffällt, daß die Wir-

---

74 Kemeney, Verbrauchergenossenschaften, S. 48f. Keine Erwähnung findet dieser Sachverhalt bei Ditt, Konsumgenossenschaften, sowie in den 1937 bzw. 1938 erschienenen Arbeiten von Bruns, Vom Wesen und der Bedeutung der Deutschen Arbeitsfront, und Müller, Das soziale Leben im neuen Deutschland. Ohne Problematisierung Alvermann, Verbrauchergenossenschaften, S. 19 und Oschilewski, Wille und Tat, S. 104f.

75 Überliefert sind für die Zeit bis Ende April ein Telegramm des ZdK an den RMdI vom 10. April und zwei Eingaben an diesen mit Durchschriften für den RWM vom 12. und 21. des Monats, in denen Übergriffe von SA-Männern exemplarisch dargestellt und die Reichsbehörden gebeten wurden, dafür zu sorgen, daß weitere rechtswidrige Eingriffe in den Geschäftsbetrieb der Konsumgenossenschaften unterbunden werden. Vgl. STA WF, 12 Neu 18 Nr. 705; BAP, 31.01 Nr. 10574, fol. 159-165, 172-177. Beispiele weiterer Übergriffe nach der Kabinettserklärung vom 28. April in einer Eingabe des ZdK an den RMdI vom 9. Mai, wonach es z. B. den Parteimitgliedern in Holzminden verboten werden sollte, ihren Bedarf im Konsumverein zu decken, STA WF, 12 Neu 18 Nr. 705. Am 4. Mai stellte der Zentralverband in einem Schreiben an das RWM fest, daß "gerade in den letzten Tagen (in den Kreisen der Sparer wieder eine in den fortdauernden Übergriffen begründete - U. K.) außergewöhnliche Unruhe zu spüren ist", BAP, 31.01 Nr. 10574, fol. 195.

76 Neben dem Erlaß Hitlers vom 10. März hatte u. a. Rudolf Heß als Vorsitzender der politischen Zentralkommission der NSDAP in den ersten Apriltagen die folgende Anordnung erlassen: "Es wird den Mitgliedern der NSDAP, SA- und SS-Männern oder sonstigen Angehörigen der NSDAP untersagt, in die inneren Verhältnisse der Wirtschaftsunternehmungen, Industriewerke, Banken usw. selbständig einzugreifen, Absetzungen vorzunehmen und dergleichen. Zu irgendwelchen Eingriffen muß die ausdrückliche Genehmigung der Wirtschaftsbeauftragten der NSDAP vorliegen, die nur im Einvernehmen mit der politi-

kung der Verlautbarungen im zuständigen Referat des Reichswirtschaftsministeriums beständig falsch eingeschätzt wurde. Von ihrer mehrfach vermuteten beruhigenden Wirkung - die Anlaß war, weitere und weitergehende Maßnahmen[77] zu unterlassen - konnte keine Rede sein, wie der Fortgang der Angelegenheit zeigt.[78]

Die Ein- und Übergriffe waren nicht auf Konsumgenossenschaften beschränkt geblieben, sondern betrafen auch die anderen Großbetriebsformen im Einzelhandel, Warenhäuser und Einheitspreisgeschäfte. Bis zur Märzwahl erfolgten die Aktionen von SA-, SS- und Kampfbundmitgliedern noch unter den wohlwollenden Blicken der NSDAP-Führung, und in Preußen bestellte Göring am 22. Februar Angehörige von SA, SS und dem Stahlhelm zu Hilfspolizeikräften.[79] Einen Erlaß an Parteiorganisationen zur Eindämmung derartiger Über- und Eingriffe hat es bis dahin nicht gegeben.[80] Die Parteiführung profitierte eher von diesen,

---

schen Zentralkommission handeln dürfen." WTB-Meldung vom 7. April, zitiert nach KgR, 1933, S. 253. Über weitere Versuche zur Untersagung derartiger Eingriffe siehe u.

77 Auch die wesentlich "schärfer" formulierten und Konsequenzen parteiseitiger bzw. strafrechtlicher Verfolgung androhenden Verlautbarungen der folgenden Monate vermochten bis zur Mitte des Jahres 1934 wenig zu bewirken. Dazu im folgenden Kapitel.

78 Vgl. BAP, 31.01 Nr. 10574, fol. 172, wonach Holtz am 5. Mai die Eingabe des ZdK vom 21. April unter Hinweis auf die Erklärung des Kabinetts vom 25. April als "überholt" ansah. Wegen der in dem Schreiben des ZdK vom 4. Mai geschilderten Einzelaktionen war das RWM - so Holtz am 8. Mai in einem handschriftlichen Vermerk - "bei den zuständigen Landesregierungen bereits telegraphisch vorstellig geworden. Der RFM hat dem Vernehmen nach das Gleiche getan. Mehr kann z. Zt. nicht veranlaßt werden", ebenda, fol. 196. Auch der RMdI war entsprechend an die zuständigen Landesregierungen herangetreten, so am 18. April und 3. Mai 1933, vgl. STA WF, 12 Neu 18 Nr. 705.

79 Der Erlaß vom 22. Februar 1933 zur Übertragung von Hilfspolizeifunktionen an SA, SS und Stahlhelm ist nicht veröffentlicht worden. Vgl. MBliV. I, S. 932a, RdErl. des PrMdI vom 2. August 1933 zur "Auflösung der Hilfspolizei". Broszat, Der Staat Hitlers, S. 95 und 444 verweist auf eine Veröffentlichung in der Frankfurter Zeitung vom 25. Februar. Hierbei handelt es sich lediglich um einen Auszug. Vgl. weiter Berndt, Das Archiv, Nachtragsband 1, S. 116.

80 Vgl. allerdings den Aufruf Görings an SA, SS und Stahlhelm, in dem er, gleichfalls am 22. Februar, die Mitglieder dieser Organisationen vor "Agenten, Spitzel(n) und Provokateure(n) warnte, sie zur Unterstützung bei der Durchführung seiner "gewaltigen Aufgabe" aufforderte und dabei um "Disziplin, Pflicht, Treue und Kameradschaft" als "eine der vornehmsten männlichen Tugenden" bat, VB, BA vom 23. Februar 1933. Auszugsweise zitiert in: AdR,, Regierung Hitler, Teil I, Bd. 1, S. 191. Drei Tage später untersagte der Stabschef der SA, Ernst Röhm, "auf das Schärfste Übergriffe und Disziplinwidrigkeiten." Den politischen Gegnern sollte im Wahlkampf keine Angriffsfläche geboten werden, "angebliche Terrorakte zu ihrer Verteidigung auszuschlachten." Die Standartenführer hatten die "erforderlichen Anordnungen" zu treffen und für "rücksichtslosen Vollzug" zu sor-

als daß sie ihr gefährlich waren, trugen sie doch ihren Teil dazu bei, daß die mittelständischen Interessen in der NSDAP am besten aufgehoben schienen. Ein Eindruck, der mitverantwortlich für die Wahlerfolge dieser Partei gewesen ist, die in den Kreisen des gewerbetreibenden Mittelstands ihr größtes Wählerreservoir hatte.

Nach dem 5. März hingegen hat die gesteigerte Dynamik dieser Aktionen in der Parteileitung zunehmend die Sorge geweckt, der Festigung der politischen Macht zuwiderzulaufen. Denn neben den Eingriffen in Konsumgenossenschaften und andere Großbetriebsformen des Einzelhandels nahmen SA-, SS-, Kampfbund- und NSBO-Mitglieder auch in Behörden und anderen Wirtschaftsbereichen - wie Industrie und Banken, den Innungen und Verbänden in Handel und Handwerk[81] - Eingriffe vor, vertrieben Amtsinhaber durch "alte Kämpfer" von ihren Posten und setzten "Kommissare" ein.[82] Diesem Druck von unten, den die Parteileitung einerseits benötigte,[83] mußte sie andererseits begegnen, ihn in kontrollierbare Bahnen lenken, um das Ruder nicht aus der Hand zu verlieren, um also den Prozeß der "Monopolisierung der politischen Macht"[84] in der von ihr beabsichtigten Weise voran und zum Abschluß zu bringen.[85]

Einen ersten entsprechenden Versuch - dem viele weitere folgen sollten, da dieser und auch die anderen mit den Erwartungen der mittelständischen Parteibasis nicht in Einklang standen - stellt der von Hitler selbst am 10. März an SS, SA und Partei ergangene Erlaß dar, wonach "der weitere Vollzug der nationalen Erhebung" nun, da "mit dem heutigen Tage (...) in ganz Deutschland die nationale Reg(ierun)g die vollziehende Gewalt in Händen" hat, "ein von oben geleiteter,

---

gen. "Gegebenenfalls sind sofort die äußersten Strafen, auch der Ausschluß, zu verhängen." Zitiert nach ebenda.

81 Vgl. das Kampfbund-Rundschreiben des Gaues München-Oberbayern vom 18. April 1933 an alle Kreis- und Ortsgruppen-Kampfbundführer zur Gleichschaltung der "Einzelhändlerverbände, Innungen, Gewerbevereine und sonstigen Berufsorganisationen" entsprechend dem Wahlergebnis vom 5. März, in: BAK, Slg. Schumacher Nr. 242a, fol. 86f.

82 Die Politik der NSBO und deren Entmachtung werden hier nicht weiterverfolgt, vgl. Schumann, Nationalsozialismus und Gewerkschaften, S. 87; Mason, Sozialpolitik, S. 107ff und 178f; Kratzenberg, Arbeiter, S. 132ff; Heuel, Der umworbene Stand,, S. 438ff; Mai, Nationalsozialistische Betriebszellen-Organisation, S. 607ff. Zu NSBO-Kommissaren in Konsumvereinen vgl. Abschnitt 3.3. Zur Situation in den Warenhäusern, vgl. Uhlig, Warenhäuser, S. 71ff.

83 Er trug erheblich dazu bei, daß die Gleichschaltung z. B. in den Verbänden der mittelständischen Wirtschaft ohne nennenswerte Widerstände vollzogen werden konnte. Insofern besaß er für die Parteileitung hohe Funktionalität.

84 Dieser Terminus bei Broszat, Der Staat Hitlers, S. 82.

85 Vgl. ebenda, S. 108ff und 207ff.

planmäßiger sein" müsse.[86] Zwei Tage später berief sich Göring als Preußischer kommissarischer Innenminister auf diesen Erlaß und erklärte, hiernach seien die unmittelbaren Eingriffe der letzten Tage in Kommunalverwaltungen, Rechtspflege und Kulturinstitute, v. a. Theaterbetriebe "unnötig" geworden.[87] Am 13. März bat der Reichsminister des Innern, Wilhelm Frick, die Innenminister der Länder und die Reichskommissare[88] in München, Stuttgart, Dresden, Karlsruhe, Darmstadt, Bremen, Lübeck und Bückeburg angesichts wiederholter "Schließungen und Bedrohungen von Einzelhandelsgeschäften" im Reichsgebiet, "im Interesse der öffentlichen Sicherheit und Ordnung (...) diesen Übergriffen nachdrücklich entgegenzutreten und die dazu erforderlichen Anordnungen zu treffen", da "die Staatsautorität und die für den Wiederaufstieg Deutschlands unentbehrliche Vertrauensbelebung (...) unter solchen Willkürhandlungen Schaden" nehmen.[89] Die Anweisung der Wirtschaftskommission der NSDAP vom 15. März, die Einzelmitgliedern jegliche Initiative zu Eingriffen in die Wirtschaft untersagte und gleichzeitig Gauwirtschaftsberater einsetzte, die in ihrem Bereich für die Einhaltung dieser Anweisung sorgen sollten,[90] beendete die erste Welle der Anordungen bzw. Erlasse zur Eindämmung unkontrollierter und unkoordinierter Einzel-Aktionen der mittelständischen Interessengruppen der NSDAP.

Völlig auf diese Kreise und ihren "Elan" konnte die Parteileitung allerdings noch nicht verzichten. Bis zum Sommer 1933 hatte sie die Gratwanderung zwischen dem Druck von unten (allgemein: NSDAP, SA, SS, NSBO und Kampfbund für den gewerblichen Mittelstand) und dem Bemühen einer das Bündnis mit den alten Eliten nicht gefährdenden Politik zu vollziehen. Letzterem mußten alle Maßnahmen untergeordnet werden, um die Stellung der Parteileitung zu sichern.[91] Beispielhaft für diesen Kurs der NSDAP-Führung steht die parteioffizielle Boykottaktion der ersten Apriltage gegen die sogenannten jüdischen Waren und jüdischen Geschäfte (einschließlich jüdischer Ärzte und jüdischer Rechtsanwälte), die als Reaktion auf die sogenannte "jüdische Greuelhetze" im Ausland für den 1. April als Aktionstag geplant war. Wie auch gegenüber anderen konkurrierenden Betriebsformen im Einzelhandel hatten die Übergriffe auf jüdische Geschäfte nach der Märzwahl stark zugenommen; der 1. April sollte den Kristallisations- bzw. Höhepunkt der vom "Zentralkomitee zur Abwehr jüdischer Greuel- und Boykotthetze" unter dem Nürnberger Gauleiter Julius Streicher ko-

---

86 Zitiert nach Schulthess 1933, S. 56.

87 Vgl. ebenda, S. 57f.

88 Vgl. § 2 der VO des RPräs. zum Schutz von Volk und Staat. Vom 28. Februar 1933. RGBL I, S. 83.

89 Ein Exemplar des Erlasses in: KA GÖ, LA DUD, 331.

90 Vgl. Schumann Nationalsozialismus und Gewerkschaftsbewegung, S. 63.

91 Vgl. Broszat, Der Staat Hitlers, S. 150.

ordinierten Maßnahmen bilden. Angesichts der lange von der Parteiführung geduldeten Eigendynamik des mittelständischen Teils der Partei ist es nicht überraschend, daß dieser bewußt initiierte Boykott auch nach seiner offiziellen Einstellung am 4. April kein Ende fand.[92] Der bereits zitierte Heß-Erlaß vom 7. April ist auch vor diesem Hintergrund fortdauernder Übergriffe durch NSDAP-Angehörige zu sehen.

Nachdem in Bayern am Tage des reichsweiten Boykotts ein Verbot der Errichtung von Konsumvereinen verkündet worden war, die thüringische Regierung am 3. April ein Verbot des "Konsumgenossenschaftlichen Volksblatts", die badische Regierung am 7. April ein Errichtungsverbot für Konsumgenossenschaften erlassen hatte (jeweils unter Bezug auf die "Reichstagsbrand-Verordnung")[93] und das braunschweigische Staatsministerium am 13. April allen Lehrern und Staatsbeamten sowie Staatsbediensteten im Arbeiter- und Angestelltenverhältnis die Mitgliedschaft in Konsumvereinen verboten hatte,[94] mußte der Beschluß des Reichskabinetts über Konsumvereine vom 25. d. M. die mittelständischen Interessengruppen der NSDAP förmlich vor den Kopf stoßen. Viele der in ihnen organisierten Einzelmitglieder sahen ihr Ziel darin, sich dieser Betriebsform als einer unliebsamen Konkurrenz zu ihrer Eigenschaft als selbständige Einzelhändler zu entledigen. Und dieses Ziel schien greifbar nahe. Der Terror der vorangegangenen Monate hatte die Konsumgenossenschaften ökonomisch stark angeschlagen. Der Umsatz der dem ZdK angeschlossenen Vereine ging im ersten Vierteljahr 1933 im Vergleich zum letzten Quartal 1932 um ca. 38 Mio. RM zurück, die Zahl der Mitglieder im selben Zeitraum um etwa 135.000.[95] Und auch poli-

---

92 Vgl. ebenda, S. 209f; Schulz, Anfänge, S. 636ff; Uhlig, Warenhäuser, S. 77ff; AdR, Reg. Hitler, Teil I, Bd. 1, passim.

93 Vgl. die VO des RPräs. zum Schutz von Volk und Staat. Vom 28. Februar 1933. RGBL I, S. 83. Texte der Verfügungen aus Thüringen und Baden in: KgR, 1933, S. 255f. Die bayerische VO hiernach gleichlautend mit der in Baden. Offizieller Anlaß zum Verbot des "Konsumgenossenschaftlichen Volksblatts" war lt. KgR, eine vor dem 28. Februar veröffentlichte Notiz über die Frage der Mitgliedschaft von Gemeinden in KG. In Thüringen war den Behörden und Angestellten darüber hinaus seit dem 2. März untersagt, mit Konsumgenossenschaften, Warenhäusern und Einheitspreisgeschäften Kauf- oder Lieferverträge abzuschließen, BAK, R 43 I/2084, fol. 157. Zu letzterem vgl. a. im vorangegangenen Kapitel.

94 Vgl. KgR, 1933, S. 299; BAP, 31.01 Nr. 10591, fol. 58.

95 Die Angaben nach den vierteljährlichen Erhebungen des ZdK, zu denen üblicherweise alle KG mit mehr als 400 Mitgliedern berichten. Für das erste Vierteljahr 1933 sind deren Meldungen angesichts der politischen Lage, der Ein- und Übergriffe bei KG, nicht vollständig eingegangen, und damit für einen Vergleich mit den früheren Vierteljahreserhebungen nur mit Einschränkungen zu verwenden. Die Gesamttendenz ist aber dennoch ab-

tisch schien ihre letzte Stunde geschlagen zu haben. Neben dem ersehnten gesunden Mittelstand seiner Interessenvertreter in der NSDAP war für Konsumgenossenschaften und andere Großbetriebsformen sowie die sogenannten jüdischen Geschäfte im Einzelhandel nach deren Ansicht kein Platz. Nach der Wahl vom 5. März schien es nur noch eine Frage der Zeit, wann diese liquidiert würden.

3.1.1 Zusammenfassung

Der Kabinettsbeschluß vom 25. April markiert den ersten offiziellen Schritt der Regierung Hitler des - bis dahin unerwarteten - Eintretens für das Weiterbestehen der Konsumgenossenschaften im nationalsozialistischen Staat. Wenngleich beabsichtigt war, ihnen "von jetzt an" weitere finanzielle Unterstützung nicht mehr zu gewähren, sollten doch keine ihre Existenz gefährdenden Maßnahmen mehr unternommen und zugelassen werden. Die in der Kabinettsentscheidung dokumentierte Auffassung, dieses Vorgehen sei erfolgversprechend, wurde unverzüglich von der Realität überrollt. Trotz entgegenstehender Verlautbarungen griffen nationalsozialistische Organisationen - v. a. der Kampfbund für den gewerblichen Mittelstand - weiterhin in den Geschäftsbetrieb der Konsumgenossenschaften ein, wodurch sich deren ökonomische Situation fortgesetzt verschlechterte. Mit der Anfang Mai folgenden Aktion gegen die Freien Gewerkschaften wurde die Erwartungshaltung dieser Kreise schließlich bis zum Äußersten gespannt. Daran konnte auch die politische Unterstellung der Konsumgenossenschaften unter die DAF nichts ändern. Wie im folgenden Abschnitt gezeigt werden wird, dauerten die Ein- und Übergriffe an. Vor dem Hintergrund der veröffentlichten Bestandsgarantie und der bald darauf erfolgten politischen Unterstellung der Konsumgenossenschaften unter die Arbeitsfront wurde eine nachhaltige Änderung in der Bürgschaftsfrage erforderlich. Zwei Monate nach dem Beschluß des Kabinetts vom 25. April sollte dieses am 23. Juni die zuvor "nicht ausgenutzten" Rest-Bürgschaften aus den Sonderkrediten I und II in Höhe von 14 Mio. RM freigeben und vier Tage später zusätzliche Reichsbürgschaften von 6 Mio. RM für die Konsumgenossenschaften bewilligen.[96]

---

lesbar. Der hiernach ermittelte Umsatz im ersten Vierteljahr: 147 Mio. RM bei etwas mehr als 2.6 Mio. Mitgliedern, vgl. KgR, 1933, S. 372ff.

96 Vgl. Kabinettssitzung vom 23. Juni, BAK, R 43 I/1463, fol. 123-125; Kabinettssitzung vom 27. Juni, ebenda, fol. 290; Kabinettsvorlage des RFM für die Sitzung am 27. Juni, BAP, 31.01 Nr. 10591, fol. 156f; Reichshaushaltsgesetz für das Rechnungsjahr 1933. Vom 28. Juni 1933, RGBL II, S. 489. Ausführlich dazu im folgenden Abschnitt.

Bisher erfährt der Kabinettsbeschluß vom 25. April 1933 in der Literatur eine andere Bewertung.[97] Unberücksichtigt bleibt bei den oben vorgestellten Interpretationen, daß in der veröffentlichten Kabinettserklärung zugleich zum ersten Male nach dem 30. Januar eine Regierungserklärung abgegeben worden war, derzufolge die Regierung den Bestand der Konsumvereine nicht zu gefährden beabsichtigte und sich gegen Maßnahmen ausgesprochen hatte, die der Sicherheit der in den Konsumgenossenschaften angelegten Ersparnisse "breiter Bevölkerungsschichten" gefährlich werden konnten. Diese Formulierung weist deutlich darauf hin, daß die besonders von Reichsbank und Reichswirtschaftsministerium vorgebrachten Warnungen vor den möglichen Folgen eines Zusammenbruchs der Konsumgenossenschaften mit ihren Spareinrichtungen für das sich gerade stabilisierende Sparkassenwesen im Reich gehört und geteilt bzw. ernstgenommen wurden. Zudem dürfte die befürchtete Inanspruchnahme des Reichs durch den Eintritt von Bürgschaftsfällen beim Zusammenbruch von Konsumgenossenschaften - worauf das Reichswirtschaftsministerium deutlich (beispielsweise in der Kabinettsvorlage vom 4. April) hingewiesen hatte - eine weitere nachhaltige Rolle gespielt haben. Auch die vom zuständigen Referat des Reichswirtschaftsministeriums vorgenommene Auslegung dieser Kabinettsentscheidung zur Fortführung der Kreditaktionen im Rahmen der bisherigen Ermächtigungen und im Kreis der bisher daran beteiligten Konsumgenossenschaften - die ja keine Rücknahme oder Revision, sondern im Juni durch die entsprechenden Kabinettsbeschlüsse zur Fortführung der Sonderkredite I und II sowie zur zusätzlichen Bewilligung des Sonderkredits III eine Bestätigung erfuhr - deutet nachdrücklich darauf hin, daß dieser Kabinettsbeschluß in anderer Richtung beurteilt werden muß als bisher: als erster Schritt eines Kurswechsels der Regierungspolitik hinsichtlich der zukünftigen Behandlung der Konsumgenossenschaften.

3.2 Die Sanierung der Konsumgenossenschaften nach ihrer politischen Unterstellung unter die Deutsche Arbeitsfront

Die in dieser Arbeit vertretene Auffassung des vom Kabinett Hitler unter maßgeblichem Einfluß von Reichsbank und Reichswirtschaftsministerium etappen- und schrittweise vollzogenen Kurswechsels hin zu einer Sanierung der Konsumgenossenschaften aus wirtschafts-, finanz- und allgemeinpolitischen Erwägungen steht im Gegensatz zur bisher veröffentlichten "älteren" Sekundärliteratur. Wenn-

97 Einen Kurswechsel der nationalsozialistischen Politik in der Konsumgenossenschaftsfrage erkennt auch Ditt, der jedoch den Kabinettsbeschluß vom 25. April nicht erwähnt, vgl. Ditt, Konsumgenossenschaften, S. 83f, 88, 109ff.

gleich mit jeweils unterschiedlicher Beweisführung, kommen sowohl Bludau als auch Hasselmann in ihren Arbeiten zu dem Ergebnis, daß der persönliche Einsatz führender Männer aus den Konsumgenossenschaften[98] diese vor der Zerschlagung bewahrt hat.[99] Einen "deutlichen Kurswechsel nach der Machtübergabe"[100] erkennt auch Ditt in einem 1987 veröffentlichten Aufsatz, allerdings diskutiert er nicht den die Kursänderung einleitenden Kabinettsbeschluß vom 25. April 1933 und die diesem vorangehende Entwicklung seit der Kabinettssitzung vom 21. Februar, in der den Konsumgenossenschaften ein Reichszuschuß in Höhe von 8 Mio. RM verweigert worden war.

Anhand der im Bundesarchiv in Koblenz aufbewahrten Aufzeichnungen eines Zeitzeugen[101] und den heute im ehemaligen Zentralen Staatsarchiv der DDR problemlos zugänglichen Archivalien des Reichswirtschaftsministeriums über Konsumgenossenschaften können neben den Differenzen in den beiden Darstellungen von Bludau und Hasselmann weitere Abweichungen dieser vom tatsächlichen historischen Verlauf aufgezeigt werden. Offene Fragen bestehen dennoch weiter. Über verschiedene nachweisbar stattgefundene Besprechungen zur zukünftigen politischen Behandlung der Konsumgenossenschaften sind nach meinem Kenntnisstand keine Unterlagen überliefert - sofern überhaupt ein Protokoll oder eine Notiz hiervon angefertigt wurde.[102] Im folgenden werden zunächst die Darstel-

---

98 Es handelt sich zum einen um Robert Schloesser, ein Vorstandsmitglied des Kölner RV, der im übrigen schon vor 1933 publizistisch bemüht war, das Gemeinsame von Konsumgenossenschaften und Nationalsozialismus herauszustellen (vgl. Abschnitt 2.3) und zu einer (kurzen) Karriere gelangte. Zum anderen wird Henry Everling, dem damaligen Vorstandsmitglied der GEG dieses Verdienst zugesprochen.

99 Vgl. Bludau, Nationalsozialismus und Genossenschaften, S. 109ff; Hasselmann, Konsumgenossenschaften, S. 461ff.

100 Ditt, Konsumgenossenschaften, S. 110. Die Gründe für den Kurswechsel lagen nach Ditt in der großen "Bestandsmasse der Konsumgenossenschaften" (v. a. den in ihnen angelegten Spargeldern), der Schwäche der "Einzelhändler und ihre(r) Organisation", der NS-Hago und der fehlenden "Wirtschafts- und Gesellschaftskonzeption" der Nationalsozialisten. Ditt berücksichtigt bei der Darstellung der im Folgenden geschilderten politischen Unterstellung der Konsumvereine unter die DAF nicht die Ausführungen Bludaus, vgl. ebenda, S. 83f und 88.

101 "Aufzeichnungen des Bernhard Brastrup, ehem(aliger) Mitarbeiter Robert Schloessers, des geschäftsführenden Vorstandsmitgliedes des Kölner Verbandes des Reichsverbandes Deutscher Konsumvereine e. V., über Verhinderung der Auflösung der Konsumvereine im Jahre 1933." BAK, Kl. Erw. Nr. 602.

102 Dies gilt für die nachstehend behandelten Unterredungen von Ley, zum einen mit Schloesser (und Brastrup), zum anderen mit Everling (und Erich Grahl - siehe u. -), sowie für die Besprechung zwischen Hitler und Ley am 11. Mai. Der im BAK überlieferte Band über "Besprechungen" (R 43 II/1336) ist irreführend betitelt, er enthält keine diesbezüglichen

lungen bei Bludau und Hasselmann unter Berücksichtigung neu erschlossenen Quellenmaterials analysiert und mit der von mir entwickelten Ansicht des in Etappen erfolgten Kurswechsels konfrontiert. Es kann gezeigt werden, daß der von Bludau - und besonders von Hasselmann betonte - bestimmende Einfluß führender Konsumgenossenschafter in dieser Angelegenheit vor der historischen Realität (soweit sie im Rückblick verbürgt werden kann) keinen Bestand hat. Den Abschluß bilden Ausführungen zur beschlossenen uneingeschränkten Fortführung der Bürgschaftsaktionen im Rahmen der Sonderkredite I und II, ihrer Erweiterung um einen Sonderkredit III Ende Juni und eine Analyse der Begründung dieses damit von der Reichsregierung schließlich vollendeten Kurswechsels.

Von zentraler Bedeutung sind hierbei die Ereignisse in den Tagen zwischen Mitte April und dem 15. Mai 1933, als die Deutsche Arbeitsfront offiziell "die Führung über die Konsumvereine"[103] der Kölner und Hamburger Richtung übernahm. Bludau zufolge ist Schloesser, ein "ehemaliger Schulfreund von Ley", am 28. April sofort zu einer Unterredung mit diesem nach Berlin aufgebrochen, nachdem ihm "über eine unbekannt gebliebene Informationsquelle zugetragen worden sein (soll), daß Ley am 1. Mai mit der Aktion gegen die Gewerkschaften auch die schlagartige Vernichtung der Konsumgenossenschaftsorganisationen besorgen wollte." In einer "hitzigen Auseinandersetzung" soll es Schloesser am 29. April gelungen sein, Ley "mit stichhaltigen Argumenten umzustimmen."[104] Die Ausführungen Bludaus stützen sich auf die mündliche Aussage Brastrups und lassen für ihn "durchaus den Schluß zu, daß die persönliche Initiative Schloessers und nicht die erst einige Tage später stattgefundene Unterredung mit Everling (...) ausschlaggebend dafür war, daß die Konsumgenossenschaften nicht sogleich das Schicksal der Gewerkschaften teilen mußten."[105]

Hasselmann bezieht sich in seiner Darstellung offenkundig - aber unausgewiesen - auf einen Erinnerungsbericht Everlings, den dieser im November 1949 für den (neuen) ZdK erstellt hat,[106] sowie auf den Bericht im ersten Nachkriegsjahrbuch des ZdK.[107] Everling hat, Hasselmann zufolge, am 5. Mai (im Beisein des

---

Notizen. Die Akten der DAF sind nach dem derzeitigen Kenntnisstand größtenteils verloren, vgl. BAK, NS 5/I.

103 So die Formulierung der in der Presse veröffentlichten Anordnung Leys, KgR, 1933, S. 338.

104 Bludau, Nationalsozialismus und Genossenschaften, S. 110. Bludau meint die Aktion vom 2. Mai.

105 Ebenda, S. 111.

106 Eine Abschrift dieses Erinnerungsberichts vom 12. November 1949 findet sich als Anlage 1 in einer vermutlich den britischen und amerikanischen Militärregierungen am 4. September 1950 überreichten (Denkschrift), Die Konsumgenossenschaften und die Rückerstattung, ein Exemplar in: Archiv des RdK.

107 Jb. ZdK, 1947, S. 63ff.

am selben Tage vom Hamburger Senat für die GEG bestellten nationalsozialistischen Staatskommissars Grahl[108]) eine erste Unterredung mit Ley gehabt. Ley gab an, den Führerauftrag zur Vernichtung der Konsumvereine zu haben, am 2. Mai aber sei ihm "der Bissen (...) zu groß" gewesen. "Als Everling auf die katastrophalen Folgen hinwies, die die Vernichtung der Konsumvereine für die ganze deutsche Wirtschaft haben würde, erklärte Ley, davon wisse er nichts, das sei ihm auch gleichgültig, er habe einen Auftrag und den werde er ausführen. Aber es gelang Everling dann doch, Ley die Folgen einer Vernichtung der Konsumgenossenschaftsbewegung so plastisch vor Augen zu stellen, daß diesem offensichtlich Bedenken kamen. Schließlich erklärte Ley, er wolle die Sache mit dem »Führer« besprechen."[109] Am 15. Mai beorderte Ley Everling und Grahl erneut nach Berlin, um ihnen und Vertretern des Kölner RV in Gegenwart des künftigen "Beauftragten für die Konsumgenossenschaften", des Pg. Bankdirektor Karl Müller, und dessen vorgesehenen Stellvertreters Robert Schloesser bekanntzugeben, "der »Führer« habe angeordnet, daß die deutschen Konsumgenossenschaften weiterbestehen und die Geschäftsanteile der Mitglieder gesichert werden sollten. Er wolle die gefährlichen Auswirkungen einer Auflösung der Konsumgenossenschaften auf das deutsche Wirtschaftsleben vermeiden. Allerdings müßten die Konsumgenossenschaften mit der Zeit »umgebildet« werden."[110] Die Vertreter beider Verbände unterschrieben schließlich eine Unterwerfungserklärung zugunsten des Führers der DAF und dem von diesem eingesetzten Beauftragten.[111] Müller ernannte sodann Everling und Grahl zu seinen Stellvertretern und Beauftragten beim ZdK und der GEG.[112]

Das Gespräch zwischen Hitler und Ley hatte am 11. Mai stattgefunden. Hierüber erschien am folgenden Tag eine Notiz im "Völkischen Beobachter". Bei den Maßnahmen zur Sicherung der "Spargroschen der deutschen Arbeiter und Angestellten" könnten die Konsumvereine nicht außer acht gelassen werden. Da es weiter gelte, die in ihnen vorhandenen wirtschaftlichen Werte "nicht verfallen zu lassen, ist es nach Ansicht des Führers, des Reichswirtschaftsministers und der

---

108 Am 5. Mai teilte die Staatliche Pressestelle der Stadt Hamburg Folgendes mit: "Im Interesse des Staates und auf Wunsch der Großeinkaufsgesellschaft deutscher Konsumvereine ist der nationalsozialistische Bürgerschaftsabgeordnete Grahl bis zu einer anderweitigen Regelung durch das Reich als Staatskommissar bestellt worden. (...)." STA HH, Staatliche Pressestelle I-IV, 7424, zitiert ohne Hervorh.; Bericht über Grahls Einsetzung im Hamburger Anzeiger vom 6. Mai 1933, Ausschnitt in: ebenda; KgR, 1933, S. 321; vgl. auch Hasselmann, Konsumgenossenschaften, S. 461f.

109 Hasselmann, Konsumgenossenschaften, S. 462.

110 Ebenda, S. 463.

111 Der Text ebenda, S. 464; Jb. ZdK, 1947, S. 64.

112 Vgl. GEG-Rundschreiben vom 22. Mai, in: BAP, 31.01 Nr. 10580.

sonstigen zuständigen Stellen geboten, die Konsumvereine zwecks Abwicklung in sichere Hände zu nehmen." Eine Behinderung der konsumgenossenschaftlichen Tätigkeit wurde einerseits als nicht erwünscht bezeichnet, andererseits sollte "ein weiterer Ausbau" dieser Einrichtungen nicht erfolgen. Als "Ziel der Aktion" wurde "die möglichst verlustlose Abwicklung" benannt, deren Durchführung von Ley auf Karl Müller, "den Leiter der Arbeiterbank" übertragen worden war.[113] Über den weiteren Kreis der Teilnehmer an der Unterredung zwischen Hitler und Ley sind zuverlässige Angaben ebensowenig überliefert wie ein Protokoll. Nach dem Text der Presseveröffentlichung könnten neben dem Reichswirtschaftsminsterium Vertreter des Finanzministeriums und der Deutschen Zentralgenossenschaftskasse (als dort zitierte sonstige zuständige Stellen) vermutet werden. Einem im Reichswirtschaftsministerium erstellten Vermerk ist zu entnehmen, daß Müller an der Besprechung beteiligt war; über den möglicherweise weiteren Kreis enthält dieser allerdings auch keine Informationen.[114] Es ist davon auszugehen, daß neben Hitler, Ley und Müller keine Vertreter der beteiligten Reichsministerien zugegen waren, möglicherweise nur noch ein Direktor (Siedersleben) von der DZK. In den Unterlagen des Reichswirtschaftsministeriums ist ein orginärer Aktenvermerk, der auf eine Beteiligung an dieser Zusammenkunft schließen ließe, nicht überliefert. Es deutet im übrigen alles darauf hin, daß in dieser Unterredung keinesfalls mehr die Frage verhandelt wurde, ob die Konsumgenossen-

---

113 VB (vermutlich Berliner Ausgabe - U. K.) vom 12. Mai 1933, Ausschnitt in: BAP, 31.01 Nr. 10591, fol. 151. Ferner: VB, NA vom 13. Mai. Über eine Unterredung zwischen Ley und Hitler vor dem 11. Mai konnte nichts ermittelt werden. Brastrups Bericht (siehe u.) rückt sie in den Bereich des Möglichen, BAK, Kl. Erw. Nr. 602, fol. 6. Müller war Mitglied des "Aktionskomitees zum Schutze der deutschen Arbeit", das die Zerschlagung der Freien Gewerkschaften am 2. Mai vorbereitet hatte. Er wurde unmittelbar darauf zum (obersten) Leiter der wirtschaftlichen Unternehmungen der DAF ernannt, die nichts anderes als die Zusammenfassung der erbeuteten Unternehmen der Arbeiterbewegung waren, die sich die DAF angeeignet hatte. Vgl. Sonderbericht des Amtes Information der DAF, Teil II, S. 21.

114 Vgl. Aktenvermerk von RegR Holtz für den StS vom 12. Mai: Nach Mitteilung des Direktors Siedersleben der DZK ist "die Pressemitteilung (...) gestern Nachmittag in einer Besprechung beim Herrn Reichskanzler, an der auch Dr. Ley und Direktor Karl Müller von der Arbeiterbank teilnahmen, formuliert worden *im Anschluß an die vorangegangene Besprechung im Reichswirtschaftsministerium.*" Ursprünglich: "(...) *gemäß der in den vorangegangenen Besprechungen im Reichswirtschaftsministerium getroffenen Vereinbarungen.*" Hervorh. zur Unterscheidung - U. K., BAP, 31.01 Nr. 10591, fol. 152. Nach einem von Holtz erstellten Vermerk für den Minister vom selben Tage fand die Unterredung "dem Vernehmen nach" zwischen Hitler, Ley und Müller statt, vgl. S. 3 des Vermerks in: BAP, 31.01 Nr. 10580.

schaften weiterbestehen sollen, sondern aller Wahrscheinlichkeit nach allein ihre Unterstellung unter die DAF auf Drängen Leys beschlossen wurde.

Brastrups Erinnerungsbericht aus dem Jahr 1973 weicht erheblich von Bludaus Darstellung ab und bestreitet zugleich ausdrücklich, daß Everling vor dem 15. Mai an den Vorgängen in Berlin überhaupt beteiligt war, was aber - wie noch gezeigt wird - nicht zutrifft. Schloesser trat hiernach Mitte April anläßlich sich "ausbreitende(r) Vermutung(en) eines zu erwartenden heftigen Schlages" gegen die Konsumgenossenschaften telefonisch an den ihm aus seiner Schulzeit bekannten Ley mit der Bitte um eine "persönliche Unterredung" heran, zu der es am 21. oder 22. April im Beisein Bastrups in Leys Büro kam.[115] Schloessers Anliegen war, sich Gewißheit über die Zukunft der Konsumgenossenschaften zu verschaffen. Nach ersten Ausführungen zur ökonomischen Bedeutung der beiden zentralen Verbände erklärte Ley "sinngemäß, daß er vom »Führer« den Auftrag habe, die Gewerkschafts- und Konsumgenossenschaftsfrage zu »lösen« und diesen Befehl in aller Kürze ausführen werde."[116] Von Zerschlagung war vermutlich nicht explizit die Rede, Schloesser und Brastrup waren sich jedoch seinerzeit einig, daß genau hieran gedacht war. Vor dem Hintergrund dieser Befürchtung fuhr Schloesser in dem Versuch fort, Ley angesichts der ökonomischen Bedeutung der Konsumvereine auf die Gefahren ihrer Vernichtung aufmerksam zu machen, was ihm schließlich gelang. "Wir (konnten) nicht nur ein zunehmendes Interesse bei (...) Ley feststellen, sondern auch, daß seine Kenntnisse über die Konsumgenossenschaften nur sehr unvollständig (und) teilweise falsch waren".[117] Zugleich war es "bei dem derzeitigen Stand der Dinge (...) ausgeschlossen, daß Dr. Ley in einem Alleingang die zum gleichen Zeitpunkt gegen die Gewerkschaften und Konsumgenossenschaften geplanten Maßnahmen voneinander trennen konnte. Er sprach klar aus, daß er nun beide Probleme getrennt behandeln wolle, hierfür aber sich Hitlers Zustimmung versichern müsse."[118] Schloesser forderte er auf, sich ihm in Berlin beratend zur Verfügung zu halten. Er war von nun an, so Brastrup, Mitglied im Stabe Leys in der Funktion eines Referenten, wenngleich ohne Titel. Am 24. oder 25. April erfuhr Brastrup durch Schloesser, Hitler sei mit einer Trennung beider Bereiche einverstanden, wünsche jedoch eine zügige Erledigung.[119] In den Tagen zwischen dem 2. und 5. Mai teilte Schloesser

---

115 BAK, Kl. Erw. Nr. 602, fol. 3f.

116 Ebenda, fol. 4. Angesichts der strengen Geheimhaltung der Vorbereitungen zur Zerschlagung der Gewerkschaften am 2. Mai ist kaum vorstellbar, daß Ley solch brisante Informationen preisgab. Völlig auszuschließen ist das aber nicht. Über denkbare Motive kann nur spekuliert werden.

117 Ebenda, fol. 6.

118 Ebenda.

119 Vgl. ebenda.

Brastrup mit, "daß die Lage für die Konsumgenossenschaften ziemlich aussichtslos sei. Das Ziel sei auch weiterhin ihre totale Beseitigung, wobei ihren Mitgliedern allerdings in keinem Falle Nachteile, wie etwa der Verlust ihrer Geschäftsguthaben oder Spargelder entstehen dürften. Auf der anderen Seite müsse bei der Veräußerung des Sachbesitzes der Konsumvereine in Bezug auf die Erreichung eines angemessenen Erlöses besondere Sorgfalt verwendet werden. Für die Dauer bis zu ihrer endgültigen Liquidation sei ihnen eine Expansion bzw. Investition in jedweder Form verboten, ebenso die Werbung weiterer Mitglieder. Gleichlaufend mit dem Verbot der Eröffnung neuer Verteilstellen (...) sollten solche, soweit wie möglich, an interessierte Einzelhändler verkauft oder ersatzlos geschlossen werden. Eine Neugründung von Konsumvereinen sei untersagt."[120]

Nimmt man Brastrups Aufzeichnungen, so ist es "unwiderlegbar" allein Schloessers Verdienst, die geplante Zerschlagung der Konsumgenossenschaften im Mai 1933 abgewendet zu haben, wie er in einer Ergänzung seines Berichts über die Darstellung dieser Tage in den Veröffentlichungen Bludaus und Hasselmanns hervorhebt.[121] Die von beiden geschilderte Rolle Everlings (gestützt auf dessen Erinnerungsbericht, siehe o.) bestreitet Brastrup vehement und greift zum Beweis sogar auf Everling selbst zurück. "Everling war zum ersten Male - was dieses Problem betrifft - am Tage der Unterwerfungserklärung (am 15. Mai - U. K.) in Berlin (...) (und) hatte auf die *Berliner* Vorgänge bis zum Zeitpunkt der Unterwerfung keinen Einfluß,"[122] wie dieser selbst (so Brastrup) nach 1950 bei einem Zusammentreffen beider ihm gegenüber bestätigte.[123]

Diese Aussage aber ist - ob tatsächlich von Everling bestätigt oder nicht - falsch. Wenngleich erhebliche Zweifel an Everlings Schilderung in seinem Erinnerungsbericht hinsichtlich der Bedeutung seiner ersten Begegnung mit Ley am 5. Mai angebracht sind,[124] steht fest, daß er vor dem 15. Mai in Berlin war, u. a. auch mit Ley zusammengetroffen ist und dabei vermutlich über die ökonomische Bedeutung der Konsumgenossenschaften sowie die Gefahren, die aus ihrer Vernichtung resultieren würden, berichten konnte. Diese Einschätzung stützt sich auf eine im Bundesarchiv Potsdam überlieferte Durchschrift eines (von Everling und

---

120 Ebenda, fol. 6f.

121 Vgl. ebenda, fol. 14f.

122 Ebenda, fol. 14, Hervorh. i. Orig.

123 Vgl. ebenda.

124 Hiernach erklärte Ley in der Sitzung, in der die Unterwerfungserklärung unterzeichnet wurde, "er habe nach meinem voraufgegangenen Besuch in der vorigen Woche inzwischen mit dem Führer gesprochen und dieser habe sich damit einverstanden erklärt, daß die Konsumgenossenschaften *zunächst* weiter arbeiten sollen." Erinnerungsbericht Everlings in: Denkschrift, Die Konsumgenossenschaften und die Rückerstattung, Anlage 1, S. 3, Hervorh. i. Orig. Nach dieser Lesart hat also allein Everling den Meinungswandel bewirkt.

Grahl unterzeichneten) Schreibens der GEG an Ley vom 9. Mai, das eine Zusammenfassung der für das Weiterbestehen der Konsumgenossenschaften wesentlichen Aspekte enthält und anläßlich einer Unterredung mit Ley vom Vortage abgefaßt wurde. Es ist wahrscheinlich, daß es sich hierbei um das von Everling auf den 5. Mai terminierte Gespräch zwischen diesen drei Personen handelt. Aufschlußreich für die Bereitschaft zur Selbstanpassung[125] war das Votum, die Eigenproduktion und Warenverteilung auf dem derzeitigen Stand einzufrieren und die Errichtung neuer Betriebe und Verkaufstellen zu verbieten, wie den als Anlage unterbreiteten Vorschlägen der GEG "zur Eingliederung der deutschen Konsumgenossenschaften und ihre(r) Zentralorganisationen in den berufsständischen Staat" zu entnehmen ist.[126]

Gleichfalls am 8. Mai waren Grahl und Everling zu einem Gespräch im Reichswirtschaftsministerium erschienen. Grahl führte dabei aus, daß es nicht das "Ziel der nat(ional)soz(ialistischen) Bewegung sein dürfe, die Konsumgenoss(enschaften) zu zerschlagen und damit große volkswirtschaftliche Werte zu vernichten." Es gelte, das Warengeschäft abzutrennen und die Konsumgenossenschaften sodann als "reine Kreditinstitute" der »ständischen Wirtschaft« einzugliedern. "Unter diesen Voraussetzungen würde (vielleicht) auch das Kabinett vor einer veränderten Situation stehen, wenn es sich darum handle, ob den Konsumgenoss(enschaften) vielleicht für eine kurze Übergangszeit noch eine gewisse Hilfe von Reichsseite geleistet werden solle."[127] Grahls Überlegungen haben im weiteren Verlauf keine Rolle gespielt. Umgekehrt erging 1935 der Beschluß zur Auflösung des Spargeschäfts der Konsumgenossenschaften bis zum Jahresende 1940.[128]

Drei Tage später, am 11. Mai, trugen Grahl und Everling in der Reichskanzlei "den Wunsch vor, daß der Herr Reichskanzler eine Anweisung für die Behandlung der Frage (über die Zukunft der Konsumgenossenschaften - U. K.) gäbe", da die Auffassungen "hinsichtlich der Erhaltung der Betriebe der deutschen Konsumvereine (...) in der NSDAP verschieden seien. Dr. Ley träte für eine Weiterführung ein. Der Kampfbund für den gewerblichen Mittelstand verlange die Be-

---

125 Vgl. auch die Ausführungen im 2. Kapitel.

126 Vgl. BAP, 31.01 Nr. 10574, fol. 267-274, hier fol. 273.

127 Handschriftlicher Aktenvermerk von RegR Holtz über ein Gespräch zwischen diesem, einem Direktor der DZK (Siedersleben), dem MinDir. Reichhardt im RWM, Grahl und "einem Herrn der GEG", wobei es sich ohne Zweifel um Everling handelt, da im Zusammenhang mit den Besprechungen in Berlin außer Everling kein anderes seinerzeit im Amt befindliches bisheriges Vorstandsmitglied der GEG beteiligt gewesen ist. Ohne Hervorh. zitiert, BAP, 31.01 Nr. 10578, fol. 399.

128 Vgl. Gesetz über Verbrauchergenossenschaften. Vom 21. Mai 1935. RGBL I, S. 681, § 5 Abs. 1.

seitigung der Konsumvereine. Dr. h. c. Wagner[129] spräche sich für die Inganghaltung der Fabrikationsbetriebe und auch für die Weiterführung der Verkaufsbetriebe aus. Die Stellungnahme des Dr. Wild (Handel) sei nicht bekannt."[130] Grahl und Everling, die diesem Vermerk zufolge in Berlin waren, um wegen der finanziell stark gefährdeten Berliner Konsumgenossenschaft über eine Reichshilfe zu verhandeln, waren aller Wahrscheinlichkeit nach noch am selben Tage im Reichswirtschaftsministerium an einer Besprechung über diesen Konsumverein beteiligt. Ministerialrat Willuhn aus der Reichskanzlei notierte in seinem Vermerk abschließend nach Informationen aus dem Reichswirtschaftsministerium und der DZK, daß ersteres plane, die "Angelegenheit erneut ins Kabinett zu bringen", und Grahl und Everling "im übrigen mit der vom Reichswirtschaftsministerium beabsichtigten Weiterbehandlung einverstanden" seien. Über das geplante (und schließlich auch stattgefundene) Gespräch an diesem Tage zwischen Hitler und Ley wurde Willuhn durch die DZK "im Auftrage der beiden Herren von der Groß-Einkaufs-Gesellschaft" informiert![131] Ley hatte - wie bei späteren Gelegenheiten auch[132] - direkten Zugang zu Hitler, an der Bürokratie vorbei. Selbst Heinrich Lammers, der Staatssekretär in der Reichskanzlei, schien zuvor keine Kenntnis zu haben.[133]

Da in Everlings Erinnerungsbericht weder von seinem beweisbar mitgezeichneten und sehr wahrscheinlich mitverfaßten Schreiben an Ley vom 9. Mai noch seinem Besuch in der Reichskanzlei die Rede ist, muß dieser Bericht m. E. hinsichtlich seiner Glaubwürdigkeit bezweifelt werden. Seine Intention ist offenkun-

---

129 Es handelt sich tatsächlich um Otto Wagener, den Leiter der wirtschaftspolitischen Abteilung der NSDAP und Wirtschaftskommissar vom 1. April bis 13. Juli 1933. Vgl. Broszat, Der Staat Hitlers, S. 215 und 221.

130 Aktenvermerk des MinR in der Rkei., Willuhn, vom 11. Mai, BAK R 43 II/351, fol. 11. Auch hier wird Everling nicht namentlich genannt, jedoch ist er unzweifelhaft der in Grahls "Begleitung erschienene erste Leiter der Groß-Einkaufs-Gesellschaft".

131 Ebenda fol. 11f. Zu der Besprechung über die Konsumgenossenschaft Berlin vgl. BAP, 31.01 Nr. 10574, fol. 262, Schreiben des ZdK vom 10. Mai an das RWM zur Zulassung eines Mitarbeiters; weiter den schon erwähnten Aktenvermerk (über die Besprechung zwischen Ley und Hitler am 11. Mai) aus dem RWM, BAP, 31.01 Nr. 10591, fol. 152.

132 Dies war v. a. Leys Loyalität gegenüber Hitler geschuldet. Darüber hinaus genoß Ley diese Möglichkeit in seiner Eigenschaft als "Reichleiter", vgl. Smelser, Robert Ley, S. 111; Broszat, Der Staat Hitlers, S. 191-203, bes. S. 201-203 zur VO des Führers über die DAF vom 24.10.1934; Mason, Sozialpolitik, S. 192ff, demzufolge die VO "in die meisten arbeitsrechtlichen Sammelbände nicht aufgenommen" wurde, S. 193. Abdruck aber in: Rundschau, 1934, S. 628-629; Organisationsbuch der NSDAP, 1943, S. 185-187; Schumann, Nationalsozialismus und Gewerkschaftsbewegung, S. 173-175.

133 Er zeichnete den Vermerk Willuhns am 13. Mai lediglich ab, vgl. BAK, R 43 II/ 351, fol. 12.

dig, den eigenen Einfluß, die eigene persönliche Rolle sehr viel stärker zu zeichnen, als es der Realität entsprach, um feststellen zu können, daß die eigene Initiative ausschlaggebend für den Entschluß der NSDAP gewesen ist, die Konsumgenossenschaften nicht sofort zu vernichten. Denn wie sonst ist es zu erklären, daß in diesem mit Details angereicherten Bericht so wichtige Einzelheiten fehlen wie die Selbstanpassung zur Rettung der Organisationen oder die von Everling und Grahl in der Reichskanzlei angesprochenen Differenzen in der NSDAP zur konsumgenossenschaftlichen Frage, die offenkundig die vom Nachkriegs-ZdK gepflogene Geschichtsschreibung der festen Absicht der Nationalsozialisten von der sofortigen Vernichtung der Konsumgenossenschaften widerlegen. Diese Differenzen in der Partei passen nicht in das Bild vom maßgeblichen Einfluß Everlings, - so werden sie unterschlagen.

Gleiches gilt für die Versuche der Selbstanpassung. Schon vor den Ley am 9. Mai unterbreiteten "Vorschlägen zur Eingliederung der deutschen Konsumgenossenschaften und ihre(r) Zentralorganisationen in den berufsständischen Staat" hatte sich der ZdK am 27. März an Hitler gewandt und sich "der Reichsregierung mit dem ehrlichen Willen zur Verfügung (gestellt), am Ausbau und an der gesunden Gestaltung der deutschen Wirtschaft mitzuarbeiten."[134] In den Nachkriegsveröffentlichungen des neuen ZdK, sowie den niedergeschriebenen Erinnerungen beteiligter konsumgenossenschaftlicher Zeitzeugen wird diese Bereitschaft zur freiwilligen Selbstanpassung i. d. R. als notwendiges und selbstloses Verhalten führender Genossenschafter gewürdigt, wodurch es gelang, "Schlimmeres" zu verhindern.[135]

---

134 Eingabe des ZdK vom 27. März 1933, in: KgR, 1933, S. 213. Vgl. hierzu und zur Politik des RV die Ausführungen im 2. Kapitel.

135 Vgl. (Denkschrift), Die Konsumgenossenschaften und die Rückerstattung, S. 4, es gelang "Herrn Dr. Everling mit seinen Vorstellungen auf die katastrophalen wirtschaftlichen Folgen des geplanten Eingriffs (...), einen Aufschub (der Vernichtung der Konsumgenossenschaften - U. K.) zu erreichen", Exemplar in: Archiv des RdK. Vgl. weiter Jb. ZdK, 1947, S. 60ff; 60 Jahre GEG, S. 133ff; zum Nachweis Everlings Erinnerungsberichts siehe o.; Hasselmann, Konsumgenossenschaften, S. 456ff, die Arbeit ist im Auftrag des Nachkriegs-ZdK entstanden, vgl. ebenda, S. XI; (Denkschrift), Entwicklung und Stand der deutschen Konsumgenossenschaften, S. 9, ein Exemplar in: Konsumgenossenschaft Dortmund-Kassel, Abteilung Mitgliederkommunikation; Referentenmaterial zum Thema: "Konsum-Genossenschaften", S. 5, die Entwicklung zwischen 1933 und Mai 1935 wird ausgeblendet, Exemplar in: Archiv der co op Konsumgenossenschaft Norderney; Die Konsumgenossenschaften unter der Naziherrschaft, Artikel von Ferdinand Vieth, Hamburger Echo vom 21. September 1946, Sonderdruck in: Archiv des RdK; Genossenschaft als Aufgabe unserer Zeit. Die Konsumgenossenschaftsbewegung in Vergangenheit und Gegenwart, Blick auf die Zukunft. Interview mit Henry Everling, Hamburger Echo vom 30. September 1950, 9. Beilage, S. 37, Exemplar in: Archiv des RdK.

Bludau und Hasselmann verkennen m. E. den Stellenwert der Kabinettsentscheidung vom 25. April. Ihre jeweilige Betrachtungsweise ist fixiert am Fortdauern der Angriffe gegen die Konsumgenossenschaften und übersieht dabei die dynamische Seite dieser Aktionen, die, wie gezeigt, für den Gleichschaltungsprozeß unentbehrlich war. Eine sofortige Einstellung der Übergriffe war überhaupt nicht zu erwarten, nachdem die mittelständische Basis bis dahin über einen großen Freiraum verfügt hatte. Die ökonomischen Gefahren des Zusammenbruchs von Konsumvereinen für den Reichshaushalt, den Kreditververkehr und das Sparkassenwesen sind dem Kabinett zu diesem Zeitpunkt bekannt gewesen. Die Unterredungen zwischen Schloesser bzw. Everling und Ley fanden sämtlich nach diesem Kabinettsbeschluß statt, wie im übrigen Bludau und Hasselmann - bei allen Unterschieden - übereinstimmend ausführen. Folgt man Bludau, so haben Schloesser und Ley am 29. April in dieser Angelegenheit miteinander gesprochen, Everling war Hasselmann zufolge am 5. Mai bei Ley. Brastrup kann die Datierung der Besprechung zwischen ihm, Ley und Schloesser auf den 29. April nicht bestätigen.[136] Sollte dieses Gespräch - wie Brastrup sich erinnert - am 21. oder 22. April stattgefunden haben, könnte etwas für Brastrups Darstellung sprechen, sofern Ley mit Hitler noch vor der Kabinettssitzung des 25. April zusammentraf, was sich quellenmäßig aber nicht belegen läßt.[137]

Analysiert man die Unterlagen aus dem Reichswirtschaftsministerium bis zur Kabinettssitzung vom 25. April, so lassen sich die referierten Einschätzungen von Bludau, Hasselmann, dem Nachkriegs-ZdK und auch Brastrups über den bestimmenden Einfluß Schloessers bzw. Everlings m. E. nicht aufrechterhalten. Sicher: beide haben in diesen Tagen insofern eine Rolle gespielt, als sie mit Ley zu einem wichtigen Zeitpunkt zusammenkamen und es ihnen vermutlich gelang, diesem ein präziseres Bild der ökonomischen Bedeutung der Konsumgenossenschaften zu zeichnen, als er zuvor besessen hatte. Es ist durchaus denkbar, daß die Unterredungen Leys mit Schloesser und Everling bei Ley die Begehrlichkeit weckten, die Konsumgenossenschaften angesichts ihrer ökonomischen Bedeutung und Sozialstruktur seinem Einflußbereich unterstellen zu wollen, was ihm in der Besprechung mit Hitler am 11. Mai dann gelungen sein dürfte. Und doch enthielten die von Schloesser und Everling vorgebrachten Argumente keine neuen und sensationellen Informationen, auch für Hitler werden sie in der Unterredung

136 Vgl. BAK, Kl. Erw. Nr. 602, fol. 15.

137 Vgl. ebenda. fol. 6, Brastrup erfuhr hiernach am 24. oder 25. April telefonisch von Schloesser aus Berlin, daß "Hitler seine Zustimmung zu einer getrennten Lösung der beiden Probleme (Gewerkschaften und Konsumgenossenschaften - U. K., siehe o.) gegeben hatte, jedoch unter der Bedingung einer baldigen Erledigung." Dies bleibt der einzige Hinweis für ein Zusammentreffen von Ley und Hitler vor (oder am Tage) der Kabinettsentscheidung am 25. des Monats.

mit Ley am 11. Mai nicht unbekannt gewesen sein. Von der ökonomischen Bedeutung der Konsumgenossenschaften wird auch er zumindest aus den vorangegangenen Kabinettsvorlagen des Reichswirtschaftsministeriums bzw. ihren entsprechenden Vorträgen in der Ministerrunde Kenntnis gehabt haben.

Vergegenwärtigt man sich noch einmal des Inhalts der zwischen den Kabinettsentscheidungen vom Februar und April überlieferten Unterlagen des Reichswirtschaftsministeriums, so läßt sich einerseits dessen pragmatisches Handeln nachzeichnen: Richtschnur des Reichswirtschaftsministeriums war, keine Entscheidungen zu treffen, die ökonomisch nachteilige Folgen für das Reich aus seiner bestehenden Verpflichtung aus den Sonderkrediten I und II zeitigten. Andererseits fällt das Zaudern, die Vorsicht im Ministerium in den Tagen nach der Reichstagswahl vom 5. März auf. Die Motive dieser fast gleichzeitig (kurzfristig) vorherrschenden abwartenden Haltung müssen zum einen in der damals noch ungeklärten politischen Behandlung der Konsumgenossenschaften angesichts der bis dahin stets offen gegen die Konsumgenossenschaften gerichteten Stellungnahmen der NSDAP und zum anderen als Resultat der Einschüchterung durch Übergriffe - auch bei Behörden - und der Gleichschaltung der Länder gesehen werden. Wie bereits im vorangehenden Abschnitt festgestellt, war das Ministerium zu diesem Zeitpunkt offensichtlich nicht bereit, offensiv für die Konsumgenossenschaften ein- und (damit zugleich zwangsläufig dezidiert gegen die mittelständischen Interessengruppen) aufzutreten.

Mit dem Fortdauern der insbesondere von Mitgliedern des Kampfbundes für den gewerblichen Mittelstand getragenen Angriffe auf die Konsumgenossenschaften aber wuchs für das Reich die Gefahr, aus seinen bestehenden Verpflichtungen der Sonderkredite I und II in Anspruch genommen zu werden. Am 12. Mai, dem Tag, an dem im "Völkischen Beobachter" über die Vereinbarung "zur Übernahme der Konsumvereine in sichere Hände"[138] berichtet wurde, informierte der Reichswirtschaftsminister aus aktuellem Anlaß in einem Schnellbrief den Reichsminister des Innern über diese fortgesetzten Aktionen, die "im Interesse der Autorität der Reichsregierung unerträglich" seien. Nachdem sich bereits der Preußische Innenminister unter Strafandrohung gegen solche Übergriffe gewandt hatte, wurde der Reichsminister des Innern gebeten, die Landesregierungen auf den Kabinettsbeschluß vom 25. April hinzuweisen und aufzufordern, "weitere Verstöße der genannten Art mit aller Schärfe zu unterdrücken."[139] Am 16. Mai

---

138 So die Überschrift der Mitteilung, VB (vermutlich Berliner Ausgabe - U. K.) vom 12. Mai 1933, Ausschnitt in: BAP, 31.01 Nr. 10591, fol. 151.

139 RWM an RMdI vom 12. Mai 1933 betreffend "unzulässige Aktionen gegen Konsumgenossenschaften", in: BAK, R 43 II/351, fol. 13f. Abschriften gingen an den StSRkei., den RFM, das Reichsbank-Direktorium, den Rkom. für das Bankgewerbe, den PrMdI und den Kommissar des Reichs für das PrMWiA. Anlaß waren fortdauernde Beschwerden des ZdK

trat dieser entsprechend an die Landesregierungen heran und machte wunschgemäß u. a. darauf aufmerksam, "daß durch derartige Eingriffe die bisher vom Reich an zahlreiche Konsumgenossenschaften gegebenen Bürgschaften gefährdet werden."[140]

Die nach dem Kabinettsbeschluß vom 25. April nun verkündete "Übernahme der Konsumvereine in sichere Hände" erforderte eine nachhaltige und unzweideutige Änderung bei der Gewährung von Reichsbürgschaften zur Sanierung der ökonomisch gefährdeten Konsumgenossenschaften. Durch den Kabinettsbeschluß vom 25. April waren etwa 14 Mio. RM zugesagter Bürgschaften der Sonderkredite I und II tangiert, die nach Lesart des zuständigen Referats im RWM - wie oben gezeigt - zumindest den in die Kreditaktionen bisher einbezogenen Konsumgenossenschaften noch zur Verfügung standen, während Anträge bis dahin nicht beteiligter Konsumvereine (und Neuanträge der Warenzentralen) keine Berücksichtigung fanden. Für den 15. Mai war daher vom Reichswirtschaftsministerium unter Beteiligung des von Ley eingesetzten Beauftragten (Müller) eine Aussprache über Konsumgenossenschaften beabsichtigt, die dann jedoch erst am 24. d. M. stattfand.[141] Müller trat am 18. Mai an das Reichswirtschaftsministerium mit dem Antrag heran, die "gesperrten" Bürgschaften durch einen Kabinettsbeschluß aufheben zu lassen, um die beabsichtigte verlustlose "Abwicklung" durchführen

---

beim RWM, vom 4. Mai in: BAP, 31.01, Nr. 10591, fol. 2; BAP, 31.01 Nr. 10574, fol. 195f vom selben Tage. Vgl. auch (mit entsprechender Intention) das Schreiben des RWM an die Landesregierungen (für Preußen, den Kommissar des Reichs für das PrMWiA) betreffend "Eingriffe in wirtschaftliche Betriebe", gleichfalls vom 12. Mai, über örtliche Kampfbundeingriffe in Einzelhandelsbetriebe ohne gesetzliche Grundlage. Diese Maßnahmen haben, so hieß es, zu "lebhafte(r) Unruhe (...) (geführt), die einer planmäßigen, aufbauenden Wirtschaftspolitik sehr abträglich ist." Exemplar in: HK HB, Archiv, KL 2, Bd. 5.

140 Ein Exemplar dieses Schreibens in: STA DT, L 80 II A, Gruppe V, Titel 14 Nr. 21 Bd. 1, fol. 219. Das Wirtschaftsministerium in Württemberg hatte schon einen Tag zuvor anläßlich zahlreicher "Mitteilungen über eine bedrohliche und bedenkliche Zuspitzung des gegen die Konsumvereine geführten Kampfes" darauf hingewiesen, daß sich bereits die RReg. "mehrfach mit allem Nachdruck" gegen Sonderaktionen einzelner Personen und Stellen ausgesprochen hat, damit der Gesamtwirtschaft nicht "schwerster Schaden" erwächst. Erforderliche Maßnahmen würden "auf gesetzlichem Wege herbeigeführt" werden. Ohne Hervorh. zitiert nach KgR, 1933, S. 354.

141 Vermerk für den RWM vom 12. (mit Ergänzung vom 16.) Mai, BAP, 31.01 Nr. 10580. Vermutlich wurde die Unterredung wegen der am gleichen Tage angesetzten Besprechung verschoben, in deren Verlauf die Vertreter der beiden konsumgenossenschaftlichen Zentralverbände die Erklärung zur Unterwerfung ihrer Organisationen unter die DAF abgaben. Vgl. ferner Vermerk für den StS im RWM vom 12. Mai, BAP, 31.01, Nr. 10591, fol. 152.

zu können.[142] In einem dem Entwurf der brieftelegrafischen Einladung des Reichswirtschaftsministeriums vom 23. Mai zu der Unterredung am folgenden Tage vorangestellten Aktenvermerk hieß es, daß "angesichts der in politischer Hinsicht völlig veränderten Sachlage (...) eine Wiederaufnahme der Stützungsaktionen für Konsumgenossenschaften[143] in Erwägung zu ziehen sein (wird)." Vor der Erstellung einer entsprechenden Kabinettsvorlage müsse festgestellt werden, "wieweit die »Gleichschaltung« fortgeschritten ist und welche weiteren Maßnahmen seitens der Kommissare beabsichtigt sind." Von der DZK erhoffte man sich Auskunft darüber, ob dem "Konsumgenossenschaftswesen durch Fortführung der Stützungsaktionen noch wirksame Hilfe geleistet werden kann oder ob nicht die zusätzliche Gewährung *verlorener Zuschüsse*, gegebenfalls auch die gesetzliche Einführung eines näher abzugrenzenden Auszahlungsmoratoriums für Spargelder ins Auge gefaßt werden müßte."[144]

Die fortdauernde Auszahlung von Spareinlagen verschlechterte die ökonomische Lage der Konsumgenossenschaften zusehends. Auf die von Reichsbank und Reichswirtschaftsministerium befürchteten Auswirkungen für das Sparkassenwesen ist bereits verwiesen worden. Bis zum 12. Mai waren die Spareinlagen bei den Konsumvereinen nach Angaben des RWM auf ca. 220 Mio. RM zurückgegangen.[145]

Gegen einzelne Konsumvereine erhobene Vorwürfe, bei der Auszahlung von Spargeldern Funktionäre aus Gewerkschaften oder Parteien (i. d. R. der SPD) zu bevorzugen, hatten den Kommissar für die Prüfung des Genossenschaftswesens, Bayrhoffer, bewogen, dem ZdK die unterschiedslose Auszahlung von höchstens 50 RM monatlich - ungeachtet aus früheren Kündigungen erwachsener Ansprüche auf höhere Rückzahlungsbeträge - zu empfehlen. Dieses durch dem Hamburger Verband angeschlossene Genossenschaften umgesetzte Verfahren hatte mehrere

---

142 Vgl. BAP, 31.01 Nr. 10580.

143 Vgl. hierzu den Vermerk des MinR Willuhn in der Rkei. für den StSRkei. vom 20. Mai 1933, der demgegenüber nach einer Unterredung mit dem MinR Reichardt aus dem RWM festgehalten hatte, daß "im Reichswirtschaftsministerium (...) bestimmte Pläne nicht vorhanden (sind)." BAK, R 43 II/351, fol. 15.

144 BAP, 31.01 Nr. 10578, fol. 397, Hervorh. i. Orig. An der Besprechung am 24. Mai nahmen neben drei Beamten des RWM Vertreter des RFM, der Reichstelle für das Bankgewerbe, der Reichsbank, der DZK und Müller als Beauftragter für die Konsumgenossenschaften teil, vgl. BAP, 31.01 Nr. 10580.

145 Vermerk für den RWM durch MinDir. Reichardt vom 12. Mai, in: BAP, 31.01 Nr. 10580, S. 2 des Vermerks. Ende Januar belief sich der Spareinlagenbestand hiernach auf 250 Mio. RM. Vgl. auch die Ausführungen im vorangegangenen Abschnitt und Tabelle 17a im Anhang.

Zahlungsbefehle und Klageandrohungen gegen Konsumvereine zur Folge.[146] Vom Reichswirtschaftsministerium wurde diese Regelung der Auszahlungsbeschränkungen abgelehnt und stattdessen Stillhalteabkommen zwischen Konsumgenossenschaften und Sparern befürwortet, zu denen es schließlich auch gekommen ist.[147]

Zur Beruhigung der konsumgenossenschaftlichen Sparer hatten Ley und Müller an deren Adresse einen Aufruf gerichtet - der im Mitgliederorgan des ZdK bemerkenswerterweise mit "Arbeiter!" überschrieben, d. h. an diese als Mehrheit der Konsumgenossenschaftsmitglieder gerichtet war.[148] Sie galt es in erster Linie zumindest zum Stillhalten, zu wenigstens loyalem Verhalten zu bewegen, damit auch die Pläne der Arbeitsfront zur Fortführung der Konsumgenossenschaften in ihrem Einflußbereich von dieser Seite nicht torpediert wurden. Daneben - und nicht weniger wichtig - war es von Bedeutung, nach der erfolgten Zerschlagung von KPD und Freien Gewerkschaften sowie der zunehmenden Repression gegen die Sozialdemokratie, die keine Illusion über deren gleiches Schicksal mehr zuließ, "vertrauensbildende" Maßnahmen für die Akzeptanz des Regimes in diesen Kreisen durchzuführen, die mit dem ausschließlichen Mittel des innenpolitischen Terrors nicht möglich waren.

Taktisch war die Verlautbarung an die Mitglieder der Konsumvereine vor diesem Hintergrund ohne Zweifel. Neben anderen dieser Tage sowie der folgenden Wochen und Monate dokumentiert sie das Bemühen, beruhigend zu wirken und die ökonomische Lage der Konsumgenossenschaften zu stabilisieren. So wies beispielsweise das Geheime Staatspolizeiamt am 12. Mai 1933 die Polizeibehörden ausdrücklich darauf hin, daß sich die am 9. Mai vom Generalstaatsanwalt beim

---

146 Vgl. diese Darstellung im Schreiben Bayrhoffers an Ley vom 26. Mai. Abschrift für den RWM in: BAP, 31.01 Nr. 10578, fol. 460f. Bayrhoffer war zugleich MinR im RFM und am 5. April 1933 durch den RWM und RMEuL sowie den RFM zum "Kommissar für die Prüfung des Genossenschaftswesens" bestellt worden, vgl. KgR, 1933, S. 235.

147 Vgl. den handschriftlichen Entwurf des Schreibens des RWM an Bayrhoffer vom 22. Juni, in: BAP, 31.01 Nr. 10578, fol. 462f. Unterlagen zu vereinbarten Stillhalteabkommen, ebenda, fol. 445-459. Auch seitens der DZK wurde dieser Modus gebilligt, vgl. ebenda, fol. 445 und Abschnitt 4.2.1.

148 "*Arbeiter! Deine Spargroschen sind nicht gefährdet;* im Gegenteil, sie sind sicherer als je! *Bewahre die Nerven* und schädige nicht selbst deine Belange durch unvernünftige Angstabhebungen." KgR, 1933, S. 337. Hervorh. i. Orig. In der Mitgliederzeitschrift des Kölner Verbandes war dieser Text an das "Mitglied!" gerichtet, vgl. KgP, 1933, S. 184. Die Mitgliederstruktur von ZdK und RV war unterschiedlich. In den Geschäftsjahren 1931 und 1932 betrug der Anteil der abhängig beschäftigten Personen in gewerblichen Betrieben etwa 70 % in den Konsumgenossenschaften des Hamburger Verbandes, für den RV belief sich dieser Anteil im Geschäftsjahr 1931 etwas höher als 49 %. Vgl. für den ZdK die Tabelle 4 im Anhang, für den RV: Jahresbericht RV für 1931, S. 7.

Landgericht I Berlin verfügte Beschlagnahme des Vermögens der SPD, der sozialdemokratischen Zeitungen und des Reichsbanners nicht auf das Vermögen der Konsumvereine beziehe.[149]

Als Ergebnis der Unterredung vom 24. Mai wurde zwei Tage später durch das zuständige Referat des Reichswirtschaftsministeriums eine Kabinettsvorlage entworfen, wonach die bisherigen Kreditaktionen fortgeführt und weitere 6 Mio. RM an Reichsbürgschaften bewilligt werden sollten. Dieser im Einvernehmen mit der DZK für notwendig erachtete zusätzliche Betrag war - wie in der Vorlage nachdrücklich betont wurde - eine unmittelbare Folge der Eingriffe des Kampfbunds des gewerblichen Mittelstands.[150] Dem Kabinett gelangte die Vorlage jedoch nicht zur Kenntnis, in der Sitzung am 23. Juni wurden die aus den Sonderkrediten I und II noch offenen 14 Mio. RM nach Vortrag der Sachlage durch den Ministerialdirektor Reichardt aus dem Reichswirtschaftsministerium freigegeben. Der Grund für die Zurückhaltung (sowie die wahrscheinliche Nichtzeichnung der Vorlage durch Hugenberg) bleibt weitgehend im Verborgenen. Dem Anschein nach verzögerte der Einwand Wienbecks, des Mittelstandskommissars im Reichswirtschaftsministerium, die Angelegenheit. Am 29. Mai hatte er in einem Vermerk für Hugenberg gegen den Vorschlag votiert, "6 Mill(ionen) M(ark) Subentionen[151] für die Consumvereine zu bewilligen (...). Wenn das Kabinett im Gegensatz zu seiner früheren überall im Mittelstand mit großem Dank begrüßten u(nd) auch sachlich richtigen Haltung jetzt wieder das Gegenteil tun will bzw. würde, so sind erhebliche politische Angriffe u(nd) zwar in erster Linie gegen den Reichswirtschaftsminister zu erwarten."[152] Unter Bezug auf den Berliner Konsumverein, der in der Kabinettsvorlage als besonders gefährdet angesehen wurde, schlug Wienbeck vor, die "notwendige Stützung" durch "Abverkauf u(nd) Beleihung" seiner "großen, auch immobilen Werte" herbeizuführen, da im übrigen in Not befindliche andere Einzelhandelsgeschäfte auf diesen Weg verwiesen werden und so leider häufig zusammenbrechen.[153] Am 31. Mai hatte Hugenberg

---

149 Abschriften der Funksprüche, Generalstaatsanwalt beim Landgericht I Berlin an die zuständigen Länderbehörden vom 9. Mai 1933, und Gestapa an sämtliche Polizeibehörden vom 12. Mai in: StadtAGö Pol. Dir. Fach 31a, Nr. 10.

150 Vgl. BAP, 31.01 Nr. 10580. Hierbei handelt es sich vermutlich um den ersten Entwurf, der an mehreren Stellen handschriftliche Korrekturen aufweist. Die in späteren Unterlagen im RWM auf den 27. Mai datierte und wahrscheinlich entsprechend korrigierte Vorlage konnte nicht ermittelt werden.

151 In der Vorlage war nicht von Subventionen, sondern von Reichsbürgschaften die Rede.

152 BAP, 31.01 Nr. 10580.

153 Vgl. ebenda. Erich Wienbeck, Reichstagsabgeordneter der DNVP, war bis zu seinem Amtsantritt als Reichskommissar für den Mittelstand im Range eines Ministerialdirektors am 1. April 1933 Syndicus der Handwerkskammer Hannover. Vgl. BAP, 31.01 PA Nr. 709. Seine Ernennung wurde gegen Widerstände der Handwerker- und Mittelstandsver-

vermutlich angesichts dieser Einwände für den folgenden Tag einen Vortrag anvisiert. Ob es zu diesem kam, war nicht zu ermitteln.[154] Weil die ausgearbeitete Kabinettsvorlage auch am 13. Juni noch nicht unterzeichnet war und sowohl Müller als auch die DZK das Reichswirtschaftsministerium erneut auf die besorgniserregende finanzielle Lage einzelner Konsumvereine (v. a. der Berliner Konsumgenossenschaft) hingewiesen hatten, hielt es das zuständige Referat für dringend geboten, diese dem Kabinett bei der nächsten Sitzung zur Entscheidung vorzulegen. Per Kurier ging der Vorgang mit einer Stellungnahme des Ministerialdirektors Reichhardt gegen Wienbecks Votum an Hugenberg, der als Delegationsmitglied an der Weltwirtschaftskonferenz in London weilte. Es sei, so hieß es darin beispielsweise, "ein wirtschaftlicher und politischer Unterschied, ob ein Einzelhandelsgeschäft zusammenbricht, oder ob eine große Konsumgenossenschaft, wie Berlin und Umgegend, mit 170.000 Mitgliedern und 20 Millionen Spargeldern ihre Zahlungen einstellt." Der Zusammenbruch der Berliner Konsumgenossenschaft hätte Zahlungseinstellungen auch anderer großer Genossenschaften zur Folge. "Hiervon befürchtet insbesondere die Reichsbank Erschütterungen, die unter Umständen auch den allgemeinen Sparkassenverkehr in Mitleidenschaft ziehen können."[155]

Gestützt auf diese Argumente (jedoch nicht auf eine den Teilnehmern vorliegende Kabinettsvorlage) trug Ministerialdirektor Reichardt dann, wie bereits oben erwähnt, im Kabinett am 23. Juni das Anliegen des Reichswirtschaftsministeriums vor, die aus den Sonderkrediten I und II noch verbliebenen 14 Mio. RM freizugeben und zusätzliche 6 Mio RM an Reichsbürgschaften für Kredite der DZK an die Konsumgenossenschaften zu bewilligen. Nach kurzer Beratung erklärte die Ministerrunde ihr Einverständnis zur Freigabe der bisher "noch nicht ausgenutzen Bürgschaften". Während Hugenberg erklärt hatte, "daß nach der Gleichschaltung der Gewerkschaften die Frage der Erhaltung der Konsumgenossenschaften unter einem anderen Gesichtspunkt betrachtet werden müsse", und auf mögliche Schwierigkeiten "an einzelnen Plätzen" hinsichtlich der Lebensmit-

---

bände sowie des Referenten für Handwerk und Gewerbe in der NSDAP, Karl Zeleny vollzogen, vgl. BAP, 07.01 Nr. 4015, fol. 199f, Schriftwechsel zwischen Zeleny und Lammers (StSRkei.) vom 28. und 29. März 1933. Ebenda, fol. 135ff, ein Schreiben des seinerzeit mit der Wahrnehmung der Geschäfte des Reichskommissars für Handwerk und Kleingewerbe beauftragten MinR im RWM, Hoppe, der es befürwortete, diese Stelle angesichts ihrer Bedeutung mit einem Pg. zu besetzen. Hoppe war Boelcke zufolge der einzige höhere Beamte im RWM, der bereits vor dem 31. Januar 1933 Mitglied der NSDAP war, vgl. Boelcke, Die deutsche Wirtschaft, S. 40f. Zur Einsetzung Wienbecks ferner AdR, Reg. Hitler, Teil I, Bd. 1, S. 101f.

154 Vgl. BAP, 31.01 Nr. 10580, S. 1 des Entwurfs der beabsichtigten Kabinettsvorlage.

155 Vermerk für Hugenberg durch Reichardt vom 13. Juni, in: BAP, 31.01 Nr. 10580, S. 3. des Vermerks.

telverteilung bei einer Schließung von "Vertriebsgeschäften" hingewiesen hatte, bemerkte Hitler, "daß die Beurteilung der Angelegenheit unter politischen Gesichtspunkten erfolgen müsse. Die Entscheidung sei hier schwieriger als in der Warenhausfrage, auch deswegen, weil die Versorgung der Bevölkerung mit Lebensmitteln in einer Reihe von Wohngebieten von dem Bestand der Verkaufstellen abhängig sei." Unter eingehender Prüfung müßten die "lebensunfähigen Konsumvereine" jedoch "abgebaut" werden. Ein Beschluß über die weiteren 6 Mio. RM wurde "bis nach erfolgter Prüfung (...) durch den Reichsminister der Finanzen zurückgestellt.[156] Vier Tage später beschloß das Kabinett den von diesem vorgelegten Reichshaushalt 1933. In seinem Entwurf hatte er u. a. die Ermächtigung zur Übernahme einer Kreditgarantie über besagte 6 Mio. RM zur Stützung der Konsumgenossenschaften als Höchstbetrag vorgesehen, da "die Weiterführung der bisherigen Stützungsmaßnahmen allein (...) nicht (ausreicht), den Fortbestand der lebensfähigen Konsumgenossenschaften zu sichern und zugleich einer Gefährdung der bereits gegebenen Reichsbürgschaften vorzubeugen. Hierzu erscheint die weitere Übernahme von Bürgschaften in Höhe von 6 Millionen RM erforderlich, nach Meinung des Reichswirtschaftsministers auch ausreichend"[157]

Ein entsprechender Antrag des Reichswirtschaftsministeriums hat dem Kabinett offensichtlich nicht vorgelegen. Wie dem Entwurf des schließlich nicht abgesandten Schreibens des Reichswirtschaftsministeriums an den Staatssekretär in der Reichskanzlei für die Kabinettssitzung vom 27. Juni zu entnehmen ist, sollte die in der Sitzung vom 23. d. Monats durch Reichhardt in ihrem wesentlichen Inhalt vorgetragene Vorlage mit einer befürwortenden Ergänzung hinsichtlich der neu zu beschließenden Bürgschaft über 6 Mio RM lediglich nachgereicht werden. Hugenberg hatte (wohl vergeblich) noch am 26. Juni gebeten, eine von Wienbeck offenbar angekündigte Stellungnahme zu dem Kabinettsbeschluß vom 23. Juni herbeizuführen. Sofern eine solche Stellungnahme ergangen sein sollte, dürfte sie sich in ihrer Argumentation kaum von der des 29. Mai unterschieden haben. Den Kabinettsbeschluß über zusätzliche 6 Mio. RM, den sogenannten Sonderkredit III hätte sie wohl in keinem Fall mehr verhindern können.[158] Auch der von Müller, dem Beauftragten für die deutschen Konsumgenossenschaften, am 24. Juni an das Reichswirtschaftsministerium gerichtete dringende Antrag, angesichts der Verzögerungen von über vier Wochen in der Bürgschaftsfrage nunmehr anstelle der

156 Zitiert nach dem Protokoll der Kabinettssitzung vom 23. Juni, BAK, R 43 I/1463, fol. 124f. Abgedruckt auch in: AdR, Reg. Hitler, Teil I, Bd. 1, S. 588.

157 BAP, 31.01 Nr. 10591, fol. 157. Vgl. das Reichshaushaltsgesetz für das Rechnungsjahr 1933. Vom 28. Juni 1933. RGBL II, S. 489. Das Protokoll der Kabinettssitzung vom 27. Juni in: BAK, R 43 I/1463, fol. 290; AdR, Reg. Hitler, Teil I, Bd. 1, S. 602.

158 Eine entsprechende Stellungnahme war nicht zu ermitteln. Vgl. den Entwurf des nicht abgesandten Schreibens an den StSRkei. vom 26. Juni, BAP, 31.01 Nr. 10580.

6 Mio. den Betrag von 12 Mio. RM zur Sanierung bereitzustellen, lief, vom finanziellen Standpunkt betrachtet, ins Leere. Weitere Bürgschaften als die des Sonderkredits III wurden nicht mehr übernommen.[159] Von Bedeutung ist das Schreiben Müllers vielmehr hinsichtlich seiner politischen Aussage, "die Konsumgenossenschaften können aus dem deutschen Wirtschaftsleben nicht mehr ausgeschaltet werden", wobei er sich auf die Erfahrungen im faschistischen Italien berief. Nach anfänglicher Unterdrückung würden sie dort mittlerweile wieder gefördert. Müller hielt es für "eine wirtschaftlich gar nie zu vertretende Maßnahme (...), wenn nicht alles getan würde, um die deutschen Verbrauchergenossenschaften, die ihre Lebensberechtigung gerade auch im letzten Kriege auf das Evidenteste dargetan haben, zu erhalten, und sie, wenn auch in ihren Einrichtungen modifiziert, in die Deutsche Arbeitsfront einzugliedern."[160]

Hinsichtlich der von Müller geführten Klage der wesentlich verschlechterten ökonomischen Situation der Konsumvereine durch die mehrwöchige Verzögerung der Entscheidung über die Freigabe der gesperrten Bürgschaften hatte im Reichswirtschaftsministerium Ministerialrat Ronde (der im übrigen auch Müllers Einschätzung teilte, daß die Konsumgenossenschaften aus dem Wirtschaftsleben nicht mehr ausgeschaltet werden könnten) handschriftlich angemerkt: "Zweifellos richtig, da die Einstellung der Kreditaktion durch die RR (Reichsregierung - U. K.) trotz aller wohlwollenden Klärungen nicht anders als schädigend wirken konnte und die Ungewißheit über die Wiederaufnahme auch stimmungsmäßig und vertrauensmäßig die Labilität in der Sphäre der K. Gn. (Konsumgenossenschaften - U. K.) prägte."[161]

Für die vom Reichswirtschaftsministerium vertretene Fortsetzung und Ausweitung der Bürgschaftsaktion war (neben der einerseits noch unscharfen Formulierung in der Veröffentlichung der Kabinettserklärung am 28. April, die den Kurswechsel offiziell, wenn auch wegen ihres anderseitigen Teils der Ablehnung

---

159 Eine Aufstellung der verfügbaren Mittel der drei Sonderkredite, eine Kredit-Bedarfsschätzung für 15 sogenannte große Verbrauchergenossenschaften und ein Vorschlag für Richtlinien bei der Vergabe des Sonderkredits III in einem Schreiben der DZK an den RWM vom 20. Juli 1933 in: BAP, 31.01 Nr. 10579. Als Ergebnis einer Besprechung über die Modalitäten bei der Kreditvergabe wurde u. a. festgehalten, daß dem RFM die endgültige Entscheidung über die Übernahme der Reichsbürgschaften überlassen und ein gemeinsamer Ausschuß von RWM, RFM und DZK (und möglicherweise weiteren Vertretern von Rbk. und DAF) über die Sicherheiten fallweise beraten werden sollte, nachdem die zuvor beabsichtigte einheitliche Regelung, die Sicherheiten nach dem Steuereinheitswert des Jahres 1931 zu bemessen, aufgegeben werden mußte, da in bereits zwei Fällen hohen Kreditbedarfs die Sicherheiten hiernach nicht zu erreichen waren, vgl. ebenda, Vermerk über die Besprechung vom 9. August betreffend Sonderkredit III.

160 Schreiben an das RWM vom 24. Juni 1933, S. 1 u. 2, ebenda.

161 Ebenda, S. 1.

finanzieller Unterstützung durch das Reich, zu wenig eindeutig einleitete) eine unzweifelhafte Entscheidung in politischer Hinsicht erforderlich, die es dem Reichswirtschaftsministerium ermöglichte, nachdrücklich für die Freigabe der gesperrten und für die Bewilligung der zusätzlichen Bürgschaften für Konsumgenossenschaften einzutreten und diesen Schritt offensiv in der Öffentlichkeit , d. h. besonders gegenüber dem gewerblichen Mittelstand und seinen Vertretern in der NSDAP, zu begründen. Durch die nach Leys Verhandlungen mit Hitler erfolgte Unterstellung der Konsumvereine unter die Arbeitsfront hatte das Reichswirtschaftsministerium in dieser (wenngleich nur in der Konsumgenossenschaftsfrage) eine Verbündete erhalten, die dessen bisherige Argumente politisch und wirtschaftlich gegen die mittelständischen Interessen in der Partei stützte. Als Müller in der Unterredung am 24. Mai die Formulierung über die verlustlose Abwicklung der Konsumvereine in den bisher veröffentlichten Erklärungen Leys als allein "taktischen Bedürfnissen" geschuldete klargestellt hatte, konnte das Reichswirtschaftsministerium den Standpunkt vertreten, daß "die Konsumgenossenschaften bei der Ausübung ihres Geschäftsbetriebes künftig mit allen Mitteln der Staatsautorität geschützt werden", um die Bürgschaftsaktion erfolgreich fortsetzen bzw. erweitern zu können, weil nunmehr über "diese Vorfrage Einmütigkeit besteht."[162]

Nach der vom Kabinett am 23. und 27. Juni beschlossenen Fortführung und Erweiterung der Bürgschaftsaktion wurde die Öffentlichkeit zuerst durch die folgende Erklärung von Heß davon unterrichtet, daß

> "die Einstellung der NSDAP zur Konsumvereinsfrage (...) in grundsätzlicher Hinsicht nach wie vor unverändert (ist). Im Hinblick auf die allgemeine Wirtschaftslage hält sie jedoch bis auf weiteres ein aktives Vorgehen mit dem Ziele, den Zusammenbruch der Konsumvereine herbeizuführen, für nicht geboten. Den Mitgliedern der NSDAP wird andererseits untersagt, für die Konsumvereine zu werben."[163]

---

162 So die Formulierung in der schließlich nicht gezeichneten Kabinettsvorlage vom 27. Mai, zitiert nach deren Entwurf, S. 4f, in: BAP, 31.01 Nr. 10580. Müller hatte in der Unterredung ergänzend die Auffassung verteten, daß angesichts der preisregulierenden Wirkung der Konsumgenossenschaften an ihrer weiteren Existenz kein Zweifel besteht, vgl. ebenda. Die Formulierung der "möglichst verlustlosen Abwicklung" im VB (vermutlich Berliner Ausgabe - U. K.) vom 12. Mai 1933 in der schon erwähnten Mitteilung zur "Übernahme der Konsumvereine in sichere Hände", Ausschnitt in: BAP, 31.01 Nr. 10591, fol. 151. Vgl. weiter KgR, 1933, S. 337. Auch in der Anordnung Leys vom 15. Mai zur Neuregelung bei den Konsumvereinen ist von Abwicklung die Rede, siehe KgR, 1933, S. 338.

163 Erklärung vom 27. Juni, ohne Hervorh. zitiert nach BAP, 31.01 Nr. 10578, fol. 484. Veröffentlicht z. B. in: VB, NA vom 28. Juni 1933; Blankenburger Kreis-Blatt vom 03. Juli 1933, Ausschnitt in: STA WF, 12 Neu 18 Nr. 708. Vgl. a. Winkler, Der entbehrliche Stand, S. 5; Bludau, Nationalsozialismus und Genossenschaften, S. 113. Zu dem ausge-

Eine z. T. gleichlautende Stellungnahme veröffentlichte Heß wenige Tage später, am 7. Juli 1933, zur Haltung der NSDAP in der Warenhausfrage.[164] Beide Erklärungen belegen nach Winkler sehr nachhaltig die zwischen Mai und August des Jahres 1933 vollzogene "Kehrtwende in der nationalsozialistischen Mittelstandspolitik."[165]

Auf die Gefahren bei einem Zusammenbruch der Konsumgenossenschaften hatte auch Ley am 29. Juni in einem Aufruf hingewiesen. Die Konsumvereine sollten "organisch" abgewickelt werden, "um die Ersparnisse des Arbeiters zu retten und um die großen Werte für das Volk zu erhalten." Er gab u. a. weiter zu bedenken, "daß bei einem Zusammenbruch (...) mehr als einhalb Millionen Menschen arbeitslos werden würden, (...) (was) wir nicht verantworten (könnten)".[166]

Ohne Zweifel wird nicht nur die Heß-Erklärung zur Warenhausfrage "wie eine Sensation"[167] gewirkt haben. In gleicher Weise dürfte im gewerblichen Mittelstand seine Veröffentlichung über die Haltung der Partei zu den Konsumgenossenschaften aufgenommen worden sein. Vorerst aber schlug das am 17. Juli 1933 vom Reichswirtschaftsministerium[168] an die Regierungen der Länder gerichtete Rundschreiben höhere Wellen in den betroffenen Kreisen.

> Mit der Notwendigkeit der "Behebung finanzieller Notstände, die in erster Linie durch ungesetzliche Eingriffe unberufener Organe (...) in den letzten Wochen herbeigeführt worden sind," wurde die beschlossene Ausweitung der Bürgschaftsaktion begründet. "Um die Bereinigung in der Sphäre der Konsumgenossenschaften nunmehr raschestens zu erreichen," wies das Wirtschaftsministerium mit dem Einverständnis von Reichskanzler, Reichsminister des Innern und Reichsfinanzminister darauf hin, daß die konsumgenossenschaftliche Selbsthilfe "keineswegs marxistisch", sondern "herausgewachsen aus der Volksgemeinschaft", auf dem Grundsatz

---

sprochenen Werbeverbot für NSDAP-Mitglieder vgl. das 4. Kapitel. Die Erklärung trug entgegen der beabsichtigten Beruhigung der Mitglieder zu einer Verschärfung der Auseinandersetzungen zwischen gewerblichem Mittelstand, DAF, dem Stab des StdF und dem RWM bei.

164 Abgedruckt bei Uhlig, Warenhäuser, S. 111.

165 Winkler, Der entbehrliche Stand, S. 5. Zu dieser Bewertung in der Zusammenfassung dieses Abschnitts.

166 Ohne Hervorh. zitiert nach KgP, 1933, S. 217.

167 Uhlig, Warenhäuser, S. 111.

168 Am 29. Juni hatte Kurt Schmitt, promovierter Jurist und bis dahin Generaldirektor der Allianz-Versicherungsgesellschaft, die Nachfolge Hugenbergs als Reichs- und Preußischer Wirtschaftsminister angetreten. Mit Schmitt, seit dem 1. April 1933 NSDAP-Mitglied, stand zum ersten Mal ein Nationalsozialist in diesem Amt. Seine Berufung war (neben der besonderen Rücksichtnahme der Parteiführung auf die Interessen von Banken und Großindustrie) "eine weitere Konzession an die privatkapitalistische Großwirtschaft", Broszat,

"einer für alle, alle für einen" fußt und "die Verkörperung und praktische Anwendung des Grundsatzes »Gemeinnutz geht vor Eigennutz« (ist). Mit Rücksicht darauf, daß sich das Heer der konsumgenossenschaftlich organisierten Mitglieder der deutschen Volksgemeinschaft in erster Linie aus den unbemittelten Volksschichten der Verbrauchermassen zusammensetzt, gewinnt die genossenschaftliche Idee und ihre praktische Verwirklichung in der bestehenden Organisation der Konsumgenossenschaften auch für den nationalsozialistischen Staat und seine wirtschaftliche Führung besondere Bedeutung." Die Fortführung und Ausweitung der Kreditaktion "ist der stärkste Ausdruck des Willens des Führers, daß die Konsumgenossenschaften nicht zerschlagen, sondern nach Umgestaltung erhalten werden." Zwar waren die Konsumgenossenschaften "in den verflossenen Jahren das Werkzeug einer schwarz-roten Politik", wobei vor allem "der Marxismus" versuchte, sich "in dem finanziell und wirtschaftlich relativ gesunden Gebilde der Konsumgenossenschaften" zu verankern, was nun "durch die Eingliederung[169] der Konsumgenossenschaften in die Deutsche Arbeitsfront" nicht mehr möglich ist. "Durch ihre politische Entgiftung sind (sie) wieder zu wahren Dienern der Volksgemeinschaft (...) geworden, so daß in politischer Hinsicht irgendwelche Einwendungen gegen ihren Bestand heute nicht mehr zu erheben sind." Unter Hervorhebung ihrer finanziellen und wirtschaftlichen Bedeutung durch die in ihnen angelegten Spargelder und Geschäftsguthaben von zusammen etwa 400 Mio. RM hielt man sämtliche, diese Einlagen gefährdende Maßnahmen für "bedenklich". Eine "Vertrauenskrise in der Sphäre der Konsumgenossenschaften" steht in der Gefahr, auf andere "Einrichtungen, z. B. die Sparkassen" überzugreifen, was "unter den gegenwärtigen Verhältnissen keinesfalls getragen (...) und (...) daher unter allen Umständen vermieden werden" muß. Zwar werden Mißstände zwischen Konsumvereinen und gewerblichem Mittelstand "beseitigt werden müssen", doch ist "nicht zu verkennen, daß sich die Konsumgenossenschaften - als Ganzes gesehen - als finanziell und wirtschaftlich relativ gesund und krisenfest erwiesen haben, und daß sie - im Gegensatz zu anderen genossenschaftlichen Gruppen - ohne Subvention von seiten des Reichs ausgekommen sind. (...) Bei der Kreditaktion zugunsten der Konsumgenossenschaften gilt als oberster Grundsatz, daß ungesunde Unternehmungen liquidieren müssen und nicht mit Hilfe von Reichskrediten als unlautere Konkurrenz im Wirtschaftsleben aufrecht erhalten werden können." Aufgabe von Konsumgenossenschaften und Einzelhandel ist es, den "Interessen der Volksgemeinschaft (...) (zu dienen, und) insbesondere den wenig kaufkräftigen Teilen der Verbraucher die Befriedigung ihrer Lebensbedürfnisse zu möglichst erträglichen Preisen" zu gewährleisten. "Bei der Erfüllung dieser Aufgaben haben gerade die Konsumgenossenschaften sich im Kriege und im Frieden große Verdienste um die Warenverteilung erworben und einen segensreichen Preisregulator im Wirtschaftsleben gebildet, der auch in Zukunft nicht entbehrt werden kann." In Ergänzung zu dem von ihm initiierten Rundschreiben des

---

Der Staat Hitlers, S. 221. Vgl. a. Stegmann, Kapitalismus und Faschismus, S. 64ff. Vgl. weiter Winkler, Der entbehrliche Stand, S. 5.

169 Dieser Ausdruck ist m. E. angesichts der tatsächlichen Behandlung der Konsumgenossenschaftsfrage nicht zutreffend, siehe u.

Reichsministers des Innern vom 16. Mai (siehe o.) bat der Reichswirtschaftsminister die Adressaten, "alle zuständigen Stellen entsprechend zu unterrichten und dafür Sorge zu tragen, daß alle Eingriffe bei den Konsumgenossenschaften unterbleiben. Es muß Klarheit darüber geschaffen werden, daß es in erster Linie Aufgabe der Reichsregierung ist, alle grundsätzlichen Maßnahmen, die zur Beseitigung von Mißständen und zum Ausgleich der Interessen zwischen den Konsumgenossenschaften und dem gewerblichen Mittelstand notwendig sind, zu treffen, und daß die Reichsregierung sich auch wegen ihrer mit dem Schicksal der Konsumgenossenschaften verknüpften Risiken (Reichsbürgschaften) und in ihrer Eigenschaft als Hauptgläubiger bei der Regelung dieser grundsätzlichen Fragen gar nicht ausschalten kann."[170]

Wenn in diesem Erlaß auf die "Eingliederung" der Konsumvereine in die DAF hingewiesen wird, so muß festgestellt werden, daß dieser Ausdruck die reale Kompetenzverteilung in der Konsumgenossenschaftsfrage mißverständlich charakterisiert. Die Konsumvereine waren nicht - wie hieraus geschlossen werden kann - zu Unternehmen der Arbeitsfront geworden, sondern sie wurden ihr im Mai 1933 politisch unterstellt. Als auch äußeres Zeichen dieses Vorgangs traten auf allen Ebenen Beauftragte der DAF in die Konsumgenossenschaften ein. Die Reichsregierung aber blieb - wie in diesem Erlaß betont worden war - zuständig für alle Maßnahmen in der Konsumgenossenschaftsfrage. Die Verantwortung für die wirtschaftspolitischen Angelegenheiten lag demnach auch weiterhin beim Reichswirtschaftsministerium, was durch den Fortgang der Angelegenheit belegt ist.[171]

3.2.1 Zusammenfassung

Während sich die Haltung der NSDAP zur Konsumvereinsfrage nach der Erklärung von Heß als "in grundsätzlicher Hinsicht nach wie vor unverändert" darstellte, obwohl ihr bisheriger Kampf gegen die Konsumgenossenschaften programmatisch keine Stütze fand, stellte der Erlaß des Reichswirtschaftsministeri-

---

170 Sämtliche Zitate aus diesem Erlaß, das Exemplar für die Rkei. in: BAK, R 43 II/351, fol. 30-32. Der Erlaß ist (den überlieferten Unterlagen zufolge) in enger Zusammenarbeit mit der DAF formuliert worden! Der Entwurf aus dem RWM ist von Müller mit Korrekturen versehen worden, die Eingang in den offiziellen Text gefunden haben. Der so überarbeitete Entwurf des RWM (durch MinR Ronde) in: BAP, 31.01 Nr. 10580. Den Erlaß erhielten außerdem die Reichsbank, die DZK, die DAF, der Reichsverband des Deutschen Handwerks und die Hauptgemeinschaft des Deutschen Einzelhandels.

171 Vgl. hierzu auch die Ausführungen im 4. Kapitel und Bruns, Vom Wesen und der Bedeutung der Deutschen Arbeitsfront, S. 59ff, der die Frage nach Eingliederung oder politischer Unterstellung vor dem Hintergrund des Ley-Plans einer "Reichsverbrauchergenossenschaft" thematisiert.

ums unter ausdrücklicher Berufung auf Hitler deutlich heraus, daß die politischen Vorbehalte der NSDAP-Führung gegen die Konsumgenossenschaften mit ihrer "Eingliederung" in die DAF gegenstandslos geworden waren. Die Fortführung und Ausweitung der Kredit- bzw. Bürgschaftsaktion wurde mit den ökonomisch schädlichen und ungesetzlichen Eingriffen "unberufener Organe" in den Geschäftsbetrieb der Konsumgenossenschaften begründet. Wenn auch der Kampfbund des gewerblichen Mittelstands keine ausdrückliche Erwähnung erfuhr, so waren die entsprechenden Zeilen doch ohne Zweifel besonders an diesen und seine inflationären Eingriffe in den Geschäftsbetrieb der Konsumvereine gerichtet, die wirksam zu unterbinden bisher nicht gelungen war, wie aus dem folgenden Abschnitt hervorgeht.

Zusammenfassend kommen in dem Rundschreiben des Reichswirtschaftsministeriums vom 17. Juli die wichtigsten der Kriterien ans Licht, die im Kabinett für die Entscheidung zum Fortbestand der Konsumgenossenschaften maßgebend waren: die unausweichliche Inanspruchnahme des Reichshaushalts bei Zusammenbrüchen durch die schon von den Präsidialkabinetten gewährten Reichsbürgschaften, ihre Bedeutung für die preiswerte Versorgung der Mitglieder und allgemein ihre preisregulierende Wirkung - die wohl auch angesichts der jüngsten Preissteigerungen im Lebensmittel-Einzelhandel[172] Erwähnung und Anerkennung fand -, die Gefahr des Verlusts der erheblichen Spargelder und Geschäftsanteile der vornehmlich aus Arbeiterkreisen stammenden Mitglieder - was für die notwendige Akzeptanz des Regimes in diesen Kreisen von großer Bedeutung war - und die möglichen Auswirkungen hiervon auf das übrige Bank- oder Sparkassenwesen. Darüber hinaus war mit erheblichen Steuerausfällen für das Reich, die Länder und die Gemeinden zu rechnen.[173] Und v. a. bestand bei einer Zerschlagung oder einer Entscheidung gegen die Fortsetzung und Ausweitung der Bürg-

---

172 Vgl. Uhlig, Warenhäuser, S. 106ff; Broszat, Der Staat Hitlers, S. 211f; KgR, 1933, S. 361f; Stat. Jb. f. d. DR, 1933, S. 251ff, Tabelle 2, "Lebensmittelpreise im Einzelhandel in 17 deutschen Städten"; Stat. Jb. f. d. DR, 1934, S. 256ff, gleichlautende Tabelle 3. Die Preiserhöhungen betrafen hiernach v. a. die tierischen Fette Scheineschmalz und Butter, erfolgten von April auf Mai und setzten sich bis zum Jahresende fort. Vgl. Stat. Jb. f. d. DR, 1934, S. 255 zu den Reichsindexziffern für die Lebenshaltungskosten im Deutschen Reich nach alter und neuer Berechnung. Zur Neuberechnung dieser Indexziffer 1934 siehe WISTA, 1934, S. 626ff und WISTA, 1935, S. 759ff. Vgl. weiter Abschnitt 4.4.

173 Vgl. Kemeny, Verbrauchergenossenschaften, S. 44, wonach "die von den Verbrauchergenossenschaften entrichteten Steuern (...) 1932 etwa 26 Mill(ionen) Reichsmark" betrugen. Diese Angabe erscheint realistisch, der ZdK weist für das Geschäftsjahr 1932 23.891.262 RM "Steuern aller Art" aus, vgl. Jb. ZdK, 1933 Bd. 1, S. 380. Für den RV waren keine Angaben zu ermitteln. Im Geschäftsjahr 1931 belief sich dessen "Gesamtsumme der gezahlten Steuern" auf 3.741.024 RM, die des Zdk auf 25.740.566 RM, zusammen also 29.481.590 RM. Vgl. Jb. ZdK, 1933 Bd. 1, S. 380; Jahresbericht RV für 1931, S. 6.

schaftsaktion das Problem der Arbeitslosigkeit, die über die unmittelbar durch Entlassungen in den Konsumgenossenschaften selbst betroffenen Beschäftigten hinaus, weitere Kreise gezogen hätte.[174] Im öffentlichen Bewußtsein wären verheerende psychologische Folgen möglich gewesen, hatte Hitler doch in seinem ersten "Aufruf an das Deutsche Volk" als Reichskanzler erklärt, innerhalb von vier Jahren die Arbeitslosigkeit zu beseitigen. Und ein weiteres kommt hinzu: "Das neue Regime hatte nicht die freiwillige Anerkennung der Arbeiterklasse gewonnen, es hatte sie mit den Waffen des Terrors und der Massenarbeitslosigkeit erobert und konnte sich darum nicht auf ihre Loyalität und Kooperation verlassen."[175]

Schloesser und Everling haben m. E. in ihren Gesprächen mit Ley bei diesem vermutlich die starke Begehrlichkeit geweckt, die Konsumgenossenschaften seinem Einflußbereich einzuverleiben, was mit ihrer Unterstellung unter die Arbeitsfront schließlich auch gelang. Für den Entschluß aber, die Konsumvereine durch die Bürgschaftsübernahme des Reiches zu sanieren, war nicht deren persönlicher Einsatz, sondern das unbedingte Interesse des Regimes an der Sanierung der Konsumgenossenschaften aus ökonomischen und politischen - für die eigene Stabilisierung notwendigen - Erfordernissen ausschlaggebend.

Vor diesem Hintergrund trifft der von Winkler erhobene Befund der vollzogenen "Kehrtwende der nationalsozialistischen Mittelstandspolitik", die sich in den Heß-Erklärungen zur Warenhaus- und Konsumvereinsfrage "besonders deut-

---

174 In dem Heß-Erlaß zur Warenhausfrage vom 7. Juli 1933 hieß es hierzu: "In einer Zeit, da die nationalsozialistische Regierung ihre Hauptaufgabe darin sieht, möglichst zahlreichen arbeitslosen Volksgenossen zu Arbeit und Brot zu verhelfen, darf die nationalsozialistische Bewegung nicht dem entgegenwirken, indem sie Hunderttausenden von Arbeitern und Angestellten in den Warenhäusern und den von ihnen abhängigen Betrieben die Arbeitsplätze nimmt." Zitiert nach Uhlig, Warenhäuser, S. 111. Für die Konsumgenossenschaften galt dieses Argument in gleicher Weise. Vgl. a. die zitierte Passage aus dem Aufruf Leys vom 29. Juni und Winkler, Der entbehrliche Stand, S. 5.

175 Mason, Sozialpolitik, S. 98. Zum Begriff der Arbeiterklasse "als Objekt gleichermaßen der Unterdrückung *und* der Furcht seitens der Machthaber", vgl. ebenda, S. 8-10, hier S. 10, Hervorh. i. Orig. Vgl. a. Deutschland-Berichte (Sopade), 2. Jg. 1935, Bericht November 1935, S. 1354ff, hier S. 1354: "1933 vor die Wahl gestellt, entweder die Arbeiter durch die Auflösung der Konsumvereine vor den Kopf zu stoßen oder die Mittelständler durch die Nichtauflösung, hat sich das System selbstverständlich für das zweite entschieden. Denn sein politisches Interesse erfordert eindeutig die »pflegliche« Behandlung der Arbeiterschaft, die erst noch gewonnen werden mußte, während der Mittelstand nach der Machtergreifung für das System erheblich an Interesse und Bedeutuung verloren hatte. Man kann daher unterstellen, daß es dem System ursprünglich ernst war mit der Absicht, die Konsumvereine zu erhalten. Dafür spricht auch die Unterstellung unter die Arbeitsfront und die Bewilligung weiterer Stützungskredite."

lich"[176] darstellt, nur teilweise zu. Ohne Zweifel ist in der weiteren Warenhaus- und Konsumgenossenschaftspolitik der Regierung nachweisbar, daß die Erwartung des gewerblichen Mittelstands nach *vollständiger* Entledigung dieser Konkurrenten nicht die gewünschte Erfüllung fand. Es ist jedoch zu bezweifeln, daß eine solche Orientierung an den Maximalzielen protektionistischer Mittelstandsforderungen ein zutreffendes Bild der tatsächlichen nationalsozialistischen Mittelstandspolitik wiedergibt. Denn auf der anderen Seite ist festzuhalten, daß die Beschränkungen, denen der Geschäftsbetrieb der Großbetriebsformen im Einzelhandel allgemein unterworfen wurde, sehr wohl dem Bedürfnis des gewerblichen Mittelstands entgegenkamen, vor dieser Konkurrenz geschützt zu werden, wenngleich sie dessen Ansprüchen auch nicht genügten,[177] wobei, wie v. Saldern herausgearbeitet hat, sich die konkreten Maßnahmen nationalsozialistischer Mittelstandspolitik für das Reich im wesentlichen kostenneutral auswirkten.[178]

Daneben übersieht Winkler, daß die beiden parteiseitigen Heß-Erklärungen zur Warenhaus- und Konsumgenossenschaftsfrage nur eine Seite der nationalsozialistischen Mittelstandspolitik widerspiegeln. In beiden Erklärungen hatte Heß eingangs festgestellt, daß die grundsätzliche Haltung der NSDAP gegenüber Warenhäusern und Konsumgenossenschaften nach wie vor unverändert, und d. h. ablehnend war. Maßnahmen, die ihre Schließung bzw. ihren Zusammenbruch zum Ziel hatten, aber erklärte die Partei(leitung) vor dem Hintergrund der wirtschaftlichen Lage "bis auf weiteres (...) für nicht geboten." Demgegenüber stellte das wenig später ergangene Rundschreiben des Reichswirtschaftsministeriums zur Konsumgenossenschaftsfrage im Einverständnis mit (dem Parteiführer) Hitler heraus, daß sich politische Vorbehalte gegen die Konsumgenossenschaften nach ihrer "Eingliederung" in die DAF erübrigen.[179]

Einerseits also hielt die Partei(leitung bzw. -führung) durch die Heß-Erklärung an ihrer ablehnenden Haltung gegenüber Konsumgenossenschaften ausdrücklich und grundsätzlich fest, nur vorerst sollte "ein aktives Vorgehen mit dem Ziele", ihren Zusammenbruch herbeizuführen, unterbleiben. Andererseits stellte das Kabinett (mit ausdrücklicher Zustimmung Hitlers) nach der "Eingliederung" der Konsumgenossenschaften in die Arbeitsfront die politischen Bedenken gegen ih-

---

176 Winkler, Der entbehrliche Stand, S. 5.

177 Belege zur Beschränkung des konsumgenossenschaftlichen Geschäftsbetriebs im folgenden Abschnitt. Vgl. hierzu a. die Kontroverse zwischen Winkler und v. Saldern um die Bewertung der nationalsozialistischen Mittelstandspolitik vgl. Winkler, Der entbehrliche Stand; v. Saldern, Mittelstand; Winkler, Besprechung; v. Saldern "Alter Mittelstand" im "Dritten Reich"; Winkler, Ein neuer Mythos vom alten Mittelstand.

178 Vgl. v. Saldern, Mittelstand, S. 235f.

179 Zur Politik gegenüber den Warenhäusern vgl. Uhlig, Warenhäuser, S. 111ff.

ren Fortbestand ein und erweiterte die bestehende Bürgschaftsaktion um den Sonderkredit III über 6 Mio. RM.

Bereits in den vorangegangenen Monaten hatten - wie im folgenden Abschnitt gezeigt wird - Hitler, Göring, Heß und Ley, und damit fraglos Exponenten der Parteiführung, nachdrücklich gegen Eingriffe in die Wirtschaft im allgemeinen und bei Konsumgenossenschaften im besonderen Stellung bezogen.

Die Heß-Erklärung und der Erlaß des Reichswirtschaftsministeriums dokumentieren, daß die Kehrtwende oder der Kurswechsel nationalsozialistischer Mittelstandspolitik noch nicht vollzogen war. Mit der Entmachtung Wageners, dem Amtsantritt des dem großkapitalistischen Lager zuzurechnenden Nationalsozialisten Kurt Schmitt als Reichswirtschaftsminister, der Auflösung des Kampfbundes für den gewerblichen Mittelstand und der Überführung seiner Mitglieder in die neugegründete NS-Hago, die der Reichsleitung der NSDAP (und damit auch Ley als Stabsleiter der PO) unterstellt war, folgten innerhalb weniger Tage und Wochen gewiß weitere Schritte einer Zurückdrängung mittelständischer Interessenvertreter der NSDAP, ohne daß diese aber endgültig an Einfluß verloren hätten. Dieser Sachverhalt offenbart sich deutlich in den bald einsetzenden Auseinandersetzungen in der Konsumgenossenschaftsfrage zwischen dem Reichswirtschaftsministerium und dem wirtschaftspolitischen Beraterstab des Stellvertreters des Führers.[180]

3.3 Gleichschaltung und organisatorische Umbildung der Konsumgenossenschaftsbewegung - der Konflikt mit den mittelständischen Interessengruppen der Partei

Durch die anhaltenden - und nach der Machtübergabe vom 30. Januar stetig zunehmenden - partei- und regierungsseitig tolerierten Übergriffe auf die Konsumgenossenschaften verdichteten sich angesichts der bisherigen Äußerungen und der Haltung der NSDAP zu den Konsumvereinen bei deren Mitgliedern allem Anschein nach die Befürchtungen bevorstehender, gegen ihre Genossenschaften gerichteter Aktionen. Die Konsumgenossenschaftszentralen versuchten noch, ihre Mitglieder zu beschwichtigen. ZdK und GEG sahen "kein(en) Grund zu der Annahme (...), daß die deutschen Konsumgenossenschaften (...) in ihrem volkswirtschaftlich bedeutsamen und sozialen Wirken beeinträchtigt werden könnten."[181] Von der Geschäftsleitung des Kölner Reichsverbandes stammt mit großer Sicher-

180 Hierzu in Abschnitt 4.2.1.

181 Flugblatt des ZdK und der GEG vom 18. März 1933: "An unsere Konsumgenossenschaften und deren Mitglieder!", in: Archiv des RdK, abgedruckt auch in der KgR, 1933, S. 181.

heit der Entwurf eines Musterflugblattes für die angeschlossenen Konsumvereine, in dem man den Mitgliedern nachdrücklich "versichert(e)", daß wegen der "weitestgehend(en)" Deckung des NSDAP-Programms mit dem "Programm und Ziel unserer Genossenschaft" dieser "keine Gefahr drohen kann."[182] Tatsächlich aber spricht alles dafür, daß sich auch "in einem immer größer werdenden Kreis führender Persönlichkeiten der Konsumgenossenschaftsbewegung (...) (die) Vermutung eines zu erwartenden heftigen Schlages"[183] gegen die Konsumgenossenschaften ausbreitete.

Die erste bestandssichernde Verlautbarung des Kabinetts aus den letzten Apriltagen, nach der keine Angriffe gegen die Konsumgenossenschaften mehr unternommen werden sollten, ist in den sich überstürzenden Ereignissen dieser Tage in den Genossenschaftskreisen wohl weitgehend zur Kenntnis gelangt,[184] gleichzeitig jedoch überwiegend ohne Konsequenzen geblieben, wie die fortdauernden An- und Übergriffe dokumentieren.[185] Und nach der Besetzung der Gewerkschaftshäuser am 2. Mai schien auch für die Konsumgenossenschaften die letzte Stunde geschlagen zu haben. Die Vertreter mittelständischer Interessen - v. a. des gewerblichen Einzelhandels - sahen sich kurz vor dem Ziel (ihrer Träume), sich die mißliebigen wirtschaftlichen Konkurrenten auf politischem Wege vom Hals zu schaffen.[186] Ihre allgemeine Begeisterung brach sich beispielsweise in Ergebenheitsadressen nach erfolgten Gleichschaltungsmaßnahmen Bahn. So nahm die Mitgliederversammlung der Lebensmittelhändler-Innung zu Braunschweig "mit Freuden von der Ernennung des Braunschweigischen Staatsministeriums durch den Herrn Reichsstatthalter Kenntnis", um sich sodann, "beseelt von dem Bestreben, die vaterländischen Belange im Sinne der nationalsozialistischen Revolution nach besten Kräften fördern zu helfen, (...) voll und ganz hinter die neue Regierung" zu stellen.[187] Die Kleinhandelskammer zu Bremen informierte

---

182 Nach der Reichstagswahl vom 5. März 1933 erstellter Flugblatt-Entwurf, in: Archiv des RdK, Mikrofilm, Erste Rolle [Nr. 25].

183 So Brastrup in seinem Bericht, BAK, Kl. Erw. Nr. 602, fol. 3.

184 Zur Reaktion von ZdK und RV vgl. Abschnitt 4.2.1.

185 Vgl. Abschnitt 3.1.

186 Vgl. den Artikel von Paul Hilland in: DDV, Nr. 5 (Mai 1933), wonach "die Konsumvereine und Einheitspreisgeschäfte (...) völlig verschwinden" müssen. Im Kampf des Handels und der NSDAP gegen diese "hat (es) sich jedoch als notwendig erwiesen, daß man gegenwärtig mit Vorsicht ans Werk geht." Hilland, ein Mitglied des ehemaligen Kampfbundes/der Kampfgemeinschaft gegen Warenhaus und Konsumverein, war geschäftsführendes Vorstandsmitglied der Hauptgemeinschaft des Deutschen Einzelhandels und geschäftsführendes Präsidiumsmitglied des Deutschen Industrie- und Handelstages.

187 Schreiben an das Braunschweigische Staatsministerium vom 22. Mai 1933, in: STA WF, 12 Neu 18 Nr. 684. Vgl. Zweites Gesetz zur Gleichschaltung der Länder mit dem Reich. Vom 7. April 1933. RGBL I, S. 173.

in Telegrammen vom 31. Mai, v. Renteln, Wagener und Hitler über die Neuwahl des Präsidiums, das sich nunmehr überwiegend aus Nationalsozialisten zusammensetzte. Hitler wurde durch den Präsidenten gemeldet, daß "die Arbeiten (...) restlos im Sinne des Programms meines Führers (erfolgen). Liebe zum Volk und Treue zum Führer bleiben oberstes Gebot."[188]

In Hamburg tagten am 2. Mai im Verwaltungsgebäude des ZdK dessen Vorstand, Ausschuß und Generalrat, als die SA das Gebäude besetzte. Im Gegensatz zu den Massenverhaftungen in den Freien Gewerkschaften kam es anscheinend bis auf die Inhaftierung Adam Remmeles zu keinen weiteren Verhaftungen beim ZdK in Hamburg. Remmele, der frühere sozialdemokratische Badische Ministerpräsident, wurde in das Konzentrationslager Kislau eingeliefert.[189] Auch in anderen Orten des Reichs hielten sich derartige Maßnahmen gegenüber Konsumgenossenschaften im Vergleich zu dem Vorgehen gegen die Gewerkschaftsbewegung in Grenzen, womit jedoch keine einzige dieser Gewaltmaßnahmen bagatellisiert werden soll. In jedem Einzelfall waren die Folgen für diejenigen, die in die Hände der SA und Gestapo fielen und unter deren als "Verhöre" benannten Prügelorgien zu leiden hatten, derart bestialisch und barbarisch, daß es kaum möglich ist, sie sich vorstellbar zu machen.[190]

Weitere Eingriffe in den Geschäftsbetrieb des ZdK oder der GEG am 2. Mai sind nicht überliefert.[191] "Liest man heute die Berichte über die Vorgänge aus jenen Tagen, so überrascht es zunächst, daß in der Hamburger Zentrale des »roten« Verbandes nicht mehr geschah. Die vorangegangene Propaganda gegen die Konsumgenossenschaften und die schlagartige Liquidierung der Gewerkschaften ließen andere Maßnahmen der in Marsch gesetzten SA- und SS-Einheiten erwarten. Man ging in jenen Tagen mit »weltanschaulichen Gegnern« nicht zimperlich um, besonders nicht, wenn sie im Verdacht standen, »roter« oder auch nur »rosa« Färbung zu sein. Das uns (bis 1968 - U.K.) erreichbare Dokumentationsmaterial gab

188 Durchschriften der drei Telegramme in: HK HB, Archiv, KL 3. Nach der Neuwahl bestand das Präsidium der Kleinhandelskammer aus dem Kohlenhändler Heinrich Kallsen (Präses), dem Eisenwarenhändler Bernhard Ebeling (1. Vizepräses) und als 2. Vizepräses dem Bremer Vorsitzenden der NS-Hago, Gerhard vom Hagel, vgl. Schwarzwälder, Geschichte, Bd. 4, S. 182f. Zur Besonderheit der *Klein*handelskammer vgl. Abschnitt 5.3.

189 Vgl. Jb. ZdK, 1947, S. 62; Lübbe/Schumacher (Bearb.), M. d. R., S. 458; ferner den Bericht eines damaligen Vorstandsmitgliedes des Lörracher Konsumvereins, der an dieser Sitzung teilgenommen hatte: "Die Gleichschaltung der Konsumvereine", (unveröffentlichtes) ms. Mskr., ohne Seitenzählung, Lörrach, 1. Juni 1945, in: Archiv des RdK, Mikrofilm, Zweite Rolle Teil 1 [Nr. 7].

190 Vgl. beispielsweise Szende, Zwischen Gewalt und Toleranz, S. 15-46 und Tuchel/Schattenfroh, Zentrale des Terrors , S. 183ff.

191 Vgl. Jb. ZdK, 1947, S. 61f; 60 Jahre GEG, S. 134; Hasselmann, Konsumgenossenschaften, S. 460f.

über die Zurückhaltung der Rollkommandos keine Aufschlüsse."[192] Die Unterlagen aus dem Potsdamer Bestand des Reichswirtschaftsministeriums leisten einen wichtigen Beitrag zur Enträtselung dieses Phänomens und der Bestätigung der These, daß die besondere Behandlung der Konsumgenossenschaften in diesen Tagen und den folgenden Jahren mit dem Interesse der Reichsregierung - und damit der NSDAP-Parteiführung - an einer Politik zu erklären ist, die keine Maßnahmen zuließ, welche ihren Zielen zuwiderlief und diese torpedierte.

Am folgenden Tag, dem 3. Mai, trat in Hamburg die 39. ordentliche Generalversammlung der GEG zusammen, die einstimmig einen Antrag Everlings zur Bevollmächtigung des "Aufsichtsrat(s) in Verbindung mit der Geschäftsleitung (beschloß), die durch die veränderten Verhältnisse etwa notwendig werdenden Bestellungen oder Abberufungen von Geschäftsführern vorzunehmen."[193]

Einen weiteren Tag später unternahmen die Geschäftsführer der GEG, Everling und Gustav Borgner, beim Hamburger Senat den Versuch, in Erfahrung zu bringen, welche Maßnahmen hinsichtlich der Konsumgenossenschaften bzw. der GEG geplant seien. Vom dortigen Staatssekretär, dem Nationalsozialisten Georg Ahrens, erhielten sie die Mitteilung, daß beabsichtigt sei, einen Staatskommissar für die GEG einzusetzen, der über absolute Vollmachten verfügen sollte. Am 5. Mai trat der nationalsozialistische Bürgerschaftsabgeordnete Erich Grahl dieses Amt an, am 9. Mai wurde er vom Aufsichtsrat der GEG (entsprechend dem Beschluß der vorangegangenen Generalversammlung) zum ordentlichen Geschäftsführer gewählt. In seiner ersten Presseerklärung teilte er am 6. Mai u. a. mit, daß die GEG "mit Gewerkschaftshaus und Volksfürsorge nichts zu tun" habe, sondern "völlig für sich" steht. Aufgrund einer "Buchprüfung seitens der Treuhandgesellschaft der Deutschen Zentralgenossenschaftskasse" könne er feststellen, "daß der Betrieb und die Buchführung der GEG völlig einwandfrei dastehen, ebenso auch die finanziellen Verhältnisse des Unternehmens völlig in Ordnung sind." Die notwendige Beruhigung in den Verbraucherkreisen und Wiederherstellung des Vertrauens zu den Konsumgenossenschaften werde durch die Gleichschaltung erfolgen, die in den nächsten Tagen vermutlich im ganzen Reich durchgeführt werde.[194]

---

192 Bludau, Nationalsozialismus und Genossenschaften, S. 110. Bludau stützt sich im Anschluß an dieses Zitat auf die mündlichen Äußerungen Brastrups, siehe o. Zur inzwischen veränderten Quellenlage vgl. auch die Einleitung.

193 KgR, 1933, S. 328. Die dort genannte "eingehend(e)" Begründung Everlings ist in dem Bericht über die Generalversammlung nicht abgedruckt und war auch sonst nicht zu ermitteln. Die am selben Tage durchgeführte 21. Generalversammlung der Verlagsgesellschaft deutscher Konsumvereine faßte einen entsprechenden Beschluß, vgl. ebenda, S. 329.

194 Die Zitate ohne Hervorhebungen nach Hamburger Anzeiger vom 6. Mai 1933, Ausschnitt in: STA HH, Staatliche Pressestelle I-IV, 7424. Grahl wies außerdem noch auf die Presse-

Die in der Vergangenheit regelmäßig öffentlich behaupteten finanziellen Unregelmäßigkeiten in der Geschäftsführung der örtlichen Konsumvereine ließen sich bei den nun auch von den neuen Ortsbeauftragten veranlaßten Buchprüfungen i. d. R. nicht belegen. Im Gegenteil: Die Revisoren stellten im Ergebnis zumeist ein ordnungsgemäßes Rechnungswesen fest, was der Öffentlichkeit gegenüber - anders als die gegenteiligen vorangegangenen Anschuldigungen - jedoch meist verborgen blieb.[195]

Nach den im vorangehenden Abschnitt geschilderten Besprechungen erschienen am 12. und 15. Mai in der Presse die entsprechenden Erklärungen zum Fortbestand der künftig gleichgeschalteten und nunmehr der Arbeitsfront unterstellten Konsumvereine. Müller hatte zusätzlich am 12. Mai seine erste Erklärung als neu eingesetzter Beauftragter für die deutschen Konsumgenossenschaften abgegeben, in der jedoch im Gegensatz zu den Verlautbarungen vom 12. und 15. Mai nicht von einer "Abwicklungsaktion" die Rede war.

> Nunmehr war es "selbstverständlich, daß die Deutsche Arbeitsfront nicht Einrichtungen zerschlagen wird, die der Versorgung der Arbeiter und Angestellten mit preiswerten Waren dienen. Demnach können die Konsumvereine nicht ohne weiteres aus dem Wirtschaftsleben ausgeschaltet werden, vielmehr ist es wünschenswert, daß nach wie vor bei ihnen gekauft wird und daß sie in (dieser) (...) Tätigkeit (...) nicht gestört werden. Dies müsse der entgegengesetzten Auffassung verschiedener Kampfbünde des Mittelstandes gegenüber ausgesprochen werden. Die Konsumvereine sind also bis auf weiteres nicht in ihrer Geschäftsbetätigung durch irgendwelche Maßnahmen örtlicher oder sonstiger Kreise zu hemmen. Allerdings darf auch keine

---

erklärung des Reichskabinetts vom 28. April hin. Vgl. weiter Jb. ZdK, 1947, S. 62f; 60 Jahre GEG, S. 135; Hasselmann, Konsumgenossenschaften, S. 461f; KgR, 1933, S. 321f.

195 Zu den Ortsbeauftragten vgl. unten. Zu Vorwürfen finanzieller Unregelmäßigkeiten vgl. z. B. KgR, 1932, S. 361f zu angeblichen Krediten Preußens an den Lübecker Konsumverein; ebenda, S. 757 über vorgebliche Unregelmäßigkeiten bei der Einzahlung von Geschäftsanteilen; KgR, 1933, S. 54 zu angeblichem Gewerbesteuerrückstand der "Produktion" in Hamburg; 50 Jahre Konsumgenossenschaft Wuppertal, S. 35f, zu Vorwürfen der Wuppertaler nationalsozialistischen Presse über Aufsichtsratsentschädigungen und gefährdete Spareinlagen und Geschäftsanteile. Gegenteilige Revisionsberichte z. B. für den Allgemeinen Consumverein für Ems und Umgebung in den Aufsichtsratssitzungen vom 18. und 22. Mai 1933; für den Konsumverein Füssen in der Generalversammlung vom 16. Juni 1933, Bericht durch den Ortsbeauftragten. Die jeweiligen Protokollbücher in: Archiv des RdK; für die Konsumgenossenschaft Norderney in der Notiz über die Revision vom 27. Juni 1933, Protokollbuch über Revisionen, in: Archiv der co op Konsumgenossenschaft Norderney. Auch die Revision beim Konsumverein Minden - zwei NSDAP-Mitglieder prüften u. a., ob sich SPD-Gelder nachweisen ließen - brachte augenscheinlich keine Beweise für finanzielle Unregelmäßigkeiten ans Licht, vgl. STA DT, M 1 I U Nr. 1238.

weitere Ausdehnung derselben stattfinden. Die großen Werte, die aus den Spargroschen der Arbeiter stammen, die in den Konsumvereinen investiert sind, verlangen eine pflegliche Behandlung, damit sie nicht verfallen."[196]

Wie die vorherigen Erklärungen wurde auch diese seitens der mittelständischen Interessengruppen in der NSDAP vor Ort weiter ignoriert, d. h. die Konsumgenossenschaftsfrage in erster Linie als "Abwicklungsaktion" begriffen. Auch im Reichswirtschaftsministerium war diese Formulierung in dem Entscheidungsprozeß zur Fortführung und Ausweitung der Bürgschaftsaktion für "Irritationen" verantwortlich, die die Herbeiführung einer Entscheidung des Kabinetts zur Bürgschaftsübernahme um einige Wochen verzögerte, da sie sich mit der Ende April getroffenen ersten offiziellen Kabinettsentscheidung bzw. -mitteilung zum Fortbestand der Konsumgenossenschaften nicht im Einklang befand.

Nach den Erlassen zur Eindämmung eigenmächtiger Eingriffe in die Wirtschaft durch nationalsozialistische Organisationen im Anschluß an die Reichstagswahl vom 5. März setzte im Mai nach der Zerschlagung der Gewerkschaften nun eine zweite Welle entsprechender Verlautbarungen ein, um im Sinne der Regierung im Wirtschaftsleben die für eine planmäßige Weiterarbeit notwendigen Voraussetzungen zu schaffen.[197] Was darunter für die nationalsozialistischen Kampfbünde zu verstehen war, die nach wie vor an vielen Orten gleichsam beliebig gegen ihre wirtschaftlichen Konkurrenten agierten, machte Göring als Preußischer Ministerpräsident deutlich, indem er sich zum einen - gewandt an die Adresse des Kampfbundes des gewerblichen Mittelstands - zu den ungesetzlichen Eingriffen der letzten Zeit äußerte und erklärte, daß derartige in Zukunft "nicht geduldet (und) Zuwiderhandlungen bestraft (werden). (...) Nachdem die Nationalsozialisten überall die Regierung übernommen haben, brauchen die Kampfbünde nicht mehr in der Richtung tätig zu sein wie vor dem 30. Januar"(sic!).[198] Zum anderen - so erklärte er in einem Runderlaß an die nachgeordneten Behörden am 3. Mai - hat, nachdem "der Sieg der nationalen Revolution vollendet (ist), (...) die Bestellung von Kommissaren, die immer nur eine Übergangsregelung sein konnte, in der Regel ihre weitere Berechtigung verloren. In Zukunft wird sich die Bestellung von Kommissaren auf gewisse besonders wichtige Sonderfälle und -aufgaben beschränken, deren Auswahl grundsätzlich den obersten Landesbehörden allein vorbehalten bleiben muß."[199]

---

196 Zitiert nach KgR, 1933, S. 337f.

197 Vgl. die (vollständige?) Wiedergabe eines Telegramms der Reichsregierung vom 5. Mai, in: KgR, 1933, S. 322.

198 Vermutlich am 8. Mai ergangene Verlautbarung, zitiert nach KgR, 1933, S. 322.

199 Die Datierung nach MiBlWiA, 1933, S. 346. Die Wiedergabe hier als alleiniger Inhalt des Erl. des PrMWiA vom 23. Juni 1933 betr. die Einsetzung besonderer Kommissare zur Wahrnehmung von Aufgaben des Staates und der Wirtschaft. Ferner in: MBliV, 1933,

Eigens an die Adresse sämtlicher Dienststellen des Kampfbundes für den gewerblichen Mittelstand war eine entsprechende gemeinsame Anordnung des Reichskommissars für die Wirtschaft, Wagener und des Reichskampfbundführers Theodor Adrian v. Renteln gerichtet, in der es hieß,

> "die Organisation des Kampfbundes des gewerblichen Mittelstandes ist ein Instrument zur Durchführung bestimmter wirtschaftspolitischer Aufgaben, die ihm ausschließlich von der Reichskampfbundführung gestellt werden. Keinesfalls gehören zu diesen Aufgaben die Einsetzung von Kommissaren, die Gleichschaltung in Verbänden und Betrieben, die Beseitigung und Ersetzung unerwünschter Personen, die unmittelbare Beeinflussung der Preisgestaltung und direkte Eingriffe in das Geschäftsleben. Diese Aufgaben sind den Staats- und Gemeindebehörden sowie dem Reichskommissar für die Wirtschaft und deren Stellvertretern und Beauftragten übertragen. Es wird deshalb allen Dienststellen des Kampfbundes aufs strengste untersagt, eigenmächtig irgendwelche Maßnahmen der vorbezeichneten Art zu treffen. Zuwiderhandlungen werden von nun an gesetzlich bestraft."[200]

In der selben Erklärung vom 15. Mai, in der die Unterstellung der Konsumgenossenschaften unter die DAF bekanntgegeben worden und von einer "Abwicklungsaktion" die Rede war, hatte Ley bereits zur zukünftigen Organisation der Konsumvereine mitgeteilt, daß die beiden Zentralverbände zu einem "Reichsverband" zusammengefaßt werden. Damit war die Absicht dokumentiert, diese Genossenschaften nicht zu zerschlagen, sondern gleichgeschaltet und dem Führerprinzip[201] untergeordnet bestehen zu lassen. Aber auch diese deutliche Aussage zur Fortexistenz ist - wie gezeigt - von dem Begriff der "Abwicklungsaktion" überlagert gewesen und drohte durch die über die Einsetzung von Parteibeauftragten in den Konsumvereinen hinausgehenden örtlichen Eingriffe von Parteiorganisationen gefährdet zu werden. Dem versuchten die oben nachgewiesenen Erlasse und Anordnungen verschiedener Stellen entgegenzuwirken, ohne jedoch den gewünschten Erfolg zu erzielen. Die Parteiführung zog daraus die für sie notwendige Konsequenz. Nachdem die Handwerksorganisationen und Handelsverbände am 3. und 4. Mai in den "Reichsstand des Deutschen Handwerks" bzw. den "Reichsstand des Deutschen Handels" eingegliedert worden waren, löste Wagener als Reichskommissar der NSDAP für die Wirtschaft

---

S. 553. Auszugsweiser Abdruck in: KgR, 1933, S. 322. Die Datierung auf den 9. Mai nach Berndt, Das Archiv, Nachtragsband 1, S. 379 ist unzutreffend.

200 Ohne Hervorh. zitiert nach: KgR, 1933, S. 338. Die genaue Datierung der Anordnung war nicht zu ermitteln, sie muß zwischen dem 13. und 20. Mai ergangen sein.

201 In der Erklärung hieß es: "Grundsätzlich wird in keiner Organisation mehr abgestimmt, sondern der Leiter, Pg. Müller, ist von mir ernannt, und er ist bevollmächtigt, weitere Leiter der einzelnen Bezirke und Ortsvereine zu ernennen", zitiert nach KgR, 1933, S. 338.

am 24. Mai alle wirtschaftlichen Kampfbünde bis auf den Kampfbund des gewerblichen Mittelstandes "zur Beruhigung der Wirtschaft" auf, "den in dieser Situation aufzulösen die Partei sich nicht traute, da die inneren Auseinandersetzungen auf dem Höhepunkt angelangt waren."[202]

In den Konsumvereinen wurde umgehend damit begonnen, die für eine Weiterarbeit notwendigen Gleichschaltungsmaßnahmen durchzuführen. Bereits einen Tag nach Leys Bekanntmachung zur Übernahme der Konsumgenossenschaften durch die Arbeitsfront forderte der Staatskommissar und Geschäftsführer der GEG, Grahl, die Konsumvereine auf, an die NSDAP heranzutreten und um die Entsendung eines Kommisars bzw. Beauftragten der Partei nachzusuchen. Schon am 23. Mai war diese Maßnahme im Bereich des Verbandes der nordwestdeutschen Konsumvereine größtenteils vollzogen; ähnlich dürfte es im übrigen Reichsgebiet ausgesehen haben.[203] Über den Verlauf der Einsetzung solcher Ortsbeauftragten existieren selten Aufzeichnungen in Protokollbüchern der Konsumvereine, denen mehr zu entnehmen ist, als daß in diesen Tagen ein Mitglied der NSDAP als Beauftragter der Partei in den örtlichen Konsumverein eingetreten ist. Das einzige mir bekannt gewordene Dokument, in dem dieser Vorgang ausführlicher geschildert wird, ist aus dem Konsumverein Lörrach überliefert, der am 17. Mai vom Sekretariat des Verbandes südwestdeutscher Konsumvereine die Aufforderung erhielt, sich "mit der Ortsleitung der NSDAP am Platze in Verbindung (zu) setzen, (damit aus deren) Kreise ein Mann bestimmt (und) dessen Name heute noch an den Kommissar (..) Grahl (...) telegraphisch gemeldet sein muß. Dieser Mann soll möglichst Mitglied des Konsumvereins sein (sic!),[204] dürfe aber nicht dem Kampfbund des gew(erblichen) Mittelstandes angehören." Der hiernach ernannte Kommissar war Stadtrat in Lörrach, angesichts noch fehlender Richtlinien zu seiner Tätigkeit orientierte er sich "in den ersten Tagen über die genossenschaftl(ichen) Einrichtungen (...), (und) nahm alsdann eine Prüfung der Bücher, der Lohnverhältnisse, Personal usw. vor. Das gesamte Personal (...) wurde aufs Büro eingeladen (und) demselben mitgeteilt, daß die Gleichschaltung

---

202 Schumann, Nationalsozialismus und Gewerkschaftsbewegung, S. 85. Vgl. auch Winkler, Der entbehrliche Stand, S. 4. Leiter der beiden Reichsstände und des Kampfbundes war v. Renteln. Die Auflösungsverfügung in: KgR, 1933, S. 365.

203 Vgl. Rundschreiben des Verbandes Nordwestdeutscher Konsumvereine e. V. vom 23. Mai, in: Archiv der co op Konsumgenossenschaft Norderney. Dort auch der Hinweis auf das Rundschreiben Grahls vom 16. d. M., dieses selbst war nicht zu ermitteln.

204 Nach dem Kampf der NSDAP bzw. ihrer mittelständischen Interessengruppen gegen die Konsumvereine kann davon ausgegangen werden, daß örtliche Amtsinhaber der Partei nicht Mitglied im Konsumverein gewesen sind. Diese Formulierung dürfte entweder auf eine eigenmächtige Ergänzung des Sekretariats oder auf einen Fehler bei der telefonischen Übermittlung zurückzuführen sein.

erfolgt ist. Der Komm(issar) (...) eröffnete dem Personal, daß diejenigen, welche nicht gewillt seien, auf dem Boden (und) nach den Anordnungen der nationalen Regierung mitzuarbeiten, Gelegenheit hätten, sich anderweitig nach Arbeit umzusehen, Sabotage werde keine geduldet."[205] Dieser Kommissar war allerdings kein Mitglied des Konsumvereins, sondern ein stadtbekannter, ausgewiesener Gegner der Genossenschaft. Er entließ umgehend der NSDAP "nicht genehme Mitarbeiter" der Genossenschaft und stellte für diese Parteimitglieder ein. Insgesamt 13 sogenannte alte Kämpfer fanden auf diese Weise ein Auskommen. Nicht zu ermitteln war der Zeitraum, über den sich diese Einstellungen erstreckten. Der Beauftragte selbst war bis zum Februar 1944 in der Genossenschaft bzw. dem späteren Versorgungsring des Gemeinschaftswerks der DAF tätig.[206]

In welchem Ausmaß nun beispielsweise Mitglieder der NSBO in Konsumvereine als Beauftragte oder sogenannte Kommissare eintraten oder zu solchen ernannt wurden, ließ sich nicht genau feststellen. Im Konsumverein für Nordhausen/Harz zeichnete der Beauftragte als Orts-Beauftragter der NSBO.[207] Auch in Lage, beim dortigen Lippischen Konsumverein, war der Beauftragte Mitglied der NSBO, im Schriftverkehr findet sich an einer Stelle die Bezeichnung des "Ortsbeauftragten der NSBO", neben dem es allerdings noch einen anderen "Beauftragten" gab, dessen Bezeichnung uneinheitlich war.[208] Die diesbezügliche Aussage Schumanns, daß sich die Bedenken Hitlers "gegen die wirtschaftlichen Verluste bei einer Beseitigung" der Konsumgenossenschaften verbanden mit den "Interessen der Masse kleiner NSBO-Funktionäre, die zwar gegen die Konsumvereine als Hochburgen der »roten« und »schwarzen Bonzen« Stellung bezogen, aber nicht um sie zu vernichten, sondern um sich die Posten der zu verdrängen-

---

205 Zitiert aus dem Protokollbuch des Konsumvereins Lörrach. Eintrag vom 17. Mai, Auszug in: Archiv des RdK, Mikrofilm, Zweite Rolle Teil 2, [Nr. 14] Nach einem Eintrag vom 3. Juni wurde dieser Kommissar als Beauftragter der NSBO bezeichnet.

206 Dies geht aus dem "Bericht über die Gründung und Entwicklung der Verbrauchergenossenschaft Lörrach eGmbH. vom Jahre 1865 bis 1945" hervor, Archiv des RdK, Mikrofilm, Zweite Rolle Teil 1, [Nr. 7].

207 Vgl. STA WF, 12 Neu 18 Nr. 705. Schreiben des Konsumvereins an die Mitglieder vom 26. Mai 1933.

208 Vgl. STA DT, L 113 Nr. 1229, Schriftstücke vom 13. und 22. Juni 1933. Der weitere Beauftragte, der im späteren Schriftwechsel nicht mehr auftaucht, zeichnete hiernach als "Beauftragter beim Lipp. Konsum-Verein, eGmbH, Lage/Lippe", ein Schreiben des NSBO-Beauftragten an ihn als "den Beauftragten für das Konsumwesen". Nach meinen Kenntnisstand kann davon ausgegangen werden, daß die Verhältnisse in Lage hinsichtlich zweier Beauftragter die Ausnahme darstellten. Darüber hinaus findet sich in den Überlieferungen eine Bekanntmachung vom Mai 1933, die von einem "Staatskommissar" beim Lippischen Konsumverein gezeichnet ist, vgl. STA DT, L 80 II A, Gruppe V, Titel 14 Nr. 21, Bd. 1, fol. 203.

den Funktionäre zu sichern"[209], dürfte im Großen und Ganzen zutreffend sein, ohne Zweifel hinsichtlich der Bemühungen von Nationalsozialisten, diese Posten zu erhalten. Ob es sich bei diesen aber, wie Schumanns Formulierung nahelegt, überwiegend um NSBO-Mitglieder handelt, ist aus den von mir ausgewerteten Unterlagen nicht zweifelsfrei und eindeutig zu bestätigen.[210]

Der für die Hamburger Konsumgenossenschaft "Produktion" vom Reichsbeauftragten Müller, im Einvernehmem mit dem Hamburger Gauleiter und Reichsstatthalter Karl Kaufmann sowie dem Senat der Hansestadt eingesetzte Beauftragte führte den Titel "Staatskommissar" und war selbständiger Kaufmann.[211] Der von Müller zu seinem Stellvertreter und zum Beauftragten für den ZdK und die GEG ernannte "Staatskommissar" Grahl war gleichfalls Kaufmann.[212] Mitglieder der NSBO werden diese beiden "Staatskommissare" wahrscheinlich nicht, bzw. ersterer mit Sicherheit nicht gewesen sein, wenn man Gregor Straßers Verordnung vom Juli 1931 bedenkt, derzufolge sämtliche Selbständigen (einschließlich der berufslosen), sowie alle Beamten und leitenden Angestellten aus der NSBO ausscheiden mußten, um diese zu einer reinen Arbeitnehmerorganisation umzubilden. Dieser Verordnung folgte ein gutes Jahr später eine weitere, in der diese Anordnung erneuert wurde. Erst Ende November 1933 konnten wieder Selbständige Aufnahme in die NSBO finden.[213]

Mit der Herausgabe von "Richtlinien für die in den deutschen Konsumgenossenschaften bestellten Beauftragten der Deutschen Arbeitsfront" wurde zum einen klargestellt, daß diese von der DAF eingesetzt wurden, und zum anderen deren einheitliche Bezeichnung als "Orts-Beauftragte" festgelegt.[214] Angesichts des

---

209 Schumann, Nationalsozialismus und Gewerkschaften, S. 86.

210 Während für die Zerschlagung der Gewerkschaften in Leys Rundschreiben vom 21. April 1933 bestimmt wurde, daß die Leitung der örtlichen Büros des ADGB und des AfA-Bundes vorläufig durch einen Kommissar der NSBO übernommen wird, fehlt ein entsprechendes Schriftstück bei der - im übrigen, wie geschildert, auch anders verlaufenen - Gleichschaltungsaktion der Konsumgenossenschaften. Leys Rundschreiben Nr. 6/33 ist abgedruckt bei Müller, Das soziale Leben im neuen Deutschland, S. 51f; hiernach bei Schumann, Nationalsozialismus und Genossenschaften, S. 168-170.

211 Diese Information nach Hamburger Anzeiger vom 17, Mai 1933, Ausschnitt in: STA HH, Staatliche Pressestelle I-IV, 7425.

212 Vgl. Hamburger Anzeiger vom 6. Mai 1933, Ausschnitt in: STA HH, Staatliche Pressestelle, I-IV, 7424. Grahl war am 5. Mai vom Hamburger Senat zum "Staatskommissar" für die GEG bestellt worden, vgl. a. Abschnitt 3.2.

213 Vgl. mit den jeweiligen Quellennachweisen Mai, Nationalsozialistische Betriebszellenorganisation, S. 584f; Bons, Nationalsozialismus und Arbeiterfrage, S. 304.

214 "Richtlinien für die in den deutschen Verbrauchergenossenschaften bestellten Beauftragten der Deutschen Arbeitsfront", herausgegeben durch die Sonderbeauftragten beim ZdK und der GEG, Grahl und Everling, am 23. Mai 1933, in: BAP, 31.01 Nr. 10580.

Kompetenzwirrwarrs und der -überschneidungen zwischen den beteiligten nationalsozialistischen Organisationen war damit natürlich nicht ausgeschlossen, daß Mitglieder der NSBO zu Ortsbeauftragten der Arbeitsfront in Konsumvereinen ernannt wurden, was in gleicher Weise für Mitglieder des Kampfbundes des gewerblichen Mittelstands gelten dürfte.[215] Diese Annahme wird auch durch die Vielzahl der Versuche, deren Ein- und Übergriffe partei- und organisationsseitig zu unterbinden, gestützt.[216] Für die Entmachtung der NSBO haben die von ihren Amtswaltern in den Konsumgenossenschaften vorgenommenen Eingriffe wohl eine geringere Rolle gespielt als die "Gewerkschaftspolitik" dieser Organisation.[217] Hinsichtlich des Kampfbunds des gewerblichen Mittelstands fällt die Bewertung - wie gezeigt wurde - anders aus. Beide Organisationen aber vermochten sich gegenüber übergeordneten ökonomischen und politischen Erwägungen der Parteileitung nicht durchzusetzen.

Auf die im Zuge der Gleichschaltung praktizierte Personalpolitik der neuen NSDAP-Beauftragten wird im weiteren Verlauf noch zurückzukommen sein. In dieser "frühen" Zeit der gerade vollzogenen Unterstellung der Konsumgenossenschaften unter die Arbeitsfront sind die Versuche der NSDAP, ihre Parteigenossen in den Genossenschaften "unterzubringen", zweifelsohne nicht von großen Erfolgen gekrönt gewesen, obwohl Ley in seinem Aufruf vom 29. Juni u. a. "verfügt (hatte), daß innerhalb von 8 Tagen möglichst alle Stellen mit überzeugten Nationalsozialisten zu besetzen sind."[218] So stellte Grahl am 16. August 1933 in einem vertraulichen Rundschreiben an die dem neugegründeten Reichsbund (s. unten) angeschlossenen Konsumvereine fest,

> "daß seit der Gleichschaltung (...) in vielen Fällen so gut wie gar nichts geschehen ist, um Stellen in den Vereinen für Nationalsozialisten freizumachen. Es sind im Gegenteil noch viele Angestellte und Arbeiter vorhanden, die das sechzigste Lebensjahr überschritten haben, die kränklich oder aber politisch sehr stark vorbelastet sind. Außerdem werden (...) noch viele Arbeitnehmerinnen beschäftigt, die die Absicht haben, sich zu verheiraten, und damit auch Anspruch auf Gewährung des Ehe-

---

215 Vgl. auch Bludau, Nationalsozialismus und Genossenschaften, S. 117. Dort ist ein Fall überliefert, wonach ein ehemaliger Geschäftsführer einer Edeka-Genossenschaft zum Beauftragten eines Konsumvereins im Erzgebirge bestellt wurde. Auszuschließen ist ebensowenig, daß Beauftragte von der örtlichen SA benannt wurden.

216 Vgl. zu Ein- und Übergriffen von NSBO-Amtswaltern u. a. in Konsumvereinen beispielsweise die NSBO-Sondermitteilung von Reinhold Muchow vom 10. Juli 1933 und die DAF-Anweisung Nr. 6/33 vom 12. Juli 1933, in: BAK, NS 26/283.

217 Vgl. Schumann, Nationalsozialismus und Gewerkschaften, S. 87; Mason, Sozialpolitik, S. 107ff, 178f; Heuel, Der umworbene Stand, S. 438ff; Mai, Nationalsozialistische Betriebszellen-Organisation, S. 607ff. Vgl. bes. Kratzenberg, Arbeiter, S. 123ff, 149ff.

218 Ohne Hervorh. zitiert nach KgP, 1933, S. 217. Zum weiteren Inhalt dieses Aufrufs bereits im vorangehenden Abschnitt.

standsdarlehens erhalten." Unter Setzung einer Frist von drei Tagen ersuchte Grahl sodann "die verantwortlichen Herren Ortsbeauftragten und Geschäftsführer der Vereine (...), Kündigungen in (den) vorstehend geschilderten Fällen vorzunehmen", wobei "soziale Härten unter allen Umständen" zu vermeiden waren. Geeignete Parteimitglieder sollten besonders auf dem Posten des Lagerhalters zum Einsatz kommen. "Selbstverständlich" - und gerade darin dürfte das größte Problem gelegen haben - "ist bei *jeder* Neubesetzung die *Eignung* des Betreffenden Voraussetzung, da die Wirtschaftlichkeit des Betriebes in erster Linie gesichert werden muß."[219]

Schon am 18. Mai hatte der Vorstand der nationalsozialistischen Fraktion im preußischen Landtag einen Aufruf an die Fraktionsmitglieder bekanntgegeben, demzufolge "sich für uns die verdammte Pflicht und Schuldigkeit (ergibt), für die ersten selbstlosen Kämpfer des Nationalsozialismus, die bis zur Stunde noch erwerbslos sind, in Anerkennung ihrer Verdienste für den Nationalsozialismus Arbeit zu beschaffen." Ziel war es, "bis zum 15. Juli 1933 alle erwerbslosen Parteigenossen zunächst von der Mitgliedsnummer 1-100.000 in die Arbeit einzureihen."[220]

Aus den "Richtlinien für die in den deutschen Konsumgenossenschaften bestellten Beauftragten der Deutschen Arbeitsfront", die neben den dargestellten Ausführungen über die eingesetzten Beauftragten in der Hauptsache organisatorische Fragen regelten, sind zwei Anweisungen hervorzuheben. Die eine bestimmte, daß in den Vereinen mit zwei und mehr hauptamtlichen Vorstandsmitgliedern "die Wahl des Orts-Beauftragten in den Vorstand umgehend unter Beobachtung (sic!) der gesetzlichen Vorschriften vorzunehmen" war. Die Gleichschaltung der Vereine sollte auf diese Weise vom Makel der Gewaltmaßnahme soweit wie möglich befreit bleiben und den Anschein von Normalität und Berechenbarkeit der nationalsozialistischen Politik gegenüber der übrigen Wirtschaft und auch dem Ausland erwecken. Die andere Bestimmung barg für die Folgezeit einen fast unerschöpflichen Sprengstoff in sich, ergab sich doch angesichts ihrer postulierten moralischen, ideellen und tatsächlichen Einheit mit der GEG und deren "großen finanziellen Hilfeleistungen" der vergangenen Zeit "für die Genossenschaften die unabweisbare Verpflichtung, ihren gesamten Warenbedarf, soweit

---

219 Ein Exemplar dieses Rundschreibens (in Abschrift) vom 16. August 1933 in: Archiv der co op Konsumgenossenschaft Norderney, Hervorh. i. Orig. Vgl. weiter die Überlieferung der Vorgänge in Lage zwischen dem 22. Juni und 8. Juli 1933, in: STA DT, L 113 Nr. 1229 und L 80 L Nr. 78. Dort u. a. eine Liste zu entlassender Lagerhalter, an deren Stelle SA-Männer treten sollten, STA DT, L 113 Nr. 1229. Auch hier der Hinweis darauf, daß die Entlassungen nur bei geeignetem Ersatz durchzuführen waren, der Abbau ansonsten nur "sukzessive" vorzunehmen ist, Schreiben des Bezirksbeauftragten beim Verband nordwestdeutscher Konsumvereine an den Ortsbeauftragten beim Lippischen Konsumverein in Lage vom 8. Juli, STA DT, L 80 L Nr. 78.

220 Zitiert nach Berndt, Das Archiv, Nachtragsband 1, S. 365.

es nur irgend möglich ist, bei ihrer Wirtschaftszentrale (der GEG - U. K.) zu decken", worauf der Ortsbeauftragte "ganz besonders" zu achten hatte.[221] In einem Rundschreiben vom 22. Mai teilten Grahl und Everling dementsprechend mit, daß es nun, nach Hitlers Entscheidung über den Fortbestand der Konsumgenossenschaften, gelte, "das zum Teil verlorengegangene Vertrauen der Käufer und Sparer erneut zu gewinnen, um die Wirtschaftlichkeit und Liquidität der Konsumvereine zu sichern."[222]

Nach wie vor befanden sich die Konsumgenossenschaften auf einer wirtschaftlichen Talfahrt, deren Ende noch nicht in Sicht war. Auch langfristig sind, wie noch zu zeigen sein wird, die Schäden, die den Konsumgenossenschaften nach der Bankenkrise des Jahres 1931 und der politisch motivierten Bekämpfung entstanden waren, insofern nicht zu beheben gewesen, als das Niveau der unmittelbaren Jahre vor der Weltwirtschaftskrise nicht mehr erreicht werden konnte.

In den ersten beiden Quartalen des Jahres 1933 gingen sowohl die Zahl der Mitglieder als auch die Einlagen der Sparer weiter zurück. Gerade deren Vertrauen aber galt es, der zitierten Verlautbarung der beiden Beauftragten beim ZdK und der GEG vom 22. Mai zufolge, zurückzugewinnen. Nach den Kalendervierteljahreserhebungen des ZdK bewegte sich die Mitgliederzahl der in ihm organisierten Konsumgenossenschaften von 2.746.354 am 31. Dezember 1932 über 2.611.042 am 31. März 1933 hin zu 2.589.161 am 30. Juni des gleichen Jahres.[223] Die Spareinlagen für die in beiden Spitzenverbänden zusammenge-

---

221 BAP, 31.01 Nr. 10580, S. 1 der Richtlinien.

222 BAP, 31.01 Nr. 10580, S. 2 des Rundschreibens. Vorstand und NSBO-Beauftragter des Allgemeinen Konsum- und Sparvereins für Nordhausen und Umgegend forderten die Mitglieder am 26. Mai nach nunmehr erfolgter "Eingliederung der deutschen Konsumvereine und ihrer Zentralen in die Deutsche Arbeitsfront" auf, "ihrem Konsumverein die Treue (zu) halten", um Schaden abzuwenden, STA WF, 12 Neu 18 Nr. 705. Der Konsumverein in Willich rief die Mitglieder auf, weiterhin den "gesamten Einkauf an Lebensbedürfnissen in den Verteilungsstellen unseres Vereins (zu) decken," undatiertes Schreiben (nach dem 22. Mai) in: Archiv des RdK, Mikrofilm, Erste Rolle [Nr. 26]. In ähnlicher Weise trat Ende Mai die Konsumgenossenschaft "Vorwärts" für Bremen und Umgegend unter Mitzeichnung des bei ihr eingesetzten Beauftragten an ihre Mitglieder heran, vgl. STA HB, 3 - V. 2. No. 2240, fol. 5.

223 Für den Kölner RV waren Vergleichswerte nicht zu ermitteln. Zu den Kalendervierteljahreserhebungen des ZdK berichteten nur die Genossenschaften mit mehr als 400 Mitgliedern. Wenn auch nicht immer sämtliche Genossenschaften erfaßt wurden, hielt der ZdK die jeweiligen Vierteljahreserhebungen bis Ende 1932 für vergleichbar. Bei derjenigen für das erste Quartal 1933 war die Zahl der nichtberichtenden größer als sonst, und bei der Erhebung für das zweite Vierteljahr hatte sich die Gesamtzahl der Genossenschaften mit mehr als 400 Mitgliedern verringert, so daß eine direkte Vergleichbarkeit dieser Erhebungen

schlossenen Konsumvereine gingen an diesen Stichtagen von 262 Mio. RM über 234 Mio. RM auf 213 Mio. RM zurück. Hatte der Rückgang vom 30. September 1932 zum 31. Dezember 1932 bei 16 Mio. RM (- 5,76 %) gelegen, so verringerten sich die Spareinlagen bis zum 31. März 1933 um 28 Mio. RM (- 10,69 %). In den drei Monaten bis zum 30. Juni wurden nochmals 21 Mio. RM (- 8,97 %) an Spargeldern von den Mitgliedern der Konsumgenossenschaften abgezogen.[224] Die bis dahin ergangenen Verlautbarungen zur Beruhigung der Lage in den Konsumgenossenschaften hatten noch keinen nachhaltigen Erfolg erzielen können. Die Auseinandersetzungen um die Werbetätigkeit der Konsumgenossenschaften zur Stärkung ihrer ökonomischen Basis sollten in wechselnder Intensität noch bis zum Februar des Jahres 1935 andauern.

Die offiziellen Stellungnahmen, die den eingeleiteten Kurswechsel in der Konsumgenossenschaftsfrage begleiteten,[225] gewannen zunehmend Konturen. Der nationalsozialistische Sonderbeauftragte beim ZdK und der GEG, Grahl, ließ am 24. Juni eine Erklärung veröffentlichen, wonach "oberster Leitspruch jedes Nationalsozialisten ist: Das Brauchbare und Gute zu erhalten und nichts zu zerstören, was wertvoll und deutsch ist."

> Im "Genossenschaftsgedanken" erkannte er "eine (...) altgermanische Überlieferung. An sie wieder anzuknüpfen, ist eine Aufgabe, der sich die der stolzen alten Tradition unseres Volkes engverbundene nationalsozialistische Bewegung freudig annimmt. Wir Nationalsozialisten bekennen in diesem Zusammenhang, daß die NSDAP den Konsumgenossenschaften gegenüber eine Abwehrstellung eingenommen hat. Die Gründe hierfür sind bekannt. Sie zu erörtern hat jetzt keinen Zweck mehr. Jetzt heißt es vielmehr, die Konsumgenossenschaften der Zukunft nutzbar zu machen. Wie die Nutzbarmachung erfolgen wird, liegt einzig und allein in der Hand

---

nicht möglich ist. Ein Trend läßt sich aber dennoch feststellen. Vgl. KgR, 1933, S. 372 und 596.

224 Vgl. Tabelle 17a im Anhang. Vgl. a. die vom ZdK erstellte Übersicht zur wirtschaftlichen Bedeutung der Konsumgenossenschaften, "Die deutsche Konsumgenossenschaftsbewegung - ein Stück der deutschen Wirtschaft", die Ende Juli als "Denkschrift über die deutsche Konsumgenossenschaftsbewegung" an das RWM und vermutlich alle Landesregierungen versandt wurde. BAP, 31.01 Nr. 10591, fol. 214-215; STA Bbg., L 4 Nr. 8012, fol. 17-19; STA WF, 12 Neu 18 Nr. 705.

225 Vgl. die Erklärung des Kabinetts vom 28. April 1933, WTB-Meldung in: BAK, R 43 II/351, fol. 10; Pressemitteilung zur "Übernahme der Konsumvereine in sichere Hände", im VB (vermutlich Berliner Ausgabe - U. K.) vom 12. Mai 1933, Ausschnitt in: BAP, 31.01 Nr. 10591, fol. 151; Anordnung Leys vom 15. Mai zur Neuorganisation der Konsumvereine, KgR, 1933, S. 338, in der es zwar hieß, daß die Übernahme der Konsumgenossenschaften durch die DAF "eine Abwicklungsaktion" sei, und ein weiterer Ausbau "nicht geduldet" werde, die Zusammenfassung beider Zentralverbände aber zugleich angekündigt wurde.

unseres Führers und Volkskanzlers Adolf Hitler. Er hat die besten Köpfe, die ihm zur Verfügung stehen, beauftragt, ihm Vorschläge zu machen. Seine eigenen, von großer wirtschaftlicher Einsicht getragenen Gedanken gehen dahin, daß die Konsumgenossenschaften durch die nationalsozialistische Bewegung nicht aufgelöst werden, sondern daß durch die neue Führung ihre wirtschaftliche Existenz jenen Eingriffen entzogen sei, die sowohl die Spargroschen der Arbeiter als auch die sonstigen in ihnen befindlichen Vermögenswerte bedroht haben würden. Daher dürfte die Existenz der Konsumgenossenschaften weder geschäftlich noch politisch in Frage gestellt sein. Die Eingliederung der Konsumgenossenschaften in die neuen Verhältnisse wird planmäßig erfolgen."

Grahls abschließende Erwartung, es müsse "für einen jeden Nationalsozialisten (...) selbstverständlich (sein), daß die vorhandenen Einrichtungen der Konsumgenossenschaften und der GEG dem Volkswohl weiterhin dienstbar gemacht werden",[226] sollte sich nicht zu seiner Zufriedenheit erfüllen. Die von Regierung und Partei nun fortlaufend gerügten Ein- und Übergriffe bei Konsumgenossenschaften und anderen Großbetriebsformen im Einzelhandel dauerten auch noch nach der gut einen Monat zuvor verfügten Auflösung der wirtschaftlichen Kampfbünde an. Ebenso blieb der von Göring in seiner Eigenschaft als Preußischer Innenminister am 27. Mai verfügte Runderlaß über "unzulässige Aktionen gegen Konsumgenossenschaften"[227] ohne durchschlagende Wirkung, wie die fünf Wochen später, am 4. Juli, von Ley - im Einvernehmen mit Rudolf Heß - erlassene Anordnung der NSDAP "gegen eigenmächtige Aktionen gegenüber Konsumvereinen" auch beweist:[228]

"Unverantwortliche Elemente" so hieß es u. a., "treiben ihr Spiel. (...). Jede Einzelaktion gegen Konsumvereine oder gegen die eingesetzten Beauftragten in den Konsumvereinen ist strengstens untersagt. Jeder Parteigenosse, der sich an solchen unverantwortlichen Aktionen beteiligt, wird aus der Partei ausgeschlossen. (...). Daß durch solche Eingriffe eine halbe Million Menschen brotlos würden, scheint diesen selbstsüchtigen Elementen gleichgültig zu sein. Die Abwicklung und Umbildung der Konsumvereine geschieht organisch von oben."[229]

Der Völkische Beobachter veröffentlichte diese Meldung ohne die Formulierung der Umbildung, dort war lediglich von Abwicklung zu lesen.[230] Die Mehrzahl dieser sogenannten "unverantwortlichen Elemente" dürfte im allein noch weiter-

---

226 Ohne Hervorhebungen zitiert nach KgR, 1933, S. 413.

227 RdErl. d. PrMdI vom 27. Mai 1933, in: MBliV I, vom 7. Juni 1933, S. 653. Ausschnitt in: KA GÖ, LA DUD Nr. 331. Abgedruckt auch in: KgR, 1933, S. 381; KgP, 1933, S. 201.

228 Zu ihrem weiteren Hintergrund vgl. Kapitel 4.

229 WTB-Meldung vom 5. Juli, Ausschnitt in: BAP, 31.01 Nr. 10578, fol. 484. Vgl. Abschnitt 4.2.1 zum weiteren Zusammenhang dieser Ano.

230 Vgl. BAP, 31.01 Nr. 10578, fol. 484.

bestehenden Kampfbund des gewerblichen Mittelstandes zu finden gewesen sein, der in öffentlichen Kundgebungen weiterhin nachdrücklich gegen die Konsumgenossenschaften auftrat. Eine Eindämmung seiner den Absichten der Parteiführung zunehmend entgegenstehenden Aktivitäten ist ohne Zweifel nicht gelungen, auch diesbezügliche Anweisungen der Kampfbundführung über die Aufgaben der Organisation müssen allem Anschein nach fortwährend übertreten worden sein; anders sind die zitierten Anordnungen Görings und Leys nicht zu erklären.

Die Taktik der Reichskampfbundführung unter v. Renteln[231] war offensichtlich eine doppelte. Zum einen bekannte sie sich zum Inhalt der Verlautbarungen, die eigenmächtige Eingriffe in das Wirtschaftsleben zu unterbinden beabsichtigten, und erließ eigene diesbezügliche Anordnungen, zum anderen trat sie nach wie vor offensiv für die Auflösung der Konsumgenossenschaften ein. So begegnete v. Renteln den Vorwürfen Görings und Hugenbergs zu Eingriffen des von ihm geleiteten Kampfbundes mit dem Hinweis, daß er "den Dienststellen des Kampfbundes des gewerblichen Mittelstandes (...) bereits seit vielen Wochen Eingriffe in Wirtschaftsorganisationen - soweit sie nicht auf Veranlassung der Aufsichtsbehörden oder der sonst zuständigen Regierungs- und Verwaltungsstellen erfolgen - verboten" habe. Verantwortlich für einen erheblichen Teil der erhobenen Klagen waren hiernach "wilde Kampfbünde" oder "dunkle Elemente", die sich in den Reichskampfbund "eingeschlichen haben (und) ihre besonderen Ziele verfolgen."[232] Den Versuch, die einzelnen "Dienststellen" zu ausschließlich ausführen-

---

231 In einem Bericht des Völkischen Beobachters über eine Verbandstagung des Lebensmittelhandels in Frankfurt heißt es, daß v. Renteln als Leiter des Reichsstands des Deutschen Handels die Auffassung als falsch zurückwies, den "Kampfbund für den Mittelstand gegen andere Stände" einzusetzen. Zugleich aber wandte er "sich in scharfen Worten gegen die Konsumvereine, die in dieser Form nicht mehr weiterbestehen könnten." VB, MA vom 23.6.1933.

232 Antwortschreiben v. Rentelns, Anfang Juni 1933, an Hugenberg (als PrMWiA) und Göring, zitiert nach DWZ, 1933, S. 570f. Vgl. Broszat, Der Staat Hitlers. S. 211. Ein Auszug des Schreibens von Göring und Hugenberg, die u. a. Kampfbund-Eingriffe bei den Neuwahlen der Industrie- und Handelskammern kritisierten, weil hierdurch "Unruhe" in die Wirtschaft hineingetragen werde, in der Frankfurter Zeitung vom 3. Juni 1933, S. 1. Vgl. a. den Erlaß des PrMWiA vom 31. Mai 1933 an die OPräs. und RegPräs. sowie den Polizeipräsidenten in Berlin, in dem diese unter Bezug auf mehrere RdErl. des RWM und RMdI aufgefordert wurden, "das Erforderliche zu veranlassen", um "ungesetzliche Eingriffe in wirtschaftliche Betriebe mit aller Schärfe zu unterdrücken". Vollzogene Maßnahmen sollten hinsichtlich ihrer "gesetzlichen Voraussetzungen" überprüft und ggf. aufgehoben werden. Der RegPräs. in Minden beispielsweise informierte hierüber am 12. Juni die nachgeordneten Behörden und bat, den "Kreisleitern (der NSDAP - U. K.) und den Vorsitzenden des Kampfbundes für den gewerblichen Mittelstand und der NSBO" mitgelieferte Abschriften des Erlasses zu übermitteln, STA DT, M 2 Minden Nr. C 123, fol. 27.

den Organen von Anweisungen der Reichskampfbundführung zu bestimmen, hatten v. Renteln und Wagener bereits zwischen dem 13. und 20. Mai (also noch vor der Auflösung der übrigen Kampfbünde durch letzteren am 24. Mai) in der oben zitierten gemeinsamen Anordnung unternommen. Die Neubestimmung der Kampfbund-Aufgabe vor dem Hintergrund dieser Anordnung wurde vom Gau München-Oberbayern des Kampfbundes des gewerblichen Mittelstands folgendermaßen formuliert: Für die Zukunft sei er eine Organisation "zur Durchsetzung von Aufgaben, (...), die aus irgendwelchen Gründen auf gesetzlichem Wege nicht lösbar sind (wobei) in jedem Einzelfall (...) diesbezügliche Anweisungen durch die Reichs-Kampfbundleitung ergehen." Die Mitglieder sollten "zur nationalsozialistischen Weltanschauung" erzogen werden, alle Vorgänge "in den wirtschaftlichen Verbänden und Organisationen" galt es ständig zu beobachten und der Reichskampfbundführung hierüber zu berichten, und schließlich war vorgesehen, "für deutsche Waren und deutsche Arbeit nach noch zu erteilenden Richtlinien" Propaganda zu machen. Ausdrücklich untersagt wurde ab sofort "die Behandlung wirtschaftspolitischer Fragen aller Art, vor allem die Vornahme von Gleichschaltungshandlungen in wirtschaftlichen Verbänden und Unternehmungen sowie Eingriffe in das Geschäfts- und Wirtschaftsleben, sei es unmittelbar durch Erhebung von Forderungen, insbesondere gegenüber Warenhäusern, Konsumvereinen, Einheitspreisgeschäften und Großfilialbetrieben, oder sei es mittelbar auf dem Weg über die Erwirkung polizeilicher Eingriffe". "Vertraulich" wurde den Dienststellen "zur Pflicht gemacht, alle Maßnahmen zu unterlassen, die geeignet sind, Schwierigkeiten hinsichtlich der auswärtigen Politik der nationalsozialistischen Staatsführung hervorzurufen. Der Boykott ausländischer Firmen ist einzustellen."[233] Anfang Juli verbot der Oberste SA-Führer in einem Erlaß an die Stürme den Einsatz der SA "für nicht dienstliche Zwecke" und untersagte auch einzelnen Mitgliedern, "sich eigenmächtig wirtschaftlichen Betrieben zur Erreichung privater Interessen im Dienstanzug zur Verfügung"[234] zu stellen, nachdem der Beauftragte der DAF für die Konsumgenossenschaften des ZdK in Rheinland

233 Rundschreiben des Kampfbundes des gewerblichen Mittelstandes, Gau München-Oberbayern vom 18. Mai 1933 an die Kreis- und Ortsgruppen-Kampfbundführer und Fachgruppenleiter im Gau München-Oberbayern anläßlich der "Anpassung an die durch die neuen organisatorischen Maßnahmen der Reichs-Kampfbundführung eingetretenen Verhältnisse", in: BAK, Slg. Schumacher Nr. 242a, fol. 84f. Zitiert ohne Hervorhebungen. Siehe a. die Abschrift des Beschwerdeschreibens des Verbandes des Einzelhandels von Groß-Essen vom 31. Mai an Wagener mit einem Begleitschreiben an Göring, anläßlich des für ungesetzlich gehaltenen Vorgehens des Essener Kampfbundes gegen diesen Einzelhandelsverband, ebenda, fol. 67-76.

234 Erlaß vom 6. Juli 1933, ebenda, fol. 79.

und Westfalen darüber Beschwerde geführt hatte, daß sich der Kampfbund des gewerblichen Mittelstandes uniformierter SA-Leute bedient hatte, um seinen Übergriffen den Charakter einer offiziellen Handlung zu verleihen.

Die eigenmächtige Politik fortgesetzter Eingriffe in die Wirtschaft durch den Kampfbund des gewerblichen Mittelstandes, der nach der Auflösung aller sonstigen wirtschaftlichen Kampfbünde am 24. Mai in einen "Nationalsozialistischen Deutschen Wirtschaftsbund" umgewandelt werden sollte, hat schließlich mit dazu beigetragen, daß wenige Monate später, am 8. August, durch Ley mit Hitlers Einverständnis auch dessen Auflösung angeordnet wurde. Nachdem mit Schmitt ein Nationalsozialist die Leitung des Reichswirtschaftsministeriums übernommen hatte, war die Mission des Kampfbundes "in der bisherigen organisatorischen Form erfüllt." Zur Erfüllung der neuen Aufgabe, "der Erziehung des deutschen Menschen zur nationalsozialistischen Weltanschauung", erfolgte die Aufgliederung des Kampfbundes in die "Nationalsozialistische Handwerks-, Handels- und Gewerbeorganisation" (NS-Hago) einerseits und den "Gesamtverband des Deutschen Handwerks, Handels und Gewerbes" (GHG) andererseits.[235] Beide unterstanden der Auflösungsverfügung zufolge zwar dem bisherigen Kampfbundführer v. Renteln, die NS-Hago wurde (als Hauptamt NS-Hago) aber direkt der Reichsleitung der NSDAP, der Obersten Leitung der "Politischen Organisation" (PO) der NSDAP unter- und damit der NSBO gleichgestellt.[236] Für sie erging eine sofortige Aufnahmesperre. Die seit dem 1. Mai in den Kampfbund eingetretenen Mitglieder wurden dem GHG zugewiesen, der als Bestandteil der DAF Ley (direkt) unterstand.

Wagener, neben v. Renteln und Gottfried Feder ein ideologischer Vertreter der mittelständischen Wirtschaft mit der Option des ständestaatlichen Wirtschaftsaufbaus, hatte in diesem Zusammenhang Mitte Juli seine bisherigen politischen Ämter verloren. In seiner Funktion als Leiter der Wirtschaftspolitischen Abteilung in der Reichsorganisationsabteilung der NSDAP war er jedoch schon sehr viel früher geschwächt worden, als im September 1932 diese wirtschaftspolitische Abteilung (Hauptabteilung IV) in eine Unterkommission IV A unter Feder und eine Unterkommission IV B unter Walther Funk gegliedert wurde. Zudem verfügte Hitler die Bildung eines Reichswirtschaftsrates (zu dessen 1. und 2.

235 Anordnung vom 8. August, zitiert nach KgR, 1933, S. 526. Vgl. weiter die Artikel in DVW vom 11. August 1933, S. 1276f, (Umbildung des Kampfbundes für den gewerblichen Mittelstand) und in der DWZ vom 17. August 1933, S. 777f (Der gewerbliche Mittelstand im neuen Deutschland) sowie dem VB, NA vom 16. August 1933 (Neuordnung der Mittelstandsorganisationen). Weiterhin, Führerbriefe der NS-Hago, Folge 1 vom 1. September 1933, Exemplar in: BAK, Slg. Schumacher Nr. 242a, fol. 55f.

236 Ley führte zu dieser Zeit noch nicht den Titel des Reichsorganisationsleiters. Er amtierte als Stabsleiter der PO. Vgl. Diehl-Thiele, Partei und Staat, S. 205f.

Vorsitzenden Feder und Funk berufen wurden), dessen Richtlinien die Hauptabteilung IV künftig unterworfen sein sollte. Broszat zufolge erlangte diese Verfügung "keine sonderliche Bedeutung", sie hatte jedoch zur Folge, "daß die (wirtschaftspolitischen - U. K.) Parteiexperten sich gegenseitig in Schach hielten, während sich Hitler alle Türen offen halten konnte. Tatsächlich hatte Hitler sich seit eh und je auch auf andere Ratgeber gestützt."[237] Darunter waren Kurt Schmitt, der Nachfolger Hugenbergs im Amt des Reichswirtschaftsministers, und Wilhelm Keppler, der praktisch in die Fußstapfen Wageners trat, er stieg "zum ersten wirtschaftlichen Berater Hitlers auf, und zwar mit Staatssekretärsrang in der Reichskanzlei."[238]

Eine vergleichsweise stärkere Stellung hatte Wagener mit seiner Ernennung zum Wirtschaftskommissar (durch Hugenberg am 1. April) inne, was sich, neben der Überspielung des gleichzeitig zum weiteren Wirtschaftskommissar berufenen Deutschnationalen Alfred Möllers, vor allem darin äußerte, daß es v. Renteln gelang, Anfang Mai mit Wageners Hilfe an die Spitze der beiden Reichstände von Handel und Handwerk zu gelangen und den Vorsitz im Deutschen Industrie- und Handelstag zu übernehmen. Mit dem Verlust seiner Ämter wurde Wagener zwar zweifellos entmachtet, das Ende der Vertreter einer mittelständischen und ständestaatlich organisierten Wirtschaft war damit aber noch nicht gekommen.[239] Wenngleich die personal- und wirtschaftspolitischen Entscheidungen ihren Interessen zuwiderliefen und sie sich der Großbetriebsformen im Einzelhandel nicht zu entledigen vermochten, so oft sie auch auf das Parteiprogramm Bezug nahmen, ist es m. E. verfehlt, hierin eine "Ausschaltung" der "Wortführer der kleingewerblichen Parteibasis" zu erkennen, mit der die "erste Phase" nationalsozialistischer Mittelstandspolitik ihr Ende fand.[240]

Wenn Hitler auch auf der Reichsstatthalterkonferenz am 6. Juli die Absage an die sogenannte zweite Revolution vornahm, Schmitt zwei Tage später "alle weiteren Schritte zur Umsetzung der Parole (vom ständischen Aufbau - U. K.) in die Praxis unterbunden hatte"[241] und am 13. Juli in einer Rede vor Wirtschaftsfüh-

---

237 Broszat, Der Staat Hitlers, S. 78; vgl. a. Winkler, Der entbehrliche Stand, S. 2f. Die Verfügung Hitlers vom 22. September 1932 ist abgedruckt in: Nationalsozialistisches Jahrbuch 1933, S. 350.

238 Stegmann, Kapitalismus und Faschismus, S. 64. Zum sogenannten Keppler-Kreis, dem im übrigen auch Schmitt und Schacht angehörten, vgl. ebenda, S. 45ff.

239 Vgl. ebenda, S. 64ff.

240 So Winkler, Mittelstandsbewegung, S. 107; vgl. a. derselbe, Der entbehrliche Stand, S. 1ff.

241 Mason, Sozialpolitik, S. 101.

rern den ständischen Aufbau hinter die Arbeitsbeschaffung zurückstellte,[242] zeigt doch die - ohne Zweifel taktische - Ernennung Feders zum Staatssekretär im Reichswirtschaftsministerium (neben dem gleichfalls neu ernannten Hans Ernst Posse, einem "Vertrauensmann der Großindustrie und des MWT[243]), daß die NSDAP-Führung zum einen noch immer Rücksichten auf ihre mittelständische Basis nehmen mußte und zum anderen, wie die andauernden Auseinandersetzungen um die Tätigkeit der Konsumgenossenschaften beweisen, noch nicht in der Lage war, diese zu unterbinden, bzw. noch nicht bereit, sie - zum jetzigen Zeitpunkt - gewaltsam zu beenden.

Im Vergleich dazu kann festgestellt werden, daß die partei- und regierungsseitigen Bemühungen um das Vertrauen der Mitglieder der Konsumgenossenschaften nachhaltiger ausfielen, wie beispielsweise die entsprechenden Verlautbarungen hinsichtlich der Sicherheit der in den Konsumgenossenschaften angelegten Spargelder aus Arbeiterkreisen und die Beschlüsse des Kabinetts zur Bürgschaftsübernahme vom 23. und 27. Juni belegen. Möglichen Gefährdungen der Reichsbürgschaften und des konsumgenossenschaftlichen Geschäftsbetriebs wurde nun ausdrücklich entgegengetreten und damit begonnen, die organisatorischen Träger dieser zuwiderlaufenden Mittelstandspolitik sukzessive zu entmachten.

Nachdem in der Erklärung Leys vom 15. Mai bereits die Absicht der Verschmelzung der beiden zentralen konsumgenossenschaftlichen Verbände verkündet worden war, wurde diese schon drei Monate später vollzogen. Am 14. August beschloß eine außerordentliche Generalversammlung der GEG ihre Umwandlung in "Reichsbund der deutschen Verbrauchergenossenschaften, GmbH (GEG)". Diese neue Bezeichnung stand schon wenige Tage nach der Unterstellung der Konsumgenossenschaften unter die DAF fest. Am 22. Mai hatten Grahl und Everling als Beauftragte Müllers beim ZdK und der GEG auf diese beabsichtigte Veränderung der konsumgenossenschaftlichen Organisationen hingewiesen.[244] Bis auf wenige Einzelheiten bleibt der Entscheidungsprozeß der Neuorganisation im Verborgenen, so daß allein das Ergebnis dieser Überlegungen darge-

---

242 Vgl. die Aufzeichnung der RSTH-Konferenz vom 6. Juli 1933 in AdR, Reg. Hitler, Teil I, Bd. 1, S. 629ff; Broszat, Der Staat Hitlers, S. 258ff. Zu den Ausführungen Schmitts am 13. Juli "vor führenden Persönlichkeiten der Wirtschaft", siehe Schulthess 1933, S. 174ff und AdR, Reg. Hitler, Teil I, Bd. 1, S. LVf, S. 722. Die parteiinternen Auseinandersetzungen zum ständischen Aufbau dauerten noch bis Anfang 1936 an, vgl. Broszat, Der Staat Hitlers, S. 222ff.

243 Stegmann, Kapitalismus und Faschismus, S. 61. Zum MWT, dem Mitteleuropäischen Wirtschaftstag vgl. ebenda, passim; weiterhin Sohn-Rethel, Ökonomie und Klassenstruktur, bes. S. 25-38.

244 Die Anordnung Leys vom 15. Mai in KgR, 1933, S. 338. Das Rundschreiben Grahls und Everlings vom 22. Mai in: BAP, 31.01 Nr. 10580. Belege zur Neuorganisation der Konsumgenossenschaften weiter unten.

stellt werden kann.[245] Lediglich von Ley sind aus dieser Zeit öffentlich geäußerte Vorstellungen zur künftigen Rolle der Konsumgenossenschaften im nationalsozialistischen Staat überliefert, die allerdings auch keinen Aufschluß über die beabsichtigen organisatorischen Veränderungen geben. Sie waren eingebettet in Überlegungen zum ständischen Aufbau und zur Arbeitsfront. Die Konsumgenossenschaften sollten einmal, so Ley, "die Grundlage des deutschen Handwerks und Mittelstandes sein". Wenn auch "in engster Zusammenarbeit mit den Vertretern des Mittelstandes (...) bereits heute Pläne ausgearbeitet (werden), um diesem Gedanken zu dienen",[246] so kam Leys Vision schließlich ebensowenig über das Planungsstadium hinaus wie seine im September veröffentlichten und konkretisierten Gedanken.[247]

Auch der von Ley in der Arbeitsfront eingesetzte "Wirtschaftsausschuß zur Regelung der Konsumgenossenschaftsfragen", vermutlich Ausdruck der bekundeten "engsten Zusammenarbeit" mit Mittelstandsvertretern, ist allem Anschein nach auf den Prozeß der Neuorganisation der Konsumgenossenschaften ohne Einfluß geblieben. Bei einer Zusammenkunft am 15. Juli erzielten die Vertreter der beteiligten Organisationen in einer alles andere als innovativen Erklärung

> "volle Übereinstimmung darüber (...), daß jede öffentliche Behandlung der konsumgenossenschaftlichen Fragen in Pressekundgebungen und Versammlungen irgendwelcher Organisationen oder durch nachgeordnete Dienststellen künftighin unter allen Umständen zu unterbleiben habe. Alle Quertreibereien im Lande werden von jetzt ab mit den schärfsten Mitteln unterbunden und verfolgt. Der Wirtschaftsausschuß ist vom Führer der Deutschen Arbeitsfront zur Lösung der Konsumgenos-

---

245 Diese Einzelhinweise ergeben kein auch nur annähernd geschlossenes Bild der Überlegungen in der Arbeitsfront, der DZK, den konsumgenossenschaftlichen Verbänden und möglicherweise auch im RWM. So existiert im Potsdamer Bestand des RWM lediglich der Aktenvermerk einer Besprechung vom 8. Juni 1933 über "Zusammenschluß und Umgestaltung der konsumgenossenschaftlichen Organisationen", an der Vertreter der Hamburger und Kölner Organisationen sowie der DZK beteiligt waren. Hiernach sollten der Zusammenschluß und die Umgestaltung zum 1. Oktober 1933 durchgeführt sein. Auch sonst unterschied sich die Neuorganisation in einzelnen Punkten von den hier angestellten Überlegungen. Vgl. BAP, 31.01 Nr. 10591, fol. 136-148. Ein weiterer Hinweis zur Diskussion über die Neuorganisation in einem Referat Schloessers vom 24. Juni auf der Konferenz der Bezirksbeauftragten der DAF für die Konsumgenossenschaften, vgl. BAP, 31.01 Nr. 10575, fol. 2-18, hier fol. 12ff.

246 VB, NA vom 8. bis 10. Juni 1933, Artikel Leys: "Grundsätzliche Gedanken über den ständischen Aufbau und die Deutsche Arbeitsfront", hier die Ausgabe vom 9. Juni 1933, S. 2.

247 Dazu im nächsten Kapitel.

senschaftsfragen eingesetzt und wird diese Aufgabe im Sinne des Nationalsozialismus in organischer Weise lösen."[248]

Teilnehmer dieser Zusammenkunft waren neben Müller, Grahl und Schloesser, der volkswirtschaftliche Beauftragte der NSDAP-Reichstagsfraktion Albrecht, Zeleny und Wildt für die Reichsstände des Deutschen Handwerks bzw. Handels, der Führer der Arbeiterverbände in der DAF Schumann, der Gaufachberater der NSDAP im Gau Würtemberg Hermann Reiner, Reinhold Zirwas für die Deutsche Zentralgenossenschaftskasse und Hansfritz Sohns als Stabsleiter des Kampfbundes des gewerblichen Mittelstands. Vertreter aus dem Reichsfinanz- oder Reichswirtschaftsministerium waren nicht zugegen.

Ley hatte daneben die Reichsführung des Kampfbundes des gewerblichen Mittelstandes aufgefordert, ihre Vorstellungen zum Konsumvereinswesen darzulegen. Schon Anfang Juli veröffentlichte sie ihren "Entwurf für die organische Abwicklung der Konsumgenossenschaften im Sinne des nationalsozialistischen Wirtschaftsdenkens". Mit dieser Ausarbeitung stellte sich die Reichsführung des Kampfbundes frontal gegen den Kurs der DAF und der Parteiführung. Für seine Auflösung dürfte dies ein weiteres mitentscheidendes Kriterium gewesen sein.

Da das Konsumgenossenschaftswesen seinen "bedingungslosen Anhängern als (...) »Kampfmittel gegen die kapitalistische Ausbeutung«" gilt, könne sich "der Begriff »kapitalistische Ausbeuter« nur (...) auf das mittelständische Handwerk und Gewerbe und den mittelständischen Handel (beziehen). Die Konsumgenossenschaften bleiben also *ihrem Wesen nach* bei Aufrechterhaltung ihrer bisherigen Form auch nach erfolgter Besetzung mit nationalsozialistischen Kommissaren Instrumente des Klassenkampfes im marxistischen Sinne."

Da sie bestrebt sind, Produktion und Warenverteilung zu vereinigen, widersprechen sie "dem organischen Wirtschaftsdenken des Nationalsozialismus." Die Umgestaltung der Konsumvereine nach ihrer Übernahme durch die DAF zur Verhütung "einer sinnlosen Vernichtung" der in ihnen "investierten Arbeitergroschen und volkswirtschaftlichen Werte" müsse diesem Anliegen gerecht werden. Umgestaltung, das hieß nach Lesart des Kampfbundes jedoch nichts anderes als Auflösung, auch wenn diese Absicht wiederholt mit dem Terminus der "Umgestaltung" belegt und umschrieben wurde, die, da "die Konsumgenossenschaften in ihrer heutigen Form in diametralem Gegensatz zum organischen Wirtschaftsgedanken des Nationalsozialismus stehen, (...) eine unabdingbare Forderung der nationalsozialistischen Revolution sein und bleiben muß." Ökonomisch schwache Konsumgenossenschaften ("im Kern Krankes") sollten "rücksichtslos" liquidiert werden, die Aufnahme neuer Mitglieder untersagt und schließlich das

248 Zitiert nach dem Kurzbericht der BBZ vom 17. Juli 1933, Ausschnitt in: BAP, 31.01 Nr. 10591, fol. 187.

Geld- vom Warengeschäft getrennt werden. Alle Vermögenswerte der Konsumgenossenschaften sollten dann von gegebenenfalls

"neu zu schaffenden genossenschaftlichen Kreditinstituten des Mittelstands übernommen werden. (...) Gleichzeitig mit diesem Vorgang hat die Überführung des Eigentums an den Produktions- und Verteilungsstätten der Konsumgenossenschaften an die organisch zuständigen mittelständischen Wirtschaftskreise in der Weise zu erfolgen, daß der gesamte Einzelhandel des betreffenden Wirtschaftsgebietes sich genossenschaftlich zum Erwerb des Handelsbetriebes der Konsumgenossenschaften zusammenschließt und diesen Betrieb käuflich von der obengenannten mittelständischen Kreditorganisation erwirbt, während die Handwerksbetriebe von einem genossenschaftlichen Zusammenschluß der zu ihnen in Konkurrenz stehenden Handwerker des betreffenden Wirtschaftsbereichs und industrielle Betriebe von der organisch zuständigen Industrie in derselben Weise zu erwerben wären."[249]

In der DAF entstand umgehend ein Gegengutachten zu diesen Überlegungen des Kampfbundes,[250] die schließlich nicht zur Durchführung gelangten, weil sie die Politik der Arbeitsfront und ganz besonders die Weiterführung der Bürgschaftsaktion aus dem Reichshaushalt torpedierten.

Auf die mit der Umwandlung der GEG in den Reichsbund (GEG) begonnene Neuorganisation der Konsumgenossenschaften konnten nach derzeitigem Kenntnisstand weder der in der Arbeitsfront eingerichtete Wirtschaftsausschuß noch der Kampfbund des gewerblichen Mittelstandes Einfluß nehmen. Dem Beschluß der außerordentlichen Generalversammlung der GEG zur Umbennung in "Reichsbund der deutschen Verbrauchergenossenschaften GmbH (GEG)" vom 14. August folgten am selben Tage - gleichfalls in einer außerordentlichen Generalversammlung - die Umwandlung der "Verlagsgesellschaft deutscher Konsumvereine mbH" in "Verlagsgesellschaft der deutschen Verbrauchergenossenschaften mbH"

---

249 Die vorstehenden Zitate nach der Veröffentlichung des auf den 15. Juni datierten Entwurfs in: "Das Deutsche Wandergewerbe" vom 7. Juli 1933, S. 875f, Hervorh. i. Orig., Ausschnitt in: BAP, 31.01 Nr. 10579. Als Verfasser dieses auch Gutachten und Denkschrift betitelten Textes wird der Stabsleiter in der Reichsführung des Kampfbundes, Sohns, genannt, vgl. BAP, 31.01 Nr. 10591, fol. 124. Biographische Angaben zu Sohns bei Bissinger (Hg.), Der deutsche Handel, S. 487.

250 Bei dem Gegengutachten der DAF handelt es sich vermutlich um die Ausarbeitung Schloessers mit dem Titel "Gegendenkschrift. Stellungnahme zu der Denkschrift vom Stabsleiter der Reichsführung des Nationalsozialistischen Wirtschaftsbundes über Konsumgenossenschaften", BAP, 31.01 Nr. 10591, fol. 206-209. Im ersten Satz bezieht sich Schloesser auf die Denkschrift des Stableiters Sohns. Auf dem Begleitschreiben des auch dem RWM übersandten Gegengutachtens für die Mitglieder des in der Arbeitsfront eingesetzten "Wirtschaftsausschusses zur Regelung der Konsumgenossenschaftsfragen" hatte RegR Holtz am 31. Juli vermerkt, diese Schrift "ist offenbar eine Fehlleistung. Sachlich ist die Denkschrift wenig originell. Nichts zu veranlassen", ebenda, fol. 205.

sowie die Auflösung des Zentralverbandes deutscher Konsumvereine durch seinen dritten außerordentlichen Genossenschaftstag.[251] Hatten bis dahin die einzelnen Bezirksverbände des ZdK zugleich die Eigenschaft von Revisionsverbänden zur Buchprüfung der Konsumgenossenschaften, so wurde diese Aufgabe dem - ebenfalls am 14. August - neugegründeten "Revisionsverband der deutschen Verbrauchergenossenschaften e. V." übertragen. Eine ursprünglich beabsichtigte Umwandlung des Kölner Reichsverbands in einen Reichsrevisionsverband kam nicht zur Durchführung, weil in der Deutschen Zentralgenossenschaftskasse Anlaß zu der Befürchtung bestand, der Reichsverband könne durch einen seiner angeschlossenen Konsumvereine in Regreß genommen werden. Stattdessen erfolgte am 21. August durch einen außerordentlichen Genossenschaftstag die Auflösung des Kölner Reichsverbands. Den Schlußpunkt dieses Procederes bildete schließlich am 31. August die von einer außerordentlichen Generalversammlung beschlossene Auflösung der Gepag, deren Betriebe und Vermögen vom "Reichsbund (GEG)" übernommen wurden. Die Gepag-Aktionäre erhielten Reichsbund-Anteile im Verhältnis von 3:1, für drei Gepag-Anteile einen Anteil des Reichsbunds. Hinsichtlich ihres Umfanges waren die personellen Veränderungen des Neuorganisationsprozesses weitreichend. In die Geschäftsführung des Reichsbunds traten Müller (der Beauftragte für die deutschen Verbrauchergenossenschaften), Grahl, Vollrath Klepzig, Karl Söhling (Pg., im Mai von Müller für den Kölner Verband als Beauftragter eingesetzt) und Schloesser. Fünf Vorstandsmitglieder der GEG wurden übernommen (Everling, Friedrich Hain, Friedrich Albert, Josef Bodden, Gustav Borgner[252]), zwei gingen in Ruhestand. An die Stelle der bisherigen fünf Prokuristen traten drei Mitglieder der NSDAP. Neben Müller, Grahl und Everling wurden am 14. August fünfzehn Personen in den Aufsichtsrat gewählt, der bis zu 24 Mitglieder umfassen sollte.[253] Die Geschäfts-

251 Eine notariell beglaubigte Abschrift der außerordentlichen Generalversammlung der GEG vom 14. August in: BAP, 31.01 Nr. 10581.

252 In dem Sonderbericht des Amtes Information der DAF, Teil II, S. 28, werden Everling, Klepzig, Bodden und Borgner als Sozialdemokraten, als "alte erprobte Marxisten" ausgewiesen. Hain und Albert waren seit 1927 bzw. 1930 in der GEG-Geschäftsführung, vgl. Hasselmann, Konsumgenossenschaften, S. 426f.

253 Im einzelnen handelte es sich um Ahrens (Pg., Staatssekretär des Hamburger Senats), Bähren (Pg., Jurist aus Berlin), Otto Becker (Pg., Staatskommissar und Vorstandsmitglied des Hamburger Konsum-, Bau- und Sparvereins "Produktion"), W. Fischer (vermutlich Pg., Vorstandsmitglied des Konsumvereins Leipzig-Plagwitz u. Umgegend), sowie die Bezirksbeauftragten der DAF in den Bezirks-Revisionsverbänden des ehemaligen ZdK: Andreas Brass (München), Anton Gillessen (Erfurt), Fritz Knoblau (Liegnitz), Paul Meerkamp (Dortmund), Richard Ohling (Köln), Hermann Reiner (Stuttgart), Edwin Seipt (Dresden), Paul Senger (Hamburg), W. Schröder (Berlin), Bernhard Wothge (Magdeburg) und Walter Zapp (Heidelberg). Als Vertreter des Betriebsrats der bisherigen GEG gehörten diesem

führung der Verlagsgesellschaft bestand aus Müller, Everling und Grahl, nachdem die bisherigen Geschäftsführer Bodden, Borgner und Klepzig abberufen worden waren. Vorsitzender im Vorstand des neugegründeten Revisionsverbandes wurde Reinhold Zirwas, bis dahin als Wirtschaftsprüfer Prokurist der "Deutschen Genossenschafts-Revisions- und Treuhand AG" in der Deutschen Zentralgenossenschaftskasse. Sein Stellvertreter wurde der bisherige Oberrevisor des ZdK, Walther Hoff.[254]

Die Um- bzw. Neuorganisation erfolgte formal auf Grundlage der Beschlüsse außerordentlicher Generalversammlungen und Genossenschaftstage, die entsprechend der geltenden Satzungen zuvor einberufen worden waren.[255] Ehemals demokratisch gewählte Organe verliehen so diesem Prozeß äußerlich den formalen Schein der Normalität, welcher den Nationalsozialisten für ihre internationale Reputation so wichtig war.[256]

Die Wünsche der mittelständischen Teile der NSDAP nach einer Vernichtung der Konsumgenossenschaften waren mit der frühen Gleichschaltung vom Mai 1933 und der Neuorganisation im August nicht erfüllt. Wie im folgenden Kapitel gezeigt werden wird, gingen ihre Bemühungen, sich dieser Konkurrenten zu entledigen, weiter. Die bis zum August getroffenen Maßnahmen der Regierung im Einzelhandelsschutzgesetz sowie das parteiseitige Verbot[257] für die Konsumgenossenschaften, neue Mitglieder zu werben, reichten diesen Kreisen - und auch einzelnen Landesregierungen - bei weitem nicht aus. Deutlich zeigt sich dies an den zahlreichen Reaktionen mittelständischer Einzelpersonen und Verbände sowie verschiedener Länderregierungen auf die Kabinettsbeschlüsse vom 25. April und dem 23. bzw 27. Juni zur Fortführung und Ausweitung der Bürgschaftsaktionen

---

Aufsichtsrat schließlich noch Christian Norden und Alfons Ohlsen (beide aus Hamburg) an.

254 Vgl. Schreiben des Präsidenten der DZK an den RWM zu "Zusammenschluß und Umgestaltung der verbrauchergenossenschaftlichen Organisationen" vom 16. August 1933, in: BAP, 31.01 Nr. 10579; KgR, 1933, S. 529f; KgP, 1933, S. 285ff; 60 Jahre GEG, S. 136ff; Jb. ZdK, 1947, S. 53ff, 68ff; Hasselmann, Konsumgenossenschaften, S. 467f; Ditt, Konsumgenossenschaften, S. 85ff. Zu den "qualitativen" Veränderungen dieser Personalpolitik und d. h. der letztlich (immanent besehen) unzureichenden Gleichschaltungspolitik im Abschnitt 5.5.

255 Vgl. KgR, 1933, S. 467f; KgP, 1933, S. 264 u. 284.

256 Vgl. a. den Artikel "Die Gleichschaltung in Handel und Gewerbe unter Führung des Kampfbundes", in: VB, NA vom 25. April 1933. Dort hieß es: "Es muß (...) hervorgehoben werden, daß diese mit überraschender Schnelligkeit vollzogene nationalsozialistische Durchsetzung des gesamten Wirtschaftsorganisationslebens nicht etwa unter Zwang erfolgte, sondern im Wege ausführlicher Verhandlungen und der üblichen Beschlußfassung der zuständigen Gremien der Verbände."

257 Darüber im nächsten Kapitel.

für Konsumgenossenschaften[258] und schließlich dem Erlaß des Reichswirtschaftsministeriums vom 17. Juli. Der darin vorgenommenen Klarstellung über die entscheidende Kompetenz der Reichsregierung bei der Regelung der Konsumgenossenschaftsfrage folgte abschließend die Anregung, daß der Reichswirtschaftsminister "für jeden sachlich begründeten, praktisch durchführbaren, dem Grundsatz »Gemeinnutz geht vor Eigennutz« entsprechenden und damit der deutschen Volksgemeinschaft dienenden Vorschlag (...) dankbar (ist)."[259] In einem so gedachten Einwand wurde z. B. "vor allen Versuchen, die Kollektivform der bisherigen Konsumgenossenschaften zu erhalten oder gar neu zu beleben, (...) dringend"[260] gewarnt. Auch ein anderer Einsender sah die Gefahr, daß künftig "Konsum-Vereine nicht abgebaut, sondern aufgebaut"[261] werden.

Die Auseinandersetzungen um die nun gleichgeschaltet und neuorganisiert der Arbeitsfront unterstellten Konsumgenossenschaften erhielten zusätzlichen Auftrieb durch einen im September veröffentlichten Plan Leys. Erst in der Mitte des Jahres 1934 kam es zu einer kurzfristigen Beruhigung in der Konsumgenossenschaftsfrage.

3.3.1 Zusammenfassung

Innerhalb weniger Monate, zwischen Ende April und Mitte August, waren die Konsumgenossenschaften zu nationalsozialistischen Verbrauchergenossenschaften geworden. Politisch unterstanden sie der Deutschen Arbeitsfront. Ley dürfte früh die Möglichkeiten erkannt haben, die sich hier unter Instrumentalisierung der genossenschaftlichen Infrastruktur für seine Absichten politischer Einflußnahme

---

258 Ausführliches Material hierzu (und Reaktionen auf die Erklärungen von Müller und Ley vom Mai) in: BAP, 31.01 Nr. 10591, fol. 58ff. Der RWM mußte z.B. am 26. Mai das Braunschweigische Staatsministerium anweisen, das seinen Beamten, Angestellten und Arbeitern im April 1933 erteilte Verbot der Mitgliedschaft im Konsumverein aufzuheben. Am 17. Mai war bereits Ley in dieser Angelegenheit telegrafisch vorstellig geworden, vgl. die auszugsweise Abschrift des Telegramms in: STA WF, 12 Neu 18 Nr. 705.

259 BAK, R 43 II/351, fol. 32.

260 Schreiben der Abteilung für Handel, Industrie und Gewerbe im Bayerischen Staatsministerium für Wirtschaft an das RWM vom 21. Juli 1933, BAP, 31.01 Nr. 10579, S. 3 des Schreibens. Da die im Rundschreiben vom 17. Juli mitgeteilten Richtlinien auf "reiflichen Überlegungen der verantwortlichen Stellen" und dem Einverständnis des Reichskanzlers beruhten, bat RegR Holtz "in Gemäßheit meines Rundschreibens (...) verfahren zu wollen." Zitiert nach dem Entwurf des Antwortschreibens, ebenda.

261 Schreiben des Handels- und Gewerbevereins für den (ehemaligen) Kreis Blumenthal an das RWM vom 16. August 1933, in: BAP, 31.01 Nr. 10580, S. 1 des Schreibens. Hier noch weitere Reaktionen, ferner: BAP, 31.01 Nr. 10585.

auftaten. Das Reich war aus mehreren Gründen an einer ökonomischen Stabilisierung und Konsolidierung der Konsumgenossenschaften interessiert, das Reichswirtschaftsministerium war mit Unterstützung des Reichsfinanzministeriums auf dieser Seite federführend und darauf bedacht, alles zu verhindern, was diese zu torpedieren geeignet gewesen war. Angesichts des Spannungsfeldes ökonomischer Interessen des Reichs und ideologischer Anstrengungen der Partei durch die Arbeitsfront mit dem Ziel der Schaffung einer Volksgemeinschaft unter Einschluß der Arbeiterklasse bei weiter bestehender Angewiesenheit sowohl auf ihre mittelständische Basis als auch ihre Bündnispartner aus der Industrie war zu erwarten, daß einem gradlinigen wirtschaftspolitischen Kurs in der weiteren Konsumgenossenschaftsfrage Hindernisse entgegenstehen würden.

Obwohl es für den Kurswechsel des Kabinetts verschiedene Gründe ökonomischer und politischer Natur gab, wie in der folgenden Gesamtzusammenfassung dieses Kapitels noch einmal herausgestellt werden wird, haben die Vertreter mittelständischer Interessen in der NSDAP keineswegs allein das Nachsehen gehabt. Ausschließlich an mittelstandspolitischen (d. h. vor allem protektionistischen) Maximalforderungen orientiert, stellt sich dieser Sachverhalt mit Sicherheit anders dar. Ohne Frage: in diesem Verständnis sind ihre Erwartungen nach einer Beseitigung der Konsumgenossenschaften nicht erfüllt worden. Aber mit dem Gesetz zum Schutz des Einzelhandels[262] und dem parteiseitig ergangenen Verbot der öffentlichen Werbung für Konsumgenossenschaften durch die Arbeitsfront und den Stellvertreter des Führers hatten sie durchaus Erfolge zu verbuchen.[263] Nur, daß diese ihnen nicht ausreichten und im übrigen auch nicht darüber hinwegtäuschen können, daß ihre Interessen denen der Parteiführung an einer berechenbaren Wirtschaftspolitik zur Durchsetzung eigener Interessen untergeordnet waren. Sofern sie sich als funktional für die Parteiführung erwiesen, fanden auch mittelständische Interessen - wie im übrigen auch alle anderen - Berücksichtigung.

Das zunächst im Einzelhandelsschutzgesetz bis zum 1. November 1933 befristete Verbot der Errichtung von Verkaufsstellen (Einzelhandelsgeschäften, Filialen) - worin ausdrücklich (§ 4) Verteilstellen der Konsumgenossenschaften eingeschlossen waren[264] - erfuhr einerseits in verschiedenen Änderungsgesetzen mehrfache Verlängerungen, während es andererseits über Ausnahmeregelungen in

---

262 Zur damit begründeten Abschaffung der Gewerbefreiheit im Handel vgl. v. Saldern, Mittelstand, S. 60; Broszat, Der Staat Hitlers, S. 212; Uhlig, Warenhäuser, S. 69, 91ff.

263 Dazu ausführlich im vierten Kapitel.

264 Vgl. Gesetz zum Schutze des Einzelhandels. Vom 12. Mai 1933. RBGL I, S. 262, das - so der einführende Satz - von der Reichsregierung "zur Abwehr der dem Einzelhandel aus der gegenwärtigen wirtschaftlichen Not drohenden Gefahren und zur Sicherung des Bestandes der mittelständischen Betriebe des Einzelhandels als Übergangsmaßregel" beschlossen worden war.

Durchführungsverordnungen durchlöchert wurde.[265] So ließ schon die erste Durchführungsverordnung vom 12. Mai die Errichtung einer Verkaufstelle zu, wenn ein Bedürfnis hierfür vorlag und nachgewiesen werden konnte.[266] Im November des gleichen Jahres genügte daneben für eine Ausnahmegenehmigung bereits der Nachweis, daß "eine Gefährdung anderer in unmittelbarer Nähe liegender selbständiger Verkaufstellen nicht zu befürchten ist". Allerdings galten die Ausnahmebestimmungen ausdrücklich "nicht für die Errichtung eines Warenhauses, Kleinpreisgeschäftes, Serienpreisgeschäftes oder eines anderen durch die besondere Art der Preisstellung gekennzeichneten Geschäftes oder einer Verkaufstelle eines mehrere Verkaufsstellen betreibenden Unternehmens."[267] Für Einheitspreisgeschäfte - die allerdings einen sehr geringen Anteil am Umsatz im deutschen Einzelhandel erzielten[268] - sah das Gesetz jedoch in § 1 das Errichtungsverbot von Beginn an unbefristet vor. Die Ausnahmegenehmigung konnte aber gleichzeitig versagt werden, "wenn der Unternehmer oder die für die Leitung des Unternehmens in Aussicht genommene Person die erforderliche sachliche Eignung nicht besitzt, insbesondere nicht eine zur Erlangung ausreichender Sachkunde geeignete bisherige Tätigkeit nachweist."[269] Im Juli 1934 genügte schließlich der Sachkundenachweis zur Erlangung der Ausnahmegenehmigung,[270] und auch die bis dahin geltenden Beschränkungen für Warenhäuser, Kleinpreisgeschäfte, Serienpreisgeschäfte, für durch die besondere Art der Preisgestaltung gekennzeichneten Geschäfte oder für Verkaufsstellen eines mehrere Verkaufsstellen betreibenden Unternehmens wurden aufgehoben. Gelang es ihnen, neben der Sachkunde ein Bedürfnis für die Errichtung einer Verkaufsstelle nachzuweisen, so durfte auch diesen Großbetriebsformen die Ausnahme vom Errichtungsverbot des § 2 Abs. 1 des Gesetzes nicht verwehrt werden.[271] Theoretisch war damit (ab 23. Juli 1934) auch für Konsumgenossenschaften die Möglichkeit der Neugründung gegeben. Nach meinem Kenntnisstand hat es Neuerrichtungen von Konsumgenossenschaften allerdings in nennenswertem Umfang nicht mehr gege-

265 Zum für das "Dritte Reich" typischen Kompromißcharakter dieses Gesetzes und den Interessen der Berufsstandsorganisationen vgl. v. Saldern, Mittelstand, S. 60.

266 Vgl. (Erste) VO zur Durchführung des Gesetzes zum Schutze des Einzelhandels. Vom 12. Mai 1933, RGBL I, S. 267 mit einem Katalog der Ausnahmen vom Errichtungsverbot.

267 VO zur Änderung der VO zur Durchführung des Gesetzes zum Schutze des Einzelhandels. Vom 28. November 1933. RGBL I, S. 1013, mit einem veränderten Ausnahmenkatalog.

268 1932 ca. 300 Mio. RM (1,3 %), 1933 ca. 270 Mio. RM (1,1 %). Vgl. FfH-Mitteilungen, 5. Jg. 1934, Nr. 4, S. 50.

269 VO zur Änderung der VO zur Durchführung des Gesetzes zum Schutze des Einzelhandels. Vom 28. November 1933, RGBL I, S. 1013.

270 Vgl. (Dritte) VO zur Durchführung des Gesetzes zum Schutze des Einzelhandels. Vom 23. Juli 1934. RGBL I, S. 726; v. Saldern, Mittelstand, S. 60

271 Vgl. vorstehende VO vom 23. Juli 1934, Ziff. III.

ben.[272] Bei den Neugründungen der folgenden Jahre handelte es sich - soweit festzustellen war - zumeist um Kohlenkassen oder Brennstoffgenossenschaften.[273] Am 1. Januar 1935 bestanden 1.634, am 1. Januar 1936 1.582, am 1. Januar 1937 1.512 und am 1. Januar 1938 1.488 dem Reichsbund angeschlossene Konsumvereine.[274]

Obwohl der konsumgenossenschaftliche Geschäftsbetrieb also durch die Bestimmungen des Einzelhandelsschutzgesetzes und nachfolgender Verordnungen zwischen Mai 1933 und Juli 1934 keine Ausdehnung erfahren konnte, dauerten vielerorts die Auseinandersetzungen zwischen den Konsumgenossenschaften und selbständigen Gewerbetreibenden an. Letztere intendierten, die Tätigkeit der genossenschaftlichen Konkurrenz behördlicherseits beschränken oder verbieten zu lassen.[275] Auf der anderen Seite aber versuchten Hersteller und Lieferanten nun -

---

272 Nach dem Gesetz über Verbrauchergenossenschaften vom Mai 1935 bedurfte die Errichtung von VG der Genehmigung des RWM. 1935 kommentierte ORegR Holtz (RWM) diese Bestimmung folgendermaßen: "So sieht § 1 vor, daß die *Errichtung neuer Verbrauchergenossenschaften* der Zustimmung des Reichswirtschaftsministers bedarf. Wenn damit auch die Neugründung von Verbrauchergenossenschaften nicht schlechtweg ausgeschlossen ist - es ist denkbar, daß an einem bestimmten Platze aus ganz besonderen Gründen das Bedürfnis für eine derartige Neuerrichtung entsteht, ohne daß nach der besonderen Lage des Falles dadurch eine dem Einzelhandel nicht zumutbare Konkurrenz geschaffen wird - so läßt § 1 doch keinen Zweifel darüber, daß künftig in aller Regel keine Ausdehnung der Verbrauchergenossenschaften mehr Platz greifen soll", Holtz, Konsumvereinsfrage, S. 16, Hervorh. i. Orig.

273 Vgl. beispielsweise Rundschau, 1935, S. 15f, 129, 512, 577; Rundschau, 1936, S. 18, 211, 262f, 304, 376f, 551, 706.

274 Die Zahlen auf Grundlage der Eintragungen der Genossenschaftsregister nach Rundschau, 1936, S. 82; Rundschau, 1937, S. 58; Rundschau, 1938, S. 114. Im Stat. Jb. f. d. DR, 1939/40, S. 472, werden die dem Reichsbund angeschlossenen KG folgendermaßen ausgewiesen: 1.114 (1935), 1.162 (1936), 1.162 (1937), 1.156 (1938). In beiden Quellen sind die Liquidationen nach dem Gesetz über Verbrauchergenossenschaften vom 21. Mai 1935 berücksichtigt. Der Grund der differierenden Angaben war nicht zu ermitteln.

275 So z. B. in dem Antrag von fünf Bäckermeistern eines Harzortes, die am 25. Juni 1933 die Braunschweigische Begierung aufforderten, dem Konsumverein Nordhausen den Verkauf von Brot und Mehl in seiner Filiale des Ortes zu verbieten, weil dieser sein Brot billiger verkaufe und damit ihre Existenz gefährde. Das Begehren - das vom Bezirksbeauftragten der DAF für die mitteldeutschen Konsumvereine unter Beipflichtung der zuständigen Kreisdirektion Blankenburg angesichts 30-40 wöchentlich vom Konsumverein verkaufter Brote als "Lappalie" bezeichnet wurde - fand wegen fehlender gesetzlicher Grundlage keine Unterstützung. Vgl. STA WF, 12 Neu 18 Nr. 705. Vgl. weiter die Beschwerde des Vereins der Farbenhändler im Staat Bremen und Umgebung, ein Zusammenschluß von 60 Fachgeschäften, die Ende Mai 1934 gegen den Vertrieb von Farben und Lacken durch die Bremer Konsumgenossenschaft "Vorwärts" beim Regierenden Bürgermeister protestierten

nachdem die Fortexistenz der Konsumgenossenschaften feststand - mit diesen (wieder) Geschäftsbeziehungen aufzunehmen, um ihre Ware auch über die Konsumvereine abzusetzen. Auf Anzeichen und Gerüchte ihrer Ausschaltung zugunsten der konsumgenossenschaftlichen Herstellungsbetriebe reagierten auch diese Kreise so, wie sie es in langer Tradition "gelernt" hatten: mit Eingaben an die zuständige staatliche Bürokratie (und alle Stellen, die ihnen für ihr Anliegen nützlich erschienen), in denen die Forderung erhoben wurde, für eine Förderung ihrer Interessen, die sich nach ihrer Lesart mit denen des neuen Staates deckten, Sorge zu tragen.[276]

3.4 Gesamtzusammenfassung vor dem Hintergrund der sozioökonomischen Entwicklung zwischen Januar und August 1933

Drei Gesichtspunkte - ganz unspektakulärer - wirtschaftlicher, sozialpolitischer und politischer Erwägungen haben nachhaltig und letzten Endes entscheidend die Politik der Regierung Hitler in der Konsumgenossenschaftsfrage bis zum August 1933 bestimmt: Zum einen die Gefahr der Inanspruchnahme des Reichs aus den bereits durch die Präsidialkabinette gewährten Reichsbürgschaften im Rahmen der Sonderkredite I und II bei Zusammenbrüchen von Konsumgenossenschaften. Zum anderen die Gefahr des Verlusts der in ihnen angelegten Spargelder und Geschäftsanteile der Mitglieder und schließlich die fast 6 Millionen (offiziell registrierten) Arbeitslosen, deren Zahl durch die Auflösung von Konsumgenossenschaften nicht nur um die in diesen Beschäftigten, sondern um ein Vielfaches durch Auswirkungen auf Lieferanten und die durch die Arbeitslosigkeit ohnehin schon schwache Massenkaufkraft zugenommen hätte.

Die beiden zuletzt genannten Aspekte dürften darüber hinaus zusätzlich von der Sorge des Regimes um seine Akzeptanz in Arbeiterkreisen begleitet gewesen sein, die sich mit der bereits zum Zeitpunkt der Machtübergabe beabsichtigten Zerschlagung der Arbeiterparteien und freien Gewerkschaften stellte. Denn: wie

---

und die Antwort erhielten, daß angesichts der bevorstehenden Erklärung von Regierung und Partei in der Konsumgenossenschaftsfrage abzuwarten sei und z. Zt. auch keine gesetzliche Handhabe gegen die Konsumgenossenschaft gegeben sei. STA HB, 3 - V. 2. No. 2240, fol. 12f.

276 Die Braunschweiger Farbenwerke beispielsweise äußerten im September 1933 aufgrund von Zeitungsmeldungen die Befürchtung, daß die Konsumvereine ausschließlich von der GEG beliefert werden sollten, wodurch die "örtlichen selbständigen Gewerbetreibenden und Fabrikanten" geschädigt würden. Der Braunschweigische Ministerpräsident wurde entsprechend gebeten, sich dafür einzusetzen, daß der Bedarf der örtlichen Konsumvereine möglichst bei den ortsansässigen Firmen gedeckt werde. Die Braunschweiger IHK unterstützte das Begehren der Farbenwerke. Vgl. STA WF, 12 Neu 18 Nr. 705.

sollte die "Seele des (deutschen) Arbeiters"[277] gewonnen werden, wenn diesem die zentralen Organisationen seiner politischen und wirtschaftlichen Interessenvertretung gewaltsam entrissen wurden, ohne an deren Stelle auch nur einen Ausgleich vorzusehen?

Bereits einen Tag nach seinem Amtsantritt hatte Hitler in seiner ersten Rede als Reichskanzler, dem "Aufruf an das deutsche Volk", verkündet, "das große Werk der Reorganisation der Wirtschaft unseres Volkes mit zwei großen Vierjahresplänen (zu) lösen: Rettung des deutschen Bauern zur Erhaltung der Ernährungs- und Lebensgrundlage der Nation. Rettung des deutschen Arbeiters durch einen gewaltigen und umfassenden Angriff gegen die Arbeitslosigkeit."[278] Es ist bereits mit Recht darauf aufmerksam gemacht worden, daß diese Ankündigung im Lichte der realen sozioökonomischen Probleme Deutschlands wenig konkret, ja vage ausgefallen war,[279] wie desweiteren schon nachgewiesen wurde, daß die genuin nationalsozialistischen Bestandteile dieses propagierten Angriffs auf die Arbeitslosigkeit gering waren, die Regierung Hitler sich v. a. bereits zu Zeiten der Präsidialregierungen konzipierter Pläne bediente und dieser Angriff insgesamt "angesichts der politischen Bedeutung, die dem wirtschaftlichen Aufschwung aus der Krise zukommen mußte, (...) als zu zaghaft, in den angewandten Mitteln zu konservativ und im Umfang zu beschränkt beurteilt werden (muß)."[280] Gleichwohl ist es verfehlt, die Politik der Regierung zur Verringerung der Arbeitslosigkeit als bloße Fortschreibung der Wirtschaftspolitik der beiden vorhergehenden Präsidialkabinette zu charakterisieren. Während die Verknüpfung der Arbeitsbeschaffungs- mit der Aufrüstungspolitik wie auch die expansive Kreditschöpfung und besonders die "psychologische Überformung der Wirtschaftspolitik"[281] oder

---

277 "Wir wollen die Seele des Arbeiters erobern und ihn einbauen in den neuen Staat." So Ludwig Brucker (Leiter des sozialpolitischen Amtes der NSBO und späterer Leiter des Amtes für Sozialversicherungen in der Arbeitsfront) in der Besprechung zwischen Vertretern von NSBO und ADGB am 13. April 1933 im Hause des Reichsverbands der deutschen Ortskrankenkassen. Zitiert nach dem Protokoll der Unterredung, abgedruckt in: Heer, Burgfrieden, S. 168-173, hier S. 170. Vgl. weiter Ley, Durchbruch der sozialen Ehre, S. 13-22. Vgl. a. Schumann, Nationalsozialismus und Gewerkschaftsbewegung, S. 58; Winkler, Katastrophe, S. 921.

278 Zitiert nach dem Abdruck der Rede in der WTB-Meldung vom 2. Februar 1933, Ausschnitt in: BAK, R 43 II/146, fol. 2-3, hier fol. 3. Zu weiteren Quellen siehe die erste Anmerkung dieses Kapitels. Vgl. a. Feder, Arbeitsbeschaffung, S. 19, demzufolge es im Kreise der Partei "keinen Zweifel darüber geben (darf), daß eine spätere Geschichte ihr Urteil über den Nationalsozialismus davon abhängig machen wird," wie dieser die Frage der Arbeitsbeschaffung gelöst hat.

279 So z. B. Petzina, Hauptprobleme, S. 40.

280 Mason, Sozialpolitik, S. 124.

281 Petzina, Zwischenkriegszeit, S. 109.

der "stark propagandistische Charakter der Arbeitsbeschaffungspolitik"[282] sich ohne Zweifel als Merkmale der nationalsozialistischen Wirtschaftspolitik von derjenigen der Kabinette v. Papens und v. Schleichers abheben, wird das finanzielle Volumen der Maßnahmen zur Bekämpfung der Arbeitslosigkeit bis zum Frühjahr 1935 und dessen Verteilung auf diese ersten beiden Jahre von Mason und Petzina unterschiedlich beurteilt. Mason beziffert die Höhe der in diesem Zeitraum zur "Krisenüberwindung und Arbeitsbeschaffung" bereitgestellten Gelder auf "rd. 5 bis 6 Mrd. RM",[283] wovon etwa die Hälfte den letzten beiden Präsidialkabinetten zuzuschreiben ist, während Petzina für diese Zeit eine Summe von etwa 3,8 Mrd. RM angibt.[284]

Überraschend ist - indes nur auf den ersten Blick - die zögerliche Inangriffnahme einer Arbeitsbeschaffungspolitik der Regierung Hitler. Es vergingen vier Monate bis zur Verkündung des (Ersten) Gesetzes zur Verringerung der Arbeitslosigkeit vom 1. Juni 1933, mit dessen konkreten Vorbereitungen anscheinend erst drei Wochen zuvor begonnen worden war.[285] In der Zeit von Februar bis Juni stützte sich die Regierung Hitler v. a. auf das sogenannte "Sofortprogramm" des Kabinetts v. Schleicher, daß der zum Reichskommissar für Arbeitsbeschaffung bestellte Günther Gereke am 19.12.1932 erstmals vorgelegt hatte, jedoch nicht wie beabsichtigt zu realisieren vermochte. Anstelle der von ihm gewünschten 600 Mio. RM wurde es nach einem Einspruch der Reichsbank - deren Präsident zu diesem Zeitpunkt noch Hans Luther war - am 28. Januar 1933 auf 500 Mio. RM festgelegt. Zusammen mit dem vom Kabinett v. Papen vorgesehenen Betrag von 302 Mio. RM und dem um 100 Mio. RM auf die ursprünglichen 600 Mio. RM - aber in seinen inhaltlichen Schwerpunkten zugunsten militärischer Ausgaben veränderten - "Schleicher-Gereke-(Sofort)programm" fiel das finanzielle Volumen der Arbeitsbeschaffungsmaßnahmen des Kabinetts Hitler angesichts der Zahl von 6 Mio. offiziell registrierten Arbeitslosen und dem vollmundig propagierten "gewaltigen und umfassenden Angriff gegen die Arbeitslosigkeit" bis zum Juni 1933 bescheiden aus.[286]

---

282 Mason, Sozialpolitik, S. 128.

283 Ebenda, S. 124.

284 Vgl. Petzina, Hauptprobleme, S. 49. Mason, Sozialpolitik, S. 125 vermutet, Petzina lasse die "Steuererlasse" unberücksichtigt, die sich nach Erbe, nationalsozialistische Wirtschaftspolitik, S. 32 auf knapp 1,6 Mrd. RM belaufen.

285 (Erstes) Gesetz zur Verminderung der Arbeitslosigkeit. Vom 1. Juni 1933. RGBL I, S. 323. Vgl. AdR, Reg. Hitler, Teil I, Band 1, S. 531.

286 Vgl. Petzina, Hauptprobleme, S. 24ff, 44; VO des RPräs. über finanzielle Maßnahmen auf dem Gebiete der Arbeitsbeschaffung. Vom 28. Januar 1933, RGBL I, S. 31. Zur Erhöhung des Sofortprogramms um 100 Mio. RM vgl. die Sitzung des Ausschusses der RReg. für Arbeitsbeschaffung vom 17. März 1933, in: BAK, R 43 II/540, fol. 44-45. Abgedruckt auch in: AdR, Reg. Hitler, Teil I, Band 1, S. 237f. Die gesetzliche Grundlage dieser Aus-

Schon wenige Tage nach Beginn seiner Amtszeit hatte Hitler in der Ministerbesprechung des 8. Februar deutlich ausgesprochen, welcher Maxime die Arbeitsbeschaffungspolitik der Regierung zu folgen hatte: "Die nächsten 5 Jahre in Deutschland müßten der Wiederwehrhaftmachung des deutschen Volkes gewidmet sein. Jede öffentlich geförderte Arbeitsbeschaffungsmaßnahme müsse unter dem Gesichtspunkt beurteilt werden, ob sie notwendig sei vom Gesichtspunkt der Wiederwehrhaftmachung des deutschen Volkes. Dieser Gedanke müsse immer und überall im Vordergrund stehen." Und mit Nachdruck betonte er, "daß für die nächsten 4-5 Jahre der oberste Grundsatz lauten müsse: alles für die Wehrmacht."[287] Gleichzeitig weigerte Hitler sich, ein konkretes wirtschaftspolitisches Programm zu verkünden - das in der NSDAP im übrigen auch nicht entwickelt war. Er warnte angesichts der bevorstehenden Märzwahlen ausdrücklich davor, sich auf ein solches festzulegen, und riet seinen Ministern, "bei der Wahlpropaganda nach Möglichkeit alle genauen Angaben über ein Wirtschaftsprogramm der Reichsregierung zu vermeiden. Die Reichsregierung müsse 18-19 Millionen Wählerstimmen hinter sich bringen."[288]

Zu Recht ist beispielsweise von Petzina und Mason betont worden, daß einem Trugschluß unterliegt, wer aus dieser Taktik folgert, Hitler habe im Winter bzw. Frühjahr 1933 keine klaren Vorstellungen zur Wirtschaftspolitik besessen.[289] Vielmehr ist "in der bewußten Verbindung beider Ziele, des politisch-militärischen und des wirtschaftspolitischen, (...) der Neuansatz der nationalsozialistischen Wirtschaftspolitik im Februar 1933 zu sehen. Eine Trennung in die Periode der Arbeitsbeschaffung und die Periode der Wiederaufrüstung ist nicht feststellbar."[290] Wenngleich "für 1933/34 (...), von einer planmäßigen Arbeitsbeschaffungspolitik der Reichsregierung *im Interesse der Arbeiterschaft* nicht gesprochen werden (kann, da) für Hitler und für die Schwerindustrie (...) die Aufrüstung von

---

weitung im Gesetz zur Änderung der VO des RPräs. über finanzielle Maßnahmen auf dem Gebiete der Arbeitsbeschaffung. Vom 13. Juli 1933. RGBL I, S. 464. Dieses Gesetz trat rückwirkend zum Monatsersten in Kraft.

287 Protokoll der Ministerbesprechung vom 8. Februar 1933, AdR, Reg. Hitler, Teil I, Band 1, S. 50f. Vgl. Vogelsang, Neue Dokumente, S. 434f, wonach Hitler es am 3. Februar vor den Befehlshabern des Heeres und der Marine als alleiniges Ziel der Gesamtpolitik bezeichnet hatte, die politische Macht wiederzugewinnen, wofür der Aufbau der Wehrmacht die entscheidende Voraussetzung sei. Vgl. weiterhin Hitlers Ausführungen nach dem Protokoll der Sitzung des Ausschusses der RReg. für Arbeitsbeschaffung vom 9. Februar 1933, AdR, Reg. Hitler, Teil I, Band 1, S. 58ff, hier S. 62.

288 Hitler nach dem Protokoll der Ministerbesprechung vom 8. Februar 1933, AdR, Reg. Hitler, Teil I, Band 1, S. 55.

289 Vgl. Petzina, Hauptprobleme, S. 40f.

290 Ebenda, S. 42f. Dezidiert anders Wolffsohn, Arbeitsbeschaffung und Rüstung, passim.

Anfang an den Vorrang (besaß)",[291] "wurde doch bei den Ankurbelungsmaßnahmen alles vermieden, was der späteren Aufrüstung hätte abträglich sein können."[292]

Bevor die Regierung ein eigenes Arbeitsbeschaffungsprogramm auflegte, hatte sich Hitler der Unterstützung der für die Aufrüstungspläne unentbehrlichen Großindustrie versichert. Erst nachdem diese gewährleistet war, gelangten die Planungen (unter Federführung des Staatssekretärs im Reichsfinanzministerium, Fritz Reinhardt) am 31. Mai 1933 in das Kabinett und wurden als Gesetz verabschiedet.[293] Bei einem Volumen von 1 Mrd. RM für Maßnahmen der Arbeitsbeschaffung erhoffte Reinhardt sich hiervon einen Beschäftigungseffekt für 700.000 bis 800.000 bisher Arbeitslose.[294] Das Programm enthielt eine Mischung aus direkter staatlicher Auftragsvergabe und indirekten Stützungsmaßnahmen wie Steuererleichterungen für die private Wirtschaft. Hinzu kamen mit Maßnahmen zur Zurückdrängung der Frauen aus dem Erwerbsleben Elemente, die deutlich eine nationalsozialistische Handschrift trugen. Im Gegensatz zum erweitert und verändert fortgeschriebenen Sofortprogramm Gerekes flossen die Mittel des Reinhardt-Programms nicht in die Aufrüstung. "Militärische Projekte wurden mit Hilfe des Reinhardt-Planes nicht finanziert (...), (abgesehen von einer Summe von 4 % des Gesamtvolumens)".[295] Dieser "Unterschied erklärt sich daraus, daß mit dem Sofortprogramm soviel Mittel für militärische Zwecke vorhanden waren, daß die Reichswehr 1933 aus technischen Gründen - wie im Frühjahr 1933 schon von Blomberg angekündigt - keine zusätzlichen Summen benötigte",[296] und d. h.

---

291 Mason, Sozialpolitik, S. 127, Hervorh.i. O.

292 Ebenda, S. 146.

293 (Erstes) Gesetz zur Verminderung der Arbeitslosigkeit. Vom 1. Juni 1933. RGBL I, S. 323, sog. "Reinhardt-Programm". Vgl. die Besprechung in der Rkei. mit führenden Industriellen am 29. Mai 1933, in: BAK, R 43 II/536, fol. 342-383. Abgedruckt auch in: AdR, Reg. Hitler, Teil I, Band 1, S. 506-527. Ferner die Protokolle der Chefbesprechung vom 31. Mai und der Kabinettssitzung vom selben Tage in: BAK, R 43 II/536, fol. 222-224; R 43 I/1462, fol. 365-373, abgedruckt im selben Band der vorstehenden Edition, S. 530-539.

294 So Reinhardt in der Chefbesprechung vom 31. Mai, S. 532 der in vorstehender Anmerkung nachgewiesenen Edition. Vgl. weiter die VO zur Durchführung der Arbeitsbeschaffungsmaßnahmen auf Grund des Gesetzes zur Verminderung der Arbeitslosigkeit (AB-DVO). Vom 28. Juni 1933. RGBL I, S. 425, sowie die endgültige Mittelverteilung des "Reinhardt-Programms" nach einer Ausarbeitung des RFM. Abgedruckt in: AdR, Reg. Hitler, Teil I, Band 2, S. 1288f. Vgl. zur vorgesehenen Verteilung der Mittel, Reinhardt, Arbeitsschlacht, S. 30ff.

295 Petzina, Hauptprobleme, S. 47.

296 Ebenda.

zu diesem Zeitpunkt keine zusätzlichen Summen für die Aufrüstung vor dem Ausland verbergen konnte.

Reichswehrminister Werner v. Blomberg hatte am 9. Februar in der Sitzung des Ausschusses der Reichsregierung für Arbeitsbeschaffung unter Verweis auf das von der Reichswehr aufgestellte Rüstungsprogramm dem Reichsfinanzminister in der Einschätzung zugestimmt, "daß er (der RWehrM - U. K.) im Rechnungsjahr 1933 nicht mehr als 50 Millionen RM tatsächlich verausgaben könne. Die Reichswehr müsse nur wissen, daß die Mittel für ihr Gesamtprogramm zu gegebener Zeit wirklich und in voller Höhe da seien."[297] Ihr wurden innerhalb des Sofortprogrammes dann aber 100 Mio. RM bewilligt, die in 190 Mio RM "sonstigen Reichsausgaben" verborgen wurden.[298]

Finanzielle Mittel zur Ankurbelung des privaten Konsums, d. h. Gelder zur "Steigerung der Konsumkraft der breiten Bevölkerung spielt(en) (in der Arbeitsbeschaffungspolitik) eine verschwindend geringe Rolle."[299] Entsprechende Bedeutung kam daher preiswerten Einkaufsmöglichkeiten für die Bevölkerung zu, wie sie in den Großbetriebsformen des Einzelhandels bestanden. Hinsichtlich der Konsumgenossenschaften hatte das Regime bei seiner Entscheidung über deren Fortbestand erkennen müssen, daß "die Versorgung der Bevölkerung mit Lebensmitteln in einer Reihe von Wohngebieten von dem Bestand der (konsumgenossenschaftlichen - U. K.) Verkaufstellen abhängig sei."[300]

Angesichts der vollmundigen Ankündigungen Hitlers in den Wahlkämpfen und zu Beginn seiner Amtszeit über den "gewaltigen und umfassenden Angriff gegen die Arbeitslosigkeit" (siehe o.) war der Regierung und v. a. wohl Hitler selber klar, daß man ihn in der Bevölkerung besonders an der Bewältigung dieses Problems messen würde. Im Spätsommer 1933 verkündete er vor NSDAP-Funktionären für den kommenden Herbst einen "Generalangriff gegen die Arbeitslosigkeit".[301] Hinter diesem Schritt stand deutlich die Sorge stagnierender bzw. wieder

---

297 Zitiert nach AdR, Reg. Hitler, Teil I, Band 1, S. 62.

298 Vgl. Sitzung des Ausschusses der RReg. für Arbeitsbeschaffung vom 17. März 1933, in: BAK, R 43 II/540, fol. 44-45. Abgedruckt auch in: AdR, Reg. Hitler, Teil I, Band 1, S. 237f.

299 Mason, Sozialpolitik, S. 130.

300 Hitler in der Ministerbesprechung am 23. Juni 1933, in: BAK, R 43 I/1463, fol. 124. Abgedruckt auch in: AdR, Reg. Hitler, Teil I, Band 1, S. 588. Vgl. a. KgR, 1933, S. 416f.

301 So Hitler auf der Führertagung der NSDAP am 5. August, Schulthess 1933, S. 189f. Hitler sprach von drei Wellen des Generalangriffs, von denen "die erste Welle in den bisherigen sechs Monaten (...) zwei Mill(ionen) Arbeitslose von der Straße geschafft (habe), die zweite Welle, die ab Sept(ember) beginne, (...), habe das Ziel, die im Sommer erreichten Erfolge zahlenmäßig im Winter mindestens zu halten. Die dritte Welle des Angriffs werde im nächsten Frühjahr beginnen und die Arbeitslosigkeit weiter in entscheidender Weise zurückdrängen."

zunehmender Zahlen der registrierten Arbeitslosen im bevorstehenden Winter. Aus dieser Furcht erklärt sich Hitlers Bemerkung in der Kabinettssitzung vom 19. September, in der er "betonte, daß es darauf ankomme, den Winter wirtschaftlich durchzuhalten und die Zahl der Beschäftigten auf dem jetzigen Stand zu halten. Alle Maßnahmen, die getroffen würden, seien daher in erster Linie unter dem Gesichtspunkt der Arbeitsbeschaffung zu betrachten."[302]

Wenngleich hier nun augenscheinlich im Widerspruch zu Hitlers früheren Äußerungen über die Priorität der Aufrüstung, die Maßnahmen in den Mittelpunkt rückten, die der Arbeitsbeschaffung dienten, beinhaltete diese Aussage keineswegs eine Kehrtwende der bisherigen nationalsozialistischen Regierungspolitik - sie verdeutlicht nur einmal mehr ihren relativen Zickzackkurs hinsichtlich der konkreten Maßnahmen. Vergessen werden darf nicht, daß zum einen die Reichswehr im laufenden Rechnungsjahr keine zusätzlichen Mittel verausgaben konnte und zum anderen in dem den "Generalangriff gegen die Arbeitslosigkeit" in Gesetzesform kleidenden Regelungswerk[303] gleichfalls - ohne hieraus hervorzugehen - "militärische Zwecke berücksichtigt (waren), und zwar in Gestalt von Zuschüssen für Ausbauten von Wohn- und Betriebsgebäuden zu Zwecken des *zivilen Luftschutzes*, wobei man hauptsächlich an den Umbau von Kellern zu Luftschutzräumen dachte. Auch stellte das Reichsfinanzministerium den zivilen Ressorts in den Jahren 1933 und 1934 geringe Beträge aus Arbeitsbeschaffungs-Mitteln für Zwecke der Reichsverteidigung zur Verfügung, und die Arbeitsbeschaffungs-Programme von Reichsbahn und Reichspost berücksichtigten sehr wahrscheinlich ebenfalls militärische Gesichtspunkte."[304]

Wollte die Regierung in ihrem angekündigten Kampf gegen die Arbeitslosigkeit glaubwürdig erscheinen, so mußten alle Maßnahmen unterbleiben, die eine weitere Zunahme der offiziell registrierten Arbeitslosen in Zusammenhang mit der Regierungspolitik bringen konnte. Die Zahl der in beiden zentralen Verbänden und ihren jeweiligen Großhandels- bzw. Herstellungsstufen (GEG und Gepag) beschäftigten Personen hat um die Mitte des Jahres 1933 nach einer Zusammenstellung des ZdK bei rund 68.000 gelegen, in den Konsumgenossenschaften allein waren es ca. 59.500 Personen (52.000 im Hamburger und 7.550 im Kölner

---

302 BAK, R 43 I/1465, fol. 100. abgedruckt auch in: AdR, Reg. Hitler, Teil I, Band 2, S. 745.

303 Zweites Gesetz zur Verminderung der Arbeitslosigkeit. Vom 21. September 1933. RGBL I, S. 651.

304 Sauer, Mobilmachung, S. 800, Hervorh. i. Orig., mit weiteren Detailhinweisen auf militärische Aspekte des sogenannten Reinhardt-Programms und des Arbeitsbeschaffungs-Programms der Reichspost. Aufschlußreich v a. Reinhardt, Arbeitsschlacht, S. 44ff, z. T. identisch mit derselbe, Generalplan, hier S. 12ff. Vgl. a. derselbe, Steuer- und Finanzpolitik.

Verband).[305] Obwohl diese Angaben einer offiziellen Denkschrift entstammen, sind sie zu hoch. Schon im Geschäftsjahr 1932 betrug die Zahl des im ZdK insgesamt beschäftigten Personals nur noch 48.095 bei 942 berichtenden von 949 angeschlossenen Konsumvereinen.[306] Über Einstellungen in einer Größenordnung von fast 4.000 Personen ist nichts bekannt. Sie kann angesichts der wirtschaftlichen Schwierigkeiten mit ständigen Umsatzrückgängen ausgeschlossen werden.

Bei einer Zerschlagung der Genossenschaften wären - dies kann jedoch festgestellt werden - die Beschäftigten überwiegend arbeitslos geworden. Darüber hinaus - und dieser Aspekt dürfte noch schwergewichtiger gewesen sein - hätte die Zahl der registrierten Arbeitslosen durch einen Multiplikatoreffekt bei den Zulieferern der Konsumgenossenschaften erheblich zugenommen. Im Geschäftsjahr 1931 hatte der Anteil der Eigenproduktion am Gesamtumsatz der Genossenschaften von RV und ZdK[307] bei 25,7 % gelegen, d. h. fast 75 % ihrer Umsätze erzielten die Genossenschaften mit Waren, die sie von anderen Herstellern bezogen. Im Geschäftsjahr 1932 lag der Anteil der Eigenproduktion mit 26,2 % geringfügig höher.[308]

Insgesamt barg die Zerschlagung der Konsumgenossenschaften - und ihr dann notwendig folgender Ausfall als Abnehmer von Fremdlieferanten - ein unkalkulierbares Risiko, das vom Reich vor dem Hintergrund der durch die Massenarbeitslosigkeit ohnehin reduzierten Kaufkraft ebensowenig getragen werden konnte wie der Wegfall der Konsumvereine als preiswerte Einkaufsquelle für etwa 3 Mio. Mitglieder. Die Warenzentralen der Konsumvereine (ab August 1933 Reichsbund) mußten hierbei in gleicher Weise berücksichtigt werden. Der Anteil ihrer Eigenproduktion belief sich (wieder jeweils für Geschäftsjahre) 1931 auf 31,1 % und 1932 auf 34,7 %.[309] Das Regime konnte bei dieser Sachlage gar

---

305 Vgl. die dem RWM und vermutlich allen Landesregierungen am 28. Juli 1933 vom ZdK als "Denkschrift über die deutsche Konsumgenossenschaftsbewegung" überlassene Zusammenstellung "Die deutsche Konsumgenossenschaftsbewegung - ein Stück der deutschen Wirtschaft", BAP, 31.01 Nr. 10591, fol. 214-215; STA Bbg., L 4 Nr. 8012, fol. 17-19; STA WF, 12 Neu 18 Nr. 705.

306 Vgl. die Tabellen 1 und 5 im Anhang.

307 Der Anteil der Eigenproduktion am Gesamtumsatz der KG bezieht sich allein auf die Waren, die von den Genossenschaften in ihren eigenen Herstellungsbetrieben produziert wurden. Die Waren, die durch die Warenzentralen GEG und Gepag hergestellt wurden, sind hierin noch nicht enthalten.

308 Die Angabe für das Geschäftsjahr 1931 nach: Jahresbericht RV für 1931, S. 2; für das Geschäftsjahr 1932 aus einer dem RWM am 14. Februar 1935 vom Reichsbund überlassenen Zusammenstellung, BAP, 31.01 Nr. 10524, fol. 238. Im Geschäftsjahr 1933 belief sich der Anteil der Eigenproduktion am Gesamtumsatz der KG hiernach auf 25,4 %.

309 Die Zahlen nach der in vorstehender Anmerkung nachgewiesenen Zusammenstellung des Reichsbunds. 1933 belief sich der Anteil ihrer Eigenproduktion hiernach auf 34,4 % und

nicht anders, als sich gegen die Interessen seiner mittelständisch geprägten (Wähler)basis zu stellen, die zu einem guten Teil als hauptsächlicher Konkurrent der Konsumgenossenschaften - wie der Großbetriebsformen des Einzelhandels überhaupt - ein starkes Interesse daran hatte, sich dieser zu entledigen, und dachte, die dann zwangsläufig eintretende Angebotslücke wirksam schließen zu können. Auf der Strecke wären bei wahrscheinlich höheren Preisen[310] die Konsumenten geblieben - und zwar besonders der von der Arbeitslosigkeit betroffene Teil.

Jenseits aller Spekulation kann festgehalten werden, daß ein solches Szenario die in der offiziellen Statistik dokumentierte Entwicklung der Arbeitslosigkeit in Deutschland nach dem Januar 1933 in die entgegengesetzte Richtung beeinflußt hätte, wobei nicht zu vergessen ist, daß der Rückgang der offiziellen Arbeitslosenzahlen durch neudefinierte Erhebungsmethoden "zum guten Teil nicht eben mehr als eine propagandistische Leistung"[311] gewesen ist. In dem hier betrachteten Zeitraum Ende Januar bis September 1933 ging die Zahl der registrierten Arbeitslosen von 6,013 Mio. auf knapp 3,85 Mio. Personen zurück.[312]

Von maßgeblicher Bedeutung für die Entscheidung der Regierung Hitler zur Fortführung der Konsumgenossenschaften waren daneben die Verpflichtungen, die sich für das Reich aus den von den früheren Kabinetten übernommenen Bürgschaften in den Sonderkrediten I und II über 41 Mio. RM ergaben. Sofern es zum Zusammenbruch oder zu einer Auflösung von Konsumvereinen kam, hatte das Reich mit Mitteln aus dem Etat einzutreten - und genau das galt es zu verhindern. Bis Ende Mai 1933 waren Verpflichtungen für etwa 27 Mio. RM übernommen, gut 14 Mio. standen aus den Bürgschaftserklärungen offen (11 Mio. aus dem

---

1934 auf 36,3 %. Vgl. in diesem Zusammenhang auch die im 5. Kapitel nachgewiesenen Motive zur Ausdehnung des Geschäftsbetriebs der neu gebildeten Deugro auf den freien Markt.

310 Hierfür stand als jüngster Beweis die im April einsetzende Preissteigerungswelle. Vgl. a. Gewerkschafts-Zeitung 1932, S. 576: Für 23 der wichtigsten Bedarfsgüter waren nach Erhebungen des Statistischen Reichsamts am 22. Juni 1932 in 33 ausgewählten Städten im Einzelhandel 22,64 RM zu zahlen, während in den KG (nach Feststellungen des ZdK) hierfür 21,49 RM aufzubringen waren. Am Stichtag des 21. Dezember 1932 kosteten diese Artikel im Einzelhandel 22,47 RM in den KG des ZdK 21,36 RM, vgl. Jb. ZdK, 1933, Bd. 1, S. 14. Der ZdK ermittelte seit 1931 einen "konsumgenossenschaftlichen Ernährungsindex", der dem amtlichen Index für Ernährung gegenübergestellt wurde, und 1931/32 immer unter diesem lag. Die Vergleichbarkeit beider Ziffern ist nur begrenzt möglich, da der ZdK keine Gemüsepreise berücksichtigte(!), was ihn jedoch nicht hinderte, beide Indexziffern gegenüberzustellen, vgl. ebenda, S. 11ff; Stat. Jb. f. d. DR, 1933, S. 251; WISTA, 1934, S. 626ff.

311 Mason, Sozialpolitik, S. 127. Belege ebenda, S. 124ff.

312 Vgl. WISTA, 1933, S. 557 u. S. 749.

Sonderkredit I, 3 Mio. aus dem Sonderkredit II), d. h. in dieser Höhe konnte das Reich noch Bürgschaften übernehmen.[313]

Die Begründung des Reichsfinanzministeriums in der Kabinettsvorlage für die Ende Juni bereitgestellten zusätzlichen Bürgschaften über 6 Mio. RM im Reichshaushaltsgesetz für das Rechnungsjahr 1933 offenbart ungeschminkt die regierungsinternen Überlegungen jenseits politischer Erwartungen des gewerbetreibenden Mittelstands. "Die Weiterführung der früheren Stützungsaktionen (der Sonderkredite I u. II im noch verfügbaren Volumen von ca. 14 Mio. RM - U. K.) allein reicht nicht aus, den Fortbestand der lebensfähigen Konsumgenossenschaften zu sichern und zugleich einer Gefährdung der bisher gegebenen Reichsbürgschaften (d. h. ihrer Inanspruchnahme - U. K.) vorzubeugen. Hierzu scheint die weitere Übernahme von Bürgschaften in Höhe von 6 Mio. RM erforderlich, nach Meinung des Reichswirtschaftsministers auch ausreichend."[314]

Der oben dargestellte Abzug der in den Konsumgenossenschaften angelegten Spargelder, der ihre Liquidität stetig verschlechterte, barg zum einen die vorstehend geschilderte Gefahr für das Reich, für die Bürgschaften eintreten zu müssen, um beispielsweise die Mitglieder der Genossenschaften vor dem Verlust ihrer noch nicht ausgezahlten Spareinlagen und Geschäftsanteile zu bewahren. Zum zweiten befürchteten das Reichswirtschaftsministerium und besonders die Reichsbank sehr nachteilige Folgen für das allgemeine Sparkassen- (und Banken)wesen in Deutschland, das sich Ende 1932 hinsichtlich der Spareinlagen zu stabilisieren begonnen hatte. Und schließlich kommt auch bei diesem Aspekt die Gefahr zum Tragen, daß ein Rückfall in eine erneute (Banken)krise psychologisch für die Regierung Hitler verheerende Folgen hätte haben können, die angesichts der jüngsten Erfahrungen aus der vorangegangenen Krise womöglich auch "progandistisch" nicht zu bewältigen gewesen wären.

Im wesentlichen haben diese referierten Gesichtspunkte, die schließlich für die Entscheidung des Regimes zur Fortführung der Konsumgenossenschaften maßgeblich waren, Eingang in den zitierten Erlaß des Reichswirtschaftsministeriums vom 17. Juli 1933 gefunden. Die DAF betonte in ihren Verlautbarungen durch Ley und Müller (bzw. deren Stellvertretern bei der GEG und dem ZdK, Everling und Grahl) die nun - dokumentiert durch die Unterstellung der Konsumgenossenschaften unter die Arbeitsfront - veränderte politische Beurteilung der Konsum-

---

313 Vgl. den Entwurf der Kabinettsvorlage des RWM vom 26. Mai 1933, in: BAP, 31.01 Nr. 10580.

314 Kabinettsvorlage des RFM, zitiert nach der undatierten Durchschrift für den RWM, BAP, 31.01 Nr. 10591, fol. 157. Die Ermächtigung des RFM zur Übernahme dieser Bürgschaft: Reichshaushaltsgesetz für das Rechnungsjahr 1933. RGBL II, S. 489, § 5 b. Zu den Problemen der Aufstellung dieses Haushalts vgl. AdR, Reg. Hitler, Teil I, Band 1, S. XXXIff.

vereine, besonders aber die Sicherheit der in ihnen angelegten Spargelder wohl auch deshalb so nachdrücklich, um zu verhindern, daß die Mitglieder auch nur den Eindruck bekamen, ihre Ersparnisse seien durch die Unterstellung der Konsumgenossenschaften unter die Arbeitsfront insofern gefährdet, als sie - wie die Gelder der Arbeiterparteien und Gewerkschaften - durch Beschlagnahme ihrer Verfügung entzogen werden und verloren gehen könnten. Trotz der über Stillhalteabkommen vereinbarten Auszahlungsbeschränkungen mußte die DAF das Vertrauen der Mitglieder in die Sicherheit ihrer Spareinlagen glaubhaft und überzeugend vermitteln. Eine Aufgabe, die nur zu bewältigen war, wenn es gelang, die zuvor parteiseitig propagierten und initiierten Kündigungen konsumgenossenschaftlicher Mitgliedschaften und Spareinlagen zu stoppen und zugleich die Ertragslage der Genossenschaften dadurch zu verbessern, daß in ihnen wieder - ohne die Repressalien der vergangenen Monate - "gekauft" werden konnte.

Der beabsichtigten Wiedergewinnung der konsumgenossenschaftlichen Wirtschaftlichkeit und Liquidität stand jedoch - wie im folgenden Kapitel gezeigt werden wird - die von Heß am 27. Juni abgegebene Erklärung im Wege. Neben dem dort ausgesprochenen Verbot, das Mitgliedern der NSDAP untersagte, für die Konsumgenossenschaften zu werben, erschwerte v. a. die dort formulierte "in grundsätzlicher Einstellung nach wie vor unverändert(e)" - und das meinte nichts anderes als eine die konsumgenossenschaftliche Wirtschaftsform ablehnende - "Einstellung der NSDAP zur Konsumvereinsfrage" den von der Regierung im Erlaß vom 17. Juli 1933 gewünschten Konsolidierungsprozeß.

4 Die weitere Behandlung der Konsumgenossenschaften bis zum Gesetz über Verbrauchergenossenschaften. August 1933 bis Mai 1935

Sollte die vom Kabinett zur Konsolidierung und Sanierung der Konsumgenossenschaften beschlossene Fortführung und Ausweitung der Bürgschaftsaktion nicht wirkungslos verpuffen, so mußten Wirtschaftlichkeit und Liquidität der Konsumvereine gestärkt werden.

Die dementsprechend einsetzende Geschäftspolitik der Konsumvereine zur Hebung ihrer Umsätze und Umkehr der rückläufigen Spareinlagenentwicklung fand Unterstützung in den Reichsministerien für Wirtschaft und Finanzen, provozierte aber - wie nicht anders zu erwarten - den gewerblichen Mittelstand zu Widerspruch. Relativ unbeeindruckt von den im Juli mit dem Erlaß des Reichswirtschaftsministeriums ergangenen Richtlinien forderte dieser die Einlösung der vor der sogenannten nationalsozialistischen Revolution gemachten Versprechungen und wollte die Konsumgenossenschaften nun baldigst aufgelöst sehen. Der Unmut dieser Kreise fand in Heß und dessen wirtschaftspolitischem Beraterstab[1] einen gewichtigen Verbündeten. Die Forderungen aus dem gewerblichen Mittelstand beriefen sich daneben auf die von Heß Ende Juni 1933 abgegebene Erklärung, in der die Haltung der NSDAP zu den Konsumvereinen als nach wie vor unverändert bezeichnet und den Parteimitgliedern verboten worden war, für die Konsumgenossenschaften zu werben.

Eine vom Reichswirtschaftsministerium beabsichtigte gemeinsame Erklärung mit dem Stellvertreter des Führers, die dokumentieren sollte, daß zwischen der vom Kabinett beschlossenen Politik in der Konsumgenossenschaftsfrage und der Position der Reichsleitung der NSDAP kein Widerspruch bestand, wurde von Heß hinausgezögert und schließlich im Juli 1934 durch eine allein von diesem gezeichnete Verlautbarung "ersetzt". Wenn darin die Haltung der NSDAP auch nicht in der vom Reichswirtschaftsministerium gewünschten Weise zum Ausdruck gebracht worden war, so führte sie - nicht zuletzt durch den Zeitpunkt ihrer Herausgabe am 9. Juli 1934 - zu einer vorübergehenden Entspannung in der Auseinandersetzung zwischen Konsumgenossenschaften und gewerblichem Mittelstand um die Zulässigkeit konkreter konsumgenossenschaftlicher Werbemaßnahmen.

Hierneben vermochten Reichswirtschaftsministerium und Stellvertreter des Führers in partieller Interessenidentität die Arbeitsfront allmählich aus der (politischen) Zuständigkeit für die Konsumvereine zu verdrängen. Mitverant-

1 Vgl. zu diesem Abschnitt 4.2.1.

wortlich für den zunehmenden Einflußverlust der DAF war ihr zügelloser Drang zur Vergrößerung ihres Einfluß- und Machtbereichs auf Kosten anderer Herrschaftsträger, wie beispielhaft anhand des nachstehenden Plans einer "Reichsverbrauchergenossenschaft" gezeigt werden kann.

4.1 Der Ley-Plan einer "Reichsverbrauchergenossenschaft"

Bereits in den ersten Junitagen war Ley mit Überlegungen zur künftigen Rolle der Konsumgenossenschaften im nationalsozialistischen Staat an die Öffentlichkeit getreten. Sofern die Konsumgenossenschaften in "richtig verstandenem genossenschaftlichen Geiste umgestaltet werden", glaubte er daran, diese zur "Grundlage des deutschen Handwerks und Mittelstandes" machen zu können.[2] Konkret auf diese Ausführungen bezogen, hat es m. W. keine Auseinandersetzungen mit Mittelstandsvertretern gegeben. Dies dürfte darin begründet sein, daß die Überlegungen Leys in einem Zeitungsartikel über "Grundsätzliche Gedanken über den ständischen Aufbau und die Deutsche Arbeitsfront" eingebunden waren und zu diesem Zeitpunkt noch Interpretationsmöglichkeiten boten.[3] Anfang September trat Ley mit dem Plan einer "Reichsverbrauchergenossenschaft" an die Öffentlichkeit.[4] Dies ist insofern überraschend, als das Zentralbüro der DAF dem Reichswirtschaftsministerium noch am 29. August "streng vertrauliche" Aufzeichnungen über Äußerungen Leys zur Konsumgenossenschaftsfrage übersandt hatte.[5] Die dem Reichswirtschaftsministerium am 4. September von der selben Stelle überlassenen Unterlagen tragen den Vertraulichkeits-Vermerk schon nicht mehr.[6] Leys Plan vorangestellt waren Ausführungen grundsätzlicher Art,

> "die noch einmal ganz klar unser Verhältnis (der NSDAP - U. K.) zu den Konsumvereinen" darlegen sollten. "Entstanden waren die Konsumvereine "seinerzeit aus

---

2 Vgl. VB, NA vom 9. Juni 1933. Weitere Ausführungen bereits im vorangehenden Kapitel.

3 Vgl. VB, NA. Der dreiteilige Artikel erschien in den Ausgaben vom 8. bis 10. Juni 1933. Unter dem "Leitbild" des ständischen Aufbaus "konnte sich jeder eine gerade seinen Interessen entsprechende Gesellschaftsordnung vorstellen", Mason, Sozialpolitik, S. 100.

4 Vgl. den vollständigen Abruck "Die Konsumvereine im neuen Staat. Eine Verfügung des Führers der Deutschen Arbeitsfront," in: KgR, 1933, S. 585f, der bereits zuvor in der Tagespresse (z. T. auszugsweise) veröffentlicht worden war. In der KgR erschien der Text in der Ausgabe vom 16. September.

5 Vgl. BAP, 31.01 Nr. 10575, fol. 78-81, "Grundgedanken des Planes von Herrn Dr. Ley zur Reform der deutschen Verbrauchergenossenschaften". Diese Aufzeichnungen datieren vom 26. August 1933.

6 Vgl. ebenda, fol. 125-134, "Plan zur Umbildung der deutschen Verbraucherbewegung" und ebenda, fol. 135-138, "Grundriß (handschriftlich geändert in »Abriß« - U. K.) eines Planes zur Umbildung der deutschen Verbrauchergenossenschaften".

rein genossenschaftlichem Denken (...). Sie hatten mit der Sozialdemokratischen Partei nicht das geringste zu tun (...)." Bekämpfte die SPD anfangs die Konsumgenossenschaften, so "gab sie mit einem Schlag den Kampf" auf, "als sie (...) erkannte, daß der beste Teil der Arbeiterschaft" zunehmend in die Konsumgenossenschaften eintrat. Es gelang der SPD, "sich Machtpositionen innerhalb der Konsumvereine zu sichern, (...) und schließlich waren die Konsumvereine nichts anderes als marxistische Propagandazellen. Der Nationalsozialismus nahm gegen die Konsumvereine den Kampf auf, einmal um dem niederbrechenden Mittelstand zu helfen, zum anderen, um dem Marxismus dieses Machtmittel aus der Hand zu schlagen. Als wir zur Macht gekommen waren, war für uns die Frage, was wir mit den Konsumvereinen anfangen sollen. Tatsache ist, daß auch heute noch ein großer Teil der besten deutschen Arbeiterschaft in den Konsumvereinen organisiert ist, und Tatsache ist, daß die Konsumvereine zu einem großen wirtschaftlichen Faktor geworden sind. Hätten wir sie rücksichtslos zerschlagen, so hätten wir nicht nur einen großen Teil der deutschen Arbeiterschaft verärgert und verbittert und uns zu unerbittlichen Feinden gemacht, sondern wir hätten auch große Werte vernichtet und Hunderttausende arbeitslos gemacht. Von diesem Gesichtspunkt ausgehend, beauftragte mich der Führer, das Problem der Konsumvereine anzufassen und zu lösen."[7]

Auffällig an diesen Ausführungen Leys ist die inhaltliche Übereinstimmung (hinsichtlich der Beweggründe, die Konsumgenossenschaften nicht zu zerschlagen) mit der Argumentationslinie des Reichswirtschaftsministeriums in dem Erlaß vom 17. Juli 1933 an die Länderregierungen. Vor dem Hintergrund sowohl der seitherigen als auch der folgenden Maßnahmen zur Umsetzung dieser bekundeten Politik untermauert dies m. E. die (schon anläßlich des Erlasses vom 17. Juli vorgenommene) Interpretation, daß es sich (auch) in dem hier durch Ley referierten Begründungsgeflecht um die authentischen Motive von Reichsregierung und Parteiführung in der Konsumgenossenschaftsfrage handelt.

Vergleicht man diese Äußerungen Leys mit seinen Ausführungen wenige Tage später am 20. September in der ersten Sitzung des Generalrats der Wirtschaft und desweiteren mit seiner Rede auf der fünften Jahrestagung der Arbeitsfront im September 1937 zur Zerschlagung der Gewerkschaften im Mai 1933, so offenbart sich gleichsam ein doppeltes Ergebnis: zum einen die auch in der Gewerkschaftsfrage zutage tretende Befürchtung, sich deren Mitglieder (und allgemein die sogenannte deutsche Arbeiterschaft) zu dauerhaften Gegnern zu machen, und zum anderen, die hinsichtlich der zukünftigen Organisation genau dieser Arbeiterschaft völlige Orientierungslosigkeit, während aber zur gleichen Zeit (Mitte Mai 1933) bereits die Pläne zur Verschmelzung der Konsumgenossenschaften benannt waren. Hatte Ley in den seinem Plan vorangestellten grundsätzlichen Ausführungen erklärt, die Konsumvereine deshalb nicht rücksichtslos zerschlagen zu haben, um sich in der "deutschen Arbeiterschaft" keine "unerbittlichen Feinde" zu ma-

7 Die Zitate aus dem Artikel in der KgR, 1933, S. 585f.

chen, so brachte er im Generalrat der Wirtschaft diese zentrale Sorge des Regimes um den Rückhalt in der Arbeiterschaft anläßlich der Behandlung der Gewerkschaften folgendermaßen zum Ausdruck:

"(...) Meine Herren! Ich weiß, auch in diesem Kreise sind, als die Dinge liefen, die Meinungen natürlich anders gewesen. Viele werden gefragt haben: Wozu macht man das? Ja, es gab zwei Wege. Entweder man zerschlug damals die Gewerkschaften restlos, verbot sie und machte damit 12 Millionen Menschen in unserem Staate heimatlos, oder man machte es auf dem Wege, den ich auf Befehl des Führers gegangen bin. Und ich sage Ihnen, meine Herren, einem Staate ist nichts gefährlicher als heimatlose Menschen. Da hat selbst der Kegelklub oder der Skatklub eine staatserhaltende Aufgabe. Da geht der Mensch abends hin und weiß damit, wohin er gehört. Aber wenn er gar nichts hat, wenn er vom Staate verstoßen wird und nicht weiß, wo er hingehen soll, dann ist das ein sehr gefährlicher Zustand. (...) (es war) eben von eminent großem Wert, daß die Arbeitsfront diese 12 Millionen Menschen wieder an ihren Platz im Staate setzte. Es waren zum Teil ja Gegner, die ohnehin schon von Mißtrauen und Haß erfüllt waren. Wenn nun der Staat gesagt hätte: Ihr kommt gar nicht in Frage, wir wollen euch gar nicht (...) - glauben Sie mir, das wäre verhängnisvoll geworden. Gestern noch habe ich mich mit dem Führer gerade über dieses Problem unterhalten, und er steht auf ganz demselben Standpunkt. Jedenfalls hat die Arbeitsfront ein gut Stück mit dazu beigetragen, daß der Glaube und das Vertrauen in dem arbeitenden Menschen heute so groß sind. (...) heute bereits - das kann ich Ihnen versichern - sind aus diesen Organisationen und aus diesen Menschen die Gedanken von Marxismus und Klassenhaß heraus, und ich bin überzeugt, daß sie in absehbarer Zeit dem ganzen Staate eine ungeheure Stütze geben."[8]

Auf der fünften Jahrestagung der Arbeitsfront im September 1937 führte Ley zur Zerschlagung der Gewerkschaften im Mai 1933 u. a. folgendes aus:

"Als ich im April 1933 vom Führer den Auftrag bekam, die Gewerkschaften zu übernehmen, bekam ich diesen Auftrag nicht etwa deshalb, weil ich ein Gewerkschaftsfachmann gewesen wäre. Ich hatte kaum eine Ahnung, wieviel Gewerkschaften es gab, und die Unterschiede dieser Gewerkschaften waren mir fremd. Am allerwenigsten wußte ich über die finanzielle Art und den Aufbau dieser Einrichtungen, über ihre wirtschaftlichen Unternehmungen Bescheid. Mit einem Wort: ich kam als blutiger Laie dahin, und ich glaube, ich habe mich wohl damals selber am meisten gewundert, weshalb ich mit diesem Auftrag betraut wurde. Es ist nun nicht so gewesen, daß wir nun ein fertiges Programm hatten, das wir hervorholen konnten und an Hand dieses Programms die Arbeitsfront aufbauten, sondern ich bekam den

---

8 Erste Sitzung des Generalrats der Wirtschaft am 20. September 1933, 10.15 Uhr, abgedruckt in: AdR, Reg. Hitler, Teil I, Bd. 2, S. 749-805, hier S. 789f. Vgl. a. Ley, Durchbruch der sozialen Ehre, S. 13-22 (Um die Seele des schaffenden Menschen), bes. S. 15f.

Auftrag des Führers, die Gewerkschaften zu übernehmen, und dann mußte ich weiter schauen, was ich daraus machte."[9]

Mason hat in seiner Studie zur Sozialpolitik herausgearbeitet, daß Ley in diesem Teil seiner Ansprache eine realistische Darstellung der Situation geliefert hat, die gezeichnet war von "der völligen Orientierungslosigkeit in der Gründungsphase der DAF." Daneben "vermengte (Ley) in dieser Rede die gröbsten Lügen mit überraschend wahrheitsgetreuen Aussagen über die Geschichte der DAF."[10] Eine dieser Lügen war beispielsweise die euphemistische Darstellung seiner Rolle beim AOG.[11] Vor allem aber ist seine behauptete Unkenntnis hinsichtlich der gewerkschaftlichen Organisation, ihrer Finanzen und wirtschaftlichen Unternehmen anzuzweifeln.

Der Schlag gegen die Gewerkschaften, so beeinflußt er von deren Selbstkapitulation auch gewesen ist, hätte ohne fundierte Kenntnisse über deren Strukturen kaum "mit der Präzision eines Uhrwerks"[12] durchgeführt werden können. Daß diese Voraussetzungen in der PO der NSDAP gegeben waren, belegt - neben dieser Aktion selbst - unzweideutig der von Ley verantwortete "Aktionsbefehl zur Übernahme der Freien Gewerkschaften am 2. Mai 1933".[13]

Bestand also über das negative Ziel der Zerschlagung der Gewerkschaften Klarheit, so fehlte diese in der Gründungsphase der Arbeitsfront hinsichtlich ihrer konkreten Aufgaben und Ziele. In diesem Zusammenhang ist auf das erhebliche Mißtrauen hinzuweisen, das aus genau diesem Grund in Industriekreisen und der Reichsregierung gegenüber der Arbeitsfront bestand und sich in der Sorge äußerte, die DAF könne sich zu einer nationalsozialistischen Einheitsgewerkschaft entwickeln. Das unbedingte Interesse dieser Kreise lag übereinstimmend darin, zukünftig jede organisierte Interessenvertretung - und nicht nur die freigewerkschaftliche der Weimarer Republik - zu verhindern, um die kapitalistischen Verwertungsbedingungen ungestört wiederherzustellen.[14]

In der Konsumgenossenschaftsfrage waren die Interessen und Konflikte anders gelagert. Während aus der Zerschlagung der Freien Gewerkschaften nicht nur keine wirtschafts- und finanzpolitischen Gefahren für das Reich erwuchsen, ja, diese sogar eine notwendige Voraussetzung der "Rekonsolidierung" der gesamten

---

9 Parteitag der Arbeit 1937, S. 264f.

10 Mason, Sozialpolitik, S. 100. Vgl. a. Spohn, Betriebsgemeinschaft und Volksgemeinschaft, S. 137-140.

11 Vgl. Parteitag der Arbeit 1937, S. 267.

12 Schumann, Nationalsozialismus und Gewerkschaftsbewegung, S. 70

13 Diese Formulierung ebenda, S. 168. Es handelt sich um das "Rundschreiben Nr. 6/33 der Obersten Leitung der PO - Der Stabsleiter", vom 21. April 1933, abgedruckt ebenda, S. 169f.

14 Vgl. hierzu die Gesamtzusammenfassung dieses Kapitels.

kapitalistischen Ökonomie durch den Nationalsozialismus war,[15] drohte im Fall der Konsumvereine Bürgschaftseintritt, wurde eine neue Bankenkrise für möglich gehalten und eine Zunahme der Arbeitslosigkeit auch durch die Zerstörung bestehender Handelsbeziehungen zwischen Konsumgenossenschaften und Lieferanten bzw. Produzenten befürchtet. Das Interesse der Reichsregierung, formuliert durch das in den wirtschaftspolitischen Belangen federführende Wirtschaftsministerium, deckte sich mit dem Interesse der Arbeitsfront an den Konsumgenossenschaften als leistungsfähige Wirtschaftsunternehmen, deren größter Teil der Mitglieder abhängig Beschäftigte waren, die wiederum in hohem Maße Mitglieder der Gewerkschaften gewesen sein dürften, die zu gewinnen ja eine wesentliche Aufgabe der Arbeitsfront war. Diese Übereinstimmung des Interesses von Reichswirtschaftsministerium (bzw. der Regierung) und DAF an einer Sanierung der Konsumgenossenschaften bzw. sanierten Konsumvereinen kollidierte andererseits in den Befürchtungen besonders des Wirtschaftsministeriums, aber auch anderer Ressorts[16] gegenüber der Unternehmertätigkeit der Arbeitsfront. Sie sollte nach den Vorstellungen des Reichswirtschaftsministers Schmitt keine wirtschaftlichen Betriebe besitzen, "andernfalls wäre mit einer derartigen Ausdehnung ihres Wirtschaftsapparates zu rechnen, daß die übrige Wirtschaft erdrückt werden würde."[17]

Wie im vorangehenden Kapitel gezeigt wurde, war es dem Reichswirtschaftsministerium gelungen, sich die wirtschaftspolitische Zuständigkeit in der Konsumgenossenschaftsfrage zu sichern; politisch waren die Konsumvereine der Arbeitsfront unterstellt, die diese Kompetenzverteilung mit ihrer praktischen Politik zu ihren Gunsten zu verändern trachtete, sich aber vorerst (d. h. in dem in dieser Arbeit betrachteten Zeitraum) nicht durchzusetzen vermochte. Ihre Versuche, die eigene Position am Reichswirtschaftsministerium vorbei und gegen dieses zu stärken, scheiterten daneben - wie in den folgenden Abschnitten herausgearbeitet wird - an Heß und dessen wirtschaftspolitischem Beraterstab, die den mittelständischen Interessen an einer Beschränkung des konsumgenossenschaftlichen Geschäftsbetriebes Unterstützung zuteil werden ließen und einer parteiseitigen Erklärung zur Unterstützung der wirtschaftspolitischen Maßnahmen des Reichswirtschaftsministeriums nachhaltigen Widerstand entgegenbrachten - nicht zuletzt aus

15 Vgl. v. Saldern, Mittelstand, S. 234.

16 Vgl. AdR, Reg. Hitler, Teil I, Bd. 2, S. 993 zu den Bedenken von RWM, RFM, REM und Rbk. bei einem "völlig von den gesetzlich vorgeschriebenen Aufsichtsrechten und -pflichten des Staates" ausgenommenen Rechtscharakters der DAF in der Diskussion um diesen zwischen 1933 und 1938.

17 So das Protokoll der Kabinettssitzung vom 1. Dezember 1933, zitiert nach ebenda, S. 993f. Vgl. insgesamt S. 992ff; Mason Sozialpolitik, S. 116 und 174ff.

dem Bemühen, die eigene parteipolitische Zuständigkeit in der Konsumgenossenschaftsfrage gegen die DAF durchzusetzen.

Ein Beispiel des Unterfangens der DAF, ihre Kompetenzen in dieser Angelegenheit zu Lasten des Reichswirtschaftsministeriums und gegen die Interessen des gewerblichen Mittelstands auszuweiten, ist der von Ley vorgestellte Plan, alle Konsumgenossenschaften in einer "Reichsverbrauchergenossenschaft" zusammenzufassen. Folgendes war vorgesehen:

> "(...) Die Anteile der Einzelkonsumvereine gehen auf die Reichsverbrauchergenossenschaft über, und dafür erhält das Einzelmitglied genau dieselben Rechte, die es heute an dem Einzelkonsumverein hat. Nur dadurch wird es auch möglich sein, heute einige schlecht fundierte Konsumvereine überhaupt noch zu erhalten (sic!). Diese Reichsverbrauchergenossenschaft verpachtet ihre Läden an den Mittelstand mit der Maßgabe, von der Zentralgenossenschaft GEG einzukaufen und sich der Revision und Kontrolle der GEG zu unterwerfen. Es ist dann zu erwägen, ob man die heute vorhandene Genossenschaft des Einzelhandels Edeka mit dieser Zentralgenossenschaft GEG vereinigt, (...). Mit dieser Einrichtung hätte aber auch der Staat das erreicht, was er für Zeiten der Not und höchsten Kraftanstrengung der Nation gebraucht. Er hätte damit eine Zentrale in der Hand, die ihm einen organisierten Verteilerapparat garantiert. Wenn nun noch diese Zentralgenossenschaft verpflichtet wird, in erster Linie Produkte des Handwerks über die Handwerkerinnungen zu kaufen - vorausgesetzt, daß diese Ware gut und preiswert ist -, so wäre auch damit dem Handwerk ein stabiler Absatzmarkt gesichert.
>
> In den Beratungen des Kleinen Arbeitskonvents (der DAF - U. K.) wurde in diesem Zusammenhang auch die Stellung des soliden und anständigen Großhandels erörtert. Man kam auch hier zu einem klaren und eindeutigen Ergebnis, daß es eigentlich nur eine Frage der Organisation sei, wie man diese Unternehmungen in diesen Plan einschalten kann (sic!).
>
> Auch der Komplex des Warenhauses wurde erörtert, und man kam zu dem Ergebnis, daß die Lösung des Warenhausproblems nur in diesem Rahmen möglich sei (sic!).[18] (...)
>
> Mit einem Wort: das Problem ist ein Gesamtproblem, aus dem man nicht allein einen Einzelkomplex wie die Konsumvereine oder Warenhäuser oder Hebung des Mittelstandes und des Handwerks für sich herausnehmen kann, sondern es ist eine Ganzheit, (...) (die man) immer nur im Hinblick auf die Ganzheit lösen kann. (...)

---

18 Anläßlich einer Tagung der neuen NSDAP-Vorstands- und Aufsichtsratsmitglieder des Stuttgarter Konsumvereins am 8. Oktober 1933 erklärte lt. KgR, 1933, S. 686 der "Leiter des Schulungsamtes der Verbrauchergenossenschaften Pg. Dr. Krause" hierzu, daß auf ein "freundschaftliches Zusammenarbeiten" mit der Edeka Wert gelegt, ein solches mit den Warenhäusern aber strikt abgelehnt werde.

> Alle beteiligten Kreise sowohl des Mittelstandes, des Handels und Gewerbes sowie der Gesamtverbände der Arbeiter und Angestellten als auch Vertreter der Arbeitgeber und der Genossenschaften stimmten den Grundsätzen unbedingt zu und sahen in deren Verwirklichung die einzige Lösung der brennenden Frage der Eingliederung des Mittelstandes und des Handwerks in den neuen Staat sowie die gesunde Lösung der Frage der Konsumvereine und Warenhäuser.(...)."

Leys Ausführungen schlossen mit der Anordnung,

> "daß jeder, der von nun ab in unverantwortlicher Art Eingriffe gegen die Konsumvereine unternimmt und trotz unseres besten Wollens den Kampf fortsetzt, als ein Feind zu betrachten und dementsprechend zu behandeln ist. Ich werde solche Elemente rücksichtslos entfernen, werde darüber hinaus den Ausschluß aus der Partei beantragen und werde die Stellen des Staates auffordern, solche Elemente unschädlich zu machen."[19]

Bereits diese veröffentlichten Überlegungen bargen erheblichen Sprengstoff in sich, so z. B. hinsichtlich der allein auf diesem Wege möglichen Erhaltung ökonomisch angeschlagener Konsumvereine, nachdem in den ersten Verlautbarungen vom Mai noch von einer "Abwicklungsaktion" die Rede war und "alles Faule und Belastende in kürzester Zeit abgestoßen"[20] werde. Analysiert man daneben die oben nachgewiesenen, dem Reichswirtschaftsministerium vom Zentralbüro der DAF übersandten internen Unterlagen, so wird diese Bewertung bekräftigt. So hieß es in dem auf den 26. August datierten Papier, daß die Händler "keine freien Händler im Sinne des bisherigen freien Handels" sein werden, da sie verpflichtet seien, "von der GEG zu beziehen", und einer Preisbindung unterliegen.[21] Der Käuferkreis dieses auch "Genossenschafts-Kaufmann" benannten Händlers, der trotz dieser Konstellation als selbständiger Kaufmann bezeichnet wurde, sollte grundsätzlich allein aus Mitgliedern der Genossenschaft bestehen.[22]

Der schon anderenorts nachgewiesene maßlose Expansionsdrang der Arbeitsfront,[23] ihr Bestreben, sich in Ermangelung konkreter Aufgaben in möglichst vielen gesellschaftlichen Bereichen ein Maximum an Einflußmöglichkeiten zu sichern, tritt auch bei Durchsicht dieser Unterlagen deutlich ans Licht. So enthielt

---

19 Ohne Hervorhebungen zitiert nach KgR, 1933, S. 586. Es war daran gedacht, diese Überlegungen bei den Konsumgenossenschaften in Göttingen, Stuttgart und Wuppertal probeweise in die Tat umzusetzen. Vgl. BAP, 31.01 Nr. 10575, fol. 134. Zum Scheitern des gesamten Vorhabens im folgenden.

20 So in der Anordnung Leys vom 15. Mai 1933, KgR, 1933, S. 338.

21 BAP, 31.01 Nr. 10575, fol. 79. Vgl. weiter ebenda, fol. 127, 132.

22 Vgl. ebenda, fol. 125.

23 Vgl. Broszat, Der Staat Hitlers, S. 190-194 und Mason, Sozialpolitik, S. 109-117. Vgl. ebenda, S. 99-123 für die Auseinandersetzungen zwischen Spätsommer bzw. Herbst 1933 und Anfang 1934. Für die Konflikte der folgenden Jahre vgl. ebenda, S. 192ff und 253ff.

der "Plan zur Umbildung der deutschen Verbraucherbewegung", neben den vorstehend ausgewiesenen, weitere Bestimmungen hinsichtlich solcher Detailprobleme wie dem "Ladenschild" und Vorschriften zur Renovierung der Ladeneinrichtung oder zum Bedrucken und Bekleben von Verpackungen der "nicht standardisierten Waren". Der "Genossenschafts-Kaufmann" sollte von einer "Mitgliederzelle" unter Leitung eines "Zellenwarts" kontrolliert werden. Am genossenschaftlichen Barzahlungsgrundsatz wurde festgehalten, der Rabatt im gesamten Reichsgebiet sollte bei einheitlich 5 % liegen.

Da schließlich der von Ley vorgestellte Plan nicht zur Anwendung gelangte, wird hier davon abgesehen, die weiteren Einzelheiten zu referieren. In der Summe stand hinter all diesen Detailregelungen Leys Bemühen, die Konsumgenossenschaften für seine politisehen Ziele zu instrumentalisieren. Mit der Schaffung dieser Reichsverbrauchergenossenschaft "wird (...) parallel zu den großen Zusammenfassungen, die die Deutsche Arbeitsfront hinsichtlich der deutschen Arbeiter- und Angestelltenverbände durchgeführt hat, eine straffe einheitliche Leitung (...) gesichert."[24] Denn: "Auf die Verbrauchergenossenschaften als ein(em) Weg zur Gewinnung der dem nationalsozialistischen Deutschland noch fernstehenden Volksteile kann niemals verzichtet werden."[25]

Genau an diesem unverhüllten Expansionsdrang, ihrem Griff nach der Kontrolle über den Lebensmitteleinzelhandel dürften die Pläne der Arbeitsfront gescheitert sein. Die DAF hatte den Kampf an zwei Fronten gleichzeitig begonnen. Zum einen war der Plan Leys offensichtlich ohne Rücksprache mit dem Reichswirtschaftsministerium erarbeitet und veröffentlicht worden. Dieses hatte zwar (wie eingangs geschildert) die internen Papiere von der Arbeitsfront erhalten; Unterlagen über Verhandlungen mit der DAF sind jedoch im überlieferten Aktenmaterial nicht nachweisbar.[26] Zum anderen machte sich die Arbeitsfront den

---

24 So in dem "Grundriß (handschriftlich geändert in »Abriß« - U. K.) eines Planes zur Umbildung der deutschen Verbrauchergenossenschaften", BAP, 31.01 Nr. 10575, fol. 135f.

25 Ebenda, fol. 138. In dem unmittelbar voranstehenden Satz hieß es, es sei "die Pflicht des Reichsbundes (also der sogenannten Reichsverbrauchergenossenschaft - U. K.), die Organisation so zu treffen, daß die Mitglieder, die immer eine bestimmte Elite der Arbeiterschaft dargestellt haben, zu richtigem Verständnis einer nationalsozialistischen Wirtschaft erzogen werden."

26 Lediglich in einem handschriftlichen Vermerk des RegR Holtz vom 18. September findet sich der Hinweis auf einen Vermerk für den Minister, in dem hierzu die "Beibehaltung der abwartenden Haltung vorgeschlagen wurde." Ebenda, fol. 140. Vgl. weiter das Schreiben des Württembergischen Wirtschaftsministeriums an das RWM vom 29. September, dessen Bedenken "sich nicht nur gegen die sachliche Seite des Plans (dazu unten - U. K.), sondern auch dagegen richten, daß eine so tief in die Wirtschaft einschneidende Maßnahme in dieser bestimmten Form als fertiger Plan in der Öffentlicheit bekanntgegeben wird, ehe feststeht, daß er durchaus die Billigung der zuständigen Reichsressorts findet." Ebenda, fol.

Handel treibenden Mittelstand zum Gegner, der argumentativ nachhaltige Unterstützung durch die Abteilung für Handel, Industrie und Gewerbe des Bayerischen Staatsministeriums für Wirtschaft (sowie weiterer Länderregierungen) erfuhr und in der Folgezeit eine erhebliche Aktivität gegen das Vorhaben der DAF entfaltete.[27] Bis Ende Oktober gingen beim Reichswirtschaftsministerium Schreiben mehrerer Länderministerien ein,[28] in denen die Bedenken aus Bayern geteilt wurden. Das Reichswirtschaftsministerium wies die Länderregierungen darauf hin, daß es sich bei den Planungen um noch zu erprobende Vorschläge und "keineswegs um ein bereits feststehendes, von der Reichsregierung gebilligtes Programm" handelt, über das diese sich "hinsichtlich der endgültigen Regelung (...) ihre Entschließung durchaus vorbehält".[29]

Die in den Ländern gehegte Sorge richtete sich gegen ein "Riesenunternehmen" bei Realisierung der Pläne Leys, "das alle bisherigen kapitalistischen Organisationen auf dem Gebiete des Einzelhandels weit in den Schatten stellen würde." Zugleich "würde (es) eine wirtschaftliche und politische Machtstellung erlangen, die jede Initiative und jede Entwicklungsmöglichkeit für die Wirtschaft auf dem Gebiete der Lebensmittelversorgung ertöten und die darin tätigen Einzelhändler nur noch als Verwalter, nicht aber als selbständige Gewerbetreibende bestehen lassen würde."[30] Desweiteren befürchtete der unterzeichnende

---

152. Nach der Veröffentlichung des Leyschen Vorhabens gingen die kurz zuvor von der DAF noch als streng vertraulich gehandelten Unterlagen im RWM zu den Akten. Sie waren nach den Referentenvermerken im RWM "überholt", vgl. ebenda, fol. 78.

27 Vgl. die Protestschreiben der Abteilung für Handel, Gewerbe und Industrie im Bayerischen Staatsministerium für Wirtschaft vom 13. September, ebenda, fol. 140-143 und vom 14. September, ebenda, fol. 147. Letzteres mit (für das RWM abschriftlichen) Eingaben des "Reichsverband(es) Deutscher Kaufleute, Kolonialwaren- Feinkost- und Lebensmittel-Einzelhandel e. V.", Berlin (REKOFEI) und der "Arbeitsgemeinschaft des Bayerischen Einzelhandels, München, an das Bayerische Staatsministerium für Wirtschaft vom 12. und 10. September. Präsident der REKOFEI und 1. Vorsitzender dieser Arbeitsgemeinschaft war Franz Hayler.

28 Vgl. Württembergisches Staatsministerium am 29. September, ebenda, fol. 152-154; Preußischer Minister für Wirtschaft und Arbeit am 21. September, ebenda, fol. 192; Badischer Finanz- und Wirtschaftsminister vom selben Tage, ebenda, fol. 193f und schließlich der Reichstatthalter in Hessen am 16. Oktober, BAP, 31.01 Nr. 10592, fol. 7-9.

29 Schreiben des RWM an den Bayerischen Ministerpräsidenten vom 12. Oktober 1933, BAP, 31.01 Nr. 10575, fol. 155. Die daneben beteiligten Länder erhielten diese Mitteilung in einem Schreiben vom 20. Oktober, vgl. ebenda, fol. 202. Der Vorbehalt wurde ausdrücklich hinsichtlich der beabsichtigten Zusammenfassung der Reichsverbrauchergenossenschaft mit dem Edeka-Verband formuliert.

30 Schreiben des Bayerischen Staatsministeriums für Wirtschaft vom 13. September, BAP, 31.01 Nr. 10575, fol. 141.

Staatssekretär Stocker die baldige Zahlungsunfähigkeit dieses Unternehmens und entsprechend notwendige Subventionen aus Steuergeldern.[31]

Für die Arbeitsgemeinschaft des Bayerischen Einzelhandels bedeutete der Plan Leys nach der "von staatsseiten erfolgten Anerkennung" der Konsumgenossenschaften durch den Erlaß des Reichswirtschaftsministerium vom 17. Juli nunmehr die parteiseitige Anerkennung. Ihr schien "die Frage der Konsumvereine kein Abwicklungsproblem mehr zu sein," sondern sie vermutete, es "scheint (...) beabsichtigt, (...) (diese) umzuwandeln und in der neuen Form in großem Stile aufzubauen.". Durch das damit zwangsläufige "Verschwinden des mittelständischen Einzelhandels (...) aber wäre der Staat seiner besten Stoß- und Widerstandskraft gegen event(uel)l(e) Zersetzungsversuche für alle Zukunft beraubt."[32]

Eine ausführliche Auseinandersetzung mit dem Vorhaben der Arbeitsfront führte - in ständestaatlicher Stoßrichtung - Gustav Feldmann, der spätere Hauptgeschäftsführer der Reichsgruppe Handel[33] in zwei Exposés.[34] Für ihn bedeutete der Plan

> "letzten Endes »Kollektivwirtschaft«, die (...) nach jeder Richtung hin der nationalsozialistischen Wirtschaftsauffassung und dem, was der Führer als Ideal erstrebt, zuwiderläuft. Der Kanzler hat oft genug betont, daß er dort, wo es technisch nicht unbedingt nötig ist, keine Großbetriebe will, sondern eine möglichst große Zahl wirtschaftlich freier, solider Existenzen, damit wieder ein gesunder Mittelstand entsteht, blüht und gedeiht. - Nach sorgfältiger Prüfung und Überlegung muß jeder Nationalsozialist die Argumente von Pg. Dr. Ley aufs entschiedenste ablehnen (...)."[35]

---

31 Wäre Leys Plan in ein konkretes Stadium getreten, so hätte das RWM in Verbindung mit DZK und RFM seiner Finanzierung und der Sicherheit der Reichsbürgschaften ohne Zweifel besondere Aufmerksamkeit gewidmet. Stockers Befürchtung wurde in diesem Punkt auch im RWM als realistisch beurteilt, vgl. die handschriftliche Anmerkung des MinR Ronde vom 18. September auf diesem Schreiben, ebenda, fol. 142.

32 Ebenda, fol. 150f, Schreiben vom 10. September.

33 Zu dieser Zeit war Feldmann Geschäftsführer der Firma Vereinigte Werkskonsumanstalten "Bauweka" GmbH in Essen, vgl. Teschemacher, Handbuch, Bd. 2, S. 11.

34 Vgl. Abschriften dieser Texte, die lt. handschriftlicher Vermerke (dem MinR Ronde im RWM) durch Hayler übergeben worden waren. Die Abschriften ohne Adressaten. Das erste Exposé vom 10. Oktober 1933, "Der Konsumvereinsplan von Staatsrat Dr. Ley, seine Unmöglichkeiten und Gefahren sowie die daraus resultierende Notwendigkeit einer programmatischen Endlösung nebst positiven Vorschlägen", BAP, 31.01 Nr. 10594, fol. 193-210. Die zweite Abhandlung vom 7. Dezember 1933, "Weitere praktische Vorschläge zur Abwicklung der Konsumvereine in Ergänzung meiner grundsätzlichen Darlegungen vom 10.10.1933", ebenda, fol. 163-179.

35 Ebenda, fol. 202.

Als Nationalsozialist und Fachmann[36] fühlte Feldmann sich verpflichtet, "positive Lösungsvorschläge" zu unterbreiten, die erwartungsgemäß die Auflösung der Konsumgenossenschaften ohne jegliches Risiko hinsichtlich der in der gesamten Diskussion der Vormonate geäußerten möglichen Gefahren zum Ergebnis hatten. Ganz besonders sah er sich hierzu verpflichtet, "nachdem durch die aktivistische Natur von Herrn Dr. Ley der Stein ins Rollen gekommen ist, (...) (der) zuletzt an inneren Werten mehr zerstören wird als selbst die früheren Kampfbünde in ihrer egoistischen materiellen Einstellung je hätten fertig bringen können."[37]

Die hier beabsichtigte Lösung im "programmatischen Sinne"[38] (lag) in der Umwandlung der Verbrauchergenossenschaften in privatwirtschaftliche Betriebe". Realisiert werden sollte sie "von einer unabhängigen *wirtschaftlichen* Persönlichkeit, die dem Reichskanzler unmittelbar unterstellt und verantwortlich ist."[39] "Der bisherige Einfluß der Arbeitsfront auf die Konsumvereine wird beseitigt."[40]

> "Wird das Problem Konsumvereine glücklich gelöst, d.h. in planvollem Abbau ihre Tätigkeit denjenigen Berufsständen[41] allmählich zugeführt, deren Aufgabe es ist (sic!), dann wird auch die Frage der anderen Großbetriebe energisch in Angriff genommen werden können. So wird der Mittelstand ebenso wie die Landwirtschaft, wenn auch in einer längeren Periode, zu Blut kommen. Die allgemeine Kaufkraft wird auch von dieser Seite her steigen (...) und (...) zur Gesundung der Industrie und damit unseres ganzen Volkes beitragen."[42]

Abschließend anstelle einer weiteren "Verbandsreaktion"[43] ein Stimmungsbild aus dem Bericht der Kreisleitung Bremen der NS-Hago an die NS-Hago im Gau Weser-Ems vom Oktober 1933. Dort heißt es:

---

36 "(...) als Kaufmann und Wirtschaftler, der (...) seit über 12 Jahren an leitender Stelle in der Güterverteilung tätig ist (...)", ebenda, fol. 204.

37 Ebenda.

38 Sofern hiermit auf das Partei- bzw. die verschiedenen Wirtschaftsprogramme der NSDAP Bezug genommen war, kann festgestellt werden, daß in diesen hinsichtlich der Konsumvereine allgemein und ihrer hier vorgeschlagenen Behandlung im besonderen keine entsprechenden Äußerungen getroffen worden waren. Vgl. zusammenfassend Barkai, Das Wirtschaftssystem des Nationalsozialismus, S. 25ff. Zu Hitlers Äußerungen über die Behandlung der Konsumgenossenschaftsfrage vgl. seine im Abschnitt 3.2 auf der Kabinettssitzung vom 23. Juni 1933 wiedergegebene Auffassung und die Stellungnahmen in Abschnitt 4.2.1.

39 BAP, 31.01 Nr. 10594, fol. 163. Hervorh. i. Orig.

40 Ebenda, fol. 208.

41 Vgl. hierzu auch ebenda, fol. 203.

42 Ebenda, fol. 210, zitiert ohne Hervorh.

43 Solche noch in: BAP, 31.01 Nr. 10575; HK HB, KL 2, Bd. 5; STA DT, L 80 II A, Gruppe V, Titel 14, Nr. 21, Bd. 1, fol. 227-229. Letzteres ein Schreiben des Landesver-

"Die vom Pg. Dr. Ley vorgeschlagene Art des Umbaus der Konsumvereine findet bei den interessierten Kreisen des Mittelstandes wenig Beifall. Wir werden diesbezüglich in unseren Versammlungen erheblich zu kämpfen haben. Der Notwendigkeit der Sicherung des Vermögens der Arbeiterkreise verschließen wir uns durchaus nicht und werden alles versuchen, den oben erwähnten Kreisen den Vorschlag von unserem Pg. Dr. Ley schmackhaft zu machen. (...)."[44]

4.1.1 Zusammenfassung

Bereits unmittelbar nach der Veröffentlichung des sogenannten Ley-Plans wurde in einem Artikel im Deutschen Volkswirt angemerkt, daß die beabsichtigte

> "Umformung der Konsumvereine (...) zwar weitgehend die fortschrittlichen Grundsätze (berücksichtigt), die die Konsumvereine als Großunternehmungen im Einkauf ausgebildet haben, dagegen nicht die kostensenkenden Einflüsse der Großunternehmungen in der Betriebsverwaltung und besonders in der Lagerwirtschaft. Ähnlich wie die privatkapitalistischen Filialunternehmungen haben die Konsumvereine ihren Vorsprung gegenüber den kleinen und mittleren Unternehmungen des Handels nicht zuletzt durch innerbetriebliche Maßnahmen (zwischenbetriebliche Vergleiche der Kosten, zweckmäßige Lagerwirtschaft) erzielt. Insbesondere der Zentralverband deutscher Konsumvereine hat den Leitern seiner Verteilungsstellen in betriebswirtschaftlicher Hinsicht eine oft vorbildliche Schulung angedeihen lassen. Nach den bisherigen Erfahrungen bei der betriebswirtschaftlichen Weiterbildung der Einzelhändler wird sich die bisherige Einheitlichkeit und Rationalität der Betriebsführung bei den verpachteten Verteilungsstellen nur schwer aufrecht erhalten lassen."[45]

In einer zeitgenössischen Dissertation von 1938 hieß es lapidar: "Bis heute ist der Plan nicht durchgeführt und scheinbar ganz aufgegeben, da ihm wohl doch zu viele Schwierigkeiten entgegenstanden."[46] Drei solcher "Schwierigkeiten" finden dann doch noch Erwähnung: die Haftung der Mitglieder, ihr fehlender Einfluß auf die Geschäftsführung in den verpachteten "Läden" und der bei der Über-

---

bandes Niedersachsen der Kolonialwaren- Lebensmittel- und Feinkostkaufleute e. V. im REKOFEI an die Regierungen im Verbandsbezirk vom 15. September mit abschriftlichem Schreiben an den REKOFEI-Vorsitzenden Hayler. Der Edeka-Verband war nach einer Meldung des "Hamburger Correspondet" vom 11. September an Leys Umbauplänen "in höchstem Maße interessiert", hatte sich hiernach schon seit längerem mit dem Problem des Umbaus der Konsumgenossenschaften beschäftigt "und diesbezügliche Verhandlungen mit den kommissarischen Leitern der Konsumvereine aufgenommen. Ausschnitt in: HK HB, KL 2, Bd. 5.

44 Monatlicher Stimmungs- und Tätigkeitsbericht vom 5. Oktober 1933, STA HB, 7, 1066 Nr. 389.

45 DVW vom 15. September 1933, S. 1438f.

46 Alvermann, Verbrauchergenossenschaften, S. 23.

nahme durch selbständige Einzelhändler (ohne deren von Ley beabsichtigte Kontrolle durch die GEG) zwangsläufige Wegfall "des wesentlichsten Gedankens der Konsumvereine, Regulativ und Ansporn des Einzelhandels zu sein",[47] während die vorgesehene Kontrolle des Einzelhändlers andererseits der Aufgabe seiner Selbständigkeit gleichkommt. "Dieser Plan war daher nach dem ersten Entwurf praktisch nicht durchführbar, da er keinem Beteiligten wirklich geholfen haben würde."[48]

Es sind m. E. - von dem zuletzt berührten Problem der Selbständigkeit abgesehen - weniger die betriebswirtschaftlich oder genossenschaftsrechtlichen Detailfragen gewesen, die das Projekt der Arbeitsfront zum Scheitern brachten, als vielmehr grundsätzliche (wirtschafts)politische Differenzen der Beteiligten. Die eingangs wiedergebene Einschätzung Masons über Leys Rede auf der fünften Arbeitstagung der Arbeitsfront trifft allem Anschein nach auch für seinen Plan der sogenannten Reichsverbrauchergenossenschaft zu - einschließlich der ihm vorangestellten grundsätzlichen Bemerkungen. Auch hier vermischte Ley grobe Lügen mit zutreffenden Aussagen. Zutreffend war die Benennung der authentischen Motive von Regierung und Parteiführung bei der Sanierung der Konsumgenossenschaften. Die Behauptung aber, daß im Kleinen Arbeitskonvent der DAF zwischen den Vertretern der NS-Hago, der GEG, der Konsumvereine und der Arbeiterverbände "eine völlige Einigung erzielt" wurde und diese seinen Plan "als richtig" anerkannten,[49] ist ohne Zweifel eine solche grobe Lüge.[50]

Wie der zitierte Stimmungsbericht aus Bremen und die Kritik Feldmanns ausweisen, fiel Leys Plan keineswegs auf Zustimmung in den betroffenen Kreisen, die ein neues und allumfassendes Großunternehmen in Regie der Arbeitsfront befürchteten. Auch in den Schreiben, die beim Reichswirtschaftsministerium aus den Ländern eingingen, fanden sich wiederholte Hinweise auf Beunruhigung, Mißstimmung und Ablehnung im gewerblichen Mittelstand.[51]

Selbst wenn keine Unterlagen aus dem Reichswirtschaftsministerium überliefert sind, die es zulassen würden, dessen Haltung in dieser konkreten Frage definitiv nachzuzeichnen, scheint mir doch festzustehen, daß die DAF von hier keinerlei Unterstützung erfuhr, da ihre Politik, wie dieses Vorhaben einer "Reichsverbrauchergenossenschaft" belegt, darauf hinauslief, über die Konsumgenossenschaften ihren gesellschaftlichen Wirkungsbereich auf Kosten des Reichswirtschaftsministeriums zu erweitern, und damit objektiv auf Kollisionskurs mit diesem steuerte.

---

47 Ebenda, S. 24.

48 Ebenda. Weitere Entwürfe hat es nicht gegeben!

49 Vgl. oben und KgR, 1933, S. 585.

50 Vgl. oben und Mason, Sozialpolitik, S. 100.

51 Z. B. BAP, 31.01. Nr. 10575, fol. 143, 152, 194f.

Der Plan der "Reichsverbrauchergenossenschaft" erwähnte Kompetenzen des Reichswirtschaftsministeriums (und anderer staatlicher Ressorts) an keiner Stelle, und er sah vor, auch ökonomisch angeschlagene Konsumvereine zu stützen, womit er sich eindeutig gegen die im Runderlaß des Reichswirtschaftsministeriums vom 17. Juli enthaltene Bestimmung richtete, daß bei der Sanierung "ungesunde Unternehmungen liquidieren müssen."[52] Und schließlich war in diesem Erlaß betont worden, daß in erster Linie die Reichsregierung "alle grundsätzlichen Maßnahmen (zu treffen hat), die zur Beseitigung von Mißständen und zum Ausgleich zwischen den Konsumgenossenschaften und dem gewerblichen Mittelstand notwendig sind".[53] Die DAF stand gegen sämtliche Beteiligte. Gegen alle anderen aber konnte sie den Kampf nicht gewinnen.

4.2 Versuche zur Wiederherstellung von Wirtschaftlichkeit und Liquidität der Konsumgenossenschaften. Widerstreitende Interessen von gewerblichem Mittelstand, Arbeitsfront, Reichswirtschaftsministerium und Stellvertreter des Führers

Die vom Reich gewollte Sanierung der Konsumgenossenschaften mit Hilfe der Bürgschaften der Sonderkredite I bis III erforderte die Wiederherstellung ihrer Wirtschaftlichkeit und Liquidität. Beides hatte sich seit 1931 rückläufig entwikkelt. Neben den "normalen" ökonomischen Folgeerscheinungen von Weltwirtschafts- und Bankenkrise ist, wie gezeigt wurde, ganz besonders die zunehmende politische Bekämpfung der Konsumgenossenschaften durch die NSDAP für die deutliche Abwärtsbewegung der Umsätze und Spareinlagen (als maßgeblichen Indikatoren ihrer Wirtschaftlichkeit und Liquidität) verantwortlich gewesen. In den folgenden Abschnitten werden die Differenzen zwischen Arbeitsfront, Reichswirtschaftsministerium, Vertretern mittelständischer Interessen und dem Stellvertreter des Führers[54] um die Werbung der Konsumgenossenschaften in das Blickfeld genommen.

---

52 BAK, R 43 II/351, fol. 32.

53 Ebenda.

54 Heß, der an einigen Verhandlungen persönlich beteiligt war, stützte sich in seinen Entscheidungen auf einen wirtschaftspolitischen Beraterstab, dem als sogenannter Wirtschaftsberater Albert Pietzsch (der Präsident der IHK-München) vorstand, vgl. a. weiter unten. Dessen Schreiben ergingen unter der Bezeichnung "Der Stellvertreter des Führers - Stab - Der Wirtschaftsberater". Soweit sich die folgenden Ausführungen auf "Aktivitäten" dieses Stabes beziehen, ist vom wirtschaftspolitischen Beraterstab oder Wirtschaftsstab die Rede, soweit sie sich auf "Aktivitäten" von Heß selbst beziehen, wird die Bezeichnung "Stellvertreter des Führers" bzw. Heß gewählt.

Für die Entwicklung der Spareinlagen und v. a. für die der Umsätze kam den Werbemaßnahmen entscheidende Bedeutung zu. Ihre Funktion war es, das, wie es hieß, verlorengegangene Vertrauen der Mitglieder zurückzugewinnen. Diese sollten nach den Entscheidungen der vergangenen Monate zum einen veranlaßt werden, nicht nur die Abhebungen von Spargeldern einzustellen, sondern darüber hinaus möglichst Einzahlungen vorzunehmen, zum anderen sollten sie ihren Bedarf wieder in den konsumgenossenschaftlichen Verteilstellen decken.

Wenn also in den hier überlieferten Unterlagen von Werbung die Rede ist, dann ist allein an die Werbung von Mitgliedern gedacht und nicht an Werbung für Produkte bzw. Waren, die in den Verteilstellen erhältlich waren. Dies ist dem traditionellen Mitgliedergeschäft der Konsumgenossenschaften geschuldet, die ihre Waren nach den Bestimmungen des Genossenschaftsgesetzes nur an Mitglieder abgeben durften.[55] Eine Differenzierung nach Mitgliederwerbung und geschäftlicher Werbung (Produktwerbung) ist in den Überlieferungen erst später - im Vorfeld der Heß-Erklärung Anfang Juli 1934 - nachweisbar.[56]

Auf die rückläufige Entwicklung des Spareinlagenbestandes in den Konsumgenossenschaften ist im dritten Kapitel mehrfach eingegangen worden,[57] so daß ich mich hier auf ergänzende Ausführungen beschränken werde.

4.2.1 Auseinandersetzungen um die konsumgenossenschaftliche Werbung. Sommer 1933 bis Juli 1934

Bereits in seiner ersten öffentlichen Erklärung zur Konsumgenossenschaftsfrage hatte Müller die Spareinlagen und die Umsätze angesprochen. Bei den Konsumvereinen sollte auch weiterhin "gekauft" und sie in ihrer Tätigkeit "nicht gestört" werden, wenngleich ihr Geschäftsbetrieb keine weitere Ausdehnung erfahren durfte. Die "Spargroschen der Arbeiter" galt es, durch "pflegliche Behandlung" zu sichern.[58] Zu diesem Zeitpunkt versuchten die Konsumgenossenschaften bereits seit geraumer Zeit, dem verstärkten Abfluß von Spareinlagen über Auszahlungsbeschränkungen gegenzusteuern.[59] Bayrhoffer, als "Kommissar für die Prü-

55 § 8 Abs. 4 des Gesetzes betr. die Erwerbs- und Wirtschaftsgenossenschaften nach der Bekanntmachung in der vom 1. Januar 1900 an geltenden Fassung. Vom 20. Mai 1898. RGBL S. 369, 810f. Vgl. a. Abschnitt 2.3.

56 Zu dieser in Abschnitt 4.2.2. Sie ist nicht mit der Heß-Anordnung vom 27. Juni 1933 zu verwechseln!

57 Vgl. auch Tabelle 17a im Anhang.

58 Vgl. KgR, 1933, S. 337f. Ausführlich zitiert in Abschnitt 3.3.

59 Im ersten Vierteljahr 1933 hatten bei den Konsumgenossenschaften von ZdK und RV die Spareinlagen um 28 Mio. RM gegenüber dem 4. Quartal 1932 abgenommen, vgl. Tabelle 17a im Anhang.

fung des Genossenschaftswesens", hatte im Mai gegenüber dem ZdK für derartige Beschränkungen in Höhe von monatlich 50 RM plädiert. Die Umsetzung dieser Empfehlung durch den ZdK führte zu mehreren Zahlungsbefehlen und Klageandrohungen (denen Bayrhoffer mit einem Vollstreckungsschutz zu begegnen dachte) und wurde letztlich durch Intervention des Reichswirtschaftsministeriums und der Zentralgenossenschaftskasse zugunsten eines Stillhalteabkommens aufgegeben.[60]

Schon im April hatte der Hamburger Verband seinen angeschlossenen Konsumgenossenschaften empfohlen, den in den Sparordnungen festgesetzten bisherigen Höchstauszahlungsbetrag von monatlich 20 RM weiter zu beschränken. Der Lippische Konsumverein in Lage beispielsweise kam dieser Empfehlung nach und änderte am 19. April mit Wirkung vom 24. des Monats seine Sparordnung entsprechend. Der monatlich zur Auszahlung mögliche Betrag wurde auf 10 RM beschränkt. Waren von dieser Regelung zuerst noch die Guthaben ausgenommen, die bereits gekündigt waren, so wurden ihr am 24. Mai auch diese mit der Begründung unterworfen, daß die Rückzahlung der "in größerem Umfange" gekündigten Spareinlagen "nicht möglich" sei und diese Ausdehnung der Beschränkung "den ungestörten Fortgang des Betriebes" gewährleisten sollte.[61] Diese Regelung war auch im Mai 1935 noch in Kraft.[62] Es kann vermutet werden, daß in anderen Konsumgenossenschaften in gleicher Weise verfahren worden ist. Die Appelle an die Sparer hatten ganz offensichtlich nicht die gewünschte Wirkung und bedurften der "Absicherung" durch Stillhalteabkommen und rigide Maßnahmen der vorstehenden Art. Es ist nicht vollständig zu klären, wieso diese in der Sparordnung verankerten Auszahlungsbeschränkungen ganz offensichtlich fortbestanden, während dem Vorschlag Bayrhoffers seitens des Reichswirtschaftsministeriums rechtliche Bedenken entgegengebracht wurden.[63] Es kann jedoch vermutet werden, daß der Grund ganz einfach darin gelegen hat, daß die Verschärfung der Auszahlung von Spargeldern in den Genossenschaftssatzungen verankert gewesen ist, während für den von Bayrhoffer vorgeschlagenen Vollstreckungsschutz eine besondere gesetzliche Regelung erst noch hätte vorge-

60 Vgl. BAP, 31.01 Nr. 10578, fol. 445-463 und Nr. 10581, Schreiben Bayrhoffers an Müller vom 17. September 1933. Vgl. a. Abschnitt 3.2.

61 Vgl. STA DT, L 80 II A, Gruppe V, Titel 14 Nr. 21, Bd. 1, fol. 199f. Die Zitate aus der Bekanntmachung zur Ausdehnung der Auszahlungsbeschränkung, ebenda, fol. 203. Auf dem selben Blatt der von Müller und Ley gezeichnete Aufruf zur Beruhigung der konsumgenossenschaftlichen Sparer, vgl. a. KgR, 1933, S. 337.

62 Vgl. STA DT, L 80 II A, Gruppe V, Titel 14 Nr. 21, Bd. 1, fol. 281.

63 Vgl. den handschriftlichen Entwurf des Schreibens des RWM an Bayrhoffer vom 22. Juni 1933, BAP, 31.01 Nr. 10578, fol. 462f.

nommen werden müssen, die wahrscheinlich weitere Beunruhigung in den Kreis der genossenschaftlichen Sparer hineingetragen hätte.

Nun waren es allerdings auch nicht ausschließlich genossenschaftliche Kleinsparer, die versuchten an ihre Ersparnisse zu kommen. Es kann aus einer Vielzahl bekannter Einzelfälle aus dem Bereich des ZdK zulässig verallgemeinert werden, daß Organisationen und Verbände aus dem Umfeld der sozialistischen Arbeiterbewegung bei Konsumgenossenschaften Sparkonten unterhielten. Nach der Zerschlagung der Freien Gewerkschaften, der Besetzung ihrer Büros und Einsetzung verschiedener Kommissare haben diese bzw. die nationalsozialistischen Besetzer offenkundig versucht, an diese Gelder zu gelangen. Die DAF achtete jedoch in gleicher Weise wie bei den Kleinsparern darauf, daß die Auszahlungen in Teilbeträgen erfolgten, während sie gleichzeitig bemüht war, mit allen Sparern, die Auszahlungen beantragt hatten, "Zwangsstillhalteabkommen" zu treffen. Sie argumentierte mit der Gefahr notwendig werdender Zwangsverkäufe konsumgenossenschaftlichen Besitzes, wenn Auszahlungen erfolgen würden. Bei der dabei sehr wahrscheinlichen Veräußerung der "vorhandenen Vermögenswerte zu Schleuderpreisen" hätten letzten Endes "die Sparer die Zeche zu bezahlen, weil sie nur bekommen könnten, was übrig bliebe."[64]

Der Stadtrat des sächsischen Kötzschenbroda hatte im Mai 1933 nach eigener Darstellung mit dem Vermögen der SPD ein Sparbuch über 240 RM beschlagnahmt, das diese beim Dresdener Konsumverein "Vorwärts" unterhalten hatte.[65] Unter Hinweis auf die Sparordnung hatte der Konsumverein die vom Stadtrat geforderte Auszahlung - die dieser als "polizeiliche Beschlagnahme" deklarierte - verweigert. Der Reichskommissar für das Genossenschaftswesen wurde daraufhin vom Bürgermeister der Stadt um eine Stellungnahme gebeten und überstellte die Angelegenheit dem Reichswirtschaftsministerium, das in einem Schreiben an den Sächsischen Minister des Innern vom 3. Oktober 1933 eine "gesonderte Behandlung des vom Stadtrat Kötzschenbroda beschlagnahmten Spargläubigeranspruchs (...) für nicht angängig"[66] hielt.

In der Konsumgenossenschaft Norderney waren, wie es in der Freigabe der Gelder nach Prüfung durch die Arbeitsfront hieß, "an gewerkschaftlichen Spar-

---

64 So in einem Musterexemplar einer solchen Vereinbarung über ein "Zwangsstillhalteabkommen", das die DAF dem RWM am 28. September 1933 übersandte, BAP, 31.01 Nr. 10575, fol. 224f. Zu dem von der Arbeitsfront in dem Begleitschreiben zur Diskussion gestellten vorübergehenden Vollstreckungsschutz ist es, wie oben ausgeführt, nicht gekommen, vgl. ebenda, fol. 222f. Am 13. Oktober 1933 teilte die DAF dem RWM mit, sie sehe diese Frage nach einer Besprechung im RWM als erledigt an, vgl. ebenda, fol. 227.

65 Wahrscheinlich ist die Beschlagnahme durch das dortige "Polizeiamt" erfolgt, wie aus dem Vorgang zu schließen ist.

66 BAP, 31.01 Nr. 10581. Über den Fortgang war nichts weiter zu ermitteln.

geldern" ca. 865 RM vorhanden, deren Rückzahlung in Teilbeträgen mit "den in Frage kommenden Verbänden"[67] vereinbart werden sollte.

Die Spareinlagen der Kölner Arbeiterwohlfahrt versuchte sich schon im April 1933 die "Gauleitung des Stahlhelm" zu sichern, die, wie von der betroffenen Konsumgenossenschaft geschildert wurde, "das Vermögen der Arbeiterwohlfahrt und damit auch das Besitzrecht an dem früheren Sparguthaben übernommen (hat)."[68] Es handelte sich um etwas mehr als 34.000 RM, deren sofortige und vollständige Auszahlung vom "Stahlhelm" gefordert wurde.

Nach einer vom Verband der südwestdeutschen Konsumvereine in Heidelberg erstellten Übersicht beschlagnahmter Sparguthaben aufgelöster Vereine und Organisationen hatten neben Einzelpersonen beispielsweise mehrere Arbeiter-Gesangvereine, Arbeiter-Radfahr- und Turnvereine, verschiedene Zahlstellen des Deutschen Metallarbeiter-Verbandes, Gewerkschaftskartelle, örtliche Organisationen der Tabakarbeiter, Buchdrucker, Brauerei- und Mühlenarbeiter, Ortsvereine der SPD, der Arbeiter-Wohlfahrt und des Reichsbanner Sparkonten bei Konsumgenossenschaften in Gießen, Kelsterbach, Mainz-Wiesbaden, Trebur und Worms unterhalten. Die Höhe der Guthaben war breit gestreut, auf der Mehrzahl der Konten befanden sich Beträge von weniger als 100 RM, einige lagen zwischen 500 und 1.000 RM, mit 2.407 RM wies das Konto des DMV in Kelsterbach den höchsten Einlagenbestand aus. Auch hier kam es unter Verweis auf die geltenden Sparordnungen nicht zu der im Herbst 1934 vom Hessischen Staatsministerium geforderten Einziehung (Auszahlung) dieses sogenannten volks- und staatsfeindlichen Vermögens.[69]

Hinsichtlich der von den Konsumgenossenschaften initiierten Werbe-Aktivitäten ist die Aktenüberlieferung ergiebiger als im Fall der Auszahlungsbeschränkungen und Stillhalteabkommen. Dies erklärt sich - von möglichen glücklichen Fügungen bei der Überlieferung von Archivalien abgesehen - dadurch, daß der unmittelbare Fortgang des Geschäftsbetriebes v. a. vom Umsatz abgängig war und die Konsumgenossenschaften dementsprechend, gestützt auf die Pressemitteilung über die Kabinettsentscheidung vom 25. April und die Entscheidungen der folgenden Tage, umgehend und mit ausdrücklichen Hinweisen auf die jeweiligen bestandssichernden Verlautbarungen an ihre Mitglieder herantraten und sie auf-

---

67 Schreiben der DAF, Zentralbüro, vom 25. September 1933 an die Konsumgenossenschaft in Norderney. Exemplar in: co op Konsumgenossenschaft Norderney.

68 Abschrift des Schreibens der Rheinisch-Bergischen Konsumgenossenschaft "Hoffnung" an Bayrhoffer vom 29. April 1933, in: BAP, 31.01 Nr. 10591, fol. 2a. Die Angelegenheit ging am 16. Mai zu den Akten, weiteres konnte nicht ermittelt werden, vgl. ebenda, fol. 2.

69 Der Vorgang in: BAP, 31.01 Nr. 10596, fol. 182ff, 222ff, 282ff.

forderten, "den Pfennig in die Verteilungsstellen (zu) tragen",[70] was ihren Konkurrenten und den nationalsozialistischen Mittelstandsvertretern Anlaß zu regelmäßigen Klagen gab.

Die Entscheidung des Kabinetts vom 25. April zur künftigen Behandlung der Konsumgenossenschaften wurde vom ZdK am 6. Mai in der KgR positiv kommentiert. Damit sei "Klarheit geschaffen, daß die Konsumgenossenschaften in ihrer bisherigen Weise weiterarbeiten können. Jetzt ist in dieser grundsätzlichen Frage kein Hindernis mehr vorhanden, das die Arbeit der deutschen Konsumgenossenschaften unmöglich macht, falls nicht wieder neue Ereignisse eintreten."[71] In den folgenden Ausgaben der Mitgliederzeitungen beider Verbände finden sich wiederholt vergleichbare Würdigungen der Maßnahmen zur Sanierung der Konsumgenossenschaften.[72]

Betont wurde bei dieser Gelegenheit i. d. R., wie wichtig das Aufhalten der Spargeldabzüge, vor allem aber hervorgehoben, wie bedeutsam eine Umsatzsteigerung sei. Unter Bezug auf die oben erwähnte erste öffentliche Erklärung Müllers wurde beispielsweise gefordert, daß "jeder Konsumgenossenschafter auf seinem Posten bleiben (muß). Es gilt, Arbeit in die Konsumvereine hineinzutragen, jede, wenn auch noch so geringe Kaufkraft erfülle im Konsumverein dessen eigentlichen Sinn."[73]

Daneben informierten die Verbände die ihnen angeschlossenen Konsumvereine über konkrete Werbemöglichkeiten und zulässige -maßnahmen. Der Verband nordwestdeutscher Konsumvereine stellte am 23. Mai in einem Rundschreiben an die angeschlossenen Verbandsgenossenschaften fest:

> "Zur Sicherung der Wirtschaftlichkeit ist in erster Linie die Erhaltung bzw. Steigerung des *Umsatzes* nötig. *Personal und Funktionäre sind deshalb zu veranlassen, sich rückhaltlos auf den Boden der Tatsachen zu stellen und die Kleinarbeit mit aller Energie wieder aufzunehmen.* Die Mitglieder, die gekündigt haben, sind zu besuchen, um sie unter Hinweis auf die völlig veränderten Verhältnisse zu

70 KgR, 1933, S. 518. Diese Formulierung ist einem Artikel der Ausgabe vom 12. August 1933 entnommen. Aber sie bringt zugespitzt den Tenor der Bemühungen zum Ausdruck.

71 Ebenda, S. 305. Die gleichfalls zuversichtliche Beurteilung durch den Kölner Verband in: KgP, 1933, S. 162. Vgl. ausführlich Abschnitt 3.1 zur Kabinettsentscheidung und der Pressemitteilung hierzu.

72 Gegen diese nahm - bezogen auf das Organ des Hamburger ZdK - der unten zitierte Artikel aus der DAHZ ausdrücklich Stellung. Die KgP, stellte mit der Ausgabe vom 1. September 1933 das Erscheinen ein. Die KgR wurde ab dem 9. September für kurze Zeit als KgR des Reichsbundes der deutschen Verbrauchergenossenschaften fortgeführt, vom 7. Oktober erschien sie als dessen "Rundschau".

73 KgR, 1933, S. 353, ohne Hervorh. zitiert. Die genannte Erklärung wird hier irrtümlich Ley zugeschrieben.

veranlassen, die Kündigung zurückzuziehen und weiter ihren Bedarf im Konsumverein zu decken."[74]

Diese Werbung der Konsumvereine, ihre Aufforderungen an die Mitglieder (einschließlich der ausgeschiedenen - wie das vorstehende Beispiel zeigt), ihren Bedarf wieder in den Verteilstellen der Genossenschaften zu decken, rief Unmut bei und in den Organisationen hervor, die gehofft hatten, daß es für Konsumgenossenschaften im "neuen Staat" keinen Platz mehr gäbe. Es waren dies die Kreise, die an einer Gewerbefreiheit nicht interessiert waren, weil diese sie der Konkurrenz aussetzte. Ihr Interesse konzentrierte sich darauf, mit der Forderung zur Schaffung eines gesunden Mittelstands möglichst schnell und gründlich einen Konkurrenten vom Markt verschwinden zu lassen. So erklärte beispielsweise nach einem Bericht der KgR auf einer gemeinsamen "Kundgebung des Kampfbundes des gewerblichen Mittelstandes und des Verbandes der Kölner Einzelhändler" das geschäftsführende Vorstandsmitglied der Hauptgemeinschaft des Deutschen Einzelhandels, Hilland, daß bei den Konsumgenossenschaften "ein organischer Abbau" erfolgen sollte, an die Warenhäuser "müßte Hand (angelegt)" werden und neben dem Zugabeverbot und dem "Sperrgesetz" sei das Rabattwesen zu beseitigen.[75]

Sucht man über das traditionelle Mitgliedergeschäft hinaus nach Motiven für die Selbstbeschränkung der Konsumgenossenschaften in ihrer Werbetätigkeit, die ja unzweifelhaft in der Konzentration auf den Kreis ihrer Mitglieder (einschließlich der ausgeschiedenen) vorliegt, so geraten zwei Aspekte ins Blickfeld. Zum einen die in den Konsumvereinen nach der bestandssichernden Erklärung

---

74 Ein Exemplar in: co op Konsumgenossenschaft Norderney. Hervorh. i. Orig. Darin auch der ausdrückliche Bezug auf das von Grahl und Everling am 22. d. M. versandte Rundschreiben von ZdK und GEG, in dem es hieß: "Jetzt gilt es, das zum Teil verlorengegangene Vertrauen der Käufer und Sparer erneut zu gewinnen, um die Wirtschaftlichkeit und Liquidität der Konsumvereine zu sichern." Exemplar in: BAP, 31.01 Nr. 10580, S. 2 des Schreibens.

75 Die Zitate aus dem Bericht der KgR, 1933, S. 362 (Ausgabe vom 26. Mai), nicht aus der Rede Hillands. Dieser war zugleich geschäftsführendes Präsidialmitglied des Deutschen Industrie- und Handelstages (vgl. a. Abschnitt 3.3). Beim "Sperrgesetz" handelt es sich um das Einzelhandelschutzgesetz (siehe u.), zum Zugabeverbot vgl. das Gesetz über das Zugabewesen. Vom 12. Mai 1933. RGBL I, S. 264. Das Rabattwesen erfuhr eine mittelständischen Interessen entsprechende Regelung, indem das Rabattgesetz im November 1933 neben Warenhäusern und den anderen Großbetriebsformen im Einzelhandel auch den Konsumgenossenschaften die Gewährung von Barzahlungsnachlässen untersagte (§ 6). Zudem wurde in § 5 die Rückvergütung der Konsumvereine auf 3 % (den Satz des erlaubten Barzahlungsnachlasses) beschränkt. Vgl. Gesetz über Preisnachlässe (Rabattgesetz). Vom 25. November 1933. RGBL I, S. 1011; AdR, Reg. Hitler, Teil I, Bd. 2, S. 945; v. Saldern, Mittelstand, S. 61 und 270.

der Reichsregierung öffentlich vertretene Zuversicht, die wirtschaftliche Abwärtsbewegung aus eigener Kraft, durch eine umfassende Mobilisierung des Mitgliederkreises aufhalten und umkehren zu können.[76] Zum anderen war in den Erklärungen Müllers vom 12. und Leys vom 15. Mai eindeutig formuliert, eine weitere "Ausdehnung" bzw, einen "Ausbau" der Konsumgenossenschaften nicht zuzulassen. Vor dem Hintergrund der nicht nachlassenden Übergriffe auf Konsumgenossenschaften, die schließlich nach entsprechender Intervention des Reichswirtschaftsministeriums beim Reichsminister des Innern Anlaß für dessen Rundschreiben an die Landesregierungen vom 16. Mai waren, dürfte diese Selbstbeschränkung wohl also auch eine in gleicher Weise bewußte und taktisch bedingte gewesen sein, wie die in den beiden Erklärungen von Müller und Ley gewählte Formulierung der beabsichtigten "Abwicklung" der Konsumgenossenschaften, denn die Werbung neuer Mitglieder (also Personen, die bisher nicht in Konsumvereinen organisiert waren) wäre ohne Zweifel dem Ziel der Umsatzsteigerung dienlich gewesen.[77] Die Absicht der Arbeitsfront mit diesen beiden Erklärungen lag in der Beruhigung und Beschwichtigung der mittelständischen Handelsorganisationen und Kaufleute.[78] Eine entsprechende Funktion besaß das zu dieser Zeit verkündete Einzelhandelsschutzgesetz, während die von Heß Ende Juni veröffentlichte Erklärung "Zur Konsumvereinsfrage",[79] in der den Mitgliedern

76 Hierbei mag durchaus noch die "Tradition" der Beschränkung der Warenabgabe an Mitglieder der Konsumgenossenschaften eingeflossen sein, die zudem noch gesetzlich verankert war (siehe u.). Sehr nachhaltig dürfte dieser Aspekt aber im Ergebnis nicht gewesen sein. Auf die Geschäftspolitik hatten mittlerweile Personen ohne diese genossenschaftliche Tradition wesentlichen Einfluß.

77 Vgl. das RdSchr. des RMdI in: STA DT, L 80 II A, Gruppe V, Titel 14, Nr. 21 Bd. 1, fol. 219. Abschrift in: BAK, R 43 II/351, fol. 16. Zum taktischen Hintergrund der Erklärung Leys vgl. S. 4f des Entwurfs der Kabinettsvorlage des RWM vom 27. Mai, in: BAP, 31.01 Nr. 10580. Hierzu ausführlich in Abschnitt 3.2. Vgl. a. Hasselmann, Konsumgenossenschaften, S. 469, der hervorhebt, daß "die Konsumgenossenschaften, die ja nur an Mitglieder verkaufen durften, (...) durch die Werbung neuer Mitglieder groß geworden (waren)."

78 In die gleiche Richtung ging die Auflösung der sogenannten nicht lebenswichtigen technischen Hilfsbetriebe der Konsumgenossenschaften, die in erster Linie dem selbständigen Handwerk zugute gekommen sein wird. Vgl. die entsprechende Ano. der DAF vom 28. Juni 1933 in: KgP, 1933, S. 236; KgR, 1933, S. 589. Am 23. März 1934 wurde dem RWM durch den Beauftragten für die deutschen Verbrauchergenossenschaften mitgeteilt, daß "die wichtigsten handwerklichen Produktionsbetriebe in Verbrauchergenossenschaften (...) zum größten Teil bereits stillgelegt oder an selbständige Handwerker verpachtet" sind, BAP, 31.01 Nr. 10595, fol. 86. Es handelte sich hiernach um Tischler-, Schlosser- und Schuhreparaturwerkstätten.

79 Vgl. Gesetz zum Schutze des Einzelhandels. Vom 12. Mai 1933. RGBL I, S. 262 und die Ausführungen in Abschnitt 3.3. Zur Heß-Erklärung weiter unten.

der NSDAP untersagt wurde, für die Konsumvereine zu werben, erheblich darüber hinausging.

Eine erste, den vorstehend geschilderten Überlegungen Rechnung tragende Anordnung der DAF zur Werbetätigkeit der Konsumgenossenschaften erging am 1. Juni:

> "Im Interesse der weiteren Durchführung der Maßnahmen zur Festigung der Deutschen Arbeitsfront ist in erster Linie Ruhe geboten. Aus diesem Grunde haben wir die Belästigungen der Konsumgenossenschaften zu hindern, auf der anderen Seite müssen wir aber auch Wert darauf legen, daß die Konsumgenossenschaften ihrerseits nicht so stark in den Vordergrund treten, insbesondere daß sie *Werbeaktionen in der großen Öffentlichkeit* (Hervorh. i. Orig.) unterlassen. Unter diese Werbeaktion fällt natürlich nicht die Werbung im Kreise der eigenen Mitglieder, also Mitgliederversammlungen, Schulung der eigenen Funktionäre und dergleichen. *Wohl aber fallen darunter öffentliche Versammlungen, Plakatierung, Flugblattverbreitung und Inserierung über den früher üblichen Rahmen hinaus.* (Hervorh. U. K.) Rundschreiben an Mitglieder, die in letzter Zeit infolge der allgemeinen Mißstimmung die Konsumgenossenschaften versandt haben, sind gestattet."[80]

In einem ausführlichen Rundschreiben an die ihm angeschlossenen Konsumgenossenschaften konkretisierte der ZdK eine Woche später die hiernach seines Erachtens zugelassene Werbetätigkeit, die ausschließlich den Kreis der Mitglieder zum Adressaten haben sollte. Ihre Kauf- und Spargeldkraft galt als völlig ausreichend, "das Schaffen der Konsumgenossenschaften (...) wieder auf die Ebene einer befriedigenden Betriebsführung emporzuheben." Mit einer breiten Aufklärungskampagne sollten die Mitglieder, die ihren Bedarf nicht mehr in der genossenschaftlichen Verteilstelle deckten, Spargelder kündigten oder ihren Austritt erklärten bzw. gekündigt und erklärt hatten, zur Aufgabe ihrer "verderblichen Enthaltsamkeit" bewegt werden.

> "Nach neuen Mitgliedern braucht vorläufig nicht Ausschau gehalten zu werden. (...) gelingt die Wiedergewinnung dieser lauen und verärgerten Mitglieder für die regelmäßige konsumgenossenschaftliche Warenentnahme, so lassen sich die aus der Krise entstandenen Schwierigkeiten (...) überwinden. *Öffentliche Kundgebungen und Werbungen zugunsten der Verbrauchergenossenschaften sind nicht gestattet. Sie sind also unter allen Umständen zu vermeiden.*
>
> Konkret sollte *"auf eine systematische mündliche Aufklärung der Mitglieder und der ausgeschiedenen Mitglieder in ihren eigenen Behausungen der größte Wert gelegt werden* (wobei darüber hinaus) eine besondere Bedeutung (...) den (...) *Mitgliederversammlungen* (zukommt), (...) (neben denen) selbstverständlich - wie in der Ver-

---

80 Ano. des Beauftragten für die deutschen Konsumgenossenschaften vom 1. Juni 1933. Unterzeichnet hatte diese Schloesser, zitiert nach KgP, 1933, S. 236. Dieser Text ist sonst nicht weiter nachweisbar.

gangenheit - auch Frauenabende, Film- und Lichtbildvorführungen und andere Veranstaltungen zur Aufklärung (...) in Aussicht genommen werden (können). *In jedem Fall aber darf die Aufklärungsarbeit nur den Kreis der Mitglieder und ihrer Haushaltsangehörigen umfassen.*"[81]

Wie im dritten Kapitel dargelegt, begannen die Konsumgenossenschaften relativ zügig, in entsprechender Weise an den infrage kommenden Personenkreis heranzutreten. Teilweise geschah dies noch im Mai, also bevor die beiden vorstehend wiedergegebenen Dokumente ergangen waren. Die Bremer Kleinhandelskammer etwa führte daraufhin angesichts eines Rundschreibens der Bremer Konsumgenossenschaft "Vorwärts" an die ausgetretenen Mitglieder Klage beim Senatskommissar für Handel und Schiffahrt, da sie unterstellte, dieses gelte der Werbung neuer Mitglieder.[82] Die auch öffentlich ausgesprochene Erwartung im mittelständischen Gewerbe wurde unmißverständllich zum Ausdruck gebracht. Zwar bekundete man Verständnis für eine sogenannte planmäßige Abwicklungsaktion, um die "investierten Millionen von Arbeitergroschen" zu sichern, doch "an der baldigen Ingangsetzung dieser Abwicklung und damit an der Beseitigung des bisherigen Schwebezustandes darf kein Weg vorbeiführen." Auch hier beklagte man sich, daß verschiedentlich Konsumvereine versuchten, neue Mitglieder zu werben, "und in sonstiger Hinsicht Propaganda für sich" machen, um dann zu betonen:

> Das mittelständische Gewerbe darf mit Fug und Recht erwarten, daß dem unverantwortlichen Treiben gewisser konsumgenossenschaftlicher Kreise schnellstens ein Ende bereitet wird. Es geht wirklich nicht an, daß die Großmut des Nationalsozialismus gerade von denjenigen ausgenutzt wird, die unter dem vergangenen System sowohl den gewerblichen Mittelstand als auch den Nationalsozialismus nicht heftig genug bekämpfen konnten. Die einzig mögliche Verhaltungsmaßregel für die Konsumvereine ist u. E. zur Zeit folgende: sich mäuschenstill und ganz artig zu verhalten, bis die endgültige Entscheidung über ihr zukünftiges Schicksal gefällt ist! (...) Es dürfte nicht schwer fallen, dem mittelständischen Gewerbe in der Konsumvereinsfrage eine bittere Enttäuschung zu ersparen."[83]

---

81 Alle Zitate aus dem "Rundschreiben Nr. 26" des ZdK vom 8. Juni 1933, "Zur Rettung der Konsumgenossenschaften tut eine umfassende Aufklärungsarbeit not!", BAP, 95 Nr. 51, Hervorh. i. Orig. Zum Kreis der Mitglieder zählten hiernach allerdings auch "die in den letzten Jahren ausgeschiedenen Mitglieder"!

82 Der Vorgang von Ende Mai bis Mitte Juni in: STA HB, 3 - V. 2. No. 2240. fol. 3ff. Vgl. in Abschnit 3.3 die Ausführungen zu den entsprechenden Aktivitäten der Konsumvereine in Nordhausen und Willich. Zur Besonderheit der *Klein*handelskammer vgl. Abschnitt 5.3.

83 "Ein offenes Wort zur Konsumvereinsfrage", in: DAHZ, 30. Juni 1933, S. 214, Ausschnitt in: BAP, 31.01 Nr. 10580, ohne Hervorh. zitiert. Vgl. a. den Bericht über die Ausführungen des Vizepräsidenten des Reichsstands des Deutschen Handels, Wildt, auf einer "Vollversammlung des Kampfbundes des gewerblichen Mittelstand, Gau Württemberg und Hohenzollern", VB, MA vom 7. August 1933.

Wenngleich das Rundschreiben des ZdK vom 8. Juni präziser gehalten war als die DAF-Anordnung vom Monatsersten, so boten beide Anweisungen doch einen Interpretationsspielraum. In den Kreisen des gewerblichen Mittelstands war die Toleranzschwelle niedrig. Man erblickte hier sehr schnell vermeintliche Übertretungen und Verletzungen der zugelassenen Werbung, die dann umgehend und eindringlich bei Länder- und Reichsbehörden oder der NSDAP angeprangert wurden.

Die DAF sah sich - ausdrücklich wegen solcher "Übertretungen" - am 30. Juni gehalten, ihre Anordnung vom Monatsersten, in der die "Werbeaktionen in der großen Öffentlichkeit" untersagt worden waren, zu präzisieren - und zu verschärfen. Zugelassen war nun nur noch die Rückgewinnung der *nach dem 30. Januar ausgeschiedenen Mitglieder*. Verboten wurde "jegliche öffentliche Werbung beispielsweise durch Plakate, Inserate, Flugblattreklame usw.", nachdem sie bis dahin erlaubt war, sofern sie nicht - wie es in der Anordnung vom 1. Juni hieß - "über den früher üblichen Rahmen hinaus" reichte. "Werbetexte, die keine Rücksicht auf den Gedanken der Volksgemeinschaft nehmen, sondern den Mittelstand verletzen", wurden gleichfalls verboten.[84] Mit dieser Anordnung hatte die DAF also ein generelles Verbot der öffentlichen Mitglieder-Werbung der Konsumgenossenschaften ausgesprochen.

Unter Berufung hierauf trat die Hauptgemeinschaft des Deutschen Einzelhandels an den Reichswirtschaftsminister heran. Ihr genügte die Begrenzung des Werbeverbots auf die dem RV und dem ZdK angeschlossenen Konsumvereine nicht. Sie wollte dieses auf die sogenannten wilden, d.h. keinem dieser Verbände angeschlossenen Vereine ausgedehnt wissen, die "in letzter Zeit eine besonders lebhafte Werbetätigkeit entfaltet (haben), die sich ohne Rücksicht auf (den) früheren Mitgliedsbestand an jedermann richtet und schon jetzt zu einem erheblichen wirtschaftlichen Erstarken dieser Unternehmungen führt."[85]

Im Reichswirtschaftsministerium erstellte der Ministerialrat Ronde in einer Reaktion auf diesen Antrag und eine vorangegangene Unterredung mit Vertretern der Hauptgemeinschaft sowie einer Reihe entsprechender Eingaben einen Aktenvermerk:

Seiner Ansicht nach herrschten "im Einzelhandel völlig falsche Vorstellungen über seine Pflichten und Aufgaben und über den Grundsatz »Gemeinnutz geht vor Eigennutz«". Zwar betonte er, die Aufgaben des Handels in "Warenbewirtschaftung und Warenverteilung" nicht zu verkennen, doch sei "der Handel nicht

---

84 Der Text der Ano. in: KgP, 1933, S. 236f. Auch diese Ano. ist (wie die vom Monatsersten) sonst nicht weiter nachweisbar, sie war in gleicher Weise durch Schloesser im Auftrag des von Ley eingesetzten Beauftragten Müller unterzeichnet.

85 Antrag der Hauptgemeinschaft des Deutschen Einzelhandels an den RWM vom 14. August 1933, BAP, 31.01 Nr. 10579, S. 3 des Schreibens.

Selbstzweck, sondern Mittel zum Zweck". Daher verwahrte er sich dagegen, "daß der Handel um seiner selbst willen, d. h. nur um auch ein »Geschäft« zu machen, bei allen Warenbewegungen innerhalb der deutschen Wirtschaft mit eingeschaltet sein müßte", wie es aus Handelskreisen fortwährend - und keineswegs "zum Wohl und Nutzen der Volksgemeinschaft" - propagiert werde. "Das große wirtschaftliche Problem des Augenblicks" erkannte Ronde darin, "den großen und kaufkraftschwachen Verbrauchermassen unseres deutschen Volkes ihren notwendigsten Lebensbedarf zu erträglichen, d. h. niedrigen Preisen zuzuführen." Insofern war der "Kampf des Handels gegen andere billiger und zweckmäßiger arbeitende (...) Einrichtungen nicht gutzuheißen", zumal sich "nicht bestreiten (läßt), daß die Quelle des Warenwuchers in der Sphäre des Handels und nicht beim Produzenten oder bei den Genossenschaften liegt". Er bezeichnete es als "falsche Proganda", die Hausfrau als "Volksschädling" zu diffamieren, die ihr Gemüse beim gemüseanbauenden Nachbarn billiger und nicht bei dem entsprechenden Händler einkauft. Das gleiche gelte für den Kohleneinkauf der Hausbesitzer auf genossenschaftlicher Grundlage, der zwar den Profit des Einzelhandels schmälere, den Mietern aber Vorteile brächte. Ein behördliches Einschreiten würde dieses zwar ändern, genau das aber sei nicht gewollt, denn der dann zwangsläufig höhere Kohlepreis "führt (...) mit aller Bestimmtheit zu einem beschränkten Kohleverbrauch, der sich schließlich auch in den Erzeugungsstätten (...) in einem verminderten Kohlenabsatz und (...) einer schwächeren Einstellung von Bergarbeitern geltend machen muß."

Auf die Bedeutung der konsumgenossenschaftlichen Werbemöglichkeiten wies Ronde zusammenfassend hin:

> Der bekannte "Beschluß des Reichskabinetts", wonach "die Konsumgenossenschaften nicht zerschlagen, sondern grundsätzlich erhalten werden sollen, ist (...) auch für den Einzelhandel bindend." Eine unterschiedliche Behandlung von Konsumvereinen und anderen Genossenschaften "würde in ihren Folgewirkungen den Kabinettsbeschluß sabotieren. Mitgliedersperre für eine Konsumgenossenschaft bedeutet ihren (...) sicheren Tod. Die Wirkungen treten sehr schnell in Erscheinung, da die Konsumgenossenschaften durch auch vom Einzelhandel und den verschiedenen Kampfbünden betriebene Propaganda in den verflossenen Monaten ganz gewaltige Einbußen erlitten haben, die auf Jahre hinaus nicht wieder einzuholen sein werden."
>
> Schließlich müßte "die Kreditaktion zugunsten der Konsumgenossenschaften sofort eingestellt werden (...), wenn eine Mitgliedersperre für die Konsumgenossenschaften ausgesprochen würde. Es läßt sich schlechterdings nicht vereinbaren, mit der einen Hand den Konsumgenossenschaften von Reichs wegen den Todesstoß zu versetzen und mit der anderen Hand von Reichs wegen »Kredite« in die Konsumgenossenschaften zu geben, bezüglich welcher alsdann mit aller Bestimmtheit feststehen würde, daß sie nur ein Sterbegeld sein könnten. Dies bezöge sich nicht nur auf die noch nicht ausgeschöpften Kreditmöglichkeiten, sondern auch auf die bereits hinge-

gebenen Kredite, deren Sicherheiten durch das allmähliche Absterben der Konsumgenossenschaften und ihrer Betriebe ganz naturgemäß nicht realisiert werden könnten."[86]

Die in der Anordnung der DAF vom 30. Juni fixierte Beschränkung der konsumgenossenschaftlichen Werbemöglichkeiten erschwerte den Konsumgenossenschaften ohne Zweifel die nachhaltige Steigerung der Umsätze, die im Interesse der Sicherheit der Bürgschaften unabdingbar war. Das Reichswirtschaftsministerium trat denn auch an die Arbeitsfront heran, um eine Rücknahme dieses (öffentlichen) Werbeverbots zu bewirken.[87]

Eine nachhaltige Verschärfung erfuhr die Frage der Werbetätigkeit der Konsumgenossenschaften aber gleichzeitig durch die Erklärung, die Heß am 27. Juni, und damit an genau jenem Tage abgegeben hatte, an dem das Reichskabinett die Bürgschaft über 6 Mio. RM des Sonderkredites III für Konsumgenossenschaften übernahm. Diese Erklärung beeinflußte die Auseinandersetzung in erheblich stärkerem Maße als die Anordnung der DAF vom 30. Juni. Es war besonders der Schlußsatz dieser Verlautbarung des Stellvertreters des Führers, der für die folgenden zwölf Monate eine umfangreiche Auseinandersetzung zwischen diesem, der Arbeitsfront, dem Reichswirtschaftsministerium und Mittelstandsorganisationen herbeiführte: "Den Mitgliedern der NSDAP wird (...) untersagt, für die Konsumvereine zu werben."[88] Damit mußten die Beauftragten der DAF (die ausnahmslos Parteimitglieder waren) angesichts der im Mai ergangenen Richtlinien

---

86 Sämtliche Zitate aus dem Aktenvermerk vom 16. August 1933, BAP, 31.01 Nr. 10580. Vgl. a. den unten zitierten Vermerk Rondes vom 30. Januar 1934.

87 Vgl. BAP, 31.01 Nr. 10575, fol. 63, Hinweis auf ein entsprechendes Schreiben des RWM an die DAF in einem handschriftlichen Vermerk des RegR Holtz, Ende August 1933. Das Schreiben selbst und eine Reaktion der DAF waren nicht zu ermitteln. In dem Vermerk hieß es: "Seitens der Reichsregierung ist ein Werbeverbot nicht erlassen worden, *wohl* aber von *Parteiseite* (Anordnung Dr. Ley)." Hervorh. i. Orig. Damit muß die vorstehend zitierte Anordnung vom 30. Juni gemeint sein. Eine andere ist mir nicht bekannt. In den Überlieferungen über die Auseinandersetzungen der Folgemonate um die Werbemöglichkeiten der KG ist von einem parteiseitigen oder parteiamtlichen Werbeverbot ausschließlich unter Bezug auf die Heß-Anordnung vom 27. Juni 1933 die Rede, für dessen Revision sich auch die DAF einsetzte.

88 Vollständig zitiert in Abschnitt 3.2. Veröffentlicht z. B. in: VB, NA vom 28. Juni 1933. Am 7. Juli 1933 findet sich der Text fast gleichlautend in einer Ano. von Heß zur Warenhausfrage! Vgl. hierzu Uhlig, Warenhäuser, S. 111ff zur Bewertung dieser "wie eine Sensation" wirkenden Anordnung und ihres Hintergrunds. Vgl. Abschnitt 3.2 zu den teilweise ähnlich gelagerten Überlegungen des RWM und des Kabinetts in der Beurteilung von Warenhaus- und Konsumgenossenschaftsfrage.

für ihre Tätigkeit in eine prekäre Situation geraten.[89] Dieser Zusammenhang dürfte der DAF und dem Stellvertreter des Führers unverzüglich klar geworden sein, denn bereits am 4. Juli zeichnete Ley im Einvernehmen mit Heß eine Anordnung der NSDAP, in der eingangs m. E. bewußt festgehalten wurde, daß "jede Einzelaktion gegen Konsumvereine oder gegen die eingesetzten Beauftragten in den Konsumvereinen (...) strengstens untersagt (ist),"[90] bevor erneut gegen Eingriffe in Konsumgenossenschaften Stellung bezogen wurde.

Für den Lippischen Konsumverein in Lage beispielsweise ist überliefert, daß dessen Beauftragter schon im Juni durch einen NSDAP-Ortsgruppenleiter bedroht worden war, um die Schließung einer Verteilstelle dieses Konsumvereins zu veranlassen. Im Dezember trat die DAF an das Lippische Staatsministerium heran, um für diesen Beauftragten den polizeilichen Schutz vor Bedrohungen aus SA-Kreisen anzufordern.[91] Im Dezember 1933 führte der Beauftragte für die deutschen Verbrauchergenossenschaften beim Braunschweigischen Ministerpräsidenten Klage gegen den "unausgesetzten Kampf gegen meine Beauftragten (...), der leider z. T. mit starken Druckmitteln geführt" werde, während "aus anderen Landesteilen (...) Berichte über gutes Zusammenarbeiten, ja sogar ständige Arbeitsgemeinschaften, zwischen den Verbänden des selbständigen Einzelhandels und den Verbrauchergenossenschaften (...) (eingehen), sie sich zum Segen der gesamten Verbraucherschaft auswirken."[92]

Die Entscheidung, auf die man im gewerblichen Mittelstand Ende Juni noch hoffte,[93] war, wie im dritten Kapitel gezeigt werden konnte, längst - und anders - gefallen. Der letzte Schritt des etappenweise vollzogenen Kurswechsels war we-

---

89 Die Beauftragten vertraten die Genossenschaft i. d. R. nach außen, Punkt 4 der "Richtlinien der in den deutschen Konsumgenossenschaften bestellten Beauftragten der Deutschen Arbeitsfront" etwa sah vor, daß diese "den Schriftwechsel und betriebliche Anweisungen" mitzeichnen sollten, BAP, 31.01 Nr. 10580.

90 WTB-Meldung vom 5. Juli, Ausschnitt in: BAP, 31.01 Nr. 10578, fol. 484. Die Nichtbeachtung sollte den Parteiausschluß zur Folge haben. Ausführlich zitiert in Abschnitt 3.3. Vgl. dort auch den weiteren Zusammenhang dieser Ano. vor dem Hintergrund der Eingriffe in den Geschäftsbetrieb der KG allgemein.

91 Vgl. STA DT, L 80 L Nr. 78, Vorgänge von Juni 1933 bis Januar 1934. Anlaß des Schreibens des Beauftragten der deutschen Verbrauchergenossenschaften an das Lippische Staatsministerium vom 19. Dezember war offensichtlich die jüngste Androhung aus SA-Kreisen, den Beauftragten zu verprügeln, "es sei Erregung in der NS-Hago bei den kleinen Geschäftsleuten, da die Meinung bestände, daß er die Geschäftspropaganda für die Konsumgenossenschaft übertreibe." Aktenvermerk des Staatsministeriums nach einer Unterredung mit dem Orts-Beauftragten vom 29. Dezember 1933.

92 Schreiben vom 14. Dezember 1933, STA WF, 12 Neu 18 Nr. 705. Über derartige Berichte war nichts weiter zu ermitteln.

93 Vgl. den zitierten Artikel aus der DAHZ vom 30. Juni 1933.

nige Tage vor dem Erscheinen dieses Artikel getan worden. Am 23. Juni hatte sich das Kabinett für die Fortführung der Bürgschaftsaktion innerhalb der Sonderkredite I und II ausgesprochen, und am 27. Juni übernahm es die weitere Reichsbürgschaft im Rahmen des Sonderkredites III.

Es folgte schließlich am 17. Juli das Rundschreiben des Reichswirtschaftsministeriums an die Länderregierungen, dessen Inhalt dann kurz darauf auch in der Öffentlichkeit bekanntgegeben wurde. Die vom Reichswirtschaftsministerium herbeigeführten wirtschaftspolitischen Entscheidungen des Kabinetts waren eindeutig. Das von der DAF ausgesprochene Verbot der öffentlichen Werbung, besonders jedoch das durch Heß über Mitglieder der NSDAP verhängte Werbeverbot stellten für die Konsumgenossenschaften eine erhebliche Gefahr dar. War doch die Werbung zur Umsatzsteigerung für die beabsichtigte Sanierung und Wiedergewinnung ihrer Wirtschaftlichkeit ein absolutes Erfordernis.

Der nach der Zwangsverschmelzung im August gebildete Reichsbund der deutschen Verbrauchergenossenschaften GmbH (GEG) hatte für die Aufrechterhaltung der Liquidität der ökonomisch besonders stark gefährdeten Konsumgenossenschaften z. T. Warenkredite gegeben, die nach seiner Ansicht dicht an das wirtschaftlich Vertretbare heranreichten.[94] Dementsprechend versuchte die GEG, die ihr angeschlossenen Genossenschaften zu bewegen, ihre Einkäufe bei sich zu tätigen, ohne daß sie ihnen allerdings eine Bezugspflicht auferlegte.[95] Bereits im Mai hatten Grahl und Everling als Beauftragte für den ZdK und die GEG gegenüber den neu eingesetzten Beauftragten die Verpflichtung betont, daß die Genossenschaften nach Möglichkeit ihren Warenbedarf vollständig bei der GEG decken sollten.[96] Betroffene einer solchen Geschäftspolitik waren Großhändler und Produzenten, die sich selbst oder über ihre Interessenvertretungen mit der Aufforderung an die Länderregierungen oder das Reichswirtschaftsministerium wandten, die Konsumgenossenschaften anzuweisen, von einer derartigen Regelung Abstand zu nehmen und sie dahingehend aufzufordern bzw. zu verpflichten, "daß in das bisherige Lieferungsverhältnis zwischen Industrie, Großhandel und Konsumverei-

94 Diese Auffassung wurde im zuständigen Referat des RWM geteilt. Im einzelnen weiter unten.

95 Vgl. die Schreiben des Reichsbundes an das RWM vom 20. November 1933, BAP, 31.01 Nr. 10592, fol. 118f und vom 6. Dezember 1933, ebenda, fol. 192f. Beide Schreiben hatte Müller unterzeichnet. In dem letzteren hatte er der Hoffnung Ausdruck gegeben, "daß es bei der bisherigen Übung verbleiben kann, den deutschen Verbrauchergenossenschaften den Einkauf da zu gestatten, wo sie am billigsten und preiswertesten beziehen können."

96 So in den "Richtlinien für die in den deutschen Konsumgenossenschaften bestellten Beauftragten der Deutschen Arbeitsfront", vgl. BAP, 31.01 Nr. 10580 und Abschnitt 3.3.

nen nicht eingriffen wird".[97] Das Reichswirtschaftsministerium teilte den Einsendern nach Rücksprache mit dem Reichsbund (GEG) mit, daß seitens der GEG eine generelle Neuregelung des Warenbezugs der Konsumgenossenschaften in ausschließlicher Bezugsdeckung der Genossenschaften bei der GEG nicht erfolgt sei, weshalb sich entsprechende Anweisungen an deren Adresse erübrigen würden.[98] Die GEG wurde vom Reichswirtschaftsministerium zum einen gebeten, "Umleitungen von Warenbestellungen der Konsumvereine auf den Reichsbund vorläufig nur in dem unbedingt notwendigen Umfange durchzuführen (und dort, wo es sich) als unvermeidlich erweist, (...) dies möglichst langsam im Wege eines quotenmäßigen Abbaus zu tun, da durch die plötzliche Entziehung aller Genossenschaftslieferungen die betroffenen Firmen unvermeidlich in ernste Schwierigkeiten geraten müßten."[99] Zum anderen wies das Reichswirtschaftsministerium darauf hin, "daß ein fortschreitender (...) Ausschluß der freien Wirtschaft als Lieferant für die Konsumvereine geeignet wäre, der Agitation gegen die Konsumgenossenschaften neuen Auftrieb zu geben und damit neue Schwierigkeiten zu verursachen."[100]

Ähnlich argumentierte das Reichswirtschaftsministerium hinsichtlich einer Bitte des Reichsbundes um Prüfung der Frage, inwieweit seine Produktionsbetriebe zur Versorgung von Heer und Marine herangezogen werden können. In der Reichskanzlei, die das entsprechende Schreiben zuständigkeitshalber an dieses weiterleitete, hatte der Beauftragte für Wirtschaftsfragen Keppler vermerkt,

> es sei seines "Erachtens (...) nicht richtig, wenn die Arbeitsfront als wirtschaftlicher Unternehmer auf zahlreichen Gebieten auftreten würde. Die Überführung der zahlreichen (durch die DAF - U. K.) übernommenen Wirtschaftsbetriebe in andere Hände kann natürlich nur im Laufe von langen Jahren sich vollziehen. Vielleicht

---

97 So der DIHT in einem Schreiben vom 1. Dezember 1933 an das RWM, BAP, 31.01 Nr. 10592, fol. 190. Eine Vielzahl derartiger Eingaben in: BAP, 31.01 Nr. 10594 und Nr. 10595.

98 Vgl. BAP, 31.01 Nr. 10575, fol. 234 und 236; Nr. 10592, fol. 190f.

99 Schreiben des RWM an den Reichsbund vom 12. Dezember 1933, BAP, 31.01 Nr. 10592, fol. 120. Angesichts fortgesetzter Beschwerden (die der Reichsstand der deutschen Industrie dem RWM am 12. März 1934 zur Kenntnis brachte) ging am 9. April ein erneutes Schreiben mit der Aufforderung an den Reichsbund, Stellung zu nehmen und mitzuteilen, was bisher veranlaßt worden war, vgl. BAP, 31.01 Nr. 10595, fol. 38-42, 47.

100 Schreiben des RWM an den Reichsbund (GEG) vom 5. März 1934, BAP, 31.01 Nr. 10594, fol. 58. Am 6. April wies der Reichsbund in einem Schreiben an den RWM anhand der Kalendervierteljahreserhebungen für 1933 darauf hin, daß "sich das Bezugsverhältnis im letzten Vierteljahr (1933 - U. K.) gegenüber dem gleichen Vorjahresabschnitt nicht erhöht, sondern sogar verschlechtert hat", BAP, 31.01 Nr. 10595, fol. 109-111, hier fol. 110. Vgl. a. ebenda, fol. 112, das weitgehend gleichlautende Schreiben des RWM an den Braunschweigischen Minister des Innern vom 24. April. 1934.

kann hie und da aushilfsweise eine Belieferung von Heer und Marine durch die Betriebe der deutschen Verbrauchergenossenschaften in Betracht kommen, insbesondere wenn es sich darum handelt, den einen oder anderen Betrieb über Wasser zu halten."[101]

Über den Tätigkeitsbereich der DAF äußerte sich wenig später auf der Kabinettssitzung vom 1. Dezember 1933 Reichswirtschaftsminister Schmitt generell. "Wirtschaftliche Betriebe" solle die Arbeitsfront nicht besitzen, "anderenfalls wäre mit einer derartigen Ausdehnung ihres Wirtschaftsapparates zu rechnen, daß die übrige Wirtschaft erdrückt werden würde."[102]

Die Agitation gegen die Konsumgenossenschaften war nun keineswegs zum Erliegen gekommen, wie aus dem vorstehend zitierten Schreiben des Reichswirtschaftsministerium an die GEG vom 5. März 1934 gefolgert werden könnte. Nach der Anordnung von Heß am 27. Juni, seiner gemeinsam mit Ley abgegeben Erklärung vom 4. Juli und dem Erlaß des Reichswirtschaftsministeriums vom 17. Juli waren wohl allmählich die Eingriffe in den konsumgenossenschaftlichen Geschäftsbetrieb zurückgegangen, ohne je völlig nachzulassen, die gewünschte Beruhigung in der Konsumvereinsfrage aber war längst nicht eingetreten. Wenn auch im August 1933 mit der Auflösung des Kampfbundes für den gewerblichen Mittelstand der wesentliche Träger der Eingriffe ausgeschaltet worden war, so verfolgte die aus ihm hervorgegangene NS-Hago - ebenso wie andere Organisationen des gewerblichen Mittelstandes - mit fortgesetzten Meinungsäußerungen und Eingaben doch weiterhin das Ziel einer Auflösung der Konsumgenossenschaften.[103]

So wandte sich beispielsweise die Hauptgemeinschaft des Deutschen Einzelhandels an Heß und schrieb, "wir glauben, darauf vertrauen zu dürfen, daß die endgültige Regelung dieser Streitfrage (der Gegensatz zwischen Konsumgenossenschaften und privatwirtschaftlich geführtem Einzelhandel - U. K.) im Sinne nationalsozialistischer Wirtschaftsauffassung darin bestehen wird, die Konsumvereine in das Eigentum selbständiger und verantwortlicher Kaufleute zu überführen."[104] Auch der Reichsstand des deutschen Handwerks sah "eine endgültige Lö-

---

101 Vermerk vom 20. Oktober 1933, BAK R 43 II/351, fol. 37. Die Stellungnahme des RWM ebenda, fol. 41. Die Frage der Belieferung militärischer Stellen ist v. a. nach der Überführung der Verbrauchergenossenschaften in das Gemeinschaftswerk der DAF gänzlich anders gehandhabt worden.

102 Zitiert nach: AdR, Reg. Hitler, Teil I, Bd. 2, S. 993f.

103 Das belegen eindrucksvoll die im vorstehenden Abschnitt geschilderten Reaktionen auf den Plan Leys vom September 1933.

104 Schreiben vom 31. Januar 1934. Abschrift für den RWM, BAP 31.01 Nr. 10576, fol. 64-68, hier fol. 64.

sung (...) nach wie vor in der Beseitigung der Konsumvereine, die wir (...) erneut in die Wege zu leiten bitten."[105]

Der Gau Baden der NS-Hago schließlich arbeitete einen auf den 13. April 1934 datierten "Vorschlag zur Umgliederung der badischen Konsumvereine" aus, dessen Intention gleichfalls in der Auflösung der Konsumgenossenschaften lag. Um der "Not und Erwerbslosigkeit in allen Sparten des Handels" abzuhelfen, war es diesen Überlegungen zufolge "notwendig, Einrichtungen zur Warenverteilung (...) *umzugliedern*" (Hervorh. U. K.), die dem postulierten Grundsatz zuwiderliefen, *"daß die Warenverteilung nach nationalsozialistischer Wirtschaftsauffassung regulär über den Großhandel und Einzelhandel an den Konsumenten zu geschehen hat."*[106] Der Badische Ministerpräsident Walter Köhler (zugleich Finanz- und Wirtschaftsminister in Baden) übersandte diesen Vorschlag am 14. April direkt dem Reichswirtschaftsminister Schmitt mit der Bitte, ihm "Unterstützung angedeihen zu lassen." Einem Vermerk des Regierungsrates Holtz zufolge wurde er jedoch von diesem dem Minister gegenüber als "undurchführbar" bewertet, sollte aber in einer anberaumten Besprechung mit Vertretern des Reichsfinanzministeriums und der Deutschen Zentralgenossenschaftskasse nochmals besprochen werden, was nach meinem Kenntnisstand aber nicht mehr erfolgte.[107]

Zwei Aspekte gilt es, bei der Agitation gegen die Konsumgenossenschaften (und allgemein gegen die Konkurrenz der Großbetriebsformen im Einzelhandel) hervorzuheben. Zum ersten war diese keine ausschließliche Angelegenheit des (politischen) Funktionärskörpers der Reichsleitung der NS-Hago und nachgeordneter Gliederungen bzw. der Hauptgemeinschaft des Deutschen Einzelhandels.[108] Sie fand starken Zuspruch im Kreis der Einzelmitglieder, ohne diesen hätte sich die Agitation nicht auf diese Weise und immer wieder neu über mehrere Monate hinweg entfalten können. Zum zweiten führten die (am Maximalziel der völligen Ausschaltung der großbetrieblichen Konkurrenz gemessenen) ausbleibenden Erfolge zu nachhaltigem "Unmut", der sich beispielsweise in den Stimmungsbe-

---

105 Schreiben an den RWM vom 26. Mai 1934, BAP, 31.01 Nr. 10595, fol. 196f, hier fol. 196. Vgl. weiter BAP, 31.01 Nr. 10576, fol. 168, wonach der Präsident der DZK am 3. Mai 1934 den RWM darauf hinwies, daß "sämtliche Kreise der NS-Hago (immer noch) einen ständigen Kampf gegen die Verbrauchergenossenschaften" führen.

106 Exemplar des Vorschlags in: BAP, 31.01 Nr. 10576, fol. 129-148, Hervorh. i. Orig.

107 Schreiben Köhlers an Schmitt vom 14. Aril 1934, ebenda, fol. 128. Dort auch der handschriftliche Vermerk.

108 Im März 1932 waren die Verbände der Großbetriebe im deutschen Einzelhandel aus der Hauptgemeinschaft ausgetreten. Zu den Hintergründen dieses Erfolgs nationalsozialistischer Politik vgl. Winkler, Mittelstand, S. 170f.

richten örtlicher Gliederungen der NS-Hago vehement niederschlug und gleichfalls Erwähnung in Polizei- und Regierungsberichten fand.[109]

Am 11. Dezember 1933 war der Reichswirtschaftsminister an den Stellvertreter des Führers herangetreten, um diesen zu veranlassen, das durch ihn am 27. Juni "parteiamtlich ausgesprochene und meines Wissens noch nicht wieder aufgehobene Werbeverbot baldmöglichst außer Kraft zu setzen",[110] da in diesem die maßgebliche Behinderung für eine Steigerung der konsumgenossenschaftlichen Umsätze erblickt wurde. Dem "stetigen Umsatzrückgang" der letzten Zeit könne "auch bei der zu erwartenden Besserung der Gesamtwirtschaftslage Einhalt (nicht) geboten werden, solange noch das (...) parteiamtliche Verbot (...) Gültigkeit besitzt."[111] Das Reichswirtschaftsministerium regte darüber hinaus die Abgabe einer *Erklärung durch die NSDAP* an, *"aus der erkenntlich wird, daß sich auch die Partei auf den Boden der vom Kabinett ausdrücklich genehmigten Richtlinien vom 17. Juli 1933 stellt.* Das könnte m. E. geschehen, ohne daß dadurch eine besondere Wohlwollenserklärung zu Gunsten der Konsumgenossenschaften zum Ausdruck gebracht werden müßte."[112]

Über die Umsatz- und Spareinlagenentwicklung der Konsumgenossenschaften informierte der Reichsbund regelmäßig die beteiligten Ressorts von Reichsfinanzministerium und Reichswirtschaftsministerium sowie die Deutsche Zentralgenossenschaftskasse.[113] Am 11. Dezember übersandte er in einem gemeinsamen Schreiben mit dem Beauftragten für die deutschen Verbrauchergenossenschaften dem Reichswirtschaftsministerium die aktuellen Zahlen, die im wesentlichen auf der Kalendervierteljahreserhebung des ZdK für das 2. Quartal 1933 und den ab 1. September nach der Zwangsverschmelzung ermittelten Angaben für den neuen

---

109 Vgl. beispielsweise die Stimmungsberichte der Kreisamtsleitung Bremen der NS-Hago für Februar und März 1934 an die Kreisleitung der NSDAP in Bremen, STA HB, 7, 1066 Nr. 389; Bericht des hannoverschen Polizeipräsidenten an den Regierungspräsidenten über den Stand der kommunistischen Bewegung vom 4. Dezember 1933, in: Mlynek (Bearb.), Gestapo Hannover meldet, S. 85; Lagebericht der Staatspolizeistelle Hannover an das Geheime Staatspolizeiamt Berlin für den Monat Januar 1934, in: ebenda, S. 107. Vgl. a. Deutschland-Berichte (Sopade), 1. Jg. 1934, Bericht April/Mai 1934, S. 49f; Bericht Mai/Juni 1934, S. 110f.

110 BAP, 31.01 Nr. 10576, fol. 16.

111 Ebenda, fol. 15.

112 Ebenda, fol. 16. Hervorh. U. K. Bis zum 23. Dezember hatte das RWM eine Stellungnahme des StdF lt. Vermerk nicht erhalten, ebenda, fol. 15. Auch danach war eine solche nicht zu ermitteln.

113 Die DZK informierte darüber hinaus beide Ressorts regelmäßig über die Spareinlagenentwicklung bei den am Sonderkredit I beteiligten Konsumgenossenschaften. Entsprechende Berichte beispielsweise in: BAP, 31.01 Nr. 10582.

Reichsbund (GEG) basierten.[114] Um trotz anhaltenden Rückgangs der Spareinlagen[115] die Zahlungsfähigkeit der konsumgenossenschaftlichen Sparkassen zu gewährleisten, waren GEG und Gepag bzw. der neue Reichsbund durch eine erhebliche Ausweitung des Warenkredits in Vorlage getreten. Ihre Außenstände (Debitoren) hatten sich von 72,7 Mio. RM am 31. Juli auf 93,8 Mio. RM am 3. Dezember erhöht.[116] Der Reichsbund und Müller hielten nunmehr "größere Zurückhaltung" für geboten. Angesichts dieses Volumens "erscheint daher für eine Anzahl Konsumgenossenschaften (eine Erweiterung des Kredits) unvertretbar und unmöglich", für diese "besonders bedrängten" Konsumvereine müßten andere Hilfen herbeigeschafft werden, da sonst zwangsläufig Zusammenbrüche - die im Falle größerer Genossenschaften unübersehbare Folgen hätten - eintreten würden. Gemeinsam beantragten beide demgemäß einen erneuten Kredit zur Sicherung der Liquidität über 6 Mio. RM, wobei sie ausdrücklichen Bezug auf Müllers Antrag vom 24. Juni 1933 über 12 Mio. RM nahmen.[117] Im zuständigen Referat des Reichswirtschaftsministeriums erkannte man im Ergebnis in der so geschilderten Situation eine außerordentlich schwere Gefährdung der bisher übernommenen Reichsbürgschaften und teilte darüber hinaus die in dem Schreiben zum Ausdruck gebrachte Sorge um die in den Konsumgenossenschaften investierten "bedeutende(n) Werte" von ca. 1 Mrd. RM.[118]

Auf einer Besprechung am 18. Januar 1934[119] wurde eine Lösung anvisiert, nach welcher der Antrag des Reichsbundes "zunächst seine Erledigung gefunden"[120] hätte, da ihm nach einem Vorschlag der DZK etwa 8 Mio. RM zur Verfügung gestellt werden sollten, die im Rahmen der Sonderkredite I und III noch

---

114 Vgl. BAP, 31.01 Nr. 10576, fol. 22-27.

115 Im 3. Kalendervierteljahr 1933 nahmen die Spareinlagen dem Reichsbund-Schreiben zufolge "unter Einrechnung der Vereine des Reichsverbandes" um etwa 13-14 Mio. RM ab, ebenda fol. 24. Vgl. a. Tabelle 17a auf Grundlage einer dem RWM im Februar 1935 überlassenen Berechnung.

116 Vgl. BAP, 31.01 Nr. 10576, fol. 25. Allein bei der DZK war der Schuldensaldo des Reichsbundes zwischen Mitte November und dem 31. Dezember 1933 von ca. 28,3 Mio. RM um rd. 4.626.000 RM auf etwa 33 Mio. RM angestiegen. "Die Erhöhung ist neben der planmäßig gesteigerten Inanspruchnahme der reichsverbürgten Liquiditätskredite zum Zwecke der Auszahlung von Sparguthaben hauptsächlich auf die Ausdehnung der von dem Reichsbund seinen Verbrauchergenossenschaften zur Verfügung gestellten Warenkredite zurückzuführen (...)", Schreiben der DZK an den RWM vom 13. Februar 1934, BAP, 31.01 Nr. 10582.

117 Vgl. BAP, 31.01 Nr. 10576, fol. 26. Der Antrag vom 24. Juni in: BAP, 31.01 Nr. 10579.

118 Vgl. BAP, 31.01 Nr. 10576, fol. 26f.

119 Vermerk über diese Besprechung (von RWM, RFM, GEG, DAF, Revisionsverband deutscher VG, DZK und Rbk.), ebenda, fol. 32-34.

120 Ebenda, fol. 33.

nicht ausgeschöpft waren. Diese Regelung - bei der im übrigen die Bedingungen der Bürgschaftserlangung erleichtert werden sollten - konnte ohne Kabinettsbeschluß durch die beteiligten Reichsressorts (beschleunigt) vorgenommen werden. Zu einer solchen erklärte sich das Reichswirtschaftsministerium unter der Voraussetzung bereit, daß eine grundsätzliche Erklärung der NSDAP zur Gewährleistung der "Wirtschaftlichkeit der Konsumvereine (...) in Kürze erfolgt",[121] nachdem Müller diese zuvor als sicher in Aussicht gestellt hatte.[122] Es sollte aber noch ein gutes halbes Jahr dauern, ehe diese gewünschte parteiseitige Erklärung nach langwierigen Auseinandersetzungen zustande kam. An dem nachhaltigen Widerstand, den der Wirtschaftsstab des Stellvertreters des Führers hinsichtlich dieser Erklärung leistete, scheiterte zu diesem Zeitpunkt das Vorhaben einer Vergabe der Rest-Reichsbürgschaften zu erleichterten Bedingungen. Die Vorbehalte des vom Reichswirtschaftsministerium um Mitzeichnung (des beabsichtigten Bescheids auf den Antrag vom 11. Dezember) gebetenen Reichsfinanzministeriums waren dagegen vergleichsweise gering. Sie richteten sich gegen den in dem Entwurf hierzu seines Erachtens vermittelten Eindruck, daß auf "den Antrag (vom 11. Dezember über 6 Mio. RM - U. K.) nach Erschöpfung der jetzt noch zur Verfügung stehenden Garantien" zurückgekommen werden könne, während sich Schwerin v. Krosigk zu einer Übernahme noch verfügbarer Garantien aus den Sonderkrediten I und III zu erleichterten Bedingungen nur bereit erklären wollte, wenn es damit "zu einer abschließenden Bereinigung der Schäden im Verbrauchergenossenschaftswesen" kommt.[123] Auf eine unzweideutige parteiamtliche Erklärung in dieser Angelegenheit legte auch er besonderen Wert.

Da im Reichswirtschaftsministerium Ende Januar 1934 weder eine derartige Erklärung noch eine Reaktion des Stellvertreters des Führers auf das Schreiben vom 11. Dezember des Vorjahres vorlagen, formulierte Ronde im Anschluß an einen ausführlichen Aktenvermerk am 30. Januar 1934[124] den Entwurf eines gemeinsamen Erlasses von Reichswirtschaftsministerium, Reichsfinanzministerium, Reichsministerium des Innern und Stellvertreter des Führers, in dem er u. a. be-

---

121 Ebenda, fol. 34, Formulierung aus dem Entwurf des RWM-Bescheids auf den Antrag über 6 Mio. RM in dem gemeinsamen Schreiben von Reichsbund (GEG) und dem Beauftragten für die deutschen Verbrauchergenossenschaften vom 11. Dezember 1933, der dem Präsidenten der DZK zur Kenntnisnahme und dem RFM zur Einverständniserklärung übersandt wurde. Zur Kritik des RFM hieran weiter unten.

122 Vgl. ebenda, fol. 32, dort hieß es: Direktor Müller (...) führte ergänzend aus, daß die Entscheidung der NSDAP ohne Zweifel zugunsten der Konsumgenossenschaften ausfallen werde."

123 Schreiben des RFM Schwerin v. Krosigk an den RWM vom 21. Februar 1934, BAP, 31.01 Nr. 10576, fol. 59f.

124 Vgl. ebenda, fol. 40-42.

tonte, daß es ein Widerspruch wäre, den Konsumgenossenschaften Reichsbürgschaften zu gewähren und gleichzeitig ein Werbeverbot zu dulden. Als Adressaten waren die Reichsressorts, sämtliche Länderregierungen, die Treuhänder der Arbeit, die Spitzenverbände der deutschen Wirtschaft, die DAF, der Präsident der DZK und das Reichsbankdirektorium vorgesehen.[125] Der Entwurf scheiterte jedoch noch vor dem Abgang an die für eine Mitzeichnung vorgesehenen Ressorts an einem abweichenden Votum Wienbecks, des Reichskommissars für den Mittelstand. Trotz einer Überarbeitung und dem Verzicht der Passagen zur grundsätzlichen Bedeutung der Konsumgenossenschaften wurde er nicht gezeichnet.[126]

Ronde kritisierte, daß trotz der eindeutigen Stellungnahme der Reichsregierung zu den Konsumgenossenschaften in dem Erlaß des Reichswirtschaftsministeriums vom 17. Juli 1933 "in der Öffentlichkeit immer noch (...) propagiert (wird),[127] daß es mit den Grundsätzen des Nationalsozialismus unvereinbar sei, einer Verbrauchergenossenschaft anzugehören". Der selbst von "amtlichen Stellen" gegen sie geführte "Kampf",[128] der sich auf die Heß-Erklärung vom 27. Juni 1933 berief, hat auch bei ökonomisch gesunden Konsumvereinen zum Rückgang der Mitglieder, "fühlbaren Spargeldabzügen" und, "entgegen der sonstigen Entwicklung in der deutschen Wirtschaft", zur zunehmend rückläufigen Entwicklung ihrer Warenumsätze geführt. Um für die Zukunft allen Zweifeln zu begegnen, wurde - unter ausdrücklichem Bezug auf die im Erlaß vom 17. Juli 1933 mitgeteilten Richtlinien - erneut hervorgehoben, daß sich "die aus der Volksgemeinschaft herausgewachsene Idee des genossenschaftlichen Zusammenschlusses (...) grundsätzlich im Rahmen nationalsozialistischen Fühlens und Denkens (bewegt)." Für eine "grundsätzlich andere Haltung" zu den Konsumgenossenschaften als beispielsweise gegenüber den in den Reichsnährstand eingegliederten landwirtschaftlichen Genossenschaften, den Bau- oder Kredit-

---

125 Vgl. ebenda, fol. 42-45.

126 Das Gegenvotum Wienbecks vom 3. Februar ebenda, fol. 47-50. Eine Stellungnahme Rondes zu diesem vom 8. Februar, ebenda, fol. 51-56, die Veränderungen handschriftlich in dem Entwurf, ebenda, fol. 42-45 und einem Extrablatt, ebenda, fol. 46. Wienbeck war zu dieser Zeit Leiter der Abteilung III A. Der Entwurf kam aus der für Genossenschaftsfragen zuständigen Abteilung I A, der MinDir. Heintze vorstand, vgl. Fabricius/Stamm, Führer-Kalender 1934, S. 96.

127 Beschwerden und Stellungnahmen gegen Konsumgenossenschaften aus Kreisen des gewerblichen Mittelstands in: BAP, 31.01 Nr. 10575, Nr. 10593, Nr. 10594

128 Vgl. beispielsweise BAP, 31.01 Nr. 10575, fol. 144f, 158f, 169-175 und Nr. 10581 über den in Bayern verfügten Ausschluß der Konsumgenossenschaften bei der Einlösung von Fettverbilligungsscheinen und die dortige Empfehlung an die staatlichen Beamten, Arbeiter und Angestellten, nicht in Konsumvereinen zu "kaufen". Ferner die im vorangegangenen Abschnitt behandelten Interventionen verschiedener Landesregierungen gegen Leys Plan einer Reichsverbrauchergenossenschaft, in denen zugleich deutliche Vorbehalte genereller

genossenschaften "besteht keinerlei Veranlassung". Auch die Konsumgenossenschaften "sind althergebracht, aus der Volksgemeinschaft herausgewachsene, lebendige Gebilde unserer deutschen Wirtschaft, die dazu dienen, den lebensnotwendigen Bedarf gerade der kaufkraftschwachen (...) Verbrauchermassen zu möglichst erträglichen Preisen und Bedingungen zu befriedigen und in gesundem und lauterem Wettbewerb preisregulierend zu wirken." Die bei einem Zusammenbruch der Konsumvereine zu erwartende "Vertrauenskrise" könnte "sich auch auf andere depositenverwaltende Institute auswirken (...). Im gegenwärtigen Stadium des wirtschaftlichen Aufbaus muß (jedoch) alles vermieden werden, was dem Vertrauen in die deutsche Wirtschaft abträglich sein könnte."

Nachdem noch einmal auf die Folgen eines Verlusts der Spareinlagen und Geschäftsanteile für die Genossenschaftsmitglieder und die gegebenen Reichsbürgschaften hingewiesen worden war, verlangte der Entwurf die "strengste Beachtung" der "dargelegten Grundsätze" und forderte abschließend, "daß alle etwa noch gegen die Tätigkeit der Verbrauchergenossenschaften gerichteten Sonderbestimmungen (...) unverzüglich außer Kraft gesetzt werden. Es ist ausschließlich Aufgabe der Reichsregierung, alle grundsätzlichen Maßnahmen, die zur Behebung von Mißständen auf dem Gebiete des Verbrauchergenossenschaftswesens und zum Ausgleich der Interessen zwischen den Verbrauchergenossenschaften und dem gewerblichen Mittelstand notwendig sind, zu treffen."[129]

Wienbecks Votum gegen diesen Entwurf war grundsätzlicher Natur, den genossenschaftlichen Zusammenschluß der Verbraucher betrachtete er als "gefährlichen Feind des selbständigen Verkäufers." So wird beispielsweise "derselbe Bäckermeister, der durch genossenschaftlichen Einkauf von Mehl, Zucker usw. Schritt halten kann mit den Großbäckereien, (...) durch die Konsumvereinsbäckerei um den Erfolg seiner Arbeit gebracht." Nach seinem Dafürhalten konnte es auch diesem Erlaß nicht gelingen, die "mächtig fortwirkende Gegensätzlichkeit (zwischen gewerblichem Mittelstand und Konsumvereinen - U. K.) zu beseitigen."[130] Er schlug anstelle des Versuchs, mit einem erneuten Erlaß die Einhaltung der Richtlinien vom 17. Juli des Vorjahres einzufordern, vor, den "planmäßigen *Abbau* oder Umbau der Konsumgenossenschaften" einzuleiten, wodurch "nicht das Risiko weiterlaufen würde, große eigene und fremde Werte doch endgültig mehr oder minder zu verlieren. Auch der Abbau, der selbstverständlich nur langsam und vorsichtig begonnen werden dürfte, wird wahrscheinlich Verluste kosten,

---

Art gegen die Existenz der Konsumgenossenschaften im nationalsozialistischen Staat geäußert worden waren.

129 Sämtliche Zitate aus dem Entwurf des Erlasses, BAP, 31.01 Nr. 10576, fol. 42-45. Die hier abschließend zitierte Formulierung findet sich bereits - z. T. wörtlich - in dem Erlaß des RWM vom 17. Juli 1933! Vgl. a. den oben zitierten Vermerk Rondes vom 16. August 1933.

130 BAP, 31.01 Nr. 10576, fol. 49.

aber im Gegensatz zu dem jetzigen Weg von dem Vertrauen weiter Volkskreise getragen werden."[131]

Das Gegenvotum Wienbecks veranlaßte Ronde zu einer dezidierten Stellungnahme und der Herbeiführung eines Ministerentscheids. Er führte aus, daß die im Juli 1933 ergangenen Richtlinien zum Fortbestand der Konsumgenossenschaften vom Kabinett in Kenntnis der "finanziellen, wirtschaftlichen und politischen" Tatbestände beschlossen worden waren.

> "Es verstößt daher gegen die Grundsätze einer autoritären Staatsführung und gegen das Führerprinzip in der Wirtschaft, es zu dulden oder es gar gutzuheißen und zu fördern, daß von einzelnen Stellen wirtschaftlichen oder politischen Charakters offen oder versteckt gegen diese Richtlinien verstoßen wird. Schon aus diesen grundsätzlichen Erwägungen ist der (neue - U. K.) Entwurf (...) notwendig. Dazu kommt, daß der für die Kreditaktion zu Gunsten der Konsumgenossenschaften verantwortlich zeichnende Herr Reichswirtschaftsminister die politische, finanzielle und wirtschaftliche Verantwortung für eine ordnungsmäßige Durchführung dieser Aktion, die den Zweck hat, den Konsumgenossenschaften über die Krise hinwegzuhelfen, nicht verantworten kann, wenn der derzeitige völlig disziplinlose Zustand in diesem Sektor der deutschen Wirtschaft fortdauert."[132]

Ronde skizzierte sodann erneut die Gefahren für die Genossenschaftsmitglieder und die Reichsbürgschaften der Sonderkredite I bis III, um herauszustellen, daß der Zweck des Entwurfs genau der sei, "auf diese Gefahren rechtzeitig hinzuweisen und klare und eindeutige Verhältnisse bei allen verantwortlichen Stellen der Politik und der Wirtschaft zu schaffen".[133]

Im Anschluß an seine Feststellung, daß "in sachlicher Beziehung (...) sowohl die vom Kabinett genehmigten Richtlinien vom 17. Juli 1933 als auch der anliegende (neue - U. K.) Entwurf (...) gegenüber dem Votum des Herrn MinDir. Wienbeck von weltanschaulich grundsätzlich verschiedenen Voraussetzungen"[134] ausgehen, wiederholte Ronde die Argumente für den Fortbestand der Konsumgenossenschaften im nationalsozialistischen Staat. Er verwies ferner auf ergriffene Maßnahmen zum "Ausgleich kollidierender Interessen des Handels und der Konsumgenossenschaften"[135], wie die Gleichsetzung ihrer Rückvergütung mit dem Rabatt des Einzelhandels und die Zusammenlegung von Konsumvereinen am gleichen Ort, wodurch es zu einer Verminderung ihrer Verteilstellen gekommen

---

131 Ebenda, fol. 50, Hervorh. i. Orig. Auf die "praktische Methode dieses Abbaus" ging Wienbeck nicht ein, er hielt sie "für erreichbar und zuverlässig."

132 Vermerk vom 8. Februar 1934, ebenda, fol. 51-56, hier fol. 51f.

133 Ebenda, fol. 52.

134 Ebenda.

135 Ebenda, fol. 55.

war.[136] "Weitergehende Umgestaltungsmaßnahmen" aber könnten erst realisiert werden, "wenn der Sektor Konsumgenossenschaften aus der Atmosphäre des Kampfes und der Sabotierung in die Sphäre der Ruhe und Ordnung zurückgeführt sein wird."[137]

Der zuständige Abteilungsleiter, Ministerialdirektor Heintze, hielt den erarbeiten Entwurf "im Grundsatz für zutreffend und geboten. Nur sollte das Schreiben angesichts der stark divergierenden Interessen und umstrittenen Aufforderungen etwas neutraler gestaltet werden. Ich schlage deshalb vor, (...) das Schwergewicht auf die Folgen etwaiger Zusammenbrüche zu legen."[138] Am 8. März legte Ronde den hiernach veränderten Entwurf des Schreibens an die Reichsressorts dem Reichswirtschaftsminister Schmitt vor,[139] der "die Absicht der wirtschaftlich möglichen Einschränkung (der Konsumgenossenschaften - U. K.) (...) besonders hinsichtlich der Spareinlagen" herausgestellt sehen wollte und eine "gemeinsame Formulierung mit Wienbeck" erbat.[140]

Am 26. März erstellte Regierungsrat Holtz im Anschluß an einen erneuten Vermerk zur Lage der Konsumgenossenschaften den Entwurf eines Schreibens an Heß, das auch die Zustimmung Wienbecks fand, sehr wahrscheinlich aber nicht abgesandt wurde.[141] Holtz nahm in dem Vermerk noch einmal Bezug auf die Problematik der Richtlinien der Reichsregierung vom 17. Juli 1933 und der Heß-Erklärung vom 27. Juni 1933.

> "Wenn in der Konsumgenossenschaftsfrage die notwendige Klärung, wenigstens für absehbare Zeit, eintreten soll, so muß für die Einstellung von Reichsregierung und Parteileitung eine gemeinsame Formulierung gefunden werden. Bei dieser Formulierung wird davon ausgegangen werden müssen, daß jede Behinderung der Tätigkeit der Konsumgenossenschaften zu unterbinden ist mit Rücksicht auf die außerordentliche Höhe der auf dem Spiele stehenden volkswirtschaftlichen Werte. Auf der ande-

---

136 Vgl. hierzu den Schriftwechsel zwischen RWM, DAF und Reichsbund zwischen November 1933 und Februar 1934 in: BAP, 31.01 Nr. 10592, fol. 42; Nr. 10593, fol. 134-136; STA WF, 12 Neu 18 Nr. 705.

137 BAP, 31.01 Nr. 10576, fol. 56.

138 Handschriftlicher Vermerk Heintzes vom 19. Februar 1934, ebenda.

139 Vorlagevermerk für den RWM vom 8. März 1934, ebenda, fol. 57.

140 Handschriftliche Anmerkung Schmitts ohne Datum, ebenda. Ronde hatte in der Vorlage empfohlen, auf die Diskussion um die Abtrennung des Depositengeschäfts (sic!) der Konsumgenossenschaften angesichts der "großen Nervosität der Genossenschaftssparer" nicht hinzuweisen, zumal sie z. Zt. aus "Mangel an liquiden Mitteln große Schwierigkeiten verursachen wird".

141 Der Vermerk ebenda, fol. 71-72, der Entwurf des Schreibens an Heß, ebenda, fol. 72-74. Wienbecks Einverständnis handschriftlich, ebenda, fol. 74. In den ausgewerteten Archivalien ist neben diesem Entwurf kein weiteres Exemplar vorhanden, in dem hier angebrachte

ren Seite wird der feindlichen Einstellung der Parteiorgane und der Agitation des gewerblichen Mittelstandes - die sich, wenn auch in versteckter Form, auf die Nichteinlösung der dem Mittelstand vor der Revolution gemachten Versprechungen stützt - durch die Feststellung der Boden zu entziehen sein, daß die grundsätzliche Entscheidung der Konsumgenossenschaftsfrage noch aussteht und daß die Reichsregierung die Möglichkeiten einer Einschränkung der Konsumgenossenschaften im Rahmen des wirtschaftlich Vertretbaren (namentlich hinsichtlich des Sparkassengeschäfts) prüft. Insoweit wird eine gewisse stillschweigende Einschränkung der in dem Erlaß vom 17. Juli 1933 gemachten Ausführungen, soweit sie sich auf die grundsätzliche Seite des Konsumgenossenschaftswesens bezogen, unvermeidlich sein."[142]

In dem Entwurf des Schreibens an Heß wurde zur Beseitigung der durch die jeweiligen Verlautbarungen des Vorjahres "entstandenen Mißverständnisse" eine gemeinsame Erklärung vorgeschlagen, die "zum Ausdruck bringen (müßte), daß mit Rücksicht auf die hohen (...) Werte jede Behinderung der wirtschaftlichen Tätigkeit der Konsumvereine unterbleiben müsse, während andererseits zur Abwehr der Angriffe des gewerblichen Mittelstandes darauf hinzuweisen wäre, daß die Frage des Ausgleichs mit (...) (dessen) Interessen (...) noch der Lösung harre, und daß die Reichsregierung prüfe, inwieweit die Tätigkeit der Konsumgenossenschaften im Rahmen des wirtschaftlich Möglichen eingeschränkt werden könne."[143] Da sowohl die Heß-Erklärung und der Inhalt des Erlasses des Reichswirtschaftsministeriums vom Vorjahr in der Presse veröffentlicht worden waren, war für die nun beabsichtigte gemeinsame Erklärung die Form einer Pressenotiz vorgesehen, in der die vorstehend dargelegten Überlegungen formuliert waren.[144]

Es ist denkbar, daß dieses beabsichtigte Schreiben an den Stellvertreter des Führers zugunsten einer Besprechung unterblieb, die am 17. April unter Beteiligung der Minister Schmitt, Schwerin v. Krosigk und Heß stattfand.[145] Die Grundlage der Unterredung bildeten Ausführungen von Holtz zur aktuellen Lage der Konsumgenossenschaften, also vermutlich[146] zum Problem ihrer Mitglieder-

---

handschriftliche Ergänzungen aufgenommen sind. Ein Kanzlei-Vermerk über den Abgang des Schreibens war nicht festzustellen.

142 Ebenda, fol. 71f.

143 Ebenda, fol. 73.

144 Vgl. ebenda.

145 Neben den darüber hinaus beteiligten Beamten aus dem RWM, RFM und Mitarbeitern aus dem wirtschaftspolitischen Beraterstab des StdF nahmen Vertreter des Rkom. für das Bankgewerbe, des Beauftragten des Führers für Wirtschaftsfragen, der DZK, des RWehrM, der NSDAP und Müller, der Beauftragte für die Verbrauchergenossenschaften, an der Sitzung teil. Vermerk über die Besprechung ebenda, fol. 84-93, 95. Die Ausführungen der Teilnehmer sind nicht wörtlich, sondern sinngemäß protokolliert.

146 Die Ausführungen sind nicht wiedergegeben.

rückgänge, Umsatzverluste und Spareinlagenentwicklung sowie zu den vom Reichswirtschaftsministerium in dem beabsichtigten gemeinsamen Erlaß mit Heß berührten Erwägungen.

Während Pietzsch[147] vor dem Hintergrund der laufenden Verluste der Konsumgenossenschaften für ihre Auflösung unter Sicherung der in ihnen angelegten Spargelder und Geschäftsanteile der Mitglieder - erforderlichenfalls durch eine Garantie des Reiches - eintrat, zumal sich die Gründe ihrer Bekämpfung durch die NSDAP auch mit der Übernahme der Konsumvereine durch die DAF nicht geändert hatten, beurteilte Müller ihre ökonomische Lage nicht so pessimistisch. Sofern sie "in der nationalsozialistischen Wirtschaft (neben dem gewerblichen Mittelstand - U.K.) als gleichberechtigt anerkannt würden",[148] werde sich ihre Situation nachhaltig verbessern. Der Vertreter des Reichskommissars für das Bankgewerbe plädierte - unabhängig von der zu erwartenden Entwicklung der Rentabilität der Konsumgenossenschaften, die positiv allein durch den "Einsatz der Autorität der NSDAP" zu beeinflussen sei - für die "möglichst baldige Trennung des Spargeschäfts vom Warengeschäft"[149] der Konsumvereine. Innerhalb von fünf Jahren sollten die Spareinlagen aus ihnen herausgezogen und bei anderen Kreditinstituten angelegt werden. Der Präsident der DZK, Helferich, hob hervor, daß der starke Umsatzrückgang der Konsumgenossenschaften durch politische Einflüsse verursacht worden sei. Bei den Stellungnahmen für ihren Abbau werde irrtümlich angenommen, daß dieser in erster Linie dem Mittelstand Vorteile brächte, "da für die Übernahme zum mindesten der Produktionsstätten nur kapitalstarke Unternehmungen in Betracht kämen. (...) Statt einer Hilfe für den Mittelstand müsse sich der Verkauf der Produktionsstätten zu einer Expansion gegen den gewerblichen Mittelstand (...) auswirken." Ein langsamer Abbau der konsumgenossenschaftlichen Verteilstellen wurde auch von ihm für realisierbar gehalten, wenn das Spar- vom Warengeschäft unter Sicherung einer Reichsbürgschaft getrennt werde, jedoch gab er grundsätzlich zu bedenken, "ob es überhaupt notwendig sei, den Abbau der Konsumvereine zu beschließen." Mit dem Verbot der Errichtung neuer Produktionsstätten und Verteilstellen sowie einem Werbeverbot für die Annahme weiterer Spargelder "würde den Interessen des Mittelstandes durch Verhinderung der Expansionsbestrebungen der Konsumvereine weitgehend Rechnung getragen." Ein solcher Weg der Erhaltung der bestehenden

---

147 Vgl. BAP, 31.01 Nr.10576, fol. 84-86. Albert Pietzsch, der Beauftragte des StdF für Wirtschaftsfragen, war zu dieser Zeit zugleich Präsident der IHK-München, im Dezember 1936 übernahm er die Leitung der Reichswirtschaftskammer. Vgl. Teschemacher, Handbuch, Bd. 3, S. 27f und passim; Esenwein-Rothe, Die Wirtschaftsverbände, S. 190; Longerich, Hitlers Stellvertreter, S. 28f.

148 BAP, 31.01 Nr. 10576, fol. 87.

149 Ebenda, fol. 87f.

Genossenschaften schien ihm auch auch für diejenigen zumutbar, die der Auffassung waren, "daß der konsumgenossenschaftliche Gedanke in das nationalsozialistische Wirtschaftssystem nicht einzufügen sei."[150] Der Reichsfinanzminister erklärte, es sei ohne die Klärung der weiteren Behandlung der Konsumvereine nicht möglich, die bisherige Bürgschaftsaktion fortzuführen. Den von Pietzsch und dem Vertreter des Reichskommissars für das Bankgewerbe geäußerten Vorschlägen der Abtrennung des Spargeschäfts unter Sicherung einer Reichsbürgschaft "bei gleichzeitigem Abbau der Konsumgenossenschaften" hielt er entgegen, daß beim Abbau der konsumgenossenschaftlichen Produktionsstätten und Verteilstellen die bisherigen Reichsbürgschaften außerordentlich gefährdet würden. Die Trennung des Waren- und Spargeschäfts aber war seiner Auffassung nach dann möglich, wenn die Konsumvereine fortgeführt werden, möglicherweise "würde sich die Gewährung von Reichsbürgschaften (...) sogar erübrigen. Gehe man aber gleichzeitig den Weg der langsamen Liquidierung der Genossenschaften, so habe man mit einer erheblichen Inanspruchnahme der Reichsgarantien zu rechnen. Aus diesem Grund müsse er die Übernahme weiterer Reichsbürgschaften bei gleichzeitiger Beschränkung der Aktionsfähigkeit der Konsumgenossenschaften ablehnen."[151] Der Vertreter des Reichswehrministeriums verlas sodann im Namen des Ministers Werner v. Blomberg mit der Bitte um "unbedingte Geheimhaltung" eine Stellungnahme, in welcher der Reichsbund der deutschen Verbrauchergenossenschaften für den sogenannten A.Fall zu einem wichtigen "Rüstzeug auf dem Gebiete der Versorgung" erklärt wurde. "Eine andere Organisation an seine Stelle zu setzen, wird einstweilen für unmöglich gehalten. Insbesondere kann der Handel nicht diese Organisation ersetzen." Der Reichsbund war hiernach

> "in Aussicht genommen für getarnte Ankäufe, für die Stellung nicht interessierten Personals bei Einrichtung der Zentraleinkaufsstelle für Heer und Marine, für die erste Versorgung der vordersten deutschen Linie in der entmilitarisierten Zone bei Abwehr eines französischen Einbruchs, zur Mithilfe bei der Räumung der entmilitarisierten Zone von Überschüssen auf dem Ernährungsgebiete, zur Mithilfe bei der Verpflegung der aus der entmilitarisierten Zone im A.Falle herauszuziehenden wehrhaften Männer, insbesondere auch der Angehörigen der SA und SS und weiter zur Mithilfe bei der Verpflegung in einem A.Falle aus den gefährdeten Gebieten etwa zurückströmender Flüchtlingsmassen. Er ist schließlich in einem A.Falle ein wichtiger Preisregulator."[152]

---

150 Ebenda, fol. 89-91.

151 Ebenda, fol. 91.

152 Erklärung im Auftrag des RWehrM, zitiert nach der dem RWM am 6. Juni 1934 schriftlich übermittelten Fassung, ebenda, fol. 197f. Das Begleitschreiben v. Blombergs, ebenda, fol. 196. Der "A.Fall" (gelegentlich auch "A-Fall") ist nach Auskunft aus dem BA/MA der "Aufstellungsfall" von Truppen bei der Mobilmachung.

Nach Ansicht von Heß war die weitere "Behandlung der Konsumgenossenschaften psychologisch, wirtschaftlich und wehrpolitisch" zu betrachten. Allein "ganz besondere Gründe" ließen ihm ihre Fortführung "überhaupt nur denkbar" sein, da "der gewerbliche Mittelstand (...) in den Jahren des Kampfes die größten Opfer für die Bewegung gebracht" hatte und die NSDAP sich seinerzeit "stets gegen die Konsumgenossenschaften ausgesprochen" (habe). "Die letzte Entscheidung über diese höchst schwierige Frage sei aber wohl an einer anderen Stelle zu treffen."[153] Reichswirtschaftsminister Schmitt beendete die Besprechung mit der Feststellung, "die Gegenüberstellung der verschiedenen Auffassungen (sei) von großem Wert gewesen".[154] Der Ansicht der nunmehr erforderlichen Entscheidung des Führers (etwas anderes kann Heß nicht gemeint haben) trat er ausdrücklich bei. Es sollten jedoch noch weitere zwei Monate vergehen, ehe am 19. Juni 1934 anscheinend tatsächlich eine Entscheidung durch Hitler getroffen war. Überliefert sind hierüber allerdings nur Vermerke in Akten des Reichswirtschaftsministeriums, die darauf schließen lassen, daß Hitler in der Tat gegen Heß entschieden hatte, indem er für die Abgabe einer gemeinsamen Erklärung in dieser Angelegenheit eintrat. Alles weitere, insbesondere ihren Wortlaut, scheint er den bisher beteiligten Ressorts überlassen zu haben.[155] Dieser Eindruck deckt sich mit Hitlers Bemerkungen vom Februar und März 1934. Auf dem Empfang einer Abordnung des DIHT am 15. Februar hielt er an den Richtlinien aus dem Erlaß vom 17. Juli 1933 fest und sprach sich für eine vorsichtige Behandlung der Konsumgenossenschaftsfrage angesichts der in ihnen angelegten Spargelder aus, um eine "Katastrophe" zu vermeiden.[156] Auf der Reichsstatthalterkonferenz vom 22. März warnte er vor einer Bankenkrise, die "dem wirtschaftlichen Wiederaufbau den Todesstoß versetzen" würde. Bei den Konsumvereinen kann "der Umbau (...) nur ganz allmählich erfolgen. Die aufliegenden Lasten müssen zuerst abgedeckt werden."[157]

Nicht eindeutig läßt sich klären, weshalb vom Reichswirtschaftsministerium in dieser Sitzung nicht die Gelegenheit wahrgenommen worden war, den anwesenden Müller in Gegenwart der übrigen Teilnehmer auf die von ihm als Beauftrag-

---

153 BAP, 31.01 Nr. 10576, fol. 92.

154 Ebenda, fol. 93.

155 Im einzelnen weiter unten. Die schließlich nach weiteren drei Wochen am 9. Juli veröffentlichte Erklärung war allein von Heß gezeichnet. Die vom RWM gewünschte gemeinsame Erklärung mit dem StdF hat es nicht gegeben.

156 Vgl. den Vermerk des MinR Willuhn über den Empfang, BAK, R 43 II/348, fol. 46f. Abgedruckt in: AdR, Reg. Hitler, Teil I, Bd. 2, S. 1123-1125.

157 Zitiert aus der nach stenografischen Notizen erstellten Niederschrift der Konferenz, BAK, Kl. Erw. Nr. 493, fol. 1-5, hier fol. 2. Abgedruckt in: AdR, Reg. Hitler, Teil I, Bd. 2, S. 1197-1200. Zur Herkunft dieser Niederschrift vgl. dort S. 1197.

tem für die deutschen Verbrauchergenossenschaften am 19. März mit der Reichsleitung der NS-Hago - aber ohne Absprache mit dem Reichswirtschaftsministerium - getroffene Vereinbarung zur gegenseitigen Werbetätigkeit anzusprechen. Holtz hielt ihretwegen eine Unterredung mit Müller für geboten, zumal dieser - nachdem sich die NS-Hago, "wie vorauszusehen war, (...) um diese Vereinbarung nicht gekümmert"(!) hat - "beschwerdeführend" an das Führeramt der DAF und an Heß herangetreten war und "das Reichswirtschaftsministerium als federführendes Ressort (...) nur nachträglich informiert" hatte. Die Aussprache sollte dem Zweck dienen, den "gegenwärtige(n) Zustand unklarer Zuständigkeitsabgrenzungen (...) beschleunigt" zu beseitigen, da unklar war, "für welche Fragen Herr Müller auf dem Gebiete des Konsumgenossenschaftswesens seine Zuständigkeit als gegeben ansieht."[158]

Während aus diesem internen Aktenvermerk die Absicht des Reichswirtschaftsministeriums zu erkennen ist, gegenüber Müller (und damit auch der Arbeitsfront) die eigene Richtlinienkompetenz unzweideutig herauszustreichen, verfolgte es nach außen einen anderen Weg. In einem Schreiben an Müller vom 12. April hieß es, im Reichswirtschaftsministerium war "mit Befriedigung von Ihrer Vereinbarung mit der Reichsleitung der NS-Hago Kenntnis genommen" worden, da nun zu vermuten stand, "daß damit die erheblichen, bisher auf dem Gebiete der beiderseitigen Werbung bestehenden Schwierigkeiten im wesentlichen ausgeräumt worden sind."[159] In dem Vermerk über die zwischen Müller und Holtz schließlich am 22. Mai geführte Besprechung ist eine eindeutige Desorientierung Müllers bezüglich der politischen Lage festgehalten. So hatte er hiernach behauptet, daß einzig Pietzsch gegen den Fortbestand der Konsumvereine auftrete, über die gegenteiligen Eingaben verschiedener Landesregierungen und Statthalter sowie den nachhaltigen Widerstand des Stellvertreters des Führers gegen eine gemeinsame Erklärung war ihm augenscheinlich nichts bekannt. Die Frage einer Abtrennung der Konsumgenossenschaften von der Arbeitsfront war - wie herausgestellt wurde - nicht besprochen worden. Vor dem Hintergrund der ab Anfang Mai 1934 nachweisbaren Position des Reichswirtschaftsministeriums, die DAF in der Konsumgenossenschaftsfrage auszuschalten, kann dieses Vorgehen wohl nur als diesem Ziel dienende Taktik begriffen werden.

Die am 19. März zwischen der Reichleitung der NS-Hago und dem Beauftragten für die deutschen Verbrauchergenossenschaften getroffene Vereinbarung hatte zwei Anordnungen zum Inhalt. Adressaten waren zum einen sämtliche

---

158 Vermerk vom 5. April 1934, BAP, 31.01 Nr. 10576, fol. 154. Durchschläge der Beschwerden Müllers ebenda, fol. 76-78, 150-153. Zu einer Unterredung mit Müller kam es erst am 22. Mai. Der Vermerk darüber, ebenda, fol. 179. Müller war bis dahin nach eigener Auskunft durch Krankheit verhindert.

159 BAP, 31.01 Nr. 10595, fol. 85.

Dienststellen der NS-Hago, zum anderen die Bezirks- und Ortsbeauftragten der Konsumvereine. Während sich deren Werbung allein auf den Kreis ihrer bisherigen Mitglieder beschränken mußte, erhielten die Dienststellen der NS-Hago Anweisung, jeglichen Kampf gegen die Konsumgenossenschaften zu unterlassen. Bei Verstößen war für beide Seiten die augenblickliche Amtsenthebung angedroht.[160]

Die Reichsleitung der NS-Hago hatte in der Zeit vom 23. März bis 7. April 1934 einen Werbefeldzug für den Einzelhandel und das Handwerk vorgesehen, der - wie im Reichswirtschaftsministerium aus eingehenden Berichten geschlossen wurde - an verschiedenen Orten durch untergeordnete Gliederungen in einen Boykott der Großbetriebsformen im Einzelhandel und jüdischer Gewerbetreibender verkehrt werden sollte. Um die hierdurch befürchteten Störungen der Wirtschaft abzuwehren, hatte sich der Reichswirtschaftsminister zum einen an v. Renteln als Leiter der NS-Hago gewandt. Zum anderen war er an den Reichsminister des Innern herangetreten, der, zur Unterstützung der durch v. Renteln zugesagten "Schritte", gebeten wurde, "durch Anweisung an die Polizeiorgane Vorsorge dafür zu treffen, daß nichts geschieht, was nach außen hin den Eindruck einer planmäßig angelegten Boykottaktion hervorrufen könnte."[161] Sämtliche Landesregierungen erhielten wenig später durch das Innenministerium mit der Bitte um entsprechende Anweisung der Polizei die Mitteilung, daß ein planmäßiger "Boykott gegen Waren- und Kaufhäuser, Konsumvereine, Einheitspreis- und Filialgeschäfte und gegen jüdische Geschäfte (...) nach übereinstimmender Meinung des Herrn Reichswirtschaftsministers, des Herrn Reichsministers für Volksaufklärung und Propaganda und des Herrn Reichsbankpräsidenten" nicht erfolgen darf.[162] Der Stellvertreter des Führers hatte bereits am 19. März die Reichsleiter und Gauleiter darauf aufmerksam gemacht, daß "der Führer (...) keinerlei Weisung für einen neuerlichen Boykott jüdischer Geschäfte gegeben (hat)."[163] In der

160 Abdruck der Vereinbarung in: BAP, 31.01 Nr. 10524, fol. 323; STA DT, L 80 II A, Gruppe V, Titel 14 Nr. 21, Bd. 1, fol. 267. Der Text auch in: Rundschau, 1934, S. 169. Vgl. weiter Ditt, Konsumgenossenschaften, S. 91; Hasselmann, Konsumgenossenschaften, S. 469: AdR, Reg. Hitler, Teil I, Bd. 2, S. 1198. Hinsichtlich der Werbung der Konsumvereine bot diese Vereinbarung also nichts Neues, aber sie hintertrieb natürlich die Bemühungen des RWM, mit dem StdF zu einer gemeinsamen Erklärung zu kommen!

161 Schreiben des RWM an den RMdI vom 20. März 1934, BAP, 15.01 Nr. 25682/3, fol. 145.

162 Schnellbrief des RMdI vom 26. März 1934, ebenda, fol. 148; STA HB, 3 - H.1. Nr. 849.1. Reichsbankpräsident Schacht hatte unter Verweis auf die Boykottaktion vom 1. April des Vorjahres vor einem möglichem erneuten Boykott deutscher Waren im Ausland mit Folgen für die Devisenlage gewarnt, vgl. BAP, 15.01 Nr. 25682/3, fol. 145. Vgl. weiter BAK, Slg. Schumacher Nr. 242a, fol. 47, Schreiben des Hessischen Staatspolizeiamtes an die nachgeordneten Polizeidienststellen vom 29. März 1934.

163 BAK, Slg. Schumacher Nr. 242a, fol. 49.

Reichskanzlei hieß es in einem Vermerk vom 26. März, durch diese Maßnahmen "ist erreicht worden, daß die Werbung jetzt in den vorgesehenen Grenzen vonstatten geht",[164] während in Bremen beispielsweise noch im April Auseinandersetzungen zwischen dem Regierenden Bürgermeister, Reichswirtschaftsministerium und Reichsminister des Innern auf der einen und Bremer Kleinhandelskammer auf der anderen Seite stattfanden. Gegenstand der Differenzen war ein u. a. vom Regierenden Bürgermeister unterstützter Schaufenster-Wettbewerb, von dem die örtliche NS-Hago und die Kleinhandelskammer nachträglich die nicht mittelständischen und alle jüdischen Geschäfte ausschließen wollten. Die vom Regierenden Bürgermeister eingeschalteten Reichsministerien für Inneres und Wirtschaft verfügten die Rücknahme des beabsichtigten Ausschlusses, über den sich verschiedene Betroffene beschwert hatten.[165] Als weitere Folge der Werbeaktion der NS-Hago wurden dem Reichswirtschaftsministerium durch den Beauftragten für die deutschen Verbrauchergenossenschaften Kündigungen der Mitgliedschaft bei Konsumvereinen gemeldet.[166]

Im Anschluß an die Besprechung vom 17. April verstärkte das Reichswirtschaftsministerium seine Bemühungen, zu einer gemeinsamen Erklärung mit Heß in der Werbefrage zu kommen. Dabei ist die Bereitschaft zu erkennen, in dieser nicht mehr die Entscheidung für den Fortbestand der Konsumvereine im nationalsozialistischen Staat aus dem Erlaß vom 17. Juli 1933 hervorzuheben, sondern vielmehr auf die Folgen eines "Abbau(s) der Konsumgenossenschaften" hinzuweisen, dem deshalb "schwerwiegende Bedenken entgegenstehen."[167] Den Interessen des gewerblichen Mittelstands sollte mit dem Verbot der Einrichtung neuer Sparkonten, einer Abtrennung des Spargeschäfts, der Beschränkung der Konsum-

164 BAK, R 43 II/602, fol. 48, Vermerk des MinR Willuhn. abgedruckt auch in: AdR, Reg. Hitler, Teil I, Bd. 2, S. 1224f. Vgl. weiter ebenda, S. 1198 zur Thematisierung des Boykotts durch Hitler nach der bereits zitierten Niederschrift der Reichsstatthalterkonferenz vom 22. März.

165 So beispielsweise zwei in Bremen ansässige Kaufhäuser und der Reichsverband der Mittel- und Großbetriebe des Deutschen Einzelhandels, vgl. STA HB, 3 - H.1. Nr. 849.1. Die Verfügung des RMdI - der die Ausführungen des RWM übernahm - an den Regierenden Bürgermeister vom 27. April, ebenda und BAP, 15.01 Nr. 25682/3, fol. 183. Schreiben des RWM an den RMdI vom 24. April, ebenda, fol. 182. Vgl. a. den oben zitierten Hinweis des Präsidenten der DZK vom 3. Mai 1934 auf den fortgesetzten Kampf der NS-Hago gegen Konsumgenossenschaften.

166 So in dessen Schreiben vom 19. April 1934, BAP, 31.01 Nr. 10582, demzufolge beispielsweise im März und den ersten Apriltagen in der Konsumgenossenschaft Nürnberg-Fürth mehr als einhundert "Aufkündigungen" eingingen.

167 So in dem von Holtz verfaßten Entwurf eines gemeinsamen Erlasses von RWM und StdF an die Landesregierungen und die Treuhänder der Arbeit vom 9. Mai, der in der Presse veröffentlicht werden sollte, BAP, 31.01 Nr. 10576, fol. 155.

genossenschaften auf ihren derzeitigen Geschäftsumfang und der Prüfung von Einschränkungen des Betriebsumfangs einzelner Konsumvereine Rechnung getragen werden. Für ihre Werbung war die Beschränkung auf ehemalige und derzeitige Mitglieder vorgesehen, Einzelheiten waren durch einen besonderen Erlaß zu regeln. Die (weitere) Behinderung der Konsumgenossenschaften sollte erneut untersagt werden, es war sicherzustellen, daß sie "ihre wirtschaftliche Tätigkeit unter den gleichen Bedingungen wie alle übrigen Unternehmen ausüben können,"[168] was natürlich insofern nicht zutraf, als dem gewerblichen Mittelstand vergleichbare Beschränkungen nicht verordnet waren. Die Bemühungen bewegten sich also auf der Grundlage des an Heß vorgesehenen Schreibens vom 26. März.[169]

Der Präsident der DZK, der sich bereits auf der Besprechung vom 17. April gegen eine Auflösung und für eine Beschränkung des konsumgenossenschaftlichen Geschäftsbetriebes ausgesprochen hatte, präzisierte seine Überlegungen in einem dem Reichswirtschaftsministerium Anfang Mai zugestellten Vermerk im Anschluß an einen entsprechenden Vortrag.[170] Seine Vorstellungen unterschieden sich von denen des Ministeriums in zwei Punkten. Er befürwortete lediglich das Verbot einer Werbung für Spareinlagen. Bei einem Verbot, diese auch weiterhin anzunehmen, befürchtete er eine Beunruhigung der Sparer und zunehmende Spargeldabflüsse. Daneben hielt Helferich ein positives Eintreten der NSDAP für die Konsumgenossenschaften für erforderlich, eine Neutralitätserklärung allein würde nach seinem Dafürhalten nicht den gewünschten Erfolg haben.

Der Entwurf des beabsichtigten gemeinsamen Erlasses von Reichswirtschaftsministerium und Heß vom 9. Mai war im Anschluß an eine Besprechung zwischen Holtz und Pietzsch vom Vortage erstellt und diesem noch am selben Tage zugesandt worden.[171] Abweichend von der zur Veröffentlichung vorgesehenen Erklärung hieß es in dem Begleitschreiben unter Zusammenfassung der maßgeblichen Gesichtspunkte eines gemeinsamen Erlasses, daß ein "baldiger Abbau der Konsumvereine (grundsätzlich) erwünscht" ist, der jedoch z. Zt. "angesichts der Ablehnung einer Garantie durch Herrn Minister von Krosigk (...) zu schwersten Verlusten (...) führen (wird), was schon aus politischen Gründen soweit irgend möglich vermieden werden muß."[172] Wenn diese Formulierung vom erwünschten baldigen Abbau der Konsumgenossenschaften in der zur Veröffentlichung vorgesehenen gemeinsamen Erklärung nicht aufgenommen war, so kann dies m. E. nur

168 Ebenda, fol. 156.

169 Vgl. ebenda, fol. 72-74 und den hierfür erstellten Vermerk, ebenda, fol. 71-72, auf den oben eingegangen ist.

170 Vermerk vom 3. Mai 1934, ebenda, fol. 167-170.

171 Vgl. Schreiben des RWM an den Beauftragten des StdF für Wirtschaftsfragen, Pietzsch, vom 9. Mai 1934, ebenda, fol. 157-159.

172 Ebenda, fol. 157.

als Winkelzug des Reichswirtschaftsministeriums interpretiert werden, dem es zu diesem Zeitpunkt darum ging, überhaupt eine gemeinsame Erklärung mit der NSDAP zu veröffentlichen, die den Angriffen auf die Konsumvereine den Boden entzog. Oder anders: Die mittlerweile geforderte, nicht mehr positive, sondern lediglich noch neutrale parteiseitige Erklärung belegt, daß das Reichswirtschaftsministerium gezwungen war, dem nachhaltigen Widerstand aus dem wirtschaftspolitischen Beraterstab des Stellvertreters des Führers Rechnung zu tragen. Seit dem Beginn des Versuchs, zu einer gemeinsamen Erklärung zu kommen, waren mittlerweile drei Monate vergangen, in denen sich die wirtschaftliche Lage der Konsumgenossenschaften laufend verschlechtert hatte, worauf vom Reichswirtschaftsministerium mehrfach hingewiesen worden war. Aus den überlieferten Unterlagen geht nicht hervor, daß im zuständigen Referat des Ministeriums eine Auflösung bzw. ein Abbau der Konsumvereine für erforderlich gehalten und dieser vorbereitet wurde, wenngleich es - wie die Auseinandersetzung zwischen Wienbeck und Ronde um den Ende Januar beabsichtigten Erlaß belegt - auch im Reichswirtschaftsministerium entgegengesetzte Vorstellungen gab. Diese aber waren im Ministerium nicht "mehrheitsfähig".

Neben dieser Beschränkung auf eine neutral gehaltene gemeinsame Erklärung mit dem Stellvertreter des Führers ging das Reichswirtschaftsministerium aber gegenüber der DAF in die Offensive. Es sprach sich in dem Schreiben an Pietzsch dafür aus, "die Abtrennung der Konsumgenossenschaften von der Arbeitsfront und ihre ausschließliche wirtschaftspolitische Betreuung durch Reichswirtschaftsministerium und Zentralgenossenschaftskasse (...) sofort einzuleiten."[173]

Im Auftrag von Pietzsch beantwortete dessen Stellvertreter v. Obwurzer das Schreiben des Reichswirtschaftsministeriums und teilte mit, daß "Pg. Pietzsch (...) dem Stellvertreter des Führers nicht zu empfehlen (vermag), den Entwurf in seiner jetzigen Fassung zu genehmigen."[174] Die Vorbehalte richteten sich dagegen, daß der Entwurf einen Abbau von Konsumgenossenschaften nicht vorsah. Solange keine Entscheidung darüber gefallen war, was mit den wirtschaftlich gefährdeten Konsumvereinen geschehen sollte, "kann nicht gut eine Verlautbarung erscheinen, in der der Abbau von Konsumgenossenschaften, auch der unrentablen, als nicht tragbar hingestellt wird."[175] Desweiteren wurde kritisiert, daß die gewählten Ausführungen zur Werbung mißverständlich seien und nicht die erfor-

---

173 Ebenda, fol. 158f. Weiter hieß es dazu: "In dem anliegenden Entwurf eines Erlasses (der zu veröffentlichenden Erklärung - U. K.) habe ich diesen Gesichtspunkt noch nicht erwähnt, weil hierüber zweckmäßig noch Besprechungen stattfinden werden", ebenda, fol. 159.

174 Schreiben vom 11. Mai 1934, ebenda, fol. 174-176, hier fol. 176.

175 Ebenda, fol. 175f.

derliche Klarheit brächten.[176] v. Obwurzer teilte weiter mit, auch Pietzsch befürworte "die Abtretung der Konsumgenossenschaften von der Deutschen Arbeitsfront und deren wirtschaftliche Betreuung durch das Reichswirtschaftsministerium". Um eventuellen "Schwierigkeiten" zu begegnen, sollte aber "in irgend einer Weise eine Parteidienststelle zur Mitwirkung (...) herangezogen werden",[177] wobei mit Sicherheit an die des Stellvertreters des Führers oder zumindest eine von dieser beauftragte Stelle gedacht gewesen sein dürfte.[178] Gegen die Beteiligung der DZK sprachen hiernach deren geschäftliche Beziehungen zu den Konsumvereinen, die ihr die erforderliche Neutralität erschweren würden.

Holtz führte nach dieser Ablehnung des Entwurfs im Auftrag des Ministers eine Unterredung mit Pietzsch und v. Obwurzer. Es wurde vereinbart, im Beisein des Präsidenten der DZK eine Aussprache über die auseinanderliegenden Auffassungen der wirtschaftlichen Lage der Konsumvereine herbeizuführen, bevor Heß eine Neutralitätserklärung vorgelegt werde.[179]

Die Arbeitsfront unternahm indessen einen weiteren Versuch, ihre Zuständigkeit in der Konsumgenossenschaftsfrage auf Kosten der anderen Beteiligten zu erweitern. Für den 29. Mai lud sie unter dem Vorsitz Leys zu einer Besprechung über Konsumgenossenschaften nach München. Die Empfehlung von Holtz, das Reichswirtschaftsministerium solle an dieser Unterredung teilnehmen, "um über den Gang der Dinge auf dem Laufenden zu bleiben und etwaigen Sonderaktionen seitens der Arbeitsfront vorzubeugen",[180] sollte sich als "nützlich" erweisen.

---

176 Pietzsch selbst betonte in einem Schreiben vom darauffolgenden Tag, die Werbung der Konsumgenossenschaften werde sich auf ihren derzeitigen und früheren Mitgliederkreis beschränken müssen, ebenda, fol. 172f.

177 Ebenda, fol. 175.

178 Betrachtet man diese Formulierung vor dem Hintergrund der Funktion der Kommission für Wirtschaftspolitik nach der im Juli schließlich ergangenen Heß-Erklärung, so bleibt kein Raum für eine andere Interpretation.

179 Vermerk von Holtz für den RWM über diese Unterredung vom 17. Mai, vgl. ebenda, fol. 94. Hiernach hatte Pietzsch "gegen eine Neutralitätserklärung (unter Beschränkung der Werbefreiheit auf die alten Mitglieder) an sich offenbar keine entscheidenden Bedenken." Aus den vorstehend zitierten Schreiben von Pietzsch und v. Obwurzer geht hervor, daß damit der Kreis der ausgeschiedenen und derzeitigen Mitglieder gemeint ist. Die Differenzen zwischen RWM/DZK und Pietzsch in der Beurteilung der wirtschaftlichen Lage der Konsumvereine und ihrer zukünftigen geschäftlichen Entwicklung waren in unterschiedlichem Zahlenmaterial begründet. Pietzsch hatte eine Revision von ca. 180 der größten Konsumgenossenschaften veranlaßt, die DZK eine Gesamtbilanz aller Konsumvereine ohne den Reichsbund erstellt. Vgl. ebenda, fol. 84, 167ff. Zu der vorgesehenen Aussprache kam es am 5. Juni, dazu weiter unten.

180 Ministervermerk von Holtz vom 22. Mai, ebenda, fol. 178. Das Einladungsschreiben der DAF vom 18. Mai, ebenda, fol. 177.

Ley plädierte auf der Besprechung für eine grundsätzliche Lösung und wies darauf hin, daß er vom Führer mit dieser Angelegenheit betraut worden war, womit er sich wahrscheinlich auf die im Mai 1933 vollzogene politische Unterstellung der Konsumgenossenschaften unter die DAF bezog. Er stellte - im Ergebnis ohne Erfolg - seinen Plan einer Reichsverbrauchergenossenschaft erneut zur Diskussion. Nachdem es bis dahin den Anschein hatte, daß zwischen dem wirtschaftspolitischen Beraterstab des Stellvertreters des Führers und dem Reichswirtschaftsministerium Einvernehmen darüber herrschte, daß man sich zumindest auf eine gemeinsame Neutralitätserklärung einigen könne, äußerte v. Obwurzer nun Bedenken hiergegen und sprach sich für die weitere Behandlung dieser Frage im kleinen Kreis aus.

Ley - der wiederholt seine Verantwortung in der Konsumgenossenschaftsfrage unterstrich und etwas völlig Neues zu schaffen beabsichtigte - trat sodann mit der Absicht hervor, eine Kommission einzusetzen, die eine umgehende Entscheidung treffen müsse. Als vom Reichswirtschaftsministerium daraufhin - nach einem Bericht über die bisherigen Verhandlungen und dem Hinweis auf die besondere wirtschaftliche Bedeutung der Angelegenheit - die Führung in dieser Kommission beansprucht wurde, trat Ley entschieden gegen diese Forderung auf. Es sei zwar nicht sein Ziel, in die Kompetenzen des Reichswirtschaftsministeriums einzugreifen(!), aber er habe sich an den Auftrag des Führers zu halten. Unter Vorsitz Müllers (des Beauftragten für die deutschen Verbrauchergenossenschaften) setzte er eine Kommission unter Mitwirkung des Reichswirtschaftsministeriums ein und beendete die Sitzung. In einer anschließenden Unterredung zwischen v. Obwurzer, Helferich und Holtz bestanden einvernehmlich starke Bedenken gegen das von Ley eingeleitete Verfahren. Angesichts der widerstreitenden Meinungen sahen diese drei die Kommissionsberatungen zur Erzielung eines Ergebnisses als ungeeignet an.[181]

Der weiteren Klärung und dem Versuch, den Einfluß der Arbeitsfront zurückzudrängen, diente offensichtlich eine Unterredung zwischen Minister Schmitt und Pietzsch, der im Anschluß daran den neuesten Stand Heß vortragen sollte. Als Ziel beider Gespräche wurde durch v. Obwurzer die weitere Behandlung zur Abtrennung der Konsumvereine von der DAF unter alleiniger Mitwirkung von Reichswirtschaftsministerium, Minister Heß/Pietzsch und dem Präsidenten der DZK mitgeteilt, während gleichzeitig daran gedacht war, von der Arbeitsfront

---

181 Diese Informationen aus dem durch Holtz am 31. Mai erstellten Vermerk über die Sitzung vom 29. d. Monats, vgl. ebenda, fol. 180-181. Soweit hiernach sicher festzustellen war, nahmen neben Ley teil: Helferich (DZK), Holtz (RWM), v. Obwurzer (wirtschaftspolitischer Beraterstab des StdF). Daneben waren Vertreter des Edeka-Verbandes und nicht näher identifizierbare Vertreter des Einzelhandels zugegen. Möglicherweise hat auch noch Müller teilgenommen.

die Bereitschaft zur Übernahme einer Spargeldgarantie zu erlangen! Heß war - wie Holtz über den Bericht v. Obwurzers weiter notierte - nicht bereit, irgendeine "Erklärung in der Konsumvereinsfrage mit seinem Namen zu decken, womit die sogenannte Neutralitätserklärung als gescheitert angesehen werden müsse."[182] Als vordringlich galt im Reichswirtschaftsministerium nun die Klärung des Verhältnisses zwischen Arbeitsfront und Konsumgenossenschaften in dem durch v. Obwurzer vorgeschlagenen Teilnehmerkreis.

Zur ersten (und einzigen) Sitzung der von Ley eingesetzten Konsumgenossenschaftskommission am 5. Juni erging die Einladung durch das Reichswirtschaftsministerium.[183] Helferich gab auf Veranlassung Schmitts eingangs einen Bericht zur aktuellen Lage. Von den insgesamt etwa 1100 Konsumgenossenschaften bezeichnete er 68 (mit gut 39% der Bilanzsumme aller Vereine) als "schwach", die restlichen waren "wirtschaftlich gesund". Ohne eine Fortsetzung der Bürgschaftsaktion, v. a. aber ohne eine grundsätzliche Klärung ihrer weiteren Behandlung würden innerhalb der nächsten vier Wochen verschiedene große Konsumgenossenschaften über ihre Liquidation zu entschließen haben. Die Behebung der Schwierigkeiten dieser Genossenschaften war Helferich zufolge von einer Umsatzsteigerung, und diese von der Werbung neuer Mitglieder abhängig. Sollte die hierfür erforderliche Neutralitätserklärung der NSDAP ausbleiben, gelte es, zur Sicherung der in den Konsumgenossenschaften angelegten Spargelder (noch 190 Mio. RM) über eine Bürgschaft des Reiches oder der Arbeitsfront Vorsorge zu treffen.

Müller unterstützte diese Äußerungen, jedoch werde seiner Ansicht nach die DAF nicht bereit sein, bei der Liquidation von Konsumgenossenschaften Gelder zur Verfügung zu stellen. Eine verbindliche Erklärung sei ihm erst nach Rücksprache mit Ley möglich. v. Obwurzers Hinweis auf die kürzlich von Heß abgelehnte Neutralitätserklärung und dessen Eintreten für die Auflösung der den Einzelhandel schädigenden Konsumgenossenschaften begegnete der Reichswirtschaftsminister mit dem Verweis auf die erfolgte Ausdehnung des Genossenschaftswesens in der Landwirtschaft und die von Heß gegen die Bekämpfung der Fabrik-Filialbetriebe ergangene Verlautbarung, die einen durchaus vergleichbaren Sachverhalt betreffe. Unter den Beteiligten herrschte Einvernehmen über die Notwendigkeit, zwischen folgenden Alternativen zu entscheiden: Fortführung der Konsumgenossenschaften "unter Zubilligung der Werbefreiheit und mit gewissen

182 Ergänzung von Holtz zum Aktenvermerk über die Besprechung vom 29. Mai nach telefonischer Mitteilung durch v. Obwurzer, ebenda. fol. 181.

183 Das Einladungsschreiben ebenda, fol. 182. Teilnehmer waren neben dem Reichswirtschaftsminister selbst die beteiligten Beamten des RWM, die DZK mit ihrem Präsidenten und einem weiteren Vorstandsmitglied, v. Obwurzer, Müller von der DAF und ein Beauftragter Kepplers, vgl. ebenda, fol. 185.

Beschränkungen in ihrer Geschäftstätigkeit (keine Neueinrichtung von Verteilungsstellen und Produktionsstätten, keine Neuerrichtung von Sparkonten und keine neuen Warengruppen)" oder langsame Liquidation "unter Sicherstellung der gefährdeten Spargelder", wobei mit Verlusten von etwa 80 Mio. RM gerechnet wurde, deren Übernahme (durch das Reich oder die DAF) noch zu klären war. Zur Vorbereitung dieser von Schmitt und Heß einvernehmlich "herbeizuführenden Entscheidung" sollte im Reichswirtschaftsministerium ein neuer Entwurf einer von Heß "für die NSDAP zu unterzeichnenden Neutralitätserklärung"(!)[184] erarbeitet werden, die Arbeitsfront eine Erklärung über die Höhe ihrer finanziellen Beteiligung für den Fall der Liquidation von Konsumgenossenschaften abgeben und die vom Reichswehrministerium vertretene Auffassung festgestellt werden.[185]

Der vorstehend geschilderte Sachverhalt war - einschließlich der Alternativen zur Lösung - Inhalt eines Vermerks für eine Besprechung des Reichswirtschaftsministers mit Heß. Der im Reichswirtschaftsministerium erarbeitete Entwurf einer von Heß herauszugebenden Neutralitätserklärung wurde von diesem am 7. Juni "endgültig" abgelehnt.[186]

Vermutlich kam es als Resultat der Unterredung beider Minister zu einer Sitzung am 12. Juni, an der das Reichswirtschaftsministerium, die DZK, der Reichsbund, die DAF und das Reichsfinanzministerium beteiligt waren. Nachdem der zuständige Abteilungsleiter aus dem Reichswirtschaftsministerium, Ministerialdirektor Heintze, die Teilnehmer von der *vorläufigen Auffassung* des Reichskanzlers informiert hatte, derzufolge Eingriffe verboten werden sollten, um Zu-

---

184 Bisher hatte das RWM die Absicht verfolgt, zu einer gemeinsamen Erklärung mit Heß zu kommen.

185 Die Zitate aus dem im RWM erstellten Vermerk der Sitzung vom 5. Juni 1934, ebenda, fol. 183f. Zum Hinweis v. Obwurzers auf die Ablehnung einer Neutralitätserklärung durch Heß vgl. die vorstehend zitierte Ergänzung von Holtz zu dem Aktenvermerk über die Besprechung vom 29. Mai, ebenda, fol. 181. Die Erklärung von Heß über Fabrikfilialbetriebe als Ausschnitt aus dem VB (Berliner Ausgabe) vom 5. Juni 1934, ebenda fol. 193. Dieser war zu entnehmen, daß derartige Unternehmen keinesfalls "wirtschaftlich schädlich" seien. Ihre Bekämpfung "würde (...) die schwerste Schädigung des deutschen Exports darstellen", der "in erheblichem Maße Arbeit und Brot für deutsche Volksgenossen" sichert. Diese Erklärung war von allen Parteiblättern nachzudrucken. Zur Position des RWehrM vgl. die oben wiedergegebene Erklärung durch dessen Beauftragten in der Sitzung vom 17. April, die dem RWM am 6. Juni schriftlich übermittelt wurde, ebenda, fol. 197f.

186 So nach einer Randanmerkung von Holtz auf dem Vermerk der Sitzung vom 5. Juni, ebenda, fol. 184. Über die Unterredung zwischen Heß und Schmitt ist kein Vermerk überliefert. Sie hat, wie aus der Randamerkung zu schließen ist, am 7. Juni stattgefunden. Der Vermerk für Schmitt hierzu (vom 6. Juni), ebenda, fol. 194f. Der Entwurf der von Heß herauszugebenden Erklärung war nicht zu ermitteln.

sammenbrüche von Konsumgenossenschaften zu verhindern, während eine politische Erklärung nicht vorgesehen war,[187] teilten Müller und Everling mit, daß der Reichsbund (GEG) seine finanzielle Stützung der wirtschaftlich schwachen Konsumvereine nicht mehr verantworten könne und sofort einstellen müsse. Der Vertreter des Reichsfinanzministeriums erklärte, daß Schwerin v. Krosigk es abgelehnt habe, für die eintretenden Verluste Gelder des Reiches bereitzustellen. Heintze äußerte abschließend, daß der Reichswirtschaftsminister diese Sachlage wohl noch einmal gemeinsam mit Schwerin v. Krosigk bei Heß und Hitler erörtern werde. Die Arbeitsfront und der Reichsbund wurden gebeten, mit ihren angekündigten Maßnahmen bis zu einer endgültigen Entscheidung zu warten und nichts ohne vorherige Unterrichtung des Reichswirtschaftsministeriums zu veranlassen.[188]

Sehr wahrscheinlich fand am 15. Juni[189] eine weitere Unterredung zwischen Schmitt und Heß statt, für die im Reichswirtschaftsministerium ein erneuter Aktenvermerk für den Minister erstellt worden war. Unter Hinweis auf die unvermeidlichen Folgewirkungen der Liquidation der wirtschaftlich schwachen Konsumgenossenschaften für die noch intakten Vereine, die finanziellen Verluste, für die der Reichsfinanzminister sich weigerte, Reichsgelder zu verausgaben, und die vom Reichswehrministerium abgegebene Erklärung war ein Lösungsvorschlag entworfen worden, der folgendes zum Inhalt hatte: Um den Umsatzrückgängen und Mitgliederverlusten entgegenzutreten, sollte eine "politische Erklärung" abgegeben werden, "die unter selbstverständlichem Verzicht auf ein grundsätzliches Eintreten für die Konsumgenossenschaften Beruhigung schafft und wenigstens die Diffamierung der Mitglieder beseitigt." Damit könnte der Reichsbund fortfahren, die gefährdeten Genossenschaften zu stützen, um deren Rentabiltät allmählich wieder herzustellen. "Ist dieses Ziel erreicht, so ist (...) die Voraussetzung für eine grundsätzliche Lösung (die wegen der Unvereinbarkeit kollektivistischer Wirtschaftsführung mit der nationalsozialistischen Wirtschaftsauffassung unbedingt einmal kommen muß)[190] gegeben, ohne daß die jetzt bevorstehenden Verlu-

187 Über die vom Februar und März 1934 wiedergegebenen Äußerungen Hitlers hinaus konnten keine weiteren festgestellt werden.

188 Vgl. den Vermerk über die Sitzung vom 12. Juni 1934, BAP, 31.01 Nr. 10576, fol. 214f, und in BAP, 31.01 Nr. 10582 den am 8. Juni durch Holtz angefertigten Vermerk, wonach Hitler die *vorläufige Entscheidung* in der Konsumvereinsfrage am Tag zuvor getroffen hatte.

189 Vgl. Aktenvermerk von Holtz vom 14. Juni, BAP, 31.01 Nr. 10576, fol. 219.

190 Dieser im Vermerk handschriftlich in Klammern gesetzte Gedanke ist m. E. vor dem Hintergrund des ausgewerteten Materials aus dem RWM als taktische Konzession an Heß und seinen wirtschaftspolitischen Beraterstab zu begreifen. Da es auch von dieser Unterredung keinen Vermerk über ihren Verlauf gibt, ist nicht festzustellen, inwieweit solche Überlegungen vom RWM angesprochen worden sind. In der schließlich ergangenen Erklärung

ste einzutreten brauchen." Neben einer beabsichtigten "politischen Erklärung"[191] waren als weitere "Übergangsmaßnahmen" eine Kommission im Reichswirtschaftsministerium, eine Errichtungssperre für Verteilstellen, Produktionsbetriebe und neue Sparkonten sowie die bilanzmäßige Trennung des Spargeschäfts vom Warengeschäft vorgesehen.[192]

Der für diese Besprechung zwischen Schmitt und Heß im Reichswirtschaftsministerium ausgearbeitete Entwurf der "politischen Erklärung" ist offensichtlich fallengelassen und für das schließlich am 19. Juni stattgefundene Gespräch zwischen Schmitt, Schwerin v. Krosigk, Heß und Hitler durch einen neuen Entwurf einer (nun wieder) gemeinsamen Erklärung von Reichswirtschaftsminister und Stellvertreter des Führers "ersetzt" worden, dessen Tenor Hitlers Zustimmung fand.

Es ließ sich nicht zweifelsfrei klären, ob der Entwurf der neuen und gemeinsamen Erklärung "Diskussionsgrundlage" in dieser Besprechung gewesen ist oder erst im Anschluß daran (nach dem Vortrag der entsprechenden Überlegungen) formuliert wurde. Es muß von letzterem ausgegangen werden, da er Heß noch am selben Tage vom Reichswirtschaftsministerium mit der Bitte um "möglichst umgehende Erklärung Ihres Einverständnisses" übersandt wurde.[193] Ein weiteres spricht für diese Vermutung: Hätte dieser Entwurf in der Besprechung bereits fertig formuliert vorgelegen, kann davon ausgegangen werden, daß er von Hitler autorisiert worden wäre, wonach es Heß kaum möglich gewesen sein dürfte, schließlich allein eine veränderte Fassung herauszugeben, während die Verzöge-

---

von Heß tauchen sie jedenfalls nicht auf, sie hätten dem gewerblichen Mittelstand auf jeden Fall Anlaß zu späteren Berufungen gegeben.

191 Der Entwurf läßt den Schluß zu, daß auch dieser im RWM erarbeitete Text als alleinige Erklärung von Heß für die NSDAP gedacht war, vgl. BAP, 31.01 Nr. 10576, fol. 224. Ob es sich um eine überarbeitete Fassung der von Heß am 7. Juni abgelehnten Erklärung handelt, war nicht festzustellen. Vermutungen darüber - die sich auf handschriftliche Korrekturen an diesem (neuerlichen) Entwurf stützen könnten - wären jedoch bloße Spekulation, die in den überlieferten Unterlagen nicht abzusichern ist. Sie sind im übrigen entbehrlich, da das RWM hiernach erneut eine gemeinsame Erklärung mit dem StdF vorschlug, der aber am 9. Juli letztlich eine alleinige Stellungnahme bekanntgab.

192 Die Zitate aus dem Vermerk vom 13. Juni für die Besprechung des RWM mit Heß (vermutlich am 15. d. M.) ebenda, fol. 220-223.

193 Ebenda, fol. 225. Daneben wurde Heß befragt, ob er gegen eine Mitzeichnung durch Ley - der sich seiner Kompetenzen in der Konsumgenossenschaftsfrage natürlich nicht berauben lassen wollte, wie sein Begehren um Mitzeichnung belegen dürfte - Bedenken erhebe. Hinweise auf die entsprechende Entscheidung Hitlers für eine Erklärung, ebenda, fol. 232 (handschriftl. Vermerk von Holtz) und ebenda, fol. 243 (Schnellbrief des RWM an den StdF vom 10. Juli).

rung der Veröffentlichung durch Heß angesichts der bevorstehenden Aktion gegen die SA am 30. Juni taktischen Überlegungen geschuldet sein wird.

Möglicherweise ist für Hitlers Abrücken von seiner vorläufigen Entscheidung die Haltung des Reichswehrministers v. Blomberg ausschlaggebend gewesen. Den wirtschafts- und finanzpolitischen Argumenten, die gegen eine Auflösung der Konsumgenossenschaften sprachen, hatte er sich auch im Frühjahr 1934 zu keinem Zeitpunkt verschlossen, wenngleich er die vom Reichswirtschaftsministerium gewünschte politische Erklärung abgelehnt hatte. Angesichts der innenpolitischen Krise im ersten Halbjahr 1934, die Hitler mit der Reichswehrführung gegen die SA zu lösen bereit war, muß davon ausgegangen werden, daß er sich den gewichtigen Argumenten v. Blombergs hinsichtlich der Einbindung der Konsumgenossenschaften in die Mobilmachungs- und Aufrüstungspläne der Wehrmacht nicht verschließen konnte, ohne das Bündnis mit der Reichswehrführung zu gefährden. Die Motive Hitlers, die ihn in dieser Frage veranlaßten, gegen Heß und für eine vom Reichswirtschaftsministerium geforderte Erklärung einzutreten, sind also nicht aktenkundig. Die vorstehende Annahme stützt sich insoweit auf Indizien und eigene Schlußfolgerungen aus dem überlieferten Aktenmaterial und den einschlägigen Veröffentlichungen zum 30. Juni 1934.

Auffällig an dem neuen Entwurf war, daß darin besonders deutlich die befürchteten wirtschaftlichen Folgen eines Zusammenbruchs der Konsumgenossenschaften benannt und die Richtlinienkompetenz des Reichswirtschaftsministeriums bei allen weiteren Maßnahmen hervorgehoben wurden, während die Einwendungen aus dem wirtschaftspolitischen Beraterstab des Stellvertreters des Führers im wesentlichen unbeachtet geblieben waren. Es hieß lediglich, "die NSDAP hat ihre grundsätzliche Stellung zur Frage der Konsumgenossenschaften wiederholt bekanntgegeben. Die Reichsregierung leitet nunmehr die Maßnahmen zur Umgestaltung der Konsumgenossenschaften im Sinne nationalsozialistischer Wirtschaftsauffassung ein." Ausführungen zu einem beabsichtigten Abbau fehlten, stattdessen wurde ihre gleichberechtigte Stellung mit "allen(n) übrigen wirtschaftlichen Unternehmen in Deutschland" betont. Sie "haben nicht nur das Recht, sondern auch die volkswirtschaftliche Pflicht zur vollen wirtschaftlichen Betätigung im Rahmen der jeweils von der nationalsozialistischen Regierung vorgesehenen Form, wobei sie sich selbstverständlich *politischer* Werbemethoden zu enthalten haben."[194]

Diese Formulierungen stützen nachhaltig die Hinweise aus dem überlieferten Aktenmaterial von der Entscheidung Hitlers für die Abgabe einer politischen Erklärung. Ohne diese hätte das Reichswirtschaftsministerium wohl kaum versuchen

194 Entwurf einer gemeinsamen Erklärung von RWM und StdF vom 19. Juni 1934, ebenda, fol. 226, Hervorh. i. Orig.

können, Heß erneut einen Entwurf vorzulegen, der dessen Einwänden und Auffassung im wesentlichen nicht gerecht wurde.

Am 21. Juni erhielt das Reichswirtschaftsministerium "streng vertraulich" die Mitteilung, daß Heß "die Erklärung in Sachen Konsumgenossenschaften zur Zeit für inopportun hielte und heute nachmittag noch einmal mit dem Führer sprechen wolle."[195] Es muß davon ausgegangen werden, daß es zu dieser Unterredung gekommen ist, denn am 24. Juni sandte Heß unter Bezug auf einen Vortrag Müllers diesem eine Stellungnahme und ermächtigte ihn ausdrücklich, den Text dem Reichswirtschaftsminister und dem Reichsfinanzminister auch vor der Veröffentlichung mitzuteilen. In dieser Stellungnahme, in der allerdings die befürchteten Folgen eines Zusammenbruchs von Konsumgenossenschaften keine Erwähnung fanden, hieß es u. a. "daß ein grundsätzlicher Kampf gegen die Verbrauchergenossenschaften im Programm der NSDAP keine Stütze findet." Nachdem "die politische Einheit des deutschen Volkes (...) hergestellt (ist), (...) sind die Verbrauchergenossenschaften (im nationalsozialistischen Staat) kein wirtschaftliches oder politisches Streitobjekt mehr. Ihre Zerschlagung würde keinesfalls der Gesundung des Mittelstandes dienen. Sie sind ebenso wie der mittelständische Einzelhandel Einsatz der Arbeitskraft des Volkes zu seiner Lebenshaltung. Die nationalsozialistische Bewegung und ihr Staat tragen die Verantwortung dafür, daß Arbeitskraft und Vermögen des deutschen Volkes nicht gehemmt oder zerstört werden."[196]

Wenngleich diese Stellungnahme von dem Entwurf des Reichswirtschaftsministeriums abwich, der Heß unmittelbar im Anschluß an die Besprechung vom 19. Juni übersandt worden war, hatte das Ministerium keine Bedenken erhoben, weil sie der "Beruhigung der Konsumvereinsmitglieder als wesentlicher Voraussetzung für die hoffentlich noch mögliche Vermeidung von Zusammenbrüchen diente."[197]

Am 29. Juni wurde dem Reichswirtschaftsministerium (erneut vertraulich) mitgeteilt, "Heß wolle wegen der außerordentlichen politischen und wirtschaftlichen Tragweite die Erklärung erst herausgeben, wenn dieselbe zum Gegenstand

---

195 Vermerk von Holtz für StS Posse vom 21. Juni 1934, ebenda, fol. 233. Über eine derartige Unterredung zwischen Heß und Hitler war nichts zu ermitteln.

196 Ebenda, fol. 237, Abschrift der Stellungnahme für den RWM. Die nachfolgenden Sätze fanden als Schlußsätze fast wörtlich Eingang in die schließlich veröffentlichte Erklärung. Nach einem Vermerk von Holtz basierte diese veränderte Stellungnahme auf einem Vorschlag Müllers, vgl. ebenda, fol. 234.

197 So in dem Entwurf eines Schreibens des RWM an den StdF vom 9. Juli, der ohne Kenntnis der schließlich veröffentlichten Erklärung von Heß formuliert und am darauffolgenden Tage noch abgesandt worden war, ebenda, fol. 243f.

der Besprechung auf der Gauleiter-Tagung am 4. Juli (...) gemacht worden sei."[198]

Die endgültige, nochmals veränderte und stark gekürzte Erklärung wurde von Heß schließlich am 9. Juli 1934 veröffentlicht:

> "Unbeschadet der grundsätzlichen und im Programm der NSDAP verankerten Schaffung eines gesunden Mittelstandes haben Kämpfe zwischen einzelnen Einrichtungen der deutschen Volkswirtschaft zu unterbleiben. Wegen Zugehörigkeit zu Verbrauchergenossenschaften darf kein Parteigenosse oder Volksgenosse angegriffen oder benachteiligt werden. Die geschäftliche und die Mitgliederwerbung der Verbrauchergenossenschaften wie auch die Werbung des Einzelhandels hat sich jedes politischen, weltanschaulichen oder kämpferischen Einschlags zu enthalten."[199]

Mit der Überwachung dieser Erklärung betraute Heß den Leiter der Kommission für Wirtschaftspolitik, Bernhard Köhler.[200]

Der Reichsbund (GEG) und die Arbeitsfront bewerteten die Verlautbarung als geeignete Grundlage einer Sanierung der Verbrauchergenossenschaften. Der Reichswirtschaftsminister schloß sich

> "dieser Auffassung insoweit an, als die Erklärung die Gleichstellung der Verbrauchergenossenschaften mit den übrigen Wirtschaftsgruppen zum Ausdruck gebracht hat, damit einer Diffamierung der Mitglieder künftig den Boden entzieht und insbesondere den Genossenschaften grundsätzlich die Werbefreiheit zurückgibt. Man darf (...) mit einiger Wahrscheinlichkeit erwarten, daß im Laufe der Zeit wieder eine Besserung der Umsätze und damit der Rentabilität eintreten wird."[201]

Auf einer vom Reichswirtschaftsministerium für den 16. Juli einberufenen Sitzung zur Klärung der Fragen ob und unter welchen Modalitäten die Bürgschaftsaktion des Reichs für die Konsumgenossenschaften fortgeführt werden könne, be-

---

198 Vermerk von Holtz für den StS vom 29. Juni, ebenda, fol. 242.

199 Ebenda, fol. 245. Abdruck auch in: Rundschau, 1934, S. 409; DDV, Nr. 21, 3. Juliheft, S. 644. Dort hieß es, daß "durch diese kurze, aber sehr wichtige Verlautbarung (...) ein wenig schöner Interessenstreit beendet (wird)."

200 In der entsprechenden Anordnung vom gleichen Tage hieß es: "Alle Parteistellen sind angewiesen, meine Anordnung betreffend Verbrauchergenossenschaften vom 9. Juli 1934 auf das genaueste zu beachten und jede Regung eines Interessentenkampfes im deutschen Volke oder gar innerhalb der Bewegung zu unterdrücken. Ich beauftrage den Leiter der Kommission für Wirtschaftspolitik Pg. Bernhard Köhler mit der Durchführung dieser Anordnung." Zitiert nach der Anlage 1 zum RdSchr. A/63 der Kommission für Wirtschaftspolitik vom 8. Oktober 1934, BAK, R 43 II/351, fol. 68. Weiter: Verordnungsblatt der Reichsleitung der NSDAP, Folge 82, 4. Jg. vom 15.Oktober 1934. Abschrift in: BAP, 31.01 Nr. 10524, fol. 88. Zur Kommission für Wirtschaftspolitik vgl. beispielsweise Longerich, Hitlers Stellvertreter, S. 28.

201 So im Entwurf des Schreibens an den RFM vom 18. Juli 1934, BAP, 31.01 Nr. 10582, S. 2.

antragten Müller und Everling (mit Unterstützung des Vertreters der DZK) eine Verlängerung der Laufzeit des Sonderkredits I, die Vergabe von Mitteln aus diesem zu erleichterten Bedingungen und schließlich einen zusätzlichen Kredit über nochmals 6 Mio. RM. Während das letzte Ansinnen von den Vertretern des Reichswirtschaftsministeriums abgelehnt wurde, weil die gesetzliche Grundlage einer zusätzlichen Bürgschaftsübernahme fehlte und eine hierfür erforderliche Begründung die Konsumgenossenschaftsfrage nach der gerade veröffentlichten Erklärung von Heß erneut thematisiert hätte, befürworteten sie die erleichterte Vergabe der noch verfügbaren Mittel aus dem Sonderkredit I in Höhe von rund 6 Mio. RM und erklärten sich bereit, für die Verlängerung seiner Laufzeit im Reichsfinanzministerium einzutreten.[202] In einer weiteren Sitzung am 24. Juli ließ der Reichsfinanzminister klarstellen, daß auch er die vom Reichsbund gewünschte Bereitstellung eines zusätzlichen Kredits - sowohl zum jetzigen als auch zu einem späteren Zeitpunkt - ablehne. Gegen eine generell erleichterte Vergabe von Bürgschaften aus dem Sonderkredit I meldete er Bedenken an, die er wenig später schriftlich fixierte.[203] Er wollte die beabsichtigte Beratung mehrerer vorliegender Anträge von Konsumgenossenschaften in dieser Sitzung bis zur zweifelsfreien Klärung der wirtschaftlichen Lage derjenigen Vereine zurückstellen lassen, die in der Vergangenheit als besonders gefährdet beurteilt und bei deren Zusammenbruch Konkurse weiterer Konsumgenossenschaften befürchtet worden waren. Da für diese jedoch nach der Erklärung von Heß der Reichsbund zur Hilfeleistung bereit (und finanziell in der Lage) war, wurden auf Veranlassung der DZK elf Anträge zur erleichterten Vergabe von Bürgschaften beraten und bewilligt.[204] Der Reichsbund benannte auf Anforderung weitere 38 Konsumvereine mit einem Kreditvolumen von knapp 5,8 Mio. RM, wobei allein für die Hamburger "Produktion" 2,5 Mio. vorgesehen waren.[205] Die in den Besprechungen der vergangenen sechs Monate kontrovers behandelten Fragen der Neuerrichtung genossenschaftlicher Verteilstellen und Produktionsstätten sowie der bilanzmäßigen Trennung von Waren- und Spareinlagengeschäft harrten nach

---

202 Dies geschah gleichfalls in dem vorstehend zitierten Schreiben des RWM an den RFM vom 18. Juli. Am 29. August erklärte sich der RFM zur Verlängerung der Bürgschaftsdauer bereit, Schreiben an den RWM ebenda. Vgl. weiter den Vermerk über die Sitzung vom 16. Juli auf der (neben dem RWM) die DZK, die DAF und der Reichsbund vertreten waren, BAP, 31.01 Nr. 10576, fol. 248-250.

203 Vgl. das Schreiben des RFM an das RWM vom 28. Juli 1934, wonach er der erleichterten Vergabe von Bürgschaften zustimmte, sie aber von einer Prüfung des Einzelfalls abhängig machte, BAP, 31.01 Nr. 10582.

204 Vgl. ebenda den Vermerk über die Sitzung vom 24. Juli und das Schreiben des RWM an den Präsidenten der DZK vom 13. August 1934. Es handelte sich um elf Anträge über Bürgschaften von insgesamt rund 1 Mio. RM.

205 Vgl. ebenda, Schreiben der DZK an das RWM vom 20. Oktober 1934.

wie vor einer Regelung, die schließlich erst im Gesetz über Verbrauchergenossenschaften getroffen wurde.

4.2.1.1 Zusammenfassung

Den Konsumgenossenschaften waren in den Sonderkrediten I bis III Reichsbürgschaften von insgesamt 47 Mio. RM gewährt worden, mit deren Hilfe sie ihre Wirtschaftlichkeit und Liquidität zurückerlangen sollten. Die Fortführung und Ausweitung dieser vom Kabinett gewährten finanziellen Unterstützung aus dem Reichshaushalt war unter der Prämisse beschlossen worden, daß der konsumgenossenschaftliche Geschäftsbetrieb nicht weiter durch Ein- und Übergriffe nationalsozialistischer Einzelpersonen und Organisationen behindert wird. Der Beschluß und die Überlegungen der Reichsregierung waren am 17. Juli den Länderregierungen und Spitzenverbänden des gewerblichen Mittelstands - und wenig später auch der Öffentlichkeit - bekanntgegeben worden.

Die Erklärung, die Heß am 27. Juni 1933 (nach der Bewilligung der 6 Mio. RM des Sonderkredites III) zur Konsumvereinsfrage abgab, dürfte in erster Linie ihren Zweck in der Beruhigung oder Beschwichtigung der mittelständischen (Wähler)basis der NSDAP gehabt haben, der versichert wurde, daß die parteiseitige Einstellung gegenüber den Konsumgenossenschaften nach wie vor "unverändert" sei, aber Maßnahmen gegen diese mit dem Ziel der Herbeiführung ihres Zusammenbruchs "bis auf weiteres" angesichts der allgemeinen Wirtschaftslage als "nicht geboten" bezeichnet wurden. Auch die abschließende Bestimmung, die es den Mitgliedern der NSDAP untersagte, für die Konsumvereine zu werben, dürfte sich eher aus diesem Beruhigungsbemühen als aus einer bewußten Absicht des Konterkarierens des Kabinettsbeschlusses erklären. Gleichwohl prägte gerade diese Formulierung die Auseinandersetzung der beteiligten Ressorts in den kommenden zwölf Monaten in nachhaltiger Weise. Wie wenig durchdacht sie in ihren möglichen Konsequenzen gewesen ist, zeigt die bereits am 4. Juli von Ley im Einvernehmen mit Heß gezeichnete Anordnung, mit der u. a. die Orts-Beauftragten der DAF, die angesichts ihrer Stellung in den Konsumvereinen zwangsläufig mit dem von Heß ausgesprochenen Werbeverbot für Parteimitglieder in Konflikt geraten mußten, vor "Einzelaktionen" geschützt werden sollten.

Ein in jeder Hinsicht konkreter formuliertes Werbeverbot hatte die Arbeitsfront am 30. Juni 1933 ausgesprochen. Allerdings verliert sich dessen Spur ebenso in den überlieferten Akten wie das Schreiben des Reichswirtschaftsministeriums an die DAF zur Rücknahme dieser Anordnung, während sich die gemeinsamen Anstrengungen von Arbeitsfront und Reichswirtschaftsministerium nachzeichnen lassen, den Stellvertreter des Führers unter mehrfachen Hinweisen auf die Behinderungen der konsumgenossenschaftlichen Arbeit zur Rücknahme des von ihm verfügten Werbeverbots für Parteimitglieder zu bewegen.

Bemerkenswert im Konkreten und zugleich typisch für das nationalsozialistische Herrschaftssystem ist an den Verhandlungen um die Werbung der Konsumvereine bis zum Sommer 1934, daß sie um eine offensichtlich vage formulierte Anordnung geführt wurden, die den Beteiligten jeweils erheblichen Interpretationsspielraum bot. Während sich der gewerbliche Mittelstand auf das Werbeverbot für Parteimitglieder bezog, es als eines für die ihm nach wie vor unerwünschten Konsumvereine auslegte und wiederholt deren endgültige Ausschaltung aus dem Wirtschaftsleben einforderte, betonten die Reichsministerien für Finanzen und Wirtschaft die Passage, die Eingriffe in den Geschäftsbetrieb der Konsumgenossenschaften untersagte. Um den nach Ansicht des Reichswirtschaftsministeriums in der Öffentlichkeit vorherrschenden Eindruck gegensätzlicher Standpunkte von Regierung und NSDAP in der Konsumgenossenschaftsfrage auszuräumen, versuchte es mit dem Stellvertreter des Führers zu einer gemeinsamen Erklärung zu gelangen, um den Behinderungen der konsumgenossenschaftlichen Geschäftstätigkeit Einhalt zu gebieten. Als Heß schließlich am 9. Juli 1934 mit einer alleinigen Erklärung an die Öffentlichkeit trat, bewertete das Reichswirtschaftsministerium diese im Ergebnis als geeignet zur Beruhigung der Konsumgenossenschaftsmitglieder und erhoffte sich von der stets geforderten, weil für unverzichtbar erklärten Freigabe der Werbung eine Belebung und Besserung der Umsätze und Liquidität.

Anders als die Erklärung vom Juni 1933 ließ die Verlautbarung vom Juli des folgenden Jahres einen bedeutend geringeren Interpretationsspielraum zu. Zugleich trug sie den Vorstellungen des Reichswirtschaftsministeriums in erheblich stärkerem Maße Rechnung als den Wünschen des gewerblichen Mittelstands. Nicht nur die konsumgenossenschaftliche Werbung war freigegeben (erlaubt) worden, in der Erklärung war von keinem - wie auch immer vorzunehmenden Abbau konsumgenossenschaftlicher Einrichtungen die Rede. Ganz im Gegenteil: Zwar wurde an der programmatischen Formulierung eines gesunden Mittelstands festgehalten, die Konsumgenossenschaften aber wurden als dem Einzelhandel gleichberechtigte "Einrichtungen der deutschen Volkswirtschaft" benannt, Partei- oder Volksgenossen, die in ihnen Mitglied waren, durften weder angegriffen noch benachteiligt werden.

Betrachtet man diese Erklärung vor dem Hintergrund der massiven Vorbehalte, die von Heß und seinem wirtschaftspolitischen Beraterstab in den Verhandlungen der ersten Jahreshälfte 1934 auch nur gegen eine "Neutralitätserklärung" der NSDAP erhoben worden waren, so überrascht diese Anordnung um so nachhaltiger. Nach dem ganzen Procedere dieser Monate stand - wenn überhaupt - eine inhaltlich andere Erklärung von Heß auf der Linie der durch seinen Beraterstab vertretenen Mittelstandsposition einer Ablehnung der Konsumgenossenschaften im nationalsozialistischen Staat zu erwarten.

Bereits in den letzten Junitagen war dem Reichswirtschaftsministerium eine zur Veröffentlichung gedachte Erklärung übermittelt worden, die im Ministerium mit Befriedigung zur Kenntnis genommen worden war. Ihre Herausgabe dürfte wegen der Vorbereitung und Durchführung des "Massaker(s) vom 30. Juni 1934"[206] zurückgehalten worden sein, die gekürzte - vom inhaltlichen Gehalt jedoch entsprechende - Verlautbarung von Heß erfolgte am 9. Juli. Ohne Zweifel steht ihr Erscheinen insofern im Zusammenhang mit der blutigen Entmachtung der SA-Spitze (der auch andere innenpolitische Gegner zum Opfer fielen[207]), als nun der Zeitpunkt günstig war, auch dem gewerblichen Mittelstand und seinen politischen Interessenvertretern anzuzeigen, daß mit einer vollständigen Erfüllung seiner protektionistischen Wünsche, bei der im Zuge einer "zweiten Revolution" die Konkurrenz der Konsumgenossenschaften einem "gesunden Mittelstand" geopfert werden sollte, nicht mehr zu rechnen war. Als dem Einzelhandel "gleichgestellte Einrichtungen der deutschen Volkswirtschaft" standen ihnen nun sogar die gleichen Werbemöglichkeiten offen wie diesem. Der Wirtschaftsstab des Stellvertreters des Führers, der in den Verhandlungen Partei für die mittelständische (Wähler)basis, deren Interessen und Forderungen ergriffen und versucht hatte, diese gegenüber der vom Kabinett beschlossenen und durch das Reichswirtschaftsministerium vertretenen Politik der Fortführung der Konsumgenossenschaften aus übergeordneten Reichsinteressen zur Geltung zu bringen, konnte diesen Weg nicht mehr weiterverfolgen, als auch Hitler - anscheinend in "Würdigung" der Argumente des Reichswehrministeriums für die Aufrechterhaltung der in die Mobilmachungs- und Aufrüstungspläne der Wehrmachtsführung einbezogenen Konsumgenossenschaften - für eine gemeinsame Erklärung von Heß und dem Reichswirtschaftsministerium eintrat.

Die Aufgabe der Überwachung der Einhaltung seiner Anordnung war von Heß an die ihm unterstellte Kommission für Wirtschaftspolitik delegiert worden. Der Stellvertreter des Führers etablierte sich so in Gestalt seines wirtschaftspolitischen Beratergremiums als parteipolitisch für die Konsumgenossenschaften zuständige Stelle neben der Arbeitsfront. Noch war der Einfluß der DAF auf die Konsumvereine nicht beseitigt. Der Konflikt zwischen der Kommission für Wirtschaftspolitik bzw. dem Stellvertreter des Führers und der Arbeitsfront in der Frage der Überwachung der konsumgenossenschaftlichen Werbetätigkeit aber war vorprogrammiert.

Zwei politische Fronten lassen sich in den Verhandlungen des ersten Halbjahres 1934 um die Rücknahme der Heß-Verfügung vom Sommer 1933 ausmachen.

---

206 So Neumann, Behemoth, S. 445; Bloch, Die SA, S. 7.

207 Vgl. Longerich, Die braunen Batallione, S. 219 und 270 mit weiterführender Literatur und die amtliche Totenliste vom 30. Juni 1934 bei Bennecke, Die Reichswehr und der "Röhm-Putsch", S. 87f.

Zum einen versuchten das Reichswirtschaftsministerium und der Wirtschaftsstab des Stellvertreters des Führers gemeinsam, die DAF aus der parteipolitischen Zuständigkeit für die Konsumvereine zu verdrängen. Das Motiv auf seiten des Ministeriums gründete in seiner Abwehrhaltung gegen den Expansionsdrang der Arbeitsfront, der sich in der Konsumgenossenschaftsfrage bereits im September 1933 mit Leys Plan der "Reichsverbrauchergenossenschaft" abzeichnete und seine Fortsetzung fand, als Ley Ende Mai 1934 den Versuch unternahm, eine Kommission - zwar mit Beteiligung des Reichswirtschaftsministeriums, aber - unter Leitung der Arbeitsfront einzusetzen, die eine grundsätzliche Lösung der zukünftigen Behandlung der Konsumvereine erarbeiten sollte. Gleichfalls in diesen Expansionsdrang der Arbeitsfront einzureihen ist die im März 1934 zwischen der Reichsleitung der NS-Hago und dem Beauftragten der DAF für die deutschen Verbrauchergenossenschaften getroffene Vereinbarung über die Werbung der Konsumvereine und Unterlassung von Eingriffen in ihren Geschäftsbetrieb durch die NS-Hago, die ohne Beteiligung des Reichswirtschaftsministeriums zustande gekommen war. Das Interesse des Stellvertreters des Führers an einer Verdrängung der DAF aus der parteipolitischen Zuständigkeit für die Konsumgenossenschaften erklärt sich aus den unklaren, einander überlagernden Kompetenzen von Heß und Ley in der NSDAP.

Zum anderen arbeiteten das Reichswirtschaftsministerium und der wirtschaftspolitische Beraterstab des Stellvertreters des Führers gegeneinander. Ging es dem Ministerium um die Durchsetzung einer pragmatischen Politik in der Konsumgenossenschaftsfrage, die die Wirtschaftspolitik der Regierung nicht durch Maßnahmen torpedierte, von denen beispielsweise die Zunahme der Arbeitslosigkeit, die Möglichkeit einer erneuten Bankenkrise oder ein Vertrauensverlust in den sogenannten Arbeiterkreisen befürchtet wurde - worauf als drohenden Gefahren gegenüber Forderungen zur Auflösung der Konsumvereine immer wieder hingewiesen wurde -, so blockierte der Wirtschaftsstab des Stellvertreters des Führers nachhaltig die vom Reichswirtschaftsministerium gewünschte gemeinsame Erklärung, die zum Ausdruck bringen sollte, daß in der Beurteilung der Konsumgenossenschaftsfrage zwischen der Auffassung von Reichsregierung und Partei kein Widerspruch besteht. Aber gerade dieser Widerspruch bestand deutlich. Das Reichswirtschaftsministerium als Ort einer berechenbaren pragmatischen Wirtschaftspolitik hatte es mit dem wirtschaftspolitischen Beraterstab des Stellvertreters des Führers als der Parteistelle zu tun, die in den Auseinandersetzungen um die Konsumvereine das kleinbürgerlich-mittelständische Milieu der NSDAP vertrat,[208] dessen Interessen, wenn auch nicht widerspruchlos, so letztlich doch, ge-

208 Der dieser Klientel gleichfalls verpflichtete Rkom. für den Mittelstand im RWM konnte sich mit seiner, gleichfalls gegen den Fortbestand der KG gerichteten, Position im Ministerium nicht durchsetzen.

genüber den Erfordernissen einer der Aufrüstung verpflichteten Wirtschaftspolitik zurücktreten mußten. Wenn dieser Widerstand die Verhandlungen um die Konsumgenossenschaften im ersten Halbjahr 1934 fast sechs Monate lang prägen konnte, so, weil das Regime sich zu dieser Zeit in einer innenpolitischen Belastungsprobe befand, für deren Bewältigung eine Lösung erst gefunden werden mußte. Anders als die Arbeitsfront trachtete der Wirtschaftsstab des Stellvertreters des Führers jedoch zu keinem Zeitpunkt, in die wirtschaftspolitischen Kompetenzen des Reichswirtschaftsministeriums einzugreifen. Heß und seinem Beraterstab ging es um die Berücksichtigung der mittelständischen Interessengruppen in der NSDAP. Als schließlich auch Hitler im Juni 1934 für eine Erklärung von Reichswirtschaftsministerium und Stellvertreter des Führers entschied, mußte Heß seinen Widerstand aufgeben und hatte nur noch die Freiheit, eine alleinige Verlautbarung zu veröffentlichen.

Das überlieferte Aktenmaterial läßt natürlich keine definitve Beurteilung darüber zu, ob sich die geschäftliche Entwicklung der Konsumvereine ohne die im August 1933 beginnenden Auseinandersetzungen um die Werbung der Konsumgenossenschaften und ohne den hinhaltenden Widerstand, der von Heß und seinem Wirtschaftsstab im ersten Halbjahr 1934 der Abgabe einer gemeinsamen Erklärung mit dem Reichswirtschaftsministerium entgegengebracht wurde, so nachhaltig gebessert hätte, daß die schließlich im Mai 1935 getroffene gesetzliche Regelung der Liquidation von Konsumgenossenschaften nicht erforderlich geworden wäre. Betrachtet man aber die im Reichswirtschaftsministerium während dieses Zeitraums verfolgte Politik, die darauf angelegt war, die Konsumvereine über die Reichsbürgschaften zu stützen und ihnen über die Werbung eine Steigerung ihrer Umsätze zu ermöglichen, um zur Wiederherstellung ihrer Wirtschaftlichkeit und Liquidität wesentliche Voraussetzungen beizutragen, so ist festzustellen, daß dort der Erfolg dieser Maßnahmen kalkuliert worden war. Ohne prognostizierte Erfolgsaussichten hätte das Reichswirtschaftsministerium - und dies gilt in gleicher Weise für das Reichsfinanzministerium, das sich zur Übernahme der Bürgschaften bereit erklärte - wohl kaum an ihnen solange festgehalten. Erst als sich um die Jahreswende 1934/35 abzeichnete, daß 65 Konsumvereine vor dem Konkurs standen, schritt das Reichswirtschaftsministerium zu einem Lösungsvorschlag, der die Liquidation dieser Genossenschaften vorsah und die Existenz der übrigen gewährleisten sollte.

4.2.2 *Auseinandersetzungen um die konsumgenossenschaftliche Werbung. Juli 1934 bis Februar 1935. Die Arbeitsfront auf dem Weg ins Abseits der Konsumgenossenschaftsfrage*

Nachdem es im Anschluß an die nach langen Verhandlungen im Juli ergangene Erklärung von Heß bei den Konsumvereinen in wirtschaftlicher Hinsicht zu einer "erkennbare(n) Beruhigung"[209] gekommen war, spitzten sich im Herbst die Auseinandersetzungen um die konsumgenossenschaftliche Werbetätigkeit zwischen Reichsbund/DAF und der von Heß mit der Überwachung seiner Anordnung vom 9. Juli in der Partei beauftragten Kommission für Wirtschaftspolitik erneut zu.

Nach der Heß-Anordnung waren vom Reichsbund für alle Verbrauchergenossenschaften einheitliche "Richtlinien für die Anwendung der Werbemittel" herausgegeben und auch dem Reichswirtschaftsministerium zur Kenntnis gebracht worden. Bedenken hiergegen - namentlich hinsichtlich der beabsichtigten Werbung durch Hausbesuche von Blockvorstehern - scheint es zu diesem Zeitpunkt im Ministerium nicht gegeben zu haben, wenn doch, so wurden sie nicht geäußert.[210] Erst im Januar 1935 befand das Reichswirtschaftsministerium die in den Konsumgenossenschaften beabsichtigte Block- und Zellenbildung zu Werbezwekken für nicht zulässig. In einem - vermutlich von Schacht gezeichneten - Brieftelegramm an Heß hieß es: "Ich möchte feststellen, daß ich mich nicht nur niemals für eine solche (Werbung der Konsumvereine durch Blocks und Zellen - U. K.) ausgesprochen habe, vielmehr Ihrer Auffassung von der Unzulässigkeit derselben aus den von Ihnen angeführten Gründen uneingeschränkt beitrete."[211]

Den Anlaß der Auseinandersetzungen bildete die vom Reichsbund auf der Grundlage dieser Richtlinien mit ergänzenden Erläuterungen erstellte Broschüre zur "Neuordnung der Werbearbeit für die deutschen Verbrauchergenossenschaften"[212], die den Konsumvereinen als praktische Handreichung ihrer konkreten

---

209 So der RWM in einen Schreiben an den StdF von 7. Dezember 1934, der Entwurf BAP 31.01 Nr. 10582. Abschrift für den StSRkei. in: BAK, R 43 II/820 b, fol. 8-11, hier fol. 8. Mit Ausnahme einiger Genossenschaften waren hiernach die Umsätze "erstmalig nicht weiter abgesunken, im September und Oktober sogar zum Teil etwas gestiegen," ebenda.

210 Vgl. die dem RWM am 19. Juli übermittelten Richtlinien, BAP, 31.01 Nr. 10595, fol. 308-312. Ausdrückliche Einwände gegen diese Richtlinien konnten im überlieferten Aktenmaterial nicht ermittelt werden.

211 Zitiert nach dem Entwurf des Brieftelegramms des RWM an Heß vom 7. Januar, das lt. Kanzleivermerk noch am selben Tage abgesandt worden war, BAP, 31.01 Nr. 10524, fol. 19f. Zur Auffassung von Heß hinsichtlich der Werbung der KG in Blocks und Zellen vgl. weiter unten.

212 Exemplare in: Archiv des RdK und BAP, 31.01 Nr. 10595, fol. 395.

Werbemaßnahmen dienen sollte. Der "Reichsführer des Handels"[213] erblickte in der so einsetzenden, zentral organisierten Werbung der Konsumgenossenschaften unzulässige Werbemethoden und führte unverzüglich Klage beim Reichswirtschaftsministerium und dem Beauftragten des Führers für Wirtschaftsfragen. Er bat, die außergewöhnlichen Werbemaßnahmen der Konsumvereine umgehend zu unterbinden, da sie schwerwiegende Schädigungen des Einzelhandels befürchten ließen.[214] Die Hauptgemeinschaft des Deutschen Einzelhandels hatte in einer ausführlichen Stellungnahme zu der vom Reichsbund erarbeiteten Broschüre Gegenmaßnahmen des Einzelhandels vorgeschlagen, die im wesentlichen eine Kopie der konsumgenossenschaftlichen Werbearbeit waren.[215] Um zu einer für den Einzelhandel und die Verbrauchergenossenschaften befriedigenden Regelung der Werbefrage zu kommen und dem sich abzeichnenden Konflikt zu begegnen, rief das Reichswirtschaftsministerium beide Seiten zu einer Besprechung am 9. Oktober, in der die Parteien ihren Willen erklärten, in der Werbung auf gegenseitige Polemik zu verzichten.[216]

Köhler, den Leiter der Kommission für Wirtschaftspolitik, veranlaßten die bei ihm eingehenden Beschwerden über die Werbetätigkeit der Konsumgenossenschaften, den Gauwirtschaftsberatern[217] verschiedene Anweisungen zur Beurteilung der konsumgenossenschaftlichen Werbearbeit zu erteilen. So machte er beispielsweise darauf aufmerksam, daß die "seit jeher" in den Konsumvereinen abgehaltenen "Kaffeekränzchen" (...), in denen sie eigene Erzeugnisse verabreichen und den Mitgliedern das Mitbringen von Gästen zum Zwecke der Werbung nahelegen", erlaubt seien. Auch wenn derartige "Veranstaltungen vom Einzelhandel nicht gern gesehen werden, können sie den Konsumvereinen nach Recht und Billigkeit nicht untersagt werden."[218] Hierauf hatte im übrigen schon der Reichswirtschaftsminister zu Anfang des Jahres hingewiesen, nachdem solche Zu-

213 Carl Lüer, Leiter der aus dem "Reichsstand des Deutschen Handels" hervorgegangenen "Hauptgruppe IX Handel", der späteren "Reichsgruppe Handel", vgl. Teschemacher, Handbuch, Bd. 2, S. 7ff.

214 Vgl. das Schreiben des Reichsführers des Handels, Geschäftsstelle Berlin, an den RWM vom 25. September 1934, BAP, 31.01 Nr. 10596, fol. 159f. Weiter ebenda, fol. 64ff und 128f.

215 Vgl. die "Stellungnahme zu der beabsichtigten Werbung der Konsumvereine gemäß der Broschüre »Neuordnung der Werbearbeit für die deutschen Verbrauchergenossenschaften«", ebenda, fol. 161-170 und die Gegenüberstellung konkreter Werbemaßnahmen der Konsumvereine und des Einzelhandels, ebenda, fol. 171f.

216 Vgl. ebenda, fol. 64ff.

217 An diese hatte Köhler die Überwachung der Heß-Anordnung delegiert.

218 RdSchr. A/63 der Reichsleitung der NSDAP, Kommission für Wirtschaftspolitik vom 8. Oktober 1934 an die Gau- und Kreiswirtschaftsberater, BAK, R 43 II/351, fol. 64-66, hier fol. 65. Anlagen zum RdSchr., ebenda, fol. 67-72.

sammenkünfte in Baden auf Betreiben der dortigen NS-Hago regierungsseitig verboten worden waren. Im damaligen Schreiben des Reichswirtschaftsministeriums an den Badischen Ministerpräsidenten hieß es, "daß gegen die genossenschaftliche Gemeinschaftsarbeit in der Form der Abhaltung von Zusammenkünften der genossenschaftlichen Mitglieder und ihrer Familien grundsätzlich keinerlei wirtschaftspolitische Bedenken zu erheben sind, insbesondere aber dann nicht, wenn diese (...) dazu benutzt werden, um die Mitglieder und ihre Familien auch bei dieser Gelegenheit mit dem nationalsozialistischen Gedankengut vertraut zu machen."[219]

Eine "Werbung für den »Konsumvereinsgedanken«" hingegen, so stellte Köhler weiter fest, sei durch die Anordnung des Stellvertreters des Führers nicht gedeckt.[220] Dem Reichswirtschaftsminister schien genau dies "aber nicht gut angängig, (man könne nicht, so erklärte er Heß gegenüber) den Genossenschaften einerseits die Werbefreiheit zubilligen, andererseits aber Hinweise auf den Genossenschaftsgedanken schlechthin (...) verbieten." Er befürwortete im übrigen "bei den besonderen Schwierigkeiten gerade der Konsumvereinsfrage eine zentrale Bearbeitung"[221] der Köhler übertragenen Überwachung und sprach sich für eine Überprüfung der Delegation an die Gauwirtschaftsberater aus. Angesichts mehrfacher Klagen aus jüngster Zeit über eine Behinderung konsumgenossenschaftlicher Werbetätigkeit wurde Heß gebeten, diese Beschwerden einer Nachprüfung unterziehen zu lassen, und abschließend darauf aufmerksam gemacht, daß "bei einem Zusammenbruch der Verbrauchergenossenschaften schwerwiegendste Folgen eintreten, die bei strikter Durchführung Ihrer Erklärung mit Wahrscheinlichkeit abgewendet, mindestens aber stark gemildert werden könnten."[222]

---

219 RWM an den Badischen Ministerpräsidenten, Schreiben vom 3. Januar 1934, STA HB, 3 - V. 2. No. 781.16; BAK, R 43 II/351, fol. 43f, abgedruckt in: AdR, Reg. Hitler, Teil I, Bd. 2, S. 1052-1054.

220 RdSchr. A/63, BAK, R 43 II/351, fol. 65.

221 RWM an den StdF vom 7. Dezember 1934, BAK, R 43 II/820 b, fol. 9.

222 Ebenda, fol. 11. Der RWM bezog sich in seiner Argumentation auf vom Reichsbund in einem Schreiben vom 29. November überlassenes Material, wonach von Gegnern der Verbrauchergenossenschaften "in jüngster Zeit planmäßig" Angriffe gegen diese unter Dienstbarmachung von Parteistellen unternommen wurden. Die mitgeteilten Vorkommnisse setzen in den letzten Septembertagen ein. Vgl. BAP, 31.01 Nr. 10582. Vgl. weiter das Schreiben Schwerin v. Krosigks an den RWM vom 22. November, in dem dieser aus der Unterrichtung über die aktuelle Situation durch den Reichsbund den Eindruck gewonnen hatte daß "die Lage im Augenblick die gleiche wie vor dem Erlaß der Anordnung (vom 9. Juli 1934 - U. K.) (ist). Infolgedessen müßte ich mir überlegen, ob ich an der Bereitschaft zur Übernahme weiterer Bürgschaften noch festhalten kann. Da ich annehme, daß das, was sich in den letzten Wochen abgespielt hat, nicht den Wünschen des Stellvertreters des Führers entspricht, möchte ich es indes nicht für erforderlich halten, schon heute so weit zu

Mit der Beantwortung vorstehenden Schreibens war Köhler von Heß direkt beauftragt worden. Er wies darauf hin, daß die Gauwirtschaftsberater erst einbezogen worden waren, nachdem es nicht gelungen war, "durch unmittelbare Verständigung mit der Zentrale der Verbrauchergenossenschaften zum Ziele zu kommen."[223] Den Ausführungen des Reichswirtschaftsministeriums zum Genossenschaftsgedanken in der Werbearbeit der Konsumgenossenschaften begegnete Köhler mit dem Hinweis, "daß hinter dem verbissenen Festhalten an politischen Formen der Werbung und an dem sogenannten »Genossenschaftsgedanken« sehr aktive Reste marxistischer Feindseligkeit gegen den freien Handel stecken".[224] In einem neuerlichen Rundschreiben vom 13. Dezember hatte er seine Kritik der Verknüpfung der Werbung mit dem Genossenschaftsgedanken dem Apparat seiner Wirtschaftsberater ausführlich unterbreitet. Der Verweis auf und das Festhalten an Begriffen wie denen des Genossenschaftsgedankens oder der -bewegung und dem Gemeinschaftsgedanken "richtet sich *gegen* das Alleinrecht und die Alleingeltung der nationalsozialistischen Bewegung und Volksgemeinschaft."[225] In Besprechungen im Januar 1935 wies Köhler zur Entstehung des Rundschreibens darauf hin, daß zuvor der Beauftragte für die Verbrauchergenossenschaften, Müller, sich seinen Wünschen zur Änderung der konsumgenossenschaftlichen Werberichtlinien verweigert und schließlich Verhandlungen generell abgelehnt habe.[226] Als konfliktträchtig bei den Bemühungen des Reichswirtschaftsministeriums in den Verhandlungen mit der Arbeitsfront bzw. dem Reichsbund und der Kommisssion für Wirtschaftspolitik erwies sich zum einen das in diesem Rundschreiben ausgesprochene Verbot, "zum Zwecke der Wiedergewinnung alter oder der Werbung neuer Mitglieder Blocks und Zellen (zu organisieren), da dies die Werbeform einer politischen Bewegung ist."[227] Zum anderen waren die Arbeitsfront bzw. der Reichsbund(GEG) nicht bereit, den Gauwirtschaftsberatern, wie

gehen. Ich glaube, daß es nur einer Vorstellung bei dem Stellvertreter des Führers bedarf, um Abhilfe zu schaffen." Dementsprechend schloß sich der RFM dem Wunsch des Reichsbunds an, beim StdF "dringlichst um Abstellung" der jüngsten Behinderungen durch Köhler zu bitten. Ebenda, S. 3 des Schreibens. Die Bereitschaft zur Übernahme weiterer Bürgschaften hatte der RFM am 28. Juli 1934 erklärt, Schreiben an den RWM in: BAP, 31.01 Nr. 10582.

223 Reichsleitung der NSDAP, Kommission für Wirtschaftspolitik an den RWM vom 27. Dezember 1934, BAP, 31.01 Nr. 10582, S. 2 des Schreibens. Abschrift für den StSRkei. in: BAK, R 43 II/351, fol. 52-56.

224 BAP, 31.01 Nr. 10582, S. 4 des Schreibens.

225 RdSchr. A/68 vom 13. Dezember 1934, BAK, R 43 II/351, fol. 57-62, hier fol. 58, Hervorh. i. Orig. Weitere Exemplare in: BA/MA, RW 19/979; STA WF, 12 Neu 18 Nr. 709.

226 Vgl. Vermerk über zwei Besprechnungen am 11. und 12. Januar 1935 im RWM mit Köhler, BAP, 31.01 Nr. 10524, fol. 24f.

227 RdSchr. A/68 vom 12. Dezember 1934, BAK, R 43 II/351, fol. 60.

gefordert, "die Texte von Zeitungsanzeigen, Wurfsendungen und Flugblättern (...) vor Drucklegung vorzulegen."[228]

Während Köhler die vom Reichsbund beabsichtigte Zusammenfassung der Genossenschaftsmitglieder in Blocks und Zellen schon im Oktober zum Zeitpunkt des Rundschreibens A/63 bekannt war,[229] scheint Heß aller Wahrscheinlichkeit nach hierüber erst im November von der NS-Hago in Kenntnis gesetzt worden zu sein. Am 5. November informierte das Hauptamt NS-Hago in der Reichsleitung der NSDAP unter Anlage eines hiernach angeblich vom Reichsbund als "streng vertraulich" gehandelten Rundschreibens (in dem u. a. diese Bildung von Blöcken vorgesehen war) das Gestapa. Eine Prüfung der Ergebnisse der letzten "Volksabstimmung" über die "Vereinigung" von Reichspräsidenten- und Reichskanzleramt in der Person Hitlers[230] hatte - so das Hauptamt NS-Hago - ergeben, daß in Hamburg eine hohe Zahl ("fast durchweg absolute Mehrheiten") von Nein-Stimmen in den Wohnblocks des Konsumvereins "Produktion" abgegeben worden waren. Die NS-Hago bezweifelte "unter diesen Umständen, (daß es) politisch tragbar (wäre), eine derartige Organisation bis in die Familien zu dulden".[231] Da das Gestapa den Verfasser des Rundschreibens nicht in Erfahrung bringen konnte,[232] forderte es von der Staatspolizei Hamburg (am Sitz des Reichsbundes) eine Stellungnahme an. Diese ermittelte, daß der Inhalt des Rund-

---

228 Ebenda. Vgl. weiter das RdSchr. des Beauftragten für die deutschen Verbrauchergenossenschaften an die Bezirksbeauftragten der DAF vom 20. Dezember 1934, in dem diesen Anweisung erteilt wurde, Material und Auskünfte nicht an die Gauwirtschaftsberater, sondern nur an vorgesetzte Dienststellen herauszugeben und die Ortsbeauftragten entsprechend zu informieren, BAP, 31.01 Nr. 10582.

229 In diesem RdSchr. war ausdrücklich auf die Broschüre zur Neuordnung der Werbearbeit Bezug genommen, bei einer Verletzung der zulässigen Werbemethoden sei eine Berufung auf die Broschüre nicht wirksam, vgl. BAK, R 43 II/351, fol. 64.

230 Vgl. Gesetz über das Staatsoberhaupt des Deutschen Reichs. Vom 1. August 1934. RGBL I, S. 747; Erlaß des Reichskanzlers zum Vollzug des Gesetzes über das Staatsoberhaupt des Deutschen Reichs vom 1. August 1934. Vom 2. August 1934. RGBL I, S. 751; Verordnung zur Durchführung der Volksabstimmung über das Staatsoberhaupt des Deutschen Reichs. Vom 3. August 1934. RGBL I, S. 757; Erste Verordnung zur Volksabstimmung über das Staatsoberhaupt des Deutschen Reichs (Abstimmungsverordnung). Vom 3. August 1934. RGBL I, S. 759.

231 BAK, R 58/632, fol. 24. Abschrift des "streng vertraulich(en)" Rundschreibens des Reichsbundes, ebenda, fol. 25. Wie die vorgelagerten Schreiben der NS-Hago an das Gestapa in diesem Bestand belegen, erhielt der StdF eine Durchschrift der jeweiligen Schreiben. Für diesen Vorgang fehlt eine solche. Es muß aber davon ausgegangen werden, daß Heß auch dieses Mal in Kenntnis gesetzt wurde, zumal er in einem Schreiben an den RWM vom 7. Januar 1935 auf die "Neinsager-Stimmen" aus diesem Vorgang verwies, vgl. BAK, R 43 II/820 b, fol. 16-18, hier fol. 17.

232 Vgl. Vermerk vom 30. November 1934, BAK, R 58/632, fol. 27.

schreibens alles andere als "streng vertraulich", sondern in ausführlicher Form in der Broschüre zur Neuordnung der Werbearbeit der Verbrauchergenossenschaften enthalten war. Allerdings konnte auch hier nicht ermittelt werden, wer dieses Rundschreiben verfaßt und verschickt hatte, es handelte sich dem Bericht zufolge um kein offizielles Rundschreiben des Reichsbundes.[233]

Mit ausdrücklichem Bezug auf die Bestrebungen der Blockbildung in den Konsumvereinen hatte Köhler zeitgleich mit seinem Rundschreiben A/68 "vertrauliche Ergänzungen" in dem Rundschreiben B/55 mitgeteilt. Es handelte sich um Richtlinien für eine politische Überwachung der Konsumvereine. Es sollte ermittelt werden, ob und wieweit es durch "Block- und Zellenbildung" zu einer "Sammlung marxistischer und staatsfeindlicher Elemente" kommt. Die Gauwirtschaftsberater hatten "mit allen zur Verfügung stehenden Mitteln (festzustellen), wo an einflußreicher Stelle (...) bei den Verbrauchergenossenschaften ihres Gebiets Marxisten tätig sind, (...) mit möglichster Beschleunigung und unter vertraulicher Behandlung (...) ist ein Gesamtverzeichnis der in den Verbrauchergenossenschaften tätigen Funktionäre anzulegen und insbesondere (...) zu vermerken, was über frühere Betätigung des Betreffenden zu ermitteln war." Köhler wies, "um unnützen Rückfragen zu begegnen, (ausdrücklich darauf hin), daß der Zweck dieser Ermittlung nicht durch Einsicht in die Zentralkarteien der GEG erreicht werden könnte!"[234]

Der Reichswirtschaftsminister bewertete die beiden Rundschreiben Köhlers vom 13. Dezember gegenüber Heß als "direkte Durchkreuzung der Politik der Reichsregierung, (die) geeignet (sind), den mit Ihrer Erklärung vom 9. Juli verfolgten Zweck der Beruhigung der Verbrauchergenossenschaften restlos zu ver-

---

233 Vgl. Bericht der Staatspolizei Hamburg vom 8. Januar 1935, die diese Informationen aus einem Gespräch mit dem Verfasser der Werbebroschüre (Pfeiffer) gewonnen hatte, der zu dieser Zeit Geschäftsführer im Reichsbund war, ebenda, fol. 27-29.

234 Alle Zitate aus dem Rundschreiben B/55 vom 13. Dezember 1934, BA/MA, RW 19/979. In ähnlicher Weise hatte die "Abteilung Konsumvereine" der NS-Hago bei der "Obersten Leitung der PO" bereits am 26. Juli 1934 in einem vertraulichen RdSchr. sämtliche Gauamtsleitungen der NS-Hago angewiesen, vertrauliche (verdeckte) Erhebungen über die Konsumvereine und namentlich die Beauftragten der DAF vorzunehmen. Wenngleich eine öffentliche Auseinandersetzung über die Konsumvereinsfrage nach Anweisung v. Rentelns zu unterbleiben hatte, war hiernach das Sammeln von "Berichts- und Beschwerdematerial" nicht ausgeschlossen, um diese "endgültig ins Fahrwasser zu bringen, das der nationalsozialistischen Wirtschaftsauffassung entspricht und das uns ermöglicht, die Mittel bereitzustellen und die Möglichkeiten zu schaffen, um die Spargelder der Arbeiter sicher zu stellen und keine Vermögenswerte verloren gehen zu lassen." (Durchschrift) des Rundschreibens in: BAK, R 58/632, fol. 30-32. Hierauf hatte der Reichsbund das RWM in seinem Schreiben vom 29. November gleichfalls aufmerksam gemacht, vgl. BAP, 31.01 Nr. 10582, S. 5 des Schreibens. Vgl. a. Abschnitt 5.5.

eiteln." Außerdem erinnerte er daran, daß der Reichswehrminister auf den Erhalt des "Produktions- und Verteilungssystems" der Konsumvereine "bekanntlich aus wehrpolitischen Gründen entscheidendes Gewicht legt"[235] und auch "schwerste politische Rückwirkungen innerhalb der Arbeiterschaft" zu befürchten seien. Ohne auf die Details der Rundschreiben einzugehen, wurde herausgestellt, "daß die schon den Genossenschaften (...) auferlegte Verpflichtung, ihr Werbematerial vor Drucklegung den Gauwirtschaftsberatern vorzulegen, eine für kein Wirtschaftsunternehmen tragbare Beeinträchtigung der Werbetätigkeit darstellt und (...) ferner die Anforderung eines Verzeichnisses der in den Verbrauchergenossenschaften tätigen Funktionäre psychologisch verheerende Wirkung haben muß."[236] Das Reichswirtschaftsministerium trat mit dieser Argumentation den Ausführungen des Reichsbundes in einem Schreiben vom Vortage bei. Die Geschäftsleitung vertrat die Auffassung, daß ihr "Bindungen auferlegt werden sollen, die sich über (...) (die) Lebensnotwendigkeit (der Werbung) glatt hinwegsetzen"[237] und eine ordnungsgemäße Geschäftsführung nicht mehr ermöglichen, weshalb sie beschlossen hatte, die Warenlieferungen auf Kreditbasis an die Konsumvereine in Kürze einzustellen, sofern Köhlers Anordnungen nicht zurückgezogen würden. Um diese Rücknahme zur Verhütung großer Schäden noch herbeizuführen, erbat der Reichsbund umgehend eine Aussprache zwischen den beteiligten Ressorts, der Partei und eigenen Vertretern.[238] Das Reichswirtschaftsministerium führte getrennte Verhandlungen mit den direkten Kontrahenten, am 11. und 12. Januar mit Köhler, am 17. Januar mit dem Reichsbund. An dieser Unter-

235 In einer Besprechung im RWM am 17. April 1934 hatte der Vertreter des RWehrM sich entsprechend mit der Bitte um "unbedingte Geheimhaltung" geäußert. Werner v. Blomberg selbst hatte dem RWM am 6. Juni 1934 erklärt, an dieser Position auch weiterhin festzuhalten. Vgl. BAP, 31.01 Nr. 10576, fol. 92, 196-198 sowie die Ausführungen im vorstehenden Abschnitt. Dem StdF gegenüber bekräftigte der RWehrM am 5. Januar 1935 diesen Standpunkt in einem Schreiben, vgl. BAK R 43 II/820 b, fol. 19 (Abschrift für den StSRkei.). Vortrag, Stellungnahme und Entwurf dieses Schreibens, BA/MA, RW 19/979.

236 RWM an StdF vom 22. Dezember 1934, BAP, 31.01 Nr. 10524, fol. 5-7, hier fol. 5f. Abschrift für den StSRkei. in: BAK, R 43 II/820 b, fol. 13-15.

237 Schreiben des Reichsbundes an den RWM vom 21. Dezember 1934, Durchschlag für den RWehrM in: BA/MA, RW 19/979, S. 3 des Schreibens.

238 Vgl. ebenda, S. 5. Die angekündigte Einstellung der Warenlieferung auf Kreditbasis sollte am 7. Januar 1935 vorgenommen werden und hätte die Konsumvereine in Berlin, Hamburg und Dresden betroffen. Nach Intervention des RWM (und angesichts der bevorstehenden Abstimmung im Saargebiet, so eine Protokollabschrift über die Sitzung der Reichsbund-Geschäftsführung am 7. Januar) wurde dieser Termin auf den 15. Januar hinausgeschoben. Vgl. (Denkschrift), Die Konsumgenossenschaften und die Rückerstattung, S. 30f mit Auszügen aus Protokollen über die Sitzungen der Geschäftsführung des Reichsbundes, Exemplar in: Archiv des RdK.

redung nahm der Beauftragte für die deutschen Verbrauchergenossenschaften, Müller, teil,[239] der hierbei "bemerkenswerter Weise erklärte, (...), es sei ihm unbekannt, daß Herr Köhler zum Erlaß von Anordnungen in der Werbefrage legitimiert sei; er - Müller - sei vom Führer(sic!) zum Beauftragten für die Verbrauchergenossenschaften eingesetzt und hielte sich für alle einschlägigen Fragen zuständig."[240] Diese Position Müllers war offensichtlich für die Zuspitzung der Auseinandersetzung um die zulässige Werbetätigkeit mitverantwortlich. Köhler hatte, seinen Ausführungen zufolge, die detallierten Werbeverbote für die Konsumgenossenschaften erst erlassen, nachdem Müller - wie oben bereits vermerkt - zuerst eine Änderung der vom Reichsbund erarbeiteten Werberichtlinien abgelehnt hatte, um sich dann jeglichen weiteren Verhandlungen zu verschließen.[241] Müller beabsichtigte, diesen Konflikt direkt mit Hitler oder Heß zu klären, bis dahin lehnte er die Beteiligung Köhlers bei der Ausarbeitung neuer Werberichtlinien ab.[242] Zu einer Unterredung zwischen Heß und Müller kam es am 23. Januar, Müller wurde von Heß abgewiesen und "gebeten, (...) sich in der Werbefrage unmittelbar mit Herrn Köhler zu einigen."[243] In den Verhandlungen mit dem Reichswirtschaftsministerium hatte Köhler Wert darauf gelegt, die Konsumgenossenschaften zu verpflichten, "die Anordnung des Stellvertreters des Führers nunmehr auch *dem Sinne und der Absicht nach* strengstens zu beachten" und daneben neue "Werbevorschriften" einvernehmlich mit ihm zu erlassen.[244] Unter diesen Voraussetzungen war er bereit, auf die Vorlage des genossenschaftlichen Werbematerials bei den Gauwirtschaftsberatern zu verzichten, nachdem zuvor schon das Reichswirtschaftsministerium gegenüber Heß erklärt hatte, dessen Beurteilung der Unzulässigkeit der von den Konsumvereinen beabsichtigten Werbearbeit in Blocks und Zellen beizutreten.[245]

---

239 Vgl. die Aktenvermerke für den RWM über die Besprechungen am 11. und 12. Januar in: BAP, 31.01 Nr. 10524. fol. 24f, über die Unterredung am 17. d. M. in: ebenda, fol. 80f.

240 So der Wortlaut des Vermerks für den RWM, ebenda. fol. 80, ohne Hervorh. zitiert. Müller war von Ley und nicht von Hitler in dieses Amt eingesetzt worden, wenngleich wohl kaum ohne dessen Zustimmung.

241 Vgl. ebenda, fol. 24.

242 Vgl. ebenda, fol. 80.

243 So im Aktenvermerk des ORegR Holtz vom gleichen Tage nach telefonischer Mitteilung Müllers, BAP, 31.01 Nr. 10524, fol. 46, vgl. weiter ebenda, fol. 37 und 80.

244 Schreiben Köhlers an den RWM vom 21. Januar 1935, ebenda, fol. 41-44, hier fol. 41f, Hervorh. i. Orig.

245 Vgl. Aktenvermerk für den RWM vom 12. Januar, ebenda, fol. 24; Brieftelegramm des RWM an den StdF vom 7. Januar (ebenda, fol. 19f) nach dessen Schreiben vom gleichen Tage (ebenda, fol. 16-18) in Reaktion auf das Schreiben des RWM vom 22. Dezember 1934, BAK R 43 II/820 b, fol. 13-15.

Im Laufe des 23. Januar hatte sich der Reichsbund dem Reichswirtschaftsministerium gegenüber bereit erklärt, die Bedingungen Köhlers zu akzeptieren. Nachdem dieser durch das Ressort hierüber unverzüglich unterrichtet worden war, informierte er bereits am darauffolgenden Tag die Gau- und Kreiswirtschaftsberater über die Rücknahme der entsprechenden Passagen der zuvor ergangenen Rundschreiben.[246] Zusätzlich veranlaßte Köhler die Veröffentlichung einer entsprechenden Verlautbarung, da entgegen seiner erklärten Absicht wesentliche Teile der Rundschreiben vom 8. Oktober und 13. Dezember 1934 bis in die unteren Parteistellen bekanntgegeben worden waren.[247]

In dieser Veröffentlichung hieß es:

> "Undisziplinierte Elemente haben versucht, die Maßnahmen, die sich zur Klärung und Entpolitisierung der Tätigkeit der Verbrauchergenossenschaften als notwendig erwiesen haben, als eine Einschränkung der diesen zugebilligten wirtschaftlichen Betätigung zu deuten."

Im Anschluß an die sodann nochmals wiedergegebene Anordnung des Stellvertreters des Führers vom 9. Juli 1934 fuhr Köhler fort:

> "Der Sinn dieser Anordnung ist, daß die Verbrauchergenossenschaften in einer *unpolitischen und kaufmännisch lauteren Werbung unbeschränkt* sein müssen, wie jedes andere Wirtschaftsunternehmen. Wenn es notwendig ist, eine mißbräuchliche Ausnützung der damit gegebenen Werbefreiheit zu unterbinden und über den rein wirtschaftlichen, nicht weltanschaulichen oder gemeinnützigen Charakter der Verbrauchergenossenschaften Klarheit zu schaffen, so bedeutet dies keineswegs, daß die Haltung und die Absicht des Stellvertreters des Führers eine Änderung erfahren habe.
>
> Es bedeutet vielmehr, daß sie gradlinig und unbeirrt durchgeführt werden muß, damit die wirtschaftlichen Werte der Verbrauchergenossenschaften und die wirtschaftlichen Interessen der beteiligten Volksgenossen vor den schädlichen Folgen einer unsachgemäßen Werbung geschützt werden. *Kampf- und Propagandagemeinschaften für lebensfremde und verstaubte Wirtschaftsideale können nicht geduldet werden.* Aber aus der Arbeitsgemeinschaft des deutschen Volkes darf kein ehrlicher Volksgenosse ausgeschlossen sein.
>
> Die in den Verbrauchergenossenschaften ruhenden Vermögenswerte deutscher Arbeiter sollen erhalten, die in ihnen zu wirtschaftlichen Zwecken zusammengeschlossenen Volksgenosssen dürfen in einer unpolitischen geschäftlichen Betätigung weder gestört noch gar ihretwegen als *Volksgenossen zweiter Klasse* behandelt werden.

---

246 RdSchr. C 2/35 der Reichsleitung der NSDAP, Kommission für Wirtschaftspolitik vom 24. Januar 1935, BAP, 31.01 Nr. 10524, fol. 90f.

247 Vgl. Schreiben des RWM an Köhler vom 18. Januar, ebenda, fol. 27f; desgleichen vom 19. Januar, ebenda, fol. 31f.

Auch die *Werbung neuer Mitglieder* für die Verbrauchergenossenschaften *ist frei* und darf in keiner Weise beschränkt werden, soweit sie sich in den durch die Anordnung des Stellvertreters des Führers gezogenen Grenzen bewegt. Beschränkungen dieser Werbefreiheit werden als Ungehorsam gegen die Anordnung des Stellvertreters des Führers geahndet.

Ich weise nochmals darauf hin, daß eigenmächtige Handlungen und Eingriffe von Parteidienststellen oder Parteigenossen verboten sind. Verstöße gegen den unpolitischen Charakter der Werbung bei den Verbrauchergenossenschaften, ebenso aber auch Verstöße gegen die Freiheit ihrer geschäftlichen Werbung sind den Gauwirtschaftsberatern zu melden, die auch in Zukunft nach den erlassenen Anweisungen verfahren."[248]

Der Reichsbund hatte unverzüglich und - wie von Köhler verlangt - einvernehmlich neue Werberichtlinien herausgegeben, die an die Stelle der in der Broschüre zur Neuordnung der Werbearbeit enthaltenen traten. Nun sollte "durch wirtschaftliche Leistungen der Verbrauchergenossenschaften ihre Existenzberechtigung den der Genossenschaft entfremdeten Mitgliedern und der Öffentlichkeit eindringlichst vor Augen" geführt werden. Die zur Erfüllung dieses Ziels erlaubte geschäftliche Werbung und Mitgliederwerbung wurde wie folgt definiert: Die geschäftliche Werbung hatte sich "auf rein kaufmännische und unpolitische Methoden" zu beschränken, sah die "fachliche Schulung der Mitarbeiter" und den "Einsatz aller Werbemittel (vor), die den Anforderungen des Werberats der deutschen Wirtschaft genügen." Die Mitgliederwerbung lag in der "Aufforderung an jedermann, durch Erwerbung eines Geschäftsanteils an den wirtschaftlichen Leistungen der Genossenschaften teilzuhaben", wobei Mitgliederversammlungen und "Kaffeenachmittage" ebenso zugelassen waren wie die "Heranziehung ehrenamtlicher Mitarbeiter", der Einsatz der verbrauchergenossenschaftlichen Presse und die "öffentliche Werbung durch (den) Hinweis auf wirtschaftliche Leistung." Verboten war neben der Blockbildung die Zahlung von Prämien zur Gewinnung von Mitgliedern und jeglicher "Hinweis auf Förderung der Verbrauchergenossenschaften durch den Führer, Stellvertreter des Führers oder die Partei sowie der Mißbrauch der Parteizugehörigkeit, des Dienstanzuges von Beauftragten zur Werbung oder die Werbung im Braunhemd sowie die Entsendung von Werbern in Veranstaltungen von Gliederungen der Partei", während der Hinweis auf die Erklärung vom 9. Juli 1934 "selbstverständlich" erlaubt war.[249]

---

248 NSK-Nachrichten, Folge 20, vom 24. Januar 1935, Blatt a und b, Exemplar in: BAP, 31.01 Nr. 10524, fol. 84f, Hervorh. i. Orig.

249 Sämtliche Zitate aus den "Neue(n) Richtlinien für die Werbung der Verbrauchergenossenschaften" vom 24. Januar 1935. Unterzeichnet waren diese von Köhler und Müller. Exemplar in: Konsumgenossenschaft Dortmund-Kassel, Abteilung Mitgliederkommunikation.

Ihren endgültigen Abschluß haben die Auseinandersetzungen um die Werbetätigkeit der Konsumgenossenschaften den überlieferten Unterlagen zufolge im Februar 1935 gefunden. Nachdem bereits der Beauftragte des Stellvertreters des Führers für Wirtschaftsfragen[250] und Köhler als Leiter der Kommission für Wirtschaftspolitik[251] das Reichswirtschaftsministerium von einer Entscheidung Hitlers in Kenntnis gesetzt hatten, teilte Heß selbst am 19. Februar dem mit der Führung der Geschäfte des Reichswirtschaftsministers beauftragten Schacht den Entschluß Hitlers mit.[252] Dieser hatte hiernach entschieden, daß die Konsumvereine sich in der Werbung nicht weltanschaulicher oder politischer, sondern allein wirtschaftlicher "Methoden" bedienen dürfen und von keiner Stelle der Partei oder der DAF "Zwang oder moralischer Druck, bei den Konsumvereinen zu kaufen", ausgeübt werden dürfe. Außerdem hieß es:

> "Eine Unterstützung der Konsum-Vereine oder des Verbrauchergenossenschaftsgedankens durch die Partei und ihre Organisationen kann auch in Zukunft keinesfalls in Frage kommen. Ebensowenig kann seitens der Partei für das Weiterbestehen einzelner Konsumvereine oder der Konsumvereine überhaupt, eine Verantwortung übernommen werden." Heß schrieb abschließend: "Nach (der) Entscheidung des Führers können die Maßnahmen, die hinsichtlich einzelner illiquider Konsumvereine oder der Konsumvereine überhaupt in Zukunft zu treffen sind, nur rein wirtschaftlicher Art sein und unterliegen demgemäß ihrer Verantwortung; die Partei soll sich damit nicht mehr befassen."[253]

Am 18. März bestätigte der Reichswirtschaftsminister dieses Schreiben und erwiderte, "daß ich diese Verantwortung nur durchführen kann, wenn allen Parteiinstanzen und Parteimitgliedern die aggressive Haltung gegen die Konsumvereine untersagt wird, d. h. derart, daß Zuwiderhandlungen geahndet werden. Selbstverständlich werde ich meinerseits für die Einhaltung der vom Führer aufgestellten Grundsätze (...) Sorge tragen." Die vom Reichswirtschaftsministerium gewünschte "Mitteilung, ob die Parteileitung bereit ist, für politische Ruhe gegenüber den Konsumvereinen zu sorgen",[254] war nicht zu ermitteln. Sie scheint nach der Verlautbarung Köhlers vom 24. Januar dort nicht mehr für erforderlich gehalten worden zu sein. Möglicherweise trug jedoch ein wenige Tage später ver-

---

250 Schreiben des Vertreters (v. Obwurzer) des Beauftragten (Albert Pietzsch) an den RWM vom 14. Februar 1935, BAP, 31.01 Nr. 10524, fol. 204f.

251 Schreiben an das RWM vom 15. Februar 1935, ebenda, fol. 197f.

252 Seit dem 2. August 1934 hatte Schacht dem RWM kommissarisch vorgestanden. Am 30. Januar 1935 war er mit der Wahrnehmung der Geschäfte des RWM "definitiv beauftragt" worden, Facius, Wirtschaft und Staat, S. 226.

253 Schreiben von Heß an Schacht vom 19. Februar 1935, BAP, 31.01 Nr. 10524, fol. 225. Ein Schreiben von Hitler selbst ist nicht nachweisbar.

254 Antwortschreiben des RWM an den StdF vom 18. März 1935, ebenda, fol. 252.

faßtes parteiinternes Rundschreiben des Stellvertreters des Führers - in dem eine öffentliche Stellungnahme zur Frage der Konsumvereine verboten wurde - diesem Wunsch des Reichswirtschaftsministers Rechnung.[255]

4.2.2.1 Zusammenfassung

Auch in dieser Auseinandersetzung um die Werbetätigkeit der Konsumgenossenschaften verfolgte das zuständige Referat im Reichswirtschaftsministerium eine an dem Erfordernis ihrer Sanierung orientierte Politik, um die Reichsbürgschaften der Sonderkredite I bis III zu sichern und zu verhindern, daß durch einen Zusammenbruch von Konsumvereinen die in diesen investierten bedeutenden Vermögenswerte verlorengehen. Nach wie vor erkannte man im Eintreten einer Zahlungsunfähigkeit von Konsumvereinen und einem wahrscheinlich folgenden Vergleichs- oder Konkursverfahren die Gefahr, daß eine derartige Entwicklung über den konsumgenossenschaftlichen Wirtschaftsbereich hinaus volkswirtschaftlich nachteilige Auswirkungen zeitigen könnte, wobei wohl besonders das Problem einer Zunahme der Arbeitslosigkeit[256], negative Rückwirkungen auf die Aktzeptanz innerhalb der Arbeiterschaft und eine allgemeine Furcht in der Bevölkerung um die Sicherheit ihrer Ersparnisse eine maßgebliche Rolle gespielt haben dürften.

Die Konsumgenossenschaften beschäftigten um die Jahreswende 1934/35 etwa 42.200 Personen (ausschließlich Reichsbund), die Spareinlagen beliefen sich auf ca. 170,5 Mio. RM bei etwas mehr als 3,2 Mio. Mitgliedern, deren Geschäftsanteile gut 61 Mio. RM ausmachten[257] - und nicht zuletzt standen nach wie vor

---

255 Es handelt sich vermutlich um das RdSchr. 52/35 vom 20. März 1935, dessen Text nicht zu ermitteln war. Ein Registernachweis in: Anordnungen des Stellvertreters des Führers, S. 433.

256 Diese war von über 6 Mio. registrierten Arbeitslosen im Januar 1933 auf etwas mehr als 2,6 Mio. im Dezember 1934 zurückgegangen, vgl. Stat. Jb. f. d. DR, 1935, S. 319, wobei an dieser Stelle nicht auf die konkreten Arbeitsbeschaffungsmaßnahmen eingegangen werden soll. Vgl. a. Abschnitt 3.4 sowie die Gesamtzusammenfassung dieses Kapitels.

257 Vgl. Bericht (nebst Anlagenband) über die Lage der deutschen Verbrauchergenossenschaften, S. 6, 9, 13 u. 49, Exemplar in: Archiv des RdK. Zum Jahresanfang standen diese Zahlen den Beteiligten noch nicht zur Verfügung. Grundlage in den Besprechungen zwischen dem RWM und dem Reichsbund bzw. Köhler waren die mündlichen Ausführungen der Reichsbund-Geschäftsleitung sowie ihre - nach Aufforderung durch das RWM - schriftlich erstellten, ergänzenden Unterlagen, die für den aktuellen Zeitraum aus zuverlässigen Schätzungen bestanden. Vgl. BAP, 31.01 Nr. 10524, fol. 71-79, Schreiben des Reichsbunds an den RWM vom 19. Januar 1935 und ebenda, fol. 100, 133-139, "Zahlenangaben über die Verbrauchergenossenschaften", dem RWM vom Reichsbund am 8. Februar 1935 übersandt.

gewerblicher Großhandel und Produzenten mit den Konsumgenossenschaften in Geschäftsbeziehungen. Dieser Zusammenhang offenbart noch einmal den Handlungshintergrund des Interesses des Reichswirtschaftsministeriums an der Sanierung der Konsumgenossenschaften und seiner an diesem Ziel orientierten Politik, der sich in diesem Stadium über die genannten Aspekte hinaus um die über den Reichsbund (GEG) geführte Auseinandersetzung der Arbeitsfront mit der Kommission für Wirtschaftspolitik erweitert.

Zum einen waren die Konflikte zwischen Reichsbund bzw. DAF und der Kommission für Wirtschaftspolitik bereits in der nach der Heß-Anordnung vom Juli 1934 getroffenen Regelung zur Überwachung dieser Anordnung angelegt, mit der es dem Stellvertreter des Führers gelang, der DAF die parteipolitische Zuständigkeit in der Konsumgenossenschaftsfrage streitig zu machen.

Die Konflikte fanden nun - nachdem die generelle Frage der konsumgenossenschaftlichen Werbung geklärt war - ihren Ausdruck in der kontroversen Beurteilung konkreter Werbemaßnahmen der Konsumvereine durch die Kommission für Wirtschaftspolitik und dem DAF-Beauftragten für die deutschen Verbrauchergenossenschaften, der sich in seine auf die politische Unterstellung der Konsumgenossenschaften aus dem Mai 1933 gründende Befugnis vom Stellvertreter des Führers nicht hineinreden lassen wollte.

Zum anderen ist zu vermuten, daß der nachhaltige (letztlich gescheiterte) Widerstand Müllers gegen die gemeinsam mit Köhler (einvernehmlich) zu erlassenden Werberichtlinien der Konsumgenossenschaften auch in dem Konflikt zwischen Ley und Heß um deren jeweilige Kompetenzen und Stellung in der NSDAP-Hierarchie zu suchen ist, der sich im Herbst 1934 zuspitzte, als Heß versuchte, Ley zu zwingen, Parteianordnungen allein mit seiner vorherigen Zustimmung zu erlassen,[258] und es Ley gelang, an Heß und den Reichsministerien für Wirtschaft und Arbeit vorbei Hitlers Unterschrift für die "Verordnung über Wesen und Ziel der Deutschen Arbeitsfront" zu erreichen.[259] Wenngleich dieser vermutete Zusammenhang sich auch nicht aus den ausgewerteten Archivalien belegen läßt, so spricht der Gesamteindruck der Auseinandersetzungen um die konsumgenossenschaftliche Werbung doch dafür, in den Rivalitäten zwischen Ley - zunächst als Stabsleiter der PO, später auch als Reichsorganisationsleiter - und Heß als Stellvertreter des Führers in allen Parteiangelegenheiten auch einen Grund des Konflikts zwischen dem von Ley eingesetzten Müller und dem durch

---

258 Vgl. hierzu Diehl-Thiele, Partei und Staat, S. 201ff, bes. S. 207ff. Zum Konflikt zwischen Heß und Ley vgl. weiter Longerich, Hitlers Stellvertreter, S. 14ff; Rebentisch, Führerstaat und Verwaltung, S. 77ff.

259 Abdruck der VO bei Schumann, Nationalsozialismus und Gewerkschaftsbewegung, S. 173ff; vgl. Mason, Sozialpolitik, S. 192ff. Zum weiteren Zusammenhang vgl. die Gesamtzusammenfassung dieses Kapitels.

Heß betrauten Köhler zu sehen, der die Beachtung der Anordnung vom 9. Juli 1934 in der Partei überwachen sollte.

Nach der Machtübergabe führte Ley als, am 9. Dezember 1932 von Hitler ernannter, Stabsleiter der PO zugleich "die Geschäfte eines Reichsorganisationsleiters der NSDAP".[260] Durch die am 15. Dezember 1932 geschaffene "Politische Zentral-Kommission" und ihren Leiter Heß war Ley aber eine "parteiinterne Führungskonkurrenz"[261] erwachsen, die sich mit der Bildung des Amtes "Stellvertreter des Führers" am 21. April 1933 noch verschärfte. "Konsequenterweise (hätte) Heß der institutionelle Vorgesetzte von Ley, Ley der Stabsleiter des Stellvertreters des Führers werden müssen. Dies geschah jedoch nicht",[262] es war Hitlers Absicht, durch eine derartige, parteiinterne Rivalitäten hervorrufende Ämterbildung seine eigene Position als "Führer" abzusichern, zu verhindern, daß ihm selbst aus der Partei nachhaltige Konkurrenz erwuchs.

Der Arbeitsfront waren die Konsumgenossenschaften im Mai 1933 politisch unterstellt worden. Demzufolge fühlte sie sich zumindest *parteiseitig* in allen diesbezüglichen Fragen als allein zuständig. - Denn spätestens mit dem Erlaß des Reichswirtschaftsministeriums vom 17. Juli 1933 war auch der DAF dokumentiert, daß diesem die federführende Kompetenz in den *wirtschaftspolitischen* Fragen der Behandlung der Konsumgenossenschaften oblag, die Arbeitsfront also nicht nach Belieben schalten und walten konnte. Die parteipolitische Zuständigkeit der DAF wurde mit der Einschaltung der Kommission für Wirtschaftspolitik im Juli 1934 ganz offenkundig eingeschränkt, und es war zu erwarten gewesen, daß die Arbeitsfront sich dieser Kompetenzbeschneidung nicht kampflos fügen würde. Mit ihrem Expansionsdrang, ihrem Unterfangen, auch in die wirtschaftspolitischen Zuständigkeiten des Reichswirtschaftsministeriums einzugreifen, hatte sie sich *in der Konsumgenossenschaftsfrage* schon zu einem frühen Zeitpunkt die Möglichkeit verstellt, dieses als (denkbaren) Verbündeten zu gewinnen.[263] Zusammen mit dem Wirtschaftsstab des Stellvertreters des Führers - wenn auch aus anderen Motiven - trachtete das Reichswirtschaftsministerium danach, die Arbeitsfront aus der parteipolitischen Zuständigkeit für die Konsumvereine zu verdrängen.

---

260 Diehl-Thiele, Partei und Staat, S. 206. Hitler hatte am 9. Dezember 1932 nach Gregor Strassers Niederlegung aller Parteiämter selbst die Leitung der PO übernommen und Ley zu seinem Stabsleiter (Stabschef) ernannt, vgl. ebenda, S. 205. Vgl. weiter Kissenkoetter, Gregor Straßer, S. 178; Winkler, Katastrophe, S. 817; Broszat, Der Staat Hitlers, S. 198.

261 Diehl-Thiele, Partei und Staat, S. 206.

262 Ebenda, S. 209.

263 Wenngleich die Konsumgenossenschaftsfrage nicht isoliert von den übrigen Konflikten zwischen DAF und RWM betrachtet werden darf, muß doch darauf verwiesen werden, daß beide im Sommer 1933 ein Interesse am Fortbestand der KG hatten.

In dem Konflikt um die Werbung der Konsumgenossenschaften war der DAF mit dem Amt des Stellvertreters des Führers eine Konkurrenz erwachsen, die sich zunehmend erfolgreicher anschickte, den Aktionsradius der Arbeitsfront einzuschränken. Deutlicher als in den Verhandlungen bis zum Juli 1934 zur Rücknahme des parteiseitigen Werbeverbots vom Juni 1933 kommt in den hier betrachteten Auseinandersetzungen um die Werberichtlinien zum Ausdruck, daß es dem Amt des Stellvertreters des Führers nicht darum ging, lediglich den Standpunkt der Partei zu vertreten, sondern klarzustellen, daß es diese Kompetenz auch gegen die DAF durchzusetzen beabsichtigte. Die schließlich von Köhler erzwungene Neuregelung der konsumgenossenschaftlichen Werberichtlinien und die im Februar 1935 herbeigeführte Entscheidung Hitlers, derzufolge die weitere Behandlung ausschließlich unter wirtschaftspolitischen Gesichtspunkten erfolgen sollte, ohne daß sich die Partei weiter mit dieser Frage befassen sollte, dokumentiert die sich abzeichnende Niederlage der Arbeitsfront, die im Gesetz über Verbrauchergenossenschaften vom 21. Mai des Jahres besiegelt wurde.

4.3 Der Entstehungszusammenhang des Gesetzes über Verbrauchergenossenschaften vom 21. Mai 1935. Der Beschluß zur Teilliquidation von Konsumgenossenschaften und die Niederlage der Arbeitsfront

Im Anschluß an die Verhandlungen zwischen dem Reichsbund, der Kommission für Wirtschaftspolitik und dem Reichswirtschaftsministerium, die Ende Januar die zitierte Neufassung der verbrauchergenossenschaftlichen Werberichtlinien zum Ergebnis hatten, bat Köhler den Reichswirtschaftsminister um eine persönliche Aussprache, in der "die Frage einer gründlichen Verbesserung der Verbraucher-Genossenschaften"[264] behandelt werden sollte. Am 8. Februar kam es zu der Unterredung Köhlers mit den zuständigen Beamten aus dem Reichswirtschaftsministerium, Schacht ließ sich durch Staatssekretär Posse vertreten.[265] Köhler schlug vor, den Verkauf der Konsumgenossenschaften freizugeben, da über den Weg der Mitgliederwerbung allein eine nachhaltige Steigerung der Umsätze zur Verhinderung von Konkursen nicht mehr zu erreichen sei. Hierfür hatte er angeblich bei der Reichsgruppe Handel, dem Beauftragten des Führers für Wirtschaftsfragen, Keppler, und dem Beauftragten des Stellvertreters des Führers für Wirtschaftsfragen Pietzsch, "Verständnis", bei Everling vom Reichsbund(GEG) Zustimmung erfahren. Posse schloß sich diesem Vorschlag an, woraufhin Köhler als nächsten Schritt die Lösung der Konsumvereine von der DAF und deren Ein-

264 Schreiben Köhlers an Schacht vom 31. Januar 1935, BAP, 31.01 Nr. 10524, fol. 97.

265 Vermerk über die Unterredung ebenda, fol. 98f. Die folgenden Zitate hieraus.

gliederung in die Reichsgruppe Handel für notwendig erklärte. Beide Seiten stimmten überein, "daß diese Umstellung durch eine besondere Zuschußaktion des Reiches (für die gefährdeten großen Konsumgenossenschaften) ergänzt werden müsse, da die für die Rückzahlung der Spareinlagen erforderliche Umsatzsteigerung in dem notwendigen Ausmaße nicht so schnell herbeigeführt werden könne." Zustimmung fand auch Posses Vorschlag, die Kündigungsfrist der Mitgliedschaft in den Konsumvereinen zu verlängern, um einer Mitgliederflucht vorzubeugen. Einvernehmen bestand darüber, ihnen "im Interesse des übrigen Einzelhandels" die Annahme weiterer Spareinlagen ebenso wie die Errichtung neuer Produktionsanlagen und die Aufnahme neuer Warengruppen zu verbieten, wie die Neugründung von Konsumgenossenschaften überhaupt. Einig war man sich abschließend auch darin, "daß die Lage der großen Konsumgenossenschaften eine sofortige Klärung der zu ergreifenden Maßnahmen erfordere." Mögliche Angriffe aus Parteikreisen gegen diese Überlegungen glaubte Köhler "mit dem Parteiapparat unterbinden zu können."

Die leichte Besserung der Umsatzbewegung in den Konsumvereinen, die im Anschluß an die Verlautbarung des Stellvertreters des Führers vom 9. Juli 1934 eingetreten war,[266] hatte sich durch die in Abschnitt 4.2.2 geschilderten Auseinandersetzungen um ihre Werbetätigkeit mit der Kommission für Wirtschaftspolitik als nicht dauerhaft erwiesen.

Das Einladungsschreiben des Reichswirtschaftsministeriums zu einer ersten Ressortbesprechung über die weiteren Schritte in der Konsumgenossenschaftsfrage am 22. Februar 1935 umriß die aktuelle Situation: Die fortdauernden Umsatzrückgänge und Auszahlungen der Spareinlagen ließen eine Fortsetzung der Bürgschaftsaktionen "vergeblich" erscheinen, während "gleichzeitig (...) das Reich mit erheblichen Risiken (beim Zusammenbruch von Konsumvereinen - U. K.) belastet wird. Unter diesen Umständen dulden die Lösung der grundsätzlichen Frage der Behandlung der Verbrauchergenossenschaften im Dritten Reich und die sich hieraus ergebenden Folgerungen keinen weiteren Aufschub."[267] Es sollten jedoch noch drei Monate vergehen, bis die Beteiligten nach insgesamt fünf Besprechungen[268] im Gesetz über Verbrauchergenossenschaften eine Lösung ge-

---

266 Vgl. Schreiben des RWM an den StdF vom 7. Dezember 1934, BAK, R 43 II/820 b, fol. 8-11; Schreiben des Reichsbundes an den RWM von 22. Dezember 1934, Durchschrift für den RWehrM in: BA/MA, RW 19/979, S. 3f, wonach bei den 20 größten Genossenschaften mit mehr als einem Drittel des Gesamtumsatzes im Oktober 1934 eine Umsatzsteigerung von 2,8 % und im November um 0,7 % gegenüber den Vorjahresmonaten zu verzeichnen war.

267 BAP, 31.01 Nr. 10524, fol. 109.

268 Zum wechselnden Teilnehmerkreis der vom RWM einberufenen Besprechungen gehörten das RWehrM und die Reichsministerien für Arbeit, Finanzen, Justiz, Inneres, Ernährung

funden hatten, die in ihren wesentlichen Zügen schon zu diesem Zeitpunkt im zuständigen Referat des Reichswirtschaftsministerium entwickelt worden war, jedoch erst gegen nachhaltigen Widerstand aus dem wirtschaftspolitischen Stab des Stellvertreters des Führers, der Reichsgruppe Handel und Schachts selbst (!) realisiert werden konnte.

Mit dem Einladungsschreiben war den Adressaten ein im Reichswirtschaftsministerium ausgearbeiteter Lösungsvorschlag zur Kenntnis gebracht worden, der allem Anschein nach aus der Feder des Ministerialrats Zee-Heraeus stammte[269] und sich auf vom Reichsbund erstellte Unterlagen zur geschäftlichen Entwicklung der Konsumgenossenschaften stützte.[270] In diesem wurde einleitend festgehalten, daß "die Konsumvereine (im Gegensatz zu den Kreditgenossenschaften und den ländlichen Genossenschaften[271] - U. K.) keinerlei verlorene Zuschüsse seitens des Reiches erhalten" haben, um ihren Zusammenbruch durch die Auswirkungen der Bankenkrise vom Juli 1931 zu verhüten. Die Hilfe, die den Konsumgenossenschaften vom Reich zu diesem Zweck geleistet wurde, erfolgte im Rahmen der Sonderkredite I bis III im Volumen von 47 Mio. RM. Dennoch ging ihr Sparein-

---

und Landwirtschaft, der wirtschaftspolitische Beraterstab des StdF, der Leiter der Kommission für Wirtschaftspolitik, die DZK, der Rkom. für das Kreditwesen, die Reichsgruppe Handel, die Wirtschaftsgruppe Einzelhandel, die DAF, der Revisionsverband der deutschen Verbrauchergenossenschaften und der Reichsbund (GEG).

269 Carl-Bernhard Zee-Heraeus war zu dieser Zeit Leiter der Referate 2 und 3 der Abteilung V des RWM. Das Referat 3 war zuständig für allgemeine Fragen des Genossenschaftswesens und -rechts, die Stützung von Genossenschaften durch Bürgschaften und Zuschüsse des Reichs, das mittelständische Kreditwesen und Verbrauchergenossenschaften. Leiter der Abteilung V (Handwerk, Handel und Gewerbe) war, im Range eines MinDir., der Reichskommissar für den Mittelstand, Wienbeck, vgl. BAK, R 7/36, fol. 37. Ein Exemplar dieses Lösungsvorschlags "betrifft: Verbrauchergenossenschaften" in: BAP, 31.01 Nr. 10524, fol. 124-129. Die nachfolgenden Zitate sämtlich hieraus.

270 Am 17. und 30. Januar 1935 führten Vertreter des Reichsbunds und des RWM Unterredungen über die geschäftliche Lage der KG. Das vom Reichsbund dabei vorgetragene Zahlenmaterial wurde dem RWM jeweils wenig später schriftlich übermittelt. Vgl. ebenda, fol. 71-79, Schreiben des Reichsbunds vom 19. Januar mit einer Darstellung der finanziellen Lage und erwarteten Entwicklung des Reichsbunds; ebenda, fol. 100f, Schreiben des Reichsbunds vom 8. Februar mit einer Zusammenstellung "wichtige(r) Zahlen über die Entwicklung der Verbrauchergenossenschaften"; ebenda, fol. 133-139, vom Reichsbund erstellte Schaubilder über Umsatzbewegung bei VG und Lebensmitteleinzelhandel, Eigenproduktion, Mitgliederentwicklung, Beschäftigte, Spareinlagen der VG und öffentlichen Sparkassen sowie das Bilanzbild der VG.

271 Den gewerblichen Kreditgenossenschaften waren hiernach Reichsbürgschaften über 50 Mio. RM und verlorene Zuschüsse in Höhe von 80 Mio. zur Verfügung gestellt, den ländlichen Genossenschaften Bürgschaften über 20 Mio. und verlorene Zuschüsse von 230 Mio. RM, vgl. ebenda fol. 124.

lagenbestand von ca. 444 Mio. im Juni 1931 auf etwa 167 Mio. RM im Februar 1935 zurück. Im Ergebnis, so wurde festgehalten, hat sich "diese Hilfe des Reiches (...) nicht als ausreichend erwiesen." Die Spargeldabhebungen "gehen weiter, ohne daß ein Ende abzusehen ist. Verschärft werden die Schwierigkeiten durch die vielfach unter dem Zwang der Verhältnisse erfolgten Auszahlungsbeschränkungen, welche die Unruhe der Sparer natürlich vergrößern." Zusätzliche Probleme brachten die rückläufige Mitgliederentwicklung und der Rückgang der kaufenden Mitglieder mit sich, der zu Umsatzverlusten von durchschnittlich 45 % gegenüber 1931 geführt hatte. Aus der Liquiditätskrise der Konsumvereine durch den Abzug der Spargelder war somit zusätzlich eine Rentabilitätskrise entstanden, "die sich heute durch einen Abbau der Unkosten allein nicht mehr beseitigen läßt." Wenngleich sich die Lage bei den einzelnen Konsumgenossenschaften unterschiedlich darstellte, mußten 100 von ihnen als "notleidend" angesehen werden, 65 standen vor dem Konkurs, "ihre Bilanzsumme allein (...) (machte) etwa 40 % der Gesamtbilanzsumme aller Konsumgenossenschaften" aus. Der Konkurs dieser Genossenschaften würde die Gesamtheit der Konsumvereine gefährden,

> "der Umstand, daß die Inanspruchnahme der Haftsummen mehrere hunderttausend, größtenteils dem Arbeiterstand angehörige Familien auf das schwerste treffen müßte, wäre vielleicht wirtschaftlich noch zu ertragen, obwohl zu bedenken ist, daß bei einem Zusammenbruch außer den Spareinlagen (von noch 167 Millionen RM) auch die Genossenschaftseinlagen (1932: 82,3 Millionen RM) und das investierte Kapital (1932: 900 Millionen RM) gefährdet werden und die Weiterbeschäftigung der 65.000 Arbeitnehmer der Konsumgenossenschaften in Frage gestellt wird.
>
> Die *politischen* Auswirkungen einer solchen Katastrophe aber wären zweifellos die, daß ein großer Teil dieser Menschen und ihrer Angehörigen dem Nationalsozialismus entfremdet würden. Sie würden nicht prüfen wollen, ob der Nationalsozialismus für diesen Zusammenbruch verantwortlich zu machen ist, denn sie würden nur danach urteilen, daß unter der nationalsozialistischen Regierung sie in diese Katastrophe hineingekommen sind. Dies muß vermieden werden.
>
> Zu diesem politischen Gesichtspunkt kommt noch folgendes hinzu: Das Reichswehrministerium legt entscheidenden Wert auf die grundsätzliche Aufrechterhaltung der Konsumgenossenschaften, da deren Verteilungsstellen im A-Falle unentbehrlich seien.
>
> Unter diesen Umständen wird die Reichsregierung sich nicht weiterhin auf eine Kredithilfe beschränken können; *die Gesamtlage der großen Verbrauchergenossenschaften zwingt* vielmehr *zu einer grundsätzlichen Bereinigung der Konsumgenossenschaftsfrage.*"[272]

---

272 Ebenda, fol. 125f, Hervorh. i. Orig.

Diese sollte durch einen einmaligen Reichszuschuß in Höhe von 50 Mio. RM gewährleistet werden, der die Spareinlagen sichern, die Bilanzen bereinigen und in einigen Fällen die Liquidation derjenigen Konsumvereine ermöglichen sollte, deren Sanierung nicht mehr für möglich erachtet wurde. Die Verteilung des Betrages sollte von der Deutschen Zentralgenossenschaftskasse nach Vorschlägen des Reichsbundes vorgenommen werden; es war daran gedacht, beiden gemeinsam die "sachgemäße Bewirtschaftung" der Mittel zu übertragen.

Da diese "Umwandlung der Kredithilfe des Reichs in eine Zuschußaktion für die notleidenden Konsumgenossenschaften" allein nicht ausreichen würde, die Spareinlagen zu sichern, das konsumgenossenschaftliche Verteilungssystem "entsprechend dem Wunsch des Reichswehrministers" ungestört weiterzuführen und durch die "Beseitigung der zwischen dem gewerblichen Mittelstand und den Konsumgenossenschaften bestehenden Streitpunkte" den Wirtschaftsfrieden zu garantieren, wurden die folgenden flankierenden Maßnahmen vorgeschlagen:[273]

- Die Konsumgenossenschaften sollten durch die Aufhebung des im § 8 Abs. 4 des Genossenschaftsgesetzes verankerten Verbots der Warenabgabe an Nichtmitglieder entpolitisiert werden. "Da die Werbung neuer Mitglieder seit geraumer Zeit nur von unbedeutenden Erfolgen gewesen ist", hatte die "Leitung der Genossenschaft die Genossen immer von neuem zusammengetrommelt und sie hierbei mehr oder minder zu einer Gegnerschaft zum Einzelhandel durch Hervorhebung des Genossenschaftsgedankens und der Notwendigkeit der Selbsthilfe" erzogen. Nach der Aufhebung des Verbots sollte es möglich sein, die "Werbung rein kaufmännisch, d. h. in erster Linie durch den Hinweis auf die Qualität der Ware und deren Preis (zu) betreiben." Damit stünden die Konsumgenossenschaften in der "nationalsozialistischen Wirtschaft" gleichberechtigt neben den anderen Unternehmensformen im Handel. Darüber hinaus würde man - so hieß es mit Blick auf das politische Milieu der Mitgliedschaft - durch eine solche Regelung der Gefahr begegnen, daß in den Konsumvereinen als "geschlossene(n) Wirtschaften innerhalb der Gesamtwirtschaft (...) Interessengruppen innerhalb des Staates aufrechterhalten werden, die eine politische Gegnerschaft zum Staate oder zu staatlichen Einrichtungen stets in sich tragen werden."

- Da erwartet wurde, daß eine derartige "Umgestaltung" zu einer Beunruhigung der Mitglieder führen würde, war eine Verlängerung der Kündigungsfrist auf drei Jahre vorgesehen, um einer "Mitgliederflucht" zu begegnen.

Diesen als Förderung bzw. Verbesserung ihrer wirtschaftlichen Möglichkeiten begriffenen Maßnahmen galt es, "im Interesse des übrigen Handels gleichzeitig Einschränkungen der bisherigen wirtschaftlichen Möglichkeiten der Konsumgenossenschaften" gegenüber zu stellen. Es war daran gedacht,

273 Die folgenden Zitate ebenda, fol. 127-129.

- ihnen ihre zinsgünstige Finanzierungsmöglichkeit aus den Spareinlagen durch das Verbot der Annahme neuer Spargelder zu nehmen, mit der "sie sich bisher eine Kapitalbasis geschaffen (hatten), die ihnen gegenüber dem sonstigen Handel erhebliche wirtschaftliche Vorteile brachte", während zugleich "den natürlichen Kreditinstituten Spargelder entzogen" worden waren,

- sie mit dem übrigen Handel hinsichtlich der Körperschaft- und Vermögensteuer gleichzustellen,[274]

- die Errichtung neuer Produktionsstätten an die Zustimmung des Reichswirtschaftsministeriums zu binden,

- ihnen die Aufnahme neuer Warengruppen zu untersagen und schließlich

- "die Neugründung von Konsumgenossenschaften vorläufig zu sperren."

Bei einer derartigen, auf den Wegfall des Verbots der Warenabgabe an Nichtmitglieder gestützten,

> "Umwandlung (...) aus Einrichtungen der Verbraucher gegen den Einzelhandel zu einer Vertriebsform des Einzelhandels würde die Grundlage für ihre Eingliederung in die Arbeitsfront entfallen und damit die Basis für den Anschluß an die Organisation der Wirtschaft - Reichsgruppe Handel - gegeben sein. Entsprechende Folgerungen wären auch für die parteiamtliche Betreuung der Konsumgenossenschaften innerhalb der Parteiorganisation zu ziehen."

Als Fazit der Überlegungen wurde festgehalten, daß die Konsumgenossenschaften durch die "Umgestaltung (...) im freien Wettbewerb" bestehen könnten und "eine solche Stützung (...) wohl selbst den Kreisen des Einzelhandels verständlich gemacht werden könnte", da sie zur "Sicherung der Spareinlagen" geschieht, "und weil sie klar erkennen läßt, daß der Nationalsozialismus den Konsumgenossenschaften ihre endgültige Stellung im Staate unter Beseitigung der früheren Auswüchse anweist." Die Bürgschaftsaktion wäre damit "ohne besondere Verluste des Reichs" zum Abschluß zu bringen. Insgesamt würde "die Zuschußgewährung (von 50 Mio. RM - U.K.) (...) wohl keine wesentlich höheren Opfer erfordern, als bereits jetzt unvermeidbar erscheinen."

Die schließlich im Gesetz über Verbrauchergenossenschaften getroffene Bestimmung des § 5 Abs. 1, wonach die Spareinlagen der Konsumvereine bis zum 31. Dezember 1940 aufzulösen waren, muß im "Zusammenhang mit einer politisch motivierten Kapitalmarktpolitik"[275] gesehen werden. Mit der "Zentralisierung der Spargelder" bei "öffentlichen Sparinstitutionen" waren "eine bessere In-

274 Hierzu weiter unten.

275 Ditt, Konsumgenossenschaften, S. 96.

vestitionslenkung und staatliche Zugriffe"[276] auf die Spareinlagen beabsichtigt, die mit dem Gesetz vom 5. Dezember in Gesetzesform gekleidet worden waren.[277]

Vor diesem Hintergrund ist allerdings der Disput bemerkenswert, der sich im Oktober 1935 über die Auslegung des § 5 des Gesetzes über Verbrauchergenossenschaften zwischen dem Reichswirtschaftsministerium und der DZK auf der einen und dem Reichskommissar für das Kreditwesen auf der anderen Seite entzündete. Dieser bzw. sein Vertreter wies zutreffend darauf hin, daß im Gesetz die Auflösung der konsumgenossenschaftlichen Sparkassen bis zum 31. Dezember 1940 bestimmt war, entsprechend der Bestimmungen für die Werkssparkassen.[278] Daraus folgerte er, neue Sparkonten dürften nicht mehr eröffnet und Einzahlungen auf bestehende Konten nicht mehr angenommen werden. Außerdem waren die Spareinlagen bis zu diesem Termin zurückzuzahlen bzw. auf Bankinstitute zu überführen. Vom Reichswirtschaftsministerium wurde dem entgegengehalten, maßgeblich sei die Absicht des Gesetzgebers und nicht der Wortlaut des Gesetzes! Im übrigen - so ergänzte der Vertreter des Reichsfinanzministeriums - habe der Reichskommissar für das Kreditwesen an der Formulierung und den Beratungen des Gesetzes mitgewirkt und selber die Auffassung vertreten, daß der Wortlaut des § 5 keineswegs zwingend die Auflösung der Spareinrichtungen bestimme. Da zum Zeitpunkt dieser Besprechung die Zahl der liquidierenden Konsumgenossenschaften und somit auch die Höhe der Spargelder der weiterbestehenden Konsumvereine aber noch nicht definitiv feststand, wurde die Angelegenheit vorerst vertagt.[279]

Auch am 23. März 1936 kam man zu keiner Entscheidung. Seitens des Reichskommissars war unter Hinweis auf die Erfahrungen bei der Auflösung der Werkssparkassen erneut gefordert worden, auch die Spareinlagen aus den Konsumgenossenschaften herauszulösen. Zur Klärung der Angelegenheit sollte abgewartet werden, ob der vom Reichswirtschaftsministerium vorgelegte Gesetzentwurf zur Niederschlagung der den weiterbestehenden Genossenschaften gewährten Reichsbürgschaften die Zustimmung des Kabinetts fand. Danach erst könne man bestimmen, wieviele Konsumvereine zur Auflösung gelangen.[280]

---

276 Ebenda, S. 96f.

277 Vgl. Reichsgesetz über das Kreditwesen. Vom 5. Dezember 1934. RGBL I, S. 1203.

278 Vgl. ebenda, § 27 und Holtz, Verbrauchergenossenschaften, S. 308.

279 Vgl. Vermerk der Besprechung vom 11. Oktober 1935, BAP, 21.01 Nr. B 9652, fol. 44-46, hier fol. 45f.

280 Vgl. den Vermerk des Rkom. für das Kreditwesen über die Besprechung im RWM vom 23. März, Abschrift für das RFM in: BAP, 21.01 Nr. B 9903, fol. 82-84. Zur Niederschlagung der den fortbestehenden KG gewährten Reichsbürgschaften vgl. Abschnitt 5.1.

Die im August 1936 von der DZK dem Reichswirtschaftsministerium (und von diesem dem Reichskommissar für das Kreditwesen) zur Kenntnis gebrachten Bedenken gegen eine vom Reichskommissar per Erlaß beabsichtigte Regelung der Auszahlung von konsumgenossenschaftlichen Spargeldern und dem Verbot, neue Spareinlagen anzunehmen, veranlaßten diesen offenbar, von seinem Vorhaben Abstand zu nehmen. Er erklärte sich bereit, beide Komplexe durch Einzelfallprüfung und -handhabung im Einvernehmen mit den Konsumvereinen und der Deugro zu regeln.[281] Damit beugte er sich den pragmatischen Argumenten, in denen anläßlich der Liquidation eines Teils der Konsumvereine und der Fortführung der verbleibenden als Zweck des Gesetzes vom 21. Mai 1935 betont worden war, "Ordnung und Ruhe in die Reihen der Verbrauchergenossenschaften zu bringen".[282]

Gegen den (sehr wahrscheinlich) von Zee-Heraeus erarbeiteten Lösungsvorschlag erhob in der Ressortbesprechung am 22. Februar 1935 der Vertreter des wirtschaftspolitischen Beraterstabes des Stellvertreters des Führers, v. Obwurzer, erheblichen Widerspruch. Er hielt die "Freigabe des Verkaufs der Konsumgenossenschaften auch an Nichtmitglieder (...) unter Hinweis auf die Stimmung in Mittelstandskreisen für untragbar."[283] Er zeigte "eine besondere Skepsis" gegenüber "allen Angaben und Informationen, die von der GEG (dem Reichsbund - U. K.) ausgehen", und vermutete, daß die "Denkschrift" (der Lösungsvorschlag) nicht allein im Reichswirtschaftsministerium verfaßt worden sei, sondern "auch auf äußere Einflüsse" zurückgehe, wogegen sich Zee-Heraeus ebenso verwahrte wie gegen v. Obwurzers Bemerkung, daß in dieser Denkschrift "mit Bedauern erwähnt sei, die Konsumgenossenschaften seien bisher mit verlorenen Zuschüssen

---

281 Vgl. Schreiben der DZK an den RWM vom 22. August 1936, BAP, 31.01 Nr. 10529, fol. 231-233. Die DZK befürchtete wirtschaftliche Erschütterungen der fortbestehenden KG und eine erneute starke Beunruhigung der genossenschaftlichen Sparer. Vgl. Schreiben des Rkom. für das Kreditwesen an die DZK vom 26. Oktober 1936, ebenda, fol. 388f. Zur Deugro im 5. Kapitel.

282 So in dem Erlaß des RWM vom 8. Januar 1936, BAP, 21.01 Nr. B 9652, fol. 217f, hier fol. 217.

283 Vermerk über die Sitzung vom 22. Februar, BAP, 31.01 Nr. 10524, fol. 185-190, hier fol. 185. Eine überarbeitete, d. h. um konfliktträchtige Passagen bereinigte Fassung (ebenda, fol. 193-196) dieses im RWM erstellten Vermerks ging an den RFM und den StdF. Die anderen beteiligten Ressorts erhielten allem Anschein nach keine Abschrift des Vermerks. Ein Vergleich dieser überarbeiteten mit der Ursprungsfassung des Vermerks (der in Form eines Verlaufsprotokolls abgefaßt war und die Beiträge der Teilnehmer nicht wörtlich wiedergab) ist für die grundsätzlichen Differenzen zwischen RWM und dem wirtschaftspolitischen Beraterstab des StdF aufschlußreich, wie die folgende Darstellung erkennen läßt.

nicht bedacht worden."[284] v. Obwurzer hatte weiter starke Bedenken dagegen, die GEG und die Zentralgenossenschaftskasse bei der Verteilung der Reichsmittel heranzuziehen, da beide parteiisch seien. Was deren veranschlagte Höhe anging, so war nicht nur er der Überzeugung, daß die angesetzten 50 Mio. RM nicht ausreichen würden. Hierin wurde er vom Vertreter des Reichsfinanzministeriums unterstützt. Und auch Wienbeck, der Leiter der sogenannten Mittelstandsabteilung (in der dieser Vorschlag erarbeitet worden war) im Reichswirtschaftsministerium, hegte Zweifel, mit diesem Betrag auszukommen.[285] Angesichts seiner eigenen Bedenken gegen die geschätzte Höhe des Zuschusses und der Befürchtung, deshalb nach ein bis zwei Jahren erneut über Stützungsmaßnahmen entscheiden zu müssen, gab der Vertreter des Reichsfinanzministeriums, Ministerialrat Prause, zu überlegen, ob eine Lösung in der Übernahme sämtlicher Konsumgenossenschaften durch den Handel liegen könne, bei der eine Reichsbürgschaft von 30-50 % für die Spargelder "möglicherweise bereits geeignet (wäre), zu einer sowohl wirtschaftlich als auch politisch vertretbaren Lösung zu führen."[286]

Gegen diesen Weg wandte sich der "Vertreter des Heeresverwaltungsamtes", er wünschte "die Erhaltung der Produktionsstätten (der Konsumgenossenschaften) für den Mobilisierungsfall" und bezeichnete sie ferner "vom Standpunkt der Verteilerorganisation aus (als - U. K.) wichtig. Allerdings müßten diese wehrpolitischen Fragen zurücktreten, falls die wirtschaftspolitischen Erwägungen den Fortfall dieser Einrichtungen notwendig machen."[287]

Nach längeren, insgesamt unstrukturierten Erörterungen über die in dem Lösungsvorschlag formulierte Absicht, den Reichszuschuß für die Liquidation des stark gefährdeten Teils der Konsumvereine zur Verfügung zu stellen und den verbleibenden Genossenschaften ihren Platz im nationalsozialistischen Staat zu-

---

284 Ebenda, fol. 186. In der überarbeiteten Fassung hieß es lediglich: "In der Denkschrift sei nur der *durchaus notwendige Hinweis* enthalten, daß die Konsumgenossenschaften (...) keine Reichszuschüsse erhalten haben", ebenda, fol. 193, Hervorh. U. K.

285 Vgl. ebenda, fol. 185-187. Die Zweifel Wienbecks waren in der überarbeiteten Fassung nicht mehr enthalten, vgl. ebenda, fol. 193.

286 Ebenda, fol. 188.

287 Ebenda, auch diese Passage hatte eine Überarbeitung erfahren. Es ging danach nicht mehr um die Produktionsstätten insgesamt, sondern allein um die wichtigen. Die Aussage stammt vermutlich von MinR Reich aus dem RWehrM. Neben diesem hatte an der Besprechung der Verbindungsoffizier des RWehrM zum RWM, Major Curt Drews teilgenommen, der in einem (internen) Aktenvermerk vom 20. Februar den wehrpolitischen "Wert der Verbrauchergenossenschaften" herausgestellt hatte. Einige ihrer Fabrikationsbetriebe waren demnach als Rüstungsbetriebe anerkannt worden, andere galten als kriegswichtige Betriebe die zur Belieferung von Wehrmacht und Bevölkerung im Kriege heranzuziehen seien. Besonders hervorgehoben waren die Mühlen, Bäckereien und Fleischwarenfabriken, vgl. BA/MA, RW 19/979. Vgl. weiter die Ausführungen in Abschnitt 5.4.

zuweisen, kam man zu dem - von allen Beteiligten getragenen - Ergebnis, daß für eine Entscheidung die aktuellen wirtschaftlichen Daten besonders der "großen notleidenden Genossenschaften" eingeholt werden müssen und im Reichsfinanzministerium ein Vorschlag zu einer "Garantieübernahme für die Spareinlagen" erarbeitet und "zur Prüfung gestellt" wird.[288]

Soweit festzustellen war, ist im Reichsfinanzministerium solch ein Vorschlag nicht erstellt worden, wohl aber unterzog ihn das Reichswirtschaftsministerium einer - im Ergebnis ablehnenden - Prüfung. Zu einem späteren Zeitpunkt der Beratungen trat - wie noch zu zeigen sein wird - das Reichsfinanzministerium maßgeblich gegen einen Weg auf, der wahrscheinlich zur Auflösung fast aller Konsumgenossenschaften geführt und nach dortigen Schätzungen mehr als 200 Mio. RM an Reichsmitteln erfordert hätte.

Für die am 11. März 1935 folgende Besprechung war der im Reichswirtschaftsministerium erstellte Lösungsvorschlag unter Bezug auf einen gemeinsamen Sanierungsplan von Reichsbund und Revisionsverband der deutschen Verbrauchergenossenschaften überarbeitet und ergänzt worden.[289] Neben den bereits geplanten Beschränkungen für die "Verbrauchergenossenschaften"[290] sollte ihnen weiterhin verboten werden, neue Mitglieder aufzunehmen.

Die den Konsumvereinen für die Kalenderjahre 1934 und 1935 eingeräumten steuerlichen Vorteile bei der Körperschaft- und Vermögensteuer galt es zu beseitigen.[291] Im § 1 des Körperschaftsteuergesetzes vom 16. Oktober 1934 waren Erwerbs- und Wirtschaftsgenossenschaften (zu denen die Konsumvereine zählten) einer unbeschränkten Steuerpflicht unterworfen worden. Der § 23 ermächtigte den Reichsfinanzminister, "für bestimmte Gruppen von Erwerbs- und Wirtschaftsgenossenschaften eine Befreiung von der Körperschaftsteuer oder die Anwendung eines ermäßigten Steuersatzes vorzuschreiben oder die Ermittlung ihres Einkommens besonders zu regeln."[292] In der Ersten Verordnung zur Durchführung des Körperschaftsteuergesetzes machte der Reichsfinanzminister hiervon Gebrauch; § 36 sah vor, für Erwerbs- und Wirtschaftsgenossenschaften "bei der

---

288 BAP, 31.01 Nr. 10524, fol. 190.

289 Der veränderte Lösungsvorschlag des RWM, ebenda, fol. 228-233. Der gemeinsame Sanierungsplan von Reichsbund und Revisionsverband vom 23. Februar 1935, ebenda, fol. 207-223.

290 Im Gegensatz zu der ersten Fassung des Lösungsvorschlages fand nun der Begriff "Verbrauchergenossenschaften" durchgängige Verwendung.

291 Hinsichtlich der Vermögensteuer genossen die Konsumgenossenschaften entgegen dieser Aussage keine Vorteile, wie die folgenden Ausführungen belegen. Dieser Irrtum war von Zee-Heraeus im übrigen bemerkt worden, der Verweis auf das Vermögensteuergesetz war handschriftlich gestrichen, vgl. BAP, 31.01 Nr. 10524, fol. 232.

292 Körperschaftsteuergesetz vom 16. Oktober 1934, RGBL I, S. 1031, hier S. 1034.

Veranlagung für die Kalenderjahre 1934 und 1935 die Vorschriften des Körperschaftsteuergesetzes vom 10. August 1925 anzuwenden."[293] Auch im Vermögensteuergesetz vom 16. Oktober 1934 waren Erwerbs- und Wirtschaftsgenossenschaften einer unbeschränkten Steuerpflicht unterworfen (§ 1), die der Reichsfinanzminister nach § 23 - in gleicher Weise wie bei der Körperschaftsteuer - besonders zu regeln ermächtigt war. Anders als dort machte er jedoch bei der Vermögensteuer keinen Gebrauch von dieser Bestimmung. Die Konsumgenossenschaften blieben unbeschränkt vermögensteuerpflichtig.[294]

Daneben aber hielt das Reichswirtschaftsministerium an seinen bisherigen Überlegungen fest. Es betonte sogar ausdrücklich, daß insgesamt "nur eine Lösung getroffen werden (kann), die die Existenz der Verbrauchergenossenschaften nicht in Frage stellt",[295] wobei es sich auf die Erklärung Hitlers anläßlich des Internationalen Genossenschaftskongresses in Basel im Juni 1933 bezog. In dieser hieß es:

> "Die im Ausland verbreiteten Behauptungen über die deutschen Konsumgenossenschaften sind irrig. Die Konsumgenossenschaften sind durch die nationalsozialistische Bewegung nicht aufgelöst worden. Im Gegenteil, durch die neue Führung ist ihre wirtschaftliche Existenz jenen Eingriffen entzogen, die sowohl die Spargroschen der Arbeiter als auch die sonstigen in ihnen liegenden Vermögenswerte bedroht haben würden. Es ist daher ihre Existenz weder geschäftlich noch politisch in Frage gestellt. Ihre Eingliederung in die neuen Verhältnisse erfolgt planmäßig."[296]

An dem bereits ermittelten Reichszuschuß über 50 Mio. RM wurde nach Auswertung des von Reichsbund und Revisionsverband bereitgestellten Zahlenmaterials festgehalten. Die Verteilung dieses Betrages sollte der Zentralgenossenschaftskasse nach Anhörung eines Beirats aus Vertretern der beteiligten Reichsressorts, dem Reichsbund (GEG) und der Wirtschaftsgruppe IX (Handel)[297] obliegen.[298] In einem "Nachtrag" zu dem veränderten Lösungsvorschlag war im Reichswirt-

---

293 Erste VO zur Durchführung des Körperschaftsteuergesetzes. Vom 6. Februar 1935. RGBL I, S. 163, hier S. 168.

294 Vgl. Vermögensteuergesetz. Vom 16. Oktober 1934. RGBL I, S. 1052.

295 BAP, 31.01 Nr. 10524, fol. 230.

296 Ebenda, fol. 229f. Abschrift der Erklärung ferner ebenda, fol. 96.

297 Richtig: "Hauptgruppe IX Handel", die durch die Erste VO zur Durchführung des Gesetzes zur Vorbereitung des organischen Aufbaus der deutschen Wirtschaft vom 27. November 1934 die neue Bezeichnung "Reichsgruppe Handel" erhielt. Vgl. RGBL I, S. 1194. Das Gesetz vom 27. Februar 1934 in: RGBL I, S. 185. Vgl. a. Teschemacher, Handbuch, Bd. 2, S. 7ff.

298 Diese Konstruktion muß sicherlich vor dem Hintergrund der massiven Vorbehalte v. Obwurzers gegen die DZK und die GEG in der vorangegangen Besprechung gesehen werden, wenngleich die Konzession nicht so weit ging, DZK und GEG vollständig von der Entscheidung über die Zuschußverteilung auszuschließen.

schaftsministerium die Frage der in der Besprechung vom 22. Februar aufgeworfenen Übernahme einer Reichsgarantie für die in den Konsumgenossenschaften angelegten Spargelder geprüft und verworfen worden, sie erschien insgesamt als eine "nicht (...) ausreichende Lösung der Schwierigkeiten."[299] An Reichsmitteln wären hiernach etwa 150 Mio. RM erforderlich gewesen; ein erheblicher Verlust der Geschäftsanteile der Mitglieder und die Inanspruchnahme ihrer Haftsummen würde deren "politische Verärgerung" noch verstärken und schließlich wurde bezweifelt, daß die Beschäftigten der Konsumgenossenschaften "in den durch die Auflösung begünstigten Wirtschaftskreisen" unterzubringen seien, da der Einzelhandel "ohne weiteres in der Lage sein (dürfte), den ihm eventuell zuwachsenden Mehrumsatz (...) mit den bereits vorhandenen Arbeitskräften zu bewältigen."[300]

Die eingehende Erörterung des modifizierten Vorschlags aus dem Reichswirtschaftsministerium in der Besprechung wurde jedoch durch eine Initiative der Reichsgruppe Handel verhindert.[301] Unmittelbar vor Beginn der Sitzung hatte diese dem Reichswirtschaftsministerium zwei umfangreiche Schriftsätze zugestellt, die auf die vollständige Auflösung der Konsumgenossenschaften hinausliefen.[302] In der "Stellungnahme des Leiters der Reichsgruppe Handel zur Denkschrift des Reichswirtschaftsministeriums (...) betreffs Verbrauchergenossenschaften" hieß es beispielsweise:

> "Der Nationalsozialismus strebt eine Wirtschaftsordnung an, in der jeder deutsche Volksgenosse im Rahmen seiner Kräfte und Gaben seinen Platz ausfüllen soll, um hier eine möglichst schöpferische Initiative zu entfalten. Dieses Ziel wird nur dann erreicht werden können, wenn möglichst viele gesunde und leistungsfähige Betriebe unter selbstverantwortlicher Leitung einer sittlichen Persönlichkeit vorhanden sind und zwar in der Form ertragreicher Wirtschaftseinheiten. Kollektive Konsumentenbetriebe, die Einzelhandel, Großhandel, Handwerk, Industrie, Banken, Versicherungsgewerbe usw. letzten Endes in einem einzigen riesigen Unternehmen in sich vereinigen, sind für eine wahre Volksgemeinschaft ein Unding. Sie sind nicht staatsnotwendig oder staatserhaltend, sondern sogar staatszersetzend."[303]

---

299 So der RWM im Einladungsschreiben für die Besprechung am 11. März, Exemplar für den RWehrM in: BAP, 31.01 Nr. 10524, fol. 251 und BA/MA, RW 19/979.

300 "Nachtrag" zu dem veränderten Lösungsvorschlag des RWM, BAP, 31.01 Nr. 10524, fol. 234. Der Mehrumsatz wurde - dem Anteil des konsumgenossenschaftlichen Umsatzes am Gesamtumsatzsatz des Einzelhandels entsprechend - mit 4 % beziffert.

301 Vgl. Vermerk über die Besprechung vom 11. März, ebenda, fol. 401-406.

302 Neben dem RWM hatten noch der StdF und das RFM Exemplare dieser Schriftstücke erhalten, vgl. BA/MA, RW 19/979, Schreiben des Verbindungsoffiziers im RWM an den RWehrM vom 11. März.

303 Exemplare dieser Stellungnahme vom 11. März 1935 in: BAP, 31.01 Nr. 10524, fol. 267-276, hier fol. 274 und BA/MA, RW 19/979.

In gleicher Weise wie diese "Stellungnahme" bezog sich auch der "Gegen-Vorschlag des Leiters der Reichsgruppe Handel betreffs Verbrauchergenossenschaften"[304] auf den ursprünglichen Lösungsvorschlag aus dem Reichswirtschaftsministerium. Carl Lüer, der Leiter der Reichsgruppe Handel, zog besonders die zahlenmäßigen bzw. statistischen Unterlagen, die in den Vorschlag des Reichswirtschaftsministeriums Eingang gefunden hatten, in Zweifel. Er stützte sich dagegen bei seinen Berechnungen über die Kosten einer vollständigen Auflösung der Konsumgenossenschaften zum einen auf einen Bericht des Revisionsverbandes der deutschen Verbrauchergenossenschaften aus dem Mai 1934, dem eine Gesamtbilanz vom 31.12.1933 zugrunde lag, und zum anderen auf das Ergebnis einer Prüfung dieser Gesamtbilanz durch die Deutsche Allgemeine Treuhand AG.[305]

Auf eine detaillierte Auseinandersetzung mit diesen Schriftsätzen kann hier verzichtet werden. Sie scheiterten letztlich, weil ihre Realisierung eine erhebliche finanzielle Mehrbelastung für das Reich zur Folge gehabt hätte. Lüer selbst bezifferte die reichsseitige Belastung bei einer vollständigen Auflösung der Verbrauchergenossenschaften auf 120 Mio. RM. Weiter vermutete er, daß auch die Reichsgruppen Handel, Handwerk und Industrie eine Bürgschaft über 30 Mio. RM übernehmen würden,[306] wodurch sich die finanzielle Belastung des Reiches entsprechend verringert hätte. Den Vorteil seines Vorschlags erblickte Lüer darin, daß "das Reich ziemlich genau übersehen kann, welcher Betrag äußerstenfalls verloren gehen kann (...). Grundsätzlich stehe ich auf dem Standpunkt, daß man mit Rücksicht auf die Gesamtlage der Konsumvereine einen Abbau aller Verbrauchergenossenschaften vornehmen sollte, da ich die Auffassung vertrete, daß Verbraucher-Eigene-Wirtschaft im nationalsozialistischen Staat auf die Dauer untragbar ist."[307]

Im Reichswirtschaftsministerium dagegen wurden zu diesem Zeitpunkt die Aufwendungen für das Reich bei einer Realisierung der Vorschläge der Reichsgruppe auf wenigstens 140 Mio. RM geschätzt. Zu den 120 Mio. aus dem "Gegen-Vorschlag" Lüers rechnete es weitere 20 Mio. RM für Liquidationskosten und wies ferner darauf hin, die angesetzten 120 Mio. RM würden keine Ge-

---

304 Exemplare dieses Gegen-Vorschlags (gleichfalls vom 11. März 1935) in: BAP, 31.01 Nr. 10524, fol. 277-302 und BA/MA, RW 19/979.

305 Diese Unterlagen waren in den eingesehenen Quellen nicht zu ermitteln. Der Potsdamer Bestand 80 Re 1 (Deutsche Revisions- Treuhand AG) - in dem zumindest die letztere Unterlage vermutet werden kann - unterliegt im übrigen der 80-jährigen Sperrfrist des Bundesarchivgesetzes.

306 Vgl. BAP, 31.01 Nr. 10524, fol. 280ff.

307 Ebenda, fol. 280.

währ bieten, "daß diese Hilfe ausreicht, um die Spareinlagen voll zur Auszahlung zu bringen und die Inanspruchnahme der Haftsummen vermeidbar zu machen."[308]

Wie schon die beiden vorangegangenen, so führte auch die Besprechung vom 13. März zu keinem Ergebnis. In der sich unmittelbar anschließenden Ressortbesprechung, an der die Vertreter der Reichsgruppe Handel nicht teilnahmen, wurde die Kostenseite ihres Vorschlags erneut herausgestellt. Der Vertreter des Reichsfinanzministeriums, Ministerialrat Prause, teilte die grundsätzlichen Bedenken, die im Reichswirtschaftsministerium hiergegen erhoben worden waren. Insbesondere befürchtete er, daß bei einer Realisierung ein Großteil der Reichsmittel für die Liquidation und nicht zur Sicherung der Spargelder verwendet werden könnte. Um festzustellen, ob die finanzielle Belastung für das Reich zu verringern war, schlug er, wie bereits Wienbeck, vor, an die DAF, die "ebenfalls Interessent sei", heranzutreten, um zu erfahren, ob diese "zur Aufbringung der erforderlichen Mittel beitragen könne."[309] Da auch diese Ressortbesprechung zu keinem Ergebnis führte, kamen die Beteiligten überein, daß "nunmehr der Zeitpunkt gekommen (sei), wo die Chefs zu einer Aussprache über die zu ergreifenden Maßnahmen zusammentreten müßten."[310]

An der darauffolgenden Sitzung am 4. April nahm Schacht selbst an den Beratungen teil, der Reichsfinanzminister war durch Ministerialrat Prause vertreten. Zuvor war Schacht in einer ausführlichen Vorlage mit umfangreichen Anlagen die aktuelle Situation der Konsumgenossenschaften, die Lösungsvorschläge seines Ministeriums und der Reichsgruppe Handel zur Kenntnis gebracht worden.[311] Einem handschriftlichen Vermerk in der Ausarbeitung für Schacht ist zu entnehmen, daß ihm die Urschrift der Vorlage für eine (gleichfalls am 19. März stattfindende) Rücksprache mit Hitler unmittelbar zugestellt worden war.[312] Über deren Verlauf und Ergebnis - so sie denn tatsächlich stattgefunden hat - konnte jedoch nichts ermittelt werden.

---

308 Einladungschreiben des RWM zu der Besprechung am 13. März 1935, in der die Schriftsätze der Reichsgruppe Handel erörtert werden sollten, ebenda, fol. 303.

309 Vermerk über die Sitzung vom 13. März 1935, ebenda, fol. 407-415, darin (fol. 412-414) Vermerk der anschließenden Ressortbesprechung, hier fol. 412. und Wienbecks Vorschlag zur DAF (fol. 410).

310 So MinR Prause, RFM, nach dem Vermerk über die Ressortbesprechung, ebenda, fol. 412. Drews, der Verbindungsoffizier des RWehrM im RWM, teilte der WWi III im RWehrM mit: "Nachdem nun aber alle Aussichten gehört worden sind, sollen *die weiteren* Verhandlungen nur noch in Chefbesprechungen erfolgen." Schreiben vom 14. März 1935, BA/MA, RW 19/979, Hervorh. U. K. Über eine Unterredung zwischen Schacht und Schwerin v. Krosigk zu diesem Zeitpunkt ließen sich keine Unterlagen feststellen.

311 Durchschrift der Vorlage für Schacht vom 19. März, BAP, 31.01 Nr. 10524, fol. 312-315, die Anlagen fol. 316-345.

312 Handschriftliche Anmerkung des MinR Zee-Heraeus vom 19. März, ebenda, fol. 312.

In der Besprechung am 4. April stellte Schacht die vorliegenden Lösungsvorschläge zur Diskussion. In jedem Fall forderte er eine finanzielle Beteiligung der Arbeitsfront, was aber von Ley und Müller abgelehnt wurde.[313] Offensichtlich hatte Ley noch einmal seinen Plan einer "Reichsverbrauchergenossenschaft" zur Diskussion gestellt, der jedoch in der weiteren Beratung nicht zum Tragen kam.[314] Aus welchen Motiven Schacht schließlich in dieser Sitzung von der durch die Beamten seines Ministeriums bisher vertretenen Absicht einer Teilliquidation und Sanierung der verbleibenden Konsumgenossenschaften abrückte, kann anhand der vorliegenden Quellen nicht beantwortet werden. Ihm erschien folgende Lösung möglich:

> "Den Sparern, bzw. Mitgliedern der Genossenschaften, welche innerhalb einer bestimmten Zeit ihre Liquidation beschließen, werden die Sparguthaben bzw. die Nichtinanspruchnahme der Haftsummen garantiert. Die Entscheidung über eine Liquidation liege damit ausschließlich bei den Verbrauchergenossenschaften. Soweit diese das Angebot nicht annehmen, ist das Reich aus jeder Verantwortung für einen späteren Verlust der Spargelder und eine Inanspruchnahme der Haftsummen frei. Eine gleiche Garantie müsse für die noch nicht eingezahlten Geschäftsguthaben gegeben werden. Für die Genossenschaften, die von dem Angebot des Reiches keinen Gebrauch machen, sei ein Schutz nur durch Beschränkung der Spareinlagenauszahlungen auf (...) etwa 10 Jahre sowie eine Erklärung des Führers, die ihnen ein ungestörtes Weiterarbeiten ermöglicht, erforderlich. Bei einer geschickten Abfassung des vorgesehenen Angebotes könnten die Beteiligten in der Auffassung bestärkt werden, daß die Maßnahmen ausschließlich in ihrem Interesse erfolgen. Eine Beunruhigung würde dann vermieden werden. Es könne weiterhin damit gerechnet werden, daß der überwiegende Teil der Verbrauchergenossenschaften von dem Angebot Gebrauch macht. Damit würde die Konkurrenz der Verbrauchergenossenschaften gegenüber dem Handel bedeutend geringer werden und Aussicht bestehen, daß der Kampf des Handels gegen die Verbrauchergenossenschaften eingestellt wird."[315]

Die Sitzung fand ihren Abschluß mit dem Auftrag Schachts, die Kosten dieser Lösung zu berechnen, für deren Übernahme noch der Garantieträger zu bestim-

---

313 Vgl. Vermerk über die Sitzung vom 4. April 1935, ebenda, fol. 418-422, hier fol. 418. Danach erklärte Ley: "Eine Belastung der Arbeitsfront allein mit den Kosten, welche die Abwicklung der Verbrauchergenossenschaften bedingt, sei nicht gerechtfertigt." Auch dieser Vermerk ist als Verlaufsprotokoll erstellt und enthält keine wörtliche Wiedergabe der Redebeiträge. Schacht hatte hiernach nicht gefordert, der DAF allein die Kosten zu übertragen. Am 16. Mai bekräftigte Ley in einem Schreiben an Schacht seinen Standpunkt: "Ich bedauere selbst sehr, daß die Deutsche Arbeitsfront nicht in der Lage ist, ihrerseits einen finanziellen Zuschuß zu Abwicklung von Konsumgenossenschaften zu leisten." BAP, 31.01 Nr. 10526, fol. 74. Die Haltung Leys kommt auch in dem im RFM erstellten Vermerk über diese Sitzung zum Ausdruck, vgl. BAP, 21.01 Nr. B 9517, fol. 165-170.

314 Vgl. BAP, 31.01 Nr. 10524, fol. 418f.

315 Ebenda, fol. 420.

men sei.[316] Der Vertreter des Reichsfinanzministeriums, Ministerialrat Prause, hatte in der Sitzung erklärt, über keine Ermächtigung zur Abgabe diesbezüglich bindender Erklärungen zu verfügen. Ihm sei jedoch bekannt, daß nach Ansicht des Ministerialdirektors Olscher das Reich keinen Zuschuß in Höhe der vom Reichswirtschaftsministerium veranschlagten 50 Mio. RM leisten könne.[317] Insgesamt entsteht bei der Durchsicht der Aktenvermerke über die Sitzungen von Februar bis April der Eindruck einer relativ unsystematischen Erörterung der gestellten Aufgabe, eine Lösung der Konsumgenossenschaftsfrage zu finden, der nicht allein den divergierenden Interessen der Beteiligten geschuldet ist. Besonders nachhaltig tritt die Schwierigkeit eines rationalen Nachvollzugs des Diskussions- und Entscheidungsprozesses bei den nun folgenden Maßnahmen des Reichswirtschaftsministeriums zutage.

Die im zuständigen Referat des Ministeriums auf Schachts Veranlassung errechnete finanzielle Belastung des Garantieträgers wurde mit 135 Mio. RM veranschlagt. Hinzu kamen noch die im Rahmen der Sonderkredite I bis III übernommenen Bürgschaften des Reichs in Höhe von 38,5 Mio. RM.[318] Zugleich war auf dieser Grundlage ein Gesetzentwurf ausgearbeitet worden, der den beteiligten Reichsressorts mit der Einladung zu einer neuerlichen Besprechung am 18. April übersandt wurde. Darin hieß es,

> daß die bisherigen "wiederholten Besprechungen (...) zu keinerlei Übereinstimmung" hinsichtlich der zu ergreifenden Maßnahmen geführt haben. "Immerhin haben diese Verhandlungen die allgemeine Auffassung ergeben, *daß die Konsumvereine* aussichtsreiche Entwicklungsmöglichkeiten nicht mehr haben, sondern *aufgelöst werden müssen*. Übereinstimmung bestand auch darüber, daß weder die Spareinlagen der Verbrauchergenossenschaften verloren gehen dürfen, noch die Mitglieder der Genossenschaften aus rückständigen Geschäftsanteilen oder aus den Haftverpflichtungen in Anspruch genommen werden dürfen."[319]

Hiermit war hinsichtlich der Auflösung der Konsumgenossenschaften ein Ergebnis der Besprechungen formuliert, das aus den Aktenvermerken über diese nicht herauszulesen ist! Der mitgelieferte Entwurf eines Gesetzes über Verbrauchergenossenschaften sah dementsprechend vor, die Konsumvereine in ihrer Mehrzahl

---

316 Vgl. ebenda, fol. 421.

317 Vgl. ebenda, fol. 419. Olscher war zu dieser Zeit im RFM als MinDir. Leiter der Abteilung I, Allgemeine Finanzpolitik, vgl. Fabricius/Stamm, Führer-Kalender 1934, S. 98.

318 Vgl. Aktenvermerk für Schacht vom 9. April, BAP, 31.01 Nr. 10524, fol. 428. Die Berechnung, die allerdings lediglich 131 und nicht 135 Mio. RM (ohne die übernommenen Bürgschaften) auswies, ebenda, fol. 435-441, hier fol. 440f.

319 Brieftelegramm der Einladung zur Sitzung am 18. April, das neben den beteiligten Reichsministerien an die DZK und den Rkom. für das Kreditwesen ging, ebenda, fol. 442, Hervorh. U. K.

aufzulösen und die verbleibenden in ihren geschäftlichen Möglichkeiten einzuschränken. Ihre Errichtung sollte der Genehmigung des Reichswirtschaftsministers bedürfen (§ 1), es sollte ihnen untersagt werden, neue Spareinlagen anzunehmen (§ 2), ihre bestehenden waren nach Maßgabe des Reichskommissars für das Kreditwesen aufzulösen (§ 3). Im § 2 war weiter bestimmt, daß der Reichswirtschaftsminister ihnen die Errichtung neuer Produktionsstätten und Verteilstellen ebenso untersagen konnte wie die Herstellung und den Verkauf neuer Warengruppen.

Für Konsumvereine, die sich auflösen wollten, war folgendes vorgesehen:

§ 5 bestimmte, daß die "Auflösung (...) durch übereinstimmenden Beschluß des Vorstandes und des Aufsichtsrates (erfolgt). (...) ferner, wenn in einer auf Antrag von mehr als einem Zehntel der Genossen oder in den Fällen des § 43a des Genossenschaftsgesetzes der Vertreter der Genossen einzuberufenden Generalversammlung mehr als die Hälfte der Erschienenen einen dahingehenden Beschluß faßt (...)." Um rechtswirksam zu werden, war die Eintragung des Auflösungsbeschlusses im Genossenschaftsregister erforderlich.

Hinsichtlich der rückständigen Geschäftsanteile, Haftsummen und Spareinlagen war beabsichtigt, die Mitglieder vor einer Inanspruchnahme bzw. einem Verlust durch Ersatzleistungen und eine Garantieübernahme zu schützen, wobei im Entwurf noch offengelassen war, ob die Arbeitsfront oder das Reich zum Garantieträger bestimmt werden sollten (§§ 8 und 9).

Das Gesetz fand - so war weiter formuliert - allein auf dem Reichsbund oder Revisionsverband angeschlossene Verbrauchergenossenschaften Anwendung, die "die Eintragung des Auflösungsbeschlusses im Genossenschaftsregister binnen drei Monaten nach Inkrafttreten dieses Gesetzes beantragen." (§ 10)[320]

In der Ressortbesprechung am 18. April ist dieser Gesetzentwurf im wesentlichen gebilligt worden. Der Vertreter des Reichsfinanzministeriums erklärte jedoch, sein Ressort lehne es ab, die hieraus folgenden finanziellen Lasten zu tragen, diese müsse die Arbeitsfront übernehmen. Außerdem bestünden "wegen der Gefahr von Berufungen Bedenken dagegen (...), daß die Spargläubiger zu 100 % befriedigt werden sollten."[321] Zur Klärung der strittigen Frage, wer als Garantie-

---

320 Zweiter Entwurf eines Gesetzes über Verbrauchergenossenschaften, BAP, 31.01 Nr. 10525, fol. 37-40. Diese Fassung basierte auf einer als "(Erster) Entwurf" betitelten Ausarbeitung, die als nur interne Vorlage im RWM den beteiligten Ressorts nicht vorgelegt worden war, vgl. ebenda, fol. 34-36. Dieser (erste) Entwurf in: BAP, 31.01 Nr. 10524, fol. 428-432.

321 Entwurf eines Vermerks (vom 23. April) für Schacht über das Ergebnis der Ressortbesprechung vom 18. April, BAP, 31.01 Nr. 10525, fol. 23. Die finanziellen Lasten wurden vom RWM nach wie vor auf 135 Mio. RM beziffert, während der Reichsbund die durch

träger einzutreten habe, wurde ein Gespräch zwischen Schacht und Schwerin v. Krosigk angeregt,[322] das einer Aktennotiz zufolge am 2. Mai stattfinden sollte, wohl aber nicht stattgefunden hat.[323] Für Schacht ist am gleichen Tage eine Referentenaufzeichnung für eine "Chefbesprechung" angefertigt worden, nach der die aktuelle Situation sich folgendermaßen darstellte[324]:

"1. Von der in dem Entwurf eines Reichsgesetzes über Verbrauchergenossenschaften vorgesehenen Möglichkeit, sich aufzulösen, werden bis auf geringfügige Ausnahmen alle Verbrauchergenossenschaften Gebrauch machen. Die Höhe der Beträge, die die Einlösung der (...) vorgesehenen Garantien erfordern wird, kann nur geschätzt werden. Mit 170 Millionen RM als *Mindest*betrag muß gerechnet werden; wahrscheinlich wird der erforderliche Betrag weit darüber liegen.[325] Es muß bezweifelt werden, daß die Arbeitsfront einen solchen Betrag bereitstellen wird.

2. Die Abwicklung wird zu wirtschaftlichen Störungen führen; die Vernichtung eines Teils der Vermögenssubstanz (der Konsumgenossenschaften - U. K.) wird sich nicht vermeiden lassen. (...)

3. Ob das Opfer, das dem Einzelhandel gebracht werden soll, sich lohnt, ist bestritten. Der Geschäftszuwachs wird für den einzelnen (Geschäftsinhaber - U. K.) gering sein. Auch ist beobachtet worden, daß die früheren Konsumgenossenschaftsmitglieder Waren- und Kaufhäuser bevorzugen. Zu befürchten ist, daß der Einzelhandel als zweites Opfer die Schließung der Waren- und Kaufhäuser fordert, wodurch das Bankenproblem neu aufgerollt wird.[326]

4. Politisch birgt der Plan große Gefahren. Die beteiligten Kreise werden das Gesetz (...) als einen Schlag empfinden. (...)

---

diesen Gesetzentwurf entstehenden Kosten auf 220 Mio. RM schätzte. Vgl. a. Schreiben des Reichsbunds an den RWM vom 18. April, ebenda, fol. 3-7.

322 Vgl. Entwurf des Vermerks für Schacht vom 23. April, ebenda, fol. 23.

323 Vgl. ebenda, fol. 7a. Der RFM führte in seinem Schreiben an den RWM vom 14. Mai (ebenda, fol. 291-293) im wesentlichen die gleichen Argumente auf wie in der nachfolgend zitierten Referentenaufzeichnung aus dem RWM, was in dieser Ausführlichkeit wohl entbehrlich gewesen wäre, wenn ein Gespräch zwischen den beiden Ministern stattgefunden hätte. Darüber hinaus findet sich in dem Schreiben (und den überlieferten Akten) auch kein Hinweis auf Ergebnisse einer Unterredung beider Minister.

324 Vgl. ebenda, fol. 8-10. Die folgenden Zitate sämtlich hieraus, Hervorh. im Orig.

325 Am 10. Mai wurde die Summe der finanziellen Belastung für den Garantieträger unter Berufung auf zwischenzeitlich vorliegende genauere Berechnungen des RFM und der DZK nach oben, auf mehr als 200 Mio. RM, korrigiert, vgl. Aktenvermerk von Holtz für MinDir. Wienbeck, BAP, 31.01 Nr. 10525, fol. 81f.

326 Vgl. zur Behandlung der Warenhäuser AdR, Reg. Hitler, Teil I, Bd. 1, bes. S. 585ff, S. 615ff, Bd. 2, S. 1124; Uhlig, Warenhäuser, S. 111ff, S. 155ff.

5. Die Zerschlagung der Verbrauchergenossenschaften ist nicht Punkt des Parteiprogramms. Allerdings behauptet der Einzelhandel, daß sie versprochen ist.[327](...)

6. (...) Man sollte sich (...) darauf beschränken, fallen zu lassen, was nicht zu halten ist, Gesundes dagegen am Leben zu erhalten. Ein solches Programm ist nach Meinung der Deutschen-Kasse (DZK - U. K.) mit 60 bis 80 Millionen durchzuführen, eine Größenordnung, bei der die Arbeitsfront allein einspringen könnte. Voraussetzung ist, daß Angriffe auf Verbrauchergenossenschaften aus Parteikreisen unterbleiben. Sollte es sich nicht vermeiden lassen, daß das Reich einen Beitrag leistet, so könnte dem Wunsche des Herrn Reichsfinanzministers, daß es sich unter allen Umständen um eine abschließende Hilfeleistung handeln muß, durch die Festlegung Rechnung getragen werden, daß weitere Mittel nicht zur Verfügung gestellt werden. Reicht der Betrag nicht aus, so werden die Verbrauchergenossenschaften ihrem Schicksal überlassen. Die Bereitstellung von 60 bis 80 Millionen RM wäre auch als ein ausreichender Versuch zu werten, die Spareinlagen (...) zu retten. Die Durchführung wäre der Deutschen-Kasse zu überlassen. Ihr sollte ein Beirat zur Seite gegeben werden, der sich unter (ihrem) Vorsitz (...) zusammensetzt aus je einem Vertreter des Reichswirtschaftsministeriums, des Stellvertreters des Führers, der Arbeitsfront und der GEG. Unter keinen Umständen darf auf die Beteiligung des Stellvertreters des Führers und der Arbeitsfront verzichtet werden, da ihre Mitarbeit am besten gewährleistet, daß Angriffe politischer Stellen unterbleiben."

Diese grundsätzlichen Bedenken gegen den in der Ressortbesprechung vom 18. April gebilligten Gesetzentwurf wurden im Reichsfinanzministerium geteilt. Durch dessen Initiative ist schließlich ein neuer Entwurf[328] des Gesetzes über

327 Es folgen Hinweise auf die oben zitierte Erklärung Hitlers anläßlich des Internationalen Genossenschaftstages in Basel im Juni 1933, auf die sich die Verbrauchergenossenschaften beriefen, und den "Saarabstimmungskampf", in dem ihre Erhaltung versprochen worden war.

328 In dem Schreiben des RFM an den RWM vom 14. Mai hieß es hierzu, daß dieser Gesetzentwurf "im Einvernehmen mit der Deutschen Zentralgenossenschaftskasse und in Fühlungnahme mit Ihrem Ressort und dem Reichskommissariat für das Kreditwesen ausgearbeitet worden ist." BAP, 31.01 Nr. 10525, fol. 292. Vgl. hierzu auch ein Schreiben des Präsidenten der DZK, Helferich, an den MinDir. Olscher im RFM vom 21. April, in dem Helferich unter Bezug auf die Sitzung vom 4. d. M. und den Gesetzentwurf aus dem RWM um eine Unterredung bat. Helferich schrieb u. a.: "Ich kann mich des Eindrucks nicht wehren, daß hier auf der einen Seite wirklich notwendige Liquidation(en) durchgeführt werden sollen, auf der anderen Seite aber auch mit Hilfe öffentlicher Mittel für den Handel unbequeme Konkurrenz ausgeschaltet werden soll, ohne daß (...) eine Notwendigkeit dazu besteht." BAP, 21.01 Nr. B 9517, fol. 194.

Verbrauchergenossenschaften erarbeitet worden,[329] weil - wie einem Vermerk für Schwerin v. Krosigk zu entnehmen ist - im Reichsfinanzministerium befürchtet wurde, daß im Kabinett ansonsten "die Annahme des Vorschlags des RWM zu befürchten ist, der an Kosten das umfassendste vorsieht, das überhaupt denkbar ist. Selbst bei einer etwaigen Nachbewilligung würde das RFM (bei dem neuen Entwurf - U. K.) immer noch besser wegkommen als bei dem Gesetzentwurf des RWM."[330]

Der Entwurf aus dem Reichsfinanzministerium unterschied sich von dem vorangegangenen Entwurf des Reichswirtschaftsministeriums erheblich, trug einer Reihe der vorstehend (aus der Referentenaufzeichnung für Schacht wiedergegebenen) Einwände Rechnung, während andererseits von bis dahin als wesentlichen Grundsätzen für eine Lösung bezeichneten Gesichtspunkten abgerückt worden war. Da aus diesem Grunde befürchtet wurde, daß "der Stellvertreter des Führers sich brüskiert fühlen kann",[331] war von den Beamten im Reichsfinanzministerium und Reichswirtschaftsministerium ein Schreiben an Heß vereinbart worden, in dem die Abkehr von dem bisherigen Vorschlag aus dem Wirtschaftsministerium begründet werden sollte. Dieses war bereits am 13. Mai entworfen, Heß aber schließlich doch nicht zugestellt worden.[332] Für den Reichsfinanzminister stand zweifelsfrei fest, daß fast "alle Verbrauchergenossenschaften zur Auflösung schreiten werden", wenn der bisherige Entwurf Gesetzeskraft erlangt, um "bei der Ungewißheit ihrer Zukunft von der Möglichkeit Gebrauch zu machen, ihre Mitglieder vor der Volleinzahlung der Geschäftsanteile und der Zahlung der Haftsummen zu sichern und die Spareinleger vor dem Verlust der Spareinlagen

---

329 BAP, 31.01 Nr. 10525, fol. 294-297. Er war bis auf den hierin nicht enthaltenen letzten Satz des § 3 Abs. 1 des Gesetzes - "Die Zustimmung (zur Auflösung - U. K.) des Reichswirtschaftsministers hat der Vorstand der Genossenschaft einzuholen." - mit diesem identisch. Diese Bestimmung sollte sich später als wichtig erweisen, bis zum Jahresende 1935 beschlossen 145 Konsumgenossenschaften ihre Liquidation, 72 erteilte der RWM schließlich die Zustimmung. Vgl. Gesetz über Verbrauchergenossenschaften. Vom 21. Mai 1935. RGBL I, S. 681.

330 Vermerk für Schwerin v. Krosigk vom 14. Mai, BAP, 21.01 Nr. B 9517, fol. 214-217, hier fol. 215.

331 Ebenda, fol. 217. Nach Aussage v. Obwurzers gingen hiernach die Wünsche des StdF in Richtung des Entwurfs aus dem RWM.

332 Vgl. ebenda. Der Entwurf des Schreibens an den StdF, der nach einem Vermerk von Holtz nicht mehr abgegangen ist, in: BAP, 31.01 Nr. 10525, fol. 276f. Unter Hinweis auf die Kosten des bisher vorliegenden Gesetzentwurfs aus dem RWM, dessen Übernahme der RFM "für unmöglich erklärt" hatte, hieß es, "daß der Gesetzentwurf in der Ihnen mitgeteilten Fassung nicht weiterverfolgt werden kann". In der Ministerbesprechung am 21. Mai erhob Heß - ausweislich der Niederschrift - keinen Einspruch, vgl. BAK R 43 I/1473, fol. 1 und 3.

zu schützen".[333] Der beabsichtigte Schutz der Genossenschaftsmitglieder hinsichtlich der rückständigen Geschäftsanteile, Haftsummen und Spareinlagen[334] würde einen Betrag von wenigstens 200 Mio. RM erfordern, realistisch sei es, von einem wesentlich höheren auszugehen, da der Reichsfinanzminister es ausschloß, daß mit den bisher veranschlagten Liquidationskosten von 20 Mio. RM "auch nur im entferntesten auszukommen sein wird."[335]

Da Schwerin v. Krosigk davon überzeugt war, daß sich die Absicht, der DAF die finanzielle "Last des Gesetzes" zuzuweisen, "nicht durchführen lassen" wird und eine Belastung des Reiches mit 200 Mio. RM und mehr von ihm "nicht für vertretbar"[336] erklärt wurde, sah der neue Entwurf "lediglich eine Hilfe des Reichs bei der Auflösung lebens*unfähiger* Verbrauchergenossenschaften vor."[337] Ferner sollte "der Grundsatz, daß die Genossen auf Volleinzahlung der Geschäftsanteile und auf Leistung von Nachschüssen auf Grund der übernommenen Haftsummen notfalls in Anspruch genommen werden müssen, (...) in einem Gesetz nicht preisgegeben werden, da damit praktisch die Grundlagen des genossenschaftlichen Kreditwesens erschüttert werden."[338] Im neuen Entwurf war eine Garantie für die Spareinlagen nicht mehr vorgesehen, jedoch nach Auffassung des Reichsfinanzministers "durch die Liquidationshilfe gewährleistet."[339] In den Passagen zum Auflösungsbeschluß von Konsumvereinen folgte der neue Entwurf im wesentlichen dem vorhergehenden. Die Sicherung der Spareinlagen sollte durch einen Vergleich mit den Gläubigern erzielt werden, die Genossenschaften bis zur Auflösung weiterarbeiten, um die Kosten der Liquidation niedrig zu halten, womit - wie hervorgehoben wurde - "das Reich (...) nicht das Endrisiko tragen" würde. Die finanziell gesunden Konsumgenossenschaften wurden durch den neuen Entwurf nicht erfaßt, "im äußersten Fall würden für sie als *Liquiditätshilfe*

---

333 Schreiben des RFM Schwerin v. Krosigk an RWM Schacht vom 14. Mai 1935, BAP, 31.01 Nr. 10525, fol. 291-293, hier fol. 291. Der Entwurf in: BAP, 21.01 Nr. B 9517, fol. 208f.

334 Vgl. oben zu den §§ 8 und 9 des bisherigen Entwurfs.

335 BAP, 31.01 Nr. 10525, fol. 291. Der Betrag von 200 Mio. RM war nach Ansicht des RFM auch deshalb nicht ausreichend, weil selbst die Auflösung der finanziell gesunden Genossenschaften "zwangsläufig zu Vermögensverlusten führen muß," weshalb auch diese "schließlich die gesetzliche Hilfe in Anspruch nehmen müssen." Ebenda. Grundlage dieser Schätzungen war eine am 10. Mai im RFM erarbeitete "Niederschrift", Durchschlag in: BAP, 21.01 Nr. B 9517, fol. 218ff.

336 BAP, 31.01 Nr. 10525, fol. 291. Außerdem befürchtete der RFM, daß eine derartige Regelung "zu unübersehbaren Berufungen Anlaß geben kann."

337 Ebenda, fol. 292. Hervorh. i. Orig. Vgl. a. Holtz, Konsumvereinsfrage, S. 16.

338 BAP, 31.01 Nr. 10525, fol. 292. Dies bedeutete ein völlige Abkehr von der Regelung, die im § 8 des bisherigen Entwurfs formuliert war.

339 BAP, 31.01 Nr. 10525, fol. 292.

die noch nicht ausgeschöpften Garantiekontingente (der Sonderkredite I bis III von ca. 9,5 Mio. RM - U. K.) zur Verfügung stehen."[340]

Bei dem neu vorgelegten Gesetzentwurf handelte es sich nach Ansicht Schwerin v. Krosigks um einen "Mittelweg (...), der sowohl wirtschaftlich, als auch politisch gangbar ist." Angesichts der divergierenden Interessen der beteiligten Kreise war ihm eine andere Lösung nicht denkbar. "Beseitigt werden, was mir das wichtigste zu sein scheint, die großen Verbrauchergenossenschaften, vor allem die (...) der Großstädte, bei denen eine Überwachung der Mitglieder schwer möglich ist und die sich am wenigsten als krisenfest erwiesen haben."[341] Den Erfolg dieser vorgesehenen Regelung machte Schwerin v. Krosigk davon abhängig, daß "die Verbrauchergenossenschaften künftig in Ruhe gelassen werden", ansonsten werde ihr Zusammenbruch "auf (...) Dauer nicht aufzuhalten" sein. "Mit Rücksicht hierauf muß ich Wert darauf legen, daß sich das Kabinett der Gefahr des Scheiterns bewußt ist und sich schon heute darüber schlüssig wird, daß eine weitere Hilfsaktion nicht unternommen werden soll. Nur unter dieser Voraussetzung halte ich auch die vorgeschlagene Hilfsaktion überhaupt für vertretbar."[342] Die an den Verhandlungen über diesen neuen Gesetzentwurf beteiligten Stellen waren sich einig, daß über die darin vorgesehenen 60 Mio. RM auch die bisher "reichsverbürgten Kredite" in Höhe von etwa 30 Mio. RM in Anspruch genommen werden sollten, die den mittlerweile als "lebensunfähig" bezeichneten Konsumvereinen eingeräumt worden waren, "so daß der Gesamtstützungsbetrag zur Erleichterung der Abwicklung 90 Mio. betragen wird."[343] In der den übrigen Reichsressorts zugestellten Begründung des Gesetzentwurfs wurde auf diese Übereinkunft nicht hingewiesen! Im schließlich verabschiedeten Gesetz wurden 60 Mio. RM bereitgestellt. Nachdem bisher immer eine Lösung der Konsumgenossenschaftsfrage vorgesehen war, die auch der Sicherung der Reichsbürgschaften innerhalb der Sonderkredite I bis III dienen, d. h. die Inanspruchnahme des Reichs verhindern sollte, war man nun - im Angesicht eines drohenden Betrages von wenigstens 200 Mio. RM aus dem von Schacht initiierten Entwurf - bereit, diese Bürgschaften teilweise bei der Liquidation sogenannter lebensunfähiger Konsumvereine einzusetzen.[344]

---

340 Ebenda, Hervorh. i. Orig. Beim Eintritt späterer finanzieller Schwierigkeiten sollten sie "ihrem Schicksal zu überlassen sein."

341 Ebenda, fol. 293. Zur (politischen) Überwachung der Mitglieder vgl. Abschnitt 5.5.

342 BAP, 31.01 Nr. 10525, fol. 293.

343 Handschriftliche Randanmerkung von Holtz vom 15. Mai, ebenda. Zu den Modalitäten der Bürgschaftsvergabe im nächsten Kapitel.

344 Den entsprechenden Antrag stellte der RWM am 5. Juli 1935. Ihm wurde am 25. Juli entsprochen, vgl. R 43 II/351, fol. 86 und R 43 II/756, fol. 73 sowie Abschnitt 5.1.

Zur Frage des Garantieträgers der im Gesetzentwurf vorgesehenen 60 Mio. RM hieß es in dem Schreiben Schwerin v. Krosigks abschließend: "Der (...) Gesetzentwurf sieht die Bereitstellung von Mitteln durch das Reich vor. Diese Fassung habe ich nur gewählt, um die Deutsche Arbeitsfront, die m. E. die Mittel bereitstellen muß, nach außen hin nicht in die Erscheinung treten zu lassen."[345] Die Liquidationszuschüsse wurden schließlich aus dem Reichshaushalt und nicht von der DAF gezahlt.[346] Ley hatte am 16. Mai dem Reichswirtschaftsministerium mitgeteilt, daß eine Beteiligung der Arbeitsfront an diesen nicht in Frage komme.[347]

Sehr wahrscheinlich sind diese Überlegungen auch durch einen am 8. Mai vom Revisionsverband vorgelegten Bericht beeinflußt worden, der nach Auswertung der Bilanzen von 1078 Konsumvereinen zum 31. Dezember 1934 64 Genossenschaften als "gefährdet" und 18 als "liquidationsreif" auswies.[348] Der Anteil dieser 82 Konsumvereine an der Gesamtbilanzsumme der erfaßten 1078 Konsumgenossenschaften belief sich auf 60 %, ihr Anteil am Umsatz auf 42 %.[349] Bei 54

---

345 BAP, 31.01 Nr. 10525, fol. 293. Wohl unter dem Eindruck der nachstehend ausgewiesenen Unterredung Müllers mit Vertretern des RFM und RWM hatte das RFM "dieses Vorhaben" der Übernahme der Liquidationskosten durch die DAF zurückgezogen, vgl. den handschriftlichen Vermerk von Holtz vom 17. Mai nach einer telefonischen Unterrichtung des StS Posse (RWM) durch Olscher (RFM), ebenda.

346 Vgl. die Zusammenstellung des Archivs des ehemaligen RFM vom 11. Februar 1949: "Die Beseitigung der Verbrauchergenossenschaften (Konsumvereine)", BAK, R 2 Anhang Nr. 23. Weiterhin BAK, R 2 Nr. 15910, fol. 11-13 und 27-31.

347 Ley schrieb: "Ich bedauere selbst sehr, daß die Deutsche Arbeitsfront nicht in der Lage ist, ihrerseits einen finanziellen Zuschuß zur Abwicklung von Konsumgenossenschaften zu leisten. Auch die Übernahme einer Verpflichtung zur Bereitstellung von Zuschüssen für die kommenden Jahre ist im Hinblick auf die besonderen Verpflichtungen, die der DAF an und für sich nach anderer Richtung hin obliegen, leider nicht möglich." BAP, 31.01 Nr. 10526, fol. 74. Vgl. auch den Vermerk für MinDir. Olscher im RFM vom 16. Mai, der angesichts der Äußerungen Müllers in einer Unterredung mit Vertretern des RFM und des RWM über die ablehnende Haltung der DAF darauf hinwies, daß eine Änderung in der Regelung der Finanzierung nach dem Kabinettsentscheid für den Gesetzentwurf nicht zu erwarten war. Die Aussage Müllers wurde als "unkontrollierbare Erklärung" bewertet, "es entsteht die Frage, ob das RFM sich hiermit ohne weiteres abfinden soll." BAP, 21.01 Nr. B 9517, fol. 236f. Leys vorstehend zitiertes Schreiben geht zurück auf eine Unterredung mit Müller im unmittelbaren Anschluß an dessen Besprechung mit den Ministeriumsvertretern.

348 Vgl. Bericht über die Lage der deutschen Verbrauchergenossenschaften, S. 1-5, Exemplar in: Archiv des RdK. Der Bericht war - wie einleitend ausgewiesen wurde - von der DZK und dem RWM angeregt worden. Bei insgesamt 1.134 den Bezirksrevisionsverbänden angeschlossenen Konsumvereinen hatten 56 nicht berichtet.

349 Vgl. ebenda, S. 12.

der gefährdeten Genossenschaften hielt man unter bestimmten Voraussetzungen (Sonderabschreibungen und finanzielle Hilfe durch den Reichsbund) eine Sanierung für möglich, für die restlichen zehn Konsumvereine befand man "unter rein wirtschaftlichen Gesichtspunkten die baldige Auflösung (...) als notwendig."[350] Über den zur vollen Sicherung der Spareinlagen erforderlichen Zuschußbetrag enthielt der Bericht keine Angaben, da über die Verwertungsmöglichkeiten der Vermögenswerte dieser insgesamt 28 liquidationsreifen Genossenschaften noch keine gesicherten Angaben gemacht werden konnten.[351]

In der Ministerbesprechung vom 21. Mai 1935 stimmte das Kabinett dem im Reichsfinanzministerium ausgearbeiteten und von Schacht vorgetragenen Entwurf des Gesetzes über Verbrauchergenossenschaften zu.[352] Schacht hatte sich also den massiven Vorbehalten des Reichsfinanzministers nicht verschlossen und war der von diesem vertretenen Haltung gefolgt.[353] In der Begründung des Gesetzentwurfs wurde betont, daß

> "das Gesetz seinen Zweck, die von den liquidationsreifen Verbrauchergenossenschaften drohenden Gefahren zu beseitigen und eine nachhaltige Beruhigung (in) der Verbrauchergenossenschaftsfrage herbeizuführen, nur erfüllen (kann), wenn sichergestellt wird, daß das Verbrauchergenossenschaftsproblem nunmehr endgültig dem politischen und wirtschaftspolitischen Meinungsstreit entzogen wird. Geschieht das nicht, so werden alle gesetzgeberischen Maßnahmen letzten Endes zwecklos sein. Die anliegende, dem Reichskabinett zur Beschlußfassung vorgelegte Presseerklärung ist daher wesentliche Voraussetzung zur Erreichung des mit dem Gesetz erstrebten Erfolges."[354]

In dieser hieß es, daß nach dem Erlaß des Gesetzes "für alle weiteren Maßnahmen (...) die ausschließliche Zuständigkeit des Reichswirtschaftsministers gege-

---

350 Ebenda, S. 58, ohne Hervorh. zitiert.

351 Vgl. ebenda, S. 58f.

352 Vgl. Niederschrift über die Ministerbesprechung vom Nachmittag des 21. Mai, BAK, R 43 I/1473, fol. 3; Schreiben des RWM an den StSRkei. mit Gesetzentwurf nebst Begründung, BAK, R 43 II/351, fol. 73-82.

353 Unterlagen, aus denen sich die geänderte Position Schachts dezidiert nachzeichnen läßt, waren nicht zu ermitteln. So muß davon ausgegangen werden, daß ihn v. a. die Argumente in Schwerin v. Krosigks zitiertem Schreiben vom 14. Mai "umgestimmt" haben, das als Ergebnis der Beratungen zwischen RFM, dem zuständigen Ressort im RWM, der DZK und dem Reichskommissar für das Kreditwesen und der besonderen Befürchtungen im RFM formuliert worden war. Weitere - und wohl mit ausschlaggebende - Bedenken gegen Schachts Vorhaben beispielsweise in der zitierten Referentenaufzeichnung für Schacht vom 2. Mai, BAP, 31.01 Nr. 10525, fol. 8-10 und dem gleichfalls zitierten Schreiben Helferichs an Olscher vom 21. April, BAP, 21.01 Nr. B 9517, fol. 194.

354 BAK, R 43 II/351, fol. 79.

ben (ist), den der Führer und Reichskanzler ermächtigt hat, die Wahrung des Wirtschaftsfriedens auf diesem Gebiet zu überwachen."[355]

1950 versuchte der neugegründete Zentralverband deutscher Konsumgenossenschaften nachzuweisen, daß die GEG (der Reichsbund) durchaus in der Lage gewesen wäre, die Genossenschaften, die unter dem Gesetz über Verbrauchergenossenschaften zur Auflösung gelangten, aus eigener Kraft - ohne Reichsmittel - zu sanieren. Zur Beweisführung bediente sich der ZdK eines Erinnerungsberichtes Henry Everlings und der Stellungnahmen des seinerzeitigen Direktoriumsmitglieds der DZK, Rudolf Hartmann, sowie der ehemaligen Beamten des Reichswirtschaftsministeriums, Holtz und Zee-Heraeus.

Eine definitive Beurteilung dieser Darstellung ist nach der Auswertung der überlieferten Materialien nicht möglich, allerdings sprechen in der Summe mehr Indizien gegen als für die Position des Nachkriegs-ZdK. Ohne konkrete Datierung schildert Everling[356] die wirtschaftlichen Schwierigkeiten der Konsumgenossenschaften "infolge der unablässigen Hetze nationalsozialistischer Organisationen". Die GEG wäre trotzdem "jederzeit imstande gewesen", diese aus eigener Kraft zu beheben. "Aber man wollte in weiten Parteikreisen keine Sanierung mehr, sondern die Vernichtung der gesamten Konsumgenossenschaftsbewegung. Um dieser drohenden Gefahr auszuweichen, empfahl das Reichswirtschaftsministerium unter Zustimmung der Deutschen Zentralgenossenschaftskasse, 72 (...) Konsumgenossenschaften (...) zu liquidieren und hierbei die Spargelder und Geschäftsguthaben der Mitglieder durch das Reich zu garantieren". Everling wandte sich, so schildert er weiter - nachdem er von diesem Vorhaben Kenntnis erlangt hatte - sofort an die Zentralgenossenschaftskasse (Hartmann) und das Reichswirtschaftsministerium (Holtz), um beide davon zu unterrichten, daß die GEG in der Lage sei, diese 72 Konsumvereine zu sanieren.

> "Die Herren sagten mir wörtlich: Herr Everling, nun seien Sie doch vernünftig. Gewiß wissen wir, daß die GEG imstande ist, die Liquiditätsschwierigkeiten bei den 72 Konsumgenossenschaften zu beseitigen. Aber sie müssen jetzt den harten Tatsachen ins Auge sehen. In den Kreisen um Dr. Ley ist man jetzt bereit, die gesamten deutschen Konsumgenossenschaften aufzulösen. Mit dem jetzt vorliegenden Plan des RWM soll der NS-Hago und den ihr nahestehenden Kreisen ein Knochen hingeworfen werden, an dem sie sich festbeißen, so daß Sie dadurch wieder Zeit gewinnen und wir zunächst einmal die Auflösung des Gros der übrigen Konsumgenossenschaften verhindern."

---

355 Zitiert nach Rundschau, 1935, S. 246. Abdruck der Erklärung auch bei Zirwas, Verbrauchergenossenschaften, S. 280f.

356 Erinnerungsbericht für den ZdK vom 12. November 1949 als Anlage 1 der (Denkschrift), Die Konsumgenossenschaften und die Rückerstattung, Exemplar in: Archiv des RdK. Die folgenden Zitate hieraus.

Aus Everlings Bericht geht nicht eindeutig hervor, zu welcher Zeit er seine Bemühungen bei der DZK und dem Reichswirtschaftsministerium unternommen hat. Wenn davon ausgegangen wird, daß diese - sofern sie so stattgefunden haben sollten - im Vorfeld[357] des Gesetzes über Verbrauchergenossenschaften anzusiedeln sind, als genau die von ihm erwähnten Garantiefragen zur Diskussion standen, so spricht gegen diese Datierung, daß die konkrete Zahl von 72 aufzulösenden Genossenschaften nicht schon im Frühjahr/Frühsommer, sondern erst gegen Ende des Jahres 1935 nach Berechnungen des Revisionsverbands deutscher Verbrauchergenossenschaften feststand.[358] Vermutet man Everlings Aktivitäten dagegen in dieser späteren Zeit, dann ergeben seine Äußerungen zur Diskussion einer Garantie der Spareinlagen und Geschäftsguthaben keinen Sinn, diese waren nachweislich vor dem Gesetz vom 21. Mai Gegenstand der Diskussion. Die parteiinternen Widerstände gegen eine Fortführung und Sanierung der Konsumgenossenschaften waren im übrigen - wie gezeigt werden konnte - keine erst im Frühjahr 1935 auftretenden, sondern seit 1933 ein Thema der Auseinandersetzungen.

Hartmann[359] bestätigte die ihm und Holtz von Everling wörtlich zugeschriebene Äußerung "dem Sinn nach" und führte weiter aus, daß die GEG die zur Sanierung der Konsumgenossenschaften nötigen Mittel hätte aufbringen können, was "aber nur einen wirtschaftlichen Sinn (hatte), wenn es gleichzeitig gelang, weitere politische Angriffe zu verhindern. (...) Diese Macht hatten wir eindeutig nicht." Die treibende Kraft im Kampf gegen die Konsumvereine war die NS-Hago, "deren Mitglieder darauf ausgingen, die Verkaufsstellen der Konsumgenossenschaften zu übernehmen". Da zudem die "politischen Stellen (...) die ausschlaggebende Bedeutung" der GEG nicht erkannten, "kam es zu dem damaligen Gesetz, das als äußeres Kennzeichen mit Absicht möglichst viel von Auflösung (...) spricht, in seiner Auswirkung aber (...) doch die Erhaltung der großen Masse ermöglichte. Die Seele der Konsumgenossenschaften, die GEG, blieb dadurch unberührt."

Die GEG hatte schon im Dezember 1934 - vor dem Hintergrund befürchteter wirtschaftlicher Schwierigkeiten durch Köhlers Anordnungen und der Schwächung der eigenen Finanzkraft durch Kredite an die angeschlossenen Vereine - darauf hingewiesen, den besonders gefährdeten Konsumvereinen zukünftig keine Warenlieferungen auf Kreditbasis zu gewähren, da die Gefahr des Verlusts der

357 Damit ist der Zeitraum zwischen der ersten Besprechung am 22. Februar 1935 und dem Abschluß im Gesetz über Verbrauchergenossenschaften am 21. Mai 1935 gemeint.

358 Vgl. Bericht (nebst Anlageband) über die Erhebung über die Möglichkeit einer teilweisen Sanierung von 188 Genossenschaften, S. 56.

359 Schreiben Hartmanns an Everling vom 23. Juli 1948 als Anlage 2 der (Denkschrift), Die Konsumgenossenschaften und die Rückerstattung. Die folgenden Zitate hieraus.

verliehenen Gelder drohe. Tatsächlich hatte sie sich bereit erklärt, zur Aufrechterhaltung des konsumgenossenschaftlichen Geschäftsbetriebs "allen politischen und wirtschaftlichen Notwendigkeiten Rechnung zu tragen, sofern nicht nur jegliche Kräfteentfaltung von vornherein im Keim erstickt wird."[360]

Aktivitäten der GEG zur Abwendung des Vorhabens einer Teilliquidation von Konsumgenossenschaften aber - wie vorstehend von Everling geschildert und durch Hartmann bestätigt - sind in den mir bekannten Archivalien nicht überliefert. Das muß nun nicht unbedingt gegen die Darstellung des Nachkriegs-ZdK sprechen, da denkbar ist, daß entsprechende Aktenvermerke über Besprechungen der beteiligten Stellen durch die Kriegseinwirkungen verlorengegangen oder erst gar nicht erstellt worden sind. Die erste Vermutung dürfte ausscheiden, weil die im Potsdamer Bestand des Reichswirtschaftsministeriums überlieferten Unterlagen für diesen Zeitraum (Ende 1934 bis Mai 1935) hinsichtlich der Konsumgenossenschaftsfrage nach meiner Kenntnis vollständig sind. Gegen die zweite Vermutung spricht, daß es nicht realistisch ist, davon auszugehen, daß gerade über solche Besprechungen zwischen der GEG und dem Reichswirtschaftsministerium keine Vermerke erstellt wurden, in denen die GEG ihre Zahlungsfähigkeit und -bereitschaft bei der Sanierung von Konsumgenossenschaften erklärte, wodurch sich eine finanzielle Belastung des Reichs (möglicherweise vollständig) erübrigt hätte. Der Erklärung von Holtz[361] ist zu entnehmen, daß die GEG "durchaus in der Lage gewesen wäre, den Stoß finanziell aufzufangen und die Sanierung der notleidend gewordenen Genossenschaften aus eigener Kraft durchzuführen, eine Tatsache, auf die Herr Everling bei den *zahlreichen Besprechungen* in Berlin immer hingewiesen hat." Schachts Position wird folgendermaßen geschildert: Darauf aufmerksam gemacht, daß eine völlige Liquidation der Konsumvereine "vom wirtschaftlichen Standpunkt unverantwortlich sei und dem Verlangen der Partei entgegengetreten werden müßte, erklärte er, daß er mit jeder Lösung einverstanden sei, durch die eine Zerschlagung vermieden werde, aber nur dann, wenn wir die Partei hierfür gewinnen könnten." Dagegen ist den Aktenüberlieferungen zu entnehmen, daß Schacht für eine Lösung eingetreten war, die - wie im zuständigen Referat des Reichswirtschaftsministeriums und im Reichsfinanzministerium befürchtet wurde - zur Auflösung fast aller Konsumgenossenschaften führen werde und schließlich durch die oben dargestellte Zusammenarbeit dieser Ministerien mit der DZK und dem Reichskommissar für das Kreditwesen verhindert wurde. Während Holtz die Urheberschaft für den

---

360 Schreiben des Reichsbundes an den RWM vom 21. Dezember 1934, Durchschlag für den RWehrM in: BA/MA, RW 19/979, S. 3 des Schreibens. Vgl. allgemein Abschnitt 4.2.2.

361 Schreiben von Holtz an den ZdK vom 28. Oktober 1949 als Anlage 3 der (Denkschrift), Die Konsumgenossenschaften und die Rückerstattung. Die folgenden Zitate hieraus. Hervorh. U. K.

schließlich verabschiedeten Entwurf des Gesetzes über Verbrauchergenossenschaften sich und Hartmann von der Zentralgenossenschaftskasse zuschrieb, wies Zee-Heraeus auf die entscheidende Mitwirkung des Reichsfinanzministeriums bei dessen Zustandekommen hin,[362] äußerte sich aber nicht zu den Möglichkeiten der GEG, die Sanierung aus eigenen Mitteln durchzuführen.

Die GEG selbst war im April 1935 - als der von Schacht favorisierte Plan verfolgt wurde - an das Reichswirtschaftsministerium herangetreten und hatte eine Alternative vorgeschlagen, der zufolge "die nicht lebensfähigen Verbrauchergenossenschaften (...) in Liquidation (treten) (...). Das Reich garantiert den Ausfall der Spareinlagen."[363] Der GEG sollte ein verlorener Zuschuß über 50 Mio. RM "mit der Auflage zur Verfügung (gestellt werden), diesen Betrag liquiditätsmäßig ausschließlich zur Auszahlung von Spareinlagen der verbleibenden Genossenschaften bereitzustellen." Innerhalb eines Zeitraums von 10 Jahren sollten "sämtliche Verbrauchergenossenschaften (...) schrittweise abgewickelt bzw. umgewandelt (werden), indem a) die Anlagen nach bester Möglichkeit abgestoßen, b) die Verteilungsstellen veräußert oder verpachtet werden, (und) c) die Genossenschaftsform in eine andere Wirtschaftsform (GmbH) umgewandelt wird."[364] Dieser Vorschlag geht hinsichtlich der beabsichtigten Auflösung der Konsumvereine weit über das hinaus, was schließlich im Gesetz über Verbrauchergenossenschaften verfügt wurde! Eine Erklärung zur Bereitschaft bzw. Möglichkeit der Sanierung der - hier so bezeichneten - "nicht lebensfähigen Verbrauchergenossenschaften" wurde bei dieser Gelegenheit nicht abgegeben und ist mir auch sonst nicht bekannt. Im Gegenteil: In der Besprechung zwischen Vertretern des Reichswirtschaftsministeriums und der GEG am 17. Januar 1935 (in der Auseinandersetzung mit der Kommission für Wirtschaftspolitik um die Werbetätigkeit) haben Everling und der nationalsozialistische GEG-Geschäftsführer Karl Söhling erklärt, die GEG sei finanziell in der Lage, die Mehrzahl der Verbrauchergenossenschaften "über den Berg zu bringen". Voraussetzungen dafür waren erstens die Wiederherstellung der Lage vom 9. Juli 1934, d. h. die Rücknahme der Werberichtlinien Köhlers und zweitens die Zusicherung der kaufmännischen Werbefreiheit der Konsumvereine. Drittens mußte der noch verfügbare Rest aus den

---

362 Dessen Erklärung für die Nachkriegs-GEG vom 14. März 1949 als Anlage 4 in der (Denkschrift), Die Konsumgenossenschaften und die Rückerstattung.

363 Von Everling mitgezeichnetes Schreiben des Reichsbunds (GEG) an das RWM vom 18. April 1935, BAP, 31.01 Nr. 10525, fol. 3-7, hier fol. 6. Die Spareinlagen dieser KG wurden mit 40 Mio. RM angegeben, die notwendige Leistung des Reiches auf 27-30 Mio. geschätzt, die teilweise - in Höhe von 15 Mio. RM - "durch Nachlaß der reichsverbürgten Sonderkredite erfüllt werden können." Die Reichsbürgschaft für die Haftsummen und noch nicht eingezahlten Geschäftsanteile der Mitglieder wurde mit 8-10 Mio. RM angesetzt.

364 Ebenda.

Sonderkrediten I bis III erleichert und beschleunigt bereitgestellt werden und schließlich war daran gedacht, *die Lage der GEG "durch evtl. Preisgabe solcher Genossenschaften (zu erleichtern), für deren Fortbestehen keine Aussichten vorhanden sind.* "[365] Die GEG (und namentlich Everling) hatte also hiernach bereits vor den entsprechenden Überlegungen im Reichswirtschaftsministerium[366] eine "Preisgabe" gefährdeter Genossenschaften erwogen. An dieser hielt sie auch im April 1935 in einem Alternativvorschlag zu Schachts Plänen fest,[367] während das (angebliche) Bemühen der GEG, die zur Liquidation kommenden Konsumgenossenschaften aus eigener Kraft retten zu wollen, keine Stütze in den überlieferten Archivalien findet.

Die in der Denkschrift des Nachkriegs-ZdK dargestellte Bereitschaft und Möglichkeit der GEG, die 1935 liquidierenden Konsumgenossenschaften mit eigenen Mitteln zu sanieren, findet - wie gezeigt wurde - insgesamt keine Bestätigung. In der GEG selbst ist die Bereitschaft vorhanden gewesen, die wirtschaftlich gefährdeten Konsumvereine aufzugeben und mit finanzieller Hilfe des Reichs aufzulösen. Während die ausgewerteten seinerzeitigen Unterlagen aus dem Reichswirtschaftsministerium diese Interpretation stützen, versuchen die nach 1945 verfaßten Schriftstücke die gegenteilige Beurteilung zu untermauern. An ihnen haftet jedoch die Möglichkeit der versuchten nachträglichen Entlastung und Distanzierung von der damaligen Verantwortung.

4.3.1 Zusammenfassung

Anlaß der vom Reichswirtschaftsministerium im Frühjahr 1935 einberufenen Besprechungen war die weiterhin unbefriedigende geschäftliche Entwicklung der Konsumgenossenschaften, über die der Reichsbund das Ministerium zu Jahresanfang in Kenntnis gesetzt hatte. Der im Reichswirtschaftsministerium im Februar erarbeitete Lösungsvorschlag (einschließlich seiner überarbeiteten Fassung) trug

---

365 Dem RWM am 19. Januar 1935 von der GEG übersandte Aufzeichnung über die Ausführungen des Geschäftsführers Söhling in der Besprechung vom 17. Januar, BAP, 31.01 Nr. 10524, fol. 71-79, hier fol. 78f, Hervorh. U. K. Söhling nahm ausdrücklich Bezug auf Everling, von dem allem Anschein nach die Formulierung stammt, die Genossenschaften "über den Berg" zu bringen.

366 Vgl. den oben dargestellten Lösungsvorschlag aus dem RWM, der mit dem Einladungsschreiben zu der Sitzung am 22. Februar 1935 versandt worden war, BAP, 31.01 Nr. 10524, fol. 124-129. Es kann allerdings nicht ausgeschlossen werden, daß die Vertreter des RWM, Holtz und Zee-Heraeus, ihrerseits die GEG über den Diskussionsstand im Ministerium unterrichtet und auf den wenig später vom RWM unterbreiteten Lösungsvorschlag schon vorher hingewiesen hatten.

367 Vgl. das Reichsbundschreiben an das RWM vom 18. April, BAP, 31.01 Nr. 10525, fol. 3-7.

der geschilderten Geschäftsentwicklung der Konsumvereine Rechnung und sah vor, gefährdete Genossenschaften (also solche, deren Sanierung nicht mehr für möglich erachtet wurde) mit einem einmaligen Reichszuschuß von 50 Mio. RM zu liquidieren.

Es bleibt unerfindlich, weshalb Schacht sich im April 1935 gegen den von seinen Beamten ausgearbeiteten Weg der Teilliquidation aussprach und eine Lösung favorisierte, die das Reich mit einer erheblich höheren Summe (mindestens 200 Mio. RM) belastet hätte. Darüber hinaus warf dieser Weg genau die Gefahren auf, die in den bisherigen Verhandlungen über die Konsumgenossenschaften als unbedingt zu vermeidende angesehen wurden: Zunahme der Arbeitslosigkeit um die in den Konsumvereinen beschäftigten Personen und den Wirtschaftsbereichen, die mit ihnen Geschäftsbeziehungen unterhielten, sowie die politisch schwer kalkulierbare Verärgerung oder Verbitterung in den Mitgliederkreisen.

Der schließlich auf Initiative des Reichsfinanzministeriums im Kabinett eingebrachte Gesetzentwurf trug diesen Gefahren - die bereits beim Bankrott allein der als gefährdet angesehenen Konsumvereine befürchtet wurden - Rechnung. Unter ausdrücklichem Hinweis auf "die schweren wirtschaftlichen, politischen und sozialen Schäden (...), die ein Zusammenbruch derartig umfangreicher Wirtschaftsunternehmen[368] unvermeidlich zur Folge haben würde", hieß es in der Begründung des Entwurfs weiter, "daß durch die vorgeschlagene Regelung die Gefahr (gebannt erscheint), daß durch den Zusammenbruch der gefährdeten Genossenschaften Erschütterungen eintreten, die schließlich auch die noch gesunden Verbrauchergenossenschaften in den Strudel hineinziehen, (...) (deren) Fortbestand (...) ohne besondere Stützungsmaßnahmen möglich sein (wird)."[369]

Bludau schreibt - wie auch Hasselmann im Jahr 1971 - in seiner 1968 erschienenen Arbeit den Widerstand gegen das Begehren der Reichsgruppe Handel nach einer vollständigen Auflösung der Konsumgenossenschaften dem damaligen Reichswirtschaftsminister Schacht zu. In gleicher Weise schildert Marahrens 1948 die Verhandlungen vom Frühjahr 1935. Alle drei beziehen sich dabei auf den 1936 angefertigten Sonderbericht des Amtes Information der DAF, wonach "der radikale Vorschlag der Reichsgruppe Handel (...) von (...) Schacht (...) unter Hinweis auf die bei der Gleichschaltung der Gewerkschaften gegebene Zusage der Erhaltung der Spargelder und auf Grund von Befürchtungen über innenpolitische Auswirkungen, die sich nach zweijähriger nationalsozialistischer Wirtschaftsführung aus der restlosen Zerschlagung der deutschen Konsumgenossen-

368 Damit waren nun etwa 80 Konsumvereine mit ca. 110 Mio. RM Spargeldern gemeint, die als "liquidationsreif oder wenigstens stark gefährdet" angesehen wurden, etwa "60 % der Gesamtbilanzsumme aller Verbrauchergenossenschaften und rd. 40 % des Gesamtumsatzes" repräsentierten. BAK, R 43 II/351, fol. 78.

369 Ebenda, fol. 78f.

schaften ergeben könnten, (abgelehnt wurde)."[370] Wie gezeigt werden konnte, war es aber gerade Schacht, der im April 1935 in den Verhandlungen einen Weg eingeschlagen hatte, der, wie wohl zu Recht befürchtet wurde, zur Auflösung sämtlicher Konsumvereine geführt hätte und den Reichsfinanzminister wegen der damit verbundenen Belastungen für das Reich auf den Plan gerufen hatte. Weder Marahrens noch Bludau konnten allerdings auf die Quellen zurückgreifen, die dieser Arbeit verfügbar waren, womit ihre irrtümliche Darstellung eine Erklärung findet.[371] Anders verhält es sich dagegen mit dem von ihnen ausgewerteten Sonderbericht des Amtes Information der DAF. Ley hatte am 4. April an der Sitzung teilgenommen, in der Schacht die Abkehr von dem bisher durch die Beamten des Reichswirtschaftsministeriums vertretenen Weg einer Teilliquidation einschlug, und es muß angenommen werden, daß ihm als Leiter der DAF von der Ausarbeitung des Sonderberichts Kenntnis gegeben wurde, wenn er diesen nicht sogar selber veranlaßt hat. Warum dann aber die Arbeitsfront darin vor dem Hintergrund ihrer Auseinandersetzungen mit Schacht in der Wirtschafts- und Sozialpolitik wider besseres Wissen einer Legendenbildung um dessen Verdienste bei der Verhinderung einer völligen Auflösung der Konsumgenossenschaften Vorschub leistete, muß unbeantwortet bleiben.

Die DAF hatte mit dem Gesetz über Verbrauchergenossenschaften, das dem Reichswirtschaftsministerium die ausschließliche Kompetenz in der weiteren Behandlung der Konsumgenossenschaftsfrage zuwies, das Nachsehen. Es mag sein, daß sich die Reichsgruppe Handel, wie Ditt ausführt, "als Gewinner der Konferenz"[372] betrachtete, denn immerhin wurde mit dem Gesetz vom 21. Mai die Auflösung der Konsumgenossenschaften eingeleitet, die als nicht mehr sanierungsfähig begriffen wurden. Zumindest der Möglichkeit nach fielen damit Konkurrenten des gewerblichen Einzelhandels weg. Wie die weitere Entwicklung zeigt, verlief die tatsächliche Entwicklung ab 1936 jedoch anders und nicht zur

370 Sonderbericht des Amtes Information der DAF, Teil I, S. 4. Vgl. Bludau, Nationalsozialismus und Genossenschaften, S. 120ff. Die Kommission für Wirtschaftspolitik, die sich hiernach zu diesem Zeitpunkt erstmals einschaltete, war bereits zuvor an den Verhandlungen um die KG beteiligt. Vgl. weiter Marahrens, Konsumgenossenschaften, S. 91ff und Hasselmann, Konsumgenossenschaften, S. 476.

371 Während Marahrens 1948 - mit Ausnahme einiger Unterlagen, die ihm vermutlich vom Nachkriegs-ZdK zur Verfügung gestellt wurden - keine Archivbestände auswerten konnte, weist Bludau mehrfach auf die seinerzeit (um vieles mehr als heute) lückenhafte Quellenlage für seine Arbeit hin. Hasselmann hat - ausweislich des Literaturverzeichnisses - keine Archivbestände ausgewertet.

372 Ditt, Konsumgenossenschaften, S. 97. Ditt spricht im Vorfeld des Gesetzes von nur *einer* Konferenz, "auf der eine grundlegende Regelung über den Weg zur Sanierung und über die Stellung der Verbrauchergenossenschaften im Dritten Reich erarbeitet werden sollte", ebenda, S. 95, was, wie aus den ausgewerteten Akten hervorgeht, nicht zutrifft.

Zufriedenheit mittelständischer Interessen bzw. der Reichsgruppe Handel. In der NS-Hago hat man eine Ahnung von den kommenden Problemen gehabt: "Auf jeden Fall ist zu vermeiden, daß etwa Privat-Großunternehmungen des Handels und Handwerks die liquidierenden Konsumvereine auffangen."[373] Gemessen an ihrem in den Verhandlungen unterbreiteten Vorschlag einer völligen Auflösung der Konsumgenossenschaften aber war die Reichsgruppe Handel nicht zum Ziel gekommen. Ihr Vorstoß vom März 1935 dokumentiert jedoch, daß sich dezidiert mittelständische Interessen auch nach dem 30. Juni 1934 noch artikulieren konnten, wenngleich sie hier im konkreten Fall im Ergebnis hinter den wirtschafts- und finanzpolitischen Interessen zurücktreten mußten, die - quasi im letzten Moment - das Reichsfinanzministerium formulierte und durchsetzen konnte.

Im Ergebnis verdeutlicht das Gesetz über Verbrauchergenossenschaften, daß die meisten der im Februar in den Lösungsvorschlägen des Reichswirtschaftsministeriums zur Diskussion gestellten Detailüberlegungen - wenn auch unter großem Zeitdruck[374] - realisiert wurden. Bis auf die Aufhebung des Verbots der Warenabgabe an Nichtmitglieder[375] und die Verlängerung der Kündigungsfrist von zwei auf drei Jahre fanden die seinerzeitigen Vorstellungen Eingang in den Gesetzestext. Zum Erlaß darüber hinausgehender Bestimmungen war dem Reichswirtschaftsminister in § 9 im Einvernehmen mit dem Reichsfinanzminister die Ermächtigung erteilt worden.

4.4 Gesamtzusammenfassung vor dem Hintergrund der sozioökonomischen Entwicklung zwischen August 1933 und Mai 1935

In den vorstehenden Abschnitten dieses Kapitels ist bei der Darstellung und Analyse konkreter Konflikte zwischen DAF, Reichswirtschaftsministerium und Stellvertreter des Führers in der Konsumgenossenschaftsfrage darauf hingewiesen worden, daß die Auseinandersetzungen auch als Ausdruck der grundsätzlichen Differenzen dieser Herrschaftsträger um ihre jeweilige Rolle im Regime zu begreifen sind. Diesem Zusammenhang wird hier vor dem Hintergrund der innenpolitischen und wirtschaftlichen Entwicklung im betrachteten Zeitraum vom Som-

---

373 Artikel in "Der Aufbau", 3. Jg. 1935, Heft 12, S. 5, ohne Hervorh. zitiert.

374 Vgl. den Vermerk für Schwerin v. Krosigk vom 14. Mai, BAP, 21.01 Nr. B 9517, fol. 214-217, hier fol. 216f, in dem angesichts der wenige Tage später stattfindenen Kabinettssitzung "gegen die Eile (...) das Bedenken (formuliert war), daß die übrigen Ressorts, mit denen bisher auf anderer Grundlage verhandelt worden ist, vor etwas völlig Neues gestellt werden. Vor allem ist zu befürchten, daß der Stellvertreter des Führers dies übelnimmt." Andererseits ließ die wirtschaftliche Situation der Konsumvereine keinen weiteren Aufschub des Gesetzesvorhabens zu.

375 Vgl. hierzu auch Abschnitt 5.5.

mer 1933 bis zum Mai 1935 nachgegangen.[376] Dabei kann gezeigt werden, daß sich die Machtkämpfe der Beteiligten in den Besprechungen zur Behandlung der Konsumgenossenschaften tendenziell widerspiegeln. Ging es also konkret um die Frage der Sanierung oder Auflösung der Konsumvereine im nationalsozialistischen Staat, so wurden die Beratungen und Entscheidungen hierüber von den grundsätzlichen Konflikten der Kontrahenten beeinflußt.

Die Darstellung der innenpolitischen Entwicklung folgt dem Prozeß der Konstituierung der DAF im Herrschaftssystem, der auf der einen Seite gezeichnet ist von einer grundsätzlichen Dynamik der Arbeitsfront in ihren stetigen Versuchen, sich Kompetenzen anzueignen, während diese auf der anderen Seite (als Ergebnis des Widerstands ihrer "Gegenspieler") immer geringer ausfielen, als von ihr beabsichtigt. Die wirtschaftliche Entwicklung wird vor dem Hintergrund ausgewählter Indikatoren betrachtet, die für den schließlich gefaßten Beschluß der Teilliquidation von Konsumgenossenschaften mitentscheidend gewesen sind.

Äußert sich der expansive Drang der DAF beispielsweise in ihrem - der Reichsregierung im September 1933 vorgelegten - Entwurf eines Gesetzes über die Arbeitsfront darin, daß vorgesehen war, sich die eigenen Aufgaben selbst zu bestimmen,[377] so wurde bereits mit dem im November 1933 von Reichsarbeitsminister Franz Seldte, Reichswirtschaftsminister Schmitt, dem Beauftragten des Führers für Wirtschaftsfragen Keppler und Ley unterzeichneten "Aufruf an alle schaffenden Menschen" dokumentiert, daß fortan mit einer derartig selbstbestimmten, d. h. in eigener Verantwortung liegenden Aufgabenfindung der Arbeitsfront nicht zu rechnen war.[378] Eingriffe in den Produktionsprozeß oder die Stellung des Unternehmers im Betrieb verboten sich im Interesse einer expansiven Aufrüstungspolitik, an die Stelle der zerschlagenen gewerkschaftlichen Interessenvertretung durfte keine neue, auch keine nationalsozialistische Interessenvertretung abhängig Beschäftigter treten, weil auch diese, so die Befürchtungen im Unternehmerlager, immer die Gefahr in sich barg, den Verwertungsprozeß zu stören.[379] Das Mißtrauen industrieller Kreise gegen die Arbeitsfront in den ersten Monaten ihrer Existenz gründete in genau dieser Sorge und dem noch ungewissen

---

376 Die Diskussion der Entwicklung von Löhnen und Preisen erstreckt sich auch auf Angaben für das Jahr 1936, weil für diese Indikatoren auf eine die ersten vier Jahre nationalsozialistischer Lohn- und Preispolitik problematisierende Denkschrift des RAM zurückgegriffen werden kann. In gleicher Weise werden bei den Auseinandersetzungen zwischen RWM und DAF zur Umsetzung der Leipziger Vereinbarung Vorgänge aus späterer Zeit berücksichtigt.

377 Vgl. Mason, Sozialpolitik, S. 113.

378 Vgl. ebenda, S. 115f; Broszat, Der Staat Hitlers, S. 192. Der Aufruf datiert vom 27. November 1933.

379 Vgl. a. Spohn, Betriebsgemeinschaft und Volksgemeinschaft, S. 145ff.

Charakter der DAF, die sich unter dem Druck der nationalsozialistischen Volksgemeinschaftsideologie vom beseitigten Klassenkampf und dem Bestreben, Vertrauen in Arbeiterkreisen zu gewinnen, Forderungen von Arbeiterseite mehrfach nicht verschließen konnte und beispielsweise für Lohnerhöhungen in der Bauindustrie eingetreten war.[380]

Erst als mit dem "Aufruf an alle schaffenden Menschen" die "Zusammenfassung aller im Arbeitsleben stehenden Menschen ohne Unterschied ihrer wirtschaftlichen und sozialen Stellung"[381] in der DAF proklamiert und ihr zugleich "jede Zuständigkeit in der materiellen Arbeits- und Sozialpolitik abgesprochen"[382] wurde, war die Industrie bereit, die Unternehmer zum Eintritt in die Arbeitsfront als Einzelmitglieder aufzurufen.[383] Die Deutsche Arbeitsfront war, so hieß es in dem Aufruf, "nach dem Willen unseres Führers Adolf Hitler (...) nicht die Stätte, wo die materiellen Fragen des täglichen Arbeitslebens entschieden, die natürlichen Unterschiede der Interessen der einzelnen Arbeitsmenschen aufeinander abgestimmt werden."[384] Das bedeutete, gemessen an den weitreichenden Vorstellungen der DAF über ihre Rolle in diesem Bereich, nichts anderes als eine vollständige Niederlage. Um diese aber gegenüber der Öffentlichkeit zu kaschieren, hatte die Arbeitsfront gleichzeitig die Gründung der Organisation "Kraft durch Freude"(KdF), bekanntgemacht.[385]

Eine gesetzliche Regelung der Kompetenzverteilung, die die Arbeitsfront aus den inneren Angelegenheiten der Betriebe heraushielt, wurde kurze Zeit später im "Gesetz zur Ordnung der nationalen Arbeit" (AOG) fixiert.[386] Neben ihrer fehlenden Zuständigkeit in diesem Sektor sollte sie darüber hinaus, wie Reichswirt-

---

380 Vgl. Mason, Sozialpolitik, S. 103 und 111.

381 Zitiert nach ebenda, S. 115. Weiterer auszugsweiser Abdruck des Aufrufs bei Broszat, Der Staat Hitlers, S. 192 (als "Aufruf an alle schaffenden Deutschen"); Siegel, Rationalisierung statt Klassenkampf, S. 160f; dieselbe, Leistung und Lohn, S. 37; Mansfeld/Pohl/Steinmann/Krause, Die Ordnung der nationalen Arbeit, S. 5f.

382 Broszat, Der Staat Hitlers, S. 192. Vgl. a. Spohn, Betriebsgemeinschaft und Volksgemeinschaft, S. 146.

383 Vgl. Siegel, Leistung und Lohn, S. 36; Mason, Sozialpolitik, S. 116; Spohn, Betriebsgemeinschaft und Volksgemeinschaft, S. 146.

384 Zitiert nach Mason, Sozialpolitik, S. 116.

385 Vgl. ebenda und Broszat, Der Staat Hitlers, S. 193. Der Text der Verlautbarung zur Gründung der KdF-Organisation am 27. November 1933 bei Ley, Durchbruch der sozialen Ehre, S. 23-44.

386 Gesetz vom 20. Januar 1934, RGBL I, S. 45. Vgl. zum AOG allgemein den Kommentar von Mansfeld/Pohl/Steinmann/Krause, Die Ordnung der nationalen Arbeit. Weiter den Aufsatz von Mason, Zur Entstehung des Gesetzes zur Ordnung der nationalen Arbeit; Spohn, Betriebsgemeinschaft und Volksgemeinschaft, Kapitel 1; Siegel, Rationalisierung statt Klassenkampf, S. 104ff; dieselbe, Leistung und Lohn, S. 41ff.

schaftsminister Schmitt in der Kabinettssitzung vom 1. Dezember 1933 unter Zustimmung aller Beteiligten ausführte, keine eigenen "wirtschaftliche(n) Betriebe besitzen, (da) anderenfalls (...) mit einer derartigen Ausdehnung ihres Wirtschaftsapparates zu rechnen (wäre), daß die übrige Wirtschaft erdrückt werden würde."[387]

Anders als die weiteren Unternehmen der Arbeiterbewegung, die Baugenossenschaften, die Arbeiterbank und die Volksfürsorge,[388] waren die Konsumgenossenschaften nicht zu Unternehmen der Arbeitsfront geworden, ihr nicht "eingegliedert", sondern nur politisch "unterstellt" worden. An der Spitze der eingesetzten Beauftragten stand als "Reichsbeauftragter für die deutschen Verbrauchergenossenschaften" Karl Müller, der nationalsozialistische Direktor der Arbeiterbank. Leys im September 1933 vorgelegter Plan einer "Reichsverbrauchergenossenschaft" ist dem Anschein nach auf genau der vom Reichswirtschaftsminister für unerwünscht erklärten Linie eigener DAF-Unternehmen anzusiedeln. Wenn die von Ley beabsichtigte einheitliche Verkaufsorganisation auch nicht als Unternehmen der Arbeitsfront bezeichnet worden war, so verfügte diese in der Person der Beauftragten ohne Zweifel über gesicherten Einfluß in den Konsumvereinen, um diese Organisation bei einer möglichen späteren Gelegenheit als Unternehmen der DAF übernehmen und ausweisen zu können. Wohin die Reise nach den Vorstellungen der DAF führen sollte, wird an der Detailvorschrift über die tägliche Kassenabführung und ihre zweimonatliche Kontrolle offenkundig. Beschwerden hiergegen - *und solche allgemeiner Art* - waren vom sogenannten Genossenschafts-Kaufmann an die DAF zu richten, der eine letztinstanzliche Entscheidung vorbehalten sein sollte![389] Weder im "Aufruf an alle schaffenden Menschen" vom 27. November 1933 noch im AOG vom 20. Januar 1934 aber war für die Arbeitsfront eine Entscheidungsbefugnis substantieller Art, und eine letztinstanzliche schon gar nicht, vorgesehen. Mit dem Plan der "Reichsverbrauchergenossenschaft" hatte sich die DAF den gewerbetreibenden Mittelstand - und, was schwerer wog - das Reichswirtschaftsministerium zum Gegner gemacht. Diesem war Leys Vorhaben erst nach der Ausarbeitung und nicht bereits im Entstehungsprozeß zur Kenntnis gebracht worden; Kompetenzen des Ministeriums, das durch den Erlaß von 17. Juli 1933 in den wirtschaftspolitischen Angelegenheiten der Konsumgenossenschaftsfrage offiziell als federführend benannt worden war, sah Leys Plan an keiner Stelle vor. Desweiteren verfolgte er - entgegen der aus-

387 Zitiert nach AdR, Reg. Hitler, Teil I, Bd. 2, S. 993f.

388 Vgl. Novy/Prinz, Gemeinwirtschaft, S. 202ff.

389 Vgl. den "Plan zur Umbildung der deutschen Verbraucherbewegung", der dem RWM am 4. September 1933 durch die DAF überreicht worden war, BAP, 31.01 Nr. 10575, fol. 125-134, hier fol. 128.

drücklichen Bestimmung des Erlasses zur Liquidation der sogenannten ungesunden Konsumvereine - die Absicht, auch diese zu stützen.

Mit der dann im März 1934 von Müller (als von Ley für die Konsumgenossenschaften eingesetztem Beauftragten) getroffenen Vereinbarung mit der NS-Hago hatte die DAF das Reichswirtschaftsministerium erneut vor vollendete Tatsachen gestellt und direkt in dessen Kompetenzen eingriffen. Die hierin getroffene Regelung, wonach sich die Konsumvereine bei der Werbung auf ihren bisherigen Mitgliederkreis zu beschränken hatten, konterkarierte die vom Reichswirtschaftsministerium über die Reichsbürgschaften verfolgte Sanierungspolitik. Nachdem sich Müller angesichts auftretender Differenzen mit der NS-Hago beschwerdeführend auch noch an Heß und das Führeramt der DAF, nicht aber an das Ministerium gewandt, sondern diesem nur nachträglich Kenntnis gegeben hatte, führte das Reichswirtschaftsministerium eine Aussprache mit Müller herbei, um die beiderseitigen Kompetenzen zu klären. Zu einer definitiven Lösung kam es aber erst im Mai 1935 mit dem Gesetz über Verbrauchergenossenschaften.

In den Verhandlungen um die Konsumgenossenschaftsfrage fand das Reichswirtschaftsministerium hinsichtlich der von ihm seit Anfang Mai 1934 beabsichtigten Verdrängung der Arbeitsfront aus der politischen Zuständigkeit für die Konsumvereine im Wirtschaftsstab des Stellvertreters des Führers einen gewichtigen Verbündeten. Aus den überlieferten Archivalien ist zweifelsfrei zu erkennen, daß auch dieser für die Abtrennung der Konsumgenossenschaften von der DAF eintrat - wobei die Motive allerdings andere waren als die des Ministeriums. Ging es letzterem um eine berechenbare Wirtschaftspolitk und die Sicherheit der von der Reichsregierung gegeben Bürgschaften der Sonderkredite I bis III, so vertrat der wirtschaftspolitische Beraterstab von Heß in dieser Frage dezidiert mittelstandspolitische Interessen, ohne jedoch die wirtschaftspolitischen Kompetenzen des Reichswirtschaftsministerium grundsätzlich in Frage zu stellen. Seine Frontstellung gegen die Arbeitsfront in der Konsumgenossenschaftsfrage ist vermutlich ein Ausdruck der Konkurrenz zwischen Heß und Ley um ihre jeweilige Stellung in der Parteihierarchie, die bereits zu einem frühen Zeitpunkt, mit der im Dezember 1932 begründeten und von Heß geleiteten Politischen Zentralkommission der NSDAP angelegt war. Die "parteiinterne Führungskonkurrenz"[390] beider verschärfte sich, als Heß im April 1933 zum Stellvertreter des Führers "avancierte".

Die an die Kommission für Wirtschaftspolitik delegierte Überwachung seiner Erklärung vom 9. Juli 1934 in der NSDAP zeigt deutlich, daß es Heß darum ging, die Arbeitsfront aus der politischen Zuständigkeit für die Konsumvereine zu verdrängen, ihren Aktionsradius zugunsten der eigenen Position zu beschränken.

390 Diehl-Thiele, Partei und Staat, S. 206.

Die darauf folgenden Auseinandersetzungen um die Neufassung der konsumgenossenschaftlichen Werberichtlinien und das Gesetz über Verbrauchergenossenschaften dokumentieren, daß es dem Stellvertreter des Führers gelungen war, sich gegenüber der Arbeitsfront durchzusetzen.

Die "Rivalitäten"[391] zwischen Heß und Ley offenbaren sich gleichfalls beim Zustandekommen der "Verordnung des Führers über Wesen und Ziel der Deutschen Arbeitsfront" vom 24. Oktober 1934.[392] Offensichtlich um einem von Heß vorgelegten Gesetzentwurf über die DAF zuvorzukommen, hatte Ley - ohne vorherige Fühlungnahme mit diesem, dem Reichsarbeitsminister und Reichswirtschaftsminister - Hitler aufgesucht und dessen Unterschrift unter die Verordnung erhalten, von der die Reichsminister erst durch die Presseveröffentlichung vom folgenden Tag erfuhren.[393] Der umgehend von ihnen erhobene Einspruch gründete in der mit der Verordnung vollzogenen Verknüpfung der konkreten - und im Widerspruch zum Gesetz zur Ordnung der nationalen Arbeit stehenden - Bestimmung über die Aufgabe der DAF, den Arbeitsfrieden zu sichern,[394] und der denkbar unpräzisen Aufgabenzuweisung, im Betrieb "zwischen den berechtigten Interessen aller Beteiligten jenen Ausgleich zu finden, der den nationalsozialistischen Grundsätzen entspricht und die Zahl der Fälle einschränkt, die nach dem Gesetz vom 20. Januar 1934 zur Entscheidung allein den staatlichen Organen zu überweisen sind."[395] Die Sicherung des Arbeitsfriedens war mit dem Gesetz vom 20. Januar den Treuhändern der Arbeit übertragen worden,[396] während dort für die Arbeitsfront keine Kompetenzen formuliert, ihr nun aber ausdrücklich zuerkannt worden waren.

In ihrem Versuch, den Ausgleich der "berechtigten Interessen aller Beteiligten" zu finden, hätte die DAF durch diese Verordnung in der Tat "jede erdenkli-

---

391 Es soll noch einmal betont werden, daß es hier nicht um persönliche Animositäten, sondern die Auseinandersetzung beider um ihre jeweilige Position in der Hierarchie der NSDAP ging.

392 Abgedruckt in: Organisationsbuch der NSDAP 1943, S. 185-187. Ferner bei Schumann, Nationalsozialismus und Gewerkschaftsbewegung, S. 173-175. Auszugsweiser Abdruck bei Spohn, Betriebsgemeinschaft und Volksgemeinschaft, S. 155-158; Siegel, Rationalisierung statt Klassenkampf, S. 166f.

393 Vgl. Spohn, Betriebsgemeinschaft und Volksgemeinschaft, S. 159; Mason, Sozialpolitik, S. 193; Broszat, Der Staat Hitlers, S. 202.

394 Nach Abs. 1 des § 7 der VO hatte die DAF "den Arbeitsfrieden dadurch zu sichern, daß bei den Betriebsführern das Verständnis für die berechtigten Ansprüche ihrer Gefolgschaft, bei den Gefolgschaften das Verständnis für die Lage und die Möglichkeiten ihres Betriebes geschaffen wird."

395 § 7 Abs. 2 der VO.

396 Vgl. § 19 Abs. 1 des Gesetzes.

che sozialpolitische Tätigkeit (...) legitimieren können".[397] Etwas anderes als die erfolgte massive Intervention der betroffenen Minister war nicht zu erwarten. "Da Hitler sich aber nicht selbst desavouieren wollte, blieb es bei der Verordnung",[398] an der jedoch - wie Heß Ley wenige Tage später mitteilte - notwendige Ergänzungen und Korrekturen seitens der betroffenen Reichsministerien vorgenommen werden sollten. Bis dahin hatte eine Erörterung in der Öffentlichkeit zu unterbleiben. Grundlage der von den Reichsministerien für Arbeit und Wirtschaft verantworteten Sozialpolitik blieb auch weiterhin das Gesetz zur Ordnung der nationalen Arbeit.[399]

An diesem Sachverhalt änderte auch die im März 1935 zwischen Ley, Schacht und Seldte getroffene "Leipziger Vereinbarung" nichts Substantielles, im Gegenteil: Die Vereinbarung bestätigte die im AOG vorgesehene letztinstanzliche Entscheidungskompetenz der Treuhänder der Arbeit auch bei den von den neu eingerichteten Arbeitsausschüssen zu behandelnden Fragen.[400] Der aus dem Beirat der Reichswirtschaftskammer (der Organisation der gewerblichen Wirtschaft) und dem Reichsarbeitsrat (der DAF) gebildete "Reichsarbeits- und Wirtschaftsrat" (RAWR) hatte keine Entscheidungen zu treffen, seine Hauptaufgabe war vor allem "die Aussprache über gemeinsame wirtschaftliche und sozialpolitische Fragen, die Herstellung einer vertrauensvollen Zusammenarbeit aller Gliederungen der DAF und die Entgegennahme von Kundgebungen der Regierung wie auch der Leitung der DAF."[401]

Die Arbeitsfront ging in den folgenden Monaten daran, die Vereinbarung zügig umzusetzen[402] und extensiv in ihrem Interesse auszulegen und darüber hinaus in der Öffentlichkeit - wie der Reichswirtschaftsminister kritisierte - den Eindruck zu vermitteln, "als ob die Organisation der gewerblichen Wirtschaft durch

---

397 Mason, Sozialpolitik, S. 193.

398 Broszat, Der Staat Hitlers, S. 202. Vgl. a. Mason, Sozialpolitik, S. 194.

399 Vgl. Broszat, Der Staat Hitlers, S. 202; Mason, Sozialpolitik, S. 194. Zur Bewertung der VO vom 24. Oktober in der DAF vgl. Heuel, Der umworbene Stand, S. 458ff.

400 Vgl. den Text der "Vereinbarung zwischen dem Reichswirtschaftsminister Schacht, dem Reichsarbeitsminister Seldte und dem Leiter der Deutschen Arbeitsfront Dr. Ley über die einheitliche Zusammenarbeit auf wirtschafts- und sozialpolitischem Gebiete", die sogenannte Leipziger Vereinbarung, in: Organisationsbuch der NSDAP 1943, S. 474f, hier S. 475 (Ziff. 2c). Auszugsweiser Abdruck auch bei Siegel, Rationalisierung statt Klassenkampf, S. 170f.

401 Ziffer 1 der Leipziger Vereinbarung, zitiert nach: Organisationsbuch der NSDAP 1943, S. 474.

402 Vgl. Mason, Sozialpolitik, S. 196 und Siegel, Rationalisierung statt Klassenkampf, S. 108f. Bis zum Jahresanfang 1936 waren 1.300 Arbeitsausschüsse gebildet worden, innerhalb des Jahres schwoll ihre Zahl auf 3.000 an und 1939 existierten 4.189 Arbeitsausschüsse, vgl. Marrenbach (Hg.), Fundamente des Sieges, S. 103.

die korporative Mitgliedschaft bei der Deutschen Arbeitsfront auf Grund der Leipziger Vereinbarung[403] ein Teil der Deutschen Arbeitsfront geworden sei oder als ob das Aufgehen der Organisation der gewerblichen Wirtschaft in die einzelnen Gliederungen der DAF nur noch eine Frage der Zeit wäre." Schacht wies ausdrücklich darauf hin, "daß die Organisation der gewerblichen Wirtschaft durch die korporative Mitgliedschaft bei der DAF ihre gesetzlich begründete bisherige Selbständigkeit keineswegs geändert oder gar aufgegeben hat."[404]

Mit dem Entwurf einer Geschäftsordnung für den Reichsarbeits- und Wirtschaftsrat versuchte die Arbeitsfront, sich die Führung dieses Gremiums anzueignen. Leiter des RAWR mit alleinigen Vollmachten für die Einladungen, Zulassung von Gästen oder die spätere Änderung der Geschäftsordnung sollte der Leiter der DAF (Ley) werden, während der Vorsitzende der Reichswirtschaftskammer ausschließlich als stellvertretender Leiter vorgesehen war. Als Büro des Reichsarbeits- und Wirtschaftsrates war die Abteilung RAWR im Amt "Soziale Selbstverantwortung" der DAF bestimmt, dem auch die alleinige Auswertung der Sitzungsniederschriften vorbehalten sein sollte.[405] Der Reichswirtschaftsminister erklärte diesen Entwurf für "unannehmbar, da er in allen entscheidenden Punkten den Bestimmungen der Leipziger Vereinbarungen(sic!) widerspricht."[406] In einer ersten Stellungnahme hatte das Reichswirtschaftsministerium das von der DAF beabsichtigte Eigengewicht deutlich herausgestellt und Änderungen vorgeschlagen, die den Charakter des RAWR als eines gemeinsamen Organs von Arbeitsfront und gewerblicher Wirtschaft hervorhoben. Insbesondere unterstrich es dessen in der Leipziger Vereinbarung formulierte Aufgabe und versuchte, diese in einem eigenen Geschäftsordnungsentwurf zu präzisieren: "Hauptaufgabe des

---

403 In dem "Erlaß des Führers über die Eingliederung der gewerblichen Wirtschaft in die Deutsche Arbeitsfront" vom 21. März 1935, mit dem Hitler die Leipziger Vereinbarung bestätigte, hieß es: "Ich begrüße und billige (...) die Absicht des Reichswirtschaftsministers, die von ihm durch Gesetz vom 27. Februar und Ausführungsverordnung vom 27. November 1934 geschaffene Organisation der gewerblichen Wirtschaft als korporatives Mitglied in die Deutsche Arbeitsfront einzugliedern." Zitiert nach Organisationsbuch der NSDAP 1943, S. 473.

404 Schreiben des RWM an den Leiter der RWK vom 8. August 1935, BAP, 31.01 Nr. 10288, fol. 82. Vgl. aber Bissinger (Hg.), Der deutsche Handel, Bildunterschrift S. 111, wonach "der Führer" am 21. März 1935 "die Eingliederung der gewerblichen Wirtschaft in die DAF (vollzog)".

405 Vgl. den Ende März/Anfang April 1936 dem RWM vom Amt "Soziale Selbstverantwortung" der Arbeitsfront überreichten Entwurf einer Geschäftsordnung für den RAWR, BAP 31.01 Nr. 10312, fol. 345-349.

406 Entwurf des Schreibens des RWM an den Präsidenten der Münchener IHK, Pietzsch (den späteren Leiter der RWK) vom 4. April 1936, das Schreiben wurde am 9. April abgesandt, ebenda, fol. 340f, hier fol. 341.

Reichsarbeits- und Wirtschaftsrates ist vor allem die Aussprache über gemeinsame wirtschaftliche und sozialpolitische Fragen, die Herstellung einer vertrauensvollen Zusammenarbeit aller Gliederungen der Deutschen Arbeitsfront *mit der Organisation der gewerblichen Wirtschaft* und die Entgegennahme von Kundgebungen der *Reichs*regierung, wie auch der Leitung der Deutschen Arbeitsfront *und der Reichswirtschaftskammer*."[407]

Die eskalierenden Differenzen zwischen dem Reichswirtschaftsministerium und der DAF um die Leipziger Vereinbarung veranlaßten Schacht schließlich, "die Mitarbeit der Wirtschaft an dem Reichsarbeits- und Wirtschaftsrat (aufzukündigen)",[408] so daß die Arbeitsfront ihre weitreichenden Vorstellungen einer Teilhabe an der konkreten Sozialpolitik nicht zu realisieren vermochte, wenngleich sie durch ihre Aktivitäten auf diesem Gebiet die zuständigen Reichsministerien beständig unter den Druck vielfältiger sozialpolitischer Forderungen zu setzen vermochte.[409]

In den 1934 einsetzenden Verhandlungen um die Konsumgenossenschaftsfrage hatte das Reichswirtschaftsministerium mehrmals Gelegenheit genommen, gegen die erhobenen Forderungen nach einer Auflösung der Konsumvereine deren wirtschaftpolitische Bedeutung zu thematisieren. Es waren v. a. die befürchteten Auswirkungen auf die Zahl der registrierten Arbeitslosen, auf das Banken- und Sparkassenwesen, der Stellenwert der Konsumgenossenschaften bei der Versorgung der Bevölkerung mit preiswerten Waren und die Sicherung der Bürgschaften innerhalb der Sonderkredite I bis III, die das Reichswirtschaftsministerium in diesem Zusammenhang stets betonte. Unterstützung in seiner Haltung erfuhr es durch das Reichsfinanzministerium, die Deutsche Zentralgenossenschaftskasse und das Reichswehrministerium, das in seinen Aufrüstungsplänen auf die Konsumvereine zurückgegriffen hatte.

Im Juni 1934 war in einem Vermerk des Reichswirtschaftsministeriums für eine Besprechung zwischen Schmitt und Heß anläßlich der geplanten Erklärung zur Konsumgenossenschaftsfrage ausdrücklich darauf hingewiesen worden, "daß bei Fortdauer des gegenwärtigen Zustandes (...) bei den gefährdeten Genossenschaften die ersten Liquidationen in spätestens vier Wochen eintreten (dürften)." Als "unvermeidliche Rückwirkung" wurde im Ergebnis die "Gesamtliquidation dieses Wirtschaftskörpers" erwartet, die neben dem Verlust von Geschäftsguthaben und Spargeldern der Mitglieder zur Inanspruchnahme der Reichsbürgschaften

---

407 (Gegen)entwurf des RWM, ebenda, fol. 354-356, hier fol. 354. Die kursiv gesetzten Passagen sind handschriftlich eingearbeitet worden. Die Stellungnahme aus dem RWM zum Geschäftsordnungsentwurf der DAF ebenda, fol. 373-375.

408 Mason, Sozialpolitik, S. 195.

409 Vgl. ebenda, S. 196f; Marrenbach, Fundamente des Sieges, S. 98ff, bes. S. 101ff.

und einer "erhebliche(n) Vermehrung der Arbeitslosigkeit" führen werde.[410] Die in den Konsumvereinen beschäftigten Personen wurden hier auf ca. 49.000 - ohne die bei der GEG - beziffert. In den beiden im Februar 1935 im Reichswirtschaftsministerium angefertigten "Lösungsvorschlägen" zur weiteren Behandlung der Konsumgenossenschaften im nationalsozialistischen Staat wurde die Zahl der Beschäftigten mit 65.000 benannt, was allem Anschein nach zu hoch gegriffen war, selbst wenn darin die beim Reichsbund (GEG) angestellten Personen enthalten gewesen sein sollten.[411] Wenn auch die genaue Zahl der in den Genossenschaften beschäftigten Personen nicht gleichgültig ist, so war die Sorge des Reichswirtschaftsministeriums um die Auswirkungen der Liquidation der Konsumvereine nicht allein um eine Zunahme der Arbeitslosigkeit in dieser Größenordnung begründet, sondern auch in den Folgewirkungen auf deren Lieferanten. Die Eigenproduktion der Konsumgenossenschaften belief sich in den Jahren 1933 und 1934 um die 25 % ihres Gesamtumsatzes, 75 % ihrer Umsätze erzielten sie demnach mit Waren von Fremdlieferanten, die bei einer Auflösung der Konsumvereine vor erhebliche Absatzprobleme gestellt worden wären. Die dann dort zu erwartenden Entlassungen und der mit der Zunahme der Arbeitslosigkeit einhergehende Kaufkraftschwund hätten zu einer fühlbaren Erhöhung der Beschäftigungslosigkeit geführt und die Bilanz rückläufiger Arbeitslosenzahlen nachhaltig verschlechtert.[412] Den zum Zeitpunkt der Machtübergabe registrierten 6,013 Mio. standen ein Jahr später 3,77 Mio. und Ende Januar 1935 2,97 Mio Arbeitslose gegenüber, wobei diese Entwicklung nicht linear verlaufen ist. Ende Dezember 1933 lag die Zahl deutlich über der des Vormonats, erst im Februar 1934 war sie unter den Stand vom November 1933 gesunken. Bis zum Oktober 1934 nahmen die registrierten Arbeitslosen auf knapp 2,27 Mio. ab, bis Ende Januar 1935 stieg ihre Zahl auf etwas mehr als 2,97 Mio und erreichte erst wieder im April 1935 mit 2,23 Mio einen Stand, der unter dem vom Oktober 1934 lag.[413]

Der Sicherung der in den Konsumgenossenschaften angelegten Spargelder der Mitglieder maß das Reichswirtschaftsministerium aus zweierlei Gründen besondere Bedeutung zu. Erstens befürchtete es, daß der Verlust ihrer Ersparnisse die

---

410 Vermerk für RWM Schmitt vom 6. Juni 1934, BAP, 31.01 Nr. 10576, fol. 194.

411 Vgl. BAP, 31.01 Nr. 10524, fol. 125.

412 Vgl. Abschnitt 3.4 zum Charakter und zur Finanzierung der nationalsozialistischen Arbeitsbeschaffungspolitik sowie zur Eigenproduktion. Für 1935 beruht die Angabe auf einer eigenen Schätzung vor dem Hintergrund der in Tabelle 17b aufgeführten Umsätze. Da sich in den ausgewerteten Unterlagen außerdem kein Hinweis auf eine nachhaltige Veränderung des Anteils der konsumgenossenschaftlichen Eigenproduktion findet, halte ich diese Angabe für vertretbar.

413 Vgl. Stat. Jb. f. d. DR, 1934, S. 309; 1935, S. 319; 1936, S. 336.

Mitglieder dem Nationalsozialismus entfremden würde,[414] weshalb in den Verhandlungen eine Lösung angestrebt wurde, die dies ausschloß und gleichzeitig eine finanzielle Garantie des Reiches aus eben diesen politischen Erwägungen entbehrlich machte. Die Sorge um eine Akzeptanz der zu treffenden Maßnahmen - und besonders die Befürchtungen um die politische Loyalität der Mitglieder - waren übrigens in gleicher Weise bei den außerdem diskutierten Vorschlägen zur weiteren Behandlung der Konsumvereine formuliert worden.[415]

Zweitens legte das Reichswirtschaftsministerium auf die Sicherheit der konsumgenossenschaftlichen Spargelder besonderen Wert, weil von deren Verlust Auswirkungen auf das übrige Sparkassen- und Bankenwesen befürchtet wurden. Die Spareinlagen bei den Sparkassen[416] hatten sich von ihrem Tiefstand 1932 (11.447,3 Mio. RM)[417] in den beiden folgenden Jahren auf 12.110,2[418] und 12.814,4 Mio. RM erhöht. Gingen nun die in den Konsumvereinen angelegten Ersparnisse - die sich stetig rückläufig entwickelten[419] - verloren, so standen - vor dem Hintergrund der sogenannten Bankenkrise des Jahres 1931 - Angstabhebungen bei den Sparkassen zu erwarten, deren Ausmaß schwer abzuschätzen und kontrollierbar gewesen wäre und v. a. der über die Kreditschöpfung finanzierten Aufrüstungspolitik den Boden hätten entziehen können. Auszahlungen von Spargeldern in größerem Ausmaß hätten zudem die mit dem Reichsgesetz über das Kreditwesen[420] verfolgte Absicht einer Zentralisierung der Spargelder konterkariert.

Ein weiteres erklärtes Ziel nationalsozialistischer Wirtschafts- und Sozialpolitik war das Einfrieren des Lohn- und Preisniveaus auf dem Stand vom Januar 1933.[421] Legt man einer Analyse nur die Ergebnisse der amtlichen Statistik zu-

---

414 Vgl. beispielhaft die Überlegungen in den Lösungsvorschlägen des RWM zur Konsumgenossenschaftsfrage vom Februar 1935, BAP, 31.01 Nr. 10524. fol. 124-129 und fol. 228-233.

415 Vgl. ebenda, fol. 125f zu den Geschäftsguthaben der Mitglieder und der drohenden Arbeitslosigkeit für die Beschäftigten bei einer Auflösung der Konsumvereine.

416 Nach dem "Stand der Spareinlagen bei den Sparinstituten", Stat. Jb. f. d. DR, 1936, S. 382.

417 Die gleiche Zusammenstellung im Stat. Jb. f. d. DR, 1937, S. 396, weist 11.449,7 Mio. RM aus.

418 12.110,3 Mio. RM nach ebenda.

419 Ihren höchsten Stand hatten sie zum Jahresende 1930 mit 446,5 Mio RM erreicht. 1931: 354,1 Mio.; 1932: 269,6 Mio.; 1933: 194,5 Mio.; 1934: 170,5 Mio.; 1935: 132,3 Mio. RM (einschließlich 44,5 Mio. von 50 liquidierenden Konsumvereinen nach dem Stand vom 30. September 1936). Ebenda.

420 Gesetz vom 5. Dezember 1934. RGBL I, S. 1203.

421 Vgl. Mason, Sozialpolitik, S. 147. Vgl. a. Gesetz über die Übertragung der Aufgaben und Befugnisse des Reichskommissars für Preisüberwachung. Vom 15. Juli 1933. RGBL I,

grunde, so ist bereits festzustellen, daß dies allein bei den tariflichen Stundenlöhnen gelang, die in 17 erfaßten Gewerben sogar unter die am 1. Januar 1933 geltenden Lohnsätze gedrückt werden konnten(!)[422], während die Stunden- und Wochenverdienste z. T. erheblich gesteigert werden konnten und die Preise im allgemeinen anstiegen, wobei diejenigen für Lebensmittel deutlich zulegten.

So fiel beispielsweise in dem in dieser Arbeit betrachteten Zeitraum der durchschnittliche tarifliche Stundenlohn eines männlichen Facharbeiters von 79,2 Rpf. am 1. Januar 1933 auf 78,4 Rpf. am 1. Januar 1937, der einer Facharbeiterin und angelernten Arbeiterin von 52,2 Rpf. auf 51,5 Rpf.[423]

Nun sind derartige Durchschnittsangaben nur begrenzt aussagekräftig. Zum einen weil sie die Unterschiede zwischen den Gewerben sowie Facharbeiterinnen und angelernten Arbeiterinnen verwischen, zum anderen weil mit ihnen über die tatsächlichen Stunden- und Wochenverdienste keine Aussage zu treffen ist. Diese entwickelten sich zwischen September 1933 und September 1936 extrem unterschiedlich und vergrößerten die Einkommensunterschiede sowohl in der Produktionsgüterindustrie als auch - und ganz besonders - zwischen dieser und der Verbrauchsgüterindustrie. So stellte das Reichsarbeitsministerium im März 1937 in einer Denkschrift fest, daß

> "besonders in dem letzten Jahr die Besserung der Einkommesverhältnisse nicht allein auf die Verlängerung der Wochenarbeitszeit durch Fortfall der Kurzarbeit und auf die mit erhöhten Leistungen steigenden Akkordverdienste zurückzuführen (ist), sondern die hier und da auftretende Knappheit an Facharbeitern und die Zuschläge für die über die regelmäßige Wochenarbeitszeit hinausgehende Mehrarbeit haben Verdiensterhöhungen zur Folge gehabt, die in einzelnen Fällen beträchtliche Ausmaße erreichen. Selbst die für sämtliche Arbeitergruppen (also unter Einschluß der von den Lohnerhöhungen weniger betroffenen Hilfsarbeiter) ermittelten *tatsächlichen* Verdienste geben im Reichsdurchschnitt für einzelne Gewerbe so beträchtliche Erhöhungen wieder, daß bei Bildung eines Gesamtdurchschnitts die ungünstige (...) Entwicklung einiger anderer Industrien (Textilindustrie) mehr als ausgeglichen wird. (...) Danach haben sich also, wie zu erwarten war, die Verdienste im Baugewerbe, in der Metallindustrie und in der eisen- und stahlerzeugenden Industrie am stärksten gebessert, während in den Verbrauchsgüterindustrien (insbesondere in der

---

S. 490; Gesetz über die Bestellung eines Reichskommissars für Preisüberwachung. Vom 5. November 1934. RGBL I, S. 1085. Vgl. weiter die Ausführungen in Abschnitt 5.4.

422 Mason weist darauf hin, daß "die Verminderung der durchschnittlichen Stundenverdienste im Jahr 1933 eher durch die Einstellung von vielen Arbeitern in schlecht bezahlte Beschäftigungen als durch weitere Lohnsenkungen nach der nationalsozialistischen Machtergreifung bewirkt" wurde, Mason, Sozialpolitik, S. 156.

423 Vgl. Stat. Jb. f. d. DR, 1937, S. 316. Angaben jeweils für die höchste tarifmäßige Altersstufe in 17 Gewerben. Dort auch die entsprechenden Angaben für ungelernte Arbeiter, Hilfsarbeiter und Hilfsarbeiterinnen. Vgl. a. Siegel, Lohnpolitik, S. 74.

Textilindustrie) selbst die tatsächlichen Nominallöhne nur knapp gehalten werden konnten."[424]

Hier lagen die Veränderungen der nominellen Brutto-Wochenverdienste in dem Zeitraum vom September 1933 bis September 1936 zwischen - 1 % in der Textilindustrie (23,85 RM zu 23,60 RM) und + 5,4 % in der papierverarbeitenden Industrie (24,80 RM zu 26,13 RM), während sie sich in den Produktionsgüterindustrien zwischen 8,3 % (Sägeindustrie: 24,09 RM zu 26,09 RM) und 23,8 % (eisen- und stahlerzeugende Industrie: 36,12 RM zu 44,70 RM) erhöhten.[425] Während die für die Aufrüstung arbeitenden Produktionsgüterindustrien Beschäftigte mit materiellen Anreizen anwerben konnten, da der Staat für stetige Nachfrage ihrer Produkte sorgte, war dem Verbrauchsgütersektor - u. a. durch eine entsprechende Rohstoff- und Devisenpolitik - dieser Weg versperrt. Die Zahlen belegen, "daß die Regierungsparole vom Festhalten am Lohnstand von 1933[426] nur eine leere Formel war, hinter der sich zwei gegenläufige und latent krisenhafte Entwicklungen verbargen: erstens die erhebliche Erhöhung der Verdienste gerade in den rüstungswichtigen Industriezweigen, was auf die Dauer eine Verminderung der Kaufkraft des Staates und - bei anhaltender Nachfrage seitens des Staates - die Inflation nach sich ziehen mußte; zweitens der Prozeß der Verelendung in den Kreisen der Arbeiterschaft, die an dem Rüstungsboom nicht teilhatten."[427] Zwar bestand theoretisch die Möglichkeit, daß sich die höheren Löhne in der kriegswichtigen Industrie in einer stärkeren Nachfrage nach Konsumgütern

---

424 Denkschrift des RAM, dem StS Posse im RWM am 5. März 1937 überreicht, BAP, 31.01 Nr. 10332, fol. 43-50, zitiert nach dem Abdruck bei Mason, Arbeiterklasse, S. 1249-1255, hier S. 1250, Hervorh. i. Orig.

425 Vgl. Mason, Arbeiterklasse, S. 1253, Tabelle II der Denkschrift mit z. T. fehlerhaften Angaben der prozentualen Veränderungen.

426 Vgl. Denkschrift des RAM nach dem Abdruck ebenda, S. 1249: "Die von der Reichsregierung seit 1933 eingeschlagene Wirtschaftspolitik suchte Preise und Löhne auf dem Stand von 1933 festzuhalten. (...) Doch nur die in den Tarifordnungen festgesetzten Mindestlöhne waren einer unmittelbaren staatlichen Beeinflussung zugänglich."

427 Mason, Sozialpolitik, S. 155. Vgl. hierzu Siegel, Lohnpolitik, die in ihrer sich "in kritischer Ergänzung zu Masons Darstellung" (S. 66) begreifender Studie herausarbeitet, daß "eine Reihe von Gründen (...) für die Annahme (spricht), daß die Differenzierung der Löhne - unterschiedliche Entwicklung der Verdienste einzelner Gruppen von Lohnabhängigen, weitere Unterteilung herkömmlicher Lohngruppen, Abhängigkeit des Verdienstes von der unmittelbaren individuellen Leistung - eine bedeutende Rolle in der Lohnpolitik und der allgemeinen Entwicklung des Lohnniveaus (im nationalsozialistischen Deutschland - U. K.) gespielt hat", S. 136. Vgl. allgemein ihr Fazit, S. 132ff. Zu den Merkmalen der "Lohn- und Einkommensdifferenzierung" vgl. a. Hachtmann, Industriearbeit, S. 136ff.

auswirkten, praktisch mußte dies "jedoch mit der einseitigen wirtschaftspolitischen Strategie der Aufrüstung in Konflikt geraten."[428]

Die Preissteigerungen werden in der amtlichen Statistik durch Indizes berechnet. Der Jahresdurchschnitt der Reichsindexziffer für die gesamte Lebenshaltung stieg von 118,0 (1933) über 121,1 (1934) und 123,0 (1935) auf 124,5 (1936). Die Reichsindexziffer für Ernährung entwickelte sich jahresdurchschnittlich von 113,3 (1933) über 118,3 (1934) und 120,4 (1935) auf 122,4 (1936).[429] Betrachtet man die Monatsdurchschnitte der Ernährungskosten, so ist eine erhebliche Preissteigerung im Jahr 1933 zu verzeichnen, von Januar bis einschließlich April ist die Indexziffer zunächst rückläufig (111,3 zu 109,5), um dann von 112,8 im Mai auf 117,8 im Dezember 1933 anzusteigen. In den Jahren 1934 bis 1936 verlief die Preisentwicklung für Lebensmittel hiernach im Durchschnitt der Monate ruhiger.[430]

Es kann im Rahmen dieser Arbeit keine Diskussion um die Problematik der Berechnungsgrundlagen und die Aussagefähigkeit dieser Indexziffern der amtlichen Statistik geführt werden.[431] Die bereits zeitgenössische Kritik an ihnen aus dem Reichsarbeitsministerium bemängelte, daß sie die tatsächlichen Preiserhöhungen nicht angemessen, d. h. zu niedrig widerspiegelten.[432] Wie fragwürdig sie im einzelnen auch sind, für den hier verfolgten Zweck reichen diese Zahlen insofern aus, als auch sie dokumentieren, daß sich die Absicht der Reichsregierung, einen Preisstopp durchzusetzen, eben nicht realisieren ließ. Vor dieser Feststellung gewinnen die regelmäßigen Hinweise auf die preisregulierende Wirkung der Konsumgenossenschaften oder ihrer Notwendigkeit als einer preisgünstigen Ein-

---

428 Mason, Sozialpolitik, S. 155. Vgl. a. v. Saldern, Permanente Krise?, S. 92ff.

429 Vgl. Stat. Jb. f. d. DR, 1937, S. 310. Vgl. WISTA, 1935, S. 26; 1936, S. 6; 1937, S. 18. Basisjahr jeweils 1913/14 nach der "Neuberechnung der Reichsindexziffer für die Lebenshaltungskosten, vgl. WISTA, 1934, S. 626ff, ferner WISTA, 1935, S. 759ff.

430 Vgl. Stat. Jb. f. d. DR, 1936, S. 294f; 1937, S. 310f; WISTA, 1937, S. 18. Im Dezember 1936 lag die Ziffer (für die Ernährung) mit 121,0 unter der vom Januar des Jahres (122,3), was aber an der Zunahme im Jahresdurchschnitt nichts änderte.

431 Vgl. hierzu Costas, Wirtschafts- und Sozialstatistik, S. 161ff und Hachtmann, Lebenshaltungskosten und Reallöhne, S. 47ff. Den Versuch einer Korrektur der amtlichen Preisstatistik hat Mason unternommen, vgl. Mason, Sozialpolitik, S. 148-153. Vgl. a. die Ausführungen in Abschnitt 5.4.

432 Vgl. die vorstehend nach Mason, Arbeiterklasse, S. 1249-1255 zitierte Denkschrift aus dem RAM, in der festgestellt wurde, daß die vom Statistischen Reichsamt mit dem amtlichen Index ermittelten Erhöhungen der Lebenshaltungskosten mit Sicherheit nur die "*unterste* Grenze der tatsächlich eingetretenen Verteuerungen angeben", S. 1251, Hervorh. i. Orig. Weitere Nachweise zeitgenössischer Kritik am Lebenshaltungsindex bei Mason, Sozialpolitik, S. 151. Auf diese Nachweise bezieht sich auch Hachtmann, Lebenshaltungskosten und Reallöhne, S. 68.

kaufsquelle für die besonders kaufkraftschwachen Teile der Bevölkerung an Bedeutung. Hätte man die Konsumvereine - wie vom gewerblichen Mittelstand beständig gefordert - aufgelöst, so wären die Ausgaben der Haushalte für die Lebenshaltung angestiegen. Die Mitgliedschaft im Konsumverein war schließlich deshalb attraktiv, weil das Preisniveau dank rationeller Betriebsführung, Großeinkauf und nicht unerheblicher Eigenproduktion i. d. R. unter dem des gewerblichen Einzelhandels lag. Und dieser Zusammenhang war den an der Behandlung der Konsumgenossenschaftsfrage beteiligten Reichsressorts bekannt. Beispielhaft sei noch einmal auf einen im Reichswirtschaftsministerium erstellten Vermerk vom August 1933 aufmerksam gemacht, in dem diese Überlegungen herausgestellt worden waren.

> Der gewerbliche Handel - so hieß es - hat dort zurückzutreten, "wo sich die Warenverteilung auf mehr oder weniger natürlicher Grundlage von selbst in einer für die Verbrauchermassen günstigen Weise abwickelt, und daß es nicht etwa so ist, daß der Handel um seiner selbst willen, d. h. nur um auch ein »Geschäft« zu machen, bei allen Warenbewegungen (...) eingeschaltet sein müßte." Ein erhebliches "Problem des Augenblicks" wurde darin erkannt, "den großen und kaufkraftschwachen Verbrauchermassen unseres deutschen Volkes ihren Lebensbedarf zu möglichst erträglichen, d. h. niedrigen Preisen zuzuführen." Während "eine Differenz in der Brennstoffversorgung von 20 bis 30 Pf. pro Ztr. »frieren« oder »nicht frieren« und eine Preisdifferenz in der Lebensmittelversorgung »hungern« oder »nicht hungern«" bedeutet, stellt sich diese für den Handel doch vorrangig als "Geschäft" dar, was "mit dem Grundsatz des Gemeinwohls jedenfalls nicht in erster Linie begründet werden kann. Wenn man diese allgemeinen Gesichtspunkte berücksichtigt und sie anerkennt, ist der Kampf des Handels gegen andere billiger und zweckmäßiger arbeitende und ebenfalls der Versorgung der großen Verbrauchermassen dienende Einrichtungen nicht gutzuheißen." Abschließend hieß es: "Wenn es einer Vielheit von im einzelnen schwachen Volksgenossen gelingt, unter Zusammenfassung ihrer Kräfte durch günstigen Großeinkauf ihre Lebensbedürfnisse in erträglicherer Weise zu befriedigen, als dies bei der Einschaltung des Handels möglich wäre, so kann dieses auf dem Grundsatz »Einer für Alle und Alle für Einen« aufgebaute Vorgehen doch nicht nur dem Handel zuliebe verboten werden, es sei denn, daß der Handel in der Lage wäre, die notwendigsten Lebensbedürfnisse dieser Volksgenossen qualitativ und quantitativ in gleich günstiger Weise zu befriedigen."[433]

---

433 Vermerk des MinR Ronde vom 16. August 1933, BAP, 31.01 Nr. 10580, S. 1-4 des Vermerks. Diese Ausführungen dürften weitgehend auch für das nahrungsmittelproduzierende Handwerk Geltung besitzen. In der Beschwerde von 5 Bäckermeistern einer Harzgemeinde bei der Regierung in Braunschweig vom 25. Juni 1933 über den Konsumverein, der sein Brot angeblich zu "Schleuderpreisen" unter den Gestehungskosten der Bäcker verkaufte, tritt dieser Hintergrund deutlich zutage. Sie beantragten, dem Konsumverein den Brotverkauf zu verbieten, da ihre Existenz durch diesen "auf (das) Schwerste gefährdet" sei. Während das 4-Pfund Brot im Konsumverein 50 Rpf. kostete, verlangten die Bäckermeister 60

Auf den bereits in der Weimarer Republik geführten Kampf des gewerblichen Einzelhandels gegen die Konsumgenossenschaften als unerwünschter Konkurrenz ist im zweiten Kapitel eingegangen worden. Dabei wurde festgestellt, daß der Anteil des Umsatzes der Konsumvereine im Lebensmitteleinzelhandel in den Jahren 1929 bis 1931 bei 9-11 % gelegen hat und von einer mittelstandsvernichtenden Existenz der Konsumgenossenschaften nicht die Rede sein kann, was die Mittelstandsorganisationen jedoch nicht hinderte, gerade dieses fortgesetzt zu behaupten. Nach dem Januar 1933 glaubten diese Kreise, daß es nur noch eine Frage der Zeit wäre, bis die Konkurrenz der Konsumvereine vom Markt verschwinden würde. Die Reichsregierung hatte sich jedoch für einen anderen Weg, für die Weiterführung der von den Präsidialkabinetten der Weimarer Republik begonnene Bürgschaftspolitik und damit für die Sanierung und Konsolidierung der Konsumvereine entschieden, womit sie auf Unverständnis in den mittelständischen Kreisen stieß, die nachhaltig deren Auflösung verlangten.

Hintergrund dieser Forderungen war neben den politisch-ideologischen Forderungen eines gesunden Mittelstands nach wie vor wirtschaftliches Konkurrenzdenken angesichts der - trotz z. T. erheblicher Preissteigerungen - nur schleppenden Umsatzsteigerung im Einzelhandel, denen die im Lebensmitteleinzelhandel noch deutlich hinterherhinkte.[434] Daß der bei den Konsumgenossenschaften 1930 einsetzende Umsatzrückgang sich auch 1933 und in den folgenden Jahren fortsetzte,[435] spielte bei den Forderungen nach deren Auflösung keine Rolle. Wichtig war nur, sich eines Konkurrenten zu entledigen, weil man sich davon die Zu-

---

Rpf. Der um Stellungnahme ersuchte Bezirksbeauftragte für die mitteldeutschen Konsumvereine erklärte: "Ich kann mich der Ansicht nicht verschließen, daß der Konsumverein, der von der Regierung als Preisregulator auf dem Lebensmittelmarkt gedacht ist, sich keinesfalls die Preise von Interessengruppen vorschreiben lassen kann. (...) Zur Beleuchtung der ganzen Angelegenheit möchte ich nur noch erwähnen, daß der Konsumverein in der ganzen Woche 30-40 Brote verkauft. Wegen einer derartigen Lappalie setzen die 5 Herren einen sehr großen Apparat (...) in Bewegung. Ich bitte, (...) den aus Profitinteresse diktierten Antrag abzulehnen", Schreiben vom 7. August 1933 an die Kreisdirektion Blankenburg. Am 30. d. M. teilte der Braunschweigische Innenminister den Antragstellern mit, daß er "keine gesetzliche Handhabe (gegen den Konsumverein) zur Verfügung" habe. Der Vorgang in: STA WF, 12 Neu 18 Nr. 705.

434 Vgl. Stat. Jb. f. d. DR, 1937, S. 374f. Basisjahr der Berechnungen: 1932. Im Monatsdurchnitt der Jahre 1933, 1934, 1935 und 1936 entwickelten sich die Umsätze im gesamten Einzelhandel und dem Lebensmitteleinzelhandel folgendermaßen: 95,4 (95,0 Lebensmitteleinzelhandel); 105,7 (100,2); 110,5 (108,4) und 122,2 (117,2). In den auf dem Basisjahr 1928 - einem hinsichtlich der Umsätze äußerst erfolgreichen Jahr, nur 1929 lag der Umsatz seit 1924 noch geringfügig höher, vgl. Tabelle 14 im Anhang - gründenden Berechnungen des Stat. Jb. f. d. DR, 1936, S. 362 verläuft die Entwicklung umgekehrt.

435 Vgl. die Tabellen 16c und 17b im Anhang.

nahme der eigenen Umsätze versprach. Ein Problem dieser Zahlen liegt darin, daß sie über die Frage der den Umsatzentwicklungen zugrunde liegenden Preis- und Mengenbewegungen keine Aussage zulassen. Auf die Preissteigerungen ist oben bereits eingegangen worden. Hinsichtlich der Verbrauchsmengen liefert die amtliche Statistik annähernde Berechnungen, die mit Vorsicht anzuwenden sind, da die nachträglich angebrachten Korrekturen nach oben nicht nachprüfbar ausgewiesen sind. Der Verbrauch so grundlegender Nahrungsmittel wie Fleisch, Schweinefett, Eier und Kartoffeln ging von 1934 auf 1935 zurück und war auch 1936 bei Fleisch und Kartoffeln weiter rückläufig, während die Zunahme von Milch, Butter und Käse so gering war, daß sie beim Pro-Kopf-Verbrauch der Bevölkerung kaum ins Gewicht fiel.[436] Betrachtet man diese Entwicklung vor dem Hintergrund der Preissteigerungen, aber auch der Zunahme der Beschäftigung und der differenzierten Einkommensentwicklung, so wird zum einen deutlich, daß sich die - wenn auch im Vergleich zum gesamten Einzelhandel - langsameren Umsatzsteigerungen im Lebensmitteleinzelhandel auf eine Preiskonjunktur stützten, und zum anderen, wie angespannt es um die Kaufkraft der Löhne und damit die Lebensmittelversorgung der abhängig Beschäftigten stand, die einen erheblichen Teil ihrer Einkommen für die dem sogenannten starren Bedarf (bei dem kaum Möglichkeiten der Kompensation, des Ausweichens auf andere Verbrauchsgüter bestanden) zuzurechnenden Lebensmittel aufbringen mußten. Das Statistische Reichsamt ermittelte auf der Grundlage der Wirtschaftsrechnungen 1927/1928 für Arbeiterhaushaltungen mit einem Jahreseinkommen unter 3.000 RM je nach Kinderzahl den Anteil des Einkommens, der für Nahrungs- und Genußmittel aufzubringen war, zwischen 42,2 % (ohne Kinder) und 54,4 % (4-7 Kinder).[437] In der Tat markierten demnach schon geringfügige Preiserhöhungen bei Lebensmitteln den Übergang vom "nicht-hungern" zum "hungern". Vor dem Hintergrund auch dieser Situation waren die Konsumvereine im nationalsozialistischen Deutschland für das Regime erforderlich. Den Gefahren, die dem gesamten Bereich der Konsumgenossenschaften angesichts der ökonomischen Lage der so-

---

436 Vgl. Stat. Jb. f. d. DR, 1936, S. 350f; 1937, S. 362f. Im Jahrbuch für 1937 wurden beispielsweise die Verbrauchsmengen für Fleisch, Kuhmilch, Butter und Eier im Jahr 1935 nach oben korrigiert, die letzten beiden im Einvernehmen mit der Hauptvereinigung der deutschen Milchwirtschaft bzw. der Reichsstelle für Eier.

437 Vgl. Stat. Jb. f. d. DR, 1937, S. 372. Selbst die im September 1933 bei einem durchschnittlichen Wochenverdienst von 50,33 RM an der Spitze der von der amtlichen Statistik berechneten Einkommen liegenden Beschäftigten des Buchdruckgewerbes erreichten die 3.000 RM Jahreseinkommen nicht, vgl. die nach dem Abdruck bei Mason, Arbeiterklasse, S. 1253 zusammengestellte Tabelle aus der Denkschrift des RAM vom März 1937. Zur Entwicklung der wöchentlichen Arbeitszeit vgl. beispielsweise Hachtmann, Arbeitsmarkt und Arbeitszeit, S. 209 (Tabelle 9: Durchschnittliche wöchentliche Arbeitszeit in den einzelnen Branchen der deutschen Industrie 1929 bis 1939).

genannten gefährdeten oder ungesunden Vereine drohten, begegnete man schließlich mit einer gesetzlichen Regelung, die den Fortbestand der ökonomisch stabilen Konsumgenossenschaften ermöglichte, wobei noch einmal auf Schachts Initiative (deren Motive im Dunkeln bleiben) verwiesen werden soll, als deren Folge im Reichsfinanzministerium die Auflösung fast aller Konsumvereine und eine finanzielle Belastung des Reichshaushalts mit mindestens 200 Mio. RM befürchtet worden war. Die vom Finanzministerium, dem zuständigen Referat des Reichswirtschaftsministeriums, der DZK und dem Reichskommissar für das Kreditwesen erarbeitete Lösung[438] stellte im Gesetz über Verbrauchergenossenschaften 60 Mio. RM zur Auflösung der sogenannten lebensunfähigen Konsumgenossenschaften bereit, die - worüber zwischen diesen Beteiligten Einvernehmen herrschte - um die bisher diesen Konsumvereinen gewährten Bürgschaften aus den Sonderkrediten erweitert werden sollten. Angesichts der befürchteten Kosten der Abwicklung von wenigstens 200 Mio. RM und der Gefahr, daß dieser damit verbundende Weg der Auflösung fast aller Konsumgenossenschaften tatsächlich eingeschlagen würde, weil ein Alternativvorschlag fehlte, kam es unter großem Zeitdruck in weniger als vier Wochen zu der Regelung des Gesetzes über Verbrauchergenossenschaften, bei der die beteiligten Ressorts nunmehr auch bereit waren, die bisher immer geforderte Sicherheit der Reichsbürgschaften zur Disposition zu stellen, d. h. sie für die Aufstockung der beschlossenen 60 Mio. RM in Anspruch zu nehmen.

Ohne die im August 1933 einsetzenden Auseinandersetzungen um die Werbung der Konsumvereine und ohne den in dieser Frage hinhaltenden Widerstand von Heß und seinem wirtschaftspolitischen Beraterstab wäre die schließlich im Gesetz über Verbrauchergenossenschaften vollzogene Liquidation von Konsumgenossenschaften wohl zu vermeiden gewesen.

438 Ihr trat schließlich auch Schacht angesichts der gewichtigen Argumente gegen seinen bisherigen Vorschlag bei. Der Entwurf des Gesetzes über Verbrauchergenossenschaften wurde in der Ministerbesprechung am 21. Mai 1935 durch ihn vorgetragen.

5 Auswirkungen des Gesetzes über Verbrauchergenossenschaften. Mai 1935 bis Ende 1936

5.1 Vorbereitende Maßnahmen zur Auflösung von Konsumgenossenschaften

In den ersten Verhandlungen des Jahres 1935 waren ca. 65 Konsumgenossenschaften als "lebensunfähig" angesehen worden. Für ihre Liquidation wurden schließlich im Gesetz über Verbrauchergenossenschaften 60 Mio. RM bereitgestellt, die um die niederzuschlagenden Beträge aus den bisherigen Reichsbürgschaften der Sonderkredite I bis III aufgestockt werden sollten. Hinsichtlich der Bilanzsumme repräsentierten diese Genossenschaften etwa 40 % der Bilanzsumme aller Konsumvereine. Anfang Mai 1935 wies der Bericht des Revisionsverbandes 64 Genossenschaften als "gefährdet" und 18 als "liquidationsreif" aus. Ihr gemeinsamer Anteil an der Bilanzsumme der in der Erhebung erfaßten 1.078 Konsumvereine (von 1.134) belief sich auf 60 %, ihr entsprechender Umsatzanteil auf 42 %.[1] Als Zweck der gesetzlichen Regelung war die Beseitigung der von den liquidationsreifen Genossenschaften dem gesamten Konsumvereinswesen drohenden wirtschaftlichen Gefahren benannt worden.[2] Andererseits aber erwuchsen für den Reichsbund (GEG) aus der Liquidation neue Probleme. Mit ihrer Auflösung mußten die Konsumvereine als Abnehmer der von der GEG gehandelten Waren ausfallen. Da nicht erwartet werden konnte, daß dieser Umsatzausfall durch Lieferungen an die bestehen bleibenden Konsumgenossenschaften auszugleichen war, schuf der Reichsbund mit einer Neuorganisation die Voraussetzung dafür, auch am freien Markt - und nicht mehr allein auf den Kreis der Konsumvereine beschränkt - tätig werden zu können. Am 29. Juni 1935 beschloß eine Gesellschafterversammlung die Umstrukturierung des konsumgenossenschaftlichen Wirtschaftssektors. Der Reichsbund der deutschen Verbrauchergenossenschaften GmbH (GEG) wurde unter Abstoßung der genossenschaftlichen Verbandsfunktion umbenannt in Deutsche Großeinkaufs-Gesellschaft mbH. (Deugro), während der zugleich gegründete Reichsbund der deutschen Verbrau-

---

1 Vgl. Bericht über die Lage der deutschen Verbrauchergenossenschaften, S. 1-5 und 12. Exemplar in: Archiv des RdK. Diese Zahlen fanden Eingang in die Begründung des Gesetzes über Verbrauchergenossenschaften.

2 Vgl. zum Vorstehenden insgesamt Abschnitt 4.3.

chergenossenschaften e. V. der zentralen Vertretung konsumgenossenschaftlicher Interessen diente. Die (betriebswirtschaftliche) Prüfungsaufgabe oblag weiterhin dem Revisionsverband der deutschen Verbrauchergenossenschaften e. V.[3]

Das Reichswirtschaftsministerium billigte und unterstützte die Bemühungen der (neuen) Deugro, ihren Geschäftsbetrieb über die Konsumvereine hinaus in die freie Wirtschaft auszudehnen. Bei dem als Folge des Gesetzes über Verbrauchergenossenschaften erwarteten Umsatzrückgang von 40 % war bereits zugrunde gelegt, "daß es der GEG möglich sein wird, in erheblichem Maße für die in ihren zahlreichen Fabriken hergestellten Waren Absatz auf dem freien Markt zu finden." Anderenfalls würde ihr Weiterbestehen "mit tausenden Angestellten und die Durchführung des Gesetzes v. 21.5.35 in Frage gestellt." Daher hielt das Reichswirtschaftsministerium "es für erwünscht, das Wirtschaftsvolumen der GEG nicht unter den oben angegebenen Umfang herabsinken zu lassen und ihr bei der Gewinnung des freien Marktes behilflich zu sein." Zur Unterstützung dieses Vorhabens wurde der Reichsarbeitsminister gebeten, die Treuhänder der Arbeit anzuweisen, den Bestrebungen der GEG zur Herabsetzung "der in früheren Jahren freiwillig übernommenen höheren Löhne und sozialen Leistungen auf das Maß der jeweils örtlich üblichen und von den Treuhändern ausdrücklich anerkannten Tarife (...) keinen Widerstand entgegenzusetzen."[4]

Anfang Juni 1935 unterrichtete das Reichswirtschaftsministerium das Reichsfinanzministerium, das Präsidium der DZK, den Reichskommissar für das Kreditwesen, den Beauftragten für die deutschen Verbrauchergenossenschaften und den Revisionsverband der deutschen Verbrauchergenossenschaften davon, daß es beabsichtige, bei der Zuteilung von Reichszuschüssen für die Konsumvereine, die

---

3 Vgl. Hasselmann, Konsumgenossenschaften, S. 484f; Vermerk des MinR Prause im RFM für Schwerin v. Krosigk vom 4. Oktober 1935, BAP, 21. 01 Nr. B 9652, fol. 8-10; Bericht über das Geschäftsjahr 1935. Deutsche Großeinkaufs-Gesellschaft, S. 2f. Der Handelsregistereintrag zur geänderten Firma der GEG erfolgte nach Marahrens, Konsumgenossenschaften, S. 101, am 9. Juli 1935. Zu den Auswirkungen dieser Umstrukturierung und den weiteren - auch personellen - Veränderungen im konsumgenossenschaftlichen Wirtschaftsbereich als Folge des Gesetzes vom 21. Mai 1935 weiter unten.

4 Schreiben des RWM an den RAM vom 14. Juni 1935, zitiert nach dem Entwurf, BAP, 31.01 Nr. 10526, fol.44f, hier fol. 44, ein Umdruckexemplar ebenda, fol. 226. Es war, wie der RWM weiter ausdrücklich feststellte, nicht beabsichtigt, die Löhne unter die von den Treuhändern "festgelegten Grenzen" zu senken. Das RdSchr. des RAM an die Treuhänder der Arbeit erging am 9. Juli 1935, ebenda, fol. 225f. Die GEG hatte das RWM mit Schreiben vom 4. Juni 1935 gebeten, in entsprechender Weise an das RAM und die Treuhänder heranzutreten, vgl. ebenda, fol. 43. Vgl. a. die Ausführungen Everlings über die Löhne und sozialen Leistungen in den Betrieben des Reichsbunds und der Verbrauchergenossenschaften auf der zweiten ordentlichen Generalversammlung des Reichsbunds am 29. Juni 1935, in: Rundschau, 1935, S. 311.

nach dem Gesetz vom 21. Mai 1935 ihre Auflösung beschließen, einen Beirat mitwirken zu lassen. Dieser sollte beratend zu den von der DZK vorgeprüften Anträgen der Genossenschaften Stellung nehmen, ob ein Zuschuß, in welcher Höhe und unter welchen Auflagen gewährt wird. "Die endgültige Entscheidung" in dieser Frage aber - so war beabsichtigt - "verbleibt (bei) den beteiligten Reichsressorts."[5] Die Adressaten des Schreibens wurden gebeten, unverzüglich Vertreter für den Beirat zu benennen.[6]

Auf die Zweckmäßigkeit eines Beirats hatte das zuständige Referat im Reichswirtschaftsministerium bereits bei der Abkehr von dem durch Schacht veranlaßten Entwurf eines Gesetzes über Verbrauchergenossenschaften hingewiesen. Um parteiseitigen Angriffen gegen die Durchführung des Gesetzes zu begegnen, war vom Referat seinerzeit zudem empfohlen worden, sowohl den Stellvertreter des Führers als auch die DAF zu den Beirats-Sitzungen hinzuzuziehen.[7]

Während Heß (bzw. ein Vertreter seines Wirtschaftsstabes) nicht geladen wurde, plante das Reichswirtschaftsministerium, die Arbeitsfront (über den Beauftragten für die Verbrauchergenossenschaften) zu den Sitzungen des Beirats hinzuzuziehen, offensichtlich aber war die Mitwirkung der DAF von vornherein nur für eine Übergangszeit geplant. Allem Anschein nach ist sie nur an der ersten Zusammenkunft dieses Gremiums beteiligt gewesen.[8] Spätestens nach dem August 1935 - als Schacht von Ley die Aufhebung des Amtes des Beauftragten für die Verbrauchergenossenschaften forderte, dessen Weiterbestehen er bis dahin als zweckmäßig betrachtete, um einer Beunruhigung in den genossenschaftlichen

---

5 Schreiben vom 4. Juni 1935, BAP, 31.01 Nr. 10526, fol. 14f.

6 Das RFM ernannte am 22. Juni den zuständigen Sachbearbeiter, MinR Prause, dessen Beteiligung allerdings ausdrücklich auf die "einschlägigen finanziellen Fragen beschränkt" sein sollte. Es legte ferner - wie auch das RWM - Wert darauf, "daß die Entscheidungsbefugnis den jeweils zuständigen Ressorts verbleibt", ebenda, fol. 73. Die DZK hatte am 6. Juni die Direktoriumsmitglieder Hartmann und Heinzelmann benannt, vgl. ebenda, fol. 24. Als Vertreter des Beauftragten für die VG wurde dem RWM am selben Tage dessen Referent Echternkamp gemeldet, vgl. ebenda, fol. 27. Der Revisionsverband entsandte am 5. Juni seinen Direktor Zirwas, vgl. ebenda, fol. 28. Ein Benennungsschreiben des Rkom. für das Kreditwesen war nicht zu ermitteln, dieser war jedoch durch ORegR Wulff in den Sitzungen des Beirats vertreten.

7 Vgl. die in Abschnit 4.3 zitierte Referentenaufzeichnung für Schacht vom 2. Mai 1935, BAP, 31.01 Nr. 10525, fol. 10.

8 Aus der Durchsicht der Protokolle der Beirats-Sitzungen ist zu vermuten, daß diese unvollzählig erhalten sind. Sie wurden nicht fortlaufend geführt (numeriert), womit Lücken in der Überlieferung nicht feststellbar sind.

Kreisen vorzubeugen - ist die DAF nicht mehr zu den Sitzungen hinzugezogen worden.[9]

Während sich die möglichen Motive des Reichswirtschaftsministeriums zur Mitwirkung der Arbeitsfront in Gestalt des Beauftragten für die Verbrauchergenossenschaften noch nachzeichnen lassen, kann über die Nichtbeteiligung des Wirtschaftsstabes des Stellvertreters des Führers nur gemutmaßt werden. Da aber von dieser Seite - soweit feststellbar - auch kein Protest gegen die Zusammensetzung des Beirats erhoben wurde, kann davon ausgegangen werden, daß die Mitwirkung in diesem Gremium seitens des Stellvertreters des Führers gar nicht beabsichtigt war. Es handelte sich schließlich um ein nur beratend tätiges Forum, die Entscheidungskompetenz hatten die Reichsministerien für Finanzen und Wirtschaft.[10]

In der ersten Sitzung des Beirats am 14. Juni 1935 wurden die Modalitäten der Zuschußgewährung festgelegt. Nach der Beratung dieses Gremiums zu den erwarteten Auflösungsbeschlüssen der einzelnen Konsumvereine beabsichtigte das Reichswirtschaftsministerium, über Ablehnung oder Zustimmung und die eventuelle Bewilligung eines Liquidationszuschusses zu entscheiden, für den vorläufig, bis zur endgültigen Festsetzung nach Abschluß des Liquidationsverfahrens der Genossenschaft, eine Abschlagszahlung unter einer Reihe von Auflagen gewährt werden sollte. So bestimmte das Reichswirtschaftsministerium (unter ausdrücklichem Vorbehalt, weitere Bedingungen festlegen zu können), den Verwendungszweck der Zahlung; ferner war die Konsumgenossenschaft durch die DZK und den zuständigen Revisionsverband zu überwachen, die Auszahlung von Geschäftsguthaben der Mitglieder untersagt. Die Liquidatoren (deren Rücktritt das Reichswirtschaftsministerium verlangen und die Bestellung neuer von seiner Zustimmung abhängig machen konnte) hatten mit den Gläubigern über Forderungsnachlässe zu verhandeln, und schließlich waren Liquidationsüberschüsse zur Erhöhung der im Gesetz bereitgestellten 60 Mio. RM an die DZK abzuführen. Wurden diese Auflagen verletzt, so konnte das Reichswirtschaftsministerium weitere Abschlagszahlungen verweigern und die bereits geleisteten zurückfordern.

---

9 Vgl. Schreiben Schachts an Ley vom 5. August 1935, BAP 31.01 Nr. 10526, fol. 452f. Dazu auch weiter unten. Die Beirats-Sitzungen vom 13. August, 7. Oktober und 29. November 1935 fanden ohne Vertreter der DAF statt, vgl. ebenda, fol. 295f, BAP, 31.01 Nr. 10527, fol. 58ff und 224ff.

10 Vgl. hierzu die Ausführungen in Abschnitt 4.2.2 über die Mitteilung des StdF an den RWM vom 19. Februar 1935 über die von Hitler getroffene Entscheidung hinsichtlich der künftigen Stellung der Partei in der Konsumvereinsfrage. Darin hieß es, daß die künftigen Entscheidungen ausschließlich aus wirtschaftlicher Sicht zu treffen sein sollen und der alleinigen Verantwortung des RWM unterliegen, vgl. BAP, 31.01 Nr. 10524, fol. 225.

Neben dieser Regelung über die (verlorenen) Zuschüsse aus den im Gesetz über Verbrauchergenossenschaften vorgesehenen 60 Mio. RM bekräftigten die Beteiligten das in den Verhandlungen vom April/Mai erzielte Einvernehmen darüber, daß das Reich die im Rahmen der Sonderkredite I bis III bereits gezahlten bzw. noch zu zahlenden Beträge nicht zurückfordern, sondern niederschlagen sollte, um den gesetzlichen Zuschußfonds aufzustocken und die Auflösungsaktion wie beabsichtigt durchführen zu können. Daneben war für nicht liquidierende Konsumgenossenschaften auch weiterhin die Übernahme von Reichsbürgschaften vorgesehen, solange das bisherige Kontingent der in den Sonderkrediten I, II und III bereitgestellten Beträge noch nicht ausgeschöpft war. Den liquidierenden Konsumvereinen wurde die Fortführung der Verteilstellen - vermutlich in Erwartung einer günstigen Beeinflussung, also Verringerung der notwendig werdenden Reichszuschüsse - gestattet.[11]

Die diesem Ziel in gleichem Maße dienende Verpflichtung der Liquidatoren, mit den Gläubigern über Forderungsnachlässe in Verhandlungen zu treten, betraf in erheblichem Ausmaß den Reichsbund (GEG), der das Reichswirtschaftsministerium darauf hingewiesen hatte, daß er im Zeitraum von 1932 bis Mitte des Jahres 1935 den angeschlossenen Konsumvereinen über derartige Forderungsnachlässe bereits knapp 21,5 Mio. RM zur Verfügung gestellt habe, wovon allein in den letzten eineinhalb Jahren ein Betrag von fast 19,5 Mio. RM "aus den Büchern des Reichsbundes abgeschrieben und den Verbrauchergenossenschaften gutgebracht worden ist."[12] Er bat, "die bisherigen Leistungen und die Schwere der zukünftigen Aufgaben unserer Gesellschaft gebührend würdigen und bei den demnächst durchzuführenden Liquidationen dieser Lage Rechnung tragen zu wollen."[13] Nach einer die Ausführungen des Reichsbundes stützenden Stellungnahme der DZK teilte das Reichswirtschaftsministerium der (neu gegründeten) Deugro am 24. August 1935 mit, daß die Frage weiterer Forderungsnachlässe fallweise geprüft werde, "grundsätzlich in jedem Fall mindestens ein Nachlaß in der Höhe erwartet werden muß, in welcher das zuständige Finanzamt Rückstellungen und Abschreibungen für Ihre Forderungen an die in Frage kommende Genossenschaft anerkannt hat."[14]

---

11 Vgl. den im RWM erstellten Vermerk der ersten Sitzung des Beirats vom 14. Juni 1936, BAP, 31.01 Nr. 10526, fol. 65-70 sowie das Schreiben der DZK an den RWM vom 18. Juni, ebenda, fol. 106-108. Vgl. a. Holtz, Verbrauchergenossenschaften, S. 307f.

12 Schreiben des Reichsbundes (GEG) an den RWM vom 5. Juli 1935, BAP, 31.01 Nr. 10526, fol. 313-317, hier fol. 314, ohne Hervorh. zitiert.

13 Ebenda, fol. 317.

14 Zitiert nach dem Entwurf des Schreibens des RWM an die Deutsche Großeinkaufs-Gesellschaft mbH (Deugro) vom 24. August, ebenda, fol. 318. Die Stellungnahme der DZK vom 25. Juli 1935 ebenda, fol. 312.

Die Niederschlagung der auf Grund der innerhalb der Sonderkredite I, II und III übernommenen Reichsbürgschaften gezahlten bzw. noch zu zahlenden Beträge hatte das Reichswirtschaftsministerium am 5. Juli 1935 beantragt. In dem an den Staatssekretär in der Reichskanzlei gerichteten und den übrigen Reichsministern nachrichtlich zugesandten Schreiben wurde darauf hingewiesen, daß von den bis Ende Juni 1933 insgesamt für Konsumgenossenschaften bewilligten 47 Mio. RM Reichsbürgschaften bisher etwa 39 Mio. RM gewährt worden waren. Da sich diese Stützungsaktion als nicht ausreichend herausgestellt hatte, weil "insbesondere die großen Verbrauchergenossenschaften durch die wirtschaftliche und politische Entwicklung lebensunfähig geworden sind (...), hat die Reichsregierung durch das Gesetz über Verbrauchergenossenschaften (...) 60 Millionen Reichsmark bereitgestellt. Die Bemessung (...) (dieses) Zuschußbetrages ging davon aus, daß das Reich auf eine Rückforderung derjenigen Beträge verzichten würde, für welche es die Bürgschaft übernommen hatte und für die es aus der Bürgschaft in Anspruch genommen worden ist oder noch wird."[15] An die Stelle der ursprünglich vom Reichswirtschaftsministerium für jeden Einzelfall beabsichtigten Beschlußfassung des Kabinetts sollte nun eine Ermächtigung des Reichswirtschaftsministeriums und Reichsfinanzministeriums zur gemeinsamen Niederschlagung dieser Forderungen des Reichs treten. Gegen diesen den übrigen Ministerien im Umlaufverfahren unterbreiteten Antrag erhob keiner der Minister Widerspruch. Am 25. Juli 1935 teilte Lammers als Staatssekretär und Chef der Reichskanzlei dem Reichswirtschaftsminister mit, daß er und der Reichsfinanzminister "ermächtigt (seien), die Niederschlagung eines vom Reich auf Grund einer Bürgschaft an eine Verbrauchergenossenschaft gezahlten Betrages im Einzelfalle gemeinsam vorzunehmen."[16]

Entgegen der allgemeinen Erwartung vollzog sich die Abwicklungsaktion nur schleppend.[17] In einer Beirats-Sitzung am 7. Oktober wies Hartmann als Vertreter der DZK darauf hin, daß bei den Konsumgenossenschaften, die vor der Frage des Liquidationsbeschlusses stünden, angesichts der bisherigen Handhabung des Verfahrens durch das Reichswirtschaftsministerium "eine große Unruhe entstanden (sei), weil ihre Verwaltungsorgane nicht in der Lage seien, den Genossen ir-

---

15 Antrag des RWM (im Einverständnis mit dem RFM) vom 5. Juli 1935, BAK, R 43 II/351, fol. 86. Weitere Exemplare in: BAP, 21.01 Nr. B 9903, fol. 21f; BAP, 31. 01 Nr. 10526, fol. 86f.

16 BAK, R 43 II/756, fol. 73. Weitere Exemplare dieses Beschlusses in: BAP, 21.01 Nr. B 9903, fol. 23; BAP, 31.01 Nr. 10526, fol. 192. Zur Beschlußfassung des Kabinetts im Wege des schriftlichen Umlaufverfahren anstelle einer Kabinettssitzung vgl. AdR, Reg. Hitler, Teil I, Bd. 1, S. XXf.

17 Wie im Januar 1936 bilanzierend festgestellt wurde, hatten bis Mitte Dezember 1935 nur 25 Konsumvereine die Liquidation beschlossen. Dazu weiter unten.

gendwelche Zusicherungen über die Befriedigung ihrer Forderungen zu machen."[18] Bisher hatte sich das Reichswirtschaftsministerium darauf beschränkt, über die eingegangenen Auflösungsbeschlüsse zu entscheiden, ein Moratorium bei der Erfüllung der Verbindlichkeiten der Konsumvereine zu erlassen[19] und die Höhe der Abschlagszahlungen auf den späteren Liquidationszuschuß zu bestimmen.[20] Zee-Heraeus rechtfertigte als Vertreter des Reichswirtschaftsministeriums die bisherige Behandlung der Angelegenheit und wies darauf hin, daß das Ministerium an einer zügigen Abwicklung der liquidierenden Konsumvereine interessiert sei, um die Verluste und Verfahrenskosten niedrig zu halten. Jedoch stehe, so hob er hervor, nur ein begrenzter Zuschuß zur Verfügung, während sich weder die Zahl der liquidierenden Genossenschaften noch deren endgültiger Zuschußbedarf absehen lassen. Für eine definitive Verteilung der finanziellen Hilfe müsse der im Gesetz über Verbrauchergenossenschaften vorgesehene Stichtag des 31. Dezember 1935 abgewartet werden. Sodann sei geplant, daß das Reich mit dem Angebot der Niederschlagung seiner Bürgschaftsforderungen versuchen wolle, die Gläubiger der Konsumvereine zu einem Verzicht auf die Inanspruchnahme der Haftsummen zu bewegen, um der Konkursgefahr wegen Überschuldung zu begegnen.[21] Außerdem sollten sie sich zu einem Forderungsnachlaß be-

---

18 Vermerk über die Sitzung des Beirats vom 7. Oktober 1935, BAP, 31.01 Nr. 10527, fol. 58f, hier fol. 58.

19 § 4 des Gesetzes über Verbrauchergenossenschaften sah auf Antrag der Genossenschaft oder der Liquidatoren unter Zustimmung des RWM die Festsetzung von "Auszahlungsfristen für die Erfüllung der bei Eintragung des Auflösungsbeschlusses in das Genossenschaftsregister bestehenden Verbindlichkeiten der Genossenschaft" vor. Am 13. August 1935 wurde über diese Angelegenheit verhandelt und beschlossen, alle Gläubiger der Genossenschaft in gleicher Weise zu behandeln. Eine Ausnahme (beispielsweise die Bevorzugung der Kleinsparer) sollte über die Bestimmung der Zuschußverwendung geregelt werden. Vgl. BAP, 31.01 Nr. 10526, fol. 220f und 295f.

20 Vor dem Hintergrund der im folgenden durch Zee-Heraeus skizzierten seitherigen und beabsichtigten Behandlung der Angelegenheit vereinbarten die an der Sitzung Beteiligten, von nun an die Zustimmung des RWM zu Auflösungsbeschlüssen ohne Zusage eines Reichszuschusses auszusprechen und die liquidierenden Konsumvereine darauf hinzuweisen, daß die Zustimmung zur Liquidation nicht automatisch auch einen Anspruch auf Gewährung eines Zuschusses begründet. Der Beirat - bisher auch an der Beratung über die Zustimmung oder Ablehnung von Liquidationsbeschlüssen beteiligt - sollte nunmehr nur noch bei der Gewährung von Abschlagszahlungen und Zuschüssen angehört werden. Vgl. BAP, 31.01 Nr. 10527, fol. 59.

21 Vgl. hierzu die am 31. Oktober 1935 rückwirkend zum 1. Juli d. J. erlassene Erste DVO zum Gesetz über Verbrauchergenossenschaften, RGBL I, S. 1282, in deren Artikel 2 bestimmt war, daß die Liquidatoren - in Abweichung von den Bestimmungen des Genossenschaftsgesetzes - vor dem 1. April 1936 nicht verpflichtet waren, die Eröffnung des Konkurs- oder gerichtlichen Vergleichsverfahrens zu beantragen. Dieser Termin ist später noch

reit erklären, "um dann mit Hilfe eines Barzuschusses eine möglichst volle Befriedigung der Sparglaubiger zu bewirken."[22]

Auch die (vermutlich folgende)[23] Sitzung des Beirats vom 29. November wurde mit der Feststellung eröffnet, "daß bisher nur eine verhältnismäßig geringe Zahl der offenbar lebensunfähigen Genossenschaften die Auflösung auf Grund des Gesetzes vom 21. Mai 1935 beschlossen habe." Die Ursache wurde nun darin erblickt, "daß in den interessierten Kreisen mit einer Bereitstellung von Reichsmitteln auch zum Zwecke der Sanierung (von Konsumgenossenschaften - U. K.) gerechnet werde und bekannt sei, daß dem Reichswirtschaftsministerium ein dahingehender Antrag vorliege."[24] Zwar war noch keine Entscheidung Schachts in dieser Frage erfolgt, es sei aber - wie Zee-Heraeus weiter mitteilte - nicht damit zu rechnen, daß von den im Gesetz über Verbrauchergenossenschaften getroffenen Bestimmungen zur finanziellen Unterstützung ausschließlich liquidierender Konsumvereine abgerückt werde. Allerdings gebe es durchaus Möglichkeiten der Hilfe für gefährdete, aber sanierungs- und lebensfähige Genossenschaften. Sofern die vom Reich von der Deugro verlangten Forderungsnachlässe bei liquidierenden Konsumgenossenschaften moderat ausfielen, sei sie möglicherweise in der Lage, diesen Genossenschaften mit einem Zuschuß zu helfen. Außerdem "könne erwogen werden, ob das Reich in den Fällen, in denen lediglich teilweise rentabilitätsmäßige und liquiditätsmäßige Schwierigkeiten vorlägen, seine Bürgschaftsverpflichtungen zu Gunsten dieser Genossenschaften durch Zahlung der vollen Bürgschaftssume bei Verzicht auf die vorhandenen Sicherheiten ablösen wolle."[25]

Auch die übrigen Teilnehmer der Beirats-Sitzung hielten an der Grundtendenz des Gesetzes vom 21. Mai 1935 und seiner Beschränkung eines Reichszuschusses allein für liquidierende Genossenschaften fest. Angesichts der geringen Zahl bisher vorliegender Auflösungsbeschlüsse wurde der Revisionsverband aufgefordert, die für eine Auflösung nach diesem Gesetz in Frage kommenden Konsumvereine auf die Frist des 31. Dezember 1935 hinzuweisen und klarzustellen, daß den Ge-

---

zweimal hinausgeschoben worden: auf den 1. Juli 1936 in der VO zur Änderung der Ersten DVO zum Gesetz über Verbrauchergenossenschaften. Vom 26. März 1936. RGBL I, S. 274, und auf den 1. Januar 1937 in der Zweiten VO zur Änderung der Ersten DVO zum Gesetz über Verbrauchergenossenschaften. Vom 17. Juni 1936. RGBL 1, S. 494.

22 BAP, 31.01 Nr. 10527, fol. 58f.

23 Die Niederschriften über die Sitzungen des Beirats wurden nicht fortlaufend gezählt, jedoch immer als Sitzungen des Beirats ausgewiesen. Die erhaltenen Unterlagen hinterlassen - wie bereits oben angemerkt - den Eindruck einer unvollständigen Überlieferung.

24 Zee-Heraeus nach dem Vermerk der Beirats-Sitzung vom 29. November 1935, BAP, 31.01 Nr. 10527, fol. 224-227, hier fol. 224. Über einen derartigen Antrag war nichts zu ermitteln.

25 Ebenda, fol. 225. Dieses Vorgehen beantragte das RWM im März 1936. Dazu weiter unten.

nossenschaften, die von der dort vorgesehenen Möglichkeit einer Auflösung keinen Gebrauch machen, eine Reichshilfe nicht gewährt werden wird.[26] Es wurde betont, daß der Auflösungsbeschluß bis zum 31. Dezember d. J. gefaßt und die erforderliche Zustimmung des Reichswirtschaftsministeriums bis dahin erteilt sein müsse, während die Eintragung des Liquidationsbeschlusses in das Genossenschaftsregister auch im Jahr 1936 erfolgen könne.

Für den schleppenden Eingang von Liquidationsbeschlüssen, den die Teilnehmer der Beirats-Sitzungen vor dem Hintergrund der Haltung des Reichswirtschaftsministeriums diskutierten, wurde etwa ein Jahr später die Deugro von der Arbeitsfront verantwortlich gemacht. In der "Massierung von Liquidationsanträgen", als während der letzten Dezembertage 110 Konsumgenossenschaften ihren Auflösungsbeschluß dem Reichswirtschaftsministerium zur Zustimmung vorlegten, erblickte die DAF einen "Überrumpelungsversuch der Deugro, (...) (der) zunächst nicht ohne Erfolg (blieb)",[27] weil er das Ministerium unter Zugzwang setzte und so den Weg für die sogenannte gesellschaftliche Privatisierung ebnete.

Vergegenwärtigt man sich hingegen, daß in der am 9. November vom Revisionsverband vorgelegten Erhebung[28] schon zwei Drittel der schließlich aufgelösten Konsumvereine als liquidationsreif bezeichnet worden waren und im Reichswirtschaftsministerium Anfang Dezember unter Rückgriff hierauf eine Übersicht erstellt worden war, in der der finanzielle Rahmen der bald folgenden Auflösung zuverlässig abgesteckt war, so muß diese Bewertung der DAF über die Politik der Deugro relativiert werden. Der Gegenbeweis kann damit nun nicht erbracht werden, jedoch spricht dieser Sachverhalt für eine andere Interpretation. Dies um so mehr, wenn bedacht wird, daß die 110 Auflösungsbeschlüsse am 23. Dezember dem Reichswirtschaftsministerium von der DZK zur Entscheidung vorgelegt wurden - und nicht von der Deugro, wie die Ausführungen im Sonderbericht der Arbeitsfront nahelegen.

Die Deugro war, wie eingangs skizziert, aus dem bisherigen Reichsbund (GEG) hervorgegangen. Die personellen Verhältnisse in den ersten Monaten nach der Umorganisaton sind nicht eindeutig. In der Mitgliederzeitschrift der Konsumvereine hieß es in dem Bericht über die Generalversammlung des Reichsbunds (GEG), daß Müller (der Beauftragte der DAF für die Verbrauchergenossen-

---

26 Reiner als Vertreter des Revisionsverbandes hatte die Absendung eines entsprechenden Schreibens zugesichert. Obwohl ein solches (bzw. eine dem RWM oder der DZK zur Kenntnis überlassene Abschrift) nicht zu ermitteln war, kann davon ausgegangen werden, daß es erfolgt ist. Die in den letzten Tages des Jahres 1935 dem RWM vorgelegten 110 Liquidationsbeschlüsse sprechen für diese Annahme.

27 Sonderbericht des Amtes Information der DAF, Teil I, S. 14.

28 Vgl. den Bericht über die Erhebung über die Möglichkeit einer teilweisen Sanierung von 188 Genossenschaften, S. 56, Exemplar in: Archiv des RdK. Im einzelnen weiter unten.

schaften) ehrenamtlicher Geschäftsführer[29] der GEG sei und dem im ersten Halbjahr 1935 neu in die Geschäftsleitung berufenen Pg. Hermann Reiner "seitens der Geschäftsleitung und auf Wunsch des Herrn Präsidenten Müller der Vorsitz der Geschäftsleitung in Hamburg übertragen worden ist."[30] Nach dem Geschäftsbericht der Deugro für 1935 trat Reiner (bis dahin Mitglied im Aufsichtsrat der GEG[31]) aber nur als neues Mitglied in die Deugro-Geschäftsleitung ein.[32] Dieser Sachverhalt wird durch die überlieferten Akten aus dem Reichswirtschaftsministerium gestützt.[33] Zum leitenden Geschäftsführer der Deugro (also dem Vorsitzenden in der Geschäftsführung) ist er tatsächlich wohl erst Anfang 1936 nach dem endgültigen Ausscheiden Müllers bestellt worden,[34] wenngleich er mit dem Eintritt in den Vorstand der Deugro offensichtlich bereits Aufgaben eines Vorsitzenden wahrnahm - wie beispielsweise in dem weiter unten skizzierten Konflikt um die Abberufung Everlings deutlich wird. Allerdings wurde Reiner sofort mit der Gründung des neuen Reichsbundes zu dessen Vorsitzendem.[35]

Müller, seit Unterstellung der Konsumvereine unter die Deutsche Arbeitsfront zugleich Beauftragter der DAF für die deutschen Verbrauchergenossenschaften, ist am 4. Juli 1935 durch Ley von dieser Position und sämtlichen Ämtern in der Arbeitsfront "beurlaubt" worden. Die Hintergründe dieser Maßnahme lassen sich auch trotz des überlieferten Begründungsschreibens nicht vollständig erhellen.

29 Müller war entgegen dieser Darstellung keineswegs ehrenamtliches Mitglied der GEG-Geschäftsführung, sondern ihr Vorsitzender! Vgl. hierzu die Ausführungen in Abschnitt 3.3 sowie beispielsweise: Bericht über das Geschäftsjahr 1933. Reichsbund (GEG), S. 5, der von Müller als Vorsitzendem der Geschäftsleitung unterzeichnet worden war.

30 Rundschau, 1935, S. 311. Vgl. weiter Hasselmann, Konsumgenossenschaften, S. 485; Bericht über das Geschäftsjahr 1935. Deutsche Großeinkaufs-Gesellschaft, S. 3.

31 Reiner war jedoch nicht - wie im Sonderbericht des Amtes Information der DAF, Teil I, S. 9 behauptet - gleichzeitig Mitglied des Aufsichtsrates der Deugro, vgl. Bericht über das Geschäftsjahr 1935. Deutsche Großeinkaufs-Gesellschaft, S. 3 und Bericht über das Geschäftsjahr 1936. Deutsche Großeinkaufs-Gesellschaft, S. 4.

32 Vgl. Bericht über das Geschäftsjahr 1935. Deutsche Großeinkaufs-Gesellschaft, S. 3.

33 Vgl. beispielsweise das Schreiben der für VG zuständigen Abteilung V des RWM an das Justitiariat des RWM vom 10. August 1935, in dem auf Veranlassung Schachts eine gutachterliche Stellungahme darüber angefordert wurde, ob Müller als Vorsitzender der Deugro-Geschäftsleitung (Vorstandsvorsitzender) zugleich den Vorsitz im Aufsichsrat der Gesellschaft innehaben könne, BAP, 31.01 Nr. 10526, fol. 458. Hierzu weiter unten.

34 Nach Marahrens, Konsumgenossenschaften, S. 111, übernahm Reiner erst - nach dem von der Geschäftsleitung der Deugro erzwungenen Rücktritt Müllers - Anfang 1936 den Vorsitz in der Geschäftsführung.

35 Vgl. Sonderbericht des Amtes Information der DAF, Teil I, S. 9; Hasselmann, Komsumgenossenschaften, S. 485. Nach Hasselmanns Darstellung wurde Reiner bereits bei der Gründung der Deugro als Vorsitzender der Geschäftsleitung eingesetzt. So auch Bludau, Nationalsozialismus und Genossenschaften, S. 125.

Ley warf Müller "disziplinloses und illoyales Verhalten"[36] vor. Müller trachtete angeblich danach, "die totale Finanzhoheit der deutschen Arbeitsfront"[37] zu erwerben. Ausschlaggebend für seine Beurlaubung war den überlieferten Unterlagen zufolge sein Eintreten für einen vom Stellvertreter des Führers vorgelegten Gesetzentwurf, in dem vorgesehen war, daß sowohl der Leiter der DAF als auch der Geschäftsführer der Arbeitsfront (das war Müller) allein vom Führer zu bestellen waren, während Ley den Standpunkt vertrat, nur er selber sei für die Auswahl und Ernennung seines Geschäftsführers zuständig. Nachdem Ley zu Ohren gekommen war, daß Müller in diesem Zusammenhang ohne sein Wissen beim Reichsministerium des Innern und dem Wirtschaftsstab des Stellvertreters des Führers um Unterstützung für seine finanzpolitischen Ambitionen in der DAF nachgesucht hatte, beurlaubte Ley Müller.[38]

Leys Versuch, einen Monat später einen Nachfolger für den beurlaubten Müller im Amt des Beauftragten für die deutschen Verbrauchergenossenschaften ein- und personelle Veränderungen in Aufsichtrat und Geschäftsleitung der Deugro durchzusetzen, rief den Widerstand des Reichswirtschaftsministeriums hervor. Ley hatte den Geschäftsleitungen und Aufsichtsräten von Deugro und (neuem) Reichsbund am 2. August mitgeteilt, er habe als Nachfolger Müllers im Amt des Beauftragten den Pg. Echternkamp bestimmt und für die Geschäftsleitung der Deugro, des Reichsbundes und des Revisionsverbandes im Einvernehmen mit dem Reichswirtschaftsministerium den Pg. Karl Spiewock vorgesehen, während den Vorsitz im Aufsichtsrat der Deugro Gustav Bähren (gleichfalls NSDAP-Mitglied) übernehmen solle.[39] Auf von Ley gleichzeitig beantragten Aufsichtsratssitzungen des Reichsbundes und der Deugro sollten etwa hierfür erforderliche Satzungsänderungen beschlossen werden. Außerdem wünschte Ley einen Beschluß, wonach der neue Beauftragte "zu allen Sitzungen des Aufsichtsrats sowie allen wichtigen Sitzungen der Geschäftsleitung der Deutschen Großeinkaufs-Gesellschaft eingeladen wird."[40] Weiterhin wollte Ley auf einer Aufsichtsratssitzung die

---

36 Beurlaubungsschreiben Leys an Müller vom 4. Juli 1935, BAK, NS 10 Nr. 134, fol. 104-107, hier fol. 104.

37 Ebenda, fol. 105.

38 Vgl. ebenda, fol. 106f. Vgl. weiter die Niederschrift nach einer Schilderung des späteren Aufsichtsratsvorsitzenden der Deugro, Bähren, über eine Verhandlung im RMdI vom 3. Juli 1935, wonach Ley anscheinend erfuhr, daß der vom StdF vorgelegte Gesetzentwurf Unterstützung im RWM und RArbM gefunden hatte und auch seitens der Arbeitsfront, durch Müller, vertreten worden war, ebenda, fol. 108f. Das Schreiben Leys an Müller vom 4. Juli 1935 auch in: BAP, 31.01 Nr. 10526, fol. 139-143. Schriftwechsel hierzu zwischen Ley und Schwarz, dem Schatzmeister der NSDAP, ebenda, fol. 144ff.

39 Vgl. Abschrift des Schreibens von Ley vom 2. August 1935 an die Geschäftsleitungen und Aufsichtsräte von Deugro und (neuem) Reichsbund, BAP, 31.01 Nr. 10526, fol. 447f.

40 Ebenda, fol. 448.

Abberufung von Müller und Everling aus ihren Ämtern als Geschäftsführer der Deugro verfügen lassen.[41]

Müller war zwar im Amt des Beauftragten für die deutschen Verbrauchergenossenschaften von Ley beurlaubt worden, als leitender Geschäftsführer (Vorstandsvorsitzender) der Deugro aber war er offiziell noch tätig. Daneben bekleidete Müller das Amt des Aufsichtsratsvorsitzenden der Deugro! In seiner Funktion als Vorsitzender der Geschäftsleitung hatte er am 29. Juli Everling vom Amt des Geschäftsführers beurlaubt. Anlaß dieser Maßnahme waren offenbar Differenzen Everlings mit einem weiteren Vorstandsmitglied in Geschäftsverteilungsfragen.[42] Der daraufhin durch Reiner zu einer Sitzung einberufene Vorstand der Deugro vertrat - in Abwesenheit Müllers - mehrheitlich die Auffassung, daß die Abberufung Everlings "zu einer schweren Erschütterung und Schädigung der Verbrauchergenossenschaften und der GEG (das meint die neugegründete Deugro - U. K.) führen müsse."[43] Die Umstellung der (alten) GEG von einer Großhandelsorganisation der Konsumgenossenschaften zu einem Unternehmen in Gestalt der Deugro, daß darüber hinaus auch auf dem sogenannten freien Markt tätig werden sollte, um die Absichten des Gesetzes über Verbrauchergenossenschaften nicht zu konterkarieren, hatte Reiner(!) an Everling delegiert, der diesen als äußerst kompetenten Geschäftsführer charakterisierte, der in den konsumgenossenschaftlichen Kreisen nach wie vor großes Vertrauen und Ansehen genieße, das der Umstellung der Deugro nur förderlich sein könne.[44]

Während der Vorstand der Deugro daher beschlossen hatte, über Everlings Beurlaubung noch einmal mit Müller zu verhandeln, machte die DZK den berichtenden Reiner darauf aufmerksam, daß diese Beurlaubung "formaljuristisch gesehen (...) offensichtlich nicht rechtskräftig" war, da zum einen "die Beurlaubung eines Vorstandsmitgliedes nur durch den Gesamtaufsichtsrat und nicht durch den Vorsitzenden allein ausgesprochen werden" könne und es zum anderen nach dem GmbH-Gesetz unzulässig war, "daß ein Vorstandsmitglied gleichzeitig Aufsichtsratsmitglied sein könne. Da (...) Müller aber im Genossenschaftsregister als Vorstandsmitglied eingetragen sei und als solches bis zuletzt Amtshandlungen be-

---

41 Vgl. das weitere Schreiben Leys vom 2. August 1935 an die Aufsichtsräte von Deugro und(!) Reichsbund zur Einberufung von Aufsichtsratssitzungen, ebenda, fol. 449. Eine Abberufung der Deugro-Geschäftsführer war Aufgabe des Aufsichtsrats dieser Gesellschaft und keine des Aufsichtsrats des Reichsbundes!

42 Vgl. Aktennotiz der DZK vom 29. Juli 1935 über eine Mitteilung Everlings vom selben Tage, BAP, 31.01 Nr. 10526, fol. 208f.

43 Aktennotiz der DZK vom 29. Juli 1935 über die Mitteilung Reiners zum Ergebnis der Vorstandssitzung vom selben Tage, ebenda, fol. 210-212, hier fol. 210.

44 Vgl. ebenda, fol. 211; Vermerk einer Besprechung vom 28. August 1935 zwischen Reiner und MinR Zee-Heraeus aus dem RWM, ebenda, fol. 387.

gangen habe, sei zweifellos seine Bestellung zum Aufsichtsratsvorsitzenden als nichtig zu betrachten. Demgemäß könne er auch aus dieser Stellung keine Befugnisse herleiten."[45]

Schacht selbst wandte sich am 5. August an Ley und nahm diese beiden "Vorkommnisse der letzten Tage" zum Anlaß, "entsprechend der (...) Stellungnahme des Führers, des Stellvertreters des Führers und der Reichsregierung, das Amt eines Beauftragten für Verbrauchergenossenschaften endgültig in Fortfall kommen zu lassen."[46] Hatte er von diesem Schritt bisher Abstand genommen, um das Aufkommen von Unruhe in den genossenschaftlichen Kreisen zu verhindern, so erhob Schacht gegen die Beurlaubung Everlings und Leys Versuch, in den Organen der Deugro die beabsichtigten personellen Veränderungen durchzusetzen, deutlichen Widerspruch. Er bat Ley, die diesbezüglichen Schreiben an die Deugro und den Reichsbund vom 2. August "zurückzuziehen, das Amt des Beauftragten für Verbrauchergenossenschaften mit sofortiger Wirkung aufzuheben und die Dienstellen der Deutschen Arbeitsfront anzuweisen, daß sie sich künftig jeder Einwirkung, welcher Art es auch immer sei, in der Verbrauchergenossenschaftsfrage, insbesondere gegenüber der Groß-Einkaufs-Gesellschaft, enthalten."[47] Die Deugro war - wie Schacht weiter mitteilte - angewiesen worden, vorläufig keine Aufsichtsratssitzung einzuberufen und etwaige Weisungen des von Ley als Müllers Nachfolger vorgesehenen Echternkamp nicht entgegenzunehmen. Die am 15. Mai 1933 von den Vertretern des Hamburger ZdK und des Kölner RV unterzeichnete Verpflichtungserklärung zur Unterstellung aller konsumgenossenschaftlichen Einrichtungen unter Leys Befehlsgewalt (bzw. die des von Ley beauftragten Müllers) fand damit, wie Schacht abschließend noch feststellte, ihre Erledigung.[48] Eine Aussprache zwischen Ley und Schacht am 8. August führte - wie

45 Aktennotiz der DZK vom 29. Juli über die Mitteilung Reiners zum Ergebnis der Vorstandssitzung vom selben Tage, ebenda, fol. 211f. Vgl. auch ebenda, fol. 209.

46 Schreiben Schachts an Ley vom 5. August 1935, zitiert nach dem Entwurf, ebenda, fol. 452f, hier fol. 452. Schacht schrieb, daß "bei Verabschiedung des Gesetzes über Verbrauchergenossenschaften vom 21. Mai 1935 (...) der Führer und die Reichsregierung mir die weitere Regelung der Verbrauchergenossenschaftsfrage in ausschließlicher Zuständigkeit übertragen (haben), nachdem bereits zuvor der Stellvertreter des Führers (...) an sämtliche Parteistellen eine entsprechende Anweisung hatte ergehen lassen." Ebenda. Die Erklärung der Reichsregierung in: Rundschau, 1935, S. 246, zitiert in Abschnitt 4.3, Erklärungen von Hitler und Heß waren nicht zu ermitteln. Am 20. März hatte Heß ein Verbot der öffentlichen Stellungnahme zur Frage der Konsumvereine erlassen, möglicherweise bezog Schacht sich hierauf. Hinweis auf das Verbot in: Anordnungen des Stellvertreters des Führers, S. 433, Registernachweis ohne Abdruck!

47 BAP, 31.01 Nr. 10526, fol. 453.

48 Vgl. ebenda. Abschriften dieses Schreiben erhielten der StdF, der RFM und der Präsident der DZK.

der Reichswirtschaftsminister wenig später, am 13. August, dem Stellvertreter des Führers, dem Reichsfinanzminister und dem Präsidenten der DZK mitteilte - zu der einvernehmlichen Feststellung, daß in den Angelegenheiten der Konsumvereine der Reichswirtschaftsminister ausschließlich zuständig ist. Schacht erklärte sich allerdings bereit, in wichtigen Personalangelegenheiten mit Ley in Kontakt zu bleiben. Er wiederholte seine Bitte, dieser möge nun die Dienststelle eines Beauftragten für die deutschen Verbrauchergenossenschaften aufheben.[49] Ley erklärte daraufhin und unter Bezug auf die Unterredung mit dem Reichswirtschaftsminister vom 8. August, er werde diesem Ansinnen nachkommen,[50] gleichfalls die Bezirks- und Ortsbeauftragten in den Konsumvereinen und Revisionsverbänden sofort zurückziehen, nachdem sich beide Seiten nun darüber einig waren, die Leitung der Deugro und des Reichsbundes "sowie der übrigen berührten Ämter dem Gauamtsleiter Pg. Karl Eduard Spiewock (...) mit sofortiger Wirkung" zu übertragen.[51] Schacht indes wies Ley ausdrücklich darauf hin, daß diese Regelung der Personalfragen[52] nicht vereinbart worden war. Es war wohl diesem - die von Ley behauptete Einigung leugnenden - Widerspruch Schachts geschuldet, daß das Amt des Beauftragten für die Verbrauchergenossenschaften nicht zurückgezogen wurde und die Bezirks- und Ortsbeauftragten weiter im Amt blieben. Erst ein Jahr später trat Ley ausdrücklich der Interpretation des Reichswirtschaftsministeriums bei, wonach es vor dem Hintergrund der Abberufung des Beauftragten für die Verbrauchergenossenschaften auch keine Bezirksbeauftragten mehr geben könne, was in gleicher Weise für die Ortsbeauftragten zutraf. Ein offizielles Abberufungsschreiben für die Orts- und Bezirksbeauftragten hat es offen-

49 So in dem Begleitschreiben an Ley zu dem Brief an den StdF, den RFM und den Präsidenten der DZK vom 13. August, der Ley abschriftlich zur Kenntnis übersandt worden war. Der Entwurf ebenda, fol. 454.

50 In dem Entwurf des Schreibens des RWM an den StdF, den RFM und den Präsidenten der DZK vom 13. August findet sich folgende undatierte handschriftliche Notiz von Zee-Heraeus: "Die Arbeitsfront vertritt nach Mtlg.(Mitteilung - U. K.) der GEG die Auffassung, die Stelle des Beauftragten solle mit den bisherigen Funktionen in Tätigkeit bleiben!" Ebenda, fol. 454.

51 Schreiben Leys an Schacht vom 23. August 1935, ebenda, fol. 380.

52 Vgl. Brief Schachts an Ley vom 28. August, ebenda, fol. 386. Schacht bezog sich außerdem auf ein Schreiben Leys, in dem in der Ämterfrage behauptet worden war, daß zwischen Schacht und Ley (neben der vorstehenden Regelung bezüglich der Person Spiewocks) außerdem Einigkeit darüber herrschte, daß der Pg. Bähren zum Vorsitzenden des Deugro-Aufsichtsrats zu bestellen sei. Das Schreiben von Ley war nicht zweifelsfrei zu ermitteln. Möglicherweise hatte Schacht Bezug auf eine undatierte Zusammenstellung genommen, die den Eingangsstempel des RWM vom 27. August trug und die vorstehenden Interessen Leys wiedergab, vgl. ebenda, fol. 383f.

sichtlich nicht gegeben,[53] während unklar bleibt, wann Ley das Amt des Beauftragten für die Verbrauchergenossenschaften - wie in seinem Schreiben an den Reichswirtschaftsminister vom 23. August 1935 angekündigt - zurückgezogen hat.

Hinsichtlich der zukünftigen Position Müllers war aber auch der Reichswirtschaftsminister - zum jetzigen Zeitpunkt, im August 1935 - der Ansicht, daß dieser seine Ämter als Aufsichtsrats- und Vorstandsvorsitzender der Deugro niederzulegen habe.[54] Schacht hob abermals seine (auch von Ley anerkannte) alleinige Zuständigkeit in der Behandlung der Verbrauchergenossenschaften hervor, bat Ley erneut, keine personellen Maßnahmen zu treffen, und versicherte, sich an seine Zusage zu halten und vor einer Entscheidung mit ihm in Verbindung zu treten.[55]

Reiner artikulierte den Widerstand der Deugro-Geschäftsleitung gegen die von Ley beabsichtigten Veränderungen in einer Besprechung mit Ministerialrat Zee-Heraeus am 28. August und einer Unterredung mit Schacht am 3. September. Er verwies darauf, "daß im Hinblick auf die vielen, von verschiedenen politischen Stellen (Arbeitsfront usw.) der GEG aufgedrängten untauglichen leitenden Angestellten (...) bereits vor einiger Zeit von der Geschäftsleitung der Beschluß gefaßt worden (sei), nur noch unbedingt erforderliche Anstellungen vorzunehmen und (...) nur solche Personen zu berücksichtigen, welche die erforderliche Eignung

53 Vgl. die Hinweise auf einen diesbezüglichen Schriftwechsel zwischen dem RWM und Ley vom Juli/August 1936 in einem gemeinsamen RdSchr. von Revisionsverband und Reichsbund an die Verbandsleiter vom 21. Oktober 1936, Abschrift in: BAP, 31.01 Nr. 10529, fol. 367-369.

54 Die DZK hatte das RWM mit Schreiben vom 6. August auf das Problem der gleichzeitigen Zugehörigkeit von insgesamt vier Geschäftsführern der Deugro zu Vorstand und Aufsichtsrat der Gesellschaft ausdrücklich aufmerksam gemacht. Die Satzung der Deugro sah hiernach vor, daß aus dem Kreis der die Geschäftsleitung bildenden Geschäftsführer ein Vorstand zu bilden sei (konkret: ein Vorsitzender und drei Stellvertreter), der zugleich dem Aufsichtsrat angehört, vgl. ebenda, fol. 456f. Das Justitiariat des RWM, von Schacht um eine gutachterliche Äußerung zu diesem Problem gebeten, bezeichnete unter Hinweis auf die Bestimmungen des Handelsgesetzbuches und GmbH-Gesetzes die bei der Deugro getroffene Regelung als "unzulässig", da die "zu Aufsichtsratsmitgliedern bestellten Geschäftsführer als Kontrollorgane für ihre eigene Vorstandstätigkeit ausfallen." Müllers Bestellung zum Aufsichtsratsvorsitzenden war "ganz absurd", er könne in dieser Eigenschaft "wegen seiner gleichzeitigen Bestellung zum Vorsitzenden des Vorstandes gar nicht tätig werden." Die bei der Deugro getroffene "Regelung verträgt sich nicht mit dem Wesen des Aufsichtsrats als eines die Geschäftsführung überwachenden Organs", Schreiben des Justitiariats an die zuständige Abteilung V des RWM vom 17. August 1935, ebenda, fol. 463f.

55 Vgl. Brief Schachts an Ley vom 28. August, ebenda, fol. 386.

mitbrächten." Spiewock wurde als Nachfolger Müllers aus diesem Grund von der gesamten Geschäftsführung abgelehnt, er besitze "weder eine genossenschaftliche Erfahrung, noch den Überblick und die Fähigkeit", ein "gefährdetes Unternehmen" von der Größe der Deugro zu leiten. Da er außerdem die Geschäfte nicht am Sitz der Gesellschaft in Hamburg, sondern von Berlin aus zu führen beabsichtige, mutmaßte Reiner, daß es sich bei seinen Anweisungen um solche der Arbeitsfront handeln werde! "Die angeschlossenen Genossenschaften seien durch die verschiedenen Vorkommnisse bereits überreizt. (...) Die Berufung Spiewocks werde die Unruhe nur steigern." Dagegen bestanden in der Deugro gegen die Bestellung Bährens zum Aufsichtsratsvorsitzenden keine Bedenken. Die Angriffe gegen Everling bezeichnete Reiner als "nicht gerechtfertigt; sie kämen hauptsächlich aus der Umgebung Dr. Leys (Echternkamp!)." Wenn Everling als "allererste kaufmännische Kraft" mit größtem "Ansehen und Vertrauen" in den angeschlossenen Konsumgenossenschaften "gegen den Druck der Arbeitsfront noch etwa ein halbes Jahr gehalten werden könne, um die Umstellung der Geschäfte der GEG (das meint die Deugro - U. K.) auf die Belieferung des freien Marktes durchzuführen, so sei dies sehr zu begrüßen."[56] In der Unterredung mit Schacht wiederholte Reiner im wesentlichen diese Ausführungen. Ergänzend unterrichtete er den Reichswirtschaftsminister, daß Everling nun "angesichts der ungerechtfertigten, aber maßlosen Angriffe (...) nicht zu halten (sei). Dies würde als Sabotage ausgelegt werden; Everling wolle auch selbst nicht mehr bleiben." Reiner schlug vor, diesen die Pensionierung beantragen zu lassen und die erforderliche Umstellung der Deugro zur Belieferung auch des freien Marktes selber zu übernehmen. Er gab weiter zu bedenken, ob nicht an die Stelle des Aufsichtsrats (dessen Bestellung für eine GmbH wie die Deugro im GmbH-Gesetz nicht zwingend vorgeschrieben war) ein Beirat aus den Großabnehmern der Gesellschaft treten solle. Schacht erklärte sich bereit, nach Klärung der personellen Streitfragen den Ersatz des Aufsichtsrats durch einen Beirat zu betreiben, sofern die Geschäftsleitung der Deugro einen entsprechenden Antrag stelle. Reiner betonte noch einmal, daß es - unabhängig von dieser Frage - generell notwendig sei, die Deugro in ruhiges Fahrwasser zu bringen, "die dauernden Beunruhigungen durch Parteistellen, aber auch die Arbeitsfront brächten die GEG (das meint die neugegründete Deugro - U. K.) zum Zusammenbruch."[57]

Die Personalfragen fanden im Verlauf der folgenden Monate ihre Erledigung. In den ausgewerteten Archivalien finden sich hierüber jedoch keine weiteren

---

56 Die Zitate aus dem Vermerk über Reiners Besprechung mit Zee-Heraeus, ebenda, fol. 387.

57 Die Zitate aus dem Vermerk über die Unterredung zwischen Reiner und Schacht vom 3. September, ebenda, fol. 390.

Vorgänge wesentlichen Inhalts.[58] Den Vorstellungen der Deugro trugen die realisierten personellen Veränderungen Rechnung. Während Bähren zum Aufsichtsratsvorsitzenden bestellt wurde, kam der von Ley für die Führungspositionen im Reichsbund, dem Revisionsverband und der Deugro in Aussicht genommene Spiewock nicht zum Zuge. Stattdessen übernahm Reiner in Personalunion die drei Ämter eines Vorsitzenden in der Geschäftsführung der Deugro, im Bundesvorstand des Reichsbunds und schließlich im Revisionsverband.[59]

Der bis dahin sehr verhaltene Eingang von Auflösungsbeschlüssen im Reichswirtschaftsministerium, das diesen nach dem Gesetz über Verbrauchergenossenschaften letztinstanzlich zustimmen mußte, fand mit dem Näherrücken des 31. Dezember 1935 als gesetzlich fixiertem Stichtag ein Ende. In den letzten Dezembertagen gingen im Reichswirtschaftsministerium 110 Liquidationsbeschlüsse ein.[60] Nach dem Jahreswechsel dem Ministerium zur Entscheidung vorgelegte Beschlüsse fielen - wie in der Beirats-Sitzung vom 29. November bekräftigt worden war - nicht mehr unter das Gesetz vom 21. Mai 1935. Die in Frage kommenden Konsumgenossenschaften auf diesen Stichtag und Sachverhalt hinzuweisen, hatte der Vertreter des Revisionsverbands in dieser Beirats-Sitzung zugesagt.[61]

Augenscheinlich handelt es bei den 110 Genossenschaften um diejenigen, über deren Auflösungsbeschluß dem Reichswirtschaftsministerium am 23. Dezember von der DZK Mitteilung gemacht worden war. Die Zentralgenossenschaftskasse, mit der Vorprüfung aller Liquidationsbeschlüsse betraut, stellte "eine offenbare Angleichung (der eingereichten Anträge[62]) an den Erhebungsbericht des Revisionsverbandes der deutschen Verbrauchergenossenschaften e. V. vom 9.11.1935" sowie "eine gewisse Planmäßigkeit" fest, da v. a. die Konsumvereine den Auflö-

---

58 Im RWM waren Gespräche mit Müller und Spiewock beabsichtigt, vgl. ebenda und ebenda, fol. 471.

59 Vgl. Bericht über das Geschäftsjahr 1936. Deutsche Großeinkaufs-Gesellschaft, S. 4; Marahrens, Konsumgenossenschaften, S. 111; Sonderbericht des Amtes Information der DAF, Teil I, S. 8ff. Hier wird, wie schon oben erwähnt, Reiner außerdem als Aufsichtsratsvorsitzender der Deugro geführt, was aus anderen Quellen keine Bestätigung findet. Angesichts der um Müllers Doppelfunktion des gleichzeitigen Vorsitzes in Vorstand und Aufsichtsrat geführten juristischen Erörterungen ist die entsprechende gleichzeitige Tätigkeit Reiners darüber hinaus als unwahrscheinlich anzunehmen.

60 Vgl. den (schriftlich abgefaßten) Bericht über "die Abwicklung von Verbrauchergenossenschaften" vom 27. Januar 1936, den Zee-Heraeus in einer Sitzung am 31. Januar erstattete, BAP, 21.01 Nr. B 9652, fol. 298-300, hier fol. 298.

61 Vgl. BAP, 31.01 Nr. 10527, fol. 225.

62 Die nach § 3 Abs. 1 des Gesetzes über Verbrauchergenossenschaften beschlossene Auflösung bedurfte nach § 2 der Zustimmung des RWM. Diese wurde von den Konsumvereinen über die mit der Vorprüfung betraute DZK beantragt.

sungsbeschluß vorgelegt hatten, "bei denen überhaupt reichsgarantierte Kredite laufen." Aus dem vorgelegten Antragsmaterial war für die DZK "nicht zu erkennen, auf Grund welcher Vorkommnisse Vorstand und Aufsichtsrat der an sich lebensfähigen, in vielen Fällen kaum sanierungsbedürftigen Genossenschaften plötzlich geschlossen sich bereit erklärt haben, den Beschluß auf Auflösung gemäß den Bestimmungen des Gesetzes vom 21.5.1935 zu fassen. Bei der sehr großen Zurückhaltung, die bisher auch durchaus lebensunfähige Genossenschaften bei der Beschlußfassung über ihre Liquidation an den Tag gelegt haben, dürfte hierfür nicht nur der Fristablauf am 31.12.1935 maßgeblich gewesen sein."[63]

Der in diesem Schreiben erwähnte Erhebungsbericht des Revisionsverbandes erfaßte 188 Konsumvereine, die über wirtschaftliche Merkmale in Gruppen (0-IV) eingeteilt worden waren:

- "(Gruppe) 0, 12 Genossenschaften, die auf Grund des Gesetzes vom 21. Mai 1935 ihre Liquidation beschlossen bzw. die Zustimmung des Herrn Reichswirtschaftsministers zu ihrem Liquidationsbeschluß bereits erhalten haben.

- (Gruppe) 0, 6 Genossenschaften, deren Liquidationsanträge bereits bei uns (dem Revisionsverband - U. K.) in Bearbeitung sind.

- (Gruppe) I, 54 Genossenschaften, deren Liquidation erforderlich werden wird, bzw. wahrscheinlich ist.

- (Gruppe) II, 59 Genossenschaften, bei denen eine Sanierung möglich erscheint, deren Liquidation jedoch unvermeidlich ist, wenn ihnen ein Sanierungszuschuß nicht gewährt werden kann.

- (Gruppe) III. 7 Genossenschaften, deren Rentabilität für die Zukunft sichergestellt ist, die aber nicht in der Lage sind, ihre Liquiditätsschwierigkeiten aus eigener Kraft zu meistern.

- (Gruppe) IV, 50 Genossenschaften, die an sich gesund sind, jedoch infolge Rückganges der Bruttogewinnspanne ihre Rückvergütung für das vergangene Geschäftsjahr nicht erwirtschaften konnten und daher eines Zuschusses zur Rückvergütung durch die Genossenschaftszentrale bedürfen."[64]

---

63 Sämtliche Zitate aus dem Schreiben der DZK an den RWM vom 23. Dezember 1935, BAP, 31.01 Nr. 10527, fol. 261f. Über mögliche Schlußfolgerungen dieser Einschätzung in Abschnitt 5.3.1.

64 Bericht über die Erhebung über die Möglichkeit einer teilweisen Sanierung von 188 Genossenschaften, S. 4.

Im Ergebnis schlug der Revisionsverband für 72 Genossenschaften die Liquidation vor, 116 Konsumvereine konnten nach seinen Berechnungen saniert werden.[65]

Die DZK hatte nach dieser Zuordnung in ihrem Schreiben vom 23. Dezember an das Reichswirtschaftsministerium festgestellt, daß von den 110 Konsumvereinen einer aus der Gruppe 0, 18 aus der Gruppe I, 46 aus der Gruppe II, 6 aus der Gruppe III und 19 aus der Gruppe IV stammten. Die restlichen 20 Genossenschaften waren von der Gruppeneinteilung der Erhebung des Revisionsverbandes nicht erfaßt worden, z. T. handelte es sich um solche, die darin als "gesund" geführt waren.[66]

Der Empfehlung der DZK, diejenigen Anträge zurückzustellen, die nicht dem Sinne des Gesetzes entsprachen, weil die betreffenden Konsumvereine als nicht liquidationsreif angesehen wurden, trat das Reichswirtschaftsministerium nicht bei. Am 28. Dezember teilte es der DZK mit, daß den Auflösungsbeschlüssen der in ihrem Schreiben vom 23. d. M. in der Gruppe IV befindlichen 19 und denen der 20 Konsumvereine ohne Gruppeneinteilung die Zustimmung versagt werde, da sie die sogenannte Lebensunfähigkeit nicht nachgewiesen hatten. Über die verbleibenden 71 Genossenschaften äußerte sich das Ministerium bei dieser Gelegenheit nicht,[67] gab jedoch (zumindest bei einem Teil) die Genehmigung zur Liquidation.[68] Allerdings verzichteten 55 von diesen darauf, den Auflösungsbeschluß in das Genossenschaftsregister eintragen und damit wirksam werden zu lassen. Die DZK empfahl deshalb dem Reichswirtschaftsministerium Ende April 1936(!) zur Beendigung des daraus resultierenden Schwebezustands für die genaue Berechnung des gesamten Zuschußbedarfs der Abwicklungsaktion, die diesen Genossenschaften erteilte Genehmigung sofort zu widerrufen.[69] Dieser Anregung kam das Ministerium am 7. Mai 1936 für 49 Genossenschaften nach, weiteren 23 setzte es eine letztmalige Frist von 10 Tagen, innerhalb der sie die Auflö-

---

65 Vgl. ebenda, S. 52ff.

66 Vgl. Schreiben der DZK an den RWM vom 23. Dezember 1935, BAP, 31.01 Nr. 10527, fol. 261f und den Anlageband des Bericht(s) über die Erhebung über die Möglichkeit einer teilweisen Sanierung von 188 Genossenschaften, Anlage 9.

67 Vgl. Schreiben des RWM an die DZK vom 28. Dezember 1935, BAP, 31.01 Nr. 10527, fol. 263. Der Revisionsverband wurde unverzüglich von der DZK über die Ablehnung unterrichtet, vgl. Durchschrift des Schreibens vom 28. Dezember, ebenda, fol. 266f.

68 Dies geht aus einem Schreiben der DZK an den RWM vom 27. April 1936 hervor, vgl. BAP, 31.01 Nr. 10528, fol. 215-219.

69 Vgl. ebenda. Während die Auflösungsbeschlüsse der Konsumvereine bis zum 31. Dezember 1935 zu erfolgen hatten, war ihre Eintragung in die jeweiligen Genossenschaftsregister auch noch nach diesem Stichtag möglich, vgl. Vermerk der Beirats-Sitzung vom 29. November 1935, BAP, 31.01 Nr. 10527, fol. 226.

sung einzutragen hatten.[70] Es muß davon ausgegangen werden, daß das Reichswirtschaftsministerium mit den Vorständen dieser Genossenschaften eine Übereinkunft getroffen bzw. diese angewiesen hatte, den Auflösungsbeschluß bis zu einer endgültigen Entscheidung nicht in das Genossenschaftsregister eintragen zu lassen. Wenngleich die Zustimmung des Ministeriums zur Auflösung ohne die Zusage einer Teilhabe der Konsumvereine an dem Zuschußfonds erging, wäre das Reichswirtschaftsministerium ohne eine derartige Regelung insofern ein finanzielles Risiko eingegangen, als noch geklärt werden mußte, in welchem Umfang die Deugro an der Sanierung dieser überwiegend nicht liquidationsreifen Konsumvereine beteiligt werden konnte, um den vom Reich bereitgestellten Zuschußfonds zu entlasten.

Aus dem überlieferten Material läßt sich die Zahl der liquidierenden Konsumvereine nicht exakt nachberechnen. Nach dem oben erwähnten, schriftlich abgefaßten Bericht über "die Abwicklung von Verbrauchergenossenschaften" hatten bis zum 20. Dezember 1935 "etwa" 35 Genossenschaften die Auflösung beschlossen, die genaue Anzahl war nicht zu ermitteln. In dem in Potsdam erhaltenen Bestand des Reichswirtschaftsministeriums klafft eine Lücke von gut zweieinhalb Monaten. In den für diesen Zeitraum fehlenden (zwei) Bänden müssen weitere Unterlagen vermutet werden, mit denen eine solche Nachberechnung möglich wäre.[71]

Letztendlich erteilte das Reichswirtschaftsministerium 72 Konsumgenossenschaften die Genehmigung zum Auflösungsbeschluß.[72] Ebensoviele waren vom Revisionsverband zur Auflösung vorgeschlagen worden. In 54 Fällen folgte das Ministerium der Erhebung des Revisionsverbandes, bei einem Viertel von 18 Konsumvereinen entschied es anders, wobei auch Genossenschaften Berücksichtigung fanden, die von der Erhebung des Revisionsverbandes nicht erfaßt worden waren.[73] Die überlieferten Unterlagen lassen keine definitive Antwort auf die

---

70 Vgl. Schreiben des RWM an die DZK vom 7. Mai 1936 zur Unterrichtung der betroffenen Konsumvereine, BAP, 31.01 Nr. 10528, fol. 221. Von den 23 Genossenschaften ließ eine den Liquidationsbeschluß eintragen, eine weitere löste sich nach den Bestimmungen des Genossenschaftsgesetzes auf, vgl. Schreiben der DZK an den RWM vom 27. Mai 1936, ebenda, fol. 408f.

71 Zwischen den Nummern 10527 (Laufzeit: 19. September bis 31. Dezember 1935, Band 4/6 der ursprünglichen Registratur) und 10528 (Laufzeit: 11. März bis 20. Juni 1936, Band 8/9 der ursprünglichen Registratur) im Bestand 31.01 fehlen, soweit festgestellt werden konnte, der Band 5 (Sonderband) und Band 7. Im Bestand des RFM waren keine Unterlagen zu finden, mit denen eine Nachberechnung erfolgen könnte.

72 Vgl. BAP, 31.01 Nr. 10528, fol. 406 und 408; Nr. 10529, fol. 20ff.

73 Vgl. Bericht über die Erhebung über die Möglichkeit einer teilweisen Sanierung von 188 Genossenschaften, Anlageband, Anlagen 2, 3a, 3b. Ein Verzeichnis der 72 Genossenschaften, die mit Zustimmung des RWM liquidierten, als Anlage 1 im Anhang.

Frage zu, warum das Reichswirtschaftsministerium im Ergebnis dieser Erhebung - auf die es sich, soweit festgestellt werden konnte, hinsichtlich des finanziellen Volumens des Liquidationsverfahrens weitgehend stützte - nicht vollständig gefolgt ist. Insbesondere kann aus ihnen nicht zuverlässig beantwortet werden, ob - und inwieweit - neben wirtschaftlichen Gesichtspunkten auch sicherheitspolitische Erwägungen hinsichtlich der Überwachung der Mitglieder bzw. deren Schwierigkeiten für die Zustimmung des Reichswirtschaftsministerium zur Liquidation der Konsumgenossenschaften eine Rolle gespielt haben und vielleicht sogar ausschlaggebend gewesen sind. In der Mehrzahl betrafen die abweichenden Voten des Ministeriums kleinere Konsumvereine, deren Bilanzsummen weniger als 1 Mio. RM, in einigen Fällen sogar weniger als 100.000 RM, betrugen. Aus dem Rahmen fällt lediglich die Behandlung des Hamburger Konsumvereins "Produktion"[74] und der Konsumgenossenschaft in Wuppertal-Barmen. Obwohl die vom Revisionsverband für die Genossenschaft in Wuppertal-Barmen errechneten Kosten ihrer Sanierung mit ca. 6,3 Mio. RM erheblich unter dem erwarteten Liquidationszuschuß von etwa 10,9 Mio. RM lagen,[75] erhielt sie die Zustimmung des Reichswirtschaftsministeriums zur Liquidation. Der 1943 festgestellte Zuschußbetrag belief sich auf 9,28 Mio. RM, der sich durch nicht in Anspruch genommene und zurückgeflossene Barzuschüsse verringerte, so daß für ihre Auflösung schließlich 7,72 Mio. RM aus den bereitgestellten Reichsmitteln aufgebracht wurden.[76] Daß dieser Betrag näher an dem 1935 ermittelten Sanierungs- als dem Zuschußbedarf lag, war zum Zeitpunkt der Entscheidung des Reichswirtschaftsministeriums keineswegs absehbar. Darüber, ob seiner Zustimmung neben wirtschaftlichen noch andere Kriterien zugrunde lagen, kann nur spekuliert werden.[77]

---

74 Hierzu in Abschnitt 5.3.

75 Vgl. Bericht über die Erhebung über die Möglichkeit einer teilweisen Sanierung von 188 Genossenschaften, Anlageband, Anlage 4a.

76 Vgl. die Zusammenstellung der DZK über den "Stand der Zuschußaktion am 31.3.1943 für die 72 aufgrund des Gesetzes vom 21.5.1935 liquidierenden Verbrauchergenossenschaften", BAK, R 2 Nr. 15910, fol. 222.

77 Im erhaltenen Bestand des Reichssicherheitshauptamts findet sich lediglich ein Hinweis auf Unterlagen über die Konsumgenossenschaft in Wuppertal-Barmen, diese selbst sind darin jedoch nicht überliefert, vgl. BAK, R 58 Nr. 646, fol. 72. Die Schriftstücke in diesem Band (ferner die in Nr. 531 und Nr. 631) sind zum großen Teil vom Gestapa mit RdSchr. vom 26. Februar 1935 angeforderte Berichte der örtlichen Stapo-Stellen zur Frage, ob sich die Konsumgenossenschaften an die Richtlinien der Reichsregierung halten oder "staatsfeindliche Ziele propagieren und verfolgen." Ein Exemplar des RdSchr., BAK, R 58 Nr. 646, fol. 75, der Entwurf in Nr. 632, fol. 49. Weiterhin enthalten die Bände Ermittlungen und Berichte zur politischen Zuverlässigkeit der in den Genossenschaften beschäftigten Personen, vgl. Nr. 629, fol. 61.

Noch am 7. Dezember hatte das zuständige Referat im Reichswirtschaftsministerium eine Übersicht angefertigt und Schacht vorgelegt, deren Zahlen mit der DZK und dem Revisionsverband abgestimmt worden waren.[78] Auf diese kann hier deshalb ausführlich eingegangen werden, da die auf den angestellten überschlägigen Berechnungen beruhende Planung der Auflösungsaktion offensichtlich in der Durchführung realisiert werden konnte. Das veranschlagte finanzielle Volumen sollte sich im wesentlichen als zutreffend und v. a. ausreichend erweisen, und das, obwohl das Reichswirtschaftsministerium den Vorschlägen des Revisionsverbandes bei einem guten Drittel der zur Liquidation vorgeschlagenen Konsumvereine nicht folgte und stattdessen anderen Genossenschaften die Zustimmung zur Auflösung erteilte. Die in der Übersicht des Referats für die 72 unbedingt liquidierenden Genossenschaften ausgewiesenen (gerundeten) Beträge einer Bilanzsumme von 187,5 Mio. RM und in diesen Konsumvereinen angelegten Spargeldern über 65 Mio. RM waren unzweifelhaft der Erhebung des Revisionsverbandes entnommen.[79] Auch der für diese Genossenschaften in der Zusammenstellung des Referats ermittelte (gesamte) Zuschußbedarf von 91,8 Mio. RM, der sich nach Abzug der Zinsbelastung auf 74,1 Mio. RM verringerte, gründete auf der Erhebung des Revisionsverbandes.[80]

Nach einer im Juni 1936 von der DZK angefertigten vorläufigen Zusammenstellung belief sich der "gesamte Liquidationszuschußbedarf" auf 75.526.458 RM. Der Barzuschußbedarf wurde "nach Abzug der aufrechenbaren reichsverbürgten Sonderkredite I, II und III" in Höhe von 21.855.200 RM mit 53.571.000 RM ausgewiesen, der sich durch Nachschußforderungen, wiederauflebende Verbindlichkeiten und Steuerforderungen bei drei Konsumvereinen auf insgesamt 59.083.000 RM erhöhte.[81]

---

78 Vgl. die Zusammenstellung über "Konsumvereine" vom 7. Dezember 1935, BAP, 31.01 Nr. 10527, fol. 250-252.

79 Vgl. Bericht über die Erhebung über die Möglichkeit einer teilweisen Sanierung von 188 Genossenschaften, S. 5 mit einer Bilanzsumme von 187.456.000 Mio. RM und verwalteten Spareinlagen von 65.318.000 Mio. RM für diese 72 Konsumvereine.

80 Vgl. ebenda, S. 56. U. a. wurde folgendes zusammenfassend festgestellt: "Wird die Verzinsung der Verbindlichkeiten in der Liquidationszeit bei diesen (liquidierenden - U. K.) Genossenschaften ausgesetzt und erklären sich die Großgläubiger zu Nachlässen auf ihre Forderungen bereit, so dürfte es u. E. möglich sein, mit diesen Mitteln (damit waren die 60 Mio. RM aus dem Gesetz und die ca. 21,1 Mio. RM aus den Sonderkrediten gemeint- U. K.) eine Liquidation dieser 72 Genossenschaften unter vollständiger Auszahlung der Spareinlagen durchzuführen." Die vorgeschlagene Regelung zur Verzinsung wurde in der Zweiten DVO zum Gesetz über Verbrauchergenossenschaften vom 31. Dezember 1935 verfügt, vgl. RGBL 1936, I, S. 24.

81 Die Zahlen und Zitate aus der "Zusammenfassung über die in der anliegenden Übersicht niedergelegten Ergebnisse des Reichszuschußbedarfs für aufgrund des Gesetzes vom

Nach der letzten der von der DZK erstellten Übersicht über den Stand der Zuschußaktion am 31. März 1943 waren insgesamt 47.263.265 RM an Barzuschüssen gezahlt worden. Die erhebliche Differenz zu den vorstehend ausgewiesenen 59 Mio. RM erklärt sich im wesentlichen aus den von liquidierenden Genossenschaften nicht in Anspruch genommenen und zurückgeflossenen Reichszuschüssen über zusammen 13.738.292 RM.[82] Daneben ist zu berücksichtigen, daß 1936 die Zuschußaktion erst an ihrem Anfang stand und die herangezogenen Zahlen vorläufigen Charakter hatten.

In die vom zuständigen Referat des Reichswirtschaftsministeriums im Dezember 1935 angefertigte Übersicht übernahm man aus der Erhebung des Revisionsverbandes auch die Höhe der auf ca. 20,4 Mio. RM veranschlagten Kosten für die Sanierung der verbleibenden Zahl von 116 Genossenschaften.[83] Für die sogenannten lebensfähigen Konsumgenossenschaften standen aus dem Gesetz vom 21. Mai 1935 keine Reichsmittel zur Verfügung. In der Zusammenstellung wurde daher darauf hingewiesen, daß die Deugro diese Genossenschaften aus eigener Kraft - ohne finanzielle Hilfe des Reichs - nicht sanieren könne und diese zwangsläufig liquidieren müßten, womit die ihnen gewährten Reichsbürgschaften zu zahlen wären. Stattdessen schlug das Referat vor, den Reichswirtschaftsminister und Reichsfinanzminister durch das Kabinett ermächtigen zu lassen, "in Ergänzung des früheren Beschlusses (...) auch zu Gunsten nichtliquidierender Genossenschaften die Reichsbürgschaften fällig zu stellen und auf ihre Rückforderung zu verzichten."[84] Der Verlust des Reiches hinsichtlich der Reichsbürgschaften war in

---

21.5.1935 liquidierenden Verbrauchergenossenschaften", BAP, 31.01 Nr. 10529, fol. 18f, hier fol. 19. Begleitschreiben der DZK für das RWM vom 16. Juni 1936, fol. 16f. Stichtag der Zusammenstellung war hiernach der 27. Mai 1936.

82 Vgl. die Übersicht "Stand der Zuschußaktion am 31.3.1943 für die 72 auf Grund des Gesetzes vom 21.5.1935 liquidierenden Verbrauchergenossenschaften", BAK, R 2 Nr. 15910, fol. 222. Begleitschreiben der DZK für den RWM vom 8. April 1943 (Durchschrift für den RFM), ebenda, fol. 221. Die hierin angekündigte abschließende Aufstellung ist nicht mehr erstellt worden, so daß es sich bei vorstehender Übersicht um die letzte handelt, die angefertigt worden ist, vgl. den Schriftwechsel zwischen RWM, DZK und RFM vom 13. und 30. April 1943, ebenda, fol. 223, 225. Diese Übersicht spiegelt den Stand der Zuschußaktion mit Ausnahme zweier Konsumvereine wider, deren Liquidation am 31. März 1943 noch nicht abgeschlossen war.

83 Vgl. BAP, 31.01 Nr. 10527, fol. 251.

84 BAP, 31.01 Nr. 10527, fol. 251. Dies beantragte der RWM am 2. März 1936, Exemplare des Antrags in: BAP, 21.01 Nr. B 9903, fol. 17-19; BAK, R 43 II/756, fol. 119-121; BA/MA, RW 19/979. Am 23. März teilte der StSRkei. dem RWM mit, daß im Wege des Umlaufverfahrens kein Minister Widerspruch erhoben hatte. Dem Antrag war damit stattgegeben, vgl. BAP, 31.01 Nr. 10528, fol. 76. Der Hinweis auf den "früheren Beschluß" bezieht sich auf die Ermächtigung des Kabinetts für den RWM und RFM vom 25. Juli

beiden Fällen mit ca. 7,4 Mio. RM identisch. Für die Sanierung wurde votiert, weil - abgesehen eben davon, daß das Reich bei der Liquidation dieser Konsumvereine zwangsläufig für die gegebenen Bürgschaften eintreten müsse - "es kaum zweckmäßig (erscheint), im Zeitpunkt zunehmender Lebensmittelrationalisierung einen gut eingespielten Verteilungsapparat ohne zwingende Not weiter zu verkleinern."[85] Von der Deugro erwartete man als Beitrag zur Sanierung dieser 116 Konsumvereine einen Betrag von etwa 12,6 Mio. RM.[86] Abschließend hieß es, daß sich "die reibungslose Abwicklung nach vorstehendem Plan (nur durchführen) läßt (...), wenn die GEG (das meint die Deugro - U. K.) ihren Umsatz (...) wieder heben kann. Dies ist nur möglich, wenn sie erfolgreich auf den freien Markt gelangt - was von hier nachdrücklich unterstützt werden muß - und wenn ihr bei der Abwicklung liquidierender Genossenschaften keine zu starken Nachlässe zugemutet werden. (...) Gelingt es nicht, den Umsatz der GEG (Deugro - U. K.) wieder zu heben und ihre Rentabilität wieder herzustellen, so bleibt nur ihre Liquidation über; diese müßte zum Zusammenbruch fast aller Konsumvereine führen."[87]

Gerade das aber war vom Reichswirtschaftsministerium nicht beabsichtigt. Es hatte zugesagt, die Deugro bei der Ausdehnung des Geschäftsbetriebs auf den freien Markt zu unterstützen, und war daran interessiert, daß die Anlagen der liquidierenden Konsumvereine günstig verwertet wurden, um zum einen die jeweiligen Reichszuschüsse und zum anderen die Forderungsnachlässe der Deugro niedrig halten zu können.

5.1.1 Zusammenfassung

Die Geschäftsleitung des Reichsbunds (GEG) ergriff nach dem Inkrafttreten des Gesetzes über Verbrauchergenossenschaften umgehend zur Gewährleistung des Fortbestehens für erforderlich gehaltene Maßnahmen. Mit der Herabdrückung der Löhne auf das jeweils ortsübliche Maß und dem Abbau bisheriger freiwilliger betrieblicher Sozialleistungen sollte die Kostenseite ebenso entlastet werden, wie durch den Wunsch moderater Forderungsnachlässe gegenüber liquidierenden Konsumvereinen. Beiden Anliegen ist offensichtlich durch die beteiligten Reichsressorts entsprochen worden. Gleichfalls fand der Versuch des Reichsbunds bzw.

1935 (BAK, R 43 II/756, fol. 73) nach dem Antrag des RWM vom 5. Juli (BAK, R 43 II/351, fol. 86). Vgl. dazu die Ausführungen zu Beginn dieses Abschnitts über die erste Sitzung des Beirats vom 14. Juni 1935.

85 BAP, 31.01 Nr. 10527, fol. 251. Vgl. weiter die Gesamtzusammenfassung dieses Kapitels.

86 Vgl. BAP, 31.01 Nr. 10527, fol. 251.

87 Ebenda, fol. 252.

der dann neugegründeten Deugro, ihren Geschäftsbetrieb über den Kreis der Konsumgenossenschaften hinaus auf den sogenannten freien Markt zu erweitern, die Unterstützung des Reichswirtschaftsministeriums. Mit diesem Schritt - so die Erwartung - sollte es gelingen, den erwarteten Umsatzausfall des Reichsbunds durch die Liquidation der unter das Gesetz vom 21. Mai fallenden Konsumvereine zu kompensieren, der GEG (bzw. der späteren Deugro) das Weiterbestehen und dem Reichswirtschaftsministerium die Durchführung des Gesetzes über Verbrauchergenossenschaften zu ermöglichen. Eine Neuorganisation des konsumgenossenschaftlichen Wirtschaftsbereichs schuf die Voraussetzungen zur Ausdehnung bzw. Umstellung des Geschäftsbetriebs der Deugro, die, wie im folgenden Abschnitt gezeigt werden wird, auf erheblichen Widerstand in Kreisen des gewerbetreibenden Einzelhandels stieß, der sich angesichts des eingeschlagenen Wegs der Privatisierung der liquidierenden Konsumvereine sehr nachhaltig artikulierte, im Ergebnis aber nicht durchzusetzen vermochte.

Die von Ley im Gefolge der Neuorganisation versuchte nochmalige Einflußnahme auf die (Geschäfts)politik der Deugro scheiterte am Widerstand ihrer bisherigen Geschäftsführung und der von Schacht Ley gegenüber deutlich betonten alleinigen Zuständigkeit seines Ministeriums in den Angelegenheiten der Konsumvereine. Allerdings herrschte ganz offensichtlich noch bis weit in das Jahr 1936 Unklarheit über die Frage, ob die im Mai 1933 eingesetzten Beauftragten der DAF noch im Amt oder schon zurückgezogen waren. Gleichfalls nicht eindeutig bestimmen läßt sich der Termin, zu dem das Amt des Beauftragten für die deutschen Verbrauchergenossenschaften in - wie es hieß - Fortfall gebracht wurde. Der von Ley als Nachfolger des beurlaubten Müller benannte Echternkamp trat - soweit dies aus den ausgewerteten Archivalien hervorgeht - in dieser Funktion nicht (mehr) in Erscheinung. Obwohl die Arbeitsfront in der Auseinandersetzung mit dem Reichswirtschaftsministerium um die Zuständigkeit in der Konsumvereinsfrage unterlegen war, konnte sie sich während der folgenden Zeit in die Diskussion um die Privatisierung der liquidierenden Genossenschaften noch einbringen. Die Tatsache der ausschließlichen Kompetenz des Reichswirtschaftsministerium aber vermochte sie nicht mehr zu verändern.[88]

72 von etwa 135 antragstellenden Konsumgenossenschaften ließen den Auflösungsbeschluß schließlich in das Genossenschaftsregister eintragen und liquidierten mit Zustimmung des Reichswirtschaftsministers unter den Bestimmungen des Gesetzes über Verbrauchergenossenschaften. Abgesehen von den wenigen Fällen, in denen mit der Privatisierung bereits 1935 begonnen worden war, setzten bei

88 Diese Aussage bezieht sich auf den in dieser Arbeit betrachteten Zeitraum. 1941 wurden der DAF die in der VO zur Anpassung der verbrauchergenossenschaftlichen Einrichtungen an die kriegswirtschaftlichen Verhältnisse vorgesehenen Maßnahmen übertragen, vgl. Kurzer, Konsumgenossenschaften, S. 450ff; Die VO vom 18. Februar 1941, RGBL I, S. 106.

der Mehrzahl der Konsumvereine die Bemühungen zum Verkauf ihrer Anlagen nach dem Stichtag des 31. Dezember 1935 ein. Von der dabei ausbrechenden Kontroverse über den Weg der Privatisierung handelt der folgende Abschnitt.

5.2 Privatisierungsanstrengungen vor dem Hintergrund begrenzter Zuschüsse aus dem Reichshaushalt. Der Konflikt um Einzelprivatisierung und "gesellschaftliche" Privatisierung

Im Gesetz über Verbrauchergenossenschaften waren den sogenannten lebensunfähigen Konsumvereinen, die mit Zustimmung des Reichswirtschaftsministers bis zum 31. Dezember 1935 ihre Auflösung beschlossen, zur Erleichterung der Abwicklung bis zu 60 Mio. RM zur Verfügung gestellt worden. Damit sollte v. a. - wie ausdrücklich in § 2 des Gesetzes formuliert war - die "Sicherung der Spareinleger" bewirkt werden. Daneben war in den vorangehenden Verhandlungen betont worden, auch die Geschäftsanteile der Mitglieder vor einer Inanspruchnahme zu schützen. Um beide Ziele zu erreichen, bedurfte es einer günstigen Verwertung der Grundstücke, Produktionsanlagen und Verteilstellen (Läden) der liquidierenden Konsumgenossenschaften, woran das Reich - vertreten durch die Ministerien für Finanzen und Wirtschaft - darüber hinaus interessiert war, um mit den im Gesetz bereitgestellten 60 Mio. RM auszukommen, die jedoch noch um die den liquidierenden Genossenschaften gewährten Reichsbürgschaften aufgestockt werden sollten. Außerdem erwartete das Reichswirtschaftsministerium von den Gläubigern dieser Konsumvereine Forderungsnachlässe, um die Spareinlagen zu schützen, nachdem es selbst mit der Niederschlagung seiner Bürgschaftsforderungen (gewissermaßen) in Vorlage getreten war.

Dem Reichsbund (GEG) drohte durch die Liquidation ein erheblicher Umsatzausfall. Zum Zeitpunkt der Beschlußfassung über das Gesetz wurde der Anteil der für eine Liquidation in Frage kommenden Konsumvereine am Umsatz aller Konsumgenossenschaften auf etwa 42 % geschätzt.[89] Auf der zweiten ordentlichen Generalversammlung der GEG schuf man die organisatorischen Voraussetzungen, um dem Umsatzausfall zu begegnen. Die Firma wurde in Deutsche Großeinkaufs-Gesellschaft mbH verändert, die neben der Belieferung der nicht liquidierenden Konsumgenossenschaften nun auch auf dem freien Markt tätig werden und versuchen sollte, den erwarteten Rückgang der Umsätze zu kompensieren. Wie im vorangehenden Abschnitt gezeigt wurde, fand diese Orientierung der Deugro die ausdrückliche Unterstützung des Reichswirtschaftsministeriums, das anderenfalls die Durchführung des Gesetzes über Verbrauchergenossenschaften gefährdet sah.

---

89 Vgl. die Abschnitte 4.3 und 5.1.

Auch im Reichsfinanzministerium erhob man nicht nur keine Einwände, sondern billigte ausdrücklich den Versuch der Deugro, "in Zukunft an jedermann zu verkaufen." Die Argumente wiesen auch hier in die gleiche Richtung. Ohne eine entsprechende "Erweiterung des Geschäftsbereichs" wird sich die Gesellschaft als "lebensunfähig" erweisen, "nachdem die größten Verbrauchergenossenschaften liquidiert sind." Da die im Gesetz vom 21. Mai bereitgestellten 60 Mio. RM als letztmalige Hilfe des Reiches gedacht waren, die zudem ausschließlich für die Auflösung von Konsumvereinen Verwendung finden sollten, während "künftig noch krank werdende Verbrauchergenossenschaften (...) ihrem Schicksal" ohne Reichshilfe zu überlassen waren, unterstützte das Reichsfinanzministerium das "Erstarken der GEG" ausdrücklich, denn "einem weiteren Sterben von Verbrauchergenossenschaften soll (...) gerade mit Hilfe der Gewinne begegnet werden, die die GEG künftig machen wird." Allerdings befürchtete man, "daß sich die betroffenen Konkurrenzkreise" mit einer derartigen Ausdehnung des Geschäftsbetriebs "nicht (...) werden abfinden wollen. Eine Beunruhigung droht (...) auch von Seiten des Kleinhandels, da die GEG an der Überleitung von Verkaufsstellen der liquidierenden Verbrauchergenossenschaften an Einzelpersonen in der Weise mitwirkt, daß sie den Übernehmern (meist früheren Lagerverwaltern) (...) gegen die Verpflichtung, bei ihr zu kaufen, Kredite gibt und damit das vom Einzelhandel ersehnte Verschwinden der Verkaufsstellen verhindert." Gegen dieses Vorgehen aber "läßt sich vom Standpunkt des RFM aus nichts einwenden, da hierdurch die Liquidation der einzelnen Verbrauchergenossenschaften wesentlich erleichtert wird."[90]

In diesem Sinne waren sich auch die Beteiligten einer Besprechung einig, in der am 11. Oktober 1935 u. a. generell die Übernahme von Vermögenswerten liquidierender Konsumvereine durch die Deugro befürwortet wurde. Zum einen wäre es der Deugro damit möglich, die Verteilstellen aufgelöster Genossenschaften auch nach ihrer Privatisierung zu beliefern, zum anderen wurde erwartet, daß sich auf diese Weise die Liquidation beschleunigen ließe und positiv entwickeln werde, da "die Deugro verhältnismäßig günstige Preise zahlen" könne. "Angesichts der erheblichen Verschuldung der Verbrauchergenossenschaften" gegenüber der Deugro traten ihre Vertreter dafür ein, die "Aufrechnung der Kaufpreise übernommener Vermögenswerte gegen die Forderungen" der Großeinkaufs-Gesellschaft zuzulassen. Sofern die Deugro - und alle anderen Gläubiger der liquidierenden Konsumvereine - bereit waren, "angemessene Preise (zu) bieten und auf ihre Forderungen angemessene Nachlässe (zu) gewähren, sollte diese Mög-

90 Sämtliche Zitate aus dem Vermerk des MinR Prause im RFM für Schwerin v. Krosigk vom 4. Oktober 1935, BAP, 21.01 Nr. B 9652, fol. 8-10.

lichkeit der Aufrechnung eingeräumt werden,[91] auf die die Liquidatoren der Genossenschaften wenig später, anläßlich ihrer Verpflichtung zu Nachlaßverhandlungen mit den Gläubigern der Konsumvereine, vom Reichswirtschaftsministerium ausdrücklich hingewiesen wurden.[92]

Als federführendes Ressort trachtete es danach, in einer sogenannten stillen Abwicklungsaktion, die Verteilstellen liquidierender Konsumgenossenschaften an Einzelkaufleute abzugeben und so "zur Schaffung neuer mittelständischer Existenzen" beizutragen.[93] Dieser Weg der Einzelprivatisierung oder privaten Privatisierung stieß jedoch an mehreren Orten auf Schwierigkeiten.

Die Deugro begann daher, sogenannte Auffanggesellschaften mbH zu gründen, die die Verteilstellen und sonstigen Vermögenswerte der zur Auflösung gelangenden Konsumvereine en bloc zu übernehmen gedachten. Wenngleich das Reichswirtschaftsministerium Ende Januar 1936 zu dem Schluß gelangte, daß seine Bestrebungen nach "private(r) Privatisierung", also einer Überführung der Verteilstellen auf Einzelpersonen, "draußen im Lande bisher keine erkennbare Unterstützung durch den Einzelhandel erfahren (haben), obwohl eine solche durchaus in seinem Interesse liegt",[94] erhob es gegen die Gründung von Auffanggesellschaften (mit dem Charakter von Filialbetrieben) Widerspruch. Diese sogenannte gesellschaftliche Privatisierung gedachte das Reichswirtschaftsministerium als "durchaus unerwünschte Maßnahme" denn auch "nur in den Fällen" zuzulassen, "in denen eine private Privatisierung nicht möglich" war.[95]

Die Reichsgruppe Handel machte Einwände gegen beide Formen der Privatisierung geltend. Während sie in dem Weg der gesellschaftlichen Privatisierung die Gründung von Filialgeschäften erkannte, kritisierte sie andererseits, daß bei der Überführung der Verteilstellen auf Einzelpersonen fast ausschließlich die bisherigen Verteilstellenleiter der Genossenschaften Berücksichtigung fanden. "Seitens der Liquidatoren (...) hat man jede Bemühung des Handels, Berücksichtigung zu finden, überall ignoriert. Seine Angebote auf Übernahme der Läden durch solvente oder mit Krediten unterstützte Kaufleute sind überhaupt nicht in

---

91 Die Zitate aus dem im RWM erstellten Vermerk über die Besprechung vom 11. Oktober 1935 mit Vertretern von RWM, RFM, RJM, Rkom. für Kreditwesen, Revisionsverband der deutschen Verbrauchergenossenschaften, Deugro und DZK, ebenda, fol. 44-47.

92 Vgl. ebenda, fol. 48; BAP, 31.01 Nr. 10527, fol. 118.

93 Holtz, Konsumvereinsfrage, S. 16, ohne Hervorh. zitiert.

94 Bericht über "die Abwicklung von Verbrauchergenossenschaften" vom 27. Januar 1936, den MinR Zee-Heraeus aus dem RWM in einer Besprechung über die Durchführung der Liquidation aufgelöster VG am 31. Januar erstattete, BAP 21.01 Nr. B 9652, fol. 298-300, hier fol. 299.

95 Ebenda, fol. 298.

Erwägung gezogen worden",[96] wobei der Verdacht geäußert wurde, dies sei auf Weisung der Deugro geschehen.

Zudem warf sie der Deugro vor, die Privatisierung der Verteilstellen des Konsumvereins Berlin-Lichtenberg unter Verwendung von Darlehens- und Lieferungsverträgen betrieben zu haben, die nach Auffassung der Reichsgruppe Handel den Charakter sittenwidriger Knebelungsverträge trugen, und deren Annahme sie übernahmewilligen Einzelkaufleuten deshalb weder in Berlin noch an anderen Orten empfehlen konnte.[97]

Die ersten Auffanggesellschaften hatte die Deugro noch im Dezember in Breslau und Köln gegründet, am 2. Januar 1936 folgte eine weitere Auffanggesellschaft in Wuppertal-Barmen.[98] Allem Anschein nach erfuhr das Reichswirtschaftsministerium zum Teil erst im Nachhinein von der Gründung solcher Gesellschaften.[99] In einem persönlichen Schreiben an Reiner (in der Geschäftsleitung der Deugro) brachte Zee-Heraeus den Standpunkt des Reichswirtschaftsministeriums zum Ausdruck. Die Ausbreitung dieser Filialbetriebe darstellenden Auffanggesellschaften wollte es, wenn irgend möglich, vermeiden. Allerdings hatte man im Ministerium den Eindruck gewonnen, die Deugro versuche "offenbar nicht oder nicht mehr ernstlich (...), die Verteilungsstellen der zur Auflösung gelangenden Konsumvereine privat zu privatisieren, sondern (sei) bestrebt (...), ein großzügiges Filialnetz aufzuziehen."[100] Zwar gab Zee-Heraeus zu, daß die gesellschaftliche Privatisierung für die Deugro vorteilhafter ("sicherer und bequemer") war, aber dieser Weg widerspreche zum einen "den Grundsätzen heutiger Wirtschaftspolitik", zum anderen berge er die Gefahr einer heftigen "Gegenbewegung des übrigen Einzelhandels", an der die beabsichtigte Privatisierung scheitern könne. Er bat deshalb "dringend", mit allererster Priorität die Einzelprivatisierung zu verfolgen und zu Auffanggesellschaften "nur dann Zuflucht zu nehmen, wenn und soweit der andere Weg tatsächlich nicht gangbar ist." Bei der Gründung dieser Gesellschaften "wird notwendigerweise ein Teil der Verteilungsstellen stillzulegen sein", ein "Opfer", dem aber die Möglichkeit des freien Verkaufs (an jedermann) in den privatisierten Verteilstellen gegenübersteht.[101]

---

96 Durchschrift des Schreibens der Reichsgruppe Handel an Schacht vom 26. Januar 1936, BAP, 21.01 Nr. B 9652, fol. 327/1-335, hier fol. 333.

97 Vgl. ebenda, fol. 327 und 330f.

98 Vgl. die Zusammenstellung der gegründeten und geplanten Auffanggesellschaften als Anlage zu einem Schreiben der Deugro an das RWM vom 13. Mai 1936, BAP, 31.01 Nr. 10529. fol. 33. Die Gründung in Breslau und Köln datiert vom 2. Dezember.

99 Vgl. den von Zee-Heraeus in der Sitzung vom 31. Januar erstatteten Bericht, BAP, 21.01 Nr. B 9652, fol. 299.

100 Schreiben vom 7. Januar 1936, ebenda, fol. 211-213, hier fol. 212.

101 Die Zitate nach ebenda, fol. 212f.

In diesem Sinne erging am 8. Januar ein - nicht zur Veröffentlichung bestimmtes Rundschreiben - an die Länderregierungen und preußischen Regierungspräsidenten. Ausdrücklich wurde hervorgehoben, daß es nicht Zweck des Gesetzes vom 21. Mai 1935 war, "einen dem nichtgenossenschaftlichen Handel abträglichen Wettbewerb zu beseitigen", sondern "Ordnung und Ruhe in die Reihen der Verbrauchergenossenschaften zu bringen". Angesichts nicht erwarteter Verluste, die "erst durch die Auflösung" der Konsumgenossenschaften entstanden waren und den - nicht gewünschten - Rückgriff auf die Mitglieder als unerläßlich befürchten ließen, hielt der Reichswirtschaftsminister "eine günstige Verwertung der Verteilungsstellen liquidierender Genossenschaften" für unbedingt notwendig. Er betonte besonders, daß die Deugro "vor einem Zusammenbruch oder vor der Notwendigkeit einer Liquidation zur Vermeidung" eines solchen sowohl aus "allgemein wirtschaftlichen Erwägungen" als auch wegen der drohenden "Rückwirkungen" auf die mit ihr "haftverbundenen Genossenschaften" geschützt werden müsse. Die vom Reichswirtschaftsminister vorgegebene Richtschnur bei der Privatisierung sah folgendes vor:

> Die schon durch den allgemeinen Umsatzrückgang bei den Konsumvereinen geschwächte Deugro müsse vor "weiteren Umsatzverluste(n)" geschützt werden. "Voraussetzung hierfür ist (...), daß es gelingt, in weitestem Umfang die Verteilungsstellen liquidierender Genossenschaften unverzüglich zu privatisieren und ihre Weiterbelieferung durch die Deugro zu erreichen. Dahin gehen die Bemühungen der Deugro. Diese werden von mir unterstützt, und ich erwarte, daß sie nicht durchkreuzt werden.
>
> Als Übernehmer von Verteilungsstellen kommen die bisherigen Verteilungsstellenleiter in erster Linie in Frage. Da sie zumeist vermögenslos sind, bedürfen sie eines Kreditrückhalts, den zu geben die Deugro bereit ist, wenn die Erwerber langfristige Bezugsverträge mit ihr abschließen. Gegen solche Verträge sind grundsätzlich keine Einwendungen zu erheben. Auch die nach dem Einzelhandelsschutzgesetz erforderte Sachkenntnis[102] wird regelmäßig als gegeben zu erachten sein."

Bedenken gegen die politische Zuverlässigkeit der Bewerber um eine Verteilstelle wünschte der Reichswirtschaftsminister sofort zur Entscheidung vorgelegt zu bekommen, über eine beabsichtigte Gründung von Auffang- bzw. Handelsgesellschaften wollte er unverzüglich unterrichtet werden. Abschließend unterstrich er die Dringlichkeit der Angelegenheit: "Sämtliche Anträge auf Genehmigung der Übernahme sind sofort zu behandeln und - wenn irgend möglich - zu erledigen,

---

102 Das meint die Sachkunde nach der (dritten) VO zur Durchführung des Gesetzes zum Schutze des Einzelhandels. Vom 23. Juli 1934. RGBL I, S. 726. Vgl. a. die Ausführungen über das Einzelhandelsschutzgesetz in Abschnitt 3.3.

da jede Verzögerung die Durchführbarkeit der Privatisierung in Frage stellt und damit die Aktion des Reiches gefährdet."[103]

Die Geschäftsleitung der Deugro versicherte den Vertretern des Reichswirtschaftsministeriums in einer Besprechung am 17. Januar, sie habe den Weg der gesellschaftlichen Privatisierung nur eingeschlagen, weil eine Einzelprivatisierung nicht zu realisieren war. Das Ministerium machte mit Nachdruck auf seinen Standpunkt der vorrangigen Einzelprivatisierung aufmerksam und ließ sich versichern, daß die Deugro die im vorstehenden Erlaß verfügten Richtlinien weiterhin verfolge.[104] Zu den bis Anfang 1936 gegründeten drei Auffanggesellschaften kamen im Januar vier weitere in Berlin-Tempelhof, Essen, Liegnitz und Lage hinzu,[105] die sämtlich gegründet worden waren, um die Anlagen der liquidierenden Konsumgenossenschaften im Ganzen zu übernehmen.

Der Reichsgruppe Handel machte das Reichswirtschaftsministerium den Vorwurf, daß ihre Untergliederungen bzw. der örtliche Einzelhandel nicht nur keine Anstrengungen unternommen hatten, die Privatisierung von Verteilstellen liquidierender Konsumvereine zu fördern, sondern des öfteren versucht hatten, "die käufliche Verwertung von Verteilungsstellen dadurch zu verhindern, daß (...) bei den Verwaltungsbehörden Bedenken gegen die Zuverlässigkeit der Bewerber, gegen die mit diesen abzuschließenden Verträge und gegen die eingeleitete Gründung einer Handelsgesellschaft zur Übernahme des Verteilungsnetzes erhoben" worden waren.[106] Das Reichswirtschaftsministerium bekräftigte seine Haltung in der Frage der Auffanggesellschaften als "durchaus unerwünscht(en)" Weg der

---

103 Erlaß des RWM vom 8. Januar 1936. Abdruck-Exemplar in: BAP, 21.01 Nr. B 9652, fol. 217f. Die IHK erhielten den Erlaß ohne die Ausführungen zur politischen Zuverlässigkeit der Bewerber und ohne die Passage über die Gründung von Auffanggesellschaften. Exemplar für die IHK, ebenda, fol. 215f. Die Landesregierungen gaben den Erlaß an die nachgeordneten Behörden weiter. Der Regierungspräsident in Hildesheim beispielsweise setzte am 16. Januar die Landräte und Ortspolizeibehörden im Regierungsbezirk in Kenntnis, vgl. StadtAGö, Pol. Dir. XXIV, C, Fach 130, Nr. 9. Vgl. weiter STA DT, L 80 II A, Gruppe V, Titel 14 Nr. 21, Bd. 2, fol. 5; STA WF, 12 Neu 18 Nr. 709.

104 Vgl. den Hinweis auf die Besprechung zwischen dem RWM und der Deugro vom 17. Januar in Hamburg, in dem Bericht über "die Abwicklung von Verbrauchergenossenschaften" vom 27. Januar 1936, den MinR Zee-Heraeus aus dem RWM in einer Besprechung über die Durchführung der Liquidation aufgelöster VG am 31. Januar erstattete, BAP 21.01 Nr. B 9652, fol. 298-300, hier fol. 299.

105 Vgl. die Zusammenstellung der gegründeten und geplanten Auffanggesellschaften als Anlage zu einem Schreiben der Deugro an das RWM vom 13. Mai 1936, BAP, 31.01 Nr. 10529. fol. 33.

106 Schreiben des RWM an die Reichsgruppe Handel vom 23. Januar 1936, Abschrift für den RFM, BAP, 21.01 Nr. B 9652, fol. 241-243, hier fol. 241f.

Privatisierung, hob aber zugleich deutlich hervor, daß es ihn als "Zwischenlösung" für notwendig erachte und zulassen wolle,

> da "die private Privatisierung nicht immer sofort durchgeführt werden kann, während die Überführung der Verteilungsstellen auf neue Träger möglichst sofort im unmittelbaren Anschluß an die Bekanntgabe der Liquidation erfolgen muß, da anderenfalls eine sofortige Abwanderung der Käuferschichten zu anderen, insbesondere zu Geschäften, die Rabatt gewähren, eintritt und damit eine günstige Verwertung der Verteilungsstellen außerordentlich erschwert wird. In diesen Fällen wird jedoch von mir angestrebt, daß die Handelsgesellschaft wenigstens einen Teil der von ihr übernommenen Verteilungsstellen bald an selbständige Kaufleute wieder weiter verkauft."[107]

Abschließend bat das Reichswirtschaftsministerium, die Reichsgruppe Handel solle ihre Untergliederungen auffordern, sich nun mit Nachdruck bei der Privatisierung einzuschalten und um eine Berücksichtigung zu bemühen.

Die Reaktion der Reichsgruppe war gewissermaßen ein Sturm der Entrüstung. In einem Schreiben wandte sich deren Leiter Lüer - gemeinsam mit Hayler für die Wirtschaftsgruppe Einzelhandel - an Schacht persönlich. Sie erbaten eine dienstliche Untersuchung über die vom zuständigen Referat V erhobenen Vorwürfe, gegen die sich beide ausdrücklich und ausführlich verwahrten. Für die bisherige Nichtbeteiligung des örtlichen Einzelhandels bzw. der Reichsgruppe an der Privatisierung machten sie die Deugro verantwortlich, dort "hat man jede Bemühung des Handels, Berücksichtigung zu finden, (...) ignoriert. (...) Man hat gar nicht den Versuch gemacht, sich mit dem Handel an einen Tisch zu setzen, um mit ihm ehrlich und anständig zu verhandeln."[108] Bei der Deugro habe zu keinem Zeitpunkt ein ehrlicher Wille bestanden, den Weg der privaten Privatisierung zu beschreiten. Im übrigen könne die Reichsgruppe Handel auch keinem übernahmewilligen Kaufmann die Unterschrift unter die von der Deugro vorgelegten "Knebelungsverträge" sittenwidrigen Inhalts empfehlen, von denen sie erst im Dezember Kenntnis erhalten hatte, die aber bereits seit August in Berlin bei der Privatisierung zur Anwendung gelangt waren.[109]

Auf einer Besprechung am 31. Januar im Reichswirtschaftsministerium zur "Durchführung der Liquidation von aufgelösten Verbrauchergenossenschaften"[110] wiederholten dessen Vertreter in einem - auch schriftlich niedergelegten - Bericht

---

107 Ebenda, fol. 242.

108 Schreiben der Reichsgruppe Handel an Schacht vom 26. Januar 1936, BAP, 21.01 Nr. B 9652, fol. 327/1-335, hier fol. 333. Hiernach hatten die Vertreter des RWM ihr die am 23. Januar schriftlich übermittelten Vorhaltungen schon in einer Besprechung am 18. Januar erhoben.

109 Vgl. ebenda, fol. 330f und 334.

110 Abschrift des Vermerks über diese Sitzung ebenda, fol. 293-296.

die Vorwürfe an die Adresse der Reichsgruppe Handel und stellten sich zugleich nachdrücklich vor die Deugro. Es gibt keinen Hinweis, daß Schacht dem Ansinnen Lüers und Haylers nachkam und die von diesen geforderte dienstliche Untersuchung einleitete. Da die Kritik am Handel aber wenige Tage später - in dieser Besprechung und im Beisein des zuständigen Staatssekretärs Posse - wiederholt wurde, kann davon ausgegangen werden, daß dies durchaus mit Billigung Schachts erfolgte.[111]

Nachdem Posse zu Beginn der Besprechung den Standpunkt des Reichswirtschaftsministeriums der notwendigen zusammenhängenden Behandlung der Abwicklung der liquidierenden Konsumvereine und des Erhalts der Deugro betont hatte, erstattete Ministerialrat Zee-Heraeus einen ausführlichen Bericht zum Stand der Abwicklungsaktion.[112] Er verwies auf die Probleme bei der Privatisierung der Verteilstellen als Folge der Massierung von konsumgenossenschaftlichen Auflösungsbeschlüssen in den letzten Dezembertagen 1935, denen von der Deugro mit der Gründung der Auffanggesellschaften begegnet worden war und die im Ministerium den Eindruck erweckt hatten, daß die Deugro beabsichtige, ein umfangreiches Filialnetz aufzuziehen und die gewünschte private Privatisierung nicht mehr ernsthaft verfolge. Nach Rücksprache hatte sie aber erklärt, sich weiter an die bisherigen Richtlinien des Ministeriums zu halten. Zur Gründung der Auffanggesellschaften war sie nur "notgedrungen" geschritten, um die Verwertung von Verteilstellen zur Vermeidung von Liquidationsverlusten zu sichern.

Zee-Heraeus hob hervor, daß das Ministerium diesen Weg gesellschaftlicher Privatisierung wegen des Charakters der Auffanggesellschaften von Filialbetrieben "als eine durchaus unerwünschte Maßnahme" ansah, "die als *Notlösung* nur in den Fällen zugelassen werden könne, in denen eine private Privatisierung nicht möglich sei." Sie komme allein dort in Frage, wo "die Umsätze der Verteilungsstellen zu gering sind, um einem selbständigen Einzelhändler eine Existenzgrundlage bieten zu können. Andernfalls würde eine Verschleuderung des Vermögens der aufgelösten Genossenschaft die Folge sein."[113] Da nach Ansicht des Reichswirtschaftsministeriums eine sofortige Privatisierung der Verteilstellen geboten war, um deren vorteilhafte Verwertung zu ermöglichen, hielt man auch für

111 Es ist im vorangehenden Abschnitt bereits auf die Lücke in den in Potsdam überlieferten Unterlagen aus dem RWM hingewiesen worden. Zwischen den Nummern 10527 (Laufzeit: 19. September bis 31. Dezember 1935) und 10528 (Laufzeit: 11. März bis 20. Juni 1936) fehlen gut zweieinhalb Monate, die in erster Linie mit Überlieferungen aus dem Bestand des RFM (Nr. B 9652 und Nr. B 9903) (aber auch nur bedingt) zu schließen sind. Über die von der Reichsgruppe Handel geforderte Untersuchung ist darin nichts zu finden.

112 Vgl. Bericht über "die Abwicklung von Verbrauchergenossenschaften" vom 27. Januar 1936, BAP 21.01 Nr. B 9652, fol. 298-300.

113 Ebenda, fol. 298, Hervorh. i. Orig.

die Folgezeit die Privatisierung über Auffanggesellschaften als "Zwischenlösung" für erforderlich, wollte aber darauf dringen, daß die so privatisierten Verteilstellen so bald als möglich an selbständige Einzelhändler weiterverkauft werden. Während des Liquidationsverfahrens befürchtete das Reichswirtschaftsministerium von der Schließung jeder Verteilstelle

> "eine Erhöhung des Liquidationsverlustes, eine Erhöhung der Opfer der Genossen und eine Erhöhung der Arbeitslosigkeit, einen Umsatzrückgang der Deugro, eine Erschütterung ihrer Existenz und damit eine Gefährdung der verbleibenden Verbrauchergenossenschaften."[114]

Diese Entwicklung entsprach nach Auffassung des Ministeriums jedoch nicht dem Gesetz vom 21. Mai 1935. "Nach dem Willen des Gesetzgebers sollte der gesunde Teil der Verbrauchergenossenschaften und die noch gesunde Deugro erhalten bleiben, um weitere Zusammenbrüche zu vermeiden."[115]

Die "große Erregung", die den Einzelhandel angesichts der Privatisierung, v. a. aber im Falle der gesellschaftlichen Privatisierung ergriffen habe, so hieß es weiter, verkenne diesen Sachverhalt offensichtlich, es war keineswegs die Absicht der Reichsregierung, "daß mit den liquidierenden Konsumvereinen auch ihre Läden verschwänden. (...) Zweck des Gesetzes ist, Ordnung und Ruhe in die Reihen der Verbrauchergenossenschaften zu bringen, nicht aber der, einen dem nichtgenossenschaftlichen Handel abträglichen Wettbewerb zu beseitigen."[116]

Gegen die auf dieser Besprechung erneut erhobenen Vorwürfe des Reichswirtschaftsministeriums an die Reichsgruppe Handel aus seinem Schreiben vom 23. Januar 1936 verwahrten sich deren anwesende Vertreter.[117] Sie erklärten sich zur Mitwirkung "bei der Abwicklung der Verbrauchergenossenschaften" bereit, sofern ihre "Forderungen,[118] deren Endziel auf einen *Übergang der Deugro in die freie Wirtschaft* und eine *Beseitigung der Verbrauchergenossenschaften* gerichtet sei, erfüllt würden."[119] Unterstützung erhielten sie durch den Vertreter der Arbeitsfront(!), der in Leys Namen die Erklärung abgab,

> "daß es angesichts der wieder wachsenden politischen Spannungen unumgänglich notwendig sei, die Verbrauchergenossenschaften in die Reichsgruppe Handel und die DAF (Reichsbetriebsgemeinschaft) einzugliedern. Die DAF werde alsdann mit

---

114 Ebenda.

115 Ebenda.

116 Ebenda, fol. 299.

117 Dies waren Lüer, der Leiter, und Feldmann, der Geschäftsführer der Reichsgruppe Handel. Außerdem nahm Hayler, der Leiter der Wirtschaftsgruppe Einzelhandel an der Besprechung teil. Vgl. die Anwesenheitsliste, ebenda, fol. 296.

118 Hierbei handelte es sich im wesentlichen um die bereits in dem Beschwerdeschreiben an Schacht erhobenen Forderungen.

119 BAP, 21.01 Nr. B 9652, fol. 293. Hervorh. - U. K.

Hilfe der bereitgestellten Reichsmittel die Abwicklung der Konsumvereine mit dem Ziel durchführen, *auch die Deugro und die zunächst noch verbleibenden Genossenschaften zur Auflösung zu bringen.*"[120]

Reiner wies dagegen für die Deugro auf die Absicht des Gesetzes vom 21. Mai 1935 hin und erklärte eine Privatisierung der Deugro (den von den Mittelstandsvertretern geforderten "Übergang der Deugro in die freie Wirtschaft") für nicht möglich, worin er vom Präsidenten der DZK, Helferich, unterstützt wurde, da sich das Problem ergebe, durch wen dann die nicht aufgelösten Konsumgenossenschaften beliefert werden sollen.[121]

Im Ergebnis kam es auf dieser Besprechung zu keiner Einigung; da das Reichswirtschaftsministerium sie aber für möglich hielt, sofern es gelänge, den Handel an der Privatisierung zu beteiligen und die Deugro organisatorisch umzustellen, wurde beschlossen, die Verhandlungen am 3. Februar fortzuführen.[122]

In der Unterredung an diesem Tage unterbreitete Feldmann einen schriftlich fixierten Vorschlag der Reichsgruppe Handel, der als Lösung vorsah, ihr bzw. den Untergliederungen die Verantwortung für die Deugro und die Konsumvereine gemeinsam mit der Reichsbetriebsgemeinschaft Handel der Arbeitsfront zu übertragen. Als hauptverantwortlich war - offensichtlich bei Übernahme einer finanziellen Beteiligung an der Großeinkaufs-Gesellschaft - die Reichsgruppe vorgesehen, während die DAF ausdrücklich "ohne Beteiligung an der Deugro lediglich

---

120 Ebenda, fol. 294, Hervorh. - U. K.

121 Vgl. ebenda.

122 Während an der Besprechung vom 31. Januar neben den bereits genannten Vertretern von RWM, Reichsgruppe Handel, Wirtschaftsgruppe Einzelhandel, DAF, Deugro und DZK noch der Revisionsverband der deutschen VG, das RAM, die AG IHK der RFM und das RKM beteiligt waren (vgl. ebenda, fol. 296), nahmen an der folgenden Sitzung am 3. Februar Vertreter der beiden zuletzt aufgeführten Ministerien und der Wirtschaftsgruppe Einzelhandel nicht mehr teil, vgl. ebenda, fol. 307. Der Grund war nicht zuverlässig zu ermitteln. Im RKM beruhte das Fernbleiben am 3. Februar offensichtlich auf einem Irrtum: Zur Fortführung der Besprechungen war in einem noch am 31. Januar erstellten handschriftlichen Vermerk (vermutlich) des Majors Gutscher aus dem WWi im RKM eine abweichende Regelung als Verhandlungsergebnis festgehalten. Es hieß dort, daß unter der Leitung des RWM "zunächst Vertreter der Reichsgruppe Handel u(nd) der Deutschen Großeinkaufsgesellschaft über (...) eine geeignete Verwertung der Verteilungsstellen der liquidierenden Konsumgenossenschaften verhandeln (werden)", BA/MA RW 19/979. Auf dieses Vorgehen einigte man sich tatsächlich aber erst auf der folgenden Sitzung vom 3. Februar, vgl. im folgenden. Die Nichtbeteiligung des RKM an dieser Sitzung (die im RKM also irrtümlich als Besprechung ausschließlich von Handel und Deugro angesehen wurde) dürfte sich aus dem Schlußsatz von Gutschers Vermerk erklären: "An den Verhandlungen (zwischen Reichsgruppe Handel und Deugro - U. K.) besteht kein wehrwirtschaftliches Interesse."

bei der Verwaltung - insbesondere im Aufsichtsrate - mitwirken und das Recht haben (solle), schriftliche Vorschläge zu machen."[123] Die Grundlagen des Gesetzes über Verbrauchergenossenschaften sollten - wie Feldmanns Ausführungen weiter zusammenfassend protokolliert waren - nicht geändert werden. Besonderen Wert legte er darauf, festzuhalten, daß "die Aufsicht und die Mitwirkung des Staates gemäß diesem Gesetze unverändert bestehen bleiben", was sich, wie der folgende Satz beweist, allein aus dem finanziellen Interesse der Reichsgruppe Handel, und dazu in einer ganz bestimmten Richtung, erklärt, denn diese "könne auf keinen Fall die Verantwortung für die ordnungsgemäße Rückzahlung der Spargelder übernehmen."[124]

Die Vertreter des Reichswirtschaftsministeriums, Ministerialdirektor Wienbeck und Ministerialrat Zee-Heraeus meldeten erhebliche Bedenken gegen dieses Vorhaben an. In gleicher Weise ablehnend fielen die Stellungnahmen der Zentralgenossenschaftskasse und erwartungsgemäß die von Revisionsverband und Deugro aus. Zee-Heraeus hatte zutreffend auf die erhebliche Differenz dieses Vorschlages zu den Äußerungen des DAF-Vertreters in der vorangehenden Sitzung hingewiesen und v. a. die Bedenken betont, daß neben dem Reichswirtschaftsministerium zukünftig auch die Reichsgruppe Handel an der Abwicklungsaktion der liquidierenden Konsumgenossenschaften beteiligt werden solle, ohne jedoch bereit zu sein, eine Garantie für die Rückzahlung der in den Konsumvereinen angelegten Spargelder zu übernehmen.

Wienbeck erläuterte neben seinen Vorbehalten gegen den Plan der Reichsgruppe Handel zwei (hiernach von ihm selber erarbeitete) Lösungsvorschläge zur Beteiligung des Handels an der Privatisierung der aufzulösenden Genossenschaften. Der erste hatte die Möglichkeiten der Verwertung der Verteilstellen zum Inhalt und sah als Endziel deren private Privatisierung vor, bei der aber über den Kreis der bisherigen Lagerhalter hinaus geeignete Personen zu berücksichtigen waren. Die Gründung von Auffanggesellschaften wollte er nur zulassen, wenn dem Einzelhandel eine dreiwöchige Frist eingeräumt werde, selber zuverlässige Bewerber zu benennen, und alle Bewerber nach erfolgter öffentlicher Ausschreibung[125] der Privatisierung für höchstens fünf Jahre an den Warenbezug von der

---

123 So die Niederschrift der "Besprechung über die Durchführung der Liquidationen aufgelöster Verbrauchergenossenschaften am 3. Februar 1936", BAP, 21.01 Nr. B 9652, fol. 302-307, hier fol. 302. Das hiernach von der Reichsgruppe Handel dem RWM erst am 3. Februar überreichte Schreiben, in dem dieses Vorgehen entwickelt war, ließ sich nicht ermitteln. Über ihre konkreten Absichten geben jedoch zwei wenig später dem RWM zugestellte Schreiben hinreichend Auskunft, dazu weiter unten.

124 Ebenda.

125 In der Beirats-Sitzung vom 13. August 1935 war eine solche noch "entschieden abgelehnt" worden, da sie "keinen Nutzen bringe, sondern lediglich die Unruhe der Mitglieder (der

Deugro gebunden werden. Die Liquidatoren der Konsumgenossenschaften durften nicht zu Geschäftsführern dieser Gesellschaften bestellt werden, in denen der Handel - ohne Kapitalbeteiligung - im Vorstand und Aufsichtsrat zu beteiligen war. Im Gesellschaftsvertrag mußte festgelegt werden, in welchem Umfang der Weiterverkauf bzw. die Stillegung der übernommenen Verteilstellen erfolgen sollte.

Wienbecks zweiter Lösungsvorschlag hatte die Organisation und den Charakter der Deugro zum Inhalt. Die zwischen ihr und dem Reichsbund der deutschen Verbrauchergenossenschaften bestehende Personalunion war aufzulösen,[126] die Produktionsbetriebe der Deugro sollten juristisch verselbständigt werden. Die Deugro selbst hatte ihre Bemühungen zu verstärken, auf den freien Markt zu gelangen, wobei Widerstände vom Reichswirtschaftsministerium zu beseitigen waren. Für den Handel war - anders als im Fall der Auffanggesellschaften - eine Beteiligung an der Deugro ausdrücklich nicht vorgesehen.[127]

Angesichts der vorgebrachten Bedenken und der Erklärung Reiners, zu den Vorschlägen Wienbecks und der Reichsgruppe Handel vor einer Rücksprache mit den zuständigen Organen der Deugro nicht Stellung nehmen zu können, wurde die Sitzung abgebrochen und einvernehmlich beschlossen, daß vor weiteren Besprechungen die Vertreter der Reichsgruppe und der Deugro unter Beteilung von Zee-Heraeus versuchen sollten, eine Einigung zu erzielen.

Offensichtlich führte jedoch auch dieser Versuch (am 5. Februar) nicht zu einer völligen Annäherung zwischen den Beteiligten. Dieses Urteil stützt sich auf zwei Schreiben der Reichsgruppe Handel an das Reichswirtschaftsministerium vom 12. Februar.[128] So erzielten die Vertreter der Reichsgruppe und der Deugro

---

Konsumvereine - U. K.) steigere und damit Schaden bringe. Im übrigen sei in allen Fällen der örtliche Einzelhandel schon durch die Veröffentlichung der Liquidation darüber unterrichtet, daß die Verteilungsstellen zum Verkauf gelangten; es sei auch der örtlichen Einzelhandelsvertretung (...) unbenommen, ihre Kreise auf die Kaufmöglichkeit hinzuweisen. In Wahrheit sei es aber dem Einzelhandel auch gar nicht um die Privatisierung, sondern um die Beseitigung der Konsumläden zu tun." Aktenvermerk über die Beirats-Sitzung vom 13. August 1935, BAP, 31.01 Nr. 10526, fol. 296.

126 Dies bezog sich auf Reiners Position in den Vorständen der Deugro und des Reichsbundes, vgl. a. Abschnitt 5.1.

127 Vgl. BAP, 21.01 Nr. B 9652, fol. 305f. Die Vorschläge waren als "A" und "B" gekennzeichnet und fanden als "aide memoire" Eingang in das im folgenden nachgewiesene "Angebot" der Reichsgruppe Handel zur Mitwirkung an der Liquidation der aufzulösenden Konsumvereine.

128 Es handelt sich zum ersten um ein Schreiben "betr. Verbrauchergenossenschaften (Deugro)" und zum zweiten um den "Vorschlag der Reichsgruppe Handel betr. »Deugro-Konzern«". Beide Schreiben als Abschriften für den RFM, ebenda, fol. 310-318 und fol. 319-326. Ein Vermerk über die Besprechung zwischen Reichsgruppe Handel, Deugro

zwar weitgehende Übereinstimmung hinsichtlich der im ersten Lösungsvorschlag Wienbecks aufgeworfenen Voraussetzungen zur Privatisierung von Verteilstellen,[129] das Problem der zukünftigen Gestalt der Deugro aber blieb weiter umstritten. Reiner hatte nach Darstellung der Reichsgruppe die Aufhebung der Personalunion zwischen Reichsbund und Deugro ebenso abgelehnt wie eine juristische Verselbständigung der Produktionsbetriebe der Deugro. Unter dieser Voraussetzung - so schrieb die Reichsgruppe dem Reichswirtschaftsministerium - "ist es uns selbstverständlich unmöglich, die Privatisierung zu fördern und die Anstrengungen der Deugro, auf den freien Markt zu kommen, in den Handelskreisen zu unterstützen."[130]

Nach einer Schilderung der Entwicklung von Reichsbund (GEG) und Deugro seit Mai 1933 und den dabei nach ihrer Ansicht unterlaufenen Versäumnissen v. a. hinsichtlich einer unterlassenen personellen Bereinigung und notwendigen Trennung von Funktionen (die zu einer unübersichtlichen Verschachtelung in der Deugro geführt hatten), sah die Reichsgruppe nur noch den Ausweg, "den Handel bei der Konzern-Gesellschaft (Deugro - U. K.) unter Aufsicht des Staates beherrschend ein(zu)schalten."[131] Allein "durch vertrauenvollste Zusammenarbeit zwischen Staat, Partei, Arbeitsfront, Deugro, Liquidatoren der Verbrauchergenossenschaften und Handel (kann) der Zusammenbruch des Konzerns vielleicht noch aufgehalten werden".[132] Um die weitere Beunruhigung der Konsumvereinsmitglieder zu verhindern, sollten diese in einem "gemeinsamen Aufruf" aufgeklärt und ihnen v. a. die Sorge um die Sicherheit ihrer Spareinlagen genommen werden, für die sich der Staat verbürgen sollte. Unter der

> "Voraussetzung der Staats-Garantie bezüglich der Spareinlagen ist der Handel bereit und in der Lage, die erforderlichen Beträge zwecks Übernahme der Majorität der GmbH-Anteile der Deugro aufzubringen (...) und darüber hinaus alles in seiner Macht (stehende zu) tun, um die Liquidierung der aufgelösten Konsumvereine zu erleichtern und die Auflockerung des Deugro-Konzerns anzupacken und zu beschleunigen."[133]

Zur Übernahme der Mehrheit der GmbH-Anteile der Deugro hatte die Reichsgruppe Handel in ihrem zweiten Schreiben an das Reichswirtschaftsministerium die Forderung erhoben, vorbehaltlich der Zustimmung von Staat und Partei,

---

und Zee-Heraeus vom 5. Februar 1936 war nicht zu ermitteln. Ausweislich der überlieferten Unterlagen hat nur diese eine Unterredung stattgefunden. Zur Lücke im Bestand des RWM, der diese fehlende Niederschrift möglicherweise geschuldet ist, vgl. oben.

129 Vgl. ebenda, fol. 310 und 312f.

130 Ebenda, fol. 311.

131 Ebenda, fol. 316.

132 Ebenda, fol. 317.

133 Ebenda, fol. 317f.

51 % des Gesellschafterkapitals der Gesellschaft übernehmen zu können. Nur unter dieser Voraussetzung waren die Leiter der Reichsgruppe und der vier Wirtschaftsgruppen Groß-, Ein- und Ausfuhrhandel, Einzelhandel, Vermittlergewerbe und Gaststätten- und Beherbergungsgewerbe bereit, ihre Mitglieder aufzufordern, "sich freiwillig an der Aufbringung einer Summe zu beteiligen, die zum Kauf der in Frage kommenden GmbH-Anteile der Deugro zu verwenden ist."[134] Gewissermaßen als Gegenleistung verpflichtete sich der Handel,

> "keine Bestimmungen zu fordern, die im Widerspruch zu dem Gesetz über Verbrauchergenossenschaften (...) stehen. Das heißt mit anderen Worten, *daß der Handel damit einverstanden ist, daß die nicht aufgelösten* und an der Deugro auch fernerhin beteiligten *Verbrauchergenossenschaften* im Rahmen des Gesetzes vom 21.5.35 und im Sinne der Partei-Richtlinien ungestört *weiter bestehen und ihren Geschäften nachgehen können.*[135]

Die so gedachte Privatisierung der Deugro sollte sich ausdrücklich auch auf deren Produktionsbetriebe erstrecken: "Endziel der Bemühungen des Handels ist auch hinsichtlich dieser Betriebe ihre Überführung in die Privatwirtschaft, wozu sie zunächst schnellstens juristisch zu verselbständigen wären."[136] Praktisch war mit diesem Ansinnen - wenngleich nicht offen ausgesprochen - die Auflösung der Deugro beabsichtigt, die ohne ihre Produktionsbetriebe wohl schwerlich hätte weiterbestehen können, da ein erheblicher Teil ihrer Umsätze in der Eigenproduktion erzielt wurde.[137]

Mit der Auflösung der Deugro aber wäre die im Gesetz über Verbrauchergenossenschaften verfolgte Absicht, den nicht liquidierenden Konsumvereinen das Weiterbestehen zu ermöglichen, zunichte gemacht worden. Diesen sollte die Deugro als Lieferant (auch von ihr hergestellter Waren) erhalten bleiben. Die offenkundige Widersprüchlichkeit zwischen den Äußerungen der Vertreter der

---

134 Ebenda, fol. 320. Die Wirtschaftsgruppe Groß-, Ein- und Ausfuhrhandel sollte ebenso wie die Wirtschaftsgruppe Einzelhandel 45 % der Summe aufbringen, die beiden anderen jeweils 5 %.

135 Ebenda, fol. 320f, Hervorh. U. K. Allerdings zitierte die Reichsgruppe in diesem Zusammenhang eine Passage eines Aufsatzes des ORegR Holtz aus dem RWM, in dem darauf hingewiesen worden war, daß zwar die weiterbestehenden Konsumvereine nicht behindert werden sollen, womit aber nicht festgelegt sei, daß "die Form (...) (ihres) Betriebes und der Aufbau der ganzen Organisation keinen Veränderungen unterworfen werden könnte." Holtz, Konsumvereinsfrage, S. 16.

136 BAP, 21.01 Nr. B 9652, fol. 322. Die Schreiben der Reichsgruppe Handel enthielten hierüber keine näheren Ausführungen.

137 Im Geschäftsjahr 1936 belief sich der Anteil der Eigenproduktion am Gesamtumsatz auf 34,7 % (107.574.635 RM) gegenüber 34,4 % von GEG bzw. Deugro (nach der Umorganisation) im Geschäftsjahr 1935, vgl. Bericht über das Geschäftsjahr 1936. Deutsche Großeinkaufs-Gesellschaft, S. 6.

Reichsgruppe Handel in den Besprechungen im Januar und Februar und ihrem schriftlich unterbreiteten Lösungsvorschlag - der in sich selbst insofern widersprüchlich war, als er sich ausdrücklich auf Leys Vorstellungen der Auflösung der Konsumvereine und der Deugro bezog, zugleich aber die oben zitierte Zusicherung enthielt, keine im Widerspruch zum Gesetz vom 21. Mai 1935 stehenden Forderungen zu erheben - dürfte letzten Endes für das Reichswirtschaftsministerium ausschlaggebend gewesen sein, der Reichsgruppe Handel das Angebot einer Beteiligung zu unterbreiten, das für diese wegen der daran geknüpften Bedingungen unannehmbar war.

Dem Staat, der nach den weiteren Vorstellungen der Reichsgruppe im Aufsichtsrat der Deugro künftig vertreten sein mußte, sollte ein Vetorecht gegen Beschlüsse ihrer Organe eingeräumt werden, sofern diese für die genossenschaftlichen Gesellschafter der Deugro eine "unbillige Härte" zur Folge hatten. Daneben waren Vertreter der Partei und der Arbeitsfront (Reichsbetriebsgemeinschaft Handel) in den Aufsichtsrat zu berufen.

Das politische Interesse des Handels an der Einzelprivatisierung und demzufolge seine Bereitschaft zur Mitwirkung bei der entsprechenden Verwertung der Verteilstellen liquidierender Genossenschaften gründete in dem Bestreben,

> "eine Vielzahl ertragreicher Wirtschaftseinheiten, fußend auf eigener Kapitalbasis und getragen von verantwortlichen Kaufmannspersönlichkeiten" zu schaffen. "Daraus ergibt sich die Ablehnung des wirtschaftlichen Kollektivismus, und die Beteiligung des Handels an der Deugro ist der praktische Ausdruck dieser grundsätzlichen Einstellung, nicht etwa nur ein finanzielles Problem."[138]

Trotz dieser hehren Worte scheiterte der Vorschlag der Reichsgruppe Handel aber auch (wenngleich offiziell in erster Linie) an dem finanziellen Problem der Garantie für die in den Konsumgenossenschaften angelegten Spargelder, die selber zu übernehmen die Reichsgruppe nicht bereit war. Ihr Angebot, das sie dem Reichswirtschaftsministerium mit diesen zwei Schreiben zur sorgfältigen Prüfung unterbreitete, betrachtete sie unter ausdrücklichem Verweis auf die vom Reich unbedingt abzugebende "Ausfallgarantie hinsichtlich der Spareinlagen" als ein "geschlossenes Ganzes",[139] das sie angesichts der sich täglich zuspitzenden Lage bei den liquidierenden Genossenschaften und der Deugro mit zunehmenden Liquidationsverlusten nur bis zum 24. Februar 1936 aufrechtzuhalten bereit war.[140]

Weitere (soweit feststellbar jedoch nicht in den Verhandlungen zwischen Reichsgruppe und Reichswirtschaftsministerium thematisierte) Gründe für das Scheitern des Vorschlags waren offenbar Vorbehalte im Ministerium gegen die

---

138 BAP, 21.01 Nr. B 9652, fol. 324.

139 Ebenda, fol. 325f.

140 Vgl. ebenda, fol. 326.

sich bei seiner Realisierung ergebende umfassende Vereinigung von Einzelhandels- und Großhandelsstufe. Außerdem befürchtete man, daß es entgegen den Bekundungen der Reichsgruppe nicht zu einer Privatisierung der Auffanggesellschaften kommen werde.[141]

Die endgültige Entscheidung der Ablehnung dieses Vorschlags erging tatsächlich aber erst am 25. März. Bis dahin dauerten die um die Übernahme einer Garantie für die Spareinlagen und die Weiterbeschäftigung des Personals geführten Verhandlungen zwischen der Reichsgruppe und dem Reichswirtschaftsministerium.

Das Reichswirtschaftsministerium hatte der Reichsgruppe Handel am 3. März mitgeteilt, ihrem Vorschlag zur Beteiligung am Liquidationsverfahren nur dann entsprechen zu können,

> "wenn der Handel die finanzielle und soziale Abwicklung der Verbrauchergenossenschaften, die ihre Auflösung auf Grund des Gesetzes vom 21. Mai 1935 beschlossen haben, uneingeschränkt und unter voller Garantie übernimmt, also insbesondere die Auszahlung der Spareinlagen und die Unterbringung der zur Entlassung kommenden Arbeitnehmer sicherstellt."[142]

Sofern die Reichsgruppe diese Bedingung akzeptierte, sollten ihr die im Gesetz über Verbrauchergenossenschaften vorgesehenen Reichsmittel zur Verfügung gestellt werden.

Im Reichsfinanzministerium stand man dieser Absicht des Reichswirtschaftsministeriums skeptisch gegenüber, da befürchtet wurde, daß sich die Reichsgruppe Handel bei auftretenden finanziellen Schwierigkeiten an das Reich wenden und zusätzliche Mittel beanspruchen werde. Nachdem man aber nach Rücksprache im Wirtschaftsministerium erfahren hatte, daß dieses nicht mit der Annahme des darin unterbreiteten Angebots rechne, wurde empfohlen, dem Reichswirtschaftsminister, der "sich offenbar die Plattform schaffen (will), (...) autoritär vorgehen zu können, (...) nicht (...) in den Arm zu fallen", zumal (wohl als Ergebnis dieser Rücksprache) die vom Reichswirtschaftsministerium mitgeteilte "Auffassung, daß die Reichsgruppe Handel das Angebot nicht annimmt", für zutreffend erachtet wurde, da die Verantwortung, die sie "übernehmen würde, so überaus groß ist, daß sie ihr nicht gewachsen sein kann."[143]

---

141 Diese beiden inoffiziellen Ablehnungsgründe sind in einem Aktenvermerk aus dem RFM vom 28. Februar 1936 aufgeführt, der anläßlich des zur Kenntnisnahme übersandten Entwurfs des beabsichtigten Schreibens des RWM an die Reichsgruppe vom 3. März (siehe u.) und Rücksprache mit dem im RWM zuständigen Beamten erstellt worden war, vgl. BAP, 21.01 Nr. 9903. fol. 12f.

142 Schreiben des RWM an die Reichsgruppe Handel vom 3. März 1936, Abschrift für den RFM, ebenda, fol. 14.

143 Aktenvermerk aus dem RFM vom 28. Februar 1936, ebenda, fol. 13.

Angesichts dieser Erwägung sollte gegen das Vorgehen des Reichswirtschaftsministeriums aber auch deshalb kein Widerspruch erhoben werden, weil befürchtet wurde, daß dieses dann, vom Reichsfinanzministerium "gezwungen, einen anderen Weg als den von ihm ins Auge gefaßten zu gehen, (...) später die Möglichkeit haben (würde), unter Berufung hierauf vom RFM eine Erhöhung der im Gesetz vom 21.5.1935 bereitgestellten Mittel zu fordern."[144]

Auf das Angebot des Reichswirtschaftsministeriums im Schreiben vom 3. März reagierte die Reichsgruppe Handel ablehnend, da sie ohne Bilanzunterlagen liquidierender Konsumvereine den an der Privatisierung zu beteiligenden Handelskreisen nicht empfehlen könne, "eine uneingeschränkte Garantie für die finanzielle und soziale Abwicklung zu übernehmen."[145] Erst wenn ihr diese vorlägen, mochte sie die vom Ministerium geforderte eindeutige Stellungnahme zu seinem Angebot abgeben. Außerdem wies sie zutreffend darauf hin, daß eine vergleichbare Verpflichtung im Gesetz über Verbrauchergenossenschaften selbst vom Reich nicht übernommen worden war.

Unter Hinweis auf die in der ersten Durchführungsverordnung zum Gesetz über Verbrauchergenossenschaften vorübergehend aufgehobene Verpflichtung der Liquidatoren, Liquidations-Eröffnungsbilanzen aufzustellen, teilte der Reichswirtschaftsminister der Reichsgruppe mit, die von ihr erbetenen Unterlagen nicht bereitstellen zu können. Die Entscheidung sollte nun in einer mündlichen Verhandlung getroffen werden.[146]

Der Geschäftsführer der Reichsgruppe Handel, Feldmann, erklärte am 25. März gegenüber Wienbeck, daß die Reichsgruppe ohne eine Reichsgarantie für die Spareinlagen "ihren Vorschlag fallen lasse." Da eine solche auch jetzt nicht übernommen wurde, erklärte Wienbeck, dieser sei somit "als erledigt zu betrachten."[147]

Es kann nicht verwundern, daß die in dem Vermerk aus dem Reichsfinanzministerium aufgeführten Gründe für die ablehnende Haltung des Reichswirtschaftsministeriums in diesen abschließenden Verhandlungen mit der Reichsgruppe Handel vom Reichswirtschaftsministerium zurückgehalten wurden, was in gleicher Weise für dessen oben entwickelte taktische Überlegungen in Anbetracht der widersprüchlichen Vorstellungen der Reichsgruppe und ihrer Berufung auf Ley zutrifft. Das Reichswirtschaftsministerium konnte kein Interesse daran haben, die Arbeitsfront über den Vorschlag der Reichsgruppe wieder in die Be-

144 Ebenda.

145 Schreiben der Reichsgruppe Handel an das RWM vom 9. März 1936, Abschrift für den RFM, ebenda, fol. 87.

146 Schreiben des RWM an die Reichsgruppe Handel vom 14. März 1936, Abschrift für den RFM, ebenda, fol. 88.

147 Vermerk der Unterredung als Abschrift für den RFM, ebenda, fol. 94.

handlung der konsumgenossenschaftlichen Fragen einzubinden, nachdem in der zweiten Hälfte des Jahres 1935 Ley in direkten Verhandlungen mit Schacht die schon mit dem Gesetz vom 21. Mai 1935 fixierte alleinige Richtlinienkompetenz des Reichswirtschaftsministeriums ausdrücklich anerkannt hatte, während zur gleichen Zeit die Konflikte beider wegen der Umsetzung der Leipziger Vereinbarung ausgebrochen waren.[148] Über die für die Reichsgruppe Handel unannehmbare Forderung, die Garantie für die finanzielle und soziale Abwicklung der Aktion zu übernehmen, gelang es dem Reichswirtschaftsministerium, eine erneute politische Konfrontation mit der Arbeitsfront in der Konsumvereinsfrage zu vermeiden.

Zur Sicherstellung der Privatisierung der Verteilstellen liquidierender Konsumvereine unter Beteiligung der Deugro hatte das Reichswirtschaftsministerium zwischenzeitlich zum einen im Kabinett die Ermächtigung beantragt, die Reichsbürgschaften aus den Sonderkrediten auch für nicht liquidierende Konsumgenossenschaften "fällig zu stellen und die dadurch erwachsenden Rückforderungen des Reiches niederzuschlagen."[149] Zum anderen war in einem - die Bestimmungen des Rundschreibens vom 8. Januar 1936 ergänzenden - Erlaß an die Länderregierungen und preußischen Regierungspräsidenten die gesellschaftliche Privatisierung nicht nur für zulässig, sondern für notwendig erklärt worden, sofern eine Einzelprivatisierung nicht möglich war.[150]

Der Antrag an das Kabinett war damit begründet worden, daß der Verzicht auf die Rückzahlung der Bürgschaften in Höhe von ca. 20 Mio. RM die Sanierung von 70 Konsumvereinen unter Beteiligung der Deugro zulasse, während deren Liquidation Kosten von 37 Mio. RM erfordere, die aus dem im Gesetz über Verbrauchergenossenschaften bereitgestellten Zuschußfonds nicht aufzubringen waren.[151] Am 23. März teilte Lammers dem Reichswirtschaftsministerium mit, daß kein Minister Widerspruch gegen dieses Anliegen erhoben und auch der Führer zugestimmt hatte.[152]

---

148 Vgl. Abschnitt 4.4.

149 Antrag des RWM an den StSRkei., nachrichtlich an die übrigen Reichsressorts, vom 2. März 1936, ebenda, fol. 17-19, hier fol. 19. Auch hier kam (wie bei dem Antrag vom 5. Juli 1935) die Beschlußfassung im Umlaufverfahren zustande, vgl. Abschnitt 5.1. Weitere Abdrucke des einvernehmlich mit dem RFM gestellten Antrags vom 2. März in: BAK, R 43 II/756, fol. 119-121; BA/MA, RW 19/979.

150 Vgl. Erlaß vom 12. März 1936, BAP, 21.01 Nr. B 9903, fol. 89-90; STA DT, L 80 II A, zu Gruppe V, Titel 14 Nr. 21, Bd. 1, fol. 149f.

151 Im Fall der Liquidation auch dieser Genossenschaften taxierte das RWM den Zuschußbedarf auf insgesamt 112 Mio. RM, 75 Mio. RM für die liquidierenden und 37 Mio. RM für diese 70 Konsumvereine, vgl. Antrag des RWM an den StSRkei. vom 2. März 1936, BAP, 21.01 Nr. B 9903, fol. 18, vgl. a. Abschnitt 5.1.

152 Vgl. BAP, 31.01 Nr. 10528, fol. 76.

In dem Erlaß vom 12. März schilderte der Reichswirtschaftsminister die bisherigen Schwierigkeiten. Die fortdauernde Verzögerung einer Privatisierung der Verteilstellen bedinge zunehmende Umsatzrückgänge und steigere die Liquidationsverluste durch die sich stetig verringernde Verwertbarbarkeit nicht allein der Verteilstellen, sondern auch der Läger und Herstellungsbetriebe der liquidierenden Konsumvereine.[153] Da die mit der Reichsgruppe Handel geführten Verhandlungen über deren (oben referierten) Vorschlag bislang ohne Ergebnis geblieben waren, forderte das Ministerium nun entschiedene Anstrengungen zur Verwertung der Verteilstellen, Produktionsbetriebe und Läger.

Priorität genoß weiterhin die Veräußerung der Verteilstellen an selbstständige Einzelkaufleute bzw. die bisherigen Lagerhalter der Konsumvereine.[154] "Nur wenn und insoweit die Verhandlungen über die Verwertung der Anlagen der Genossenschaften die Unmöglichkeit der Einzelprivatisierung ergeben, wird der Weg der gesellschaftlichen Privatisierung zu gehen sein", bei dem - sofern alle, bzw. die Mehrzahl der Verteilstellen von einer Gesellschaft übernommen werden sollen - "die alsbaldige Stillegung eines Teils der Verkaufsstellen und die allmähliche Überführung der übernommenen Läden auf selbständige Kaufleute in Aussicht zu nehmen sein (wird)."[155] Der Handel sollte außerdem im Vorstand und Aufsichtsrat der Gesellschaft vertreten sein.[156] Bei der zur Übernahme durch eine Auffang- oder Handelsgesellschaft erforderlichen Prüfung der Bedürfnisfrage auf Grundlage des Gesetzes zum Schutze des Einzelhandels war - so das Reichswirtschaftsministerium weiter - "zu berücksichtigen (...), daß eine Verwertung der Verteilungsstellen erfolgen *muß*."[157]

---

153 Um die Liquidationskosten gering zu halten, mußte versucht werden, auch die Produktionsbetriebe und Läger der liquidierenden Genossenschaften zu privatisieren, d. h. zu verkaufen. Diese Bemühungen gestalteten sich im Wege der Einzelprivatisierung v. a. wegen der Größe und des damit hohen Verkaufspreises schwierig, während die Auffanggesellschaften die Anlagen der Genossenschaften im Ganzen übernahmen und somit eine günstige Verwertung ermöglichten, an der dem RWM hinsichtlich der Höhe des bereitgestellten Zuschußbetrages gelegen war. Vgl. hierzu die in Abschnitt 5.3 geschilderten Privatisierungsverhandlungen der Konsumvereine in Wesermünde und Lage.

154 In dem Erlaß hieß es dazu: "Zu diesem Zweck haben die zuständigen Industrie- und Handelskammern unverzüglich Verhandlungen mit den interessierten Kreisen, insbesondere mit der örtlichen Vertretung des Einzelhandels und den Liquidatoren der aufgelösten Genossenschaften sowie unter Hinzuziehung der Kreiswirtschaftsberater aufzunehmen." BAP, 21.01 Nr. B 9903, fol. 89.

155 Ebenda.

156 Am 9. April unterrichtete die AG IHK die IHK, daß die Reichsgruppe Handel eine Vertretung des Handels in diesen Organen abgelehnt hatte, BAP, 31.01 Nr. 10528, fol. 118.

157 BAP, 21.01 Nr. B 9903, fol. 90, Hervorh. i. Orig. Hierauf wurde im Erlaß abschließend noch einmal besonders hingewiesen, indem "die unbedingte Einhaltung dieser Richtlinien

Hatten die Bestimmungen des Einzelhandelsschutzgesetzes bereits in den Durchführungsverordnungen eine Aufweichung erfahren, so geriet die hier geforderte - und in der dritten Durchführungsverordnung vom 23. Juli 1934 vorgesehene - Bedürfnisprüfung unter dieser Voraussetzung der unbedingten Verwertungsnotwendigkeit ohne Zweifel zur Farce.[158]

Hinsichtlich der in den Verhandlungen über die Form der Privatisierung zu berücksichtigenden Einzelheiten verwies das Ministerium auf von der Arbeitsgemeinschaft der Industrie- und Handelskammern aufgestellte Richtlinien, die seine Billigung gefunden hatten. Außerdem wurde die im Erlaß vom 8. Januar geforderte Mitteilung bei Bedenken über die Zuverlässigkeit von Bewerbern um Übernahme von Verteilstellen zurückgezogen, da sich gezeigt hatte, daß eine unzweifelhafte Beurteilung der bisher vorgelegten Fälle seitens des Ministeriums nicht möglich war. Sie wurden zukünftig von den Genehmigungsbehörden[159] bearbeitet, die den Auffanggesellschaften auch die Betriebserlaubnis erteilten, sofern der Reichswirtschaftsminister sein Einverständnis zur gesellschaftlichen Privatisierung gegeben hatte.

Die Richtlinien sahen vor, daß die örtlichen Industrie- und Handelskammern zuerst zu prüfen hatten, ob eine Überführung der Verteilstellen auf Einzelhändler oder bisherige Verkaufsstellenleiter[160] möglich war. Dabei mußten die Verkaufsmöglichkeiten der Produktionsbetriebe[161] der jeweiligen Konsumvereine berücksichtigt werden. Der Einzelhandel war aufzufordern, in einer "angemessenen Frist" Bewerber zu benennen. Bei von der Deugro geforderten Abnahmebindungen der neuen Inhaber sollte auf deren beschränkte Dauer und darauf geachtet

---

zur Pflicht" erklärt und hervorgehoben wurde, "daß die bestmögliche Verwertung der Anlagen liquidierender Genossenschaften nicht nur im Interesse ihrer Mitglieder und Gläubiger, vor allem der Sparer liegt, sondern auch im finanziellen Interesse des Reiches erfolgen muß." Ebenda.

158 Vgl. (dritte) VO zur Durchführung des Gesetzes zum Schutze des Einzelhandels. Vom 23. Juli 1934. RGBL I, S. 726 sowie die Ausführungen in Abschnitt 3.3.

159 In Preußen waren dies die Regierungspräsidenten, in kleineren Ländern - wie beispielsweise Lippe - die Landesregierungen.

160 In dem diese Richtlinien billigenden Erlaß des RWM vom 12. März war von den Lagerhaltern der Konsumvereine die Rede. Hier war nun keineswegs daran gedacht, diese aus dem Kreis der Bewerber auszuschließen, allenfalls handelt es sich um eine sprachliche Ungenauigkeit. Für eine Übernahme kamen - wie den überlieferten Unterlagen zu entnehmen ist - neben Kaufleuten sowohl die Lagerhalter als auch die Verteilstellenleiter der Konsumvereine in Frage.

161 Auch in diesem Punkt hatte das RWM auf die Verwertung sämtlicher Anlagen aufmerksam gemacht. Die vorstehende Bemerkung hinsichtlich der Lagerhalter trifft in entsprechender Weise auch hier zu.

werden, daß die Selbständigkeit der Erwerber nicht soweit eingeschränkt wird, daß sie zu Filialisten der Deugro werden.[162]

Sofern diese Bemühungen eine Einzelprivatisierung nicht möglich bzw. wirtschaftlich nicht verantwortbar erscheinen ließen, hatte die Industrie- und Handelskammer die Möglichkeit der gesellschaftlichen Privatisierung zu prüfen. In einem Gutachten mußten der zuständigen Verwaltungsbehörde, die die Genehmigung zur Gründung einer Auffanggesellschaft nach der entsprechenden Entscheidung des Reichswirtschaftsministeriums zu erteilen hatte, die Gründe dargelegt werden, die für die Notwendigkeit der gesellschaftlichen Privatisierung sprachen. Folgende Gesichtspunkte galt es dabei von den Kammern zu berücksichtigen: Der Gesellschaftsvertrag sollte möglichst zum Ausdruck bringen, daß die Auffanggesellschaft eine Zwischenlösung darstellt; die Einzelprivatisierung der von ihr übernommenen Verteilstellen war - so die Empfehlung - vertraglich zu fixieren. Um die Einhaltung dieser Bestimmung überwachen zu können, wurde angeregt, ebenfalls festzuschreiben, den Aufsichtsratsvorsitzenden vom Präsidenten der Industrie- und Handelskammer bestimmen zu lassen. Der Gesellschaftsvertrag sollte zudem nur für die Zeit abgeschlossen werden, in der die weitere Einzelprivatisierung zum Abschluß gebracht werden sollte,[163] und schließlich war vorgesehen, die Liquidatoren der aufgelösten Konsumvereine generell nicht als Geschäftsführer der neuen Auffanggesellschaften zuzulassen.[164]

---

162 Hierzu hatte das RWM im Erlaß vom 12. März eine Regelung in Aussicht gestellt, die auch nachträglich auf die abgeschlossenen Verträge Anwendung finden sollte, wodurch die in den Richtlinien geäußerten Bedenken zurückgestellt werden konnten. Am 9. April 1936 unterrichtete die AG IHK die örtlichen IHK hiervon in einem ergänzenden RdSchr., vgl. BAP, 31.01 Nr. 10528, fol. 118.

163 Von dieser im Gesellschaftsvertrag festgelegten zeitlichen Beschränkung wurde wenig später Abstand genommen, vgl. unten.

164 Vgl. die Richtlinien der AG IHK vom 27. Februar 1936 betreffend die "Liquidierung von Konsumvereinen", BAP, 21.01 Nr. B 9903, fol. 91f; STA DT, L 80 II A, zu Gruppe V, Titel 14 Nr. 21, Bd. 1, fol. 151f. In Lage führte der 1933 eingesetzte Ortsbeauftragte die Lebensmittel-Gesellschaft mbH. als alleiniger Geschäftsführer, vgl. STA DT, L 80 II A, zu Gruppe V, Titel 14 Nr. 21, Bd. 1, fol. 2-4 und 212. Im Januar 1936 amtierte dieser gleichzeitig als Geschäftsführer und Liquidator des Konsumvereins, vgl. Schreiben an die Lippische Regierung vom 9. Januar, ebenda, fol. 5f. Wie die überlieferten Unterlagen schließen lassen, ist er entweder selbst als Liquidator zurückgetreten oder vom RWM aus dieser Stellung abberufen worden. Artikel I der ersten DVO vom 31. Oktober 1935 zum Gesetz über Verbrauchergenossenschaften bot dem RWM diese Handhabe, vgl. RGBL I (1935), S. 1282. Im Schriftverkehr der folgenden Monate zwischen Genossenschaft bzw. Auffanggesellschaft und Landesregierung tritt er nur noch als Geschäftsführer des liquidierenden Konsumvereins bzw. der Auffanggesellschaft in Erscheinung. Ob eine derartige Konstellation auch noch an anderen Orten anzutreffen war, kann nicht verläßlich bestimmt werden.

Die in den Gesellschaftsvertrag aufzunehmenden Bestimmungen hatten keinen Bestand. Schon Anfang April erklärte das Reichswirtschaftsministerium gegenüber der Arbeitsgemeinschaft der Industrie- und Handelskammern, daß die zeitliche Befristung der von der Deugro gegründeten Auffanggesellschaften in diesen nicht notwendig aufgenommen werden müsse.[165] "Es genüge, wenn die vertretungsberechtigten Gesellschafter (der Deugro - U. K.) der zuständigen politischen Leitung, dem Präsidenten der Ind(ustrie)- und Handelskammer sowie dem Regierungspräsident(en) die eindeutige und bindende schriftliche Erklärung abgeben, daß sie sich nach etwa 5 Jahren einer Nachprüfung (...) über die von ihnen bisher durchgeführte Einzelprivatisierung sowie über die Möglichkeit einer weiteren zukünftigen Überführung der Auffanggesellschaft auf selbständige Einzelkaufleute unterwürfen."[166] In einem vom Reichswirtschaftsministerium gewünschten Rundschreiben unterrichtete die Arbeitsgemeinschaft am 9. April die örtlichen Kammern von dieser Regelung.[167]

Geltung behielten somit die für eine Einzelprivatisierung aufgestellten Richtlinien und die Verpflichtung der Industrie- und Handelskammern zur gutachterlichen Stellungnahme über die Frage, ob die Gründung einer Auffanggesellschaft zur Verwertung der Anlagen liquidierender Konsumvereine notwendig war.

Das Reichswirtschaftsministerium hatte mit dieser Maßnahme einer Bitte der Deugro entsprochen, die beklagte, daß die Handelskammern die in den Richtlinien zur Gestaltung des Gesellschaftsvertrags empfohlenen Inhalte als zwingende Vorschriften auslegten. Damit, so argumentierte die Deugro weiter, die mit der Gründung von Auffanggesellschaften verfolgten Absichten - den im Gesetz über Verbrauchergenossenschaften bereitgestellten Betrag zu schonen, eine Belastung des Arbeitsmarkts ebenso wie den weiteren Umsatzrückgang der Deugro zu vermeiden - auch erfüllt werden konnten, mußte "für eine bestimmte Übergangszeit möglichst große Sicherheit für den weiterlaufenden Absatz der GEG-Erzeugnisse und Handelsartikel geschaffen werden."[168] Dementsprechend bat die Deugro - sie sprach von der Notwendigkeit einer "gewisse(n) Wirkungsfrist" -, das Reichswirtschaftsministerium möge die Errichtung von Auffanggesellschaften für generell fünf Jahre zulassen. Während dieser Zeit durfte in ihnen keine Einzelprivati-

---

165 Am 30. März hatte das RWM diese Auffassung dem Sächsischen Ministerium für Wirtschaft und Arbeit in Dresden anläßlich der dortigen Verhandlungen zur Gründung einer Auffanggesellschaft mitgeteilt, BAP, 31.01 Nr. 10528, fol. 82.

166 Vermerk einer Besprechung vom 3. April zwischen Zee-Heraeus und der Geschäftsführung der AG IHK, ebenda, fol. 119.

167 RdSchr. der AG IHK an die IHK vom 9. April, vgl. ebenda, fol. 118.

168 Schreiben der Deugro an das RWM vom 24. März 1936, ebenda, fol. 113-116, hier fol. 114.

sierung vorgenommen werden,[169] nach Ablauf des vierten Geschäftsjahres sollten dem Ministerium jedoch sämtliche Unterlagen überlassen werden, damit dieses entscheiden könne, "ob und wie die Einzelprivatisierung nunmehr fortgetrieben werden soll."[170] Die befristete Laufzeit der Auffanggesellschaften wollte die Deugro nicht in den Gesellschaftsvertrag aufnehmen, um "nicht von vornherein die Mitarbeiterschaft (...) völlig zu demoralisieren".[171] Stattdessen erklärte sie sich bereit, dem Reichswirtschaftsministerium eine schriftliche Erklärung über die Errichtung der Auffanggesellschaften mit generell fünfjähriger Laufzeit abzugeben und außerdem dafür zu sorgen, daß die Geschäftsführer dieser Gesellschaften sich gleichermaßen verpflichteten, nach Ablauf des vierten Geschäftsjahres die Überprüfung durch das Ministerium zu ermöglichen.[172]

Das Reichswirtschaftsministerium, das diese Argumente der Deugro hinsichtlich der in den Gesellschaftsvertrag aufzunehmenden Bestimmungen als begründet ansah, veranlaßte daraufhin die Arbeitsgemeinschaft der Industrie- und Handelskammern zur entsprechenden Ergänzung ihrer Richtlinien vom 27. Februar durch das oben nachgewiesene Rundschreiben vom 9. April.

Dem Verlangen der Deugro, eine - auch nur teilweise - Einzelprivatisierung während der fünfjährigen Laufzeit der Auffanggesellschaften auszuschließen, kam das Ministerium aber nicht nach. In einem (dritten) Erlaß zur Abwicklung der liquidierenden Konsumvereine bat es die Adressaten, entsprechend der modifizierten Richtlinien der Arbeitsgemeinschaft der Industrie- und Handelskammern, die Genehmigung zur Gründung der Auffanggesellschaften von der Verpflichtung der Geschäftsleitung abhängig zu machen, sich "nach Ablauf von 3-4 Jahren (...) einer Prüfung darüber zu unterwerfen, was zwischenzeitlich von der Auffanggesellschaft geschehen ist, um die notwendige Einzelprivatisierung der übernommenen Läden und sonstigen Anlagen durchzuführen, und welche Maßnahmen zu diesem Ziele noch zu erfolgen haben."[173]

---

169 Zur Begründung hieß es, daß ansonsten "die ganzen Wirtschaftlichkeitsberechnungen dieser Gesellschaften über den Haufen geworfen" werden, bzw. der weitere Umsatzrückgang der Deugro "nur mit einem Aufwand erreicht werden könnte, der die ganze Aktion in Frage stellen müßte." Ebenda, fol. 115.

170 Ebenda.

171 Ebenda.

172 Vgl. ebenda, fol. 115f. Die entsprechende Verpflichtungserklärung der Deugro ebenda, fol. 117.

173 Erlaß betreffend die "Privatisierung der Anlagen liquidierender Verbrauchergenossenschaften" vom 17. Juni 1936 an die Landesregierungen und Regierungspräsidenten, ebenda, fol. 449f, hier fol. 450. Weitere Exemplare: BAP, 21.01 Nr. B 9903, fol. 243f; STA DT, L 80 II A, Gruppe V, Titel 14 Nr. 21, Bd. 1; STA WF, 12 Neu 18 Nr. 709. Im Oktober bekräftigte das RWM gegenüber der Deugro die Forderung nach Privatisierungsanstrengungen der Auffanggesellschaften, Schreiben vom 17. Oktober 1936, hiervon wur-

Der Geschäftsführer der Auffanggesellschaft in Lage gab auf Anforderung der Lippischen Regierung eine Erklärung ab, in der er u. a. versicherte, "jede Gelegenheit zur Überführung der Verkaufsstellen und Vermögensstücke der Genossenschaft bzw. der GmbH auf den Einzelhandel"[174] auszunutzen, während in Wuppertal eine entsprechende Regelung möglicherweise doch im Gesellschaftsvertrag vereinbart worden war. In einem Schreiben an die Bremer Behörde für Schiffahrt, Handel und Gewerbe anläßlich der Verhandlungen zur Privatisierung der Genossenschaft "Unterweser" in Wesermünde hatte das Bremische Amt in Bremerhaven darauf hingewiesen, daß die Auffanggesellschaft in Wuppertal vertraglich verpflichtet worden war, bis 1938 acht übernommene Verteilstellen weiter zu veräußern.[175]

5.2.1 Zusammenfassung

Von der Gründung der ersten Auffanggesellschaften in Breslau und Köln am 2. Dezember 1935 bis zur offiziellen Zulassung dieses Wegs der Privatisierung am 12. März 1936 waren wenig mehr als drei Monate vergangen.

Den überlieferten Unterlagen zufolge hat das Reichswirtschaftsministerium zuerst versucht, die Privatisierung der Verteilstellen liquidierender Konsumvereine durch den Verkauf an Einzelpersonen vorzunehmen, wobei v. a. - also nicht ausschließlich - die bisherigen Lager- oder Verteilstellenleiter der Genossenschaften zum Zuge kommen sollten. Ziel dieser Politik war die Sicherung der Absatz- oder Umsatzbasis der GEG bzw. Deugro, die für die Fortexistenz der nicht liquidierenden Konsumgenossenschaften als deren Produzent und Lieferant von Bedeutung war. Aber auch um eine finanzielle Beteiligung der Deugro sowohl bei der Liquidation als auch bei der Sanierung von Konsumvereinen möglich zu machen, mußte versucht werden, den Umsatzausfall durch die liquidierenden Genossenschaften zu kompensieren. Dies sollte dadurch erreicht werden, daß die Anlagen der zur Auflösung kommenden Konsumgenossenschaften nicht geschlossen,

---

den die Landesregierungen abschriftlich unterrichtet, vgl. STA DT, L 80 II A, zu Gruppe V, Titel 14 Nr. 21, Bd. 1, fol. 227-230. Der Entwurf in: BAP, 31.01 Nr. 10529, fol. 312f.

174 Erklärung vom 26. Juni 1936, STA DT, L 80 II A, zu Gruppe V, Titel 14 Nr. 21, Bd. 1, fol. 212.

175 Vgl. das vertrauliche Schreiben vom 20. März, STA HB, 3 - V.2. Nr. 278.53 Nr. 1, Quad. 15. In einem Schreiben des Oberbürgermeisters der Stadt Wesermünde an den Regierungspräsidenten in Stade vom 13. Februar 1936 hieß es, der Wuppertaler Auffanggesellschaft sei die Auflage gemacht worden, ihre Verkaufsstellen allmählich zu privatisieren ("in selbständige Unternehmen überzuführen") und 1936 mindestens acht Läden an selbständige Einzelhändler abzugeben, STA Stade, Rep. 180 G II Nr. 237.

sondern an private Interessenten verkauft und durch die Deugro weiterbeliefert wurden.

Auf die Erwartung, im Wege der Einzelprivatisierung neue selbständige und zugleich mittelständische Existenzgründungen zu ermöglichen, hatte das Reichswirtschaftsministerium schon zu einem frühen Zeitpunkt - im Sommer 1935 - hingewiesen. Als sich zur Jahreswende 1935/36 abzeichnete, daß die beabsichtigte private Privatisierung nicht im gewünschten Ausmaß zu realisieren war, fand man im Ministerium - auf der Suche nach den Gründen - einen Verantwortlichen im Handel, der sich, so die Kritik der Behörde, nicht ernsthaft bemüht habe, an der Privatisierung beteiligt zu werden. Man mutmaßte schon früher, daß es diesem nicht um eine Privatisierung und damit um die Gründung neuer Existenzen, sondern um die Schließung der Verteilstellen gehe. Daneben hatte das Reichswirtschaftsministerium den Eindruck gewonnen, daß auch die Deugro - wenngleich aus anderen Motiven - die Bemühungen um eine Einzelprivatisierung nicht ernsthaft betreibe. Den Hauptverantwortlichen aber erkannte das Ministerium ohne Zweifel im Handel, der sich daraufhin gegen die Vorwürfe mit einer nachhaltigen Kritik an der bisherigen Privatisierungspolitik der Deugro zur Wehr setzte.

Der im Februar durch die Reichsgruppe Handel unterbreitete Vorschlag einer 51%igen Beteiligung des Handels an der Deugro kam aus mehreren Gründen nicht zum Zuge. Die offiziell zur Ablehnung durch das Reichswirtschaftsministerium führende Weigerung der Reichsgruppe, für die soziale und v. a. die finanzielle Abwicklung der liquidierenden Konsumvereine die Garantie zu übernehmen, war ohne Zweifel ein gewichtiger Grund. Das Bestreben, die genossenschaftlichen Spareinlagen zu sichern, war schon bei den Verhandlungen im Vorfeld des Gesetzes vom 21. Mai 1935 von maßgeblicher Bedeutung gewesen, wenngleich seinerzeit das Reich im Gesetz eine derartige Garantie aus grundsätzlichen Erwägungen nicht übernommen hatte. Die Vorbehalte des Reichswirtschaftsministeriums gingen jedoch - wie gezeigt wurde - über diese Frage hinaus, und auch im Reichsfinanzministerium befürchtete man, daß die Reichsgruppe Handel ihrem Vorschlag nicht gewachsen war und möglicherweise später weitere Forderungen nach Reichsmitteln stellen könnte.

Ausschlaggebend für das Scheitern des Vorhabens der Reichsgruppe war aber dem Anschein nach die - angesichts der in ihrem Vorschlag enthaltenen Widersprüchlichkeit des Bekenntnisses zu den Absichten des Gesetzes über Verbrauchergenossenschaften und dem gleichzeitigen Bezug auf Leys Vorstellungen einer notwendigen Auflösung der Konsumvereine und der Deugro - entstandene Sorge des Reichswirtschaftsministeriums, anderenfalls erneut der Arbeitsfront Gelegenheit zu bieten, sich an der weiteren Behandlung der Abwicklungsaktion beteiligen zu können. Vermutlich, um seine alleinige Kompetenz in dieser Frage gar nicht erst selber in Frage zu stellen, und vor dem Hintergrund der Konflikte mit der DAF bei der Umsetzung der Leipziger Vereinbarung, unterbreitete das Reichswirtschaftsministerium der Reichsgruppe Handel sein eigenes taktisches Angebot. Indem es die Garantiefrage in den Vordergrund stellte, schuf es sich eine Plattform, die gegen den Vorwurf gesichert war, den Vorschlag der Reichsgruppe aus anderen als den offiziell diskutierten finanziellen (und sozialen) Kriterien ablehnen zu müssen bzw. schließlich abgelehnt zu haben. Ganz offensichtlich ist diese Taktik weder von der Reichsgruppe Handel noch der Arbeitsfront durchschaut worden.

Nachdem nun im Erlaß vom 12. März 1936 auch die sogenannte gesellschaftliche Privatisierung als Zwischenlösung für die erstrebte private Privatisierung zugelassen war, konnten die Verhandlungen zwischen den Liquidatoren der Genossenschaften und den Industrie- und Handelskammern um den günstigsten Weg der Verwertung der Anlagen liquidierender Konsumvereine fortgeführt werden.

5.3 Der Abschluß der Privatisierung aufgelöster Konsumgenossenschaften

Im Oktober 1936 stellte das Reichswirtschaftsministerium gegenüber der Deugro fest, "daß bei der Mehrheit der aufgelösten Verbrauchergenossenschaften (...) inzwischen die Verwertung der Anlagen erfolgt (ist), zum Teil im Wege der Einzelprivatisierung, zum größeren Teil im Wege der gesellschaftlichen Privatisierung; ein kleiner Teil der Anlagen ist geschlossen worden."[176]

In 24 Fällen übernahmen von der Deugro gegründete Auffanggesellschaften[177] die Anlagen der 72 liquidierenden Genossenschaften und führten 1.850 Verteilstellen fort. 1.050 wurden privat privatisiert, 300 geschlossen. Unter diesen 3.200 Verteilstellen[178] befanden sich 244 für Fleischwaren und 12 Kaufhäuser

---

176 Vgl. Schreiben des RWM an die Deugro vom 17. Oktober 1936, von dem die Landesregierungen und Regierungspräsidenten in Preußen abschriftlich Kenntnis erhielten, STA DT, L 80 II A, zu Gruppe V, Titel 14 Nr. 21, Bd. 1, fol. 227-230, hier fol. 228. Der Entwurf in: BAP, 31.01 Nr. 10529, fol. 312f.

177 Eine Aufzählung der Auffanggesellschaften weiter unten. Die Deugro hielt in ihnen i. d. R. die Mehrheit des Kapitals, beispielsweise bei der in Lage gegründeten Gesellschaft 17.000 RM des Stammkapitals von 20.000 RM, vgl. STA DT, L 80 II A, zu Gruppe V, Titel 14 Nr. 21, Bd. 1, fol. 2.

178 Diese Angaben bei Marahrens, Konsumgenossenschaften, S. 115. So auch der Sonderbericht des Amtes Information der DAF, Teil I, 28. Nach den Angaben im Jb. ZdK, 1947, S. 92, verfügten die 72 liquidierenden Genossenschaften über 3.400 Verteilstellen, von denen 1.600 durch Auffanggesellschaften, 750 durch private Erwerber fortgeführt und 1.050 "sonst privatisiert bzw. geschlossen" wurden. Nach Zirwas, Verbrauchergenossen-

bzw. Läden für Textilwaren (knapp 20 %[179] der entsprechenden Einrichtungen aller Konsumvereine). Außerdem betrieben die liquidierenden Konsumgenossenschaften 53 Zentrallager (15 %), 56 Bäckereien (16 %), 22 Mineralwasserfabriken und sonstige Betriebe (20 %)[180], fünf Mühlen (23 %), zwei Molkereien (33 %)[181] und 26 Fleischwarenbetriebe (-fabriken) (26 %)[182] Sie beschäftigten am 31. Dezember 1935 9.522 Personen (gegenüber 12.819 zum Jahresende 1934) und zählten 991.404 (am 31. Dezember 1934: 1.073.354) Mitglieder.[183] Die zur Auflösung kommenden Konsumvereine repräsentierten außerdem etwas mehr als ein Viertel der Umsätze,[184] ca. 40 % der Bilanzsumme und etwa den gleichen Anteil an den Spareinlagen aller Konsumgenossenschaften.[185]

Von den 72 Konsumgenossenschaften faßten 71 ihren Liquidationsbeschluß nach den Bestimmungen des Gesetzes über Verbrauchergenossenschaften, eine

---

schaften, S. 184, betrug die Zahl der Verteilstellen Ende 1935 2.714. Hiernach liquidierten 73 Konsumvereine (72 nach dem Gesetz über Verbrauchergenossenschaften, einer nach den Bestimmungen des Genossenschaftsgesetzes, vgl. unten). Vgl. 60 Jahre GEG, S. 140, worin die Zahl der Verteilstellen der 72 liquidierenden Konsumvereine ebenfalls mit 2.714 (jedoch zum Jahresende 1934) ausgewiesen ist. Ebenso Hasselmann, Konsumgenossenschaften, S. 482.

179 Berechnet nach Zirwas, Verbrauchergenossenschaften, S. 163 und 184f auf der Grundlage einer dort aufgeführten Erhebung des Revisionsverbands zum 31. Dezember 1935, zu der 1.106 von 1.187 angeschlossenen Genossenschaften berichteten, vgl. ebenda, S. 161. Während Zirwas bei den liquidierenden Konsumvereinen "Kaufhäuser bzw. Textilwaren-Verteilungsstellen" zusammenfaßt, weist er bei den berichtenden Genossenschaften allein die Kaufhäuser (insgesamt 63) nach. Die folgenden Prozentzahlen sämtlich hiernach. Sie vermitteln einen Eindruck über den Umfang der zur Auflösung kommenden konsumgenossenschaftlichen Einrichtungen. Für die Fleischwaren-Verteilstellen war eine Verhältniszahl nicht zu ermitteln.

180 Bei den liquidierenden Genossenschaften führt Zirwas "Mineralwasserfabriken und sonstige Betriebe" auf, bei den berichtenden hingegen nur "sonstige Betriebe", vgl. ebenda, S. 163, 184f.

181 Vgl. Zirwas, Verbrauchergenossenschaften, S. 185; 60 Jahre GEG, S. 140.

182 Vgl. Marahrens, Konsumgenossenschaften, S. 115, der seine Angaben auf 72 liquidierende Genossenschaften bezieht. Zirwas, Verbrauchergenossenschaften, S. 185, der diese Zahlen für 73 liquidierende Konsumvereine ausweist.

183 Vgl. Zirwas, Verbrauchergenossenschaften, S. 184; Hasselmann, Konsumgenossenschaften, S. 483.

184 Vgl. Zirwas, Verbrauchergenossenschaften, S. 161ff und 185. Im Kalenderjahr 1934 hatten die liquidierenden Konsumvereine einen Umsatz von 177,5 Mio. RM erzielt, während sich der Umsatz der 1934 zu der bei Zirwas zugrunde gelegten Erhebung des Revisionsverbands berichtenden 1.078 KG auf 660,1 Mio. RM (im Jahr 1934) belief.

185 Eigene Berechnung nach den ebenda, S. 190f und 218ff aufgestellten Gesamtbilanzen zum 31. Dezember 1934.

Genossenschaft - "Volkswohl" in Lüdenscheid - löste sich aufgrund des Genossenschaftsgesetzes auf.[186] Unter ihnen befanden sich fraglos die größten Konsumvereine der industriellen Ballungszentren bzw. Großstädte, jedoch längst nicht alle. Es liquidierten etwa die Genossenschaften in Berlin-Lichtenberg (Bilanzsumme etwa 40,5 Mio. RM/Spargelder ca. 17,3 Mio. RM), Chemnitz (10,3 Mio. RM/3,4 Mio. RM), Dresden (25,6 Mio. RM/5,4 Mio. RM), Essen (16 Mio. RM/4,3 Mio. RM), Wuppertal-Barmen (18,2 Mio. RM/6,2 Mio. RM), Hannover-Laatzen (8,5 Mio. RM/3,2Mio. RM), München (8,8 Mio. RM/5 Mio. RM), Köln-Buchforst (5,9 Mio. RM/1,2 Mio. RM) und der Berliner Wirtschaftsverein, Berlin-Tempelhof (9,3 Mio. RM/5,7 Mio. RM).[187]

Demgegenüber bestanden aber beispielsweise folgende Konsumgenossenschaften weiter:[188] Bremen (4,2 Mio. RM/1,2 Mio. RM), Frankurt am Main (4 Mio. RM/1,2 Mio. RM), Erfurt (3,4 Mio. RM/0,3 Mio. RM), Bochum (3,7 Mio. RM/0,8 Mio. RM), Braunschweig (3,5 Mio. RM/1,1 Mio. RM), Nürnberg (4,8 Mio. RM/1,6 Mio. RM) und Magdeburg (2,9 Mio. RM/1,6 Mio. RM).[189]

Hervorzuheben ist der im Mai 1936 erfolgte Widerruf der Zustimmung des Reichswirtschaftsministeriums zum Liquidationsbeschluß der "Produktion" in Hamburg (46,1 Mio. RM/22,6 Mio. RM), nachdem sich die Deugro bereit er-

186 Vgl. Schreiben der DZK an das RWM vom 27. Mai 1936, BAP, 31.01 Nr. 10528, fol. 408f, mit einer Übersicht der liquidierenden Konsumvereine; Zusammenstellung der DZK über den "Stand der Zuschußaktion am 31.3.1943 für die 72 aufgrund des Gesetzes vom 21.5.1935 liquidierenden Verbrauchergenossenschaften", BAK, R 2 Nr. 15910, fol. 222. Nachdem der RWM die Zustimmung zur Auflösung der Hamburger "Produktion" widerrufen hatte (vgl. weiter unten), war allein bei dem Konsumverein in Pulsnitz der Liquidationsbeschluß noch nicht in das Genossenschaftsregister eingetragen, der Revisionsverband hatte das RWM um eine Fristverlängerung bis zum 30. Mai 1936 ersucht. Die Genossenschaft in Pulsnitz ließ den Liquidationsbeschluß jedoch nicht eintragen und bestand weiter, vgl. BAP, 31.01 Nr. 10528, fol. 406. Es ist wahrscheinlich, daß Zirwas diesen Sachverhalt nicht berücksichtigt hat und die von ihm genannte Zahl der 73 liquidierenden Genossenschaften den Konsumverein in Pulsnitz einschließt. Die Arbeit (Dissertation) von Zirwas ist etwa zu diesem Zeitpunkt abgeschlossen und noch 1936 veröffentlicht worden, als Tag der mündlichen Prüfung ist der 10. Juni ausgewiesen, vgl. Zirwas, Verbrauchergenossenschaften, S. 184 und die Ausführungen eingangs dieses Abschnitts.

187 Diese (und die folgenden) Angaben für die nicht liquidierenden Konsumvereine aus: Bericht über die Erhebung über die Möglichkeit einer teilweisen Sanierung von 188 Genossenschaften, Anlageband, Anlagen 2, 3a, 3b, 4a und 4b.

188 Vgl. die Schreiben des RWM an die DZK vom 7. Mai 1936, BAP, 31.01 Nr. 10528, fol. 221 und vom 27. Juni 1936, BAP, 31.01 Nr. 10529, fol. 41.

189 Soweit ermittelt werden konnte, gehörte der Berliner Wirtschaftsverein bis 1933 dem RV an, für die Kölner Genossenschaft ließ sich die Zugehörigkeit nicht zweifelsfrei feststellen. Bei den übrigen Konsumvereinen handelt es sich um ehemalige ZdK-Genossenschaften, vgl. Jb. RV, 1930, S. 293ff; Jb. ZdK, 1930, Bd. 2, S. 686ff.

klärt hatte, deren Sanierung zu übernehmen. Dafür schlug das Ministerium die der Genossenschaft in den Sonderkrediten I und II eingeräumten Beträge von ca. 1,5 Mio. RM und ihre geschuldete Körperschaftsteuer von 700.000 RM nieder.[190] Nach den Berechnungen des Revisionsverbands belief sich der allein für die "Produktion" veranschlagte Liquidationszuschuß auf fast 13,7 Mio. RM, während für die Sanierung 7,3 Mio. RM ausgewiesen wurden.[191] Es muß offen bleiben, wie die Deugro diese vorzunehmen gedachte.[192] Ohne Zweifel schonte dieser Weg jedoch die vom Reich bereitgestellten Beträge zur Auflösung der Konsumvereine in beträchtlichem Umfang. Hierin dürfte der ausschlaggebende Grund für den Entschluß des Reichswirtschaftsministeriums zu sehen sein, die "Produktion" sanieren zu lassen. Der Revisionsverband hatte in seiner am 9. November 1935 vorgelegten Erhebung auf ihre "Schlüsselstellung innerhalb der deutschen Verbrauchergenossenschaften" hingewiesen und sie "auch wegen der besonderen Verhältnisse in Hamburg als Sonderfall angesehen". Während angenommen wurde, daß sie sich bei einer Sanierung "infolge der durch Streichung des Sonderkredites freiwerdenden Sicherheiten und durch Abstoßung nicht benötigter Vermögensteile (...) durchhelfen" könne, hegte man bei einer Auflösung die Befürchtung, daß sich der "erforderliche Zuschuß noch höher als von uns veranschlagt gestalten kann, weil dann die Genossenschaft eine Reihe von Betriebsgrundstücken abstoßen muß, für die ein Käufer bei der Notlage im Hamburger Gebiet nur schwer zu finden sein wird."[193]

Im Mai 1935 hatte Reichsfinanzminister Schwerin v. Krosigk Reichswirtschaftsminister Schacht in seiner Stellungnahme zu dem veränderten neuen Entwurf des Gesetzes über Verbrauchergenossenschaften - der schließlich auch verabschiedet worden war - mitgeteilt, daß es sich bei diesem um einen "Mittelweg handelt, der sowohl wirtschaftlich als auch politisch gangbar ist. Beseitigt werden, was mir das wichtigste zu sein scheint, die großen Verbrauchergenossenschaften, vor allem die (...) der Großstädte, bei denen eine Überwachung der Mitglieder schwer möglich ist und die sich am wenigsten als krisenfest erwiesen

---

190 Vgl. Schreiben des RWM an die Deugro vom 27. Juni 1936, BAP, 31.01 Nr. 10529, fol. 20-23, hier fol. 20. Der Widerruf erfolgte jedoch bereis im Mai, das genaue Datum war nicht festzustellen, vgl. Schreiben der DZK an das RWM vom 27. Mai 1936, BAP, 31.01 Nr. 10528, fol. 408f, demzufolge der Revisionsverband die DZK von diesem Sachverhalt unterrichtet hatte. Vgl. weiter Postelt, Werden und Ringen, S. 25f.

191 Vgl. Bericht über die Erhebung über die Möglichkeit einer teilweisen Sanierung von 188 Genossenschaften, Anlageband, Anlage 4a.

192 Weitere Unterlagen waren weder in den in Potsdam überlieferten Unterlagen noch den Aktensplittern beim RdK in Hamburg zu ermitteln.

193 Bericht über die Erhebung über die Möglichkeit einer teilweisen Sanierung von 188 Genossenschaften, S.46f.

haben."[194] Eine wirkliche, und d. h. ausschlaggebende Rolle für die konkrete Entscheidung, bestimmte Konsumgenossenschaften aufzulösen und andere fortbestehen zu lassen, hat das Problem der (politischen) Überwachung der Mitglieder jedoch anscheinend nicht gespielt.[195] In den überlieferten Unterlagen steht die Frage nach der wirtschaftlichen Situation der Konsumvereine und den Aussichten bzw. Nicht-Möglichkeiten ihrer Sanierung im Mittelpunkt. Zu bedenken ist bei der Beurteilung v. a., daß in dem Gesetz vom 21. Mai 1935 ja keine Verfügung darüber getroffen wurde, welche Genossenschaften sich konkret aufzulösen hatten. Der Liquidationsbeschluß mußte entweder gemeinsam von Vorstand und Aufsichtsrat oder durch die Generalversammlung der Konsumgenossenschaft gefaßt werden. Sofern der Reichswirtschaftsminister diesem die Zustimmung erteilte, wurde ein Zuschuß zur Erleichterung der Abwicklung in Aussicht gestellt.[196] Auch wenn man einmal unterstellt, daß auf die nationalsozialistischen Aufsichtsrats- und Vorstandsmitglieder in einzelnen Konsumvereinen möglicherweise in diesem Sinne durch örtliche Parteivertreter oder den ansässigen Handel eingewirkt wurde, bzw. die Vorstände und Aufsichtsräte selbst aus politischen Motiven und ohne wirtschaftliche Gründe die Auflösung beschlossen,[197] so kann nicht ignoriert werden, daß das Reichswirtschaftsministerium nur gut der Hälfte der ihm vorgelegten Liquidationsbeschlüsse die Zustimmung erteilte und die übrigen zurückwies, weil sie offensichtlich nur vorsorglich und ohne Nachweis ihrer mangelnden Lebensfähigkeit gefaßt worden waren. Unter diesen befanden sich die Konsumvereine Frankfurt-Höchst (Bilanzsumme 1,12 Mio. RM/Spareinlagen 0,19 Mio. RM), Mainz-Wiesbaden (1,96 Mio. RM/0,6 Mio. RM), Köln-Kalk (4 Mio. RM/1,4 Mio. RM), Mannheim (2,7 Mio. RM/0,7 Mio. RM), Remscheid (3,05 Mio. RM/0,8 Mio. RM) und Mönchengladbach (2,27 Mio. RM/1,14 Mio.RM).[198]

---

194 BAP, 31.01 Nr. 10525, fol. 293. Vgl. a. Abschnitt 4.3.

195 Vgl. hierzu ausführlich Abschnitt 5.5.

196 Vgl. Gesetz über Verbrauchergenossenschaften. Vom 21. Mai 1935. RGBL I, S. 681, §§ 2 und 3.

197 Dies dürfte im wesentlichen jedoch auszuschließen sein. I. d. R. hatten die 1933 eingesetzten und Vorstandsposten übernehmenden Beauftragten das Interesse, sich und anderen in den Konsumvereinen beschäftigten Parteimitgliedern diese Tätigkeit, diese "Futterkrippe" zu erhalten. Vgl. hierzu die verschiedenen Beispiele einer "nationalsozialistischen Bonzokratie", Deutschland-Berichte (Sopade), 2. Jg. 1935, Bericht November 1935, S. 1354ff. Einer der Beauftragten des Konsumvereins in Lage übernahm beispielsweise die dort gegründete Auffanggesellschaft als alleiniger Geschäftsführer, vgl. a. weiter unten.

198 Vgl. Bericht über die Erhebung über die Möglichkeit einer teilweisen Sanierung von 188 Genossenschaften, Anlageband, Anlage 8/3 und 9; Schreiben der DZK an das RWM vom 23. Dezember 1935, BAP, 31.01 Nr. 10527, fol. 261f; Schreiben des RWM an die DZK vom 28. Dezember 1935, ebenda, fol. 263. Der Konsumverein in Mönchengladbach ge-

So kam beispielsweise auch der in dieser Erhebung unberücksichtigte "Konsum- und Sparverein" Dortmund-Hamm, eine ehemalige ZdK-Genossenschaft, nicht zur Auflösung. Er zählte nicht zu den Vereinen, die mit Rentabilitäts- oder Liquiditätsschwierigkeiten zu kämpfen hatten, und brachte es im Geschäftsjahr 1934/35 in 201 Verteilstellen auf einen Umsatz von 11 Mio. RM, das waren gut 2,5 Mio RM mehr, als der Berliner Wirtschaftsverein (in 150 Verteilstellen) im Geschäftsjahr 1934 erzielte.[199]

Die 24 Konsumgenossenschaften, deren Anlagen von Auffanggesellschaften der Deugro übernommen wurden, befanden sich in Breslau, *Köln-Buchforst*, *Wuppertal-Barmen*, *Berlin-Tempelhof*, Liegnitz, *Essen*, Lage, Fürstenwalde, Anklam, *Lübeck*, Zeitz, *Hannover-Laatzen*, Pirmasens, Ammendorf, Pößneck, Oldenburg (in Oldenburg), Bitterfeld, *München*, Herford, Cottbus-Forst, *Dresden*, Hameln, Wurzen und Zwickau.[200] Die von der Deugro Anfang März 1936 bereits gegründeten Auffanggesellschaften in Schwarza und Suhl sowie die in Vorbereitung begriffene Gesellschaft in Coburg erhielten demnach nicht die beantragte Zustimmung des Reichswirtschaftsministeriums zur Erteilung ihrer Handelserlaubnis.[201]

Bemerkenswert ist, daß die von der Deugro gegründeten Auffanggesellschaften ihren Geschäftsbetrieb überwiegend schon vor dieser vom Reichswirtschaftsministerium erteilten Zustimmung aufnahmen. In gleicher Weise auffällig ist, daß das

---

hörte bis 1933 dem Kölner RV an, der Konsumverein in Köln sehr wahrscheinlich in gleicher Weise, vgl. Jb. RV, 1930, S. 293ff; Jb ZdK, 1930, Bd. 2, S. 686ff.

199 Vgl. Bericht über die Erhebung über die Möglichkeit einer teilweisen Sanierung von 188 Genossenschaften, Anlageband, Anlage 2; Werden und Wirken, S. 26. Die Zahlen können zumindest einen Eindruck von der Größe des Konsumvereins Dortmund-Hamm vermitteln. Vergleichszahlen für identische Zeiträume stehen nicht zur Verfügung. Im November 1934 hatte der Konsumverein Dortmund-Hamm durch die Verschmelzung mit der ehemaligen RV-Genossenschaft "Eintracht" in Dortmund-Hafen seine Verteilstellen von 149 auf 201 erweitert.

200 Vgl. die im RWM angefertigte "Zusammenstellung der aus liquidierenden Verbrauchergenossenschaften hervorgegangenen Auffanggesellschaften", die dem Heeresbeschaffungs- und Verpflegungsamt im OKH am 3. Januar 1939 im Rahmen der betriebenen Privatisierung der Auffanggesellschaften übermittelt wurde, BA/MA RW 19/981. Die Konsumgenossenschaften mit einer Bilanzsumme von mehr als 5 Mio. RM sind kursiv gesetzt, vgl. Bericht über die Erhebung über die Möglichkeit einer teilweisen Sanierung von 188 Genossenschaften, Anlageband, Anlagen 2, 3a, 3b und 4a. Marahrens, Konsumgenossenschaften, S. 102, beziffert die Zahl der gegründeten Auffanggesellschaften irrtümlich mit 25.

201 Vgl. Schreiben der Deugro an den RWM vom 13. Mai 1936, BAP, 31.01 Nr. 10529, fol. 33. In seinem Antwortschreiben vom 27. Juni 1936 teilte er mit, daß er dem Antrag "ohne weitere Prüfung (...) grundsätzlich nicht zu entsprechen (vermag)", ebenda, fol. 20-23, hier fol. 22.

Ministerium hiergegen aber - über die in den Verhandlungen mit der Deugro Anfang 1936 geäußerten Vorbehalte hinaus[202] - keinen Widerspruch erhob. Dieser unterblieb vermutlich, weil es vor dem abschließenden Bericht der zuständigen Landesregierungen und Regierungspräsidenten über das Ergebnis der Privatisierungsbemühungen kein Einverständnis zur Fortführung der liquidierenden Konsumvereine durch Auffanggesellschaften erteilte.[203] Das Reichswirtschaftsministerium wies die Deugro lediglich darauf hin, daß Auffanggesellschaften, die "im Handelsregister eingetragen und tätig sind, (...) hinsichtlich der Werbung und Rabattgewährung anderen privatwirtschaftlichen Unternehmungen (...) (gleichgestellt sind), ohne Rücksicht darauf, ob diesen Auffanggesellschaften die nach dem Einzelhandelsschutzgesetz erforderliche Genehmigung bereits erteilt ist."[204]

Die Deugro ging bei der Gründung von Auffanggesellschaften demnach das Risiko ein, für deren Handelserlaubnis nicht die nachträgliche Zustimmung des Reichswirtschaftsministeriums zu erhalten. In zwei Fällen (Schwarza und Suhl) verweigerte das Ministerium seine Zustimmung, ebenso verhielt es sich mit der im Mai 1936 in Vorbereitung befindlichen Auffanggesellschaft in Coburg. Die Konsumvereine in Schwarza und Suhl wurden offensichtlich im Wege der Einzelprivatisierung auf ehemalige Verteilstellenleiter oder Kaufleute überführt, die Anlagen der Genossenschaft in Coburg übernahmen ortsansässige Großhändler durch Gründung einer GmbH.[205] Inwieweit sich hieraus für die Deugro finanzielle Nachteile ergaben, war nicht festzustellen, auf die schließlich vom Reich für die Liquidation der Konsumvereine in Coburg und Schwarza gezahlten Zuschüsse hat sich dieser Sachverhalt nicht negativ ausgewirkt. Diese lagen unter den im November 1935 berechneten Beträgen aus dem Bericht des Revisionsverbandes.[206]

---

202 Vgl. Abschnitt 5.2.

203 Vgl. Antwortschreiben des RWM an die Deugro vom 8. Mai 1936 (STA DT, L 80 II A, zu Gruppe V, Titel 14 Nr. 21, Bd. 1, fol. 169) zu deren Antrag vom 23. April zur "nachträgliche(n) Genehmigung und Erteilung der Handelserlaubnis" für die bereits "ins Leben getretenen" Auffanggesellschaften in Ammendorf, Bitterfeld, Liegnitz, Pössneck, Schwarza, Suhl, Zeitz und Lage, ebenda, fol. 170ff und BAP, 31.01 Nr. 10528, fol. 310ff und 330.

204 Schreiben des RWM an die Deugro vom 27. Juni 1936, BAP, 31.01 Nr. 10529, fol. 20-23, hier fol. 22.

205 Vgl. Ditt, Konsumgenossenschaften, S. 99. In Osnabrück gelang dem Großhandel hiernach entsprechendes, vgl. a. Postelt, 75 Jahre Selbsthilfe, S. 69f.

206 Vgl. Bericht über die Erhebung über die Möglichkeit einer teilweisen Sanierung von 188 Genossenschaften, Anlageband, Anlagen 3b und 4a; Zusammenstellung der DZK über den "Stand der Zuschußaktion am 31.3.1943 für die 72 aufgrund des Gesetzes vom 21.5.1935

Die zwischen den Liquidatoren und dem örtlichen Einzelhandel unter Beteiligung der Industrie- und Handelskammern geführten Verhandlungen mit dem ersten Ziel, die Verwertung der genossenschaftlichen Einrichtungen durch eine private Privatisierung zu erreichen, wurden v. a. von zwei Schwierigkeiten begleitet. Zum einen beklagten die Kammern und die örtlich zuständigen Genehmigungsbehörden, ihre Bemühungen würden durch den von der Deugro vorgelegten einheitlichen "Kauf- und Lieferungsvertrag" für die Übernahme der Verteilstellen erschwert, zum anderen unterrichteten sie das Reichswirtschaftsministerium davon, daß die Deugro Unterlagen und Auskünfte über die zur Bewertung der zu privatisierenden Anlagen notwendigen Wirtschaftlichkeitsberechnungen verweigere und die Verhandlungen von Bevollmächtigten führen lasse, die nicht zur Abgabe verbindlicher Erklärungen befugt seien.[207]

An dem Vertragsentwurf kritisierten die Industrie- und Handelskammern nach wie vor die darin beabsichtigte Verpflichtung der Erwerber zum langfristigen und ausschließlichen Warenbezug von der Deugro. Obwohl das Reichswirtschaftsministerium in seinem Runderlaß vom 12. März 1936 mitgeteilt hatte, daß Bedenken hiergegen zurückgestellt werden könnten, da eine zentrale Regelung beabsichtigt sei, die auch bei schon abgeschlossenen Verträgen zur Anwendung kommen sollte,[208] wiesen die Kammern auf das Problem hin, eine unzumutbare vertragliche Verpflichtung nur deshalb eingehen zu sollen, weil eine erträgliche zentrale Regelung vorgesehen sei, über deren Inhalt aber bisher keine Kenntnisse vorlagen.[209]

Ursprünglich war in dem von der Deugro vorgelegten "Kauf- und Lieferungsvertrag" vorgesehen, die Käufer (von Ladeneinrichtung und Kleininventar) der Verteilstellen zu verpflichten, ihren gesamten Waren- und Inventarbedarf für zehn Jahre[210] von der Deugro zu beziehen, die als Gegenleistung einen zinslosen

---

liquidierenden Verbrauchergenossenschaften", BAK, R 2 Nr. 15910, fol. 222. Für Suhl war hierüber nichts zu ermitteln.

207 Vgl. das Schreiben des RWM an die Deugro vom 5. Mai 1936, in dem diese nach der Schilderung vorstehender Klagen "mit allem Nachdruck" aufgefordert wurde, die Einzelprivatisierung "in jeder geeigneten Weise zu unterstützen", BAP, 31.01 Nr. 10528, fol. 213f.

208 Hierauf hatte außerdem die AG IHK - auf Bitte des RWM - in ihrem RdSchr. vom 9. April 1936 alle IHK hingewiesen, BAP, 31.01 Nr. 10528, fol. 118.

209 Vgl. beispielsweise das Schreiben der IHK für die Niederlausitz an das RWM vom 30. März 1936, ebenda, fol. 111.

210 Die Deugro verkürzte diese Frist - offensichtlich nach Intervention des RWM - auf fünf Jahre, vgl. Schreiben der Deugro an den RWM vom 9. April 1936, ebenda, fol. 310. Ein Muster des Kauf- und Lieferungsvertrags mit zehnjähriger Laufzeit, ebenda, fol. 413-317. Unklar bleibt die Bedeutung eines von der Deugro entwickelten Darlehens- und Lieferungsvertrags, in dem diese den Erwerbern der Verteilstellen ein Darlehen zum Ankauf der

Warenkredit einräumte. Daneben hatte die Deugro einen "Lieferungsvertrag" ausgearbeitet, der dem Anschein nach in den Fällen zur Anwendung kommen sollte, in denen eine Übernahme der Einrichtungsgegenstände der Verteilstellen nicht vorgesehen war. In diesem Fall war - unter sonst gleichen Vertragsbedingungen - eine dreijährige Abnahmeverpflichtung des Käufers beabsichtigt. Angesichts der Maxime der günstigsten Verwertung der genossenschaftlichen Verteilstellen bleibt unklar, für welchen Käuferkreis dieser Vertrag zugeschnitten war und welche Regelung hinsichtlich des Inventars der Verteilstelle getroffen wurde.[211] Die Reichsgruppe Handel hatte bereits diese dreijährige Verpflichtung und den weiter vorgesehenen Vertragsinhalt zum Anlaß genommen, in diesem Zusammenhang von "Knebelungsverträgen" zu sprechen.[212]

Die von den Liquidatoren der Konsumgenossenschaften geführten Privatisierungsverhandlungen verliefen ungleichzeitig und nicht zur Zufriedenheit des

---

Ladeneinrichtungen (einschließlich Kleininventars und Warenvorräte) gewährte. Die Verträge sind nicht wortgleich, jedoch in wesentlichen Bestimmungen identisch. Ein Exemplar des Darlehens- und Lieferungsvertrags mit zehnjähriger Laufzeit in dem Sonderbericht des Amtes Information der DAF, Teil I, Anlage 3. Ein weiteres bei Marahrens, Konsumgenossenschaften, Anlage 5. Vgl. außerdem das Schreiben der Reichsgruppe Handel an den RWM vom 12. Februar 1936, Durchschrift für den RFM, BAP, 21.01 Nr. B 9652, fol. 310-318, mit der Kritik an den Lieferungs- und Darlehensverträgen. Ob der Darlehens- und Lieferungsvertrag zugunsten des Kauf- und Lieferungsvertrags zurückgezogen oder unter Verringerung auf eine fünfjährige Vertragsdauer beibehalten wurde, ließ sich nicht ermitteln. Denkbar ist auch, daß die private Privatisierung i. d. R. auf der vertraglichen Grundlage des Darlehens- und Lieferungsvertrags erfolgte, da in den Akten mehrfach auf die fehlende oder unzureichende Kapitalausstattung der Bewerber für die Verteilstellen hingewiesen ist, denen die Deugro einen Kredit für die Übernahme bei langfristiger Bindung einzuräumen bereit war - doch auch im Kauf- und Lieferungsvertrag war eine solche darlehensweise Übernahme der Verteilstelle vorgesehen, was diese Vermutung zumindest relativiert. Klärende Unterlagen können in den fehlenden Aktenbänden im Potsdamer Bestand des RWM vermutet werden. Zur Lücke in der Überlieferung vgl. die Ausführungen in den beiden vorangehenden Abschnitten dieses Kapitels.

211 In den überlieferten Archivalien waren zu dieser Frage keine Unterlagen zu finden.

212 So mußte der Käufer bei der Inanspruchnahme des Warenkredits auf Skonto verzichten, Markenartikel durften nur mit Genehmigung der Deugro geführt werden (§ 1), die Rabattgewährung und -gestaltung unterlagen den Vorschriften der Deugro (§ 2), Zahlungen an die Deugro hatten dreimal wöchentlich zu erfolgen (§ 3). Ein Muster dieses Lieferungsvertrags in: BAP, 31.01 Nr. 10528, fol. 311-313. Die Bewertung dieses Vertrags durch die Reichsgruppe Handel als eines Knebelungsvertrags in ihrem Schreiben an den RWM vom 26. Januar 1936, Durchschrift für den RFM, BAP, 21.01 Nr. B 9652, fol. 327/1-335, hier fol. 327. Ihre Kritik an einzelnen Vertragsbestimmungen im Schreiben an den RWM vom 12. Februar 1936, Durchschrift für den RFM, ebenda, fol. 310-318, hier fol. 312f.

Reichswirtschaftsministeriums. Während sie in einigen Fällen innerhalb weiterer drei Monate nach dem Runderlaß vom 12. März 1936 zum Abschluß kamen, zogen sie sich - vermutlich - bei der Mehrzahl der 72 liquidierenden Genossenschaften hin. In seinem (dritten) Erlaß vom 17. Juni[213] forderte das Reichswirtschaftsministerium die umgehende Entscheidung über die Art der Verwertung der genossenschaftlichen Anlagen, da eine weitere "Verzögerung der Entscheidung (...) angesichts der sich ständig steigernden Betriebsverluste nicht mehr verantwortet werden (kann)." Weiter hieß es:

> Die Privatisierung "muß sich danach richten, welche Verwertungsart für die Liquidationsmasse am günstigsten ist. Diesem Gesichtspunkt kommt entscheidende Bedeutung zu, da die bereits hart betroffenen Sparer und Mitglieder der Verbrauchergenossenschaften vor weiteren Verlusten geschützt werden müssen und die Zuschußmittel des Reichs andernfalls nicht ausreichen würden." Unter Hinweis darauf, daß der örtliche Handel genügend Zeit gehabt hatte, "sich hinsichtlich der Übernahme der ihn interessierenden Anlagen schlüssig zu werden", betonte das Reichswirtschaftsministerium, daß "von *konkreten* Angeboten des Einzelhandels" auszugehen sei und nicht davon, "welches Ergebnis *möglicherweise* bei noch längeren Verhandlungen erreicht werden könnte."

Den Verkauf nur von einem Teil der Anlagen, "der günstigsten Objekte im Wege der Einzelprivatisierung" erklärte das Ministerium für "nicht vertretbar", sofern dadurch "die Verwertung der übrigen Anlagen in erheblichem Umfang unmöglich würde."

Die im Erlaß vom 12. März geforderte gutachterliche Stellungnahme der örtlichen Industrie- und Handelskammer über den einzuschlagenden Weg der Privatisierung hatte die Offerten der Auffanggesellschaften und die "*konkreten* Angebote" des Einzelhandels aufzuführen und zu bewerten, gleichzeitig aber auch die "Ansicht der Liquidatoren wiederzugeben" und mit einer Beurteilung zu versehen. Schließlich mußte die IHK "zur Frage der Unterbringung der Gefolgschaftsmitglieder des Konsumvereins im Falle der Einzelprivatisierung und der gesellschaftlichen Privatisierung Stellung nehmen."

Sofern nach Berücksichtigung dieser Erfordernisse die Privatisierung durch eine Auffanggesellschaft empfohlen wurde, bat das Reichswirtschaftsministerium die Behörden, die nach dem Einzelhandelsschutzgesetz notwendige Genehmigung von der Verpflichtung der Geschäftsleitung abhängig zu machen, sich nach drei

---

213 Erlaß vom 17. Juni 1936 an die Landesregierungen und preußischen Regierungspräsidenten betreffend die "Privatisierung der Anlagen liquidierender Verbrauchergenossenschaften", die folgenden Zitate hieraus, Hervorh. i. Orig., BAP, 31.01 Nr. 10528, fol. 449f, der Entwurf ebenda, fol. 447f. Weitere Umdruckexemplare in: STA DT, L 80 II A, Gruppe V, Titel 14 Nr. 21, Bd. 1; STA DT, M 1 I U Nr. 1241. Vgl. hierzu auch Abschnitt 5.2.

bis vier Jahren einer Prüfung über die bisher unternommenen und weiter beabsichtigten bzw. notwendigen Maßnahmen zu unterwerfen.

Im folgenden wird die Privatisierung am Beispiel zweier liquidierender Konsumvereine nachgezeichnet, zum ersten an der privat privatisierten Konsumgenossenschaft "Unterweser" in Wesermünde, zum zweiten an dem "Lippische(n) Konsumverein"[214] in Lage, dessen Anlagen von einer Handels- bzw. Auffanggesellschaft übernommen wurden. Wenngleich für eine Verallgemeinerung die an den anderen Orten vorherrschenden lokalen Bedingungen zu berücksichtigen sind, kann doch unterstellt werden, daß sich hieraus ein insgesamt zutreffender Eindruck der Verhandlungen - vor dem Hintergrund der vom Reichswirtschaftsministerium über die zitierten Runderlasse verfügten generellen Richtlinien - gewinnen läßt. Die Entscheidung, eine solcherart begrenzt exemplarische Darstellung der Privatisierung gerade für Lage und Wesermünde vorzunehmen, wurde v. a. getroffen, weil sich anhand der Bestände in den Staatsarchiven Detmold und Bremen die wichtigen Verhandlungen zwischen dem örtlichen Handel, den Genehmigungsbehörden und den Liquidatoren nachzeichnen lassen. Überlieferungen vergleichbarer Dichte waren sonst nicht zu ermitteln.[215]

Beide Konsumvereine waren bereits in der vom Revisionsverband der deutschen Verbrauchergenossenschaften am 9. November 1935 vorgelegten Erhebung als liquidationsreife Genossenschaften ausgewiesen. Mit einer Bilanzsumme von 1,6 Mio. RM (Lage) und 3,8 Mio. RM (Wesermünde) befanden sie sich unter zehn Genossenschaften, deren Bilanzsumme 1-5 Mio. RM betrug.[216] In Lage waren hiernach 908.534 RM und in Wesermünde 994.719 RM an Spargeldern vorhanden.[217] Nach der dem Reichswirtschaftsministerium am 8. April 1943 von der DZK übermittelten letzten Zusammenstellung über den Stand der Zuschußaktion für die liquidierenden Konsumvereine erhielten die Genossenschaften 528.756

214 Nach der Neuorganisation der Konsumgenossenschaften im Jahr 1933 firmierte dieser,wie die übrigen Konsumvereine bzw. -genossenschaften als Verbrauchergenossenschaft, also als "Lippische Verbrauchergenossenschaft".

215 Auch die im Potsdamer Bestand des RWM erhaltenen, einer kursorischen Durchsicht unterzogenen Akten einzelner Konsumvereine enthalten keine vergleichbaren Unterlagen, vgl. BAP, 31.01 Nr. 10602 bis Nr. 10875. Entsprechendes gilt für die Bestände anderer Staats- aber auch Stadtarchive und die Aktensplitter im Archiv des RdK in Hamburg.

216 Bei der Mehrzahl der 18 Genossenschaften, die ihre Liquidation zu diesem Zeitpunkt entweder bereits beschlossen bzw. schon die Zustimmung des RWM erhalten hatten (und deren Anträge z. T. bereits bearbeitet wurden), sowie den 45 Genossenschaften, deren Liquidation als unvermeidlich bewertet worden war, lag die Bilanzsumme unter 1 Mio. RM (44 Konsumvereine), bei fünf Genossenschaften zwischen 5 und 10 Mio. RM und bei vier Vereinen über 10 Mio. RM, vgl. Bericht über die Erhebung über die Möglichkeit einer teilweisen Sanierung von 188 Genossenschaften, Anlageband, Anlage 2 und 3a.

217 Vgl. ebenda.

RM (Lage) und 453.230 (Wesermünde) aus den vom Reich zur Verfügung gestellten Geldern.[218]

Die Liquidatoren der Konsumgenossenschaft "Unterweser" hatten den Auflösungsbeschluß am 31. Dezember 1935 in das Genossenschaftsregister eintragen lassen.[219] Am 23. Januar 1936 erbaten sie von den Oberbürgermeistern in Bremerhaven und Wesermünde die Zustimmung zur Übernahme der Anlagen der liquidierenden Genossenschaft durch eine - unter finanzieller Beteiligung der Deugro - neu zu gründende Auffanggesellschaft.[220]

Die Konsumgenossenschaft "Unterweser" unterhielt zum Jahresanfang 1936 38 Lebensmittelverteilstellen, in 7 weiteren kamen ausschließlich Fleischwaren zum Verkauf, die wohl zum größten Teil durch eine eigene Fleischwarenfabrik beliefert wurden. Außerdem betrieb die Genossenschaft ein Kaufhaus sowie eine Großbäckerei und verfügte neben dem Hauptbüro über ein Kohlen- und ein Zentrallager nebst Fuhrpark und Autoreparaturwerkstatt. Insgesamt waren 212 Personen beschäftigt. Die Mehrzahl dieser Anlagen befand sich im preußischen Wesermünde, das Kaufhaus und vier Verteilstellen (drei für Lebensmittel und eine für Fleischwaren) wurden im zu Bremen gehörenden Bremerhaven betrieben.[221]

Bis auf das Kaufhaus sollten die Anlagen der Genossenschaft von der vorgesehenen Auffanggesellschaft übernommen werden.[222] Die Liquidatoren hielten allein auf diesem Wege eine angemessene Verwertung der Betriebseinrichtungen und Warenvorräte für möglich, wodurch sich auch eine schnellere Befriedigung der Gläubiger als bei der Einzelprivatisierung gewährleisten ließe. Diese war - wie es hieß - "mit erheblichen Schwierigkeiten verbunden". Aus dem Kreis der 33 männlichen und 12 weiblichen Filialleiter(innen) kamen letztere wegen angeblich mangelnder Erfahrungen in der Betriebsführung überwiegend nicht für eine

---

218 Vgl. die Übersicht "Stand der Zuschußaktion am 31. 3. 1943 für die 72 auf Grund des Gesetzes vom 21. 5. 1935 liquidierenden Verbrauchergenossenschaften", BAK, R 2 Nr. 15910, fol. 222.

219 Vgl. Schreiben des Revisionsverbands an die DZK vom 18. April 1936, Abschrift für den RFM, BAP, 21.01 Nr. B 9903, fol. 96-115, hier fol. 103.

220 Vgl. Schreiben der VG "Unterweser" an den Oberbürgermeister in Bremerhaven vom 23. Januar 1936, STA HB, 3 - V. 2. Nr. 278.53 Nr. 1, Quad. 1. Das gleichlautende Schreiben an den Oberbürgermeister in Wesermünde (der dieses am 13. Februar abschriftlich dem Regierungspräsidenten in Stade übersandte und bat, eine Stellungnahme des RWM herbeizuführen), in: STA Stade, Rep. 180 G II Nr. 237.

221 Diese Angaben aus dem vorstehenden Schreiben vom 23. Januar und dem Bericht der Gewerbepolizei Bremerhaven an das Bremische Amt in Bremerhaven vom 4. Februar 1936, STA HB, 3 - V. 2. Nr. 278.53 Nr. 1, Quad. 4. Der Oberbürgermeister in Bremerhaven hatte das Schreiben zuständigkeitshalber an das Bremische Amt weitergeleitet. Dieses veranlaßte die Gewerbepolizei zu dem Bericht vom 4. Februar.

222 Zu den Verhandlungen um das Kaufhaus weiter unten.

Übernahme der Verteilstellen in Frage. 19 Läden befanden sich auf dem Konsumverein gehörenden Grundstücken, "die Räumlichkeiten (...) (waren) völlig auf die Verhältnisse der Verbrauchergenossenschaften zugeschnitten", woraus die Liquidatoren schlußfolgerten, daß "aller Wahrscheinlichkeit nach nur ganz wenige Filialleiter(innen) in der Lage sein (werden), Filialen zu erwerben, die in eigenen Grundstücken liegen." Von den 20 angemieteten Verteilstellen ließen sechs "wegen der geographischen Lage und der Umsatzhöhe keine Existenz für einen Einzelhändler" erwarten, so daß bei einer privaten Privatisierung gesichert nur die verbleibenden 14 Filialen zuzüglich einer unbestimmten Anzahl der auf den genossenschaftlichen Grundstücken unterhaltenen Läden zu verwerten waren.[223] Die Deugro war aber nur dann zu einer finanziellen Unterstützung der bisherigen Verteilstellenleiter(innen) bereit, wenn sie mindestens für 30 Filialen langfristige Lieferverträge abschließen konnte. Da die Liquidatoren annahmen, "außenstehende Einzelhändler" seien nicht bereit, derartige Verträge mit der Deugro einzugehen, kamen sie zu dem Ergebnis, daß die Einzelprivatisierung nicht durchzuführen war.[224]

Die Gewerbepolizei in Bremerhaven empfahl - in ihrem auf Veranlassung des Bremischen Amts in Bremerhaven erstatteten - Bericht, der beabsichtigten gesellschaftlichen Privatisierung zuzustimmen. Sie bezweifelte besonders die Lebensfähigkeit der bei einer Einzelprivatisierung entstehenden Geschäfte und wies darauf hin, daß bei dieser Lösung ein Teil der bisher Beschäftigten arbeitslos würde.

Vom Bremischen Amt in Bremerhaven ging dieses Votum (zusammen mit dem Schreiben der Genossenschaft vom 23. Januar 1936) an die für Bremen zuständige Behörde für Schiffahrt, Handel und Gewerbe in Bremen. Diese erbat von der Kleinhandelskammer eine Stellungnahme zu den Ausführungen der Liquidatoren, um ihrerseits dem Reichswirtschaftsministerium einen Bericht - wie in dessen Erlaß vom 8. Januar 1936 gefordert - über die geplante Errichtung der Auffanggesellschaft erstatten zu können.[225]

---

223 Die Genossenschaft unterhielt - wie oben vermerkt - insgesamt 45 Verteilstellen. Die Liquidatoren äußerten sich jedoch nur zu den Privatisierungsmöglichkeiten von 39 Läden (19 auf eigenen Grundstücken, 20 in angemieteten Räumen).

224 Die Zitate aus dem oben nachgewiesenen Schreiben der VG "Unterweser" vom 23. Januar 1936.

225 Vgl. Schreiben vom 15. Februar 1936, STA HB, 3 - V. 2. Nr. 278.53 Nr. 1, Quad. 5. Der Bremer Kleinhandel hatte in den Jahren vor 1849 im "Krameramt seine Interessenvertretung gehabt, war dann aber seit 1849 fachlich von der Handelskammer vertreten worden. Doch in dieser herrschten die Großkaufleute. 1899 gab es in Bremen bereits 1.600 Ladengeschäfte, deren Eigentümer vielfach den Wunsch äußerten, in einer eigenen Kammer für Kleinhandel vertreten zu sein. 1899 wurde eine Bürgerschaftskommission gewählt, die dann 1901 den Senat aufforderte, eine Gesetzesvorlage zu erarbeiten. Diese wurde durch den Einfluß der Handelskammer verschleppt, und erst am 28. März 1906 war es

Die Kleinhandelskammer lehnte die Gründung einer Auffanggesellschaft ganz entschieden ab. Zum einen führte sie sogenannte rechtliche Erwägungen ins Feld. Für die Übertragung der genossenschaftlichen Verteilstellen mußte ihrer Ansicht nach der Bedürnisnachweis nach der (dritten) Durchführungsverordnung zum Einzelhandelsschutzgesetz erbracht werden,[226] da sich die neue Gesellschaft maßgeblich von der bisherigen Genossenschaft unterscheide und wie eine Neuerrichtung zu behandeln sei. Einerseits verändere die Freigabe des Verkaufs (der Fortfall der Warenabgabe ausschließlich an die Mitglieder) die wirtschaftliche Struktur der Gesellschaft im Vergleich zum Konsumverein, und andererseits komme es zu einer neuen kapitalmäßigen Zusammensetzung. An die Stelle der Vielzahl der haftenden Genossenschaftsmitglieder treten wenige haftende Gesellschafter einer Kapitalgesellschaft, deren "Angelpunkt (...) in der Zusammenballung eines großen Kapitals (liegt)."[227] Zum anderen machte die Kleinhandelskammer

> "erhebliche volkswirtschaftliche Bedenken gegen die Übertragung auf eine *kapitalistische* Auffanggesellschaft" geltend, da der "selbständige Einzelhandel, der sich vor allem aus kleineren und mittleren Betrieben zusammensetzt, (...) einen Konkurrenten (erhält), gegen den er sich nicht wehren kann. Dem *Punkt 16 des Parteiprogramms*, der sinngemäß nicht nur den Abbau der Warenhäuser, sondern überhaupt die Einschränkung und Aufhebung sämtlicher unerwünschter Formen des Einzelhandels verlangt, würde ein Schlag ins Gesicht versetzt werden, wenn man eine Auffanggesellschaft bilden würde."[228]

Außerdem befürchtete man eine gewaltige, "sich über ganz Deutschland" erstrekkende "Kapitalmacht der Deugro", wenn sich auch anderenorts derartige Auffanggesellschaften unter ihrem maßgeblichen Einfluß gründen würden. Der Deugro böten sich damit "Ausbeutungsmöglichkeiten (...), denen der Mittelstand schutzlos preisgegeben wäre."[229]

Einer Zustimmung der Kleinhandelskammer zur Einzelprivatisierung stand nichts im Wege, sofern "die Leiter der Geschäfte tatsächlich selbständig wären." In ihrer beabsichtigten "langjährigen Bezugspflicht" von der Großeinkaufs-Ge-

---

dann so weit: die Kammer für Kleinhandel hatte die gesetzlichen Hürden genommen", Schwarzwälder, Geschichte, Bd. 2, S. 448. Durch Gesetz vom 20. Juli 1937 erfolgte die Auflösung der Kleinhandelskammer als gesonderter Interessenvertretung. Sie wurde der IHK Bremen als "Einzelhandelsabteilung" angegliedert, vgl. Teschemacher, Handbuch, Bd. 3, S. 175f.

226 Vgl. die (dritte) VO zur Durchführung des Gesetzes zum Schutze des Einzelhandels. Vom 23. Juli 1934. RGBL I, S. 726, Ziffer III.

227 Schreiben der Kleinhandelskammer zu Bremen an die Bremer Behörde für Schiffahrt, Handel und Gewerbe vom 20. Februar 1936, STA HB, 3 - V. 2. Nr. 278.53 Nr. 1, Quad. 6, S. 1 des Schreibens.

228 Ebenda, S. 1f des Schreibens, Hervorh. U. K.

229 Ebenda, S. 2 des Schreibens.

sellschaft erblickte man eine "große Gefahr für den tüchtigen aufstrebenden Nachwuchs. Dieser kann sich nicht frei entfalten, sondern ist weitgehend gehemmt, wenn er finanziell und im Warenbezug von der Deugro abhängt." Ihre Zustimmung zu den - wie schon von der Reichsgruppe Handel in ihren Schreiben an und Verhandlungen mit dem Reichswirtschaftsministerium als "Knebelungsverträgen" bezeichneten - vertraglichen Abnahmeverpflichtungen wollte die Bremer Kleinhandelskammer nur dann erteilen, wenn den Käufern der Verteilstellen die Möglichkeit eingeräumt werde, sich während der Vertragsdauer von ihren Verbindlichkeiten gegenüber der Deugro vollständig zu befreien und nach Ablauf des Vertrages entscheiden zu können, mit welchen Lieferanten künftig zusammengearbeitet werden soll.[230] Hinsichtlich der Ratenzahlungen der Käufer zur Ablösung ihrer Zahlungsverpflichtungen gegenüber der Deugro war diese Regelung in dem von ihr dem Reichswirtschaftsministerium vorgelegten "Kauf- und Lieferungsvertrag" vorgesehen.[231] Auf welche Vertragsgrundlage die Kleinhandelskammer Bezug nahm, konnte nicht festgestellt werden. Allem Anschein nach war ihr aber der Inhalt der dem Reichswirtschaftsministerium von der Reichsgruppe kurz zuvor unterbreiteten Vorschläge zur Mitwirkung des Handels an der Privatisierung bekannt.[232]

Wie schon in den schriftlichen Vorschlägen der Reichsgruppe Handel bei den Privatisierungsverhandlungen kommt in der Stellungnahme der Bremer Kleinhandelskammer unzweifelhaft zum Ausdruck, daß auch diese nicht bereit war, sich sowohl mit dem Fortbestehen der Deugro[233] als auch dem der nicht liquidierenden Konsumvereine abzufinden.

---

230 Vgl. ebenda, S. 3 des Schreibens.

231 Vgl. Schreiben der Deugro an das RWM vom 9. April 1936 mit einem Musterexemplar des Kauf- und Lieferungsvertrages, der bei der Einzelprivatisierung zur Anwendung kommen sollte. Die darin noch fixierte zehnjährige Laufzeit war bereits zuvor auf fünf Jahre verkürzt worden, vgl. BAP, 31.01 Nr. 10528, fol. 310 und 314-317. Schon in dem Erlaß des RWM vom 8. Januar 1936 waren "langfristige Bezugsverträge" zwischen der Deugro und den die Verteilstellen übernehmenden Personen ausdrücklich zugelassen worden.

232 Es kann davon ausgegangen werden, daß die Reichsgruppe ihre Untergliederungen von diesen Vorschlägen informiert hatte. Der Leiter der im Wirtschaftskammerbezirk Bremen ansässigen Bezirksgruppe war der Präses der Kleinhandelskammer, vgl. Teschemacher, Handbuch, Bd. 2, S. 51.

233 Auf diesen Sachverhalt wies das Bremische Amt in Bremerhaven die Bremer Behörde für Schiffahrt, Handel und Gewerbe hin. "Bemerkenswert ist, daß das Bestreben der Handelskammer (gemeint ist die Kleinhandelskammer - U. K.) und des Einzelhandels überhaupt gegen die Deugro gerichtet ist, daß aber der Reichswirtschaftsminister (...) die Absicht ausgesprochen hat, die Deugro aus wirtschaftlichen und personellen Gründen zu erhalten." Schreiben vom 20. März 1936, STA HB, 3 - V. 2. Nr. 278.53 Nr. 1, Quad. 15, S. 2f des Schreibens.

"Anstatt bei dem Abbau der Verbrauchergenossenschaften beim Kopf, nämlich bei der Produktion und dem Großhandel, also bei der Deugro zu beginnen, fängt man unten, nämlich bei den einzelnen Verkaufsstellen der Verbrauchergenossenschaften an. Aus diesem falschen Wege allein gehen die zahlreichen Schwierigkeiten hervor, die sich vor allem in der Richtung geltend machen, daß die Deugro als Sammelbekken der Gelder der Verbrauchergenossenschaften leistungsfähig erhalten werden soll."[234]

Ende Februar unterrichtete der Regierende Bürgermeister in Bremen das Reichswirtschaftsministerium ausführlich von der beabsichtigten Gründung einer Auffanggesellschaft und der ablehnenden Stellungnahme der Kleinhandelskammer. "Die Liquidatoren halten es (...), wenn nicht überhaupt für unmöglich, so doch für unzweckmäßig, die einzelnen Filialen in selbständige Einzelhandelsgeschäfte umzuwandeln. Sie halten es vielmehr für wünschenswert, daß sämtliche Verkaufsstellen der Verbrauchergenossenschaft in einer Hand bleiben."[235]

Im Reichswirtschaftsministerium vermochte man aus diesem Bericht nicht zu ersehen, daß die gewünschte private Privatisierung nicht durchführbar war. Ohne die Nachprüfung der Angaben der Liquidatoren durch die örtliche Einzelhandelsvertretung wollte man diese "nicht als eine beweiskräftige Feststellung der Unmöglichkeit einer Einzelprivatisierung"[236] anerkennen. Der Regierende Bürgermeister wurde daher aufgefordert, die IHK zu veranlassen, sofort den örtlichen Handel und die Liquidatoren zusammenzuführen und alle Anstrengungen zu unternehmen, die "grundsätzlich anzustrebende Einzelprivatisierung durchzuführen, (...) (wobei) gegen eine zeitlich begrenzte Verpflichtung der Erwerber" zum Warenbezug von der Deugro "keine Bedenken geltend zu machen sind."[237]

Am 25. März erstattete der Regierende Bürgermeister in Bremen dem Reichswirtschaftsministerium einen erneuten Bericht. Die mittlerweile von der für Bremen und Bremerhaven zuständigen Kleinhandelskammer und der Industrie- und Handelskammer in Wesermünde gemeinsam aufgenommenen Verhandlungen mit den Liquidatoren der Genossenschaft waren noch nicht zu einem endgültigen Ergebnis gelangt.[238] Für drei der in Bremerhaven befindlichen Verteilstellen

---

234 Schreiben der Kleinhandelskammer zu Bremen an die Bremer Behörde für Schiffahrt, Handel und Gewerbe vom 20. Februar 1936, ebenda, Quad. 6, S. 3 des Schreibens.

235 Bericht des Regierenden Bürgermeisters in Bremen an den RWM vom 26. Februar 1936, ebenda, Quad. 8, S. 3 des Schreibens.

236 Schreiben des RWM an den Regierenden Bürgermeister in Bremen vom 7. März, ebenda, Quad. 10.

237 Ebenda. Innerhalb der nächsten zwei Wochen erwartete das RWM einen Bericht über die Verhandlungen.

238 Vgl. Schreiben des Regierenden Bürgermeisters an den RWM vom 25. März 1936, ebenda, Quad. 19. Zur vereinbarten Zusammenarbeit von Kleinhandelskammer und IHK, aber auch der preußischen und bremischen Behörden vgl. die an die Behörde für Schiffahrt,

standen die Liquidatoren mit Bewerbern im Gespräch. Am 8. April beantragten sie beim dortigen Bremischen Amt die Erlaubnis zur Einzelprivatisierung bzw. Fortführung von drei Läden durch diese Interessenten, bei denen es sich offensichtlich ausschließlich um bisherige Filialleiter handelte.[239]

Der von der Deugro zur Privatisierung der Verteilstellen vorgelegte Kauf- und Lieferungsvertrag stieß in der Behörde für Schiffahrt, Handel und Gewerbe auf Bedenken. Diese richteten sich zum einen gegen den beabsichtigten Eigentumsvorbehalt der Deugro an den Einrichtungsgegenständen noch nach der Tilgung durch eine Verknüpfung mit den Forderungen der Deugro aus Warenlieferungen. Zum anderen bemängelte die Behörde eine die Selbständigkeit des Erwerbers untergrabende Abhängigkeit durch die Verpflichtung, Weisungen der Deugro hinsichtlich der Geschäfts- und Buchführung zu befolgen. In die gleiche Richtung zielte sie mit ihrer Kritik am sofortigen Fälligwerden aller Forderungen der Deugro bei einer Verschlechterung der Vermögensverhältnisse des Erwerbers. Außerdem verlangte sie, daß die Käufer den Vertrag auch vor Ablauf der fünfjährigen Laufzeit auflösen konnten, sofern ihre Verbindlichkeiten bei der Deugro beglichen waren. Schließlich sollte in den Vertrag noch aufgenommen werden, daß der vom Reichswirtschaftsministerium vorgesehene Mustervertrag nach seinem Erscheinen an die Stelle des hier verhandelten Vertrages treten wird. Nach Änderung der beanstandeten Passagen wollte das für Bremerhaven zuständige Bremische Amt den Bewerbern der Verteilstellen die Übernahme genehmigen.[240] Mit Ausnahme der an vorletzter Stelle gewünschten Vertragsänderungen bzw. -ergänzungen kam die Deugro den Forderungen der Behörde nach.[241] An den Bedenken gegen die Vertragsdauer hielten die beteiligten Behörden nicht länger fest, am 13. Juni erteilte das Bremische Amt die Genehmigung zur beantragten Einzelprivatisierung und Fortführung von drei Verteilstellen in Bremerhaven.[242]

Handel und Gewerbe in Bremen gerichteten Schreiben des Bremisches Amtes Bremerhaven vom 20. März 1936 und der Kleinhandelskammer vom 21. März, ebenda, Quad. 15 und 16.

239 Vgl. Schreiben der VG "Unterweser" an die Kleinhandelskammer vom 30. März, Abschrift für die Behörde für Schiffahrt, Handel und Gewerbe, ebenda, Quad. 23; dortige Vermerke vom 21. und 23. April, ebenda, Quad. 25 und 26.

240 Vgl. die Niederschrift einer Besprechung zur Privatisierung der VG "Unterweser" vom 29. Mai 1936 zwischen den Liquidatoren und Vertretern von Bremischem Amt, Kleinhandelskammer, Rekofei (dem Reichsverband der Kolonialwaren- und Feinkosthändler) sowie der Behörde für Schiffahrt, Handel und Gewerbe, ebenda, Quad. 48 und deren Schreiben an die Genossenschaft vom 8. Juni 1936, ebenda, Quad. 46.

241 Vgl. Schreiben der Deugro an das Bremische Amt vom 12. Juni 1936, Durchschrift für die Behörde für Schiffahrt, Handel und Gewerbe, ebenda, Quad. 49.

242 Vgl. das Schreiben des Bremischen Amtes in Bremerhaven an die Behörde für Schiffahrt, Handel und Gewerbe in Bremen vom 13. Juni 1936, ebenda, Quad. 50.

Auch in Wesermünde waren die Verhandlungen zum Abschluß gekommen. Alle 38 Lebensmittelverteilstellen der liquidierenden Genossenschaft wurden privat privatisiert, zwei Fleischläden vermietet, während sich für die fünf restlichen noch keine Interessenten gemeldet hatten. In welchem Umfang auch andere Personen als die bisherigen Filialleiter(innen) zum Zuge kamen, ließ sich nicht feststellen. Die Deugro übernahm das Hauptbüro, die Bäckerei und den Fuhrpark der Genossenschaft, während das Kohlenlager und die Fleischfabrik geschlossen wurden. Die Mehrzahl des bisherigen Personals der liquidierenden Genossenschaft wurde weiterbeschäftigt.[243] Die Eröffnung der privatisierten Verteilstellen sollte am 15. Juni erfolgen.[244]

Die gleichzeitig in den Verhandlungen zur Privatisierung der Verteilstellen unternommenen Bemühungen zum Verkauf des Kaufhauses in Bremerhaven dagegen waren bis dahin nicht zum Abschluß gekommen.

Unmittelbar nach dem Auflösungsbeschluß des Konsumvereins hatten die Liquidatoren damit begonnen, einen Käufer oder Pächter für das sich im Eigentum der Genossenschaft befindliche - und verlustträchtige - Kaufhaus zu suchen. Auch nach Einschaltung dreier Makler war es bis zum April 1936 nicht gelungen, Interessenten zu finden. Lediglich die Deugro wollte das Kaufhaus als Pächter weiterführen. Zu diesem Zweck beabsichtigte sie die Gründung einer (zweiten) GmbH, neben der zur Übernahme der Verteilstellen geplanten Auffanggesellschaft. Als weiteren Gesellschafter hatte sie die Person vorgesehen, die die Leitung des Kaufhauses übernehmen sollte.[245]

---

243 Vgl. Schreiben des Oberbürgermeisters in Wesermünde an den Regierungspräsidenten in Stade vom 12. Juni 1936, STA Stade, Rep. 180 G II Nr. 237; Bericht des Regierenden Bürgermeisters in Bremen an den RWM vom 25. Juni 1936, STA HB, 3 - V. 2. Nr. 278.53 Nr. 1, Quad. 69. Weitere Angaben zur Zahl der übernommenen Beschäftigten ließen sich nicht feststellen.

244 Dieser Termin war für die Verteilstellen in Bremerhaven vorgesehen. Es kann davon ausgegangen werden, daß er eingehalten wurde. Vermutlich wurden auch die in Wesermünde liegenden Läden an diesem Tage eröffnet. Im Verlauf der Privatisierungsverhandlungen hatten die Liquidatoren eine gleichzeitige Eröffnung der privatisierten Verteilstellen angestrebt. Die Bremer Kleinhandelskammer war diesem Anliegen beigetreten, vgl. Schreiben der Kleinhandelskammer an die Behörde für Schiffahrt, Handel und Gewerbe vom 21. März 1936, STA HB, 3 - V. 2. Nr. 278.53 Nr. 1, Quad. 18.

245 Die Berichte über die Verhandlungen zur Privatisierung des Kaufhauses finden sich zumeist in den vorstehend zitierten Unterlagen über die Besprechungen zum Verkauf der genossenschaftlichen Verteilstellen. Auf einen Einzelnachweis wird daher verzichtet. Dieser wird i. d. R. nur dann geführt, wenn bisher nicht herangezogene Aktenstücke ausgewertet werden bzw. auf speziell das Kaufhaus betreffende Inhalte Bezug genommen wird.

Die Kleinhandelskammer befürchtete, daß dieser Mitgesellschafter in ständiger Abhängigkeit von der Deugro stehen und zu keiner Zeit selbständig sein werde. Ihre ablehnende Haltung zu einer Fortführung des Kaufhauses begründete sie, wie schon bei ihrem Votum gegen die Gründung einer Auffanggesellschaft für die Verteilstellen der liquidierenden Genossenschaft, unter Rückgriff auf das Parteiprogramm der NSDAP und mit dem Hinweis auf vier weitere in unmittelbarer Nähe zu diesem Kaufhaus liegende Warenhäuser, die für den selbständigen Einzelhandel angesichts der Einwohnerzahl eine erhebliche Konkurrenz darstellten. Die Kleinhandelskammer war äußerstenfalls bereit, einer befristeten Verpachtung des Kaufhauses an eine GmbH zuzustimmen, um der liquidierenden Genossenschaft auf diese Weise mehr Zeit zu verschaffen, einen Käufer für das Kaufhaus bzw. Grundstück zu finden. Mit dem Verkauf, spätestens mit Ablauf des Pachtvertrages, sollte die das Kaufhaus betreibende Gesellschaft ihre Geschäftstätigkeit einstellen.[246]

Um einen - die Liquidationsverluste steigernden - Räumungsverkauf zu verhindern, baten die Liquidatoren die Behörde für Schiffahrt, Handel und Gewerbe Anfang April erneut, die Privatisierung zu beschleunigen, d. h. der Deugro die Erlaubnis zur Fortführung des Kaufhauses durch eine GmbH zu erteilen. Einzelinteressenten waren bis zu diesem Zeitpunkt nicht gefunden, angesichts der käuflich zu erwerbenden Warenbestände von 129.000 RM glaubten sie auch nicht, daß sich zukünftig ein Einzelkaufmann als Pächter oder Käufer finden werde.[247]

Kurz darauf meldete sich bei der Kleinhandelskammer der Inhaber eines auch in Bremerhaven ansässigen Unternehmens als Kaufinteressent. Die zwischen diesem und den Liquidatoren offensichtlich nur telefonisch (und auf der Grundlage der von der Genossenschaft überlassenen Unterlagen) geführten Verhandlungen wurden am 15. Mai abgebrochen. Angesichts ihres Verlaufs hegten die Liquidatoren den Verdacht, die Kleinhandelskammer versuche "lediglich, die Angelegenheit hinauszuzögern, um (...) (sie) zu zwingen, das Kaufhaus unter allen Umständen zu schließen."[248]

---

246 Vgl. das Schreiben der Kleinhandelskammmer an die Behörde für Schiffahrt, Handel und Gewerbe in Bremen vom 20. Februar 1936, STA HB, 3 - V. 2. Nr. 278.53 Nr. 1, Quad. 6, S. 3ff des Schreibens und den Bericht des Regierenden Bürgermeisters an den RWM vom 26. Februar, ebenda, Quad. 8, S. 4ff des Schreibens.

247 Vgl. Schreiben der VG "Unterweser" an die Behörde für Schiffahrt, Handel und Gewerbe vom 7. April 1936, ebenda, Quad. 24.

248 Schreiben der VG "Unterweser" an die Behörde für Schiffahrt, Handel und Gewerbe vom 16. Mai 1936, ebenda, Quad. 34, S. 2 des Schreibens. Der von der Kleinhandelskammer benannte Interessent hatte nach Darstellung der Liquidatoren alle angesetzten Besprechungen platzen lassen und schließlich erklärt, er beabsichtige nicht, ein Kaufhaus zu betreiben.

Im Mai standen die Liquidatoren mit einer Offenen Handelsgesellschaft, die in den Räumlichkeiten ein Konfektionswarengeschäft betreiben wollte, in Verkaufsverhandlungen. Nachdem auf der Besprechung am 29. Mai[249] angesichts der großen Zahl derartiger Geschäfte in Bremerhaven (Übersetzung) Bedenken gegen diesen Interessenten geäußert worden waren, bestellte die Behörde für Schiffahrt, Handel und Gewerbe die Liquidatoren und Vertreter der Kleinhandelskammer Bremen, der IHK Wesermünde, des Bremischen Amtes in Bremerhaven sowie die Oberbürgermeister von Wesermünde und Bremerhaven zu einer weiteren Unterredung am 22. Juni. An dieser sollte außerdem der Kreiswirtschaftsberater der NSDAP-Kreisleitung Wesermünde teilnehmen, der sich gegen die Veräußerung des Kaufhauses an das Textilwarengeschäft ausgesprochen hatte.[250] Zu einer Entscheidung kam es hierbei nicht. Am 25. Juni bat der Regierende Bürgermeister das Reichswirtschaftsministerium um einen Termin zur mündlichen Besprechung der Kaufhaus-Frage. Über diese und den Fortgang der Privatisierungbemühungen um das Kaufhaus war nichts zu ermitteln.[251]

Auch der "Lippische Konsumverein" in Lage ließ den Liquidationsbeschluß am 31. Dezember 1935 in das Genossenschaftsregister eintragen.[252] Am 10. Dezember hatte das Reichswirtschaftsministerium seiner Auflösung zugestimmt.[253] Die Gründung einer Auffanggesellschaft, der Lebensmittel-Gesellschaft mbH in Lage (Legala) erfolgte am 20. Januar 1936,[254] ihren Geschäftsbetrieb nahm die Gesellschaft am 27. Januar auf[255] - knapp vier Monate vor der Einverständniser-

249 Vgl die oben nachgewiesene Niederschrift, ebenda, Quad. 48.

250 Vgl. Schreiben der Behörde für Schiffahrt, Handel und Gewerbe an den Kreiswirtschaftsberater der NSDAP-Kreisleitung Wesermünde vom 17. Juni 1936, ebenda, Quad. 36 und dessen Schreiben an die Kleinhandelskammer vom 13. Juni, Abschrift für die Behörde für Schiffahrt, Handel und Gewerbe, ebenda, Quad. 53.

251 Vgl. den Bericht des Regierenden Bürgermeisters in Bremen an den RWM vom 25. Juni 1936, STA HB, 3 - V. 2. Nr. 278.53 Nr. 1, Quad. 69.

252 Vgl. Schreiben des Revisionsverbands an die DZK vom 18. April 1936, Abschrift für den RFM, BAP, 21.01 Nr. B 9903, fol. 96-115, hier fol. 103.

253 Vgl. Schreiben des RWM an die DZK vom 10. Dezember 1935, beglaubigte Abschrift für die Lippische Regierung in: STA DT, L 80 II A, zu Gruppe V, Titel 14 Nr. 21, Bd. 1, fol. 15f.

254 Vgl. Schreiben der Deugro an das RWM vom 13. Mai 1936, BAP 31.01 Nr. 10529, fol. 33.

255 Vgl. Schreiben der Deugro an den RWM vom 23. April 1936, BAP 31.01 Nr. 10528, fol. 310ff. Abschrift durch das RWM für die Lippische Regierung in: STA DT, L 80 II A, zu Gruppe V, Titel 14 Nr. 21, Bd. 1, fol. 170ff.

klärung des Reichswirtschaftsministeriums zu der Übernahme der Anlagen der liquidierenden Genossenschaft durch diese Gesellschaft.[256]

Am 6. Januar 1936 beantragte der alleinige Geschäftsführer (und gleichzeitige) Liquidator der Genossenschaft[257] bei der Lippischen Regierung die Genehmigung zur Übernahme der Anlagen durch die Legala. Kurz darauf unterbreitete er der Regierung die Vorteile der gesellschaftlichen Privatisierung, die - wie er außerdem mitteilte - sowohl vom Bürgermeister der Stadt Lage als auch vom stellvertretenden Gauwirtschaftsberater der NSDAP-Gauleitung in Münster befürwortet worden war. Neben den bisher 110 Arbeitsplätzen würde in Lage außerdem ein guter Steuerzahler erhalten bleiben.[258]

Die Regierung in Detmold wies darauf hin, daß für den Antrag zur Übernahme der Anlagen des liquidierenden Konsumvereins die Genehmigung nach dem Einzelhandelsschutzgesetz erforderlich war und sie die wirtschaftlichen Grundlagen der beabsichtigten Auffang- bzw. Handelsgesellschaft zu prüfen habe. Sie forderte daher eine Aufstellung der Anlagen, die von der Legala übernommen werden sollten.[259] Die durch die Genossenschaft bereitgestellten Unterlagen übersandte die Regierung am 17. Januar der IHK in Detmold zur Stellungnahme. Die Lebensmittel-Gesellschaft beabsichtigte danach sämtliche Anlagen - 54 Verteilstellen, die Bäckerei nebst Mühlenbetrieb und die Zentrale (mit Wa-

---

256 Vgl. Schreiben des RWM an den Reichsstatthalter in Lippe und Schaumburg-Lippe (Landesregierung Lippe) vom 16. Mai 1936, STA DT, L 80 II A, zu Gruppe V, Titel 14 Nr. 21, Bd. 1, fol. 197. Anstelle des die Geschäfte als verantwortlicher Regierungschef führenden Staatsministers Riecke übernahm - nach dessen Versetzung in das REM am 24. Februar 1936 - der Gauleiter für Westfalen-Nord, Alfred Meyer, selbst diese Aufgabe. Der Schriftverkehr erging von diesem Zeitpunkt unter der Bezeichnung "Der Reichsstatthalter für Lippe und Schaumburg-Lippe (Landesregierung Lippe)". Riecke war am 23. Mai 1933 von Meyer als Landespräsident in Lippe ernannt worden und führte seit dem 2. Juni 1933 die schon im Kaiserreich gebräuchliche Bezeichnung Staatsminister, vgl. STA DT, Findbuch zum Bestand L 80 L.

257 Nach diesem Zeitpunkt trat er den überlieferten Unterlagen zufolge nur noch als Geschäftsführer des liquidierenden Konsumvereins bzw. der Legala in Erscheinung, vgl. hierzu die Ausführungen in Abschnitt 5.2.

258 Vgl. Schreiben des Geschäftsführers der Legala vom 9. Januar 1936 an die Lippische Regierung, STA DT, L 80 II A, zu Gruppe V, Titel 14 Nr. 21, Bd. 1, fol. 5f. Die befürwortenden Stellungnahmen der Gauleitung Westfalen in Münster, des Bürgermeisters von Lage und auszugsweise außerdem des Kreiswirtschaftsberaters der Gauleitung Westfalen-Nord, ebenda, fol. 7-9. Durchschläge der Schreiben beider Wirtschaftsberater auch in: STA DT, L 113 Nr. 919.

259 Vgl. Schreiben der Lippischen Regierung an den Geschäftsführer des Konsumvereins vom 10. Januar. Hiernach auch die Datierung des Antrags zur Übernahme der Anlagen durch die Legala, der selbst nicht zu ermitteln war, vgl. STA DT, L 80 II A, zu Gruppe V, Titel 14 Nr. 21, Bd. 1, fol. 10.

renlager) einschließlich der 110 Beschäftigten - fortzuführen.[260] Unter Bezug auf den Erlaß des Reichswirtschaftsministeriums vom 8. Januar 1936 - in dem eine gesellschaftliche Privatisierung noch nicht erwähnt war - sprach sich die IHK gegen die Übernahme des Geschäftsbetriebs durch die Legala aus. Zur sonstigen Privatisierung der Verteilstellen konnte sie sich angesichts nicht ausreichender Unterlagen noch nicht äußern.[261] Die Lippische Regierung bat daraufhin die Genossenschaft um den Nachweis, daß die Überführung der Verteilstellen auf private Interessenten, v. a. auf die bisherigen Leiter der Läden nicht möglich war und fragte, ob man versucht hatte, diesen Weg der Privatisierung "durch Gewährung eines Kreditrückhalts seitens der Deugro zu gehen, wenn die Erwerber langfristige Bezugsverträge mit (...) (dieser) abschließen".[262]

Dem Reichswirtschaftsministerium erstattete die Regierung in Detmold einen Bericht über die Verhältnisse beim liquidierenden Konsumverein in Lage und die von der Deugro beabsichtigte Fortführung der Anlagen durch die Legala. "Nach der Angabe des Bevollmächtigten der Deugro soll angeblich eine (private - U. K.) Privatisierung der Verteilungsstellen nicht möglich sein, da die bisherigen Verteilungsstellenleiter, die in erster Linie in Frage kommen, vermögenslos sind und die Deugro angeblich nicht bereit ist, ihnen den nötigen Kreditrückhalt zu geben." Die Möglichkeit dieser Privatisierung werde aber "noch eingehend geprüft". Die Lippische Regierung bat außerdem um die Entscheidung des Reichswirtschaftsministeriums ob im Falle der Überführung der Anlagen auf die Legala der Bedürnisnachweis des Einzelhandelsschutzgesetzes verlangt werde, und schließlich um Mitteilung, ob der Übernahme durch die Auffanggesellschaft Bedenken "entgegen stehen, falls sich die Unmöglichkeit einer (privaten - U.K.) Privatisierung tatsächlich herausstellen sollte."[263]

Das Reichswirtschaftsministerium unterrichtete die Regierung in Detmold von der Priorität der Einzelprivatisierung sowie der ausnahmsweisen Zulässigkeit einer gesellschaftlichen Privatisierung. Es verlangte zuvor aber die sorgfältige Prüfung der Möglichkeit einer Übernahme der Verteilstellen durch Einzelbewerber.

---

260 Der Konsumverein überließ der Regierung am 13. Januar die angeforderte Aufstellung. Den geforderten Nachweis über die Höhe der Umsätze in den einzelnen Verteilstellen enthielt dieses Schreiben jedoch nicht, stattdessen wurde der Umsatz aller Verteilstellen mit ca. 1.500.000 RM im Geschäftsjahr 1935 angegeben, vgl. ebenda, fol. 17f. Das Schreiben der Regierung an die IHK vom 17. Januar 1935, ebenda, fol. 19.

261 Vgl. Schreiben der IHK für Lippe in Detmold an die Regierung in Detmold vom 27. Januar 1936, ebenda, fol. 20.

262 Schreiben der Lippischen Regierung an die liquidierende Genossenschaft vom 28. Januar 1936, ebenda, fol. 24. Vgl. weiter Schreiben der Regierung in Detmold an die Deugro vom 12. Februar, ebenda, fol. 34f.

263 Bericht der Lippischen Regierung an den RWM vom 28. Januar 1936, ebenda, fol. 25f.

Sollte sich bei dieser Untersuchung ergeben, daß eine private Privatisierung nicht durchführbar war, "werden diesseits gegen die Gründung der (...) Auffanggesellschaft voraussichtlich keine Bedenken geltend gemacht werden, vorausgesetzt, daß der bei einer derartigen Übernahme der Verteilungsstellen durch eine GmbH erforderliche Bedürfnisnachweis nach dem Gesetze zum Schutze des Einzelhandels bejaht werden kann."[264]

Den von der Genossenschaft gewünschten Nachweis der nicht realisierbaren Einzelprivatisierung führte die Deugro selbst, sie hatte das an den Konsumverein gerichtete Schreiben der Lippischen Regierung vom 28. Januar von diesem zur direkten Erledigung erhalten. Die Deugro wies auf die niedrigen monatlichen Durchschnittsumsätze zwischen 2.500 RM und 3.000 RM in den Verteilstellen hin, die den Geschäftsinhabern bei einem Reingewinn von 40 RM bis 80 RM keine Existenzgrundlage bieten könnten. Daher erklärte sich die Deugro "außerstande, die hohen Risiken für die Hingabe von Krediten zu übernehmen." Angesichts des "starken Mangels an Betriebskapital bei den in Frage kommenden Bewerbern (hätte) der Kreditrückhalt (...) ein so hoher (...) werden müssen, daß auch ein langfristiger Bezugsvertrag das entstandene Risiko nicht zu verantworten vermocht hätte." Durch die Einzelprivatisierung "wäre die vom Reichswirtschaftsministerium den Liquidatoren auferlegte bestmögliche Verwertung der Vermögensanlagen unterbunden, zumindest jedoch stark eingeschränkt worden. Andererseits ermöglichte die Gründung der GmbH die sofortige günstige Gesamtverwertung der Warenbestände, der Ladeneinrichtungen und des Fuhrparks. Auch war es durch die Errichtung der GmbH als Auffanggesellschaft überhaupt nur möglich, die Bäckerei, das Zentrallager und die sonstigen Betriebsanlagen zu einer annehmbaren Entschädigung zu verpachten" und so den vom Reich bereitgestellten "60 Millionen-Fonds" zu schonen. Außerdem konnte auf diese Weise auch das in der Verwaltung, dem Lager und der Bäckerei beschäftigte kaufmännische und gewerbliche Personal (etwa 60 Personen) vor der Entlassung bewahrt werden.[265]

Vom Geschäftsführer des Konsumvereins waren der Landesregierung politische Bedenken gegen die bei einer privaten Privatisierung zu berücksichtigenden Verteilstellenleiter mitgeteilt worden. Diese trat daher an die NSDAP-Kreislei-

---

264 Schreiben des RWM an die Regierung in Detmold vom 10. Februar 1936, ebenda, fol. 29. Wie bereits oben nachgewiesen wurde, war die Gründung der GmbH in Lage schon am 20. Januar erfolgt. Die vorstehend zitierte Passage bezog sich genaugenommen auf Bedenken des RWM gegen die Zustimmung zur Erteilung der Handelserlaubnis.

265 Die Zitate aus dem Schreiben der Deugro an die Lippische Regierung vom 10. Februar 1936, ebenda, fol. 31-33. Vgl. weiter den Vermerk der Lippischen Regierung vom 22. Februar "zur Frage der Verwertung der Verteilungsstellen der Lippischen Verbrauchergenossenschaft", ebenda, fol. 47f.

tungen in Detmold und Lage heran und bat um Stellungnahme, ob es "verantwortet werden kann, ihnen (den Verteilstellenleitern - U. K.) die Selbständigkeit eines freien Kaufmanns und damit eine größere Wirkungsmöglichkeit ihrer politisch bedenklichen Einstellung zu geben."[266] Auch die Bürgermeister der Gemeinden, in denen der Konsumverein Verteilstellen betrieb, wurden aufgefordert, die politische Zuverlässigkeit dieser Personen zu beurteilen. Außerdem sollten sie sich darüber äußern, ob ein Bedürfnis zum Fortbestehen der Verteilstellen gegeben ist, und Auskunft über andere Interessenten erteilen.[267]

Die Antworten der Kreisleitungen fielen unterschiedlich aus. Der Kreisleiter Prüßner in Lemgo vertrat den Standpunkt, "daß man bei der Entscheidung, ob die Leiter als Einzelkaufleute anerkannt werden, nicht allzu großen Wert auf die Einstellung der betr. Person zu legen braucht, denn man hat sie ja auch bisher als Verkaufsstellenleiter in ihrem Amt belassen." Allerdings sprach er sich gegen die Fortführung der Anlagen des liquidierenden Konsumvereins durch eine GmbH aus, er erkannte darin die "Fortsetzung der Verbrauchergenossenschaft" und brachte abschließend zum Ausdruck, "daß wir die Verantwortung dafür übernehmen können, sie (die Verteilstellen U. K.) als selbständige Einzelhandelsverkaufsstellen zuzulassen. Das entspricht auch dem Programm der NSDAP."[268] Wedderwille als Kreisleiter in Detmold[269] hielt es hingegen für nicht verantwortbar, diesen Personen die kaufmännische Selbständigkeit zu erlauben.[270]

Die vom Geschäftsführer der liquidierenden Genossenschaft aufgeworfene Frage der politischen Unzuverlässigkeit aller Verteilstellenleiter scheint taktischem Kalkül aus Eigeninteresse entsprungen zu sein. Ihm ging es offensichtlich darum, mit diesem Hinweis die Unmöglichkeit der vom Reichswirtschaftsministerium verlangten schnellstmöglichen Einzelprivatisierung aufzuzeigen, während die Übernahme der genossenschaftlichen Anlagen durch die Auffanggesellschaft - an der er als Gesellschafter beteiligt war und bald darauf als ihr alleiniger Geschäftsführer tätig wurde - sofort eine günstige Verwertung garantierte.

Den Antworten der von der Lippischen Regierung zur politischen Zuverlässigkeit der bisherigen Verteilstellenleiter des Konsumvereins befragten Bürgermeister kam keine Bedeutung mehr zu, da Anfang April 1936 die IHK Detmold einer Übernahme der Anlagen der liquidierenden Genossenschaft durch die Legala aus

---

266 Schreiben der Lippischen Regierung vom 13. Februar 1936, ebenda, fol. 39.

267 Vgl. Schreiben (Umdruckexemplar) an die Bürgermeister vom 3. März 1936, ebenda, fol. 56.

268 Schreiben der Kreisleitung Lemgo der NSDAP an die Regierung in Detmold vom 15. Februar 1936, ebenda, fol. 40.

269 Er war zugleich stellvertretender Regierungschef!

270 Vgl. Schreiben der Kreisleitung Detmold an die Lippische Regierung vom 20. Februar 1936, ebenda, fol. 49.

wirtschaftlichen Erwägungen zustimmte.[271] Nach Verhandlungen mit dem örtlichen Groß- und Einzelhandel, der Legala, dem liquidierenden Konsumverein und dem Kreiswirtschaftsberater der NSDAP sowie der Auswertung der von den Bürgermeistern erstatteten Berichte war die IHK zu dem Ergebnis gekommen, daß bei einer Einzelprivatisierung "eine den finanziellen Bedürfnissen der Genossenschaft *nicht* Rechnung tragende (...) Verwertung der Zentrale in Lage in Kauf genommen werden (müßte), es sei denn, daß das Reich (...) diesen Verlust trägt."[272] Die in der Zentrale beschäftigten Personen müßten bei diesem Weg der Privatisierung entlassen werden. Außerdem fehlte eine ausreichende Bewerberzahl für die Verteilstellen. Nur für zehn, bisher hohe Umsätze erzielende Läden hatten sich Interessenten gemeldet.[273]

> Weiter teilte die IHK mit, daß "ein Bedürfnis im Sinne des Einzelhandelsschutzgesetzes für die Weiterführung der Verteilungsstellen (...) in (kaum) einem Falle anerkannt werden (kann). (...) Um jedoch der Anordnung des Herrn Reichswirtschaftsministers gerecht zu werden, wonach bei der Prüfung der Bedürfnisfrage zu berücksichtigen ist, daß »eine Verwertung der Verteilungsstellen erfolgen *muß*«, wollen wir uns darauf beschränken, das Bedürfnis nur bei den Verteilungsstellen zu verneinen, die nach Angaben der Lebensmittel-GmbH ohnehin eingehen sollen."[274]

Für die Erteilung der Handelsgenehmigung schlug die IHK vor, diese auf fünf Jahre unter Zahlung einer festen Pacht an die Genossenschaft zu befristen. So sollte verhindert werden, "daß ein neues Großfilialunternehmen gegründet und (...) die eine unerwünschte Unternehmensform durch eine andere ersetzt wird."[275] Innerhalb dieser Zeit mußte die Liquidation der Genossenschaft zum Abschluß gebracht und die Privatisierung der Legala betrieben werden, worüber alljährliche Berichte zu erstatten waren. Schließlich sollte die Legala den von den

---

271 Die Bürgermeister erkannten i. d. R. kein Bedürfnis für ein Weiterbestehen der genossenschaftlichen Verteilstellen und bescheinigten den bisherigen Leitern politische Unzuverlässigkeit, vgl. beispielsweise die Antworten aus Berlebeck, ebenda, fol. 71; Detmold, ebenda, fol. 87 und Wellentrup, ebenda, fol. 122ff.

272 Schreiben der IHK für Lippe in Detmold an die Lippische Landesregierung vom 8. April 1936, ebenda, fol. 157-160, hier fol. 157, Hervorh. i. Orig.

273 Die IHK schlug hier vor zu prüfen, ob die Legala auf die Übernahme dieser (bzw. eines Teils der) Verteilstellen verzichten könne, ohne selbst gefährdet zu werden. Bei einer Einzelprivatisierung dieser zehn Läden sollten die Erwerber für drei Jahre die Hälfte ihrer Waren von der Deugro beziehen, vgl. ebenda, fol. 158f. Zu dieser Regelung kam es im Ergebnis jedoch nicht.

274 Ebenda, fol. 158, Hervorh. i. Orig. Diese Koppelung von Bedürfnisfrage und der notwendigen Verwertung hatte das RWM in dem Erlaß vom 12. März 1936 vorgenommen, vgl. BAP, 21.01 Nr. B 9903, fol. 89f und die Ausführungen in Abschnitt 5.2.

275 Schreiben der IHK für Lippe in Detmold an die Lippische Landesregierung vom 8. April 1936, STA DT, L 80 II A, zu Gruppe V, Titel 14 Nr. 21, Bd. 1, fol. 160.

Bürgermeistern gleichfalls berichteten Zustand beseitigen, demzufolge sich in den Verteilstellen noch immer politisch unzuverlässige Personen versammelten.

Die Lippische Regierung teilte dem Reichswirtschaftsministerium am 16. April mit, daß eine Einzelprivatisierung der liquidierenden Genossenschaft nicht möglich war. Sie folgte in ihrem Schreiben der Stellungnahme der IHK und wies ausdrücklich auf die Schwierigkeiten und finanziellen Belastungen hin, die sich bei der Veräußerung der Zentrale stellten. Im Rahmen der von der IHK vorgeschlagenen Prüfung zur Zumutbarkeit eines Verzichts der Legala auf die zehn umsatzstarken Verteilstellen hatte die Gesellschaft "glaubhaft erklärt, daß sie auf weitere Verteilstellen als die angegeben 4 nicht verzichten kann, ohne daß sie selbst nicht mehr lebensfähig bleibt."[276]

Die Genehmigung zur Übernahme der Anlagen des liquidierenden Konsumvereins wollte die Lippische Regierung von den seitens der IHK aufgestellten Bedingungen abhängig machen, die sie um die Bestimmung ergänzte, daß ihre zeitliche Befristung von höchstens fünf Jahren in den Gesellschaftsvertrag aufgenommen werden müsse.

Der Reichswirtschaftsminister wies demgegenüber jedoch darauf hin, daß die von der Legala beantragte Genehmigung

> "nicht befristet oder unter Auflagen erteilt werden darf. Ich ersuche daher, zu veranlassen, daß der Lebensmittel-GmbH diese Genehmigung endgültig und unbedingt erteilt wird. Ich bemerke jedoch, daß das von Ihnen angestrebte und auch von mir gebilligte Ziel, die Auffanggesellschaft als Durchgangsstation für die Einzelprivatisierung festzulegen, auch dadurch zu erreichen ist, daß sich die Geschäftsführer dieser Gesellschaft (...) durch eine bindende und eindeutige schriftliche Erklärung zur Erfüllung der von Ihnen erwähnten Auflage verpflichten."[277]

Nach zweimaliger Aufforderung der Lippischen Regierung gab der alleinige Geschäftsführer der Legala am 26. Juni 1936 eine entsprechende Erklärung ab.[278] Am 27. August erteilte der Reichsstatthalter für Lippe und Schaumburg-Lippe

---

276 Bericht der Lippischen Regierung an den RWM vom 16. April 1936, STA DT, L 80 II A, zu Gruppe V, Titel 14 Nr. 21, Bd. 1, fol. 164-167, hier fol. 166. Von der im Januar beabsichtigten Übernahme aller Verteilstellen war die Legala abgerückt. Wie hier mitgeteilt, sollten vier Läden bei einer Übernahme geschlossen werden, vgl. den Aktenvermerk der Lippischen Regierung vom 22. Februar 1936, ebenda, fol. 47f.

277 Zustimmung des RWM zur Übernahme der Anlagen des liquidierenden Konsumvereins durch die Legala vom 16. Mai 1936, ebenda, fol. 197. Vgl. a. Abschnitt 5.2.

278 Vgl. ebenda, fol. 212. Die Aufforderungen der Lippischen Regierung vom 30. Mai und 25. Juni, ebenda, fol. 198 und 211. Vgl. a. Abschnitt 5.2.

(Landesregierung Lippe) der Legala die Handelserlaubnis.[279] Sie übernahm bis auf vier Verteilstellen alle Anlagen des liquidierenden Konsumvereins.[280]

5.3.1 Zusammenfassung

Im Oktober 1936 hatte die Privatisierung der 72 liquidierenden Konsumgenossenschaften im wesentlichen ihr Ende erreicht. Der vom Reichswirtschaftsministerium anfangs für unerwünscht erklärte und nur als Notlösung vorgesehene Weg einer Übernahme ihrer Anlagen durch von der Deugro gegründete Auffanggesellschaften war in 24 Fällen beschritten worden. Durch diese wurden neben 1.850 Verteilstellen i. d. R. die Zentralanlagen und ein Großteil der genossenschaftlichen Produktionsbetriebe fortgeführt.[281]

Wenn auch die Einschätzung Hasselmanns zu weit geht, wonach es "dem Reichsbund (...) gelungen (ist), den unerwünschten Ausnahmefall gegen starken Widerstand zum Regelfall zu machen",[282] so schlußfolgert er realistischer, daß es "geschäftlich" gelungen ist, "den schweren Schlag des Gesetzes vom 21. Mai 1935 für die Deugro zu dämpfen."[283] Auch Marahrens kommt bei einer bilanzierenden Betrachtung der Auswirkungen des Gesetzes über Verbrauchergenossenschaften zu diesem Ergebnis. "Die Konsumgenossenschaftsbewegung verlor (...) über ein Viertel ihres Bestandes an Verteilungsstellen, mehr als ein Viertel des gesamten Umsatzes und gut 2/5 der Spargeldeinlagen. Freilich darf bei dieser Feststellung nicht übersehen werden, daß die rentablen Verkaufsstellen und der Umsatz dem privatkapitalistischen Sektor des Reichsbundes (...) bzw. der Deutschen Großeinkaufs-Gesellschaft (...) zugeführt worden sind."[284]

Hasselmann stützt seine vorstehend zitierte erste Bewertung auf die in dem Sonderbericht des Amtes Information der Arbeitsfront enthaltene Darstellung und vorgenommene Interpretation des Privatisierungsprozesses als eines teilweise gelungenen "Überrumpelungsversuch(s) der Deugro". Es gab hiernach für das Reichswirtschaftsministerium gar keine andere Wahl, "als den Vorschlägen der Deugro über die Bildung einer großen Anzahl von Auffanggesellschaften zuzu-

279 Diese Datierung nach der Abschrift einer Bekanntmachung an die "Gefolgschaftsmitglieder" der Legala, STA DT, L 113 Nr. 921.

280 Vgl. STA DT, L 80 II A, zu Gruppe V, Titel 14 Nr. 21, Bd. 1, fol. 215.

281 Angaben zum Verhältnis von Stillegung oder Übernahme der Zentralanlagen und Herstellungsbetriebe, dem genossenschaftlichen Fuhrpark und Lagern durch die 24 Auffanggesellschaften waren nicht zu ermitteln.

282 Hasselmann, Konsumgenossenschaften, S. 485.

283 Ebenda, S. 487.

284 Marahrens, Konsumgenossenschaften, S. 114.

stimmen".[285] Zu Recht bezweifelt Ditt diese Auslegung des Verlaufs der Privatisierung. "Es muß offenbleiben, ob diese Verfahrensweise trotz aller gegenteiliger Erklärungen nicht doch vom Reichswirtschaftsministerium durchschaut und inoffiziell gebilligt oder zumindest toleriert wurde."[286]

Für die Deugro war unzweifelhaft eine gesellschaftliche Privatisierung von Vorteil. Bei dieser entfielen beispielsweise die große Zahl notwendiger Vertragsverhandlungen mit interessierten Einzelbewerbern und ein hoher Verwaltungsaufwand durch die Geschäftsbeziehungen zu einer Vielzahl von Käufern bzw. Darlehensnehmern. Dieser Sachverhalt war auch im Reichswirtschaftsministerium bekannt, und darauf hatte Zee-Heraeus am 7. Januar 1936 Reiner in einem persönlichen Schreiben ausdrücklich hingewiesen. Da der Eindruck entstanden war, die Deugro betreibe die Einzelprivatisierung nicht bzw. nicht mehr ernsthaft, wurde deren Geschäftsleitung gebeten, diese nachdrücklich zu verfolgen und Auffanggesellschaften nur dann zu gründen, wenn es unbedingt notwendig war. Die daraufhin von der Deugro abgegebene Erklärung, zur Gründung von Auffanggesellschaften nur notgedrungen geschritten zu sein und ihre Versicherung, sich an die Richtlinien des Reichswirtschaftsministeriums zu halten, reichten diesem aus,[287] wie der Runderlaß vom 12. März 1936 unzweifelhaft zum Ausdruck brachte.[288]

Dem Reichswirtschaftsministerium ging es - wie gezeigt wurde - vordringlich darum, mit der im Gesetz über Verbrauchergenossenschaften getroffenen Regelung den Fortbestand der nicht liquidierenden Konsumvereine zu gewährleisten und gleichzeitig - weil damit zusammenhängend - die weitere Existenz der GEG (dann der Deugro) als Lieferant (durch Herstellung und Großhandel) der weiterbestehenden Genossenschaften sicherzustellen. Den durch die Liquidation der Konsumgenossenschaften eintretenden Umsatzausfall sollte die Deugro - mit Zustimmung und Unterstützung des Reichswirtschaftsministeriums - durch die Ausdehnung ihres Geschäftsbetriebs auf den sogenannten freien Markt zumindest teilweise kompensieren.

---

285 Sonderbericht des Amtes Information der DAF, Teil I, S. 14f, ohne Hervorh. zitiert. Vgl. Hasselmann, Konsumgenossenschaften, S. 485f.

286 Ditt, Konsumgenossenschaften, S. 99.

287 Vgl. Schreiben von Zee-Heraeus an Reiner vom 7. Januar 1936, BAP, 21.01 Nr. B 9652, fol. 211-213; Vgl. den Hinweis auf die Besprechung zwischen dem RWM und der Deugro vom 17. Januar in Hamburg, in dem Bericht über "die Abwicklung von Verbrauchergenossenschaften" vom 27. Januar 1936, den MinR Zee-Heraeus aus dem RWM in einer Besprechung über die Durchführung der Liquidation aufgelöster VG am 31. Januar erstattete, ebenda, fol. 298-300, hier fol. 299.

288 BAP, 21.01 Nr. B 9903, fol. 89f. Vgl. weiter Abschnitt 5.2.

Erst nachdem das Ministerium zu dem Eindruck gelangt war, daß der Einzelhandel die Versuche privater Privatisierung nicht ausreichend unterstützte, ließ es mit dem Erlaß vom 12. März die Übernahme der Anlagen liquidierender Konsumvereine durch von der Deugro gegründete Auffanggesellschaften offiziell zu. Sie waren jedoch als sogenannte Durchgangsstation für die nach wie vor gewünschte Einzelprivatisierung gedacht. Das Ministerium stimmte der Erteilung der Handelserlaubnis auch erst zu, nachdem sich die Geschäftsleitungen der Gesellschaften verpflichtet hatten, weitere Anstrengungen zur privaten Privatisierung zu unternehmen und diese - wie im Erlaß vom 17. Juni 1936 gefordert - nach Ablauf von drei bis vier Jahren einer Prüfung unterziehen zu lassen.

Wie an den nachgezeichneten Beispielen zur Privatisierung der Konsumvereine in Wesermünde und Lage aufgezeigt werden konnte, verfolgte das Reichswirtschaftsministerium diese Linie tatsächlich. Während die auf seine Weisung forcierten Verhandlungen zwischen dem örtlichen Handel und den Liquidatoren in Bremen und Wesermünde in einer Einzelprivatisierung der Verteilstellen endeten und die Deugro einen Teil der Zentralanlagen übernahm, um die neuen Geschäftsinhaber zu beliefern, gab es seine Zustimmung zur Erteilung der Handelserlaubnis für die Legala in Lage erst, nachdem die dort geführten Verhandlungen erbracht hatten, daß nur im Wege der sogenannten gesellschaftlichen Privatisierung eine günstige Verwertung der Anlagen des liquidierenden Konsumvereins zu erreichen war.

Die Hoffnungen und Erwartungen des gewerblichen Einzelhandels erfüllten sich nicht, er "kam jedenfalls bei der Durchführung des Gesetzes vom 21.5.1935 kaum auf seine Kosten."[289] Sowohl die private als auch die gesellschaftliche Privatisierung der liquidierenden Konsumgenossenschaften vergrößerten durch den Fortfall der Warenabgabe ausschließlich an Mitglieder die Konkurrenz. Vor diesem Hintergrund erklärt sich der Vorstoß der Reichsgruppe Handel vom Frühjahr 1936 zu einer Mehrheitsbeteiligung des gewerblichen Handels an der Deugro. Auf diesem Wege wollte sie ihr doppeltes Ziel der Auflösung der Deugro und der weiterbestehenden Konsumvereine als Konkurrenten des Handels erreichen.[290] Damit aber standen ihre Absichten im Gegensatz zu denen des Reichswirtschaftsministeriums, das mehrfach, so u. a. in seinem Runderlaß vom 8. Januar 1936 ausdrücklich auf den Zweck des Gesetzes vom 21. Mai 1935 aufmerksam gemacht hatte, demzufolge "Ordnung und Ruhe in die Reihen der Verbrauchergenossenschaften" gebracht werden sollten und keineswegs daran gedacht war, "einen dem nichtgenossenschaftlichen Handel abträglichen Wettbewerb zu beseitigen."[291]

289 Ditt, Konsumgenossenschaften, S. 99.

290 Zu den Gründen des Scheiterns des Vorstoßes der Reichsgruppe Handel vgl. Abschnitt 5.2.

291 BAP, 21.01 Nr. B 9652, fol. 217.

Auch die in die Verhandlungen mit den Liquidatoren der Konsumvereine eingebundenen IHK waren auf die Richtlinien des Reichswirtschaftsministeriums festgelegt und hatten für die günstigste Art der Verwertung der Anlagen Sorge zu tragen. In den 24 Fällen schließlich gegründeter Auffanggesellschaften war offensichtlich auch die Vertretung des örtlichen Handels zu dem Ergebnis gelangt, daß eine Überführung der Anlagen und Verteilstellen auf private Bewerber nicht zu diesem geforderten Resultat führte. Wie in Lage dürfte auch an anderen Orten bei dem Votum für die gesellschaftliche Privatisierung die Prüfung der Bedürfnisfrage nach dem Einzelhandelsschutzgesetz - die das Reichswirtschaftsministerium im Runderlaß vom 12. März 1936 mit der Verwertungsnotwendigkeit der Verteilstellen gekoppelt hatte - faktisch ausgehebelt worden sein. Dieses Instrument einer Zugangsregelung hatte hinter die Interessen des Reichswirtschaftsministeriums an einer die bereitgestellten Reichsmittel schonenden und die Absichten des Gesetzes über Verbrauchergenossenschaften nicht konterkarierenden Durchführung der Liquidation und Privatisierung der Konsumvereine zurückzutreten.

5.4 Gesamtzusammenfassung vor dem Hintergrund der sozioökonomischen Entwicklung zwischen Mai 1935 und Ende 1936

Mit der im Gesetz über Verbrauchergenossenschaften bereitgestellten Möglichkeit einer Auflösung ökonomisch nicht mehr "lebensfähiger" Konsumvereine beabsichtigte die Reichsregierung den von ihr bei einem Zusammenbruch dieser Genossenschaften befürchteten sozialen, wirtschaftlichen und politischen Gefahren zu begegnen, die darüber hinaus kaum ohne Auswirkungen auf den Bestand der "gesunden" Konsumvereine und den Reichsbund (GEG) als ihrer Großhandels- und Produktionsstufe geblieben wären. Betrachtet man diese Intention vor dem Hintergrund der nationalsozialistischen Mittelstandspolitik, speziell der Einzelhandelspolitik, und der sich 1935 zuspitzenden - von z. T. erheblichen Preissteigerungen begleiteten - Versorgungslage bei Nahrungsmitteln, so ist festzustellen, daß die getroffene gesetzliche Regelung eingebunden ist in ein mehrdimensionales Geflecht: Begrenzte Restriktivmaßnahmen gegen Konsumvereine (und andere Großbetriebe) standen beginnenden Rationalisierungsbestrebungen zur Leistungssteigerung im Einzelhandel gegenüber, welcher gerade Großbetriebsformen besser entsprechen konnten als Klein- und Mittelbetriebe. Hinzu trat das Interesse der Reichswehr an der Erhaltung des Produktions- und Verteilungsapparats der Konsumgenossenschaften innerhalb der militärischen Planungen des Aufstellungsfalls. Im folgenden werden diese Aspekte beleuchtet. In den Ausführungen können allerdings weder die Einzelhandelspolitik des Regimes im Rahmen des Aufbaus der gewerblichen Wirtschaft, die Hintergründe der Versorgungslage in den Maßnahmen des Reichsnährstandes und der Devisenbewirtschaftung noch die

Entstehungszusammenhänge und Folgen des Vierjahresplans vom Herbst 1936 vollständig diskutiert werden. Ihre Funktion ist lediglich, die vorangehenden Abschnitte dieses Kapitels in den weiteren Zusammenhang der innen- bzw. wirtschaftspolitischen Entwicklung der Jahre 1935 und 1936 einzubetten.

Mit der auf das "Gesetz zur Vorbereitung des Aufbaus der gewerblichen Wirtschaft" vom 27. Februar 1934 gestützten Anordnung des Reichswirtschaftsministers vom 18. September 1934 zur Anerkennung der Wirtschaftsgruppe Einzelhandel als alleiniger fachlicher Vertretung dieses Wirtschaftszweiges und der am 27. November 1934 ergangenen ersten Durchführungsverordnung zu dem Gesetz war im Einzelhandel der Organisationszwang über die Pflichtmitgliedschaft in der Wirtschaftsgruppe Einzelhandel eingeführt worden. Die Konsumgenossenschaften aber waren von der Mitgliedschaft in der Wirtschaftsgruppe Einzelhandel ausdrücklich ausgenommen.[292] Die der Reichsgruppe Handel angeschlossene Wirtschaftsgruppe Einzelhandel war 1936 fachlich in 31 Fachgruppen (mit Fachuntergruppen oder Fachabteilungen) und drei Zweckvereinigungen[293] gegliedert, während ihr überregionaler Aufbau ohne weitere fachliche Gliederung aus 18 Bezirksgruppen in den Wirtschaftskammerbezirken bestand. Der Einzelhandel hatte hier also eine eigene Organisation innerhalb der Reichsgruppe Handel (mit den übrigen Wirtschaftsgruppen und selbständigen Fachgruppen des Handels) erhalten.[294]

Daneben waren jedoch noch die Industrie- und Handelskammern als überregionale Organisationen ohne spezielle fachliche Gliederung tätig. In ihnen war - wie bereits die Bezeichnung offenbart - auch die Industrie vertreten. Im Vergleich mit den Gliederungen der Reichsgruppe Handel bzw. denen der Wirtschaftsgruppe Einzelhandel verfügten die Industrie- und Handelskammern über umfangreichere Kompetenzen.[295] Sie - und keinesfalls die Wirtschaftsgruppe Einzelhandel oder die Reichsgruppe Handel - wurden bei allen das Einzelhandelsschutzgesetz berührenden Fragen beteiligt und wirkten z. B. gutachterlich bei der Privatisierung der liquidierenden Konsumgenossenschaften mit. Durch eine Verordnung vom 20. August 1934 hatte das Reichswirtschaftsministerium die Industrie- und Handelskammern unmittelbar seiner Aufsicht unterstellt, sich

---

292 Vgl. Gesetz zur Vorbereitung des organischen Aufbaus der deutschen Wirtschaft. Vom 27. Februar 1934. RGBL I, S. 185; Erste VO zur Durchführung des Gesetzes zur Vorbereitung des organischen Aufbaus der deutschen Wirtschaft. Vom 27. November 1934. RGBL I, S. 1194. Die Ano. des RWM vom 18. September 1934 ist abgedruckt in: Teschemacher, Handbuch, Bd. 2, S. 41f.

293 Zweckvereinigungen für Warenhäuser und Einheitspreisgeschäfte, für Filialbetriebe und schließlich für Versandgeschäfte, vgl. Teschemacher, Handbuch, Bd. 2, S. 50.

294 Vgl. ebenda, S. 9 und 40ff.

295 Vgl. Teschemacher, Handbuch, Bd. 3, S. 128ff.

das Recht zur Ernennung und Abberufung des Kammervorstands gegeben, den Führergrundsatz eingeführt[296] und damit - zumal entsprechende Regelungen auch in der übrigen gewerblichen Wirtschaft verankert wurden - die organisatorischen Voraussetzungen zur Umsetzung seiner wirtschaftspolitischen Richtlinien geschaffen.[297]

Mit der Zwangsorganisation hatte die Regierung einerseits einen langgehegten Wunsch des Einzelhandels erfüllt, der sich von dieser Zusammenfassung eine gesellschaftspolitische Aufwertung und wirkungsvolle Durchsetzung seiner mittelstandspolitischen Anliegen versprach.[298] Wenngleich letztere dort an eine Grenze stießen, wo übergeordnete wirtschaftspolitische Interessen nationalsozialistischer Politik tangiert wurden, kompensierte der innere Machtzuwachs der Berufsstandsorganisationen im Handel allem Anschein nach manche Nichterfüllung ihrer Forderungen, beispielsweise hinsichtlich der Großbetriebsformen.[299] Andererseits ermöglichte er erst die Durchsetzung "nationalsozialistische(r) Herrschaft" im Bereich des Handels und besonders im Kleinhandel. Die "binnenorientierte Machtsteigerung" der Berufsstandsorganisationen gewährleistete, "daß auch jene (wirtschafts-)politischen Maßnahmen mit negativen Auswirkungen auf die Berufsgruppe oder auf Teile von ihr durchgesetzt werden konnten."[300] Mehr noch: "Die wirtschaftspolitischen Funktionen der »Berufsstands«organisationen (...) ähnelten denen der Kartelle in der Industrie. (...) Ihre Aufgabe (...) war es nämlich, notfalls mit rigiden Maßnahmen auch in der Kleinproduktion und im Kleinhandel kapitalistische Rationalitätsprinzipien durchzusetzen."[301] Vor diesem Hintergrund müssen die Selbstreinigungseffekte der Kartellgesetzgebung und der ergänzenden Schließungsaktionen von 1939 und 1943, die Einrichtung von Einzelhandelstreu-

296 Vgl. VO über die Industrie- und Handelskammern. Vom 20. August 1934. RGBL I, S. 790; Gesetz über wirtschaftliche Maßnahmen. Vom 3. Juli 1934. RGBL I, S. 565; Neumann, Behemoth, S. 293 und 295ff.

297 Vgl. Erste VO zur Durchführung des Gesetzes zur Vorbereitung des organischen Aufbaus der deutschen Wirtschaft. Vom 27. November 1934. RGBL I, S. 1194, §§ 11-15 zu den Leitern der Reichsgruppen und der Hauptgruppen der Industrie, § 22 zur marginalen Bedeutung der Mitgliederversammlungen, § 28 zur Leitung der Wirtschaftskammern und § 34 zur Leitung der RWK.

298 Vgl. v. Saldern, Mittelstand, S. 59; Teschemacher, Handbuch, Bd. 2, S. 8f.

299 Vgl. v. Saldern, Mittelstand, S. 135f. Anders Winkler, Der entbehrliche Stand, S. 5 und 9ff. Vgl. weiter beider Kontroverse um die Beurteilung der Mittelstandspolitik des nationalsozialistischen Regimes: Winkler, Besprechung; v. Saldern, "Alter Mittelstand" im "Dritten Reich"; Winkler, Ein neuer Mythos vom alten Mittelstand.

300 v. Saldern, Mittelstand, S. 136. Vgl. im einzelnen ebenda, S. 126ff.

301 Ebenda, S. 136. Dies gilt - wie v. Saldern herausgearbeitet hat - in gleicher Weise für die Kleinproduktion. Auf die Verhältnisse im Handwerk und in der Landwirtschaft wird hier nicht eingegangen.

handstellen, die 1937 verordnete Einführung der Buchhaltungspflicht auch in den Kleinbetrieben und die Maßnahmen zur "Entjudung" des Einzelhandels begriffen werden.[302] Marktregelnde Kompetenzen allerdings waren den Berufsstandsorganisationen im Gegensatz zu den Kartellen nicht eingeräumt worden.[303] So behielt sich beispielsweise der Staat die Preisgestaltung im Einzelhandel über die Festlegung von Höchstpreisen und Handelsspannen vor und vermochte über diesen Weg zusätzlichen Rationalisierungsdruck auf die Betriebe im Einzelhandel auszuüben.[304]

Neben den die Rationalisierung fördernden Maßnahmen, die keineswegs ausschließlich gegen den Widerstand der Berufsstandsorganisationen durchgesetzt werden mußten, entsprachen die Restriktivmaßnahmen gegen die Großbetriebsformen im Einzelhandel mittelständischen Interessen, wenngleich sie keineswegs den erhobenen Maximalforderungen nach ihrer Beseitigung nachkamen. Während die Rationalisierungsmaßnahmen von der Durchsetzung des Organisationszwangs abhängig waren[305] und mehrheitlich erst nach der Verkündung des Vierjahresplans zur Geltung kamen, wirkten sich die Beschränkungen für Einheitspreisgeschäfte, Filialbetriebe, Warenhäuser und Konsumgenossenschaften bereits in den Jahren davor aus.

Das Einzelhandelsschutzgesetz vom Mai 1933 brachte die Abschaffung der Gewerbefreiheit im Handel. An die Stelle des ursprünglich bis zum 1. November 1933 befristeten Errichtungsverbots für Verkaufstellen trat ab Januar 1935 eine Konzessionspflicht.[306] Mit den das Errichtungsverbot aufweichenden Durchfüh-

---

302 Vgl. v. Saldern, Mittelstand, S. 40, 54, 64, 136; Neumann, Behemoth, S. 316ff und 633ff.

303 Zur Kartellpolitik vgl. Swatek, Unternehmenskonzentration, S. 113ff. Allerdings traten die Gruppen der gewerblichen Wirtschaft durchaus als "Träger von Kartellfunktionen" auf, vgl. ebenda, S. 142ff. Vgl. weiter Schoenbaum, Die braune Revolution, S. 166; Neumann, Behemoth, S. 316ff; Erste VO zur Durchführung des Gesetzes zur Vorbereitung des organischen Aufbaus der deutschen Wirtschaft. Vom 27. November 1934. RGBL I, S. 1194. Nach § 16 Abs. 1 war es Aufgabe der Gruppe der gewerblichen Wirtschaft, "ihre Mitglieder auf dem Fachgebiet zu beraten und zu betreuen", marktregelnde Kompetenzen erhielten die Gruppen nicht, vgl. Ano. des RWM über die Anerkennung der Wirtschaftsgruppe Einzelhandel vom 18. September 1934, Ziff. 1, Abs. 2, abgedruckt in: Teschemacher, Handbuch, Bd. 2, S. 41.

304 Vgl. v. Saldern, Mittelstand, S. 65 und 137f.

305 Vgl. Neumann, Behemoth, S. 633ff.

306 Vgl. Gesetz zum Schutze des Einzelhandels. Vom 12. Mai 1933. RGBL I, S. 262. Das darin bis zum 1. November 1933 befristete Errichtungsverbot wurde am 25. September 1933 bis zum 1. Juli 1934 verlängert, vgl. Gesetz zur Änderung des Gesetzes zum Schutze des Einzelhandels. Vom 25. Oktober 1933. RGBL I, S. 779. Mit dem Änderungsgesetz vom 13. Dezember 1934 (RGBL I, S. 1241) wurde die Übernahme einer Verkaufsstelle ih-

rungsverordnungen des Gesetzes, dessen Vorschriften auch auf Konsumvereine und Werkskonsumanstalten Anwendung fanden,[307] erhielten die am Genehmigungsverfahren beteiligten Berufsstandsorganisationen einen Handlungsspielraum, der ihnen Möglichkeiten zur Regelung des Berufszugangs über die gutachterliche Prüfung von Bedürfnisfrage, Übersetzung und Sachkunde eröffnete.[308] Von den Ausnahmegenehmigungen ausgenommen blieben allein die Einheitspreisgeschäfte, für sie bestand seit dem 12. Mai 1933 unter Aufhebung früherer Bestimmungen ein unbefristetes Errichtungsverbot.[309]

Als weitere Restriktionsmaßnahme verfügte das Rabattgesetz einen allgemeinen Barzahlungsnachlaß von drei Prozent beim Verkauf von Waren oder Erbringen gewerblicher Leistungen des täglichen Bedarfs an Endverbraucher. Den Großbetriebsfirmen im Einzelhandel wurde untersagt, derartige Preisnachlässe zu gewähren. Darüber hinaus beschränkte das Gesetz die konsumgenossenschaftliche Rückvergütung auf gleichfalls drei Prozent.[310]

Neben diesen gesetzlich verordneten Restriktionen der Geschäftstätigkeit unterlagen die Werbemöglichkeiten der Konsumgenossenschaften zwischen dem Sommer 1933 und Februar 1935 nachhaltigen Beschränkungen. Obwohl sich aus den überlieferten Archivalien nicht definitiv beurteilen läßt, wie sich die geschäftliche Entwicklung der Konsumvereine ohne die - im 4. Kapitel ausführlich geschilderten - Auseinandersetzungen der beteiligten Ressorts gestaltet hätte, so

---

rer Errichtung gleichgestellt und das Errichtungsverbot nicht weiter befristet. Ausnahmen regelten die Durchführungsverordnungen.

307 Vgl. § 4 des Gesetzes.

308 Geprüft wurde, ob ein Bedürfnis für die Errichtung einer Verkaufsstelle vorlag, ob die Errichtung vor Ort zur Übersetzung führte und ob der Bewerber über die erforderliche Sachkunde (vornehmlich eine kaufmännische Lehre) verfügte. Die Ausnahmen wurden in drei DVO vom 12. Mai 1933 (RGBL I, S. 267), 28. November 1933 (RGBL I, S. 1014) und 23. Juli 1934 (RGBL I, S. 726) sukzessive eingeführt. Vgl. a. die Ausführungen in Abschnitt 3.3.

309 Vgl. Gesetz zum Schutze des Einzelhandels. Vom 12. Mai 1933. RGBL I, S. 262, § 1. In der VO des Rpräs. zum Schutze der Wirtschaft vom 9. März 1932 (RGBL I, S. 121) war im § 1 des dritten Teils ein bis zum 1. April 1934 befristetes Errichtungsverbot für Einheitspreisgeschäfte in Städten mit weniger als 100.000 Einwohnern verhängt worden. Vgl. a. die Neufassung des § 1 dieser VO nach der VO des Rpräs. über Wirtschaft und Finanzen vom 23. Dezember 1932, ebenda, S. 571, die das bis zum 1. April 1934 befristete Errichtungsverbot generell einführte.

310 Vgl. Gesetz über Preisnachlässe (Rabattgesetz). Vom 25. November 1933. RGBL I, S. 1011. § 5 bestimmte: "Warenhäuser, Einheits-, Klein- oder Serienpreisgeschäfte oder ähnliche, durch die besondere Art der Preisstellung gekennzeichnete Geschäfte, Konsumvereine und Werkskonsumanstalten dürfen Barzahlungsnachlässe nicht gewähren." § 6 verordnete die gleiche Höhe von Rabatt und konsumgenossenschaftlicher Rückvergütung.

muß doch angenommen werden, daß sie maßgeblich zu dem Entschluß beigetragen haben, für die nicht mehr sanierungsfähig erachteten Konsumvereine die Liquidation einzuleiten. Mit der im Gesetz über Verbrauchergenossenschaften getroffenen Regelung sollten diese ohne weitere Gefährdung der "gesunden" Genossenschaften und der GEG aufgelöst bzw. privatisiert werden.

Mit der beabsichtigten möglichst verlustlosen Auflösung der liquidationsreifen Konsumvereine hoffte man, das "Verbrauchergenossenschaftsproblem nunmehr endgültig dem politischen und wirtschaftspolitischen Meinungsstreit"[311] zu entziehen und im Verlauf "der stillen Abwicklung einer beträchtlichen Anzahl von Genossenschaften neue mittelständische Existenzen zu schaffen".[312] Hinsichtlich der weiterbestehenden Konsumvereine wurde erwartet, daß deren Fortbestand sich ohne weitere finanzielle Stützungsmaßnahmen aus dem Reichshaushalt sichern ließe. Dementsprechend unterstützte das Reichswirtschaftsministerium ausdrücklich die Bestrebungen des Reichsbunds (GEG), bzw. der Mitte 1935 nachfolgenden Deugro, den Umsatzausfall bei den liquidierenden Genossenschaften durch die Erweiterung der Geschäftstätigkeit auf den "freien Markt" (zumindest teilweise) zu kompensieren.

Als Ende 1935/Anfang 1936 deutlich wurde, daß die sogenannte Einzelprivatisierung, also die Überführung der Verteilstellen liquidierender Konsumvereine auf selbständige Einzelhändler, sich nicht in dem erhofften Ausmaß abzeichnete und die Deugro in Ermangelung einer ausreichenden Zahl von Interessenten entweder zur Gründung von Auffanggesellschaften geschritten war, die die Anlagen der Genossenschaften en bloc übernehmen wollten, oder die Einzelbewerber um Verteilstellen vertraglich langfristig an sich binden wollte, kam es zu massiven Protesten von Reichsgruppe Handel und Wirtschaftsgruppe Einzelhandel. Im Verlauf der daraufhin im Reichswirtschaftsministerium geführten Verhandlungen zur Beteiligung des Handels an der Privatisierung der liquidierenden Konsumgenossenschaften zeigte sich, daß die Mittelstandsvertreter nach wie vor für die Auflösung aller Konsumvereine und der Deugro als Konkurrenten des gewerblichen Handels eintraten. Dieses Ansinnen aber entsprach nicht den Vorstellungen des Reichswirtschaftsministeriums, dem es darum ging, "Ordnung und Ruhe in die Reihen der Verbrauchergenossenschaften zu bringen", und ausdrücklich nicht um die Beseitigung eines "dem nichtgenossenschaftlichen Handel abträglichen Wettbewerb(s)".[313]

---

311 Begründung des RWM zum Gesetz über Verbrauchergenossenschaften, BAK, R 43 II/351, fol. 78-82. hier fol. 79.

312 Holtz, Verbrauchergenossenschaften, S. 308.

313 So im Erlaß des RWM vom 8. Januar 1936. Abdruck-Exemplar in: BAP, 21.01 Nr. B 9652, fol. 217. Die gleichlautende Formulierung auch in dem Bericht über "die Abwicklung von Verbrauchergenossenschaften" vom 27. Januar 1936, ebenda, fol. 299.

Von entscheidender Bedeutung für die mit dem Gesetz verfolgte Absicht, die Konsumvereine dem sogenannten Meinungsstreit (also den Auseinandersetzungen mit dem gewerblichen Mittelstand hinsichtlich ihrer Existenz im nationalsozialistischen Staat) zu entziehen, um die weiterbestehenden Konsumvereine stabilisieren zu können, war deren künftige geschäftliche Entwicklung, die zugleich mit derjenigen der Deugro eng verbunden war. Mußte die Deugro auch versuchen, den Umsatzausfall der liquidierenden Genossenschaften auf dem "freien Markt" auszugleichen, so hatten ihre Absatzmöglichkeiten bei den nicht aufgelösten Konsumvereinen einen vergleichbaren Stellenwert. Aus diesem Zusammenhang erklärt sich auch die im März 1936 vom Kabinett beschlossene Niederschlagung der aus den Reichsbürgschaften erwachsenden Rückforderungen für nicht liquidierende (sanierungsfähige) Genossenschaften. Die finanzielle Belastung bei ihrer Sanierung entsprach dem Betrag, mit dem das Reich im Fall ihrer Auflösung in Anspruch genommen worden wäre. "Abgesehen hiervon" - so hieß es im Antrag des Reichswirtschaftsministeriums zusammenfassend weiter - "erscheint es kaum zweckmäßig, im Zeitpunkt zunehmender Lebensmittelrationalisierung ohne zwingende Not einen gut eingespielten Verteilungsapparat weiter zu verkleinern und durch vermeidbare Liquidationen und die durch sie bedingte Verschleuderung von Vermögenswerten und Gefährdung der Lage der Deugro unnötige Unruhe in die Wirtschaft zu tragen."[314]

Während im mittelständischen Einzelhandel Rationalisierungsmaßnahmen erst durchgesetzt werden mußten, zeichnete sich der konsumgenossenschaftliche Wirtschaftsapparat bereits seit langem durch die kostengünstige Warenverteilung an die ihm angeschlossenen Mitgliederhaushalte aus. In den seit 1933 geführten Verhandlungen der beteiligten Ressorts zur Lösung der Konsumgenossenschaftsfrage hatte dieser Gesichtspunkt regelmäßige Beachtung gefunden. Neben den sonstigen wirtschaftlichen und politischen Argumenten, die vom Reichswirtschaftsministerium gegen eine Auflösung der Konsumvereine geltend gemacht wurden, war immer auch ihre Bedeutung bei der preiswerten Lebensmittelversorgung der kaufkraftschwachen Bevölkerungskreise betont worden. An der Aufrechterhaltung des rationell und weitverzweigt organisierten Verteilstellennetzes in Verbindung mit leistungsfähigen Herstellungsbetrieben einzelner Konsumvereine und der GEG zeigte sich ferner das Reichswehrministerium stark interessiert. Anfang Juni 1934 hatte v. Blomberg seine schon im April anläßlich einer Besprechung zur Lage der Konsumvereine abgegebene Erklärung unterstrichen und sich erneut gegen Veränderungen der konsumgenossenschaftlichen Gesamt-

---

314 Antrag des RWM vom 2. März 1936, BAP, 21.01 Nr. B 9903, fol. 17-19, hier fol. 19. Weitere Exemplare in: BAK, R 43 II/756, fol. 119-121; BA/MA, RW 19/979. Die Mitteilung des StSRkei. über die Annahme des Antrags durch das Kabinett auf dem Umlaufwege erging am 23. März, BAP, 31.01 Nr. 10528, fol. 76.

organisation ausgesprochen. Die den Konsumvereinen in den militärischen Planungen des Aufstellungsfalls zugedachten Aufgaben konnten hiernach von anderen Einrichtungen - und ausdrückliche Erwähnung fand der Handel - nicht wahrgenommen werden. Von besonderer Bedeutung für die "Kriegsernährungswirtschaft" war die aus dem Umfang und der Einheitlichkeit der Konsumgenossenschaften resultierende "außerordentliche Schlagkraft".[315]

Auch vier Jahre nach diesen Ausführungen hatte sich an der unzureichenden Eignung des Handels für wehrwirtschaftliche Aufgaben aus militärischer Sicht nichts geändert. Als Walther Funk (nach seinem Amtsantritt als Reichswirtschaftsminister) im Mai 1938 die Auflösung der Konsumgenossenschaften und der Deugro ankündigte,[316] begründeten das Heeresverwaltungsamt im Oberkommando des Heeres und der Wehrwirtschaftsstab im Oberkommando der Wehrmacht ihren Einspruch mit den bereits durch v. Blomberg eingebrachten Vorbehalten. Dem Reichswirtschaftsminister wurde darüber hinaus mitgeteilt, daß "die Mobilmachungsvorbereitungen der Wehrmacht (...) teilweise auf den Betrieben der Verbrauchergenossenschaften aufgebaut" und andere "gleichwertiger Art (...) nicht vorhanden" sind. "Ihre Schließung oder anderweitige Verwendung würde die Mobilmachung mindestens verzögern, was nicht vertreten werden kann." Die Deugro war - so hieß es im Schreiben des Chefs des Heeresverwaltungsamtes weiter -

> "die einzige Veredelungs- und Handelsorganisation (...), die allen wehrwirtschaftlichen Anforderungen hinsichtlich Verbindung zwischen Verbrauchern, Verteilern und Veredelern genügt. Sie ist in dieser Beziehung vorbildlich aufgebaut. Weder Groß- noch Einzelhandel haben in dieser Hinsicht wehrwirtschaftlich sich organisiert (...). Vor etwa 3 Jahren hat Herr Professor Dr. Luer (richtig: Lüer - U. K.) eine solche Organisation in Aussicht gestellt. Er hat seit dieser Zeit leider nichts von sich hören lassen. (...) Danach muß ich mich wie früher auf den Standpunkt stellen, daß wehrwirtschaftlich eine Liquidation der GEG (das meint die Deugro - U. K.) und der Verbrauchergenossenschaften ausgeschlossen ist, solange nicht eine gleichwertige Organisation an die Stelle gesetzt wird."[317]

Der Wehrwirtschaftsstab im Oberkommando der Wehrmacht betonte in seinem Schreiben an Funk ergänzend ausdrücklich , daß die durch seine Absichten sich

---

315 Schreiben des RWehrM an den RWM vom 6. Juni 1934, BAP, 31.01 Nr. 10576, fol. 196. Die in der Besprechung vom 17. April verlesene Erklärung ebenda, fol. 197f. Vgl. a. die Ausführungen in den Abschnitten 4.2.1, 4.2.2 und 4.3.

316 Funk hatte sich am 24. Mai 1938 in diesem Sinn anläßlich der Amtseinführung Haylers als neuer Leiter der Reichsgruppe Handel geäußert. Vgl. VB, NA vom 26. Mai 1938.

317 Schreiben des Heeresverwaltungsamtes im OKH an den RWM vom 30. Mai 1938, BA/MA, RW 19/981.

einstellenden Störungen der Mobilmachungsvorbereitungen "im gegenwärtigen Zeitpunkt besonders unerwünscht" sind.[318]

Lüer hatte im September 1935 der Dienststelle "Wehrwirtschafts- und Waffenwesen"[319] im Reichskriegsministerium die Mitarbeit der Reichsgruppe Handel bei den wehrwirtschaftlichen Aufgaben angeboten.[320] Die daraufhin eingeholten Stellungnahmen der Wehrwirtschafts-Inspektionen[321] waren überwiegend negativ ausgefallen. Ihnen erschien die Reichsgruppe Handel nach dem damaligen Organisationsstand lediglich geeignet, Auskünfte über "handelsübliches Gerät" zu erteilen und bei der "Erörterung von Transportfragen" vorbereitend mitzuwirken. Außerdem konnte sie bei der "Gewinnung von Vertrauensleuten und Beratern der wehrwirtschaftlichen Dienststellen" beteiligt werden und sollte die Erfahrungen des Handels aus der "Weltkriegswirtschaft" weitergeben. Eine darüber hinausgehende Eignung - insbesondere die Einbindung des Handels in die Versorgung der Bevölkerung im Aufstellungsfall - wurde der Reichsgruppe nicht zuerkannt.[322]

Hingegen stand die diesbezügliche Bedeutung der Deugro und der Konsumgenossenschaften bei den die wehrwirtschaftlichen Planungen betreibenden militärischen Dienststellen außer Frage. Federführend in dieser Angelegenheit war die 1934 im Wehrmachtamt des Reichswehrministeriums gegründete Dienstelle "Wehrwirtschafts- und Waffenwesen", die ab Oktober 1935 - umbenannt zum - "Wirtschaftsstab" im Reichskriegsministerium und "dann ab Februar 1938 (als Amtsgruppe - U. K.) im Oberkommando der Wehrmacht die wehr- und rüstungswirtschaftlichen Aufgaben der Gesamtwehrmacht bearbeiten sollte."[323] Leiter dieser Dienststellen bzw. Amtsgruppe war Georg Thomas, dem die maßgebliche Initiative beim Aufbau dieser Organisation und den inhaltlichen Planungen einer wehrwirtschaftlichen Anforderungen genügenden Vorbereitung der deutschen Wirtschaft auf die Kriegsführung zugeschrieben wird.[324] Seine Anstrengungen in dieser Richtung gründen nicht erst ab 1933, sondern sind bereits aus den Jahren der Weimarer Republik während seiner Tätigkeit im Heereswaf-

318 Schreiben des WStb an den RWM vom 9. Juni 1938, ebenda.

319 Zur Entwicklung der militärischen Wehrwirtschaftsorganisation weiter unten.

320 Vgl. den Schriftwechsel in: BA/MA, RW 19/979.

321 Dies waren die Außenstellen der wehrwirtschaftlichen Organisation des RWehrM bzw. RKM, vgl. Thomas, Wehr- und Rüstungswirtschaft, S. 66ff; Petzina, Autarkiepolitik, S. 70.

322 Die Zitate aus dem Entwurf des Schreibens des WStb an Lüer vom 6. Mai 1936, das am darauffolgenden Tag abgesandt wurde, BA/MA, RW 19/979.

323 Thomas, Wehr- und Rüstungswirtschaft, S. 2, vgl. weiter das dortige Schaubild vor S. 55. Daneben bestanden Wirtschaftsstäbe aller drei Waffengattungen, die keine Neigung zur Koordination zeigten. Die einheitliche Vertretung der Rüstungsinteressen war dadurch erschwert, vgl. ebenda, S. 62ff; Petzina, Autarkiepolitik, S. 70.

324 Vgl. Thomas, Wehr- und Rüstungswirtschaft, S. 2f; Petzina, Autarkiepolitik, S. 25f.

fenamt[325] überliefert. Von 22. November 1928 datiert eine dem damaligen Reichswehrminister Wilhelm Groener vorgelegte Ausarbeitung von Thomas über "Zweck, Notwendigkeit und Umfang der wirtschaftlichen Aufstellungsvorarbeiten",[326] in der bereits die wesentlichen Grundzüge der wirtschaftlichen Mobilmachung enthalten waren, die später in das Konzept der Wehrwirtschaft einflossen.

Das Ziel der wehrwirtschaftlichen Planungen bestand darin, die Gesellschaft frühzeitig auf die Anforderungen der Kriegführung auszurichten. Wehrwirtschaft wurde nicht als "Ausnahmezustand" im Krieg begriffen,

> "sondern (als) die neue Gestalt der Friedenswirtschaft, die dem totalen Krieg entsprechend bereits im Frieden alle Volkskräfte erfaßt und im Sinne der Wehrerstarkung lenkt. Diese neue Zielsetzung wird nicht von der Wirtschaft allein verlangt. Auch alle anderen Teilgebiete des menschlichen Lebens und alle übrigen Wissenschaftsgebiete (...) sind an der gleichen Aufgabe beteiligt, die Wehrkraft zu stärken."[327]

Um dieses Ziel zu erreichen, hatte die Wehrwirtschaft ihrerseits die Aufgaben der "Steuerung der Friedenswirtschaft nach wehrwirtschaftlichen Grundsätzen", der "Vorbereitung der Kriegswirtschaft" und der "Vorbereitung des Wirtschaftskrieges" beispielsweise hinsichtlich der "Ernährungslage, Rohstoffwirtschaft, gewerbliche(n) Wirtschaft, Finanzwirtschaft, Handel und Verkehr, Arbeitseinsatz (und) Propaganda" wahrzunehmen.[328]

---

325 Dieses - in das Thomas 1928 eintrat - war ebenso wie die Dienstelle "Wehrwirtschafts- und Waffenwesen" - zu deren Leiter er im November 1934 ernannt worden war - ein Vorläufer der vorstehend genannten Wehrwirtschaftsorganisationen, vgl. Thomas, Wehr- und Rüstungswirtschaft, S. 2, Schaubild vor S. 55; Petzina, Autarkiepolitik, S. 25.

326 Abgedruckt in: Thomas, Wehr- und Rüstungswirtschaft, S. 489-497, vgl. a. ebenda, S. 60.

327 Rede von Thomas auf der 5. Tagung der RWK vom 24. November 1936, BAP, 31.01 Nr. 10314, fol. 135-155, hier fol. 141.

328 Ebenda, fol. 142. Vgl. a. Thomas, Wehr- und Rüstungswirtschaft, S. 83, wonach "*mit Wehrwirtschaft all das Wirken und Tun* (bezeichnet wird), *das im Gegensatz zu rein friedensmäßigem wirtschaftlichen Handeln auf den Krieg ausgerichtet ist*. Die wehrwirtschaftliche Tätigkeit begann also schon im Frieden mit der Einwirkung auf die Wirtschaft zu dem Zwecke, sie für den Krieg auf eine möglichst große Höhe der Leistungsfähigkeit zu heben." Hervorh. i. Orig. Diese Begriffsbestimmung stammt aus einer im Februar 1944 angefertigten Ausarbeitung des Generalmajors Otto Beutler, der zwischen 1934 und 1937 im Range eines Majors in den Dienststellen "Wehrwirtschafts- und Waffenwesen" bzw. "Wehrwirtschaftsstab" als Gruppenleiter tätig war, vgl. ebenda, S. 65 und 80. Die vorstehend zitierten drei Aufgaben der Wehrwirtschaft ergänzte Thomas im Anschluß an die Wiedergabe von Beutlers Ausführungen. Zusätzlich waren genannt: "Die Klarstellung der Bedeutung der Wirtschaft für einen kommenden Krieg. (...) Die Zusammenstellung der militärischen und sonstigen Forderungen an die Wirtschaft im Krieg. (...) Das Studium der wehrwirtschaftlichen Kraft der vermutlichen Feind- und Freundesstaaten", ebenda, S. 83f.

Vor diesem Hintergrund einer umfassenden Ausrichtung auf die Kriegführung - nicht nur der direkt rüstungswichtigen, sondern aller wirtschaftlichen und gesellschaftlichen Bereiche - erhellt sich das militärische bzw. wehrpolitische Interesse der hierfür zuständigen Dienststellen im Reichswehr- bzw. Reichskriegsministerium an den konsumgenossenschaftlichen Einrichtungen als leistungsfähigen Produktions- und Verteilbetrieben. Die entsprechenden Überlegungen werden im folgenden abschließend am Beispiel konkreter, den Konsumvereinen und der Deugro zugewiesenen Aufgaben illustriert. Zu der oben nachgewiesenen Einbindung der Konsumgenossenschaften in die Planungen des Reichswehrministeriums für den Aufstellungsfall konnten weitere schriftlich überlieferte Unterlagen nicht ermittelt werden. Ein besonderes Interesse am Fortbestand der Konsumvereine formulierte in den folgenden Jahren auch der Leiter der Wehrwirtschafts-Inspektion VII in München, General Stahr, der hierbei durch den im Mobilmachungsfall dort als Wirtschaftsführer vorgesehenen Wirtschaftsberater Seyerlen unterstützt wurde.[329] 1936 erstellte Seyerlen unter dem Titel "Die wehrwirtschaftliche Bedeutung der deutschen Verbrauchergenossenschaften und ihre Bedeutung im Rahmen des Vierjahresplans" eine Denkschrift, die Stahr Anfang Juli 1937 dem Wehrwirtschaftsstab ebenso übersandte[330] wie deren ergänzte Fassung über "Die Bedeutung der verbrauchergenossenschaftlichen Wirtschaftseinrichtungen in Deutschland für Wehrwirtschaft und Vierjahresplan".[331]

Nach einer Auflistung der Herstellungs- und Verteilungskapazität von Konsumvereinen und Deugro faßte Seyerlen deren wehrwirtschaftliche Bedeutung folgendermaßen zusammen. Sie lag in der

---

329 Unterlagen hierüber in: BA/MA, RW 19/981 und RW 19/2462. Seyerlen beriet außerdem den Reichsbund der deutschen Verbrauchergenossenschaften e. V. und die Geschäftsleitung der Deugro. Er verfaßte auf Bitten Stahrs mehrere Stellungnahmen zur wehrpolitischen Bedeutung der Konsumvereine, die Stahr regelmäßig dem WStb zur Kenntnis brachte, vgl. Schreiben des Wehrwirtschaftsinspekteurs VII (Stahr) an den Chef des WStb (Thomas) vom 28. Mai 1938, BA/MA, RW 19/981. Später trat Seyerlen als Leiter des Überführungsstabes des Bevollmächtigten der Arbeitsfront zur Überführung der verbrauchergenossenschaftlichen Einrichtungen in das Gemeinschaftswerk der Deutschen Arbeitsfront in Erscheinung, vgl. Erste Ano. zur Durchführung der VO zur Anpassung der verbrauchergenossenschaftlichen Einrichtungen an die kriegswirtschaftlichen Verhältnisse. Vom 18. Februar 1941. RGBL I, S. 107; Rundschau, 1941, S. 81. Zur Person Seyerlens neuerdings Theweleit, Buch der Könige 2, Bd. 2x, S. 475f.

330 Exemplar der Denkschrift in: BA/MA, RW 19/2462. Begleitschreiben Stahrs an den WStb vom 7. Juli 1937, ebenda.

331 Exemplar in: BA/MA, RW 19/980. Nach ihrer Vorbemerkung wurde auch diese Denkschrift 1936 verfaßt. Zu welchem Zeitpunkt sie dem WStb zur Kenntnis gelangte, ließ sich nicht ermitteln. In der Akte findet es sich im Anschluß an Unterlagen vom August 1939.

"Heranziehung der Herstellungsbetriebe, insbesondere der Deutschen Großeinkaufs-Gesellschaft zur Belieferung der den Wehrkreisverwaltungen unterstellten Heeres-verpflegungs-Hauptämter (und) zur Belieferung der Küchenverwaltungen der einzelnen Formationen in den günstig gelegenen Standorten mit folgenden Artikeln: Fleisch-, Wurst-, Fischkonserven und Fischmarinaden, Marmeladen, Brotaufstriche, Frucht- und Gemüsekonserven, Mehl, Teigwaren, Hülsenfrüchte, Dörr- und Preßgemüse, Zucker, Pfeffer, Gewürze, Kaffee, Tee, Kakao, Brot, Frischfische.

Eine derartige Heranziehung geschieht bereits seitens verschiedener Wehrkreisverwaltungen. Desgleichen werden die einschlägigen Betriebe für die Herstellung von eisernen Rationen für das Heer herangezogen."

Neben dieser Funktion der Produktionsbetriebe bei der Bedarfsdeckung des Heeres lag die

"Hauptbedeutung" der Konsumvereine "aber in den Einsatzmöglichkeiten der rein verteilungsmäßigen Funktion für die Verbrauchslenkung und Bedarfsdeckung der *zivilen* Bevölkerung", die Seyerlen folgendermaßen charakterisierte:

- Versorgung einer im Ernstfall besonders wichtigen Verbraucherschicht von industriellen und gewerblichen Arbeitern und ihren Familien mit Bedarfsgütern der täglichen Ernährung und Lebenshaltung durch annähernd 11.000 über das ganze Reich verstreute Verteilstellen,

- engster Kontakt mit dieser zu versorgenden Verbraucherschicht, demzufolge schnellstmögliche durchgreifende Beeinflussung des Bedarfs und Verbrauchs,

- im Notfall schnellstmögliche *einheitliche* Typisierung der Waren bzw. Einschränkungen der Warentypen in annähernd 400 Herstellungsbetrieben,

- bei Mangellagen schnellstmögliche Ergänzung knapper Bedarfsgüter durch Ersatzmittel innerhalb der gleichen Gebrauchsgruppe (z. B. bei mangelnder Butter oder Margarine stärkeres Angebot von Ölen und Tranen),

- größtmögliche Einschränkung des Verderbs durch zentrale Organisation des Transports und der Einlagerung,

- autoritäre Disziplinierung, Schnelligkeit, Gleichmäßigkeit der Verteilung oder Kontingentierung in allen Teilen des Reichs durch Magazinierungsmöglichkeiten in annähernd 400 Magazinen in allen Teilen des Reiches,

- Einheitlichkeit der Preisgestellung durch zentrale Überwachung,

- weitestgehende Einsparung an wehrpflichtigen Arbeitskräften durch Verlagerung aller nicht rein verteilungsmäßigen Arbeitsgänge in wenige Stellen, dagegen

Durchführung aller rein verteilungsmäßigen Arbeitsgänge durch weibliche Kräfte."[332]

Die Verteilung vergleichbarer Warenmengen durch den "Kleinladenbetrieb" verursacht - wie es weiter hieß -

> "einen unverhältnismäßig größeren Einsatz von Arbeitskräften durch die Zersplitterung des Arbeitsaufwandes für Einkauf, Antransport, Verpackung (und) Einlagerung auf eine Unzahl von Kleinhändlern." Außerdem erwachsen "aus der Verteilung durch den Kleinbetrieb ein weit höherer Verschleiß an Verpackungsmaterialien, Verkehrsmitteln, Energiestoffen und vor allem eine weit höhrere Verderbsquote.
>
> Zu diesen verteuernden Manipulationen tritt hinzu eine andere, meist höhere Kalkulation, um aus verhältnismäßig geringem Umsatzvolumen ein Existenzminimum für eine ungleich höhere Anzahl von Kleinbetreiben zu erwirtschaften - und zwar *ohne dadurch im Endeffekt die Funktion der Verteilung und Versorgung zu verbessern.*"[333]

Diese Ende 1936, nach der Verkündung des Vierjahresplans, fixierten Überlegungen erscheinen vor dem Hintergrund der Ernährungslage in Deutschland 1935/36 (und den problematischen Kompetenzzuweisungen des Reichsverteidigungsgesetzes vom Mai 1935[334]) als durchaus bewußter Lösungsversuch der organisatorischen Handhabung zur *Verwaltung* (nicht Behebung) der Mängel in der Versorgung der Bevölkerung mit Lebensmitteln. Die Ursachen der zunehmend auftretenden Engpässe in der Ernährungslage waren damit natürlich nicht zu beseitigen. Anders als nach der Übernahme des Reichswirtschaftsministeriums durch Funk hatten dieses und das Reichskriegsministerium[335] 1935/36 noch ein gemeinsames Interesse an der Erhaltung der nichtliquidierenden Konsumvereine und der Deugro. Wenn auch die zugrunde liegenden Motive nicht völlig identisch waren, so fanden sie dort zueinander, wo es um den Fortbestand der konsumge-

---

332 Die Zitate aus der ergänzten Fassung der Denkschrift, S. 12f, Hervorh. i. Orig. Die zuletzt genannte Einsparmöglichkeit wehrpflichtiger Arbeitskräfte war, wie Seyerlen ausdrücklich betonte, ein "vom wehrwirtschaftlichen Standpunkt" betrachtet, "sehr beachtliches Moment", ebenda, S. 13.

333 Ebenda, S. 13f, Hervorh. i. Orig.

334 Das Problem lag v. a. in der mangelnden Abgrenzung zwischen kriegs- und rüstungswichtiger Industrie. Für erstere war - zugleich mit der lebenswichtigen Industrie - Schacht (als neu ernannter Generalbevollmächtigter für die Kriegswirtschaft) zuständig, die rüstungswichtige Industrie unterstand dem RKM. Vgl. das am 21. Mai 1935 ergangene (jedoch nicht veröffentlichte) Reichsverteidigungsgesetz, IMT, Bd. XXX, S. 60ff; Thomas, Wehr- und Rüstungswirtschaft, S. 75ff; Petzina, Autarkiepolitik, S. 68ff.

335 Ab 4. Februar 1938: OKW, vgl. Thomas, Wehr- und Rüstungswirtschaft, Schaubild vor S. 55; Hitlers "Erlaß über die Führung der Wehrmacht" vom 4. Februar 1938, BAK, R 43 II/138a, fol. 92f.

nossenschaftlichen Betriebe als leistungsfähiger Einrichtungen für die Produktion und Verteilung von Lebensmitteln in der Friedens- und der in Vorbereitung befindlichen Kriegswirtschaft ging.

Die Versorgung der Bevölkerung mit Lebensmitteln war in den Jahren 1935 und 1936 besonders von zwei Faktoren bestimmt. Zum einen durch den zunehmenden und Schwankungen unterworfenen Mangel bei nahezu allen Nahrungsmitteln, zum anderen durch Preissteigerungen, die sich sowohl direkt, in höheren Preisen, als auch indirekt über Qualitätsverschlechterungen niederschlugen. Im "Jahresrückblick" für 1936 der Deutschland-Berichte der Sopade wurden die Mängel in der Lebensmittelversorgung folgendermaßen zusammengefaßt:

> "Die »Versorgungsspannungen« in der Volksernährung, die bereits im Jahre 1935 einsetzten, sind im vorigen Jahre (1936 - U. K.) bei fast allen Lebensmitteln aufgetreten. Irgend etwas war immer nicht oder nur in kleinen Mengen zu haben: bald Butter oder Eier, bald Schweine- oder Rindfleisch, bald Gemüse oder Kolonialwaren, bald Inlandsobst oder Südfrüchte. Die Schlachtung von Schweinen und Rindern wurde kontingentiert, das Brot durch stärkere Ausmahlung verschlechtert, der Fettbezug eingeschränkt und einem Kartensystem[336] unterworfen. Dafür wurde die Marmeladenerzeugung außerordentlich gesteigert (...), der Genuß von Kohl, Kartoffeln und Fisch propagiert und schließlich ein monatlicher amtlicher Speisezettel unter Anpassung an die jeweilige Versorgungslage herausgegeben. Außerdem mußte aber auch die Einfuhr von Tieren und tierischen Produkten (...) gesteigert werden. Dabei war die Sicherung der Volksernährung auch in dem unzulänglichen Ausmaß nur dadurch möglich, daß ein weiterer *Vorratsabbau* erfolgte, vor allem beim Getreide."[337]

---

336 Dies meinte die im November 1936 bei Fleischereien und Einzelhändlern eingeführten "Kundenlisten" für den Fettbezug, die in den Berichten der Sopade als "indirektes Kartensystem" und in der Bevölkerung als "Fettkarten" bezeichnet wurden. Vgl. Deutschland-Berichte (Sopade), 3. Jg. 1936, Bericht November 1936, S. 1405; Deutschland-Berichte (Sopade), 4. Jg. 1937, Bericht Januar 1937, S. 34ff mit dem Abdruck eines Antragsformulars auf Eintragung in die Kundenlisten.

337 Deutschland-Berichte (Sopade), 4. Jg. 1937, Übersicht "Das Scheitern der Erzeugungsschlacht" im Bericht vom Januar 1937, S. 114ff, hier S. 114f, Hervorh. i. Orig. Vgl. hierzu die Vielzahl einzelner Nachweise dieser Quelle in den monatlichen Berichten der Jahre 1935 und 1936: 2. Jg. 1935: Bericht Mai, S. 539ff; Bericht August, S. 951ff; Bericht September, S. 1045ff; Bericht Oktober, S. 1138ff; Bericht November, S. 1251; Bericht Dezember, S. 1393ff. 3. Jg. 1936: Bericht März, S. 320ff; Bericht Juni, S. 689ff; Übersicht "Die Deutsche Agrarpolitik im Erntejahr 1935/36" im Bericht vom August, S. 1055ff; Bericht September, S. 1111ff; Bericht November, S. 1405ff. Vgl. a. Morsch, Arbeit und Brot, S. 289ff und 371f.

Die offizielle Darstellung der Preisentwicklung war bereits im Rückblick für das Jahr 1935 der Kritik unterzogen worden, die tatsächlichen Preissteigerungen nicht widerzuspiegeln.

> "Der Index der Lebenshaltungskosten" - so hieß es - "baut (...) auf einem Normalbedarf auf, der heute normalerweise eben nicht mehr voll zu befriedigen ist, sondern durch andere Lebensmittel ergänzt werden muß. Dieser Ersatzbedarf aber ist im Index nicht vorgesehen und die bei ihm eingetretene besonders starke Preissteigerung findet daher keine Berücksichtigung. Der Index berücksichtigt aber auch nicht, daß die Höchstpreise durch Qualitätsverschlechterungen umgangen werden, daß die amtlichen Höchstpreise praktisch zu Mindestpreisen geworden sind und die minderen Sorten einfach ausfallen, und daß im Schleichhandel allgemein (...) weit höhere Preise gezahlt werden."[338]

Die Ursachen der Versorgungsmängel und der Preissteigerungen hatten im wesentlichen zwei Gründe. Zum einen konnte die Landwirtschaft die erforderlichen (inländischen) Warenmengen nicht in ausreichender Höhe zur Verfügung stellen. Neben geringeren Ernteerträgen und rückläufigen Produktionsziffern tierischer Erzeugnisse zwischen 1933 und 1935 "war dafür die neue »Marktordnungs«-Politik des Reichsnährstandes verantwortlich, die im Interesse der landwirtschaftlichen Einkommenssteigerung zunächst die restriktive Anbau- und Angebotspolitik der Jahre 1931/33 fortgesetzt hatte"[339] und höhere Erzeugerpreise realisieren konnte, deren Auswirkungen auf die Endverbraucher auch durch den Druck auf die Handelsspannen der Gewerbetreibenden nicht gänzlich zu unterbinden waren.[340]

Zum anderen wirkte sich der Preisanstieg importierter Nahrungsmittel nachteilig auf die Versorgungslage aus. Die notwendige Bereitstellung finanzieller Mittel für ihre Beschaffung führte zu starken Konflikten im Regime, als Schacht sich im Herbst 1935 erstmals weigerte, den Devisenanforderungen des Landwirtschaftsministeriums stattzugeben, weil diese die Mittel für die Beschaffung der

---

338 Deutschland-Berichte (Sopade), 3. Jg. 1936, Übersicht "Wachsende Schwierigkeiten" im Bericht vom Januar 1936, S. 115ff, hier S. 118. Die in diesem Zusammenhang der Kritik unterzogene Berechnung des Statistischen Reichsamtes, die für 1935 einen Anstieg der gesamten Lebenshaltungskosten von 1 % auswies, wurde beispielsweise auch im Lagebericht der Staatspolizeistelle Kassel für den Januar 1936 an das Gestapa kritisiert: "Die Behauptung des Statistischen Reichsamtes im Januarheft »Wirtschaft und Statistik«, daß der Lebenshaltungsindex in der Zeit vom 1.1.1935 bis 31.12.1935 nur um 1 % gestiegen sei, wirkt geradezu lächerlich", zitiert nach Klein (Hg.), Lageberichte, Teilband 1, S. 373. Vgl. weiter WISTA, 1936, S. 2ff; Hachtmann, Lebenshaltungskosten und Reallöhne, S. 50ff; die Ausführungen im folgenden sowie in Abschnitt 4.4.

339 Petzina, Autarkiepolitik, S. 31. Vgl. a. Mason, Sozialpolitik, S. 148ff und Hachtmann, Lebenshaltungskosten und Reallöhne, S. 54f.

340 Vgl. v. Saldern, Mittelstand, S. 65 und 137f.

zur Aufrüstung benötigten ausländischen Rohstoffe reduzierten.[341] Die Reaktionen der Regierung auf Mangellage und Preisentwicklung waren alles andere als systematisch, weil sie der erforderlichen Vermittlung zwischen den Anforderungen der Nahrungsmittel- und Rohstoffversorgung angesichts der beibehaltenen Priorität der Aufrüstung nicht gerecht werden konnten.

So war beispielsweise die Bereitstellung von Devisen zur Sicherung der Fettversorgung um die Jahreswende 1935/36[342] nur ein Tropfen auf den heißen Stein. Die Einführung eines Bezugskartensystems konnte auf diese Weise zwar verhindert werden, eine dauerhafte Lösung war damit aber nicht zu erreichen. Weder wurde das Problem der nicht ausreichenden inländischen Versorgung mit Fetten, noch das der Aufbringung von Devisen für weiter notwendige Importe - auch anderer Nahrungsmittel - gelöst.

Im Ergebnis gleichermaßen unzureichend fielen die seit 1933 angestellten Versuche aus, den Preissteigerungen zu begegnen. Das Ziel des Regimes, die Preise auf dem Niveau vom Januar 1933 zu halten, konnte nicht realisiert werden. Die Entwicklung der Lebensmittelpreise nach der amtlichen Statistik weist von 1933 bis 1936 eine Zunahme von 8 % aus, die zum größten Teil in den ersten zwölf Monaten eingetreten war; von 1934 auf 1935 und im darauffolgenden Jahr wurden die Steigerungen mit jeweils ca. 1,7 % ausgewiesen.[343] Es ist bereits ausgeführt worden, daß diese amtlich festgestellte Preisentwicklung vermutlich "nur die *unterste* Grenze der tatsächlich eingetretenen Verteuerung"[344] widerspiegelt. Petzina beziffert die Preiserhöhung für landwirtschaftliche Erzeugnisse (Nahrungsmittel) allein im Jahr 1935 auf 9 %, wobei insbesondere die Einzelhandelspreise für Rind-, Schaf- und Kalbfleisch zwischen 32 % und 55 % anzogen.[345] Im November 1934 waren die im Juli 1933 den Ministerien für Wirtschaft und Landwirtschaft übertragenen Aufgaben und Befugnisse des Reichskommissars für Preisüberwachung auf einen - direkt Hitler unterstellten - Reichskommis-

---

341 Vgl. Petzina, Autarkiepolitik, S. 32f.

342 Dies geschah durch Görings Eingreifen, der in dem Konflikt zwischen RWM und REM um die Bereitstellung von Devisen für Nahrungsmittelimporte auf Wunsch Hitlers vermitteln sollte. Die Heranziehung Görings war der erste Schritt des Weges, an dessen Ende dieser in der Vierjahresplan-Organisation "zur Schlüsselfigur der Wirtschaftspolitik" wurde, ebenda, S. 33. Vgl. weiter zur sogenannten Brotkrise ebenda, S. 35f und Meinck, Hitler und die deutsche Aufrüstung, S. 161f.

343 Vgl. die Jahresdurchschnitte der Indexziffern für Ernährung, Stat. Jb. f. d. DR, 1937, S. 310. Vgl. a. WISTA, 1936, S. 2, wonach die Indexziffer für Ernährung von Dezember 1934 bis Dezember 1935 um 1,5 % zunahm.

344 So in der dem RWM am 5. März 1937 überreichten Denkschrift des RAM, BAP, 31.01 Nr. 10332, fol. 43-50, zitiert nach dem Abdruck bei Mason, Arbeiterklasse, S. 1249-1255, hier S. 1251, Hervorh. i. Orig. Vgl. weiter Abschnitt 4.4.

345 Vgl. Petzina, Autarkiepolitik, S. 33. Vgl. a. Schweitzer, Nazifizierung, S. 98.

sar für Preisüberwachung übergegangen, zu dem Carl Goerdeler ernannt wurde.[346] Mit dem Ende seiner bis zum 31. Juli 1935 befristeten Tätigkeit fielen dessen Kompetenzen erneut an beide Ministerien.[347] Die im Gesetz vom November 1934 noch auf lebensnotwendige Leistungen und Güter beschränkte Zuständigkeit des Reichskommissars wurde schon am 4. Dezember "auf alle Güter und Leistungen ausgedehnt."[348] Goerdelers Bemühungen zur Verhinderung von Preissteigerungen scheiterten im Ergebnis vor allem, weil er keinen Versuch unternahm, in die Preispolitik des Reichsnährstandes bzw. des Landwirtschaftsministeriums einzugreifen.[349]

Die vor und nach Goerdelers Intermezzo 1934/35 vom Reichswirtschaftsministerium und dem Reichsministerium für Ernährung und Landwirtschaft unternommenen Anstrengungen zur Stabilisierung der Preise zeigten gleichfalls keine durchschlagenden Erfolge. Die widersprüchliche Zielsetzung eines stabilen Preisniveaus und einer Erhöhung der (landwirtschaftlichen) Erzeugerpreise war durch die Politik festgesetzter Preise und Handelsspannen nicht zu erfüllen, zumal auch Erhöhungen der Kleinhandelspreise vorgenommen wurden.[350]

---

346 Goerdeler hatte dieses Amt erstmals im Dezember 1931 angetreten. Vgl. Petzina, Autarkiepolitik, S. 63; Vierte VO des Rpräs. zur Sicherung von Wirtschaft und Finanzen und zum Schutze des inneren Friedens. Vom 8. Dezember 1931. RGBL I, S. 699; VO über die Befugnisse des Reichskommissars für Preisüberwachung. Vom 8. Dezember 1931. RGBL I, S. 747. Ein Jahr später wurde der Rkom. dem RWM unterstellt, vgl. VO über den Reichskommissar für Preisüberwachung. Vom 23. Dezember 1932. RGBL I, S. 572.

347 Vgl. Gesetz über die Bestellung eines Reichskommissars für Preisüberwachung. Vom 5. November 1934. RGBL I, S. 1085; Gesetz über die Übertragung der Aufgaben und Befugnisse des Reichskommissars für Preisüberwachung. Vom 15. Juli 1933. RGBL I, S. 490.

348 Gesetz über die Erweiterung der Befugnisse des Reichskommissars für Preisüberwachung. Vom 4. Dezember 1934. RGBL I, S. 1201.

349 Vgl. VO über Preisbindungen und gegen Verteuerung der Bedarfsdeckung. Vom 12. November 1934. RGBL I, S. 1110; VO über Preisüberwachung. Vom 11. Dezember 1934. RGBL I, S. 1245. Nach § 5 der VO gegen Preissteigerungen vom 16. Mai 1934 (RGBL I, S. 389) fand diese VO "auf landwirtschaftliche Erzeugnisse und Leistungen im Sinne des Gesetzes über den vorläufigen Aufbau des Reichsnährstandes und Maßnahmen zur Markt- und Preisregelung für landwirtschaftliche Erzeugnisse vom 13. September 1933 (RGBL I, S. 626) und der dazu ergangenen Verordnungen" ausdrücklich keine Anwendung. Vgl. a. Zweite VO gegen Preissteigerungen. Vom 7. August 1934. RGBL I, S. 771. Die Verordnungen vom 12. November und 11. Dezember 1934 tasteten die Ausnahmeregelung nicht an. Zur Tätigkeit Goerdelers als Reichskommissar für Preisüberwachung vgl. Schweitzer, Nazifizierung, S. 90ff. Vgl. a. Hachtmann, Lebenshaltungskosten und Reallöhne, S. 55.

350 Vgl. beispielsweise § 3 der (dritten) VO über gewerbsmäßige Herstellung von Erzeugnissen der Margarinefabriken und Ölmühlen. Vom 23. September 1933. RGBL I, S. 662; Gesetz über wirtschaftliche Maßnahmen. Vom 3. Juli 1934. RGBL I, S. 565; VO über den Warenverkehr. Vom 4. September 1934. RGBL I, S. 816; Bekanntmachung der neuen Fas-

Mit der Einführung des Vierjahresplans sollte die Preispolitik eine neue Qualität erfahren. War Goerdelers Amtsbezeichnung die eines Reichskommissars für Preisüberwachung gewesen, so führte der durch das Gesetz vom 29. Oktober 1936 ernannte Gauleiter Josef Wagner den Titel eines Reichskommissars für die Preisbildung.[351] Am 26. November 1936 erließ Göring als Beauftragter für den Vierjahresplan auf Vorschlag Wagners rückwirkend vom 18. Oktober ein Verbot der "Preiserhöhungen für Güter und Leistungen jeder Art, insbesondere für Bedürfnisse des täglichen Lebens, für die gesamte landwirtschaftliche, gewerbliche und industrielle Erzeugung und für den Verkehr mit Gütern und Waren jeder Art sowie für sonstige Entgelte".[352] Ausnahmen waren jedoch zugelassen[353] und boten "die Möglichkeit, die nach außen proklamierte Stabilisierung (des Preisniveaus -U. K.) hintenherum wieder weitgehend aufzuheben."[354] Nicht zurückgenommen wurde beispielsweise die vorstehend nachgewiesene Verordnung über Fleisch- und Wurstpreise vom 22. Oktober 1936.[355]

In Erweiterung der Kompetenzen Goerdelers war Wagner nicht nur für die Preisüberwachung, sondern für die "Überwachung der Preisbildung für Güter und Waren jeder Art"[356] einschließlich der landwirtschaftlichen Erzeugnisse zuständig. Im weiteren Gegensatz zu Goerdelers Amt war das Preisbildungskommissariat Wagners in den Stand einer den Ministerien gleichgeordneten obersten

---

sung der VO zur Ordnung der Getreidewirtschaft. Vom 10. Juli 1935. RGBL I, S. 1006; VO zur Änderung der VO zur Ordnung der Getreidewirtschaft. Vom 10. Juli 1936. RGBL I, S. 544; VO über Fleisch- und Wurstpreise. Vom 31. August 1935. RGBL I, S. 1122; VO über Kleinhandelshöchstpreise für Gefrierfleisch. Vom 7. Januar 1936. RGBL I, S. 5. Mit der VO über Fleisch- und Wurstpreise vom 22. Oktober 1936 (RGBL I, S. 897) traten die beiden zuletzt nachgewiesenen Verordnungen außer Kraft, die in ihnen fixierten Höchstpreise wurden angehoben! Auch für ausländische Waren galten Höchstpreise, vgl. VO über Preise für ausländische Waren. Vom 22. September 1934. RGBL I, S. 843.

351 Vgl. Gesetz zur Durchführung des Vierjahresplans - Bestellung eines Reichskommissars für die Preisbildung -. Vom 29. Oktober 1936. RGBL I, S. 927. Vgl. a. Neumann, Behemoth, S. 360f; Petzina, Autarkiepolitik, S. 63. Wagner war Gauleiter in Schlesien.

352 VO über das Verbot von Preiserhöhungen. Vom 26. November 1936. RGBL I, S. 955, § 1 Abs. 1.

353 "Soweit aus volkswirtschaftlichen Gründen oder zur Vermeidung besonderer Härten eine Ausnahme dringend erforderlich erscheint, können der Reichskommissar für die Preisbildung oder die von ihm beauftragten Stellen Ausnahmen zulassen oder anordnen." Ebenda, § 3.

354 Deutschland-Berichte (Sopade), 3. Jg. 1936, Bericht November 1936, S. 1394.

355 Vgl. Erste Ausführungsverordnung zur VO über das Verbot von Preiserhöhungen. Vom 30. November 1936. RGBL I, S. 956, Abschnitt I, Ziffer 4.

356 Gesetz zur Durchführung des Vierjahresplans - Bestellung eines Reichskommissars für die Preisbildung -. Vom 29. Oktober 1936. RGBL I, S. 927, § 1 Abs. 1.

Reichsbehörde mit entsprechend umfangreichen Befugnissen[357] erhoben und "ermächtigt (worden), die zur Sicherung volkswirtschaftlich gerechtfertigter Preise und Entgelte erforderlichen Maßnahmen zu treffen."[358] "Eine Behörde sollte damit an die Stelle der freien Marktpreisbildung treten. Diese Aufgabe erwies sich später als schier unlösbar, so daß sich der Preiskommissar (...) letztlich doch auf Preisüberwachung und den Erlaß sehr allgemeiner Richtlinien für die Preisbildung beschränken mußte."[359]

Die Versorgungslage der Bevölkerung hatte sich 1935/36 verschlechtert. Die benötigten Nahrungsmittel konnten dauerhaft weder in ausreichender Menge und Qualität bereitgestellt werden, noch gelang es dem Regime, die Preise stabil zu halten. Natürlich vermochten auch die Konsumvereine und die GEG (bzw. Deugro) die Ursachen der zunehmenden Versorgungsengpässe nicht zu beseitigen. Aber sie verfügten mit ihren Herstellungsbetrieben und den nachgeschalteten Verteilstellen über leistungsfähige Einrichtungen zur Versorgung der Bevölkerung mit Lebensmitteln - die sich auch das Reichswehr- bzw. Reichskriegsministerium nutzbar machen wollte -, deren, wie von mittelständischer Seite geforderte, Auflösung die Probleme der Nahrungsmittelversorgung nur zusätzlich verschärft hätte. Außerdem barg eine Zerschlagung des konsumgenossenschaftlichen Wirtschaftsbereichs weitere Risiken für die innen- und wirtschaftspolitische Entwicklung, denen das Regime unbedingt - wie in den vorangehenden Kapiteln gezeigt werden konnte - begegnen wollte. Im Gesetz über Verbrauchergenossenschaften wurde eine Regelung gefunden, die liquidationsreifen Konsumvereine mit einem finanziellen Zuschuß aus Reichsmitteln aufzulösen, um die von ihnen ausgehenden Gefährdungen für den ökonomisch "gesunden" Bestand der Genossenschaften (einschließlich der GEG) zu beseitigen und damit der prognostizierten Entwicklung bei ihrem Zusammenbruch entgegenzutreten. Nach dem weitgehenden Abschluß der Privatisierungsaktion im Herbst 1936 war man im Reichswirtschaftsministerium zuversichtlich in der Erwartung, dieses Ziel langfristig zu erreichen.

Die personellen und organisatorischen Veränderungen in der Wirtschaftspolitik als Folge des Vierjahresplans führten ab 1938 zu einer "Neuaufnahme" der Diskussion um die Konsumgenossenschaften. 1941 wurden die nicht unter das Gesetz über Verbrauchergenossenschaften gefallenen (fortbestehenden) Konsumvereine erneut der DAF unterstellt, die sie, mit der Durchführung der verordneten Maßnahmen selbst betraut, in ihr neugegründetes "Gemeinschaftswerk der Deutschen Arbeitsfront" überführte. Hierin existierten die Konsumvereine,

---

357 Vgl. beispielsweise die Strafbestimmungen, ebenda, §§ 4, 5 und 6.

358 Ebenda, § 2, Abs. 1.

359 Petzina, Autarkiepolitik, S. 63. Zur späteren Tätigkeit des Preiskommissars für die Preisbildung vgl. ebenda, S. 162ff.

neuorganisiert in "Versorgungsringen" und den letzten Resten genossenschaftlicher Strukturen entledigt, als Konkurrenten des gewerblichen Einzelhandels bis Kriegsende fort. Ihr Vermögen fiel dem Gemeinschaftswerk - und damit der DAF - zu.[360]

5.5 Exkurs: Zur Bedeutung sicherheitspolitischer Gründe bei der Auflösung von Konsumvereinen im Gesetz über Verbrauchergenossenschaften

Seit Kuno Bludaus 1968 veröffentlichter Studie steht die These im Raum, daß bei der vom Reichswirtschaftsministerium vorgenommenen Auswahl der unter den Bestimmungen des Gesetzes über Verbrauchergenossenschaften liquidierenden Konsumvereine neben wirtschaftspolitischen auch sicherheitspolitische Überlegungen mitentscheidend gewesen waren.[361] Zur Auflösung - die nach § 3 des Gesetzes nur mit Zustimmung des Reichswirtschaftsministers erfolgen konnte[362] - kamen, wie Bludau schreibt, "sämtliche großen Genossenschaften". Darunter "befanden sich u. a. die Vereine: Berlin-Lichtenberg, Dresden, Chemnitz, Zwickau, Essen und »Vorwärts«-Breslau, also Genossenschaften, in denen die sozialdemokratische Arbeiterschaft die Mehrheit besessen haben dürfte."[363]

Übersehen werden darf m. E aber nicht, daß das Reichswirtschaftsministerium nur gut der Hälfte aller vorgelegten Auflösungsbeschlüsse zustimmte. In einigen Fällen verweigerte es die Zustimmung ausdrücklich mit dem Hinweis auf die nicht nachgewiesene Lebensunfähigkeit der Konsumvereine. Unter den größeren Genossenschaften mit einer Bilanzsumme von 1-5 Mio. RM, deren Liquidations-

---

360 Vgl. VO zur Anpassung der verbrauchergenossenschaftlichen Einrichtungen an die kriegswirtschaftlichen Verhältnisse. Vom 18. Februar 1941. RGBL I, S. 106. Hierzu ergingen bis 1943 sechs Anordnungen. Vgl. weiter "Die Beseitigung der Verbrauchergenossenschaften (Konsumvereine)", Bericht des Archivs des ehemaligen RFM vom 11. Februar 1949, BAK, R 2 Anhang Nr. 23; Abschlußbericht des Bevollmächtigten der DAF.

361 Vgl. Bludau, Nationalsozialismus und Genossenschaften, S. 120ff, bes. S. 123. Aufnahme finden Bludaus Überlegungen bei Winkler, Der entbehrliche Stand, S. 12. Ditt, Konsumgenossenschaften, S. 97 und v. Saldern, Mittelstand, S. 62f, nehmen bei der Darstellung des Gesetzes über VG keinen Bezug auf die These Bludaus. Zur Bedeutung sicherheitspolitischer Überlegungen bei der 1941 verordneten Überführung der Konsumvereine in den Zuständigkeitsbereich der Arbeitsfront vgl. Bludau, Nationalsozialismus und Genossenschaften, S. 124ff; Winkler, Der entbehrliche Stand, S. 12f; Ditt, Konsumgenossenschaften, S. 102ff; v. Saldern, Mittelstand, S. 63; Kurzer, Konsumgenossenschaften, S. 450ff.

362 Vgl. Gesetz über Verbrauchergenossenschaften. Vom 21. Mai 1935. RGBL I, S. 681.

363 Bludau, Nationalsozialismus und Genossenschaften, S. 123.

beschlüsse vom Reichswirtschaftsministerium abschlägig beschieden wurden,[364] befanden sich beispielsweise mit den ehemaligen ZdK-Genossenschaften in Frankfurt, Mainz-Wiesbaden, Mannheim, Remscheid, Bremen, Magdeburg oder Braunschweig ohne Zweifel Vereine, auf die Bludaus Vermutung der sozialdemokratischen Ausprägung in gleicher Weise zutreffen dürfte wie für die von ihm genannten aufgelösten Konsumgenossenschaften. Das Reichswirtschaftsministerium machte - soweit festgestellt werden konnte - seine Zustimmung von der wirtschaftlichen Situation der Konsumvereine, von ihrer prognostizierten Entwicklung und den Auswirkungen seiner Entscheidung auf den vom Reich bereitgestellten Zuschußbetrag abhängig. Besonders deutlich wird dies - ohne den Einzelfall überbewerten zu wollen - an dem Entschluß, die Hamburger "Produktion" zu sanieren. Nachdem die Deugro sich bereit erklärt hatte, ihre Sanierung zu übernehmen, zog das Reichswirtschaftsministerium die Zustimmung zur Auflösung zurück. Allein für diesen traditionsreichen (sozialdemokratischen) Konsumverein hatte der Revisionsverband einen Liquidationszuschuß von etwa 13,7 Mio. RM errechnet. Die Sanierung schonte also den vom Reich bereitgestellten Zuschußfonds in erheblichem Maße.[365]

Verschwiegen werden soll aber nicht die "umgekehrte" Entscheidung des Ministeriums im Fall der Konsumgenossenschaft in Wuppertal-Barmen, die bis 1933 gleichfalls dem ZdK angehörte. Obwohl hier die Kosten der Sanierung vom Revisionsverband geringer geschätzt waren als bei einer Auflösung, erteilte das Reichswirtschaftsministerium letzterer die Zustimmung. Ob in diesem Fall politische Gründe hinter der Entscheidung gestanden haben, war nicht festzustellen.[366]

Nun soll mit diesen Ausführungen keineswegs behauptet werden, daß die von Bludau im weiteren entwickelten Überlegungen zu Anzeichen politischen Widerstands in den Konsumvereinen einer realen Grundlage entbehren.[367] Auch die von ihm angeführten Belege aus Befragungen eines Zeitzeugen und den Berichten an das Gestapa in Berlin[368] über den Charakter der Konsumgenossenschaften als Sammelbecken sozialdemokratischer Mitglieder, die auf diese Weise versuchten, ihren parteipolitischen Zusammenhang illegal aufrechtzuerhalten, können um eine Vielzahl vermehrt werden. Solche Aktivitäten waren den politischen Überwachungsbehörden (in der Tat) nicht verborgen geblieben und wiederholt Anlaß ausdrücklicher Sorge.[369] Bezweifelt wird aber, daß derartige sicherheitspolitische

---

364 Vgl. Abschnitt 5.1 und 5.3.

365 Einzelheiten zur Sanierung der "Produktion" in Abschnitt 5.3.

366 Vgl. hierzu die Ausführungen in Abschnitt 5.1.

367 Vgl. Bludau, Nationalsozialismus und Genossenschaften, S. 128ff.

368 Vgl. ebenda, und ebenda, S. 205ff.

369 Vgl. beispielsweise Lagebericht der Stapostelle Kassel an das Gestapa für Januar 1935 in: Klein (Hg.), Lageberichte, Teilband 1, S. 221; hierzu Bericht des Hersfelder Landrats an

Befürchtungen 1935 den Entschluß zur Auflösung von Konsumvereinen im Gesetz über Verbrauchergenossenschaften in der Weise bewußt und nachhaltig mitbestimmt haben, die Bludaus Ausführungen vermuten lassen.

Dieser Zusammenhang wurde allerdings im Mai 1935 durch den Reichsfinanzminister Schwerin v. Krosigk hergestellt. Anläßlich der Übersendung eines neuen - und schließlich in den wesentlichen Bestimmungen verabschiedeten - Entwurfs des Gesetzes vom 21. Mai 1935 an Schacht hatte er hervorgehoben, daß durch den Entwurf "die großen Verbrauchergenossenschaften, vor allem die (...) der Großstädte (beseitigt werden), bei denen eine Überwachung der Mitglieder schwer möglich ist und die sich am wenigsten krisenfest erwiesen haben."[370] Schwerin v. Krosigk bezog diesen Hinweis offensichtlich auf die von den Konsumgenossenschaften in der zweiten Jahreshälfte 1934 beabsichtigte Neuorganisation ihrer Werbearbeit durch die Zusammenfassung der Mitglieder in Blocks und Zellen, die besonders von Heß und der Kommission für Wirtschaftspolitik kritisiert und im Januar 1935 - mit dem Einverständnis auch des Reichswirtschaftsministeriums - verboten worden war.[371]

Bei den Verhandlungen um die Lösung der Konsumgenossenschaftsfrage im ersten Halbjahr 1935 hatte der sicherheitspolitische Aspekt zwar Erwähnung gefunden - jedoch in einem anderen Bezug. In dem im Reichswirtschaftsministerium erarbeiteten Lösungsvorschlag (und in gleicher Weise in der modifizierten Fassung) war auf diesen Gesichtspunkt im Zusammenhang mit der auf den Mitgliederkreis beschränkten Geschäftstätigkeit der Konsumvereine hingewiesen worden. Von einer Aufhebung des Verbots der Warenabgabe an Nichtmitglieder erhoffte man sich, der Gefahr zu begegnen, daß in den Konsumvereinen als "geschlossene(n) Wirtschaften innerhalb der Gesamtwirtschaft (...) Interessengruppen innerhalb des Staates aufrechterhalten werden, die eine politische Gegnerschaft zum Staate oder zu staatlichen Einrichtungen stets in sich tragen wer-

---

die Stapostelle Kassel vom 30. Januar 1935 in: Klein (Hg.), Regierungsbezirk Kassel, Teil 1, S. 326; Lagebericht der Stapostelle Kassel an das Gestapa für März 1935 in: Klein (Hg.), Lageberichte, Teilband 1, S. 245f; hierzu Bericht des Kasseler Landrats an die Stapostelle Kassel vom 24. April 1935 in: Klein (Hg.), Regierungsbezirk Kassel, Teil 1, S. 365. Vgl. weiter Mlynek (Bearb.), Gestapo Hannover meldet, S. 150, Lagebericht der Stapostelle Hannover an das Gestapa für Mai 1934; ebenda, S. 375, Lagebericht des Hildesheimer Regierungspräsidenten an den RMdI vom 1. Juni 1935; ebenda, S. 442, Lagebericht der Stapostelle Hannover an das Gestapa für Oktober 1935; ebenda, S. 450, Lagebericht der Stapostelle Hildesheim an das Gestapa für November 1935.

370 Schreiben des RFM Schwerin v. Krosigk an RWM Schacht vom 14. Mai 1935, BAP, 31.01 Nr. 10525, fol. 293. Vgl. ausführlich Abschnitt 4.3.

371 Vgl. Abschnitt 4.2.2.

den."[372] Diese Regelung unterblieb letztlich wohl deshalb, weil sich die Konkurrenzsituation für den gewerblichen Mittelstand bereits als Folge der gesetzlichen Maßnahme verschärfte: Die privatisierten Verteilstellen der zur Auflösung kommenden Konsumgenossenschaften unterlagen keiner Beschränkung des Käuferkreises, und darüber hinaus dehnte auch die Deugro ihre Geschäftstätigkeit auf den freien Markt aus.[373] Der Vertreter des Reichswehrministeriums hatte bei den Beratungen im übrigen das wehrpolitische Interesse an den Produktionsbetrieben und Verteilstellen der Konsumvereine unterstrichen, das allerdings hinter wirtschaftspolitischen Erwägungen zurückzutreten habe, sofern diese eine Auflösung der genossenschaftlichen Einrichtungen erforderten. Sicherheitspolitische Aspekte brachte er nicht zur Sprache.[374]

Politische Überlegungen anderer Art kamen in dem Lösungsvorschlag aus dem Reichswirtschaftsministerium zur Sprache, als auf die drohende Entfremdung der Konsumvereinsmitglieder vom Nationalsozialismus bei einem Zusammenbruch der besonders gefährdeten Konsumgenossenschaften hingewiesen wurde. Man befürchtete, daß die Mitglieder den Nationalsozialismus für den Ruin ihrer Vereine verantwortlich machen würden. Diese mögliche Entwicklung wollte man unter allen Umständen vermeiden, die Konsumgenossenschaftsfrage sollte daher grundlegend bereinigt werden.[375] Die darin zum Ausdruck kommende Sorge um die Akzeptanz der wirtschaftspolitischen Maßnahmen des Regimes bei den Mitgliedern der Konsumvereine (und allgemein in Arbeiterkreisen) war - wie gezeigt wurde - auch bei allen früheren Überlegungen und Verhandlungen zur Zukunft der Konsumvereine im nationalsozialistischen Staat ein Gegenstand der Erörterungen. Sie hat bei der schließlich im Mai 1935 getroffenen gesetzlichen Regelung insgesamt ein größeres Gewicht besessen als die Gefahr, die von den Konsumvereinen als Orten ausging, an denen politische Gegner des Nationalsozialismus zusammentrafen.

Die Konsumgenossenschaften wurden nach der Gründung des Gestapa im April 1933[376] allmählich gezielter Gegenstand sicherheitspolizeilicher Überwa-

---

372 Lösungsvorschlag "betrifft: Verbrauchergenossenschaften", BAP, 31.01 Nr. 10524, fol. 124-129, hier fol. 127. Diese Ausarbeitung war Gegenstand der Ressortbesprechung vom 22. Februar 1935, vgl. zum folgenden ausführlich Abschnitt 4.3.

373 Die zur Diskussion gestellte Freigabe des Verkaufs an Nichtmitglieder wurde durch den Vertreter des wirtschaftspolitischen Beraterstabes des StdF in der Besprechung am 22. Februar 1935 angesichts der Stimmung im Mittelstand abgelehnt, vgl. BAP, 31.01 Nr. 10524, fol. 185.

374 Vgl. ebenda, fol. 188.

375 Vgl. die Ausführungen im Lösungsvorschlag aus dem RWM, ebenda, fol. 125f.

376 Zur Errichtung der Gestapo und des Gestapa vgl. Tuchel/Schattenfroh, Zentrale des Terrors, S. 63ff.

chung und Ermittlung. 1933 und 1934 verlief dazu parallel noch die Beobachtung der Konsumvereine durch die - im August 1933 aus dem Kampfbund für den gewerblichen Mittelstand hervorgegangene - NS-Hago, die sich mit dem Aufspüren sogenannter marxistischer Umtriebe erhoffte, ihr Ziel, die Auflösung der Konsumgenossenschaften, zu erreichen. Hatte sich in dieser Richtung, v. a. in Verbindung mit zahlreichen direkten Eingriffen in Konsumvereine (aber auch in die übrige Wirtschaft) bis zum August 1933 der Kampfbund für den gewerblichen Mittelstand hervorgetan, so wurde die Aufgabe der NS-Hago mit der Auflösung des Kampfbunds neu definiert und auf die nationalsozialistische Erziehungsarbeit der Mitglieder umgelenkt. Wenn auch keine (öffentliche) Einmischung in wirtschaftspolitische Fragen mehr stattfinden sollte, so hatte die Leitung der NS-Hago das Recht, der "Regierung Anregungen" zu geben und mit ihr "Gedanken" auszutauschen.[377] Im Juli 1934 forderte die "Abteilung Konsumvereine" der NS-Hago bei der "Obersten Leitung der PO" ihre Gauamtsleitungen auf, Material beizubringen, um die Konsumvereinsfrage

> "endgültig ins Fahrwasser zu bringen, das der nationalsozialistischen Wirtschaftsauffassung entspricht und das uns ermöglicht, die Mittel bereitzustellen und die Möglichkeiten zu schaffen, um die Spargelder der Arbeiter sicher zu stellen und keine Vermögenswerte verloren gehen zu lassen."[378]

Zum einen ging es der NS-Hago also darum, sich der Konsumgenossenschaften als Konkurrenten des gewerblichen Mittelstands zu entledigen, zum anderen aber mußte auch sie Wert darauf legen, die genossenschaftlichen Spargelder und Vermögenswerte (beispielsweise Grundstücke und Betriebseinrichtungen) nicht zu gefährden. Bei der vom Reichswirtschaftsministerium favorisierten Sanierung der Konsumgenossenschaften führte an dieser vorgegebenen Richtschnur der Sicherung der in den Konsumvereinen angelegten Spargelder und ihren Vermögenswerten kein Weg vorbei, besonders dann nicht, wenn das Ministerium für Überlegungen gewonnen werden sollte, die einen vollständigen Abbau der Konsumvereine zum Ziel hatten.[379] Wie gezeigt wurde, verschloß sich das Reichswirt-

---

377 So die Führerbriefe der NS-Hago, Folge 1 vom 1. September 1933, zur Umorganisation des Kampfbunds, Exemplar in: BAK, Slg. Schumacher Nr. 242 a, fol. 55f, hier fol. 55. Vgl. a. Abschnitt 3.3.

378 RdSchr. der "Abteilung Konsumvereine" der NS-Hago bei der "Obersten Leitung der PO" an die Gauamtsleitungen der NS-Hago vom 26. Juli 1934, Durchschrift in: BAK, R 58/632, fol. 30-32, hier fol. 32.

379 Vgl. die Ausführungen in Abschnitt 4.2.1 über den vom Gau Baden der NS-Hago dem RWM im April 1934 vorgelegten "Vorschlag zur Umgliederung der badischen Konsumvereine", in dem eine Übertragung der genossenschaftlichen Spareinlagen auf die öffentlichen Sparkassen vorgesehen war. Die Grundstücke und Betriebseinrichtungen der KG sollten vom Handwerk und Einzel- bzw. Großhandel übernommen werden.

schaftsministerium letztlich den Vorschlägen aus Mittelstandskreisen, weil diese - den Absichten des Ministeriums zuwiderlaufend - im Ergebnis zur Auflösung aller Konsumgenossenschaften geführt und Unruhe in die Wirtschaft gebracht hätten.[380]

Unmittelbarer Anlaß des Rundschreibens der NS-Hago vom Juli 1934 waren aus Stichproben gewonnene Erkenntnisse, wonach "die Führung der Konsumvereine fast durchweg hauptsächlich noch in den Händen der früheren Vorstandsmitglieder ist und daß in der Führung trotz Einschaltung von Ortsbeauftragten kaum eine Veränderung vorgenommen worden ist."[381] Wenngleich - worauf ausdrücklich hingewiesen wurde - der NS-Hago die öffentliche Erörterung der Konsumvereinsfrage untersagt war, schloß dies Erhebungen über die politischen und wirtschaftlichen Verhältnisse in den Konsumgenossenschaften nicht aus. Die Dienststellen der NS-Hago erhielten die Anweisung, über das Führungspersonal und die Beschäftigten der Konsumvereine vertrauliche Ermittlungen zu führen, weiter festzustellen, ob diese sich an die Heß-Anordnung vom 9. Juli 1934 hielten und ob von ihnen behauptet werde, die Anerkennung Hitlers oder der NSDAP gefunden zu haben. Festgestellte Verstöße der Konsumvereine waren umgehend - und "*ohne jede Fühlungnahme oder Auseinandersetzung mit örtlichen Beauftragten oder Dienstellen gleich welcher Art*"[382] - der Amtsleitung zu melden.

Vermutlich unterrichtete die NS-Hago seit ihrer Gründung im August 1933 sowohl den Stellvertreter des Führers als auch das Gestapa über die ihm zur Kenntnis gelangenden Verhältnisse in den Konsumvereinen und ihre Aktivitäten in der - damals besonders umstrittenen - geschäftlichen Werbung. Seit dem Mai 1934 sind derartige Meldungen mehrfach überliefert: Von Heß, der in der Werbefrage den Standpunkt der gewerbetreibenden Mittelständler vertrat, erhoffte man sich Unterstützung in den Bemühungen einer Verdrängung der konsumgenossenschaftlichen Konkurrenz; die für wirtschaftspolitische Angelegenheiten im Gestapa zuständige Dienststelle II 1 E erhielt Durchschriften der Beschwerden der NS-Hago mit der Bitte um Kenntnisnahme und weitere Veranlassung.[383]

---

380 Vgl. die Ausführungen in Abschnitt 4.3 über die Initiative der Reichsgruppe Handel im März 1935 und ihre in Abschnitt 5.2 geschilderten Verhandlungen mit dem RWM vom Frühjahr 1936 über die Beteiligung des Handels an der Privatisierung der liquidierenden Konsumvereine.

381 BAK, R 58/632, fol. 30.

382 Ebenda, fol. 31, Hervorh. i. Orig.

383 Vgl. die Schreiben des Stabsleiters der NS-Hago an Heß, über die das Gestapa mit Durchlägen informiert wurde: vom 5. Mai 1934, ebenda, fol. 4 und 6, Begleitschreiben für das Gestapa ebenda, fol. 3; vom 7. Mai 1934, ebenda, fol. 8-11, Begleitschreiben für das Gestapa ebenda, fol. 7; vom 8. Mai 1934, ebenda, fol. 14f, Begleitschreiben für das Gestapa ebenda, fol. 13; vom 9. Mai 1934, ebenda, fol. 17f, Begleitschreiben für das Gestapa ebenda, fol. 16; vom 25. Mai 1934, ebenda, fol. 20, Begleitschreiben für das Gestapa

Die daneben im Gestapa für die Überwachung der Konsumvereine zuständige Dienststelle II 1 A ließ im Februar 1935 die Stapostellen im Reichsgebiet ermitteln, ob und inwieweit sich die Konsumgenossenschaften in ihrer Werbung an die aufgestellten Reichsrichtlinien hielten und ob sie staatsfeindliche Ziele verfolgten. Anlaß der Anweisung waren Berichte aus den vergangenen sechs Monaten, die den Verdacht begründet hatten, "daß sich die Marxisten in diesen Genossenschaften sammeln und sich ungehindert ihren marxistischen Weltanschauungen ergeben können."[384] Weitere Untersuchungen zur Tätigkeit sogenannter Marxisten in den Konsumvereinen wurden am 20. und 22. Juni 1935 veranlaßt.[385] Die Auswertung der angeforderten Berichte ließ "erkennen, daß noch ein sehr hoher Prozentsatz politisch unzuverlässiger Elemente in den Verkaufs- und Verteilstellen der Verbrauchergenossenschaften in einflußreichen Stellen tätig ist. Bemerkenswert ist, daß sich diese Leute in Sicherheit wiegen und glauben, die Genossenschaften könnten ihre Erfahrungen nicht entbehren."[386] Für ein weiteres Vorgehen gegen Konsumvereine reichten die Ermittlungsergebnisse nach Ansicht des Dezernats II 1 A 2 im Februar 1936 allerdings nicht aus.

> "Das Material genügt, um örtlich personelle Änderungen innerhalb der leitenden Personen herbeizuführen, erscheint aber nicht ausreichend zu gesetzlichen Maßnahmen gegen das gesamte Verbrauchergenossenschaftswesen. Das Reich hat die Betreuung der Verbrauchergenossenschaften in die Hand genommen, die wirtschaftlich schwachen Genossenschaften liquidiert und die wirtschaftlich rentablen durch Hingabe bedeutender Geldmittel finanziell gestärkt. Der Stellvertreter des Führers ist über die Vorgänge allgemein informiert. Auf absehbare Zeit dürften Anträge zur Auflösung der Verbrauchergenossenschaften keinen Erfolg versprechen."[387]

---

ebenda, fol. 19. Die Begleitschreiben waren noch an das Dezernat II E/1 adressiert, seit Anfang Mai 1934 war im Gestapa ein neuer Geschäftsverteilungsplan in Kraft, die Schreiben erhielten bereits den Eingangsvermerk der neuen Dienststelle II 1 E. Zur Aufgaben- bzw. Geschäftsverteilung im Gestapa vgl. Tuchel/Schattenfroh, Zentrale des Terrors, S. 77f und 83f.

384 Vermerk des Dezernats II 1 A 2 (die Dienstelle II 1 A umfaßte 4 Dezernate) vom 26. Februar 1935, BAK, R 58/632, fol. 49 mit dem Entwurf des Schreibens an die Stapostellen. Die veränderte und abgesandte Fassung in: BAK R 58/646, fol. 75. Die eingegangenen Berichte in alphabetischer Ordnung in: BAK R 58/531, R 58/631 und R 58/646. Der Band R 58/530 fehlt derzeit im Bestand des Bundesarchivs. Vgl. a. Thévoz/Branig/Lowenthal-Hensel: Pommern 1934/35, Bd. 1, S. 106; Bd. 2, S. 352-355.

385 Vgl. BAK, R 58/632, fol. 61ff, 69f. Als "Marxisten" galten Sozialdemokraten, während die Arbeit der KPD mit dem Adjektiv "bolschewistisch" belegt wurde.

386 Vermerk des Dezernats II 1 A 2 vom 21. November 1935, ebenda, fol. 82.

387 Vermerk vom 17. Februar 1936, ebenda, fol. 93. Vgl. a. ebenda, fol. 89-93, bilanzierende Zusammenstellung der "Wahrnehmungen über politische Unzuverlässigkeit oder staats-

Um diesem Zustand abzuhelfen, verabredeten die Dienststellen II 1 E und II 1 A bereits im März 1936 einen gemeinsamen Bericht, in dem unter Auswertung aller verfügbaren Unterlagen die Auflösung aller Konsumvereine angesichts der von ihnen ausgehenden Gefahren verlangt werden sollte.[388] Ein knappes Jahr später lag der Bericht vor, wie vereinbart plädierte er für eine Auflösung der Konsumvereine. Konsequenzen hatte er jedoch nicht. Zusammenfassend wurde festgestellt,

> "daß die Verbrauchergenossenschaften nicht nur wirtschaftlich starken Bedenken unterliegen, sondern daß sie auch heute noch als Hochburgen des Marxismus betrachtet werden müssen. Es dürfte nicht damit getan sein, überall die politisch belasteten führenden Mitglieder durch wirkliche Nationalsozialisten zu ersetzen, sondern Hand in Hand mit der politischen Säuberung muß die Lösung des wirtschaftlichen Problems der Verbrauchergenossenschaften gehen."[389]

Neben den durch die Stapostellen im Frühjahr 1935 erhobenen Unterlagen hatte in den gemeinsamen Bericht auch Material Eingang gefunden, das dem Gestapa vom Amt Information der DAF zur Verfügung gestellt worden war.[390] Nachdem die Arbeitsfront 1935 durch das Gesetz über Verbrauchergenossenschaften in der Konsumvereinsfrage ausgebootet worden war, versuchte sie mit einem Sonderbericht nachzuweisen, daß von den Konsumgenossenschaften eine innenpolitische Gefahr v. a. durch die in ihren Ämtern belassenen sozialdemokratischen Funktionäre ausgehe. Verantwortlich dafür erklärte man Müller, den ehemaligen Reichsbeauftragten für die Verbrauchergenossenschaften, dessen Gleichschaltungsmaßnahmen als unzureichend dargestellt wurden.

Hinter dieser personalisierten Schuldzuweisung und den Ausführungen zu den Konsumvereinen als politischen Gefahrenherden stand deutlich das Bemühen, den verlorenen Einfluß zurückzugewinnen. Dabei suchte die DAF im Gestapa einen neuen Bündnispartner. Anders als diesem ging es der Arbeitsfront aber nicht um die Auflösung der Konsumgenossenschaften. Beobachtungen örtlicher DAF-Stellen über die politische Haltung der in den Konsumvereinen verbliebenen politisch

---

feindliche Betätigung von Mitgliedern der Verbrauchergenossenschaften" aus den Berichten der einzelnen Stapostellen.

388 Vgl. BAK R 58/629, fol. 1-3. Als Adressat des Berichts war Himmler als "Stellvertretender Chef" und "Inspekteur" der Gestapo vorgesehen. Vgl. a. Tuchel/Schattenfroh, Zentrale des Terrors, S. 79ff.

389 Bericht vom 1. März 1937, BAK R 58/629, fol. 68-86, hier fol. 86. Vgl. a. ebenda, fol. 67.

390 Vgl. Schreiben der DAF, Amt Information, an das Gestapa vom 6. November 1936, ebenda, fol. 9. Eine Zusammenstellung der vom Amt Information festgestellten Einzelfälle politischer Unzuverlässigkeit in den Konsumvereinen ebenda, fol. 11-57.

belasteten Funktionäre waren ausschließlich dem Amt Information der Arbeitsfront zur Kenntnis zu bringen.

> "*Eine absolut zentrale Behandlung* aller mit den Verbrauchergenossenschaften zusammenhängenden politischen Fragen innerhalb der DAF ist daher eine zwingende Notwendigkeit, der durch die *Beauftragung* (vermutlich durch Ley -U. K.) *des Amtes Information* als Sammelstelle für alle Meldungen und Verbindungsstelle zum RWiM (Reichswirtschaftsministerium - U. K.) und zum Geheimen Staatspolizeiamt Rechnung getragen wurde."[391]

Die Arbeit der DAF trug erst 1940/41 Früchte. Ley berichtete Hitler, Göring und Heß (unter Bezug auf "die laufenden Berichte der Geheimen Staatspolizei"[392]) über die seiner Ansicht nach von den Konsumgenossenschaften ausgehenden politischen Gefahren und erhielt deren Zustimmung zur neuerlichen Unterstellung der Konsumvereine unter die DAF, die im Februar 1941 vollzogen wurde.[393]

Unterzieht man die Personalpolitik der DAF bei der 1933 vollzogenen Gleichschaltung in den Konsumgenossenschaften einer Analyse, so ist festzustellen, daß die Gleichschaltungsmaßnahmen - politisch betrachtet - unzureichend geblieben waren, als sie den Einfluß der bisherigen Geschäftsleitungen nicht ausschalteten. Damit aber wurde wirtschaftspolitischen Erfordernissen Rechnung getragen. Verantwortlich für die politisch ungenügende Gleichschaltung war also kaum der von Ley eingesetzte Beauftragte Müller, die Gründe sind vielmehr struktureller Art. Zum einen handelte es sich bei den Mitgliedern der Konsumvereine überwiegend um abhängig Beschäftigte, die zum größten Teil in den Freien Gewerkschaften organisiert gewesen sein dürften. Wollte die DAF diesen Personenkreis für den nationalsozialistischen Staat gewinnen, so mußte sie zumindest allen Entwicklungen vorbeugen, die einen Verlust der in den Konsumvereinen angelegten Spargelder sowohl befürchten als auch eintreten lassen würden. Das notwendige Vertrauen der Mitglieder war nicht allein durch wohlfeile Worte zu gewinnen. Was lag näher, als mit dem Einsetzen politischer Beauftragter in die Geschäftsführungen zu dokumentieren, daß es ihr nicht - wie im Falle der Arbeiterparteien und Gewerkschaften - um die Zerschlagung, sondern um das Bewahren der genossenschaftlichen Selbsthilfeeinrichtungen ging, in denen auch die politischen Gegner des Nationalsozialismus in ihren Positionen verbleiben sollten, sofern sie sich

---

391 Sonderbericht des Amtes Information der DAF, Teil II, S. 32, Hervorh. i. Orig. Vgl. insgesamt ebenda, S. 27ff.

392 Schreiben von Ley an Göring vom 6. Mai 1940, BAK, NS 5/I Nr. 337.

393 Vgl. VO zur Anpassung der verbrauchergenossenschaftlichen Einrichtungen an die kriegswirtschaftlichen Verhältnisse. Vom 18. Februar 1941. RGBL I, S. 106; Schreiben Leys an RWM Funk vom 13. April 1940 über die Zustimmung von Hitler, Göring und Heß zu Leys beabsichtigter Unterstellung der Konsumvereine unter die DAF, BAK, NS 5/I Nr. 337.

loyal verhielten und in der Vergangenheit nicht durch politisch exponiertes Verhalten aufgefallen waren.

Zum anderen hatte die Arbeitsfront ein Interesse an den Konsumgenossenschaften als über beträchtliche Vermögenswerte verfügende leistungsfähige Wirtschaftsunternehmen. Gelang es ihr, in diesen politischen Einfluß zu gewinnen, so konnte sie bei den wirtschaftlichen Maßnahmen in der Konsumvereinsfrage (für die das Reichswirtschaftsministerium zuständig war) nicht übergangen werden. Im Mai 1933 setzte Ley Müller als Beauftragten für die Verbrauchergenossenschaften ein, der Everling (einen Sozialdemokraten) und Grahl (einen Pg.) zu seinen Stellvertretern ernannte. Everling blieb darüber hinaus bis 1935 in der Geschäftsführung der GEG. Diese personellen Maßnahmen an der Spitze der konsumgenossenschaftlichen Organisation fanden ihre Fortsetzung in den regionalen und örtlichen Gliederungen. In den Bezirksverbänden wurden Beauftragte der DAF eingesetzt, und in den einzelnen Konsumvereinen traten Orts-Beauftragte in die Geschäftsleitungen ein. Die Beauftragten ersetzten die bisherigen Geschäftsführer nicht, sondern übten ihr Amt neben diesen - beaufsichtigend und mitentscheidend - aus. Die Absicht, die "alten" Geschäftsleitungen zu verdrängen, hat offensichtlich zu keinem Zeitpunkt bestanden. Wohl aber sollten NSDAP-Mitglieder verstärkt in den Konsumgenossenschaften Beschäftigung finden. Politisch belastete Beschäftigte, Angestellte und Arbeiter, die das sechzigste Lebensjahr schon überschritten hatten, und Frauen mit der Absicht der Eheschließung sollten ihre Stellen für Nationalsozialisten räumen.[394]

Weitergehende Gleichschaltungsmaßnahmen in den Führungsebenen der Konsumvereine unterblieben also. Man war überzeugt, daß die getroffenen Maßnahmen ausreichten, um die beabsichtigte Fortführung der Konsumvereine zu gewährleisten. Zusätzliche personelle Veränderungen bargen die Gefahr, diese Absicht zu torpedieren, zumal die DAF wohl nicht über ausreichend qualifiziertes "Personal" verfügte. NSDAP-Mitglieder mit kaufmännischer Ausbildung kamen nicht in Betracht, sofern sie dezidiert das mittelständische Interesse an der Auflösung der Konsumgenossenschaften vertraten.[395] Mit anderen Worten: Für die Ar-

---

394 Vgl. die Ausführungen in Abschnitt 3.3.

395 Vgl. Leys Ausführungen Anfang September 1933, "Die Konsumvereine im neuen Staat. Eine Verfügung des Führers der Deutschen Arbeitsfront", KgR, 1933, S. 585f; vgl. weiter den in Zusammenarbeit mit der DAF ausgearbeiteten Erlaß des RWM vom 17. Juli 1933, BAK, R 43 II/351, fol. 30-32, abgedruckt auch in: AdR, Reg. Hitler Teil I, Bd. 1, S. 699-701. Im Gegensatz zu der Bewertung der Gleichschaltungsmaßnahmen in dem Sonderbericht der DAF steht Leys 1944 abgegebene Beurteilung: 1933 wurden, so schrieb Ley, "die Verbrauchergenossenschaften der verschiedenen Richtungen (...) einheitlich im Reichsbund der deutschen Verbrauchergenossenschaften gleichgeschaltet. Durch den Einsatz bewährter Parteigenossen als Orts- und Landesbeauftragte für die Verbrauchergenossenschaften wurde

beitsfront bestand keine Alternative zu ihren Gleichschaltungsmaßnahmen, mit denen sie sich die Mitwirkung bei der Fortführung der Konsumvereine sichern konnte. Eine alleinige Kompetenz in der Konsumvereinsfrage vermochte sie nicht zu realisieren. Für die wirtschaftspolitischen Angelegenheiten blieb das Reichswirtschaftsministerium verantwortlich, das 1935 die DAF erfolgreich aus der Zuständigkeit für die Konsumgenossenschaften verdrängen konnte.

Während die DAF nach ihrem Kompetenzverlust in der Konsumvereinsfrage 1935 auf von den Konsumgenossenschaften ausgehende politische Gefährdungen hinwies, um erneut die Aufsicht über diese zurückzugewinnen, hatte sie sich in der Zeit davor gegen die Überwachungsmaßnahmen der Gestapo verwahrt. Nachdem ihr deren im Februar 1935 veranlaßte Ermittlungen bekannt geworden waren, beschwerte sich der Beauftragte der deutschen Verbrauchergenossenschaften beim Gestapa und mutmaßte nicht zu Unrecht, die "Feststellungen (...) lassen darauf schließen, daß bestimmte interessierte Kreise des Einzelhandels oder der NS-Hago (...) sich der Hilfe der Staatspolizei bedienen, um hier (...) Material zu ihrem verbotenen Wirtschaftskampf zu gewinnen." Abschließend hieß es, "daß nach der Machtübernahme auch die Verbrauchergenossenschaften von der Deutschen Arbeitsfront übernommen wurden und vom Beauftragten für die deutschen Verbrauchergenossenschaften betreut werden. An der Spitze jeder Verbrauchergenossenschaft steht als verantwortlicher Ortsbeauftragter und Vorstand ein Nationalsozialist."[396] Diese waren - das sollte die Beschwerde der DAF wohl ausdrücken - ausreichende Garanten dafür, daß sich den politischen Gegnern des Nationalsozialismus in den Konsumvereinen keine Möglichkeit zu einer sogenannten - wie auch immer gearteten - staatsfeindlichen Betätigung erschloß.

Die im Februar und und Juni 1935 veranlaßten Ermittlungen der einzelnen Stapostellen hatten zwar die Konsumvereine belastendes Material zutage gefördert, aber für gesetzliche Maßnahmen zur Auflösung der Konsumgenossenschaften war es nach Einschätzung des Gestapa nicht ausreichend. Wären diese Berichte zu einem früheren Zeitpunkt angefordert worden und ihre Auswertung noch vor der Entscheidung im Gesetz über Verbrauchergenossenschaften abgeschlossen gewesen, so hätte die Schlußfolgerung aus ihnen kaum anders ausfallen können als im Februar 1936: "Auf absehbare Zeit dürften Anträge zur Auflösung der Verbrauchergenossenschaften keinen Erfolg versprechen."[397]

Zusammenfassend kann festgehalten werden, daß für die im Mai 1935 mit dem Gesetz über Verbrauchergenossenschaften vollzogene Teilliquidation wirtschaftspolitische Erwägungen ausschlaggebend waren. Das Reichswirtschaftsmi-

---

ihre Entpolitisierung und wirtschaftliche Neuausrichtung begonnen". Abschlußbericht des Bevollmächtigten der DAF, S. 8 (Einführung von Ley).

396 Schreiben vom 20. März 1935, BAK R 58/632, fol. 55f.

397 Vermerk des Dezernats II 1 A 2 des Gestapa vom 17. Februar 1936, ebenda, fol. 93.

nisterium machte seine Zustimmung zu den Auflösungsbeschlüssen der Genossenschaften von wirtschaftlichen Indikatoren abhängig, von den Entwicklungsmöglichkeiten der Konsumvereine, von den Auswirkungen auf die Geschäftsguthaben und Spareinlagen der Mitglieder, und schließlich fällte es seinen Beschluß mit der Maßgabe, daß die Liquidation mit den vom Reich bereitgestellten Geldern abzuwickeln war. Sicherheitspolitische Überlegungen vorstehender Art[398] fanden keinen Eingang in die konkrete Entscheidung zur Auflösung von schließlich 72 Konsumgenossenschaften unter den Bestimmungen des Gesetzes vom 21. Mai 1935.

---

398 Diese waren im übrigen nicht erst in den Berichten der Stapostellen 1935 formuliert worden, sondern hatten in den Verhandlungen um die Zukunft der Konsumvereine seit 1933, besonders aber seit Mitte 1934 (beispielsweise durch die von Heß mit der Überwachung der konsumgenossenschaftlichen Werbung betrauten Kommission für Wirtschaftspolitik) Erwähnung gefunden. Dagegen war im Reichswirtschaftsministerium nachdrücklich auf die notwendige Akzeptanz der zu ergreifenden Maßnahmen in den Mitgliederkreisen hingewiesen worden, um eine Entfremdung vom Nationalsozialismus zu verhindern. Vor diesem Hintergrund erklärt sich auch die Bedeutung, die das Reichswirtschaftsministerium der Sicherung der genossenschaftlichen Spareinlagen und Geschäftsanteile beimaß.

6 Schlußbemerkungen

In der vorliegenden Arbeit wurde der Frage nachgegangen, warum die Konsumgenossenschaften nach dem Januar 1933 - entgegen den bis dahin erfolgten Ankündigungen der NSDAP - nicht zerschlagen, sondern sogar mit finanzieller Unterstützung aus dem Reichshaushalt saniert wurden, um ihre Fortexistenz im nationalsozialistischen Staat zu ermöglichen. Es konnte gezeigt werden, daß die Gründe dieser besonderen Behandlung der Konsumgenossenschaften einem Geflecht übergeordneter Reichsinteressen geschuldet waren. In jeder Phase der in dieser Untersuchung analysierten ersten vier Jahre der nationalsozialistischen Herrschaft folgten die wirtschaftspolitischen Entscheidungen, die vom Reichsfinanzministerium und vor allem vom Reichswirtschaftsministerium als federführendem Ressort in der Konsumgenossenschaftsfrage (wenngleich nicht ohne Widerspruch und Widerstand anderer Herrschaftsträger) getroffen und durchgesetzt wurden, der Richtschnur, keine Maßnahmen zu ergreifen, die Unruhe und Störungen in der Wirtschaft hervorrufen konnten, weil die ehrgeizigen Aufrüstungs- und Kriegsplanungen des Nationalsozialismus nach einer leistungsfähigen und nicht durch Verteilungskämpfe gestörten Wirtschaft verlangten.

Die Zerschlagung der Konsumvereine, bzw. Entscheidungen, die ihren Zusammenbruch herbeigeführt hätten, drohten weite Kreise zu ziehen. So war nicht nur eine Zunahme der Arbeitslosigkeit um die bei ihnen Beschäftigten zu erwarten, auch bei den Herstellern und Lieferanten, mit denen die Konsumgenossenschaften Geschäftsbeziehungen unterhielten, wurden Entlassungen erwartet. Die Spargeldabhebungen in den Konsumvereinen (aus der Sorge der Mitglieder, ihre Ersparnisse zu verlieren) konnten auf die nach der "Bankenkrise" gerade stabilisierten (Spareinlagen verwaltenden) Kreditinstitute übergreifen, und schließlich kam das Reich in Gefahr, für seine den Konsumgenossenschaften in den Sonderkrediten gewährten Reichsbürgschaften eintreten zu müssen.

Wie sein Bemühen um die Sicherung der Spareinlagen und Geschäftsanteile der Mitglieder vor einem Verlust zeigt, ließ sich das Regime daneben aber auch von der Sorge um seine Akzeptanz in den Mitgliederkreisen leiten - die mehrheitlich wohl als Parteigänger des Zentrums und v. a. der Sozialdemokratie nicht zur Wählerbasis des Nationalsozialismus zählten -, weil diese mit den Mitteln der Unterdrückung und des Terrors allein nicht zu erreichen war.

Hinter diesen Notwendigkeiten hatte das Interesse des gewerblichen Mittelstands zurückzutreten. Völlig geopfert wurde es jedoch nicht. Die von ihm schon lange zuvor geforderte und auch in der NSDAP unterstützte Restriktionspolitik gegen die Konsumgenossenschaften (und andere Großbetriebsformen im Einzelhandel) war - wie gezeigt werden konnte - nur insoweit möglich, als sie mit diesen Erfordernissen nicht kollidierte.

Nachdem die Gründe der besonderen Behandlung der Konsumvereine bereits in der Einleitung dieser Arbeit zusammenfassend dargelegt worden sind, wird hier nun abschließend zunächst auf einige der Fragen hingewiesen, die insofern noch offen sind, als sie aus dem ausgewerteten Quellenmaterial nicht definitiv zu beantworten waren. Desweiteren werden solche Aspekte benannt, die bei einer Untersuchung der Konsumgenossenschaftsfrage nach 1936 aufzunehmen wären.

Insgesamt "gefährden" aber die so verstandenen noch offenen Fragen nicht die Ergebnisse der vorliegenden Arbeit. Die Notwendigkeit ihrer Revision ist auch bei einer späteren Beantwortung kaum zu erwarten. So relativiert beispielsweise das nicht schlüssig aufklärbare Verhalten Hugenbergs in der Kabinettssitzung vom 21. Februar 1933 den Nachweis über die sich im Ergebnis durchgesetzte (und vom Reichswirtschaftsministerium verfolgte) Orientierung an übergeordneten Reichsinteressen ebensowenig wie Schachts Initiative im April 1935, mit der er sich von der bisher durch das zuständige Referat in "seinem" Ministerium beabsichtigten Teilliquidation von Konsumgenossenschaften entfernte. In beiden Fällen setzte sich schließlich ganz offensichtlich eine pragmatische Politik durch, deren erklärtes Ziel es war, keine Maßnahmen zuzulassen, die für die wirtschaftliche Entwicklung Gefährdungen nach sich zogen: also wie eingangs schon einmal aufgeführt, die Zunahme der Arbeitslosigkeit wahrscheinlich machten, einen erneuten Run auf die Spareinlagen bei Banken und Sparkassen auslösten, zum Verlust der Ersparnisse und Geschäftsanteile der Konsumvereinsmitglieder führten oder das Reich über den Bürgschaftseintritt finanziell zu belasten drohten.

Als Träger dieser pragmatischen Politik ließen sich v. a. die Reichsministerien für Wirtschaft und Finanzen identifizieren, die während des in der vorliegenden Arbeit untersuchten Zeitabschnitts diesen Überlegungen nachzukommen versuchten und sich tendenziell - also nicht in jeder Einzelheit und auch nicht ohne z. T. massiven Widerstand anderer Herrschaftsträger, aber doch mehrheitlich und bei den wesentlichen Entscheidungen - durchzusetzen vermochten.

Selbst wenn sich etwa herausstellen sollte, daß die Auseinandersetzungen zwischen dem Beauftragten für die deutschen Verbrauchergenossenschaften (Müller) und dem Leiter der Kommission für Wirtschaftspolitik (Köhler) in der Werbefrage nicht auf den Konflikt zwischen Ley und Heß um ihre Stellung in der NSDAP-Hierarchie zurückgeführt werden können, ändert das nichts an der Bewertung der in partieller Interessenidentität von Reichswirtschaftsministerium und Stellvertreter des Führers betriebenen Verdrängung der Arbeitsfront aus ihrer politischen Zuständigkeit in der Konsumgenossenschaftsfrage. Wenngleich aus unterschiedlichen Motiven, gelang es beiden, die DAF in dieser Angelegenheit (zumindest vorübergehend, zwischen 1935 und 1941) auszuschalten.

Desweiteren könnte die augenscheinliche Beteiligung Hitlers an den Entscheidungen in der Konsumgenossenschaftsfrage im April/Mai 1933, im Juni 1934 und im Februar 1935 zum Anlaß genommen werden, seiner Rolle im nationalsozialistischen Herrschaftssystem abermals nachzugehen: Wie gezeigt werden konnte, hatte Hitler sich den hierbei vom Reichswirtschaftsministerium vorgebrachten wirtschaftspolitischen Überlegungen nicht verschlossen. Diesen verweigerte er sich auch im Sommer 1934 nicht, wenngleich nicht zweifelsfrei geklärt werden kann, warum er sich zu der vom Reichswirtschaftsministerium geforderten gemeinsamen öffentlichen Erklärung von Heß und dem Reichswirtschaftsministerium in der Konsumgenossenschaftsfrage zuerst ablehnend verhalten hatte. In dieser Erklärung sollte zum einen (unter Leugnung der real existierenden Differenzen) gegenüber der Öffentlichkeit behauptet werden, daß die Beurteilung dieser Frage zwischen NSDAP und Reichsregierung einvernehmlich sei. Zum anderen ging es dem Reichswirtschaftsministerium darum, noch einmal seine in dem Erlaß vom Juli 1933 fixierte Richtlinienkompetenz in den wirtschaftspolitischen Angelegenheiten der Konsumvereine herauszustellen. Außerdem stand hinter beiden Anliegen das Bemühen des Ministeriums, die begonnene Sanierung und Konsolidierung der Konsumgenossenschaften abzusichern, dem fortdauernden Rückgang ihrer Umsätze und der in ihnen angelegten Spareinlagen Einhalt zu gebieten. Möglicherweise war Hitlers schließliches Eintreten für die Abgabe einer solchen Erklärung dem vom Reichswehrministerium nachhaltig vorgebrachten Interesse an den in die seinerzeitigen Planungen des Aufstellungsfalles eingebundenen Konsumvereine geschuldet. Allem Anschein nach konnte Hitler sich den Argumenten aus dem Reichswehrministerium nicht verschließen, ohne befürchten zu müssen, das Bündnis mit der Reichswehr, also deren Unterstützung bei der "Disziplinierung" der SA im Sommer 1934, zu gefährden.

Angesichts der unzureichenden Quellenüberlieferung über Hitlers Teilhabe an den Entscheidungen in der Konsumgenossenschaftsfrage aber ist zu erwarten, daß das Ergebnis solcher Überlegungen sich als weitaus weniger ergiebig für weitere Erkenntnisse zur Funktionsweise und zum Charakter des nationalsozialistischen Herrschaftssystems erweist als die Auseinandersetzung mit nachstehenden Überlegungen:

Rekapituliert man die Gründe der besonderen Behandlung der Konsumgenossenschaften und vergegenwärtigt sich darüber hinaus die in den Verhandlungen regelmäßig geführten Hinweise des Reichswirtschaftsministeriums auf die Funktion der Konsumvereine bei der Versorgung der Bevölkerung mit Lebensmitteln sowie das vom Reichswehrministerium geäußerte Interesse an ihnen, so läßt sich fragen, warum die Konsumgenossenschaften vom Regime nicht in viel stärkerem Maße instrumentalisiert worden sind. Die Gründe, weshalb das nicht geschah, obwohl die Konsumvereine doch leistungsfähige Unternehmen darstellten, dürften darin gelegen haben, daß zum einen 1933 ihr Anteil am Umsatz im Einzelhandel zu gering war, um sie umgehend stärker einbinden zu können, gleiches trifft auf die anderen Großbetriebsformen in diesem Bereich zu. Es wäre vielleicht möglich gewesen, die Sanierung und Konsolidierung im Rahmen einer planmäßigen Rationalisierungspolitik nachhaltiger zu betreiben; abgesehen von finanziellen Problemen für den Reichshaushalt hätte dieser Weg aber zum anderen ohne Zweifel den gewerbetreibenden Mittelstand in noch viel stärkerem Maße vor den Kopf gestoßen als der in der Konsumgenossenschaftsfrage real praktizierte, die Gefahr seiner "Abkehr" vom Nationalsozialismus provoziert und damit die Position der NSDAP-Führung gegenüber den traditionellen Eliten entscheidend geschwächt.

Bei einer Untersuchung der 1941 mit kriegswirtschaftlichen Erfordernissen begründeten Überführung der konsumgenossenschaftlichen Einrichtungen in die Verantwortung der DAF müßte diesen Überlegungen in gleicher Weise nachgegangen werden wie den geänderten Kräfteverhältnissen im Herrschaftssystem nach 1936 und den durch Vollbeschäftigung ab 1936 und Krieg ab 1939 veränderten ökonomischen Rahmenbedingungen der deutschen Wirtschaft. Es wäre also erstens weiter zu fragen, ob sich das Weiterbestehen der Konsumvereine als großbetriebliche Konkurrenz des gewerbetreibenden Einzelhandels auch nach ihrer Überführung in das Gemeinschaftswerk der Arbeitsfront mit wie für die Vorjahre charakteristischen und vergleichbaren Beweggründen erklären läßt, und zweitens, ob die konkrete Entwicklung in der Konsumgenossenschaftsfrage ab 1936 etwa (daneben) von anderen Gründen bestimmt gewesen ist. Sicher dürfte sein, daß das Regime auf die Konsumvereine als Einrichtungen zur Versorgung der Bevölkerung gerade im Krieg und bei erheblich angespannter Ernährungslage nicht verzichten konnte, zumal sie sowohl über leistungsfähige Produktionsbetriebe als auch eine gutorganisierte Großhandelsstufe verfügten. Außerdem wäre auch für die Jahre nach 1936 (und besonders für die Zeit nach 1939) zu fragen, ob und in welchem Zusammenhang die konkrete Einzelhandelspolitik des Regimes ("Entjudung" 1938, Schließungsaktionen 1939 und 1943) und die sogenannte Anpassung der verbrauchergenossenschaftlichen Einrichtungen an die kriegswirtschaftlichen Verhältnisse stehen.

Insgesamt dürfte es sich vor dem Hintergrund der Ergebnisse der vorliegenden Arbeit und der Kontroverse zwischen v. Saldern und Winkler um dessen These vom Mittelstand als "entbehrlichem" Stand als lohnend erweisen, diese Überlegungen nicht nur in einer Auseinandersetzung mit der Konsumgenossenschaftsfrage für die hier nicht untersuchten, verbleibenden neun Jahre des "tausendjährigen Reichs", sondern auch für eine klärende Fortsetzung der Diskussion zum Charakter der nationalsozialistischen Mittelstandspolitik aufzunehmen.

7. Anhang

7.1 Zusammenstellung der nach dem Gesetz über Verbrauchergenossenschaften liquidierenden Konsumvereine

1. *Ammendorf*
2. *Anklam*
3. Annaberg
4. Ansbach
5. Bamberg
6. Berlin-Lichtenberg
7. *Berlin-Tempelhof*
8. Bernau
9. Bielefeld
10. *Bitterfeld*
11. *Breslau*
12. Burg bei Magdeburg
13. Chemnitz
14. Coburg
15. Colditz
16. *Cottbus-Forst*
17. Crossen
18. *Dresden*
19. Düsseldorf-Reisholz
20. Einbeck
21. Elbing
22. *Essen*
23. Falkenburg
24. Freienwalde
25. *Fürstenwalde*
26. Gleiwitz
27. Gollnow
28. Goslar
29. Großbodungen
30. *Hameln*
31. *Hannover-Laatzen*
32. *Herford*

Fortsetzung der "Zusammenstellung (...)"

33. Igelshieb
34. Jahnsbach
35. Kaufbeuren
36. Kiel
37. *Köln-Buchforst (Konsumverein "Eintracht")*
38. *Lage*
39. Landsberg
40. *Liegnitz*
41. Limbach
42. Löbau
43. *Lübeck*
44. Lüdenscheid (Konsumverein "Einigkeit")
45. Lüdenscheid (Konsumverein "Volkswohl")
46. Lüneburg ("Gemeinnützige Beamten-Waren-Versorgung")
47. Malapane
48. Meiningen
49. Meschede
50. Militisch
51. *München*
52. Münster (Konsumverein "Eintracht")
53. Namslau
54. *Oldenburg*
55. Osnabrück
56. Parchim
57. Peine
58. *Pirmasens*
59. Plauen
60. *Pössneck*
61. Prenzlau
62. Schleusinger-Neundorf
63. Schwarza
64. Straubing
65. Suhl
66. Wesermünde
67. Westerode
68. *Wuppertal-Barmen*
69. *Wurzen*
70. *Zeitz*

Fortsetzung der "Zusammenstellung (...)"

71. Zöblitz
72. *Zwickau*

Anmerkung:
Die "gesellschaftlich" privatisierten Konsumvereine sind kursiv gedruckt.

Quelle:
- Aufstellung der DZK über den "Stand der Zuschußaktion am 31.3.1943 für die 72 auf Grund des Gesetzes vom 21.5.1935 liquidierenden Verbrauchergenossenschaften", BAK, R 2 Nr. 15910, fol. 222.
- "Zusammenstellung der aus liquidierenden Verbrauchergenossenschaften hervorgegangenen Auffanggesellschaften", Anlage zum Schreiben des RWM an das Heeresbeschaffungs- und Verpflegungsamt vom 3. Januar 1939, BA/MA, RW 19/981.

7.2 Tabellenanhang

Vorbemerkung:

Die folgenden Übersichten liefern Daten zur Entwicklung der deutschen Konsumgenossenschaften aus verschiedenen Perspektiven. Lediglich Tabelle 6, auf die in Abschnitt 2.1 mit der Auflistung der Reichstagswahlergebnisse der SPD zwischen 1890 und 1912 Bezug genommen wird, fällt aus diesem Rahmen.

Ich habe mich bemüht, die einzelnen Tabellen so übersichtlich zu gestalten, daß auf eine gesonderte Lesehilfe verzichtet werden kann. Für sich allein betrachtet, werfen einzelne Tabellen möglicherweise die Frage nach ihrer Aussagekraft auf, die sich aber aus der Lektüre des Textes ergibt, d. h. die Leserinnen und Leser sollten sich die Tabellen nicht gesondert, sondern in Verbindung mit den Ausführungen im Textteil erschließen. Aus diesem Grund (und für eine bessere Orientierung) sind nachfolgend die Abschnitte im Text aufgelistet worden, in denen auf die Tabellen Bezug genommen worden ist.

Die Tabellen 1 bis 4 illustrieren die Entwicklung der dem ZdK angeschlossenen Konsumgenossenschaften zwischen 1903 (dem Gründungsjahr des ZdK) und 1932, dem letzten Jahr, für das sich gesicherte Daten aus der Verbandsstatistik entnehmen ließen. Lediglich in Tabelle 1 ließen sich Zahlenangaben für 1933 ermitteln. Die Angaben beziehen sich auf Geschäftsjahre, die i. d. R. bei den meisten Konsumgenossenschaften nicht mit Kalenderjahren zusammenfielen (vgl. Anmerkung 1 zu Tabelle 1). In Tabelle 5 sind für die zum RV gehörenden Konsumgenossenschaften zwischen 1908, dem Jahr der Verbandsgründung, und 1932 einige Daten zusammengestellt worden, aus denen die im Vergleich zum ZdK wirtschaftlich geringere Bedeutung des RV hervorgeht. Das Ungleichgewicht der Angaben zu beiden Organisationen resultiert aus der unterschiedlichen Qualität der Verbandsstatistiken. Dieses Mißverhältnis konnte durch andere Quellen nicht ausgeglichen werden.

Auf Tabelle 1 wird in den Abschnitten 2.1, 2.2, 3.1 und 3.4 Bezug genommen, auf Tabelle 2 in Abschnitt 2.2, auf Tabelle 3a in den Abschnitten 2.2 und 3.4, auf Tabelle 3b in Abschnitt 2.2. Tabelle 4 wird in den Abschnitten 2.1, 3.2 und 3.4 herangezogen, Tabelle 5 nur in Abschnitt 2.1 (ebenso Tabelle 6).

Den zweiten Schwerpunkt in der folgenden Übersicht bilden die Tabellen 7 bis 16c. Sie finden v. a. Eingang in die in Abschnitt 2.2 geführte Auseinandersetzung mit der fortgesetzten Behauptung aus Kreisen der NSDAP und des Mittelstands, wonach der Geschäftsbetrieb und -umfang der Konsumgenossenschaften für den gewerblichen Mittelstand, und dabei ganz besonders für den gewerblichen Lebensmitteleinzelhandel, existenzbedrohend oder gar existenzvernichtend gewesen sei. Dieser Teil der Übersicht ist deshalb so umfangreich geraten, weil sich die Ausführungen zur quantitativen Bedeutung der Konsumgenossenschaften im Lebensmitteleinzelhandel nicht direkt aus Unterlagen der amtlichen und halbamtlichen Statistik oder aus den Erhebungen von ZdK und RV entnehmen ließen. Aus der Zusammenstellung und behutsamen Interpretation verschiedener Erhebungen des Statistischen Reichsamts, des Instituts für Konjunkturforschung und der konsumgenossenschaftlichen Verbandsstatistik zur Konkursentwicklung, Betriebsstruktur und Umsatzverteilung im Lebensmitteleinzelhandel kommt die vorliegende Arbeit zu dem Schluß, daß die Konsumgenossenschaften in den Jahren der Weltwirtschaftskrise zweifellos als Konkurrent des gewerbetreibenden Einzelhandels zu betrachten sind, ihre Geschäftstätigkeit jedoch zu keiner Zeit ein diesen bedrohendes oder gar vernichtendes Ausmaß angenommen hatte.

Auf die Tabellen 7, 8, 9a, 9b, 10a, 10b, 11a bis 11c, 12, 13a und 13b wird in Abschnitt 2.2 eingegangen. Tabelle 14 wird in den Abschnitten 2.2 und 4.4 herangezogen, Tabelle 15 nur in Abschnitt 2.2. Auf die Tabellen 16a bis 16c wird in Abschnitt 2.2 Bezug genommen, auf Tabelle 16c außerdem noch in den Abschnitten 3.1 und 4.4.

Der dritte Teil dieses Anhangs besteht aus den Tabellen 17a und 17b. In ihnen sind verschiedene Daten für die konsumgenossenschaftliche Entwicklung der Jahre 1933 bis 1936 zusammengestellt. Tabelle 17a zeigt die Abwärtsbewegung der Spareinlagen in den Konsumvereinen, die in der Diskussion um die Zukunft der Konsumgenossenschaften im nationalsozialistischen Staat als psychologisches Moment Beachtung fand, hinter dem die absolute Höhe der konsumgenossenschaftlichen Spareinlagen zurücktrat. Aus diesem Grund wurde auch darauf verzichtet, für die bei Banken und Sparkassen eingezahlten Sparguthaben und für die im Vergleich dazu doch geringen Einlagen in den Konsumvereinen eigens eine tabellarische Übersicht anzufertigen. Das Verhältnis der Spargelder in den verschiedenen Sparinstituten kann im übrigen ohne Schwierigkeit aus den in Anmerkung 9 in Abschnitt 3.1 nachgewiesenen Unterlagen des Statistischen Reichsamts ermittelt werden. In Tabelle 17b sind weitere Indikatoren der wirtschaftlichen Entwicklung der Konsumgenossenschaften zusammengestellt. An ihnen kann daneben noch einmal zugespitzt ein Dilemma veranschaulicht werden, daß allgemein bei der Arbeit mit statistischem Datenmaterial auftritt und auch in der vorliegenden Studie seinen Niederschlag gefunden hat: Unterschiedliche Quellen weisen für gleiche Erhebungszeiträume verschiedene Ergebnisse aus, ohne daß der Grund derartiger Abweichungen ausfindig zu machen ist.

Tabelle 17a findet Eingang in die Abschnitte 3.1 bis 3.3 und 4.2.1, Tabelle 17b in Abschnitt 4.4.

Tabelle 1

Dem ZdK angeschlossene Konsumgenossenschaften, deren Mitglieder, die Zahl der Verteilstellen und die erzielten Umsätze, bezogen auf die Geschäftsjahre von 1903 bis 1933

Jahr (1)	KG (2)	KG (3)	Mitglieder z. Schluß d. Geschäfts-jahres	Verteil-stellen	Umsatz aus eigener Ver-teilung (4)	Umsatz im Lieferanten-geschäft (4)
1903	666	627	573.085	1.597	131.786.107	16.286.069
1904	745	710	646.175	1.844	147.396.253	18.296.339
1905	827	787	715.929	2.115	168.284.399	20.133.770
1906	900	865	776.999	2.324	188.401.253	19.436.783
1907	959	939	879.221	2.562	216.679.122	21.528.978
1908	1.028	1.021	996.904	2.828	252.600.858	23.458.904
1909	1.077	1.068	1.047.975	3.265	273.371.303	24.901.953
1910	1.109	1.103	1.171.763	3.444	306.931.612	27.455.633
1911	1.142	1.134	1.313.422	3.927	355.503.974	29.898.138
1912	1.155	1.128	1.483.811	4.410	423.145.111	31.321.421
1913	1.157	1.129	1.621.195	4.881	472.066.215	32.856.191
1914	1.109	1.094	1.717.519	5.167	492.980.519	33.652.700
1915	1.079	1.073	1.849.434	5.243	493.569.933	20.363.371
1916	1.077	1.068	2.052.139	5.265	577.335.808	13.626.905
1917	1.079	1.072	2.189.630	5.318	590.935.454	8.659.012
1918	1.090	1.078	2.231.917	5.360	670.753.153	3.838.249
1919	1.132	1.088	2.308.407	5.631	502.044.817	-
1920	1.291	1.191	2.714.109	6.705	322.600.266	-

Fortsetzung der Tabelle 1

Jahr (1)	KG (2)	KG (3)	Mitglieder z. Schluß d. Geschäfts-jahres	Verteil-stellen	Umsatz aus eigener Ver-teilung (4)	Umsatz im Lieferanten-geschäft (4)
1921	1.337	1.302	2.834.043	7.456	377.181.085	-
1922	1.350	1.300	3.161.794	8.066	300.046.003	-
1923	1.275	761	3.367.286	7.980	244.223.970	-
1924	1.163	1.020	3.505.180	8.282	380.673.618	378.657
1925	1.110	1.051	3.382.011	8.500	616.188.362	686.464
1926	1.090	1.036	3.196.035	8.780	746.723.065	4.129.535
1927	1.086	1.042	2.909.969	9.230	881.109.422	5.676.236
1928	1.024	1.012	2.803.232	9.605	1.045.962.404	6.641.403
1929	988	997	2.859.516	10.124	1.176.294.809	3.671.716
1930	974	968	2.940.308	10.709	1.240.327.868	5.571.527
1931	968	965	2.979.210	11.066	1.160.156.341	6.046.412
1932	949	942	2.895.985	10.987	944.198.074	4.763.867
1933	936	918	2.771.121	10.890	711.588.916	3.699.499

(1) Geschäftsjahre, zugleich Berichtsjahre. Bei den meisten KG sind Kalender- und Geschäftsjahr nicht identisch. I. d. R. umschließt das Geschäftsjahr den Zeitraum vom 1. Juli bis 30. Juni (z. B. das Geschäftsjahr 1932: 1. Juli 1931 bis 30. Juni 1932). Von Bedeutung ist, daß wegen der rechtzeitigen Fertigstellung der Jahresberichte diejenigen KG mit Geschäftsjahresschluß zum Jahresende im vorhergehenden Jahr berücksichtigt werden. Diese Uneinheitlichkeit erschwert den direkten Vergleich mit Daten der amtlichen und halbamtlichen Statistik (z. B. den Erhebungen des Instituts für Konjunkturforschung).

(2) Zahl der angeschlossenen KG.

Fortsetzung der Tabelle 1

(3) Zahl der berichtenden KG. 1923 nur KG mit mehr als 400 Mitgliedern. Von den an der Berichterstattung für das Geschäftsjahr 1929 beteiligten KG sind verschiedene am 31. Dezember 1929 ausgeschieden. Daher ist in diesem Jahr die Zahl der berichtenden KG größer als die Zahl der angeschlossenen KG.

(4) Bis zum Jahrbuch 1931 "Erlös". Bis einschließlich 1927 sind die Erlöse in "Mark" ausgewiesen, danach in "Reichsmark". Die Einheit "Rentenmark" ist im Jahrbuch für das Geschäftsjahr 1924 nicht ausgewiesen. Bei den Umsätzen der Jahre 1919 bis 1923 handelt es sich um auf "Goldmark" umgerechnete Beträge. Die Methode und die Ergebnisse dieser Berechnung sind dargestellt im Jb. ZdK, 1925, Bd. 1, S. 132ff. Das Lieferantengeschäft erfaßt die Höhe des Warenbezugs der Mitglieder bei Vertragshändlern und Lieferanten, die hierfür mit den KG spezielle Verträge geschlossen hatten.

\- Keine Angabe.

Quelle: Zusammenstellung aus Jb. ZdK, 1928, Bd. 1, S. 333; 1930, Bd. 1, S. 416; 1933, Bd. 1, S. 336, 357; Hasselmann, Konsumgenossenschaften, S. 707.

Tabelle 2

Anzahl der Beschäftigten in den Konsumgenossenschaften des ZdK von 1903 bis 1932

Jahr (1)	In der Güterverteilung: insgesamt Beschäftigte	davon weiblich	In der Güterherstellung: insgesamt Beschäftigte	davon weiblich	Gesamtzahl der Beschäftigten
1903	5.540	3.269	900	151	6.440
1904	6.475	3.927	1.144	247	7.620
1905	7.441	4.542	1.280	209	8.721
1906	8.307	5.093	1.452	225	9.759
1907	9.662	6.026	1.810	311	11.472
1908	11.076	6.866	2.069	335	13.145
1909	11.505	7.071	2.789	292	14.294
1910	13.827	8.974	2.576	308	16.403
1911	15.897	10.464	3.176	393	19.073
1912	18.919	12.404	3.875	473	22.794
1913	21.348	14.000	4.000	494	25.348
1914	22.008	14.640	4.604	599	26.612
1915	20.124	14.572	3.791	757	23.915
1916	20.842	15.879	4.868	1.521	25.710
1917	20.961	16.545	3.925	1.027	24.886
1918	20.894	16.427	4.238	1.157	25.132
1919	25.843	18.367	5.010	744	30.853
1920	30.649	21.581	5.487	723	36.136
1921	32.245	21.080	5.300	594	37.545
1922	37.212	24.465	6.314	785	43.526
1923	38.116	25.212	5.837	601	43.953
1924	32.177	19.518	5.648	602	37.825
1925	31.045	18.644	6.273	741	37.318
1926	32.954	19.816	6.555	791	39.509
1927	36.106	22.305	7.778	1.057	43.844
1928	41.367	25.144	8.357	1.170	49.724
1929	43.872	28.986	8.351	1.117	55.597
1930	44.073	29.475	8.281	1.146	57.463
1931	40.605	27.089	7.903	1.047	55.592
1932	35.316	23.738	6.652	904	48.095

(1) Geschäftsjahre, siehe Anmerkung 1 zu Tabelle 1.

Quelle: Zusammenstellung aus Jb. ZdK, 1938, Bd. 1, S. 335; 1933, Bd. 1, S. 369.

Tabelle 3a

Die Entwicklung der Eigenproduktion im ZdK von 1903 bis 1932

Jahr (1)	Bäckerei- u. Konditorei-erzeugnisse (2)	Fleischerei-erzeugnisse (2)	In anderen Bereichen hergestellte Waren (2)	Gesamtumsatz der Gütererzeugung (2)	Gesamterlös (Umsatz) aus eigener Verteilung (2)	Eigenproduktion in % des Gesamterlöses
1903				12.708.668	131.786.107	9,64
1904				14.007.880	147.396.253	9,50
1905				17.421.126	168.284.399	10,35
1909				44.776.482	273.371.303	16,38
1910				52.511.232	306.931.612	17,11
1914				104.220.169	492.980.519	21,14
1915				118.276.714	493.569.933	23,96
1917				141.924.088	590.955.454	24,02
1918				148.129.297	670.753.153	22,08
1919				97.360.394	502.044.817	19,39
1920				54.638.504	322.600.266	16,94
1921				54.809.137	377.181.085	14,53
1922				56.567.220	300.046.003	18,85
1923				37.030.735	244.223.970	15,16
1924				90.068.346	380.673.618	23,66
1925	104.124.374	34.142.184	22.364.283	160.630.841	616.188.362	26,07
1926	112.372.728	48.378.625	25.347.625	186.098.744	746.723.065	24,92

Fortsetzung der Tabelle 3a

Jahr (1)	Bäckerei- u. Konditorei-erzeugnisse (2)	Fleischerei-erzeugnisse (2)	In anderen Bereichen hergestellte Waren (2)	Gesamtumsatz der Gütererzeugung (2)	Gesamterlös (Umsatz) aus eigener Verteilung (2)	Eigenproduktion in % des Gesamterlöses
1927	137.314.222	69.113.626	34.592.917	241.020.765	881.109.422	27,35
1928	155.979.897	94.419.834	52.117.172	302.516.903	1.045.962.404	28,92
1929	161.785.797	119.234.090	34.949.586	315.969.173	1.176.294.809	26,86
1930	162.452.930	135.954.559	43.928.844	342.336.333	1.240.327.868	27,60
1931	154.662.192	133.338.469	29.558.444	317.559.105	1.160.156.341	27,37
1932	137.587.577	98.288.659	27.185.562	262.998.798	994.198.074	27,85

(1) Geschäftsjahre, siehe Anmerkung 1 zu Tabelle 1.
(2) "Mark" bzw "Reichsmark".

Quelle: Zusammenstellung aus Jb. ZdK, 1925, Bd. 1, S. 506; 1933, Bd. 1, S. 37, 363. Prozentzahlen gerundet auf 2 Dezimalstellen (in der Verbandsstatistik 1 Dezimalstelle). Vor 1925 ist keine Aufgliederung der Bereiche der Eigenproduktion in der Verbandsstatistik nachweisbar.

Tabelle 3b

Die Entwicklung des durchschnittlichen Umsatzes je beschäftigter Person in der Güterverteilung und der Anteil der in der Güterverteilung beschäftigten Frauen in den Konsumgenossenschaften des ZdK von 1903 bis 1932

Jahr (1)	Beschäftigte Personen in der Güterverteilung insgesamt Beschäftigte	davon Frauen	Anteil der Frauen in %	Umsatz aus eigener Verteilung (2)	Umsatz ϕ je beschäftigter Person in der Güterverteilung (2)
1903	5.540	3.269	59,01	131.786.107	23.788
1904	6.469	3.922	60,63	147.396.253	22.785
1905	7.435	4.537	61,02	168.284.399	22.634
1909	11.505	7.071	61,46	273.371.303	23.761
1910	13.687	8.895	64,99	306.931.612	22.425
1914	21.708	14.456	66,59	492.980.519	22.710
1915	19.859	14.379	72,41	493.569.933	24.854
1917	20.655	16.302	78,93	590.955.454	28.611
1918	20.598	16.185	78,58	670.753.153	32.564
1919	25.843	18.367	71,07	502.044.817	19.427
1920	30.649	21.581	70,41	322.600.266	10.526
1921	32.245	21.080	65,37	377.181.085	11.697
1922	37.212	24.465	65,74	300.046.003	8.063
1923	38.116	25.212	66,15	244.223.970	6.407
1924	32.177	19.518	60,66	380.673.618	11.831
1925	31.045	18.644	60,05	616.188.362	19.848
1926	32.954	19.816	60,13	746.723.065	22.660
1927	36.106	22.305	61,78	881.109.422	24.403
1928	41.367	25.144	60,78	1.045.962.404	25.285
1929	43.872	28.986	66,07	1.176.294.809	26.812
1930	44.073	29.475	66,88	1.240.327.868	28.143
1931	40.605	27.089	66,71	1.160.156.341	28.572
1932	35.316	23.738	67,22	944.198.074	26.736

(1) Geschäftsjahre, siehe Anmerkung 1 zu Tabelle 1.
(2) "Mark" bzw. "Reichsmark".

Quelle: Zusammenstellung aus Jb. ZdK, 1925, Bd. 1, S. 506; 1933, Bd. 1, S. 369. Ergänzt um die Berechnung der Prozentzahlen, gerundet auf 2 Dezimalstellen, sowie die Berechnung des durchschnittlichen Umsatzes je beschäftigter Person in der Güterverteilung für die Jahre 1904, 1909 und 1925 bis 1932.

Tabelle 4

Die Gliederung der Mitglieder der Konsumgenossenschaften des Zdk von 1903 bis 1932

Jahr (1)	A	B	C	D	E	F	G	H (2)	I	J
1903	38.295	8.583	23.626	395.801	14.911	24.123	505.339	463.716	41.623	67.746
1904	43.633	10.269	30.085	356.961	14.370	36.318	491.636	424.733	66.863	154.569
1905	46.922	11.528	27.897	434.540	16.008	40.579	577.474	510.262	67.212	138.455
1906	49.349	12.145	29.488	481.039	21.168	45.260	638.449	566.750	71.699	138.550
1907	53.873	13.328	32.122	564.043	16.237	55.255	737.858	646.933	90.925	141.363
1908	56.939	14.964	35.456	638.251	28.384	64.079	838.073	735.484	102.589	128.831
1909	57.761	14.878	35.075	719.761	24.850	55.162	907.487	809.969	97.518	140.488
1910	64.653	16.405	39.593	816.137	24.406	81.896	1.043.036	938.609	104.427	128.727
1911	73.416	19.840	44.072	922.163	25.806	102.739	1.188.026	1.030.247	157.779	125.396
1912	77.324	24.653	48.450	1.048.844	32.092	125.536	1.356.939	1.165.464	191.475	126.872
1913	84.760	27.877	52.202	1.220.530	37.552	119.576	1.542.497	1.306.646	235.851	78.698
1914	88.174	30.365	56.923	1.308.589	37.839	142.740	1.664.630	1.397.967	266.663	52.889
1915	97.955	33.877	66.910	1.354.979	38.570	169.469	1.761.760	1.457.962	303.798	87.674
1916	107.896	33.783	81.133	1.463.351	53.024	216.282	1.195.469	1.553.110	406.359	92.670
1917	116.315	43.317	90.793	1.529.521	42.329	280.386	2.102.661	1.655.060	477.601	86.969
1918	119.933	45.873	98.425	1.547.310	45.266	283.513	2.140.320	1.674.926	465.394	91.597
1919	126.794	50.882	113.240	1.565.851	48.167	294.278	2.199.212	1.708.854	490.358	109.195
1920	157.846	73.718	178.421	1.814.703	69.606	341.564	2.635.858	2.089.636	546.222	78.251
1921	169.454	81.183	217.773	1.887.156	80.419	352.810	2.788.795	2.226.315	562.480	45.248
1922	182.705	94.228	249.009	2.016.338	91.349	392.286	3.025.915	2.437.140	588.775	135.879
1923	196.811	106.963	291.936	2.187.892	100.773	349.052	3.233.427	2.669.553	563.874	133.859
1924	199.952	116.417	328.651	2.207.274	99.586	365.559	3.317.439	2.697.654	619.785	187.741

Fortsetzung der Tabelle 4

Jahr (1)	A	B	C	D	E	F	G	H (2)	I	J
1925	194.272	113.080	316.473	2.210.735	92.381	398.288	3.325.229	2.683.566	641.663	56.782
1926	176.816	102.610	306.007	2.086.851	90.619	377.767	3.140.670	2.553.118	587.552	55.365
1927	154.754	90.589	266.771	1.969.858	79.679	323.328	2.884.979	2.355.964	529.015	24.990
1928	142.789	85.149	263.193	1.900.898	72.813	326.020	2.790.862	2.275.949	514.913	12.370
1929	147.587	81.780	257.922	1.967.181	68.384	326.265	2.849.119	2.331.834	517.285	10.397
1930	141.628	77.129	263.686	2.023.634	69.902	342.609	2.918.588	2.320.628	548.942	21.720
1931	140.788	72.652	273.789	2.047.411	69.959	354.534	2.959.133	2.357.208	561.553	20.077
1932	131.951	69.837	271.380	1.986.368	69.622	349.590	2.878.748	2.279.977	559.836	17.237

(1) Geschäftsjahre, siehe Anmerkung 1 zu Tabelle 1.
(2) 1930 außerdem 49.018, 1931 40.372 und 1932 38.953 nicht nach Geschlecht getrennte Mitglieder.
A Selbständige Gewerbetreibende (Zunahme zwischen 1914 und 1918: 36,01%).
B Selbständige Landwirte (Zunahme zwischen 1914 und 1918: 51,07%).
C Angehörige der freien Berufe, Staats- und Gemeindebeamte (Zunahme zwischen 1914 und 1918: 72,09%).
D Gegen Lohn oder Gehalt beschäftigte Personen in gewerblichen Betrieben (Zunahme zwischen 1914 und 1918: 18,24%).
E Gegen Lohn oder Gehalt beschäftigte Personen in landwirtschaftlichen Betrieben.
F Personen ohne bestimmten Beruf (Privatiers, Altersrentner usw.).
G Von der Berufsgliederung erfaßte Mitglieder insgesamt. Die Summe der Spalten G und J ergibt die Mitgliederzahl, vgl. Tabelle 1.
H Von Spalte G männlich.
I Von Spalte G weiblich.
J Personen mit unbekanntem Beruf.

Quelle: Zusammenstellung aus Jb. ZdK, 1928, Bd. 1, S. 341; 1933, Bd. 1, S. 337, ergänzt um die Berechnung der Prozentzahlen, gerundet auf 2 Dezimalstellen.

Tabelle 5

Dem RV angeschlossene Konsumgenossenschaften, deren Mitglieder, die Zahl der Verteilstellen und die erzielten Umsätze, bezogen auf Geschäftsjahre von 1908 bis 1932

Jahr (1)	KG (2)	Verteil-stellen	Zahl der Mitglieder	Umsatz (3)
1908	48	-	28.540	9.717.112
1909	63	-	39.377	12.460.496
1910	78	-	52.715	16.875.415
1911	101	-	76.002	27.103.877
1912	127	430	97.606	31.627.150
1913	159	599	143.444	43.481.447
1914	185	732	177.358	51.715.705
1915	191	774	189.686	51.227.103
1916	233	-	285.604	72.145.634
1917	249	-	309.245	68.709.603
1918	274	-	354.293	80.173.407
1919	331	-	410.928	139.847.327
1920	418	-	493.878	-
1921	451	-	584.362	-
1922	445	-	654.583	-
1923	463	-	808.127	-
1924	390	1.797	734.891	-
1925	310	1.840	718.934	117.325.835
1926	285	1.882	733.892	128.608.893
1927	275	2.101	775.576	164.360.089
1928	276	2.212	786.758	183.598.650
1929	273	2.313	764.960	195.504.532
1930	277	2.509	792.551	204.598.953
1931	263	2.474	786.709	178.972.078
1932	259	2.419	758.417	150.897.695

(1) Geschäftsjahre.
(2) Zahl der angeschlossenen KG.
(3) "Mark" bzw. "Reichsmark".
\- Keine Angabe.

Quelle: Zusammenstellung aus Jb. RV, 1931, S. 27; Jb. ZdK, 1947, S. 278.

Tabelle 6

Reichstagswahlergebnisse der SPD von 1890 bis 1912

Wahlen zum Reichstag	Wahlbeteiligung in %	Stimmanteil der SPD in %	Stimmen für die SPD in Mio.
Wahl z. 8. RT, 1890	71,6	19,8	1.427.298
Wahl z. 9. RT, 1893	72,5	23,3	1.786.738
Wahl z. 10. RT, 1898	68,1	27,2	2.107.076
Wahl z. 11. RT, 1903	76,1	31,7	3.010.771
Wahl z. 12. RT, 1907	84,7	28,9	3.259.020
Wahl z. 13. RT, 1912	94,9	34,8	4.250.399

Quelle: Zusammenstellung aus Ritter (Hg.), Kaiserreich, S. 366f; Fricke, Arbeiterbewegung, S. 526.

Tabelle 7

Die Verteilung der neuen Konkurse auf das Handelsgewerbe im deutschen Reich (ohne Saargebiet) von 1924 bis 1929

	Anzahl der neuen Konkurse im Deutschen Reich		davon entfielen auf das Handelsgewerbe				
					darunter Einzelhandel (1)		
Jahr	absolut	in %	absolut	in %	absolut	in % der Spalte 2	in % der Spalte 4
Spalte 1	Spalte 2	Spalte 3	Spalte 4	Spalte 5	Spalte 6	Spalte 7	Spalte 8
1924	8.034	100,00	5.010	62,36	4.684	58,30	93,49
1925	14.805	100,00	8.805	59,47	8.280	55,93	94,04
1926	15.829	100,00	8.677	54,82	7.102	44,87	81,85
1927	7.870	100,00	3.632	46,15	2.846	36,16	78,36
1928	10.595	100,00	4.994	47,14	3.957	37,35	79,24
1929	13.180	100,00	6.019	45,67	4.596	34,87	76,36

(1) Für die Jahre 1924 und 1925 beziehen sich die Angaben der Spalte 6 auf den Groß- und Kleinhandel (Warenhandel). Für die Jahre ab 1926 geben die Zahlen der Spalte 6 die neuen Konkurse nur noch im Kleinhandel (Einzelhandel) wieder. Seit der Konkursstatistik für 1928 ist die Bezeichnung Kleinhandel durch Einzelhandel ersetzt.

Quelle: Zusammenstellung aus den Konkursstatistiken für das Deutsche Reich, Vjh. z. Stat. d. DR, 1926, H. I, S. 146ff; H. IV, S. 108ff; 1927, H. II, S. 84ff; 1928, H. II, S. 38ff; 1929, H. II, S. 48ff; 1930, H. II, S. 116ff. Ergänzt um die Berechnung der Prozentzahlen in Spalte 8, gerundet auf 2 Dezimalstellen.

Tabelle 8

Zusammenstellung der Konkurse im Deutschen Reich (ohne Saargebiet) im Einzelhandel mit Nahrungs- und Genußmitteln von 1926 bis 1933.

Jahr	Anzahl der neuen Konkurse im Deutschen Reich absolut	in %	davon entfielen auf den Einzelhandel (Ezh.) absolut	in %	darunter Ezh. m. Nahrungs- und Genußmitteln absolut	in % der Spalte 4	Konkurse von KG (1) absolut	in % der Spalte 6
Spalte 1	Spalte 2	Spalte 3	Spalte 4	Spalte 5	Spalte 6	Spalte 7	Spalte 8	Spalte 9
1926	15.829	100,00	7.102	44,87	1.446	20,36	34	2,35
1927	7.870	100,00	2.846	36,16	725	25,47	13	1,79
1928	10.595	100,00	3.957	37,35	962	24,31	8	0,83
1929	13.180	100,00	4.596	34,87	976	21,24	8	0,82
1930	15.486	100,00	5.533	35,73	1.265 (2)	22,86	11	0,87
1931	19.254	100,00	6.664	34,61	1.697 (3)	25,47	10	0,59
1932	14.138	100,00	4.881	34,52	1.188	24,34	9 (4)	
1933	7.954	100,00	2.479	31,17	773	31,18	-	

Zum Vergleich: Anzahl der neuen Konkurse im Deutschen Reich 1918: 1.642; 1919: 2.024; 1920: 2.124; 1921: 4.219; 1922: 1.701; 1923: 497; 1924: 8.034; 1925: 14.805.

(1) Konkurse von Konsumgenossenschaften bezogen auf die Konkurse des Einzelhandels mit Nahrungs- und Genußmitteln (Spalte 6). Die Zahlen der Spalte 8 sind für die Jahre 1926 bis 1930 dem Jb. RV, 1930, S. 10 entnommen. Für 1930

Fortsetzung der Tabelle 8

ferner: Vjh. z. Stat. d. DR, H. II, S. 35. Für 1931: Vjh. z. Stat. d. DR, 1932, H. II, S. 103. Die 1930 und 1931 aufgeführten Konkurse von Konsumgenossenschaften in dieser Spalte sind die der in den Angaben der Spalte 6 nachgewiesenen.

(2) Darunter 9 Konsumgenossenschaften, 2 weitere gerieten im Einzelhandel mit anderen und verschiedenen Waren in Konkurs.

(3) Darunter 10 Konsumgenossenschaften.

(4) Nach KgR, 1933, S. 146, 575: 6 Konkurse von KG des ZdK im Kalenderjahr, 3 Konkurse von KG des RV im Geschäftsjahr 1932. Daher keine Berechnung der Prozentzahl.

\- Keine Angabe.

Quelle: Zusammenstellung aus den vorstehend nachgewiesenen Quellen und den Konkursstatistiken für das Deutsche Reich, Vjh. z. Stat. d. DR, 1927, H. II, S. 84ff; 1928, H. II, S. 38ff; 1929, H. II, S. 48ff; 1930, H. II, S. 116ff; 1931, H. II, S. 17ff; 1932, H. II, S. 85ff; 1933, H. II, S. 125ff; 1934, H. II, S. 150ff. Ergänzt um die Berechnung der Prozentzahlen in Spalte 7 und 9, gerundet auf 2 Dezimalstellen.

Tabelle 9a

Ausgewählte Ergebnisse der Volks- Gewerbe- und Berufszählung vom 16. Juni 1925

Die gewerblichen Niederlassungen und ihr Personal im Einzelhandel, dem Einzelhandel mit Lebensmitteln und Kolonialwaren sowie dem Handel mit Waren aller Art (1). Handelsgewerbe und gesamtes Gewerbe ("Gewerbe überhaupt") zum Vergleich

	Gewerbeart	*Gewerbeart*	*Gewerbeklasse*	Zum Vergleich *Gewerbegruppe*	Zum Vergleich *Gewerbe* überhaupt
	Ezh. m. Lebensmitteln u. Kolonialwaren	Ezh. m. Waren aller Art	Ezh. insges., ohne Buch- u. Tabakhandel	Handelsgewerbe (Gewerbegruppe XX)	
Gesamtzahl der gewerbl. Niederlassungen	258.056	38.084	623.788	1.143.630	3.489.374
(in % d. Gewerbes überhaupt)	(7,40)	(1,09)	(17,88)	(32,77)	(100,00)
Gesamtzahl der beschäftigten Personen (2)	455.367	89.197	1.453.952	3.175.157	18.749.583
(in % d. Gewerbes überhaupt)	(2,43)	(0,48)	(7,75)	(16,93)	(100,00)
Von den gewerbl. Niederlassungen entfallen auf					
Selbständige Unternehmungen ohne Zweigniederlassungen	232.618	33.878	563.900	1.024.316	2.950.504
Beschäftigte Personen	391.083	70.608	1.175.027	2.298.840	10.746.769

Fortsetzung der Tabelle 9a

	Gewerbeart	*Gewerbeart*	*Gewerbeklasse*	Zum Vergleich *Gewerbegruppe*	Zum Vergleich *Gewerbe* überhaupt
	Ezh. m. Lebensmitteln u. Kolonialwaren	Ezh. m. Waren aller Art	Ezh. insges., ohne Buch- u. Tabakhandel	Handelsgewerbe (Gewerbegruppe XX)	
Hauptniederlassungen selbständiger Unternehmungen	3.263	994	12.914	30.466	77.917
Beschäftigte Personen	15.883	9.236	128.928	471.898	3.517.696
Zweigniederlassungen, von den Hauptniederlassungen räumlich getrennt	22.175	3.212	46.968	88.361	165.830
Beschäftigte Personen	48.401	9.353	149.991	403.897	4.079.353
Hausgewerbebetriebe	0	0	0	6	295.123
Beschäftigte Personen	0	0	0	6	405.765

(1) Siehe Anmerkung 2 zu Tabelle 9b.

(2) Einschließlich Betriebsleiter.

Quelle: Zusammenstellung aus Stat. d. DR, Bd. 413, T. I, S. 252, 269, 270. Ergänzt um die Berechnung der Prozentzahlen, gerundet auf 2 Dezimalstellen.

Tabelle 9b

Ausgewählte Ergebnisse der Volks- Gewerbe- und Berufszählung vom 16. Juni 1925

Die gewerblichen Niederlassungen (1) und ihr Personal nach Größenklassen im Einzelhandel mit Lebensmitteln und Kolonialwaren, im Einzelhandel mit Waren aller Art (2) und dem Einzelhandel insgesamt (ohne Buch und Tabakhandel)

Gewerbliche Niederlassungen mit ... Personen, einschließlich Betriebsleiter	Einzelhandel mit Lebensmitteln u. Kolonialwaren		Einzelhandel mit Waren aller Art		Einzelhandel insgesamt (ohne Buch- und Tabakhandel)	
	absolut	in %	absolut	in %	absolut	in %
Summe der gewerblichen Niederlassungen	258.056	100,0000	38.084	100,0000	623.788	100,0000
Summe der darin beschäftigten Personen (3)	455.367	100,0000	89.197	100,0000	1.453.952	100,0000
Alleinbetriebe (4)	87.761	34,0085	8.523	22,3795	224.275	35,9537
Entsprechend beschäftigte Personen (5)	87.761	19,2726	8.523	9,5553	224.275	15,4252
0-Personen (6)	14.570	5,6461	1.792	4,7054	27.617	4,4273
1 bis 3 Personen	139.845	54,1917	23.280	61,1280	301.795	48,3810
Beschäftigte Personen	276.728	60,7703	47.375	53,1128	614.762	42,2821
4 und 5 Personen	11.480	4,4486	2.914	7,6515	40.464	6,4868
Beschäftigte Personen	49.307	10,8280	12.573	14,0958	175.433	12,0659

Fortsetzung der Tabelle 9b

Gewerbliche Niederlassungen mit … Personen, einschließlich Betriebsleiter	Einzelhandel mit Lebensmitteln u. Kolonialwaren		Einzelhandel mit Waren aller Art		Einzelhandel insgesamt (ohne Buch- und Tabakhandel)	
	absolut	in %	absolut	in %	absolut	in %
6 bis 10 Personen	3.554	1,3772	1.180	3,0984	20.168	3,2331
Beschäftigte Personen	25.160	5,5252	8.367	9,3804	146.850	10,1001
11 bis 50 Personen	819	0,3174	350	0,9190	8.599	1,3785
Beschäftigte Personen	13.501	2,9649	6.309	7,0731	157.259	10,8160
51 bis 200 Personen	25	0,0097	37	0,0972	695	0,1114
Beschäftigte Personen	1.955	0,4293	3.104	3,4799	60.743	4,1778
201 bis 500 Personen	1	0,0004	7	0,0184	137	0,0220
Beschäftigte Personen	330	0,0725	2.294	2,5718	41.029	2,8219
501 bis 1.000 Personen	1	0,0004	1	0,0011	30	0,0048
Beschäftigte Personen	625	0,1373	652	0,7310	21.311	1,4657
1.001 bis 2.000 Personen	0	0,0000	0	0,0000	7	0,0011
Beschäftigte Personen	0	0,0000	0	0,0000	8.876	0,6105
2.001 bis 5.000 Personen	0	0,0000	0	0,0000	1	0,0002
Beschäftigte Personen	0	0,0000	0	0,0000	3.414	0,2348
mehr als 5.000 Personen	0	0,0000	0	0,0000	0	0,0000

Fortsetzung der Tabelle 9b

(1) Die Zahl der gewerblichen Niederlassungen (örtliche Einheiten) liegt naturgemäß höher als die der gewerblichen Unternehmungen (Wirtschaftseinheiten) im Deutschen Reich. Vgl. Stat. d. DR, Bd. 413, T. IV u. V, passim. "Als gewerbliche Niederlassung gilt jeder räumlich zusammenhängende und unter einheitlicher Leitung stehende Betrieb (örtliche Einheit). Die unter die Zählung fallenden berufstätigen Personen ohne feste Niederlassung (...) wurden gleichfalls als Betriebe gezählt." Ebenda, Bd. 413, T. I, S. 251.

(2) Die Auswahl der Gewerbearten (Einzelhandel mit Waren aller Art, Einzelhandel mit Lebensmitteln und Kolonialwaren) ist daran orientiert, diejenigen Gewerbearten darzustellen, in denen i. d. R. die Konsumgenossenschaften versteckt enthalten sind. Zur Zuordnung der Konsumgenossenschaften durch das Statistische Reichsamt siehe Stat. d. DR, Bd. 462, H. 1, S. 49 (Anm. 27): "1933 sind sämtliche Verkaufsstellen der Konsumgenossenschaften in der Gewerbeklasse XXV 1 'Handel mit Waren aller Art' ausgezählt worden, und zwar unabhängig davon, ob sie mit verschiedenen Warenarten oder mit einer bestimmten Warenart gehandelt haben. Dagegen wurden 1925 beim 'Handel mit Waren aller Art' nur solche Verkaufsstellen der Konsumgenossenschaften nachgewiesen, die mit Waren mehrerer Gewerbearten handelten." Vgl. hierzu auch die Systematischen Gewerbeverzeichnisse der jeweiligen Zählungen. Für 1925: Stat. d. DR, Bd. 413 T. I, S. 78ff (S. 127). Für 1933: Ebenda, Bd. 462, H. 1, S. 52ff (S. 123).

(3) Einschließlich Betriebsleiter. Also: Beschäftigte Personen (einschließlich Betriebsleiter) plus Inhaber der Alleinbetriebe. Vgl. Stat. d. DR, Bd. 413, T. I, S. 251.

(4) Als Alleinbetriebe gelten "Einzelniederlassungen, in denen der Inhaber ohne Mitinhaber, Gehilfen oder mithelfende Familienangehörige und ohne Zuhilfenahme motorischer Kraft (Kraftmaschinen und Fahrzeuge) arbeitet. Haupt- oder Zweigniederlassungen, in denen 1 Person ohne Gehilfen oder Motoren tätig ist, sind keine Alleinbetriebe, sondern Betriebe mit 1 Person, desgleichen Inhaberbetriebe, in denen der Inhaber zwar keine Gehilfen, aber motorische Kraft verwendet." Stat. d. DR, Bd. 413, T. I, S. 251.

(5) Inhaber, die hier von der amtlichen Statistik bei den beschäftigten Personen mitgezählt werden.

(6) "Betriebe mit 0 Personen sind Betriebe, in denen außer dem nebenberuflich arbeitenden Betriebsleiter keine weiteren Personen beschäftigt sind und der Betriebsleiter selbst zur Vermeidung von Doppelzählungen nicht gezählt worden ist. Nebenberuflich arbeitende Betriebsleiter wurden dann nicht gezählt, wenn sie hauptberuflich einen durch die landwirtschaftliche oder gewerbliche Betriebszählung erfaßten Betrieb leiten und bereits bei diesem Betrieb gezählt worden sind. Doppelzählungen der sonst beschäftigten Personen waren zugelassen." Ebenda.

Quelle: Zusammenstellung aus Stat. d. DR, Bd. 413, T. I, S. 340-345. Ergänzt um die Berechnung der Prozentzahlen, gerundet auf 4 Dezimalstellen.

Tabelle 10a

Ausgewählte Ergebnisse der Volks-, Gewerbe- und Berufszählung vom 16. Juni 1925

Wirtschaftseinheiten/Unternehmungen nach Größenklassen, betrieben von Einzelinhabern in ausgewählten Bereichen des Einzelhandels

Größenklassen der Wirtschaftseinheiten mit ... Personen (1)	Ezh. mit Lebensmitteln u. Kolonialwaren			Einzelhandel mit Waren aller Art			Einzelhandel insgesamt (ohne Buch u. Tabakhandel)		
	absolut	in %	Pers. je WE (2)	absolut	in %	Pers. je WE (2)	absolut	in %	Pers. je WE (2)
Gesamtzahl der WE (2)	230.497	100,0000		33.106	100,0000		548.707	100,0000	
Gesamtzahl der darin beschäftigten Personen	391.766	100,0000	1,70	67.978	100,0000	2,05	1.095.036	100,0000	2,00
0 bis 10 Personen	229.917	99,7484		32.941	99,5016		543.512	99,0532	
Beschäftigte Personen	379.903	96,9719	1,65	64.785	95,3029	1,97	980.546	89,5446	1,80
11 bis 50 Personen	559	0,2425		159	0,4803		4.943	0,9008	
Beschäftigte Personen	9.145	2,3343	16,36	2.488	3,6600	15,65	85.653	7,8219	17,33
51 bis 200 Personen	19	0,0082		5	0,0151		222	0,0405	
Beschäftigte Personen	1.761	0,4495	92,68	422	0,6208	84,40	17.359	1,5852	78,19
201 bis 500 Personen	1	0,0004		1	0,0030		24	0,0044	
Beschäftigte Personen	263	0,0646	253,00	283	0,4163	283,00	6.878	0,6281	286,58
501 bis 1.000 Personen	1	0,0004		0	0,0000		5	0,0009	
Beschäftigte Personen	704	0,1797	704,00	0	0,0000		3.546	0,3238	709,20

Fortsetzung der Tabelle 10a

Größenklassen der Wirtschaftseinheiten mit ... Personen (1)	Ezh. mit Lebensmitteln u. Kolonialwaren			Einzelhandel mit Waren aller Art			Einzelhandel insgesamt (ohne Buch u. Tabakhandel)		
	absolut	in %	Pers. je WE (2)	absolut	in %	Pers. je WE (2)	absolut	in %	Pers. je WE (2)
1.001 bis 5.000 Personen	0	0,0000		0	0,0000		1	0,0002	
Beschäftigte Personen	0	0,0000		0	0,0000		1.054	0,0963	1.054,00
mehr als 5.000 Personen	0	0,0000		0	0,0000		0	0,0000	

Zum Vergleich:	Zahl der Unternehmungen/ Wirtschaftseinheiten		Zahl der beschäftigten Personen		Auf je eine Unternehmung/ Wirtschaftseinheit entfallen
	absolut	in %	absolut	in %	... Personen
Im Deutschen Reich insgesamt	3.028.396	100,00	18.309.788	100,00	6
darunter					
- betrieben von Einzelinhabern	2.771.081	91,50	7.741.381	42,30	3
- betrieben von eintragenen Genossenschaften	31.894	1,10	142.741	0,80	5

(1) Ohne Hausgewerbe.

(2) Wirtschaftseinheiten/Unternehmungen.

Quelle: Zusammenstellung aus Stat. d. DR, Bd. 413, T. V, S. 3, 26. Ergänzt um die Berechnung der Prozentzahlen, gerundet auf 4 Dezimalstellen, und die durchschnittlichen Beschäftigtenzahlen je Wirtschaftseinheit/Unternehmung, gerundet auf 2 Dezimalstellen.

Tabelle 10b

Ausgewählte Ergebnisse der Volks-, Gewerbe- und Berufszählung vom 16. Juni 1925

Wirtschaftseinheiten/Unternehmungen nach Größenklassen, betrieben von eingetragenen Genossenschaften in ausgewählten Bereichen des Einzelhandels

Größenklassen der Wirtschaftseinheiten mit ... Personen (1)	Ezh. mit Lebensmitteln u. Kolonialwaren			Einzelhandel mit Waren aller Art			Einzelhandel insgesamt (ohne Buch- u. Tabakhandel)		
	absolut	in %	Pers. je WE (2)	absolut	in %	Pers. je WE (2)	absolut	in %	Pers. je WE (2)
Gesamtzahl der WE (2)	1.001	100,00		610	100,00		1.923	100,00	
Gesamtzahl der darin beschäftigten Personen	27.260	100,00	27,23	13.110	100,00	21,82	41.744	100,00	21,71
0 bis 10 Personen	733	73,23		436	71,48			75,98	
Beschäftigte Personen	2.533	9,29	3,46	1.513	11,37	3,47	1.461	11,51	3,29
11 bis 50 Personen	175	17,48		129	21,15		322	16,74	
Beschäftigte Personen	4.117	15,40	23,53	2.930	22,01	22,71	7.349	17,60	22,82
51 bis 200 Personen	66	6,59		37	6,07		105	5,46	
Beschäftigte Personen	6.748	24,75	102,24	3.464	27,03	93,62	10.325	24,73	98,33
201 bis 500 Personen	15	1,50		5	0,82		20	1,04	
Beschäftigte Personen	4.195	15,39	279,67	1.868	14,03	373,60	6.063	14,52	303,15

Fortsetzung der Tabelle 10b

Größenklassen der Wirtschaftseinheiten mit ... Personen (1)	Ezh. mit Lebensmitteln u. Kolonialwaren			Einzelhandel mit Waren aller Art			Einzelhandel insgesamt (ohne Buch- u. Tabakhandel)		
	absolut	in %	Pers. je WE (2)	absolut	in %	Pers. je WE (2)	absolut	in %	Pers. je WE (2)
501 bis 1.000 Personen	10	1,00		0	0,00		10	0,52	
Beschäftigte Personen	6.550	24,03	655,00	0	0,00	0,00	6.550	15,69	655,00
1.001 bis 5.000 Personen	2	0,20		3	0,49		5	0,26	
Beschäftigte Personen	3.117	11,43	1.558,50	3.535	25,56	1.178,33	6.652	15,94	1.330,40
mehr als 5.000 Personen	0	0,00		0	0,00	0,00	0	0,00	

(1) Ohne Hausgewerbe.
(2) Wirtschaftseinheiten/Unternehmungen.

Quelle: Zusammenstellung aus Stat. d. DR, Bd. 413, T. V, S. 76f. Ergänzt um die Berechnung der Prozentzahlen und der durchschnittlichen Beschäftigtenzahlen je Wirtschaftseinheit/Unternehmung, gerundet auf 2 Dezimalstellen.

Tabelle 11a

Ausgewählte Ergebnisse der Volks- Gewerbe- und Berufszählung vom 16. Juni 1925

Verteilung nach der Rechtsform der Wirtschaftseinheiten (Unternehmungen) für alle Betriebsgrößenklassen im Einzelhandel mit Lebensmitteln und Kolonialwaren

	Unternehmungen		Beschäftigte	
Rechtsform	absolut	in %	absolut	in %
Einzelinhaber	230.497	97,5859	391.766	85,7714
Mehrere Inhaber	3.173	1,3434	9.433	2,0652
Nicht eingetragene Genossenschaften	36	0,0152	866	0,1896
Eingetragene Vereine	95	0,0402	329	0,0720
Eingetragene Genossenschaften	1.001	0,4238	27.260	5,9682
Offene Handelsgesellschaften	953	0,4035	10.119	2,2154
Kommanditgesellschaften	60	0,0254	1.633	0,3575
Aktiengesellschaften	33	0,0140	3.357	0,7350
Kommanditgesellschaften auf Aktien	1	0,0004	3	0,0007
Gesellschaften mit beschränkter Haftung	328	0,1389	11.854	2,5953
Andere wirtschaftliche Vereinigungen	7	0,0030	57	0,0125
Körperschaften öffentlichen Rechts	15	0,0064	79	0,0173
Summe	236.199	100,0000	456.756	100,0000

(1) Ohne Hausgewerbe.

Quelle: Zusammenstellung aus Stat. d. DR, Bd. 413, T. V, S. 8ff (Tab. 8 "Die Rechtsformen der Unternehmungen"), S. 26ff. Ergänzt um die Berechnung der Summen und der Prozentzahlen, gerundet auf 4 Dezimalstellen.

Tabelle 11b

Ausgewählte Ergebnisse der Volks- Gewerbe- und Berufszählung vom 16. Juni 1925

Verteilung nach der Rechtsform der Wirtschaftseinheiten (Unternehmungen) für alle Betriebsgrößenklassen im Einzelhandel mit Waren aller Art

	Unternehmungen		Beschäftigte	
Rechtsform	absolut	in %	absolut	in %
Einzelinhaber	33.106	94,9358	67.978	76,1624
Mehrere Inhaber	681	1,9529	2.224	2,4918
Nicht eingetragene Genossenschaften	11	0,0315	19	0,0213
Eingetragene Vereine	14	0,0401	118	0,1322
Eingetragene Genossenschaften	610	1,7493	13.310	14,9125
Offene Handelsgesellschaften	330	0,9463	3.235	3,6245
Kommanditgesellschaften	7	0,0201	30	0,0336
Aktiengesellschaften	10	0,0287	89	0,0997
Kommanditgesellschaften auf Aktien	0	0,0000	0	0,0000
Gesellschaften mit beschränkter Haftung	97	0,2782	2.055	2,3024
Andere wirtschaftliche Vereinigungen	2	0,0057	11	0,0123
Körperschaften öffentlichen Rechts	4	0,0115	185	0,2073
Summe	34.872	100,0000	89.254	100,0000

(1) Ohne Hausgewerbe.

Quelle: Wie Tabelle 11a.

Tabelle 11c

Ausgewählte Ergebnisse der Volks- Gewerbe- und Berufszählung vom 16. Juni 1925

Verteilung nach der Rechtsform der Wirtschaftseinheiten (Unternehmungen) für alle Betriebsgrößenklassen im Einzelhandel insgesamt (ohne Buch- und Tabakhandel)

	Unternehmungen		Beschäftigte	
Rechtsform	absolut	in %	absolut	in %
Einzelinhaber	548.707	95,1439	1.095.036	76,2594
Mehrere Inhaber	12.524	2,1716	53.669	3,7376
Nicht eingetragene Genossenschaften	60	0,0104	916	0,0638
Eingetragene Vereine	174	0,0302	784	0,0546
Eingetragene Genossenschaften	1.923	0,3334	41.744	2,9071
Offene Handelsgesellschaften	9.102	1,5783	128.840	8,9726
Kommanditgesellschaften	631	0,1094	12.225	0,8514
Aktiengesellschaften	231	0,0401	40.426	2,8153
Kommanditgesellschaften auf Aktien	5	0,0009	1.307	0,0910
Gesellschaften mit beschränkter Haftung	3.266	0,5663	60.074	4,1836
Andere wirtschaftliche Vereinigungen	14	0,0024	345	0,0240
Körperschaften öffentlichen Rechts	76	0,0132	569	0,0396
Summe	576.713	100,0000	1.435.935	100,0000

(1) Ohne Hausgewerbe.

Quelle: Wie Tabelle 11a.

Tabelle 12

Ausgewählte Ergebnisse der Volks- Gewerbe- und Berufszählung vom 16. Juni 1933

Die Anzahl der gewerblichen Niederlassungen (1) und der beschäftigten Personen im Einzelhandel mit Lebens- und Genußmitteln und im Einzelhandel mit Waren aller Art nach Betriebsgrößenklassen im Deutschen Reich (ohne Saargebiet)

Gewerbliche Niederlassungen mit … Personen (2)	Einzelhandel m. Lebens- und Genußmitteln		Einzelhandel mit Waren aller Art		darunter Konsumgenossenschaften (KG)		Anteil der KG an Spalte 4 (%)
	absolut	in %	absolut	in %	absolut	in %	
Spalte 1	Spalte 2	Spalte 3	Spalte 4	Spalte 5	Spalte 6	Spalte 7	Spalte 8
Gewerbliche Niederlassungen insgesamt	432.031	100,0000	56.714	100,0000	9.633	100,0000	16,9852
Gesamtzahl der darin beschäftigten Personen	780.765	100,0000	255.347	100,0000	32.794	100,0000	12,8429
1 Person	212.994	49,3006	18.926	33,3709	2.179	22,6202	11,5133
(= beschäftigte Personen)	212.994	27,2802	18.926	7,4119	2.179	6,6445	11,5133
2 und 3 Personen	193.217	44,7229	30.253	53,3431	5.486	56,9501	18,1337
Beschäftigte Personen	427.471	54,7503	68.205	26,7107	12.825	39,1078	18,8036
4 und 5 Personen	19.831	4,5902	4.288	7,5607	1.220	12,6648	28,4515
beschäftigte Personen	84.896	10,8734	18.485	7,2392	5.246	15,9968	28,3798

Fortsetzung der Tabelle 12

Gewerbliche Niederlassungen mit … Personen (2)	Einzelhandel m. Lebens- und Genußmitteln absolut	in %	Einzelhandel mit Waren aller Art absolut	in %	darunter Konsumgenossenschaften (KG) absolut	in %	Anteil der KG an Spalte 4 (%)
Spalte 1	Spalte 2	Spalte 3	Spalte 4	Spalte 5	Spalte 6	Spalte 7	Spalte 8
6 bis 10 Personen	4.954	1,1467	1.688	2,9763	491	5,0971	29,0877
Beschäftigte Personen	34.770	4,4533	12.154	4,7598	3.548	10,8191	29,1920
11 bis 20 Personen	820	0,1898	531	0,9363	130	1,3495	24,4821
Beschäftigte Personen	11.085	1,4198	7.531	2,9493	1.811	5,5224	24,0473
21 bis 50 Personen	172	0,0398	461	0,8129	83	0,8616	18,0043
Beschäftigte Personen	5.188	0,6645	15.273	5,9813	2.539	7,7423	16,6241
51 bis 100 Personen	27	0,0062	299	0,5272	29	0,3010	9,6990
Beschäftigte Personen	1.875	0,2401	20.619	8,0749	2.033	6,1993	9,8598
101 bis 200 Personen	13	0,0030	115	0,2028	12	0,1246	10,4348
Beschäftigte Personen	1.764	0,2259	16.125	6,3149	1.676	5,1107	10,3938
201 bis 1.000 Personen	3	0,0007	140	0,2469	3	0,0311	2,1429
Beschäftigte Personen	722	0,0925	56.408	22,0907	937	2,8572	1,6611
1.001 bis 5.000 Personen (3)	0	0,0000	13	0,0229	0	0,0000	0,0000
Beschäftigte Personen	0	0,0000	21.621	8,4673	0	0,0000	0,0000

Fortsetzung der Tabelle 12

(1) Im Gegensatz zur Zählung von 1925 enthält die Erhebung des Jahres 1933 für alle Gewerbezweige "lediglich Angaben über die örtlichen Betriebseinheiten; die Wirtschaftseinheiten sind gar nicht und die technischen Einheiten nur für bestimmte wichtigere Gewerbezweige ausgezählt worden. Vergleiche der gewerblichen Betriebszählungen 1933 und 1925 müssen daher auf örtliche Einheiten abgestellt werden." Stat. d. DR, Bd. 462, H. 1, S. 11. Generell zum Vergleich der Erhebungen von 1925 und 1933, ebenda, S. 10-12.

(2) Beim Vergleich der Betriebsgrößenklassen der Zählungen von 1925 und 1933 sind - bedingt durch deren Neuordnung in der Zählung von 1933 - folgende Größenklassen in Beziehung zu setzen (Stat. d. DR, Bd. 462, H. 1, S. 12):

Betriebsgrößenklassen 1933	Entsprechende Größenklassen 1925
1 + 2 und 3	Alleinbetriebe + Nullbetriebe (*) + 1 bis 3
4 und 5	4 und 5
6 bis 10	6 bis 10
11 bis 20 + 21 bis 50	11 bis 50
51 bis 100 + 101 bis 200	51 bis 200
201 bis 1.000	201 bis 500 + 501 bis 1.000
1.001 bis 5.000	1.001 bis 2.000 + 2.001 bis 5.000
mehr als 5.000	mehr als 5.000

(*) Zur Behandlung der Nullbetriebe vgl. Stat. d. DR, Bd. 462, H. 1, S. 11.

(3) Gewerbliche Niederlassungen mit mehr als 5.000 beschäftigten Personen sind 1933 keine ermittelt worden.

Quelle: Zusammenstellung aus Stat. d. DR, Bd. 462, H. 1, S. 10-12; H. 2, S. 94-97 (S. 58ff, Tabelle 3, "Die in Betrieb befindlichen gewerblichen Niederlassungen nach Größenklassen"). Ergänzt um die Berechnung der Prozentzahlen, gerundet auf 4 Dezimalstellen.

Tabelle 13a

Vergleichende Übersicht der Ergebnisse der gewerblichen Betriebszählungen 1925 und 1933 für ausgewählte Bereiche des Einzelhandels

Gewerbliche Niederlassungen mit … Personen	Einzelhandel mit Waren aller Art			darunter Waren- und Kaufhäuser, Konsumgenossenschaften, Einheitspreisgeschäfte und Gemischtwarengeschäfte		
	1925	1933	Veränderung in %	1925	1933	Veränderung in %
Gesamtzahl der gewerblichen Niederlassungen	48.583	56.714	16,74	38.724	51.892	34,00
Gesamtzahl der darin beschäftigten Personen	170.495	255.347	49,77	155.684	248.806	59,81
1 bis 5 Personen	46.438	53.467	15,14	36.691	48.653	32,60
Beschäftigte Personen	84.316	105.616	25,26	70.750	99.127	40,11
6 bis 10 Personen	1.328	1.688	27,11	1.250	1.680	34,40
Beschäftigte Personen	9.490	12.154	28,07	8.911	12.102	35,81
11 bis 50 Personen	567	992	74,96	534	992	85,77
Beschäftigte Personen	11.602	22.804	96,55	10.999	22.804	107,33
51 bis 200 Personen	148	414	179,73	147	414	181,63
Beschäftigte Personen	15.020	36.744	144,63	14.957	36.744	145,66

Fortsetzung der Tabelle 13a

Gewerbliche Niederlassungen mit … Personen	Einzelhandel mit Waren aller Art			darunter Waren- und Kaufhäuser, Konsumgenossenschaften, Einheitspreisgeschäfte und Gemischtwarengeschäfte		
	1925	1933	Veränderung in %	1925	1933	Veränderung in %
mehr als 200 Personen	102	153	50,00	102	153	50,00
Beschäftigte Personen	50.067	78.029	55,85	50.067	78.029	55,85

Quelle: Zusammenstellung aus Stat. d. DR, Bd. 462, H. 2, S. 38f. Ergänzt um die Berechnung der prozentualen Veränderungen, gerundet auf 2 Dezimalstellen.

Tabelle 13b

Vergleichende Übersicht der Ergebnisse der gewerblichen Betriebszählungen 1925 und 1933 für ausgewählte Bereiche des Einzelhandels

Gewerbliche Niederlassungen mit ... Personen	Einzelhandel mit Lebens- und Genußmitteln			darunter Einzelhandel mit Lebensmitteln und Kolonialwaren (auch Obst und Gemüse)		
	1925	1933	Veränderung in %	1925	1933	Veränderung in %
Gesamtzahl der gewerblichen Niederlassungen	383.213	432.031	12,74	258.056	286.197	10,90
Gesamtzahl der darin beschäftigten Personen	676.859	780.765	15,35	469.937	534.645	13,77
1 bis 5 Personen	376.993	426.042	13,01	253.656	281.769	11,08
Beschäftigte Personen	618.984	725.361	17,19	428.366	492.150	14,89
6 bis 10 Personen	5.018	4.954	- 1,28	3.554	3.595	1,15
Beschäftigte Personen	35.570	34.770	- 2,25	25.160	25.303	0,57
11 bis 50 Personen	1.173	992	- 15,43	819	794	- 3,05
Beschäftigte Personen	19.243	16.273	- 15,43	13.501	13.178	- 2,39
51 bis 200 Personen	27	40	48,15	25	36	44,00
Beschäftigte Personen	2.107	3.639	72,71	1.955	3.292	68,39

Fortsetzung der Tabelle 13b

Gewerbliche Niederlassungen mit ... Personen	Einzelhandel mit Lebens- und Genußmitteln			darunter Einzelhandel mit Lebensmitteln und Kolonialwaren (auch Obst und Gemüse)		
	1925	1933	Veränderung in %	1925	1933	Veränderung in %
mehr als 200 Personen	2	3	50,00	2	3	50,00
Beschäftigte Personen	955	722	- 24,40	955	722	- 24,40

Quelle: Wie Tabelle 13a.

Tabelle 14

Umsätze (1) im deutschen Einzelhandel von 1924 bis 1931

Teil I (Mio. RM)	*1924*	*1925*	*1926*	*1927*	*1928*	*1929*	*1930*	*1931*
Fachhandel mit								
- Nahrungsmitteln	6.558	7.961	8.579	9.389	9.858	10.025	9.184	7.795
darunter								
- Kolonialw.u. Feinkost	4.049	4.938	5.333	5.866	6.159	6.283	5.717	4.860
- Obst u. Gemüse	1.328	1.620	1.750	1.925	2.021	2.061	1.876	1.594
- Fisch, Wild u. Geflügel	197	240	259	285	299	302	281	228
- Butter, Eier u. Käse	409	462	494	514	540	540	513	436
- Milch u. Molkereiprodukte	575	701	773	799	839	839	797	677
Fachhandel mit								
- Genußmitteln	1.954	2.170	2.166	2.285	2.340	2.337	2.182	1.794
- Bekleidung	6.554	7.616	7.042	7.683	8.041	7.741	6.795	5.699
- Hausrat u. Wohnbedarf	1.879	2.429	2.244	2.848	3.187	3.234	2.756	2.342
- Kultur- u. Luxusbedarf	2.206	2.630	2.402	2.723	2.949	2.868	2.549	2.044
- Apothekerwaren, Drogen Seifen u. Sanitärartikel	815	1.057	1.100	1.168	1.236	1.259	1.179	1.033
- Kohlen	995	1.000	1.180	1.300	1.600	1.700	1.200	1.300
Fachhandel insgesamt	20.961	24.863	24.713	27.396	29.211	29.164	25.845	22.007

Fortsetzung der Tabelle 14, Teil I

	1924	*1925*	*1926*	*1927*	*1928*	*1929*	*1930*	*1931*
Warenhäuser (2)	988	1.127	1.157	1.290	1.440	1.430	1.340	1.150
Gemischtwaren-Einheitspreisgeschäfte	-	-	10	50	160	250	300	320
Gemischtwarengeschäfte	1.109	1.398	1.514	1.665	1.765	1.800	1.710	1.470
Gemischtwarenhandel (3)	2.097	2.525	2.681	3.005	3.365	3.480	3.350	2.940
Markt-, Straßen-, Hausier- u. Trödelhandel	1.882	2.071	2.153	2.261	2.373	2.488	2.357	2.115
Konsumvereine u. Werkskonsumanstalten (2)	526	789	940	1.120	1.312	1.463	1.533	1.424
Einzelhandel insgesamt	25.466	30.248	30.487	33.782	36.261	36.595	33.085	28.486

Fortsetzung der Tabelle 14

Teil II (% des Gesamtumsatzes)	*1925*	*1928*	*1929*	*1930*	*1931*
Fachhandel mit					
- Nahrungsmitteln	26,3	27,2	27,4	27,8	27,4
darunter					
- Kolonialw.u. Feinkost	16,3	17,0	17,2	17,3	17,1
- Obst u. Gemüse	5,4	5,6	5,6	5,7	5,6
- Fisch, Wild u. Geflügel	0,8	0,8	0,8	0,8	0,8
- Butter, Eier u. Käse	1,5	1,5	1,5	1,6	1,5
- Milch u. Molkereiprodukte	2,3	2,3	2,3	2,4	2,4
Fachhandel mit					
- Genußmitteln	7,2	6,5	6,4	6,6	6,3
- Bekleidung	25,2	22,2	21,2	20,5	20,0
- Hausrat u. Wohnbedarf	8,0	8,8	8,8	8,3	8,2
- Kultur- u. Luxusbedarf	8,7	8,1	7,9	7,7	7,2
- Apothekerwaren, Drogen Seifen u. Sanitärartikel	3,5	3,4	3,4	3,6	3,6
- Kohlen	3,3	4,4	4,6	3,6	4,6
Fachhandel insgesamt	82,2	80,6	79,7	78,1	77,3
Warenhäuser (2)	3,8	4,0	3,9	4,1	4,0
Gemischtwaren-Einheitspreisgeschäfte	-	0,4	0,7	0,9	1,1
Gemischtwarengeschäfte	4,6	4,9	4,9	5,2	5,2
Gemischtwarenhandel (3)	8,4	9,3	9,5	10,2	10,3
Markt-, Straßen-, Hausier- u. Trödelhandel	6,8	6,5	6,8	7,1	7,4
Konsumvereine u. Werkskonsumanstalten (2)	2,6	3,6	4,0	4,6	5,0
Einzelhandel insgesamt	100,0	100,0	100,0	100,0	100,0

(1) Neugründungen (Saldo) bei den einzelnen Branchen berücksichtigt.

(2) Nur Einzelhandelsumsätze (ohne Umsätze in den Produktionsbetrieben und ohne Großhandelsumsätze).

(3) Zur näheren Aufschlüsselung siehe Benning/Nieschlag, Umsatz, Lagerhaltung und Kosten, S. 63ff.

\- Keine Angabe.

Quelle: Benning/Nieschlag, Umsatz, Lagerhaltung und Kosten, S. 10 (gekürzte Übernahme).

Tabelle 15

Umsatzveränderungen im Einzelhandel (in % des Vorjahres) auf Grundlage der in Tabelle 14 zusammengestellten Angaben

	1925	1926	1927	1928	1929	1930	1931
Fachhandel mit							
- Nahrungsmitteln	+ 21	+ 8	+ 9	+ 5	+ 2	- 8	- 15
- Genußmitteln	+ 11	0	+ 5	+ 2	0	- 7	- 18
- Bekleidung	+ 16	- 8	+ 9	+ 5	- 4	- 12	- 16
- Hausrat u. Wohnbedarf	+ 29	- 8	+ 27	+ 12	+ 1	- 15	- 15
- Kultur- u. Luxusbedarf	+ 19	- 9	+ 13	+ 8	- 3	- 11	- 20
- Apothekerwaren, Drogen, Seifen u. Sanitärartikeln	+ 30	+ 4	+ 6	+ 6	+ 2	- 6	- 12
- Kohlen	+ 1	+ 18	+ 10	+ 23	+ 6	- 29	+ 8
Fachhandel	+ 19	- 1	+ 11	+ 7	0	- 11	- 15
Warenhäuser	+ 14	+ 3	+ 11	+ 12	- 1	6	- 14
Gemischtwarengeschäfte	+ 26	+ 8	+ 10	+ 6	+ 2	- 5	- 14
Gemischtwarenhandel	+ 20	+ 6	+ 12	+ 12	+ 3	- 4	- 12
Markt-, Straßen-, Hausier u. Trödelhandel	+ 10	+ 4	+ 5	+ 5	+ 5	- 5	- 10
Konsumvereine u. Werkskonsumanstalten	+ 50	+ 19	+ 19	+ 17	+ 12	+ 5	- 7
Einzelhandel insgesamt	+ 19	+ 1	+ 11	+ 7	+ 1	- 11	- 14

Quelle: Benning/Nieschlag, Umsatz, Lagerhaltung und Kosten, S. 13.

Tabelle 16a

Ausgewählte Umsätze im Lebensmitteleinzelhandel von 1924 bis 1933 für Kalenderjahre

Teil I (Mio. RM) (1)	*1924*	*1925*	*1926*	*1927*	*1928*	*1929*	*1930*	*1931*	*1932*	*1933*
Fachhandel mit Nahrungsmitteln	6.558	7.961	8.579	9.389	9.858	10.025	9.184	7.795	-	-
Fachhandel mit Genußmitteln	1.954	2.170	2.166	2.285	2.340	2.337	2.182	1.794	-	-
Fachhandel mit Nahrungs- u. Genußmitteln	8.512	10.131	10.745	11.674	12.198	12.362	11.366	9.589	-	-
Konsumvereine u. Werkskonsumanstalten (2)	526	789	940	1.120	1.312	1.463	1.533	1.424	-	-
Ezh. mit Nahrungs- u. Genußmitteln (3)	9.038	10.920	11.685	12.794	13.510	13.825	12.899	11.013	-	-

Teil II (Mio. RM) (1)	*1924*	*1925*	*1926*	*1927*	*1928*	*1929*	*1930*	*1931*	*1932*	*1933*
Fachhandel mit Nahrungs- u. Genußmitteln	8.512	10.131	10.745	11.674	12.198	12.362	11.366	9.589	-	-
KG des ZdK u. d. RV (4)	-	-	-	1.152	1.308	1.444	1.413	1.228	920	704
Ezh. mit Nahrungs- u. Genußmitteln (3)	-	-	-	12.826	13.506	13.806	12.779	10.817	-	-

Fortsetzung der Tabelle 16a

Teil III (Mrd. RM)	*1924*	*1925*	*1926*	*1927*	*1928*	*1929*	*1930*	*1931*	*1932*	*1933*
Ezh. mit Nahrungs- u. Genußmitteln (5)	-	12,3	13,1	14,3	15,2	15,5	14,6	12,5	10,5	10,0
davon KG des ZdK u. d. RV (4)	-	-	-	1,2	1,3	1,4	1,4	1,2	0,9	0,7

(1) Zusammengestellt aus den Tabellen 14 und 16c.

(2) Einschließlich der Umsätze im Geschäft mit Nicht-Lebensmitteln, jedoch nur Einzelhandelsumsätze (ohne Umsätze in den Produktionsbetrieben und ohne Großhandelsumsätze).

(3) Rein rechnerische Größe, da ohne Gemischtwarenhandel sowie ohne Markt- und Straßenhandel, deren Umsätze im reinen Lebensmittelgeschäft nicht zu ermitteln waren. Der Umsatz mit Nahrungs- und Genußmitteln lag demzufolge höher als hier ausgewiesen. Siehe a. Anmerkung 3 der Tabelle 14.

(4) Kalenderjahresumsätze der Tabelle 16c.

(5) Angaben für 1925 und 1933 nach Nieschlag, Weg des deutschen Binnenhandels, S. 812. Angaben für 1926 bis 1932 nach Vjh. z. Konjunkturforschung, 1932, Teil B, Heft 4, S. 258.

\- Keine Angabe.

Quelle: Teil I und II: Zusammenstellung aus den Tabellen 14 und 16 c. Teil III: Zusammenstellung aus Vjh. z. Konjunkturforschung, 1932, Teil B, Heft 4, S. 258; Tabelle 16c; Nieschlag, Weg des deutschen Binnenhandels, S. 812.

Tabelle 16b

Anteile des Umsatzes (in %) des gewerblichen Einzelhandels mit Nahrungs- und Genußmitteln und der Konsumgenossenschaften am Umsatz des gesamten Einzelhandels mit Nahrungs- und Genußmitteln von 1924 bis 1933 für Kalenderjahre

Teil I	*1924*	*1925*	*1926*	*1927*	*1928*	*1929*	*1930*	*1931*	*1932*	*1933*
Fachhandel mit Nahrungs- u. Genußmitteln	94,18	92,77	91,96	91,25	90,29	89,42	88,12	87,07	-	-
Konsumvereine u. Werks-konsumanstalten (1)	5,82	7,23	8,04	8,75	9,71	10,58	11,88	12,93	-	-
Einzelhandel mit Nahrungs- u. Genußmitteln (2)	100,00	100,00	100,00	100,00	100,00	100,00	100,00	100,00	-	-

Teil II	*1924*	*1925*	*1926*	*1927*	*1928*	*1929*	*1930*	*1931*	*1932*	*1933*
Fachhandel mit Nahrungs- u. Genußmitteln	-	-	-	91,02	90,32	89,54	88,94	88,65	-	-
KG des ZdK u. d. RV (3)	-	-	-	8,98	9,68	10,46	11,06	11,35	-	-
Einzelhandel mit Nahrungs- u. Genußmitteln (2)	-	-	-	100,00	100,00	100,00	100,00	100,00	-	-

Fortsetzung der Tabelle 16b

Teil III	*1924*	*1925*	*1926*	*1927*	*1928*	*1929*	*1930*	*1931*	*1932*	*1933*
Einzelhandel mit Nahrungs- u. Genußmitteln (4)	-	-	-	100,00	100,00	100,00	100,00	100,00	100,00	100,00
davon KG des ZdK u. d. RV (3)	-	-	-	8,39	8,55	9,03	9,59	9,60	8,57	7,00

(1) Einschließlich der Umsätze im Geschäft mit Nicht-Lebensmitteln, jedoch nur Einzelhandelsumsätze (ohne Umsätze in den Produktionsbetrieben und ohne Großhandelsumsätze).
(2) Wie Anmerkung 3 der Tabelle 16a.
(3) Nach den Kalenderjahresumsätzen der Tabelle 16c.
(4) Nach den Umsätzen aus Teil III der Tabelle 16a.
\- Keine Angabe.

Quelle: Eigene Berechnung nach Tabelle 16a und Tabelle 16c, gerundet auf 2 Dezimalstellen.

Tabelle 16c

Mitglieder und Umsätze der Konsumgenossenschaften des ZdK und des RV für Kalenderjahre von 1924 bis 1933

Jahr (1)	Verband	KG, angeschlossene (2)	KG, berichtende	Mitgliederzahl (2)	Umsatz in RM (3)	Umsatzveränderung zum Vorjahr in %
1924	ZdK	1.163	1.036	3.344.218	548.741.184	
1925	ZdK	1.110	1.033	3.364.984	702.485.213	
1926	ZdK	1.190	1.048	3.205.984	811.432.753	
1927	ZdK	1.086	1.026	2.932.175	982.159.847	
	RV	275	-	784.966	169.849.298	
	Summe	1.361		3.717.141	1.152.009.145	
1928	ZdK	1.024	996	2.896.756	1.124.490.160	
	RV	276	-	786.758	183.598.650	
	Summe	1.300		3.683.514	1.308.088.810	13,55
1929	ZdK	988	984	2.992.278	1.242.306.763	
	RV	273	-	764.960	201.832.096	
	Summe	1.261		3.757.238	1.444.138.859	10,40
1930	ZdK	975	958	3.050.431	1.212.017.445	
	RV	277	-	792.551	200.953.996	
	Summe	1.252		3.842.982	1.412.971.441	- 2,16

Fortsetzung der Tabelle 16c

Jahr (1)	Verband	KG, angeschlossene (2)	KG, berichtende	Mitgliederzahl (2)	Umsatz in RM (3)	Umsatzveränderung zum Vorjahr in %
1931	ZdK	968	952	3.020.730	1.047.481.773	
	RV	263	-	786.709	180.384.179	
	Summe	1.231		3.807.439	1.227.865.952	- 13,10
1932	ZdK	949	913	2.807.963	780.936.184	
	RV	259	-	-	139.466.114	
	Summe	1.208			920.402.298	- 25,04
1933	Summe (5)	-	-	-	704.000.000	- 23.51

(1) Kalenderjahre.

(2) Die Zahlen für die dem RV angeschlossenen KG sind für 1927 und 1928 dem Jb. RV, 1928, S. 44f entnommen; für 1929 und 1930 dem Jb. RV, 1930, S. 50f; für 1931 dem Jahresbericht RV für 1931, S. 2. Diese sind identisch (bis auf das Jahr 1927) mit denen der Verbandsstatistik (vgl. Tabelle 5), wurden jedoch nach den hier genannten Quellen jeweils zum Kalenderjahresende festgestellt.

(3) Die Zahlen dieser Spalte für den RV sind für 1927 und 1928 dem Jb. RV, 1928, S. 47 entnommen; für 1929 und 1930 dem Jb. RV, 1930, S. 52; für 1931 und 1932 der KgR, 1933, S. 105.

(4) Nach Rundschau Nr. 32 v. 11. August 1934, S. 465.

(5) Summe von ZdK und RV. Eine Aufschlüsselung nach ZdK und RV war nicht zu ermitteln.

\- Keine Angabe.

Quelle: Zusammenstellung aus den vorstehend nachgewiesenen Quellen und KgR, 1931, S. 182; KgR, 1933, S. 147. Ergänzt um die Berechnung der Prozentzahlen, gerundet auf 2 Dezimalstellen.

Tabelle 17a

Die Entwicklung der konsumgenossenschaftlichen Spareinlagen nach Kalendervierteljahren von 1930 bis 1936

Jahr/ Quartals- ende	erfaßte KG	Summe der Spar- einlagen z. Ende d. Quartals (in Mio. RM)	Verände- rung (in Mio. RM	Verände rung in %
1930 (1)				
I.	-	423		
II.	-	437	14	3,31
III.	-	450	13	2,97
IV.	-	440	- 10	- 2,22
1931 (1)				
I.	-	447	7	1,59
II.	-	441	- 6	- 1,34
III.	-	392	- 49	- 11,11
IV.	-	346	- 46	- 11,73
1932 (1)				
I.	-	326	- 20	- 5,78
II.	-	301	- 25	- 7,67
III.	-	278	- 23	- 7,64
IV.	-	262	- 16	- 5,76
1933 (1)				
I.	-	234	- 28	- 10,69
II.	-	213	- 21	- 8,97
III.	-	197	- 16	- 7,51
IV.	-	194	- 3	- 1,52
1934 (1)				
I.	-	189	- 5	- 2,58
II.	-	181	- 8	- 4,23
III.	-	176	- 5	- 2,76
IV. (2)	-	169		
1935				
I.	-	-		
II.	-	-		
III. (3)	618	158		
IV. (3)	618	150	- 8	- 5,06

Fortsetzung der Tabelle 17a

Jahr/ Quartals-ende	erfaßte KG	Summe der Spar-einlagen z. Ende d. Quartals (in Mio. RM)	Verände-rung (in Mio. RM	Verände rung in %
1936				
I. (4)	612	145	- 5	- 3,33
II. (5)	595	139	- 6	- 4,14
III. (5)	595	130	- 9	- 6,47
IV. (6)	591	123	- 7	- 5,38

Die vom Reichsbund dem RWM am 8. Februar 1935 übermittelten Unterlagen, vgl. (1), weisen die Spareinlagen der beiden ehemaligen Spitzenverbände (ZdK und RV) aus. Zur Entwicklung der Spareinlagen nach Kalendervierteljahren im ZdK von 1930 bis 1933 vgl. Jb. ZdK, 1933, Bd. 1, S. 20.

(1) Nach Schreiben des Reichsbundes der deutschen Verbrauchergenossenschaften an den RWM vom 8. Februar 1935, BAP, 31.01 Nr. 10524, fol. 100. Anlagen ebenda, fol.133-139, 237-243, hier fol. 241. Die Angaben für 1934 nur für die Quartale I bis III.

(2) Nach "Bericht über die Spareinlagenbewegung bei 620 Verbrauchergenossenschaften in der Zeit vom 1. Januar 1935 bis 30. September 1935", BAP, 31.01 Nr. 10527, fol. 166ff. Die Angaben für die 620 erfaßten KG zum 1. Januar 1935. Der Bericht wurde vom Revisionsverband am 13. November 1935 erstellt.

(3) Nach "Bericht über die Spareinlagenbewegung der Verbrauchergenossenschaften im 4. Vierteljahr 1935 (1. Oktober bis 31. Dezember 1935)", BAP, 31.01 Nr. 10529, fol. 196ff, hier fol. 213. Der Bericht wurde vom Revisionsverband am 12. August 1936 erstellt. Die Angabe für das III. Quartal 1935 zum 1. Oktober 1935.

(4) Nach dem entsprechenden Bericht, vgl. (3), des Revisionsverbandes vom 17. August 1936 für das 1. Vierteljahr 1936, BAP, 31.01 Nr. 10529, fol. 215ff, hier fol. 224.

(5) Nach dem entsprechenden Bericht, vgl. (3), des Revisionsverbandes vom 10. Februar 1937 für das 3. Vierteljahr 1936, BAP, 31.01 Nr. 10530, fol. 199ff, hier fol. 210. Die Angabe für das II. Quartal 1936 zum 1. Juli 1936.

(6) Nach dem entsprechenden Bericht, vgl. (3), des Revisionsverbandes vom 19. Mai 1937 für das 4. Vierteljahr 1936, BAP, 31.01 Nr. 10530, fol. 379ff, hier fol. 392.

\- Keine Angabe.

Quelle: Zusammenstellung aus den vorstehend genannten Quellen. Ergänzt um die Berechnung der absoluten und prozentualen Veränderungen, letztere gerundet auf 2 Dezimalstellen.

Tabelle 17b

Ausgewählte Daten zur Entwicklung der Konsumgenossenschaften zwischen 1933 und 1936

Jahr (1)	KG (7)	KG (8)	Mitglieder z. Ende d. Kalenderjahres	Verteilstellen	Umsatz in 1.000 RM	Spareinlagen d. Mitglieder in 1.000 RM	Geschäftseinlagen d. Mitglieder in 1.000 RM
1933							
(2)	1.148	1.067	3.344.400	12.688	823.018	230.474	69.589
(3)	1.148	-	3.503.512	-	721.639	-	-
(4)	1.048 (6)	1.094	3.374.000	12.436	721.639	194.800	-
1934							
(2)	1.134	1.078	3.211.800	12.474	661.604	170.467	61.107
(3)	1.134	-	3.281.400	-	660.089	-	-
(4)	1.134	1.078	3.212.000	12.474	660.100	170.500	-
1935							
(2)	1.169	1.106	3.121.839	11.824	659.634	87.759	44.163
(3)	1.187	-	3.121.839	-	659.634	-	-
(4)	1.187	1.106	3.122.000	11.824	659.600	-	-
(5)	1.114	1.033	2.130.435	9.110	502.177	87.759	44.163
1936							
(2)	1.234	1.095	2.094.465	8.833	510.489	75.982	43.934

Fortsetzung der Tabelle 17b

Jahr (1)	KG (7)	KG (8)	Mitglieder z. Ende d. Kalenderjahres	Verteilstellen	Umsatz in 1.000 RM	Spareinlagen d. Mitglieder in 1.000 RM	Geschäftseinlagen d. Mitglieder in 1.000 RM
1936							
(3)	1.017	-	2.008.168	-	525.344	-	-
(5)	1.162	1.095	2.094.465	8.833	510.489	76.097	44.175

(1) Kalenderjahre.

(2) Nach Stat. Jb. f. d. DR, 1937, S. 431, Tabelle 4 "Verbrauchergenossenschaften" (Reichsbund der Deutschen Verbrauchergenossenschaften e.V.). Die Bilanzzahlen (Umsatz, Spareinlagen und Geschäftsanteile) für 1935 hiernach nur für 1.033 Genossenschaften, "da die Mehrzahl der auf Grund des Gesetzes vom 21. Mai 1935 liquidierenden Genossenschaften zur Bilanzstatistik nicht mehr berichtet hat." Die jeweiligen Differenzen für 1935 zu den Angaben des Stat. Jb. f. d. DR, 1939/40, S. 472, ließen sich nicht klären. Die Zahl von 1.234 Genossenschaften für 1936 einschließlich 71 liquidierender Genossenschaften.

(3) Nach Jb. ZdK, 1947, S. 75 für den Revisionsverband der deutschen Verbrauchergenossenschaften.

(4) Nach Zirwas, Verbrauchergenossenschaften, S. 161ff, für den Revisionsverband der deutschen Verbrauchergenossenschaften.

(5) Nach Stat. Jb. f. d. DR, 1939/40, S. 472, Tabelle 4 "Verbrauchergenossenschaften" (Reichsbund der deutschen Verbrauchergenossenschaften). Die für 1936 ausgewiesene Zahl von 1.162 Konsumgenossenschaften ohne die 72 liquidierenden Konsumvereine. Trotzdem sind hiernach die Angaben über Mitglieder, Verteilstellen und Umsätze mit den Zahlen aus dem Stat. Jb. f. d. DR, 1937, S. 431 identisch, während die Angaben über Spareinlagen und Geschäftsanteile differieren. Der Grund dieser Abweichungen war nicht zu ermitteln.

(6) Richtig vermutlich 1.148.

(7) Angeschlossene KG.

(8) Berichtende KG.

\- Keine Angabe.

Quelle: Zusammenstellung aus den vorstehend genannten Quellen.

7.3 Abkürzungsverzeichnis

ADGB	Allgemeiner Deutscher Gewerkschaftsbund
AdP	Akten der Parteikanzlei der NSDAP
AdR	Akten der Reichskanzlei
AdR Reg. Hitler	Akten der Reichskanzlei. Regierung Hitler
AdR WR	Akten der Reichskanzlei. Weimarer Republik
AfA-Bund	Allgemeiner freier Angestelltenbund
AfS	Archiv für Sozialgeschichte
AG IHK	Arbeitsgemeinschaft der IHK
Ano.	Anordnung
AOG	Gesetz zur Ordnung der nationalen Arbeit
apuz	aus politik und zeitgeschichte
BA/MA	Bundesarchiv/Militärarchiv Freiburg
BAK	Bundesarchiv Koblenz
BAP	Bundesarchiv - Abteilungen Potsdam
BBZ	Berliner-Börsen-Zeitung
Bearb.	Bearbeiter
bes.	besonders
DAF	Deutsche Arbeitsfront
DDV	Die Deutsche Volkswirtschaft
Deugro	Deutsche Großeinkaufs-Gesellschaft mbH
DIHT	Deutscher Industrie- und Handelstag
DMV	Deutscher Metallarbeiter-Verband
DVO	Durchführungsverordnung
DVW	Der Deutsche Volkswirt
DWZ	Deutsche Wirschaftszeitung
DZK	Deutsche Zentralgenossenschaftskasse
FZ	Frankfurter Zeitung
GEG	Großeinkaufsgesellschaft deutscher Konsumvereine (der Hamburger Richtung)

Gepag	Großeinkaufs- und Produktions-Aktiengesellschaft (der Kölner Richtung)
Gestapa	Geheimes Staatspolizeiamt
Gestapo	Geheime Staatspolizei
GewMh	Gewerkschaftliche Monatshefte
GG	Geschichte und Gesellschaft. Zeitschrift für Historische Sozialwissenschaft
GW	Gemeinschaftswerk (der DAF)
GWU	Geschichte in Wissenschaft und Unterricht
Hg.	Herausgeber
HK HB	Handelskammer Bremen
hrsg.	herausgegeben
HSTA Hann.	Hauptstaatsarchiv Hannover
HZ	Historische Zeitschrift
IgR	Internationale genossenschaftliche Rundschau
IHK	Industrie- und Handelskammer(n)
IMT	Internationales Militärtribunal (= Der Prozeß gegen die Hauptkriegsverbrecher vor dem Internationalen Militärgerichtshof Nürnberg)
IWK	Internationale wissenschaftliche Korrespondenz zur Geschichte der deutschen Arbeiterbewegung
Jb. RV	Jahrbuch des Reichsverbands deutscher Konsumvereine
Jb. ZdK	Jahrbuch des Zentralverbands deutscher Konsumvereine
KA GÖ	Kreisarchiv Göttingen
KA HM	Kreisarchiv Hameln-Pyrmont
KG	Konsumgenossenschaften
KgP	Konsumgenossenschaftliche Praxis
KgR	Konsumgenossenschaftliche Rundschau
Kl. Erw.	Kleine Erwerbungen (des BAK)
KZfSS	Kölner Zeitschrift für Soziologie und Sozialpsychologie
Legala	Lebensmittel-Gesellschaft mbH in Lage
MBliV	Ministerial-Blatt für die Preußische innere Verwaltung

MdI	Ministerium des Innern
MEW	Marx-Engels-Werke
MgM	Militärgeschichtliche Mitteilungen
MiBlWia	Ministerial-Blatt für Wirtschaft und Arbeit
MinDir.	Ministerialdirektor
MinR	Ministerialrat
Mio.	Millionen
ms.	maschinenschriftlich/es
Mskr.	Manuskript
MWT	Mitteleuropäischer Wirtschaftstag
NG/FH	Die neue Gesellschaft/Frankfurter Hefte
NotVO	Notverordnung
NpL	Neue politische Literatur
NS-Hago	Nationalsozialistische Handels- Handwerks- und Gewerbeorganisation
NSBO	Nationalsozialistische Betriebszellen-Organisation
OKH	Oberkommando des Heeres
OKW	Oberkommando der Wehrmacht
OPräs.	Oberpräsident/en
ORegR	Oberregierungsrat
Pg.	Parteigenosse
PrMdI	Preußischer Innenminister/Preußisches Innenministerium
PrMWiA	Preußischer Minister/Preußisches Ministerium für Wirtschaft und Arbeit
Prokla	Probleme des Klassenkampfes. Zeitschrift für politische Ökonomie und sozialistische Politik
Quad.	Quadrangel
RArbM	Reichsarbeitsminister/ium
RAWR	Reichsarbeits- und Wirtschaftsrat
Rbk.	Reichsbank
RdErl.	Runderlaß
Rdschr.	Rundschreiben

RegPräs.	Regierungspräsident/en
RegR	Regierungsrat
REM	Reichsminister/ministerium für Ernährung und Landwirtschaft
RFM	Reichsminister/ministerium der Finanzen
RJM	Reichsminister/ministerium der Justiz
Rkei.	Reichskanzlei
RKM	Reichskriegsminister/ministerium
Rkom.	Reichskommissar
RM	Reichsmark
RMdI	Reichsminister/ministerium des Innern
Rpf.	Reichspfennig
RPräs.	Reichspräsident
RReg.	Reichsregierung
Rundschau	Rundschau des Reichsbundes der deutschen Verbrauchergenossenschaften/Die Rundschau. Zeitschrift für die deutschen Verbrauchergenossenschaften
RV	Reichsverband deutscher Konsumvereine
RWehrM	Reichswehrminister/ministerium
RWK	Reichswirtschaftskammer
RWM	Reichswirtschaftsminister/ministerium
Siehe a.	Siehe auch
Siehe o.	Siehe oben
Siehe S.	Siehe Seite
Siehe u.	Siehe unten
Slg.	Sammlung
STA Bbg.	Staatsarchiv Bückeburg
STA DT	Staatsarchiv Detmold
STA HB	Staatsarchiv Bremen
STA HH	Staatsarchiv Hamburg
STA Stade	Staatsarchiv Stade
STA WF	Staatsarchiv Wolfenbüttel

STA Stade	Staatsarchiv Stade
STA WF	Staatsarchiv Wolfenbüttel
StadtAGö	Stadtarchiv Göttingen
Stapostelle	Geheime Staatspolizeistelle
Stat. Jb. f. d. DR	Statistisches Jahrbuch für das Deutsche Reich
StdF	Stellvertreter des Führers
StS	Staatssekretär
StSRkei.	Staatssekretär in der Reichskanzlei
VB, BA	Völkischer Beobachter, Berliner Ausgabe, Berlin
VB, MA	Völkischer Beobachter, Münchener Ausgabe, München
VB, NA	Völkischer Beobachter, Norddeutsche Ausgabe/Ausgabe A, Berlin
VfZ	Vierteljahrshefte für Zeitgeschichte
VG	Verbrauchergenossenschaft/en
Vgl.	Vergleiche
Vgl. a.	Vergleiche auch
Vjh. z. Stat. d. DR	Vierteljahrshefte zur Statistik des deutschen Reichs
VO	Verordnung/en
VSWG	Vierteljahrsschrift für Sozial- und Wirtschaftsgeschichte
WISTA	Wirtschaft und Statistik
WStb	Wehrwirtschaftsstab im OKW
WTB	Wollf's Telegraphisches Büro
WWi	Wehrwirtschaftliche Abteilung
ZdK	Zentralverband deutscher Konsumvereine

8. Quellen- und Literaturverzeichnis

A - Ungedruckte Quellen

Verzeichnis der ausgewerteten Archivbestände

Bundesarchiv Koblenz

Nach dem im "Einigungsvertrag" vom 31. August 1990 beschlossenen und am 3. Oktober 1990 vollzogenen "Beitritt" der DDR zur BRD ist damit begonnen worden, die bis dahin getrennten Archivbestände der beiden deutschen Staaten an einer Stelle zusammenzuführen. Die Koblenzer R- und NS-Bestände aus der Zeit von 1867 bis 1945 werden sukzessive in die Abteilung III des Bundesarchivs in Potsdam überführt. Für die vorliegende Arbeit sind diese Bestände noch in Koblenz ausgewertet worden.

Bestand Kleine Erwerbungen (Kl. Erw.), Nr. 493, 602.

Bestand NL, Nachlässe,
126 (Himmler) Nr. 19,
231 (Hugenberg) Nr. 106, 711.

Bestand NS 5/I, Deutsche Arbeitsfront, Nr. 237, 337, 338.

Bestand NS 6, Partei-Kanzlei des Führers, Nr. 215.

Bestand NS 10, Persönliche Adjudantur des Führers und Reichskanzlers, Nr. 134.

Bestand NS 19, Persönlicher Stab Reichsführer SS, Nr. 428.

Bestand NS 22, Reichsorganisationsleiter der NSDAP, Nr. 366, 377, 426, 427, 676-678, 682-685, 694-697, 708, 709, 823.

Bestand NS 26, Hauptarchiv der NSDAP, Nr. 283, 860.

Bestand NSD 4/1, Mitteilungen der Kommission für Wirtschaftspolitik der NSDAP, 1. Jg. 1936 bis 6. Jg. 1941.

Bestand R 2, Reichsfinanzministerium, Nr. 15182, 15910, 18595, 21544, 21545, 21564.

Bestand R 2 Anhang, (Bundesarchiv) Restverwaltung (Archiv) des ehemaligen Reichsfinanzministeriums, Nr. 23.

Bestand R 7, Reichswirtschaftsministerium, Nr. 5, 7, 36, 51, 53.

Bestand R 18 Anhang, Reichsfeststellungsbehörde, Nr. 10111, 10319-10322.

Bestand R 43 I, Reichskanzlei, Nr. 674, 1323, 1455-1457, 1459, 1461-1464, 1466, 1470-1473, 1475, 1481, 1504, 2010, 2084.

Bestand R 43 II, Reichskanzlei, Nr. 138a, 146, 234, 238, 246a, 348, 349, 351, 352b, 370, 540, 602, 756, 758, 778, 820b, 1263, 1336, 1566.

Bestand R 53, Stellvertreter des Reichskanzlers (Vizekanzlei von Papen), Nr. 75, 76, 79.

Bestand R 58, Reichssicherheitshauptamt, Nr. 76, 348, 531, 629, 631, 632, 646, 1029.

Bestand Sammlung (Slg.) Schumacher, Nr. 242a.

Bundesarchiv - Abteilungen Potsdam

Bestand 07.01, Neue Reichskanzlei, Nr. 4015, 51268.

Bestand 15.01, Reichsministerium des Innern, Nr. 25347-25349, 25370, 25375, 25376, 25668, 25668/3, 25668/4, 25681/4, 25682/1, 25682/2, 25682/3, 25958.

Bestand 21.01, Reichsfinanzministerium, Nr. B 9517, B 9652, B 9903, B 9904, B 9989.

Bestand 31.01, Reichswirtschaftsministerium, Nr. 9029, 9208-9211, 9819, 10288, 10293, 10312, 10314, 10524-10538, 10574-10576, 10578-10583, 10585, 10586, 10588, 10589, 10591-10598, 10600, 10629, 10635, 10639, 10703, 10714, 10882, 20322-20324, PA 242, PA 245-247, PA 709-711.

Bestand 31.06, Reichskommissar für den Mittelstand, Nr. 55, 56.

Bestand 62 DAF 1, Deutsche Arbeitsfront. Zentralbüro, Nr. 60, 96.

Bestand 95, Materialsammlung "Geschichte der Konsumgenossenschaften", Nr. 9, 41, 51, 81.

Bundesarchiv/Militärarchiv Freiburg

Bestand RW 19, Oberkommando der Wehrmacht/Wehrwirtschafts- und Rüstungsamt, Nr. 360, 767, 921, 969-973, 978-981, 988, 991, 992, 1252, 1268-1270, 1307, 1493, 1495, 1499, 1500, 1584, 1585, 1799, 1885, 1890, 1983, 1984, 2334, 2443-2449, 2452, 2453, 2459, 2462, 2463, 2465-2468, 2471.

Bestand RW 19 Anhang I, Oberkommando der Wehrmacht/Wehrwirtschafts- und Rüstungsamt, Nr. 231.

Staatsarchiv Hamburg

Bestand B 1973-1, Amtsgericht Hamburg - Handels- und Genossenschaftsregister, Nr. B 1973-1.

Bestand Staatliche Pressestelle I-IV, Nr. 7424-7426.

Hauptstaatsarchiv Hannover

Bestand Nds. 210, Niedersächsisches Landesamt für die Beaufsichtigung gesperrten Vermögens, Nr. 146, 152, 153, 708-710, 714, 715, 854, 950 (Bd. I und Bd. II), 1096.

Bestand Nds. 211 Hildesheim, Bezirksamt Hildesheim für die Beaufsichtigung gesperrten Vermögens, Nr. 22-25, 292.

Bestand Hann. 174, Landkreise, Springe Nr. 270, 284, 286, 287, 289 697, 698.
289 Acc. 70/83 Nr.63, 289 Acc. 70/83 Nr. 65, 289 Acc. 70/83 Nr. 66, 289 Acc. 70/83 Nr. 69, 289 Acc. 70/83 Nr. 70.

Staatsarchiv Aurich

Bestand Dep. 34, B, Stadt Aurich, Nr. 1355, 1356.

Bestand Dep. 34, C, Industrie- und Handelskammer, Nr. 131, 785.

Bestand Rep. 21 a, Regierung Aurich (Altbestand), Nr. 10383.

Staatsarchiv Bremen

Bestand 3 -, Senatsregistratur,
3 - F. 1.a.1. Nr. 385.21, 385.24, 285.34,
3 - H. 1. Nr. 758, 771, 777, 790, 849.1,
3 - V. 2. Nr. 278.53, 278.56, 278.63, 730, 780, 781.1,
3 - N. 7. Nr. 93, 115, 118.

Bestand 7, 1066, Nationalsozialistische Organisationen in Bremen, Nr. 376, 389.

Staatsarchiv Bückeburg

Bestand L 4, Landesregierung Bückeburg, Nr. 8006-8013.

Bestand L 102a, Landratsamt/Kreis Bückeburg, Nr. 2151-2155, 2158-2162.

Bestand L 102b; Landratsamt/Kreis Stadthagen, Nr. 3754, 3760-3764.

Staatsarchiv Detmold

Bestand L 113, NSDAP-Kreisleitungen Lippe/Detmold/Lage, Nr. 52, 145, 154, 213, 220, 342 (Bd. 1 und Bd. 2), 396, 438, 469 (Bd. 1 und Bd. 2), 473 (Bd. 1 und Bd. 2), 475, 746, 897, 919, 921, 923, 955, 1030, 1031 (Bd. 1 und Bd. 2), 1229, 1262.

Bestand L 80 L, Büro des Staatsministers bzw. Stellvertretenden Regierungschefs, Nr. 63, 78.

Bestand L 80 II A, Regierungsakten der Lippischen Regierung,
Gruppe V, Titel 14 Nr. 21, Bd. 1 und Bd. 2,
zu Gruppe V, Titel 14 Nr. 21, Bd. 1.

Bestand M 1 I U, Regierung Minden, Nr. 8, 26, 53-66, 1234-1238, 1241, 1242.

Staatsarchiv Stade

Bestand Rep. 80, (Bezirks)-Regierung Stade, Titel 26 Nr. 4.

Bestand Rep. 180, Regierungspräsident Stade, G II Nr. 237.

Staatsarchiv Wolfenbüttel

Bestand 12 Neu 18, Braunschweigisches Staatsministerium, Nr. 640, 646-649, 651, 652, 684, 693, 705-709, 716, 729, 765.

Bestand 127 Neu, Kreisdirektion Wolfenbüttel, Nr. 80, 463, 3587.

Bestand 130 Neu, Kreisdirektion Holzminden, 3 Nr. 1300, 1301, 1305.

Bestand 133 Neu, Polizeidirektion Braunschweig, Nr. 475.

Landeshauptarchiv Koblenz

Bestand 662.6, Sicherheitsdienst Koblenz Nr. 461. 463.

Landesarchiv Speyer

Bestand H 53, Landratsamt Mainz, Nr. 1625

Kreisarchiv Göttingen

Bestand KA, Kreisausschuß Duderstadt,
Abteilung V, B 1 F. 15 Nr. 8,
Abteilung V, B 1 F. 15 Nr. 30.

Bestand LA, Landratsamt Münden, Nr. 95, 113, 115.

Bestand LA DUD, Landratsamt Duderstadt, Nr. 166, 174, 205, 329-333.

Kreisarchiv Hameln-Pyrmont

Bestand Landratsamt Hameln-Pyrmont,
Nr. 13a 13, Bd. 1,
Nr. 16o 1, Spec.

Stadtarchiv Göttingen

Bestand AHR, Alte Hauptregistratur,
II A 15 Nr. 4, 20, 21,
II B 2 Nr. 3 (Bd. 1),
II B 4 Nr. 2 (Bd. 2), 4 (Bd. 2), 5 (Bd. 1).

Bestand Pol. Dir., Polizeidirektion,
Fach 31a, Nr. 1 (Bd. 1 und Bd. 2), 2 (Bd. 1 und Bd 2), 3, 8-11, 14.
Fach 130, Nr. 9

Handelskammer Bremen

D 50, Diverses.

G III 1, Kreditwesen, Bd. 3.

H I 29, Protokolle der Wirtschaftskammer Bremen.

H I 53, Kammerangelegenheiten. Verfügungen und Erlasse des Reichswirtschaftsministeriums.

W I 1, Warenhandel, Bd. 3.

KL 2, Kleinhandel, Bd. 5 und Bd. 6.

KL 2a, Beseitigung der Übersetzung im Einzelhandel.

KL 3, Kleinhandelskammer.

KL 6a, Zugabewesen, Bd. 1 und Bd. 2.

KL 6d, Rabattgesetz.

Archiv des Revisionsverbands deutscher Konsumgenossenschaften e. V., Hamburg

Findmittel stehen mit Ausnahme des 1991 von mir erstellten "Verzeichnis(ses) zweier Mikrofilme des Revisionsverbandes deutscher Konsumgenossenschaften e. V." nicht zur Verfügung. Bei den zahlreichen Unterlagen handelt es sich neben einem umfangreichen Bibliotheksbestand (Monographien, Periodika, Geschäftsberichte und andere Druckschriften) überwiegend um ungeordnete und (mit Ausnahme des vorstehend genannten Inventars) nicht verzeichnete Aktensplitter (v. a. Schriftstücke wie Rundschreiben, Denkschriften, Sitzungsprotokolle oder Briefwechsel), die der Revisionsverband vom Bund deutscher Konsumgenossenschaften nach dessen Auflösung übernommen hat. Darunter:

Bericht (nebst Anlageband) über die Erhebung über die Möglichkeit einer teilweisen Sanierung von 188 Genossenschaften, die für die Liquidation auf Grund des Gesetzes vom 21.5.35 in Frage kommen, hrsg. vom Revisionsverband der deutschen Verbrauchergenossenschaften e. V., Hamburg, vervielfältigtes ms. Mskr., Hamburg, 9. November 1935.

Bericht (nebst Anlageband) über die Lage der deutschen Verbrauchergenossenschaften auf Grund einer Gesamtbilanz zum 31. Dezember 1934, hrsg. vom Revisionsverband der deutschen Verbrauchergenossenschaften e. V., Hamburg, vervielfältigtes ms. Mskr., Hamburg, 8. Mai 1935.

(Denkschrift), Die Konsumgenossenschaften und die Rückerstattung nach den Gesetzen 59 der britischen u. amerikanischen Militärregierung. Überreicht vom Zentralverband deutscher Konsumvereine e. V., Hamburg, 4. September 1950, ms. Mskr., Hamburg 1950.

Denkschrift über die Vermögensrückerstattung an die konsumgenossenschaftlichen Organisationen im Rahmen der Entflechtung des GW, hrsg. vom Zentralverband deutscher Konsumgenossenschaften e. V. Hamburg, ms. Mskr., o. O. (Hamburg) o. J. (nach 1945).

Die Gleichschaltung der Konsumvereine, ms. Mskr., Lörrach, 1. Juni 1945.

Mikrofilm, Erste Rolle.

Mikrofilm, Zweite Rolle, Teil 1.

Mikrofilm, Zweite Rolle, Teil 2. Darin [Nr. 7]: Bericht über die Gründung und Entwicklung der Verbrauchergenossenschaft Lörrach eGmbH vom Jahre 1865 bis 1945, ms. Mskr., ohne Seitenzählung, Lörrach 1. Juni 1945. Bericht: Das Gemeinschaftswerk Versorgungsring Oberbaden GmbH Lörrach. Seine Entstehung und Verflechtung, ms. Mskr., ohne Seitenzählung, Lörrach, 1. Juni 1945. Bericht: Die Gleichschaltung der Konsumvereine. Kurze Darstellung über den Kampf der NSDAP gegen die Konsumvereine im allgemeinen und gegen den Bezirkskonsumverein Lörrach im besonderen, vor und nach der Machtübernahme, ms. Mskr., ohne Seitenzählung, Lörrach, 1. Juni 1945.

Sonderbericht des Amtes Information der DAF. Die deutschen Verbrauchergenossenschaften. Abgeschlossen im Oktober 1936, ms. Mskr., Hamburg 1936.

Die Überführung der verbrauchergenossenschaftlichen Einrichtungen in das Gemeinschaftswerk der Deutschen Arbeitsfront GmbH. Abschlußbericht des Bevollmächtigten der DAF. Stabsleiter des Reichsorganisationsleiters Heinrich Simon, hrsg. vom Gemeinschaftswerk der Deutschen Arbeitsfront GmbH, Hamburg (Ausweichstelle Lobeda/Thüringen), Magdeburg, Juli 1944.

Die Überführung der verbrauchergenossenschaftlichen Einrichtungen in das Gemeinschaftswerk der DAF GmbH, hrsg. vom Bevollmächtigten der Deutschen Arbeitsfront zur Anpassung der verbrauchergenossenschaftlichen Einrichtungen an die kriegswirtschaftlichen Verhältnisse, o. O. (Hamburg), März 1941

Vieth, Ferdinand: 80 Jahre Verbrauchergenossenschaftsbewegung in Nordwestdeutschland, ms. Mskr., o. O. (Hamburg), o. J. (1934).

Vieth, Ferdinand: Die Geschichte der nordwestdeutschen Verbrauchergenossenschaftsbewegung von 1850 bis 1933, ms. Mskr., Hamburg, Januar 1934.

Konsumgenossenschaft Dortmund-Kassel, Abteilung Mitgliederkommunikation

Findmittel stehen nicht zur Verfügung. Bei den Unterlagen handelt es sich neben Geschäftsberichten überwiegend um ungeordnete und nicht verzeichnete Aktensplitter (v. a. vereinzelte Schriftstücke wie Rundschreiben, Denkschriften oder Briefwechsel). Darunter:

(Denkschrift), Entwicklung und Stand der deutschen Konsumgenossenschaften. Überreicht (Adressaten waren nicht zu ermitteln, vermutlich die Militärregierungen der Besatzungszonen - U. K.) von der Großeinkaufs-Gesellschaft Deutscher Konsumgenossenschaften mit beschränkter Haftung, Hamburg, ms. Mskr., Hamburg o. J. (nach 1945).

co op Konsumgenossenschaft Norderney

Findmittel stehen nicht zur Verfügung. Bei den Unterlagen handelt es sich neben Geschäftsberichten überwiegend um ungeordnete und nicht verzeichnete Aktensplitter (v. a. vereinzelte Schriftstücke wie Rundschreiben, Denkschriften oder Briefwechsel). Darunter:

Referentenmaterial zum Thema: "Konsum-Genossenschaften", hrsg. vom Zentralverband deutscher Konsumgenossenschaften (Hamburg) in Planung, ms. Mskr., Hamburg, März 1946.

Wiederaufbau der Konsumgenossenschaften im Gebiete des Verbandes nordwestdeutscher Konsumgenossenschaften, (Rundschreiben), hrsg. vom Verband nordwestdeutscher Konsumgenossenschaften e. V. in Planung, ms. Mskr., Hamburg, 27. Januar 1947.

Verzeichnis der ausgewerteten nicht veröffentlichten Literatur

Weitere Titel bei der Auflistung aus dem Archiv des Revisionsverbandes deutscher Konsumgenossenschaften e. V., Hamburg.

Hasselmann, Erwin: Die genossenschaftliche Verbraucherselbsthilfe in Hamburg. Zum 75-jährigen Bestehen der Konsumgenossenschaft Produktion eG in Hamburg, ms. Mskr., Hamburg 1973.

Jörchel, Dietmar: Lokale Strukturen im gesellschaftlichen und politischen Umbruch: Kontinuitäten und Brüche in Aurich und Emden zwischen 1928 und 1953, Diss. Oldenburg (Fachbereich 3, Sozialwissenschaften), ms. Mskr., Oldenburg 1989.

Marahrens, Friedrich-Wilhelm: Die wirtschaftlichen Kämpfe der deutschen Konsumgenossenschaften seit der Weltwirtschaftskrise 1930/1931, Diss. Hamburg (Rechts- und Staatswissenschaftliche Fakultät), ms. Mskr., Hamburg 1948.

Reichhardt, Hans-Joachim: Die Deutsche Arbeitsfront. Ein Beitrag zur Geschichte des nationalsozialistischen Deutschlands und zur Struktur des totalitären Herrschaftssystems, Diss. Berlin, ms. Mskr., Berlin 1956.

Reiner, Hans: Das deutsche Handwerk in der Reichssteuerstatistik (Umsatz, Einkünfte und Betriebsvermögen im Handwerk), ms. Mskr., Hannover 1932.

B - GEDRUCKTE QUELLEN

Amtliche und halbamtliche Veröffentlichungen, Jahrbücher, Protokolle, Geschäftsberichte, Nachschlagewerke, Quelleneditionen etc.

Akten der Parteikanzlei der NSDAP. Rekonstruktion eines verlorengegangenen Bestandes. Sammlung der in anderen Provenienzen überlieferten Korrespondenzen, Niederschriften von Besprechungen usw. mit dem Stellvertreter des Führers und seinem Stab bzw. der Partei-Kanzlei, ihren Ämtern, Referaten und Unterabteilungen sowie mit Heß und Bormann persönlich,

- Teil I, Regesten Bd. 1 und Bd. 2, Register Bd. 1/2, bearbeitet von Helmut Heiber, hrsg. vom Institut für Zeitgeschichte München, München, Wien, New York, London, Paris 1983.

- Teil II, Regesten Bd. 3 und Bd. 4, Register Bd. 3/4, bearbeitet von Peter Longerich, hrsg. vom Institut für Zeitgeschichte München, München, London, New York, Paris 1992.

Akten der Reichskanzlei. Regierung Hitler 1933-1938, hrsg. für die Historische Kommission bei der Bayerischen Akademie der Wissenschaften von Konrad Repgen, für das Bundesarchiv von Hans Booms, bearbeitet von Karl-Heinz Minuth,

- Teil I: 1933/34, Bd. 1, 30. Januar bis 31. August 1933. Dokumente Nr. 1 bis 206, Boppard a. Rhein 1983, Bd. 2, 12. September 1933 bis 27. August 1934. Dokumente Nr. 207-384, Boppard a. Rhein 1983.

Akten der Reichskanzlei. Weimarer Republik. Das Kabinett von Papen. 1. Juni bis 3. Dezember 1932, hrsg. für die Historische Kommission bei der Bayerischen Akademie der Wissenschaften von Karl Dietrich Erdmann, für das Bundesarchiv von Hans Booms, bearbeit von Karl-Heinz Minuth,

- Bd. 1, Juni bis September 1932. Dokumente Nr. 1 bis 129, Boppard a. Rhein 1989,

- Bd. 2, September bis Dezember 1932. Dokumente Nr. 130 bis 240, Boppard a. Rhein 1989.

Akten der Reichskanzlei. Weimarer Republik. Das Kabinett von Schleicher. 3. Dezember 1932 bis 30. Januar 1933, hrsg. für die Historische Kommission bei der Bayerischen Akademie der Wissenschaften von Karl Dietrich Erdmann, für das Bundesarchiv von Hans Booms, bearbeitet von Anton Golecki, Boppard a. Rhein 1986.

Akten der Reichskanzlei. Weimarer Republik. Die Kabinette Brüning I u. II. 30. März 1930 bis 10. Oktober 1931, 10. Oktober 1931 bis 1. Juni 1932, hrsg. für die Historische Kommission bei der Bayerischen Akademie der Wissenschaften von Karl Dietrich Erdmann, für das Bundesarchiv von Hans Booms, bearbeitet von Tilman Koops,

- Bd. 1, 30. März 1930 bis 28. Februar 1931. Dokumente Nr. 1 bis 252, Boppard a. Rhein 1982,

- Bd. 2, 1. März 1931 bis 10. Oktober 1931. Dokumente Nr. 253 bis 514, Boppard a. Rhein 1982,

- Bd. 3, 10. Oktober 1931 bis 30. Mai 1932. Dokumente Nr. 515 bis 774, Boppard a. Rhein 1990.

Anordnungen des Stellvertreters des Führers. Zusammenstellung aller bis zum 31. März 1937 erlassenen und noch gültigen Anordnungen des Stellvertreters des Führers, München 1937.

Archiv für die Geschichte des Sozialismus und der Arbeiterbewegung, hrsg. in Verbindung mit einer Reihe namhafter Fachmänner aller Länder von Carl Grünberg, Bd. 1-15, Leipzig 1911-1930.

Barthel, Paul (Bearb.): Handbuch der deutschen Gewerkschaftskongresse, Dresden 1916.

Benning, Bernhard/Keiser, Günther: Kapitalbildung und Investitionen in der deutschen Volkswirtschaft 1924 bis 1928 (= Vierteljahrshefte zur Konjunkturforschung, Sonderheft 22), Berlin 1931.

Benning, Bernhard/Nieschlag, Robert: Umsatz, Lagerhaltung und Kosten im deutschen Einzelhandel 1924 bis 1932 (= Vierteljahrshefte zur Konjunkturforschung, Sonderheft 32), Berlin 1933.

Bericht über das 31. Geschäftsjahr 1932/1933. Konsum- und Sparverein Dortmund-Hamm eGmbH, o. O. (Dortmund), o. J. (1933).

Bericht über das 32. Geschäftsjahr vom 1.1.1930 bis 31.12.1930. Konsum-, Bau- und Sparverein "Produktion" eGmbH, o. O. (Hamburg), o. J. (1931).

Bericht über das 33. Geschäftsjahr 1932/1933. Bezirkskonsumverein Darmstadt eGmbH, Hamburg, o. J. (1933).

Bericht über das 34. Geschäftsjahr (vom 1. Juli 1933 bis 30. Juni 1934 - U. K.). Bezirkskonsumverein Darmstadt, eGmbH, Darmstadt, o. J. (1934).

Bericht über das 34. Geschäftsjahr vom 1. Januar bis 31. Dezember 1932. Konsum-, Bau- und Sparverein "Produktion" eGmbH, o. O. (Hamburg), o. J. (1933).

Bericht über das 49. Geschäftsjahr vom 1. Juli 1933 bis zum 30. Juni 1934. Konsum- und Sparverein für Lingen und Umgegend eGmbH (Verbrauchergenossenschaft Lingen eGmbH), o. O. (Lingen), o. J. (1934).

Bericht über das Geschäftsjahr 1933. Reichsbund der deutschen Verbrauchergenossenschaften GmbH (GEG) Hamburg, Hamburg 1933.

Bericht über das Geschäftsjahr 1934. Reichsbund der deutschen Verbrauchergenossenschaften GmbH (GEG) Hamburg, Hamburg 1935.

Bericht über das Geschäftsjahr 1935. Deutsche-Großeinkaufs-Gesellschaft mit beschränkter Haftung, Hamburg, Hamburg 1936.

Bericht über das Geschäftsjahr 1936. Deutsche-Großeinkaufs-Gesellschaft mit beschränkter Haftung, Hamburg, Hamburg 1937.

Bericht über das Geschäftsjahr 1937. Deutsche-Großeinkaufs-Gesellschaft mit beschränkter Haftung, Hamburg, Hamburg 1938.

Bericht über das Geschäftsjahr 1938. Deutsche-Großeinkaufs-Gesellschaft mit beschränkter Haftung, Hamburg, Hamburg 1939.

Bericht über das Geschäftsjahr 1939. Deutsche-Großeinkaufs-Gesellschaft mit beschränkter Haftung, Hamburg, Hamburg 1940

Berndt, Alfred-Ingemar (Hg.): Das Archiv. Nachschlagewerk für Politik-Wirtschaft-Kultur. Nachtragsband 1, Januar bis Mai 1933, Berlin o. J. (1939); Nachtragsband 2, Juni bis Oktober 1933, Berlin o. J. (1940); Nachtragsband 3, November 1933 bis März 1934, Berlin o. J. (1940).

Betriebsordnung der Deutschen Großeinkaufs-Gesellschaft mbH., Hamburg, o. O. (Hamburg), o. J. (1939).

Betriebsordnung für die Gefolgschaft der Handelsgesellschaft "Eintracht" mbH., Köln-Buchforst, Köln-Kalk, o. J. (1939).

Beuthien, Volker/Hüsken, Ulrich/Aschermann, Rolf: Materialien zum Genossenschaftsgesetz, I. Gesetze und Verordnungen (1867-1969), Göttingen 1989.

Beuthien, Volker/Hüsken, Ulrich/Aschermann, Rolf: Materialien zum Genossenschaftsgesetz, II. Parlamentarische Materialien (1866-1922), Göttingen 1989.

Beuthien, Volker/Hüsken, Ulrich/Aschermann, Rolf: Materialien zum Genossenschaftsgesetz, III. Parlamentarische und sonstige Materialien (1923-1969), Göttingen 1990.

Bevölkerung und Wirtschaft 1872-1972, hrsg. vom Statistischen Bundesamt Wiesbaden, Stuttgart, Mainz 1972.

Bevölkerung und Wirtschaft. Langfristige Reihen 1871 bis 1957 für das Deutsche Reich und die Bundesrepublik Deutschland, hrsg. vom Statistischen Bundesamt Wiesbaden, Stuttgart 1958.

Boberach, Heinz (Bearb.): Inventar archivalischer Quellen des NS-Staates. Die Überlieferung von Behörden und Einrichtungen des Reichs, der Länder und der NSDAP. Teil 1: Reichszentralbehörden, regionale Behörden und wissenschaftliche Hochschulen für die zehn westdeutschen Länder sowie Berlin. Im Auftrag des Instituts für Zeitgeschichte bearbeitet von Heinz Boberach, München, London, New York, Paris 1991.

Booms, Hans/Boberach, Heinz (Bearb.): Das Bundesarchiv und seine Bestände. Übersicht. Begründet von Friedrich Facius, Hans Booms und Heinz Boberach (= Schriften des Bundesarchivs, Bd. 10^2), Boppard a. Rhein, 1968^2.

Bundesgesetzblatt des Norddeutschen Bundes, Berlin 1867-1890.

Büttner, Johannes (Bearb.): Der Weg zum nationalsozialistischen Reich. Dokumente zur Verwirklichung des Programms der NSDAP, 2 Teile, Berlin 1943.

Deutschland-Berichte der Sozialdemokratischen Partei Deutschlands (Sopade) 1934-1940. 1. Jg. 1934 bis 7. Jg. 1940, neu hrsg. von Klaus Behnken, Salzhausen 1980.

Dienstanweisung für den Vorstand und den Aufsichtsrat der Verbrauchergenossenschaften, hrsg. von der Deutschen Großeinkaufs-Gesellschaft mit beschränkter Haftung, Hamburg, Hamburg, o. J. (1933).

Domarus, Max: Hitler. Reden und Proklamationen 1932-1945. Kommentiert von einem deutschen Zeitgenossen, 4 Bände, Wiesbaden 1973.

Einheitssatzung für die Bezirksverbände (des Revisionsverbandes deutscher Verbrauchergenossenschaften e. V., Berlin - U. K.), Hamburg, o. J. (1939).

100 Jahre Genossenschaftsgesetz. Quellen zur Entstehung und jetziger Stand, hrsg. vom Institut für Genossenschaftswesen der Westfälischen Wilhelms-Universität und Werner Schubert, Tübingen 1989.

Ellinghaus, W. (Hg.): Genossenschaftsgesetz. Erläuterungsbuch mit einer Gesamtübersicht der Registerverordnung, dem Kreditgesetz, der Gemeinnützigkeitsverordnung und anderen Nebengesetzen sowie Anschauungsmitteln, Bad Harzburg 1950.

Facius, Friedrich/Booms, Hans/Boberach, Heinz (Bearb.): Das Bundesarchiv und seine Bestände. Übersicht (= Schriften des Bundesarchivs, Bd. 10), Boppard a. Rhein 1961.

Fabricius, Hans/Stamm, Kurt: Bewegung, Staat und Volk in ihren Organisationen. Führer-Kalender 1934, Berlin 1934[2].

Flemming, Jens/Krohn, Claus-Dieter/Stegmann, Dirk/Witt, Peter-Christian: Die Republik von Weimar. Bd. 1, Das politische System, Königstein/Ts., Düsseldorf 1979. Bd. 2, Das sozialökonomische System, Königstein/Ts., Düsseldorf 1979.

Frank, Hans: Nationalsozialistisches Handbuch für Recht und Gesetzgebung, München 1935.

Frohe Stunden. Leitfaden für Familienabende, Frauennachmittage und Kinderfeierstunden der Genossenschaften mit Vortrags- und Spielmaterial, zusammengestellt von Walter Eschbach und Max Barthel, hrsg. vom Reichsbund der deutschen Verbrauchergenossenschaften GmbH (GEG), Hamburg, Hamburg 1934.

Geschäftsbericht 1940. Deutsche Großeinkaufs-Gesellschaft mbH, Hamburg, Hamburg 1941.

Gesetz-Sammlung für die Königlich-Preußischen Staaten, Berlin 1863, 1867, 1868.

Granier, Gerhard/Henke, Josef/Oldenhage, Klaus (Bearb.): Das Bundesarchiv und seine Bestände. Begründet von Friedrich Facius, Hans Booms und Heinz Boberach (= Schriften des Bundesarchivs, Bd. 10[3]), Boppard a. Rhein 1977[3].

Handbuch der sozialdemokratischen Parteitage 1910-1913, München 1917.

Handbuch für das Deutsche Reich, hrsg. vom Reichsministerium des Innern, Berlin, 45. Jg. 1931.

Handbuch für das Deutsche Reich, hrsg. vom Reichs- und Preußischen Ministerium des Innern, Berlin, 46. Jg. 1936.

Hepp, Michael/Linne, Karsten/Roth, Karl Heinz (Bearb.): Sozialstrategien der Deutschen Arbeitsfront. Teil B, Periodika, Denkschriften, Gutachten und Veröffentlichungen des Arbeitswissenschaftlichen Instituts der Deutschen Arbeitsfront. Abteilung 2, Denkschriften,

Gutachten und Veröffentlichungen, München, London, New York, Paris 1987; Abteilung 3, Begleitband mit Kommentar und Register, München, London, New York, Paris 1992.

Hildebrandt, Horst (Hg.): Die deutschen Verfassungen des 19. und 20. Jahrhunderts, Paderborn 1974[8].

Hofer, Walter (Hg.): Der Nationalsozialismus. Dokumente 1933-1945, Frankfurt/M. 1957.

Hoffmann, Walther G.: Das Wachstum der deutschen Wirtschaft seit der Mitte des 19. Jahrhunderts, Berlin 1965.

Hohorst, Gerd/Kocka, Jürgen/Ritter, Gerhard A.: Sozialgeschichtliches Arbeitsbuch. Materialien zur Statistik des Kaiserreichs 1870-1914, München 1975.

Jäckel, Eberhard/Kuhn, Axel (Hg.): Adolf Hitler. Sämtliche Aufzeichnungen 1905-1924, Stuttgart 1980.

Jahrbuch des Reichsverbandes deutscher Konsumvereine e. V., Köln 1914-1931.

Jahrbuch des Zentralverbandes deutscher Konsumvereine e. V., Hamburg 1903-1933, 1947.

Jahresbericht des Reichsverbandes deutscher Konsumvereine für das Jahr 1931, Köln 1931.

Keiser, Günther/Benning, Bernhard: Kapitalbildung und Investitionen in der deutschen Volkswirtschaft 1924 bis 1928 (= Vierteljahrshefte zur Konjunkturforschung, Sonderheft 22), Berlin 1931.

Keiser, Günther/Ruberg, Carl: Umsatz und Lagerhaltung im deutschen Einzelhandel seit 1924 (= Vierteljahrshefte zur Konjunkturforschung, Sonderheft 14), Berlin 1930.

Klein, Thomas (Hg.): Der Regierungsbezirk Kassel 1933-1936. Die Berichte der Regierungspräsidenten und der Landräte, 2 Teile, Darmstadt, Marburg 1985.

Klein, Thomas (Hg.): Die Lageberichte der Geheimen Staatspolizei über die Provinz Hessen-Nassau 1933-1936, 2 Teilbände, Köln, Wien 1986.

Vom Konsum zur co op. Vor hundert Jahren wurde der Hannoversche Konsumverein gegründet, hrsg. von der co op AG, Abteilung Aktionärsinformation, Hamburg, Juni 1888.

Die Konsumgenossenschaft "Produktion" in Hamburg unter der Naziherrschaft, Mskr., gedruckt für die (britische - U. K.) Militärregierung, Hamburg, 10. Oktober 1949.

Kranig, Andreas: Arbeitsrecht im NS-Staat. Texte und Dokumente, Köln 1984.

Lang, Johann/Weidmüller, Ludwig: Das Reichsgesetz, betreffend die Erwerbs- und Wirtschaftsgenossenschaften. Kleiner Kommentar Berlin 1941[24].

Lehmann, Carl/Münz, Ludwig (Hg.): Führer durch die Behörden und Organisationen, Berlin 1934[2].

Lübbe, Katharina/Schumacher, Martin (Bearb.): M. d. R. Die Reichstagsabgeordneten der Weimarer Republik in der Zeit des Nationalsozialismus. Politische Verfolgung, Emigration und Ausbürgerung 1933-1945. Eine biographische Dokumentation. Herausgegeben und eingeleitet von Martin Schumacher. Bearbeitet von Katharina Lübbe und Martin Schumacher in Verbindung mit Heinz Schröder, Düsseldorf 1991.

Mansfeld, Werner/Pohl, Wolfgang/Steinmann, Gerhard/ Krause, Arthur Bernhard: Die Ordnung der nationalen Arbeit. Kommentar zu dem Gesetz zur Ordnung der nationalen Arbeit und zu dem Gesetz zur Ordnung der Arbeit in öffentlichen Verwaltungen und Betrieben unter Berücksichtigung aller Durchführungsbestimmungen, Berlin, Leipzig, Mannheim, München 1934[2].

Mansfeld, Werner: Die Ordnung der nationalen Arbeit. Handausgabe mit Erläuterungen, Berlin 1943[2] (= Gesetz zur Ordnung der nationalen Arbeit mit allen Durchführungs-Verordnungen, Nebengesetzen und den ergänzenden Regelungen).

Ministerial-Blatt für die Preußische innere Verwaltung, hrsg. im Preußischen Ministerium des Innern, Berlin, 94. Jg. 1933.

Ministerial-Blatt für die Preußische innere Verwaltung, hrsg. im Reichs- und Preußischen Ministerium des Innern, Berlin, 95. Jg. 1934, 96. Jg. 1935.

Ministerial-Blatt des Reichs- und Preußischen Ministeriums des Innern, hrsg. im Reichs- und Preußischen Ministerium des Innern, Berlin, 1. (97.) Jg. 1936 bis 10. (106.) Jg. 1945.

Ministerial-Blatt für Wirtschaft und Arbeit, hrsg. im Ministerium für Wirtschaft und Arbeit, Berlin, 33. Jg. 1933, 34. Jg. 1934.

Ministerial-Blatt für Wirtschaft und Arbeit, hrsg. vom Preußischen Ministerium für Wirtschaft und Arbeit, Berlin, 35. Jg. 1935.

Ministerialblatt für Wirtschaft, hrsg. vom Reichs- und Preußischen Wirtschaftsministerium, Berlin, 36. Jg. 1936 bis 39. Jg. 1939 (Nr. 21).

Ministerialblatt des Reichswirtschaftsministeriums, hrsg. vom Reichswirtschaftsministerium, Berlin, 39. Jg. 1939 (Nr. 22) bis 45. Jg. 1945.

Mlynek, Klaus (Bearb.): Gestapo Hannover meldet... Polizei- und Regierungsberichte für das mittlere und südliche Niedersachsen zwischen 1933 und 1937, Hildesheim 1986.

Mommsen, Wilhelm: Deutsche Parteiprogramme, München 1960[2].

Münz, Ludwig (Hg.): Führer durch die Behörden und Organisationen, Berlin 1936.

Die öffentlichen und genossenschaftlichen Unternehmen im nationalsozialistischen Regime. Ein Briefwechsel zwischen Funk und Ley, in: Archiv für öffentliche und freigemeinwirtschaftliche Unternehmen, Bd. 1, 1954, S. 115-128.

Organisationsbuch der NSDAP, hrsg. vom Reichsorganisationsleiter der NSDAP, München 1943[7].

Der Parteitag der Arbeit vom 6. bis 13. September 1937. Offizieller Bericht über den Verlauf des Reichsparteitages mit sämtlichen Kongreßreden, München 1938.

Der Parteitag der Ehre vom 8. bis 14. September 1936. Offizieller Bericht über den Verlauf des Reichsparteitages mit sämtlichen Kongreßreden, München 1936.

Der Parteitag der Freiheit vom 10. bis 16. September 1935. Offizieller Bericht über den Verlauf des Reichsparteitages mit sämtlichen Kongreßreden, München 1935.

Petzina, Dietmar/Abelshauser, Werner/Faust, Anselm: Sozialgeschichtliches Arbeitsbuch, Band III. Materialien zur Statistik des Deutschen Reiches 1914-1945, München 1978.

Pfundter, Hans/Neubert, Reinhard (Hg.): Das neue Deutsche Reichsrecht. Neudruckausgabe. Ergänzbare Sammlung des geltenden Rechts seit dem Ermächtigungsgesetz mit Erläuterungen, Berlin, Wien 1945.

Die "Produktion" im Streite der Meinungen, Hamburg, o. J. (1932).

Protokoll über die Verhandlungen des Parteitages der Sozialdemokratischen Partei Deutschlands. Abgehalten zu Berlin vom 14. bis 21. November 1892, Berlin 1892.

Protokoll über die Verhandlungen des Parteitages der Sozialdemokratischen Partei Deutschlands. Abgehalten zu Hannover vom 9. bis 14. Oktober 1899, Berlin 1899.

Protokoll über die Verhandlungen des Parteitages der Sozialdemokratischen Partei Deutschlands. Abgehalten zu Magdeburg vom 18. bis 24. September 1910, Berlin 1910.

Der Prozeß gegen die Hauptkriegsverbrecher vor dem Internationalen Militärgerichtshof Nürnberg. 14. November 1945 bis 1. Oktober 1946, Nürnberg 1947-1949.

Quellen zur Geschichte der deutschen Gewerkschaftsbewegung im 20. Jahrhundert, hrsg. von Herrmmann Weber. Bd. 4, Die Gewerkschaften in der Endphase der Republik 1930-1933, bearbeitet von Peter Jahn unter Mitarbeit von Detlev Brunner, Köln 1988.

Reichsgesetzblatt, hrsg. im Reichskanzler-Amte, Berlin 1871, 1872.

Reichsgesetzblatt, hrsg. im Reichsamt, Berlin 1888, 1889, 1896, 1898.

Reichsgesetzblatt, hrsg. vom Reichsministerium des Innern, Berlin 1919 bis 1945, seit 1. April 1922: Teil I und Teil II.

Reiner, Hermann: 5 Jahre Arbeit in den deutschen Verbrauchergenossenschaften. Rechenschaftsbericht des Bundesvorsitzenden des Reichsbundes der deutschen Verbrauchergenossenschaften e. V., Pg. Hermann Reiner (Hamburg), erstattet am 26. Juni 1938 auf dem Genossenschaftstag zu Görlitz, als Mskr. gedruckt, Hamburg, Juli 1938.

Reiner, Hermann: Gegenwartsfragen im Zusammenwirken Verbrauchergenossenschaften zur GEG, als Mskr. gedruckt, Hamburg 1940.

Sammlung des Bundesrechts. Bundesgesetzblatt Teil III, Sachgebiet 4 Folge 19, Köln, Bonn, 1. März 1961.

Satzung der Konsum-Genossenschaft Norderney, eingetragene Genossenschaft mit beschränkter Haftpflicht (in Norderney), Norderney, o. J. (vor 1933).

Satzung der Verbrauchergenossenschaft Norderney, eingetragene Genossenschaft mit beschränkter Haftpflicht, Hamburg, o. J.

Schröder, Wilhelm (Bearb.): Handbuch der sozialdemokratischen Parteitage von 1863-1909, München 1910.

Schröder, Wilhelm Heinz (Bearb.): Sozialdemokratische Reichstagsabgeordnete und Reichstagskandidaten 1898-1918. Biographisch-Statistisches Handbuch, Düsseldorf 1986.

Schulthess' Europäischer Geschichtskalender, hrsg. von Ulrich Thürauf, 71. Bd. (NF: Jg. 47) 1930 bis 82. Bd. (NF: Jg. 56) 1940, München 1931 bis 1941; 82. Bd. (NF: Jg. 57) 1941, München 1965.

Schwarz, Max (Hg.): MdR. Biographisches Handbuch der Reichstage, Hannover 1965.

Schwarz, Salomon (Bearb.): Handbuch der deutschen Gewerkschaftskonkresse. Kongresse des Allgemeinen Deutschen Gewerkschaftsbundes, Berlin 1930.

Statistik des Deutschen Reichs, Bd. 211, Berufs- und Betriebszählung vom 12. Juni 1907. Berufsstatistik. Abteilung X. Die berufliche und soziale Gliederung des deutschen Volkes, bearbeitet im Kaiserlichen Statistischen Amte, Berlin 1913.

Statistik des Deutschen Reichs, Bd. 413, Volks-, Berufs- und Betriebszählung vom 16. Juni 1925. Gewerbliche Betriebszählung. Die gewerblichen Betriebe und Unternehmungen im Deutschen Reich,

- Teil I, Einführung in die gewerbliche Betriebszählung 1925. Die gewerblichen Niederlassungen (örtliche Betriebseinheiten) im Deutschen Reich, bearbeitet im Statistischen Reichsamt, Berlin 1929.

- Teil II, Das Personal der gewerblichen Niederlassungen, bearbeitet im Statistischen Reichsamt, Berlin 1929.

- Teil III, Die technischen Betriebseinheiten im Deutschen Reich, bearbeitet im Statistischen Reichsamt, Berlin 1929.

- Teil IV, Die gewerblichen Unternehmungen im Deutschen Reich, bearbeitet im Statistischen Reichsamt, Berlin 1930.

Teil V, Die Rechtsform der Unternehmungen. Die öffentlichen und gemischtwirtschaftlichen Unternehmungen, bearbeitet im Statistischen Reichsamt, Berlin 1930.

Statistik des Deutschen Reichs, Bd. 418, Volks-, Berufs- und Betriebszählung vom 16. Juni 1925. Gewerbliche Betriebszählung. Das Gewerbe im Deutschen Reich. Textband, bearbeitet im Statistischen Reichsamt, Berlin 1930.

Statistik des Deutschen Reichs, Bd. 453, Volks-, Berufs- und Betriebszählung vom 16. Juni 1933. Berufszählung. Die berufliche und soziale Gliederung der Bevölkerung des Deutschen Reichs, bearbeitet im Statistischen Reichsamt, Berlin 1936.

Statistik des Deutschen Reichs, Bd. 462, Volks-, Berufs- und Betriebszählung 1933. Die gewerblichen Niederlassungen im Deutschen Reich,

- Heft 1, Einführung in die gewerbliche Betriebszählung; systematische und alphabetische Verzeichnisse zur gewerblichen Betriebszählung 1933, hrsg. vom Statistischen Reichsamt, Berlin 1935.

- Heft 2, Die gewerblichen Niederlassungen, ihr Personal und die vorhandene motorische Kraft, hrsg. vom Statistischen Reichsamt, Berlin 1935.

- Heft 3, Das Personal der gewerblichen Niederlassungen nach der Stellung im Betrieb und die Verwendung von Kraftmaschinen, hrsg. vom Statistischen Reichsamt, Berlin 1935.

Statistik des Deutschen Reichs, Bd. 466, Volks-, Berufs- und Betriebszählung vom 16. Juni 1933. Gewerbliche Betriebszählung. Das Gewerbe im Deutschen Reich, Textband, hrsg. vom Statistischen Reichsamt, Berlin 1937.

Statistik des Deutschen Reichs, Bd. 467, Volks-, Berufs- und Betriebszählung vom 16. Juni 1933. Erhebungs- und Bearbeitungsplan der Volks-, Berufs- und Betriebszählung 1933, bearbeitet vom Statistischen Reichsamt, Berlin 1937.

Statistisches Handbuch von Deutschland. 1928-1944, hrsg. vom Länderrat des Amerikanischen Besatzungsgebiets, München 1949.

Statistisches Jahrbuch für das Deutsche Reich, hrsg. vom Statistischen Reichsamt, Berlin 40. Jg. 1919 bis 59. Jg. 1941/42.

Thévoz, Robert/Branig, Hans/Lowenthal-Hensel, Cécile: Pommern 1934/35 im Spiegel von Gestapo-Lageberichten und Sachakten, 2 Bände, Köln, Berlin 1974.

Trumpp, Thomas/Köhne, Renate (Bearb.): Archivbestände zur Wirtschafts- und Sozialgeschichte der Weimarer Republik. Übersicht über Quellen in Archiven der Bundesrepublik Deutschland (= Schriften des Bundesarchivs Koblenz, Bd. 29), Boppard a. Rhein 1979.

Die Überführung der verbrauchergenossenschaftlichen Einrichtungen in das Gemeinschaftswerk der Deutschen Arbeitsfront GmbH. Abschlußbericht des Bevollmächtigten der DAF. Stabsleiter des Reichsorganisationsleiters Heinrich Simon, hrsg. vom Gemeinschaftswerk der Deutschen Arbeitsfront GmbH, Hamburg (Ausweichstelle Lobeda/Thüringen), Magdeburg, Juli 1944.

Die Überführung der verbrauchergenossenschaftlichen Einrichtungen in das Gemeinschaftswerk der DAF GmbH, hrsg. vom Bevollmächtigten der Deutschen Arbeitsfront zur Anpassung der verbrauchergenossenschaftlichen Einrichtungen an die kriegswirtschaftlichen Verhältnisse, o. O. (Hamburg), März 1941.

Das Übersetzungsproblem im Warenhandel. Denkschrift der Hauptgemeinschaft des deutschen Einzelhandels, Berlin, Mskr., Berlin 1932.

Übersicht über die Bestände des Deutschen Zentralarchivs Potsdam (= Schriftenreihe des Deutschen Zentralarchivs 1), Berlin/DDR 1957.

Verhandlungen und Berichte. Allgemeiner Teil (Vollsitzungen des Ausschusses), Bd. 1, hrsg. vom Ausschuß zur Untersuchung der Erzeugungs- und Absatzbedingungen der deutschen Wirtschaft, Berlin 1927.

Verhandlungen und Berichte des Unterausschusses für Gewerbe: Industrie, Handel und Handwerk (III. Unterausschuß) 9. Arbeitsgruppe (Handel), 1. Band (Die Grundlagen der Handels-Enquête. Ergebnisse der Fragebogen-Erhebungen im Einzelhandel und Großhandel), hrsg. vom Ausschuß zur Untersuchung der Erzeugungs- und Absatzbedingungen der deutschen Wirtschaft, Berlin 1929.

Verhandlungen und Berichte des Unterausschusses für Gewerbe: Industrie, Handel und Handwerk (III. Unterausschuß) 9. Arbeitsgruppe (Handel), 3. Band (Werkskonsumanstalten), hrsg.

vom Ausschuß zur Untersuchung der Erzeugungs- und Absatzbedingungen der deutschen Wirtschaft, Berlin 1929.

Verhandlungen und Berichte des Unterausschusses für Gewerbe: Industrie, Handel und Handwerk (III. Unterausschuß) 9. Arbeitsgruppe (Handel), 8. Band (Konsumvereine), hrsg. vom Ausschuß zur Untersuchung der Erzeugungs- und Absatzbedingungen der deutschen Wirtschaft, Berlin 1931.

Verhandlungen des Reichstags. IV. Wahlperiode 1928 bis VIII. Wahlperiode 1933, Bd. 423 bis Bd. 457, Berlin 1932-1934.

Vierteljahrshefte zur Konjunkturforschung, hrsg. vom Institut für Konjunkturforschung, Berlin 1. Jg. 1926 bis 11. Jg. 1936/1937.

Vierteljahrshefte zur Konjunkturforschung, Sonderhefte, hrsg. vom Institut für Konjunkturforschung,

- Sonderheft 14, Berlin 1930: Keiser, Günther/Ruberg, Carl: Umsatz und Lagerhaltung im deutschen Einzelhandel seit 1924.

- Sonderheft 22, Berlin 1931: Keiser, Günther/Benning, Bernhard: Kapitalbildung und Investitionen in der deutschen Volkswirtschaft 1924 bis 1928.

- Sonderheft 31, Berlin 1933: Wagenführ, Rolf: Die Industriewirtschaft. Entwicklungstendenzen der deutschen und internationalen Industrieproduktion 1860 bis 1932.

- Sonderheft 32, Berlin 1933: Benning, Bernhard/Nieschlag, Robert: Umsatz, Lagerhaltung und Kosten im deutschen Einzelhandel 1924 bis 1932.

Vierteljahrshefte zur Statistik des Deutschen Reichs, hrsg. vom Statistischen Reichsamt, Berlin 27. Jg. 1918 bis 43. Jg. 1934.

Volkmann, Hans-Erich: Wirtschaft im Dritten Reich. Teil I. 1933-1939. Eine Bibliographie, München 1980.

Vollmer, Bernhard: Volksopposition im Polizeistaat. Gestapo- und Regierungsberichte 1934-1936, Stuttgart 1957.

Wagenführ, Rolf: Die Industriewirtschaft. Entwicklungstendenzen der deutschen und internationalen Industrieproduktion 1860 bis 1932 (= Vierteljahrshefte zur Konjunkturforschung, Sonderheft 31), Berlin 1933.

Vom Wesen und Inhalt der Betriebsordnung, hrsg. von der Arbeiterkammer Halle-Merseburg, Weißenfels/Saale 1938.

Widerstand und Exil der deutschen Arbeiterbewegung 1933-1945, hrsg. von der Friedrich-Ebert-Stiftung, Bonn, Bonn 1982.

Wirtschaft und Statistik, hrsg. vom Statistischen Reichsamt, Berlin 1. Jg. 1921 bis 17. Jg. 1937.

Wistrich Robert: Wer war wer im Dritten Reich? Ein biographisches Lexikon. Anhänger, Mitläufer, Gegner aus Politik, Wirtschaft, Militär, Kunst und Wissenschaft, Frankfurt/M. 1987.

C - VERZEICHNIS DER BENUTZTEN LITERATUR

Abelshauser, Werner/Petzina, Dietmar: Krise und Rekonstruktion. Zur Interpretation der gesamtwirtschaftlichen Entwicklung im 20. Jahrhundert, in: dies. (Hg.): Deutsche Wirtschaftsgeschichte im Industriezeitalter. Konjunktur - Krise - Wachstum, Königstein/Ts. 1981, S. 47-93.

Alber, Jens: Nationalsozialismus und Modernisierung, in: KZfSS, 41. Jg. 1989, S. 346-365.

Albrecht, Gerhard: Die soziale Funktion des Genossenschaftswesens, Berlin 1965.

Alvermann, Fritz: Die Verbrauchergenossenschaften im Dritten Reich, Diss. Köln, Köln 1938.

Aschhoff, Gunther/Henningsen, Eckart: Das deutsche Genossenschaftswesen. Entwicklung, Struktur, wirtschaftliches Potential, Frankfurt/M. 1995^{2}.

Barkai, Avraham: Das Wirtschaftssystem des Nationalsozialismus. Der historische und ideologische Hintergrund 1933-1936, Köln 1976.

v. Beesten, Bernfried: Untersuchungen zum System der militärischen Planungen im Dritten Reich von 1933 bis zum Kriegsbeginn, Münster 1987.

Becker, Josef/Becker, Ruth (Hg.): Hitlers Machtergreifung 1933. Vom Machtantritt Hitlers 30. Januar 1933 bis zur Besiegelung des Einparteienstaates 14. Juli 1933, München 1983.

Bennecke, Heinrich: Die Reichswehr und der "Röhm-Putsch", München 1964.

Benseler, Frank/Heinze, Rolf G./Klönne, Arno (Hg.): Zukunft der Arbeit. Eigenarbeit, Alternativökonomie? Hamburg 1982.

Benz, Wolfgang/Pehle, Walter H. (Hg.): Lexikon des deutschen Widerstandes, Frankfurt/M. 1994.

Berning, Cornelia: Vom "Abstammungsnachweis" zum "Zuchtwart". Vokabular des Nationalsozialismus, Berlin 1964.

Bernstein, Eduard (Hg.): Ferd. Lassalle's Reden und Schriften, Bd. 2, Berlin 1893.

Bernstein, Eduard: Die Voraussetzungen des Sozialismus und die Aufgaben der Sozialdemokratie (= Neudruck der zweiten Auflage, Stuttgart, Berlin 1921), eingeleitet von Dieter Schuster, Hannover 1964 (zuerst: Stuttgart 1899).

Beuthien, Volker; Genossenschaftsrecht: woher-wohin? Hundert Jahre Genossenschaftsgesetz 1889-1989, Göttingen 1989.

Bieberitz, Erich: Konsumgenossenschaften und Landwirtschaft, Hamburg 1933.

Biermer, M.: Mittelstandsbewegung, in: Handwörterbuch der Staatswissenschaften, Bd. 6, Jena 1910^{3}, S. 734-762.

Bimberg, Ulrich: Hinein in den Konsumverein. Ein phantastischer Aufstieg aus eigener Kraft, in: Novy, Klaus/Hombach, Bodo/Karthaus, Frank/Bimberg, Ulrich/Mersmann, Arno/Schepers, Albert: Anders Leben. Geschichte und Zukunft der Genossenschaftskultur, Berlin, Bonn 1985.

Bissinger, Edgar (Hg.): Der deutsche Handel. Aufgabe und Zukunft, Stuttgart, Berlin 1936.

Blaich, Fritz: Die "Grundsätze nationalsozialistischer Steuerpolitik" und ihre Verwirklichung, in: Henning, Friedrich-Wilhelm (Hg.): Probleme der nationalsozialistischen Wirtschaftspolitik, Berlin 1976, S. 99-117.

Blaich, Fritz: Wirtschaft und Rüstung im "Dritten Reich", Düsseldorf 1987.

Blanke, Bernhard: Der deutsche Faschismus als Doppelstaat, in: Kritische Justiz, 8. Jg. 1975, Heft 3, S. 221-243.

Bloch, Charles: Die SA und die Krise des NS-Regimes 1934, Frankfurt/M. 1970.

Bludau, Kuno: Gestapo - geheim! Widerstand und Verfolgung in Duisburg 1933-1945, Bonn-Bad Godesberg 1973.

Bludau, Kuno: Nationalsozialismus und Genossenschaften, Hannover 1968.

Boberach, Heinz/Booms, Hans (Hg.): Aus der Arbeit des Bundesarchivs. Beiträge zum Archivwesen, zur Quellenkunde und Zeitgeschichte (= Schriften des Bundesarchivs, Bd. 25), Boppard a. Rhein 1978.

Boberach, Heinz: Die Regelung von Ansprüchen von Gewerkschaftern auf beschlagnahmtes Vermögen durch die Reichsfeststellungsbehörde 1938 bis 1944, in: IWK, 25. Jg. 1989, Heft 2, S. 188-194.

Boelcke, Willi A.: Die deutsche Wirtschaft 1930-1945. Interna des Reichswirtschaftsministeriums, Düsseldorf 1983.

Boelcke, Willi A.: Die Kosten von Hitlers Krieg. Kriegsfinanzierung und finanzielles Kriegserbe in Deutschland 1933-1948, Paderborn 1985.

Bollmus, Reinhard: Das Amt Rosenberg und seine Gegner. Zum Machtkampf im nationalsozialistischen Herrschaftssystem, Stuttgart 1970.

Bomach, Gottfried/Ramser, Hans-Jürgen/Timmermann, Manfred/Wittmann, Walter (Hg.): Der Keynesianismus, 5 Bände. Bd. 2, Die beschäftigungspolitische Diskussion vor Keynes in Deutschland, Berlin, Heidelberg, New York 1976.

Bons, Joachim: Der Kampf um die Seele des deutschen Arbeiters. Zur Arbeiterpolitik der NSDAP 1920-1933, in: IWK, 25. Jg. 1989, Heft 1, S. 11-41.

Bons, Joachim: Nationalsozialismus und Arbeiterfrage. Zu den Motiven, Inhalten und Wirkungsgründen nationalsozialistischer Arbeiterpolitik vor 1933, Pfaffenweiler 1995.

Born, Karl-Erich: Die deutsche Bankenkrise 1931. Finanzen und Politik, München 1967.

Bosch, Michael (Hg.): Persönlichkeit und Struktur in der Geschichte. Historische Bestandsaufnahme und didaktische Implikationen, Düsseldorf 1977.

Bracher, Karl-Dietrich: Stufen der Machtergreifung, in: Bracher, Karl-Dietrich/Sauer, Wolfgang/Schulz, Gerhard: Die nationalsozialistische Machtergreifung. Studien zur Errichtung des totalitären Herrschaftssystems in Deutschland 1933/34, Köln, Opladen 1962[2], S. 31-368.

Bracher, Karl Dietrich/Funke, Manfred/Jacobsen, Hans-Adolf (Hg.): Deutschland 1933-1945. Neue Studien zur nationalsozialistischen Herrschaft, Düsseldorf 1992.

Bracher, Karl-Dietrich/Sauer, Wolfgang/Schulz, Gerhard: Die nationalsozialistische Machtergreifung. Studien zur Errichtung des totalitären Herrschaftssystems in Deutschland 1933/34, Köln, Opladen 1962².

Brambora, Karl: Entstehung und Entwicklung der Konsumgenossenschaften, Berlin/DDR, o. J. (1950).

Bräutigam, Harald: Wirtschaftssystem des Nationalsozialismus. Probleme neuzeitlicher Wirtschaftsgestaltung, Berlin 1936³.

Brazda, Johann/Schediwy, Robert: Strukturwandel der Konsumgenossenschaften - Ein internationaler Vergleich, in: Zeitschrift für das gesamte Genossenschaftswesen, Bd. 39 (1989), Heft 3, S. 199-215.

Breuer, Stefan: Faschismus in Italien und Deutschland: Gesichtspunkte zum Vergleich, in: Leviathan, 11. Jg. 1983, Heft 1, S. 28-54.

Broszat, Martin: Nach Hitler. Der schwierige Umgang mit unserer Geschichte. Beiträge von Martin Broszat. Herausgegeben von Hermann Graml und Klaus-Dietmar Henke, München 1986.

Broszat, Martin: Die Machtergreifung. Der Aufstieg der NSDAP und die Zerstörung der Weimarer Republik, München 1984.

Broszat, Martin: Der Nationalsozialismus. Weltanschauung, Programm und Wirklichkeit, Stuttgart 1960.

Broszat, Martin: Plädoyer für eine Historisierung des Nationalsozialismus, in: Merkur. Zeitschrift für europäisches Denken, 39. Jg. 1985, Heft 5, S. 373-385.

Broszat, Martin: Soziale Motivation und Führer-Bindung des Nationalsozialismus, in: VfZ, 18. Jg. 1970, Heft 4, S. 392-409.

Broszat, Martin: Der Staat Hitlers, München 1989¹².

Broszat, Martin: Zur Struktur der NS-Massenbewegung, in: VfZ, 31. Jg. 1983, Heft 1, S. 52-76.

Broszat, Martin: Was heißt Historisierung des Nationalsozialismus?, in: HZ, Bd. 247 (1988), S. 1-14.

Broszat, Martin/Friedländer, Saul: Um die "Historisierung des Nationalsozialismus". Ein Briefwechsel, in: VfZ, 36. Jg. 1988, Heft 2, S. 339-372.

Broszat, Martin/Möller, Horst (Hg.): Das Dritte Reich. Herrschaftsstruktur und Geschichte, München 1983.

Broszat, Martin/Schwabe, Klaus (Hg.): Die deutschen Eliten und der Weg in den Zweiten Weltkrieg, München 1989.

Bruns, Paul: Vom Wesen und der Bedeutung der DAF. Ein Beitrag zu ihrer Würdigung als Wegbereiterin einer neuen deutschen Sozialordnung, Diss. Leipzig 1937.

Buchloh, Ingrid: Die nationalsozialistische Machtergreifung in Duisburg, Duisburg 1980.

Buchner, Hans: Die sozialkapitalistischen Konsumvereine (= Nationalsozialistische Bibliothek, Heft 11), München 1932[3].

Bullock, Alan: Hitler: Eine Studie über Tyrannei, Düsseldorf 1953.

Büsch, Otto (Hg./Bearb.): Wählerbewegung in der europäischen Geschichte. Ergebnisse einer Konferenz, Berlin 1980.

Büsch, Otto/Wölk, Monika/Wölk, Wolfgang(Hg./Bearb.): Wählerbewegung in der deutschen Geschichte. Analysen und Berichte zu den Reichstagswahlen 1871-1933, Berlin 1978.

Cassau, Theodor: Die Genossenschaften in der Wirtschaft, in: Vierteljahrsschrift für Genossenschaftswesen. Mitteilungen aus dem Seminar für Genossenschaftswesen der Universität Halle (Saale), 11. Jg. 1933/1934, Heft 4, S. 152-171.

Cassau, Theodor: Die Konsumvereinsbewegung in Deutschland (= Schriften des Vereins für Socialpolitik. Untersuchungen über Konsumvereine, Bd. 150, Die Konsumvereinsbewegung in den einzelnen Ländern. Vierter Teil, Die Konsumvereinsbewegung in Deutschland) München, Leipzig 1924.

Ciolek-Kümper, Jutta: Wahlkampf in Lippe. Die Wahlkampfpropaganda der NSDAP zur Landtagswahl am 15. Januar 1933, München 1976.

Conert, Hansgeorg: Die politischen Grundrichtungen innerhalb der deutschen Sozialdemokratie vor dem ersten Weltkrieg, Offenbach 1974[2].

Costas, Ilse: Auswirkungen der Konzentration des Kapitals auf die Arbeiterklasse in Deutschland (1880-1914), Frankfurt/M. 1981.

Costas, Ilse: Grundlagen der Wirtschafts-und Sozialstatistik, Frankfurt/M., New York 1985.

Crüger, Hans: Erwerbs- und Wirtschaftsgenossenschaften, in: Handwörterbuch der Staatswissenschaften, Bd. 3, Jena 1900[2], S. 734-760; Bd. 3, Jena 1909[3], S. 1108-1135; Bd. 3, Jena 1926[4], S. 850-883.

Crüger, Hans: Konsumvereine, in: Handwörterbuch der Staatswissenschaften, Bd. 5, Jena 1900[2], S. 333-339; Bd. 6, Jena 1910[3], S. 151-156; Bd. 5, Jena 1923[4], S. 875-879.

Czada, Peter: Große Inflation und Wirtschaftswachstum, in: Mommsen, Hans/Petzina, Dietmar/Weisbrod, Bernd (Hg.): Industrielles System und politische Entwicklung in der Weimarer Republik, Bd. 1, Düsseldorf 1977, S. 386-395.

Czichon, Eberhard: Der Primat der Industrie im Kartell der nationalsozialistischen Macht, in: Das Argument, 10. Jg. 1968, Nr. 47, S. 168-192.

Deter, Wolfgang: Deutsche Konsumgenossenschaften. Vom Arbeiterkonsumverein zur Verbrauchervertretung, Karlsruhe 1968.

Deumer, Robert: Das deutsche Genossenschaftswesen, 2 Bände, Berlin, Leipzig 1919.

Dickmann, Fritz: Die Regierungsbildung in Thüringen als Modell der Machtergreifung. Ein Brief Hitlers aus dem Jahre 1930, in: VfZ, 14. Jg. 1966, Heft 4, S. 454-464.

Diehl-Thiele, Peter: Partei und Staat im Dritten Reich. Untersuchungen zum Verhältnis von NSDAP und allgemeiner innerer Staatsverwaltung 1933-1945, München 1969.

Diner, Dan (Hg.): Ist der Nationalsozialismus Geschichte? Zu Historisierung und Historikerstreit, Frankfurt/M. 1987.

Ditt, Karl: Die Konsumgenossenschaften im Dritten Reich, in: IWK, 23. Jg. 1987, Heft 1, S. 82-101.

Domack, Hermann: Der Genossenschaftssozialismus, Leipzig 1913.

Domröse, Ortwin: Der NS-Staat in Bayern von der Machtergreifung bis zum Röhmputsch, München 1974.

Dülffer, Jost: Der Beginn des Krieges 1939: Hitler, die innere Krise und das Mächtesystem, in: GG, 2. Jg. 1976, Heft 4, S. 443-470.

Edinger, Lewis J.: Sozialdemokratie und Nationalsozialismus. Der Parteivorstand der SPD im Exil von 1933-1945, Hannover 1960.

Eichholtz, Dietrich: Geschichte der deutschen Kriegswirtschaft 1939-1945, Band I: 1939-1941, Berlin/DDR 1969.

Eichholtz, Dietrich/Gossweiler, Kurt: Noch einmal: Politik und Wirtschaft 1933-1945, in: Das Argument, 10. Jg. 1968, Nr. 47, S. 210-227.

Engelhardt, Ulrich/Sellin, Volker/Stuke, Horst (Hg.): Soziale Bewegung und politische Verfassung. Beiträge zur Geschichte der modernen Welt, Stuttgart 1976.

Erbe, René: Die nationalsozialistische Wirtschaftspolitik 1933-1939 im Lichte der modernen Theorie, Zürich 1958.

Esenwein-Rothe, Ingeborg: Die Wirtschaftsverbände von 1933 bis 1945, Berlin 1965.

Euchner, Walter: Die Naziherrschaft - eine Normaltyrannei? Über den Mißbrauch geschichtsphilosophischer Deutungen, in: NG/FH, 33. Jg. 1986, Heft 12, S. 1116-1119.

Eulenburg, Fritz: Die sozialen Wirkungen der Währungsverhältnisse, in: Jahrbücher für Nationalökonomie und Statistik, Bd. 122 (III. Folge, Bd. 67), Jena 1924, S. 748-794.

Everling, Henry: Aus seinen Reden und Schriften, Hamburg 1958.

Everling, Henry: Einzelhandel und Konsumgenossenschaften im Dritten Reich. Notgedrungene Abwehr gegen unberechtigte Angriffe, Hamburg 1947.

Fabricius, Hans: Organisatorischer Aufbau der NSDAP (Grundlagen, Aufbau und Wirtschaftsordnung des nationalsozialistischen Staates. Erster Band: Die weltanschaulichen, politischen und staatsrechtlichen Grundlagen des nationalsozialistischen Staates. Gruppe 1: Die weltanschaulichen Grundlagen), Berlin 1937.

Fabry, Phillipp W.: Bewährung im Grenzland. Genossenschaftsarbeit an der Saar von 1860 bis zur Gegenwart, Saarbrücken 1986.

Facius, Friedrich: Politische Geschichte von 1828 bis 1945 (= Patze, Hans/Schlesinger, Walter [Hg.]: Geschichte Thüringens, Bd. 5, Teil 2), Köln, Wien 1978.

Facius, Friedrich: Wirtschaft und Staat. Die Entwicklung der staatlichen Wirtschaftsverwaltung in Deutschland vom 17. Jahrhundert bis 1945 (= Schriften des Bundesarchiv Koblenz, Bd. 6), Boppard a. Rhein 1959.

Falter, Jürgen W.: Hitlers Wähler, München 1991.

Falter, Jürgen W.: Die Wähler der NSDAP 1928-1933: Sozialstruktur und parteipolitische Herkunft, in: Michalka, Wolfgang (Hg.): Die nationalsozialistische Machtergreifung, Paderborn, München, Wien, Zürich 1984, S. 47-59.

Falter, Jürgen W.: War die NSDAP die erste deutsche Volkspartei?, in: Prinz, Michael/ Zitelmann, Rainer (Hg.): Nationalsozialismus und Modernisierung, Darmstadt 1991, S. 21-47.

Falter, Jürgen W./Kater, Michael H.: Wähler und Mitglieder der NSDAP. Neue Forschungsergebnisse zur Soziographie des Nationalsozialismus 1925 bis 1933, in: GG, 19. Jg. 1993, Heft 2, S. 155-177.

Falter, Jürgen/Lindenberger, Thomas/Schumann, Siegfried: Wahlen und Abstimmungen in der Weimarer Republik. Materialien zum Wahlverhalten 1919-1933, München 1986.

Faust, Helmut: Geschichte der Genossenschaftsbewegung. Ursprung und Weg der Genossenschaften im deutschen Sprachraum, Frankfurt/M. 1965.

Feder, Gottfried: Arbeitsbeschaffung und deren Finanzierung, in: Nationalsozialistisches Jahrbuch, 1933, S. 198-205.

Feder, Gottfried: Das Programm der NSDAP und seine weltanschaulichen Grundgedanken (= Nationalsozialistische Bibliothek, Heft 1), München 1937[180-181] (1. Auflage München 1927).

Feder, Gottfried: Der Deutsche Staat auf nationaler und sozialer Grundlage. Neue Wege in Staat, Finanz und Wirtschaft (= Nationalsozialistische Bibliothek, Heft 35), München 1933[12].

Feder, Gottfried: Kampf gegen die Hochfinanz, München 1933[2].

Feldmann, Gerald D. (Hg.): Die Nachwirkungen der Inflation auf die deutsche Geschichte 1924-1933, München 1985.

Festschrift zum 25-jährigen Bestehen des Zentralverbandes deutscher Konsumvereine 1903-1928, Hamburg 1928.

Fischer, Fritz: Bündnis der Eliten. Zur Kontinuität der Machtstrukturen in Deutschland 1871-1945, Düsseldorf 1979.

Fischer, Fritz: Hitler war kein Betriebsunfall. Aufsätze, München 1992.

Fischer, Wolfram: Die Weimarer Republik unter den weltwirtschaftlichen Bedingungen der Zwischenkriegszeit, in: Mommsen, Hans/Petzina, Dietmar/Weisbrod, Bernd (Hg.): Industrielles System und politische Entwicklung in der Weimarer Republik, Bd. 1, Düsseldorf 1977, S. 26-50.

Fleißner, Herrmann: Die Konsumvereine im Kampfe gegen Steuerunrecht und gegen Lüge und Niedertracht, Hamburg 1931.

Fleißner, Herrmann: Genossenschaften und Arbeiterbewegung, Jena 1924² (1. Auflage Dresden 1911).

Flieger, Heinz: Im Wandel der Zeit. Die Geschichte der Großeinkaufs-Gesellschaft Deutscher Konsumgenossenschaften mbH., Düsseldorf 1962.

Forstmeier, Friedrich/Volkmann, Hans-Erich (Hg.): Wirtschaft und Rüstung am Vorabend des Zweiten Weltkrieges, Düsseldorf 1975.

Fraenkel, Ernst: Der Doppelstaat. Recht und Justiz im "Dritten Reich", Frankfurt/M. 1984.

Frei, Norbert: "Machtergreifung". Anmerkungen zu einem historischen Begriff, in: VfZ, 31. Jg. 1983, Heft 1, S. 136-145.

Fricke, Dieter: Die deutsche Arbeiterbewegung 1869-1914. Ein Handbuch über ihre Organisation und Tätigkeit im Klassenkampf, Berlin/DDR 1976.

Fritzsche, H. Rolf: Wirtschaftslenkung im Handel. Eine Darstellung der staatlichen Maßnahmen unter besonderer Berücksichtigung der Mittelstandspolitik, in: Bissinger, Edgar (Hg.): Der deutsche Handel. Aufgabe und Zukunft, Stuttgart, Berlin 1936, S. 361-401.

Fröhlich, Elke (Hg.): Die Tagebücher von Joseph Goebbels. Sämtliche Fragmente. Teil I, Aufzeichnungen 1924-1941 (4 Bände), München, New York, London, Paris 1987.

50 Jahre 1899-1949 Konsumgenossenschaft Wuppertal eGmbH., o. O., o. J. (1949).

Funke, Manfred (Hg.): Hitler, Deutschland und die Mächte, Düsseldorf 1978.

Geiger, Theodor: Panik im Mittelstand, in: Die Arbeit, 7. Jg. 1930, Heft 10, S. 637-654.

Geiger, Theodor: Die soziale Schichtung des deutschen Volkes. Soziographischer Versuch auf statistischer Grundlage, Stuttgart 1932.

Der Genossenschaftsgedanke im neuen Staat. Vorträge gehalten auf dem vom Institut für Genossenschaftswesen an der Johann Wolfgang Goethe-Universität veranstalteten Genossenschaftskurses in Kaiserslautern (= Veröffentlichungen des Instituts für Genossenschaftswesen an der Johann Wolfgang Goethe-Universität Frankfurt a. Main, Heft 8), Berlin, Wien 1934.

Gerhard, Adele: Konsumgenossenschaft und Sozialdemokratie, Nürnberg 1895.

Glaeßner, Gert-Joachim: Arbeiterbewegung und Genossenschaft. Entstehung und Entwicklung der Konsumgenossenschaften in Deutschland am Beispiel Berlins, Göttingen 1989.

Glaeßner, Gert-Joachim/Scherer, Klaus-Jürgen (Hg.): Auszug aus der Gesellschaft? Gemeinschaften zwischen Utopie, Reform und Reaktion, Berlin 1986.

Godenschweger, Walter B./Leuchtmann, Klaus: Historische Erfahrungen mit Produktions- und Konsumgenossenschaften, in: Glaeßner, Gert-Joachim/Scherer, Klaus-Jürgen (Hg.): Auszug aus der Gesellschaft? Gemeinschaften zwischen Utopie, Reform und Reaktion, Berlin 1986, S. 104-119.

Göhre, Paul: Die deutschen Arbeiter-Konsumvereine, Berlin 1910.

Gotoh, Toshiaki: Die sozio-ökonomische und politische Entwicklung des gewerblichen Mittelstands im Dritten Reich 1933 bis 1945, in: Shogaku-Kenkyu (The Business Review of Aichi-Gakuin-University), 30. Bd. 1985, Heft 3, S. 175-202.

Gottschall, Hugo: Die Bilanzen der Konsumvereine, betrachtet unter dem Gesichtspunkt der Liquidität (= Veröffentlichungen des Institus für Genossenschaftswesen an der Universität Frankfurt a. Main, Heft 2), Berlin, Wien 1932.

Grebing, Helga: Arbeiterbewegung. Sozialer Protest und kollektive Interessenvertretung bis 1914, München 1985.

Grebing, Helga: Geschichte der deutschen Arbeiterbewegung. Ein Überblick, München 1980[10].

Grosse, Wolfram: Genossenschaftsfragen, in: DWZ, Nr. 31 v. 4. August 1938, S. 958-960.

Grünberg, Emil: Der Mittelstand in der kapitalistischen Gesellschaft. Eine ökonomische und soziologische Untersuchung, Leipzig 1932.

Grunberger, Richard: Das zwölfjährige Reich. Der deutsche Alltag unter Hitler, Wien, München, Zürich 1972.

Günther, Adolf: Die Folgen des Krieges für Einkommen und Lebenshaltung der mittleren Volksschichten Deutschlands, in: Meerwarth, Rudolf/Günther, Adolf/Zimmermann, Waldemar: Die Einwirkungen des Krieges auf die Bevölkerungsbewegung, Einkommen und Lebenshaltung in Deutschland, Stuttgart, Berlin, Leipzig 1932, S. 98-279.

Habermas, Jürgen: Erkenntnis und Interesse, Frankfurt/M. 1968

Hachtmann, Rüdiger: Arbeitsmarkt und Arbeitszeit in der deutschen Industrie 1929 bis 1939, in: AfS, XXVII. Bd. 1987, S. 177-227.

Hachtmann, Rüdiger: Industriearbeit im "Dritten Reich". Untersuchungen zu den Lohn- und Arbeitsbedingungen in Deutschland 1933-1945, Göttingen 1989.

Hachtmann, Rüdiger: Lebenshaltungskosten und Reallöhne während des "Dritten Reiches", in: VSWG, 75. Bd. 1988, Heft 1, S. 32-73.

Die Handelsspanne. Arbeitstagung der Forschungsstelle für den Handel, Berlin am 22. April 1931 (= Schriftenreihe der Forschungsstelle für den Handel, Nr. 1), Berlin, Wien 1931.

Hardach, Gerd: Deutschland in der Weltwirtschaft 1870-1970. Eine Einführung in die Sozial- und Wirtschaftsgeschichte, Frankfurt/M., New York 1977.

Hardach, Gerd: Die beiden Reichsbanken: Internationales Währungssystem und nationale Währungspolitik 1924-1931, in: Mommsen, Hans/Petzina, Dietmar/Weisbrod, Bernd (Hg.): Industrielles System und politische Entwicklung in der Weimarer Republik, Bd. 1, Düsseldorf 1977, S. 375-386.

Hardach, Karl: Wirtschaftsgeschichte Deutschlands im 20. Jahrhundert, Göttingen 1976.

Hardach, Karl: Zur zeitgenössischen Debatte der Nationalökonomie über die Ursachen der deutschen Nachkriegsinflation, in: Mommsen, Hans/Petzina, Dietmar/Weisbrod, Bernd (Hg.): Industrielles System und politische Entwicklung in der Weimarer Republik, Bd. 1, Düsseldorf 1977, S. 368-375.

Harms, Bernhard (Hg.): Strukturwandlungen der Deutschen Volkswirtschaft (Vorlesungen gehalten während des Herbst-Lehrganges 1927 der Deutschen Vereinigung für Staatswissenschaftliche Fortbildung), Bd. 1 und Bd. 2, Berlin 1928.

Hasselmann, Erwin: Die genossenschaftliche Selbsthilfe der Verbraucher. Werden und Wesen der deutschen Konsumgenossenschaftsbewegung, Hamburg 1957[2].

Hasselmann, Erwin: Geschichte der deutschen Konsumgenossenschaften, Frankfurt/M. 1971.

Hasselmann, Erwin: Von der Lebensmittel-Association zur coop. Die unternehmerische Verbraucherselbsthilfe im Wandel der Zeit, Hamburg 1984.

Hasselmann, Erwin: Die Rochdaler Grundsätze im Wandel der Zeit, Frankfurt/M. 1968.

Hasselmann, Erwin: Im Strom der Zeit. 60 Jahre Zentralverband deutscher Konsumgenossenschaften, Hamburg 1963.

Hasselmann, Erwin: ... und trug hundertfältige Frucht. Ein Jahrhundert konsumgenossenschaftlicher Selbsthilfe in Stuttgart, Stuttgart 1964.

Hasselmann, Erwin: Dem Verbraucher verpflichtet. 1889-1964. 75 Jahre Konsumgenossenschaft Göppingen, Göppingen 1964

Haupt, Heinz-Gerhard (Hg.): Die radikale Mitte. Lebensweise und Politik von Handwerkern und Kleinhändlern in Deutschland seit 1848, München 1985.

Hayler, Franz: Die Reichsgruppe Handel. Aufgaben und Aufbau (= Schriften zum Staatsaufbau. Neue Folge der Schriften der Hochschule für Politik, Teil II, Heft 49), Berlin 1940.

Heer, Hannes: Burgfrieden oder Klassenkampf. Zur Politik der sozialdemokratischen Gewerkschaften 1930-1933, Neuwied, Berlin 1971.

Heiber, Helmut: Die Republik von Weimar, München 1975[8].

Heimann, Horst/Meyer,Thomas (Hg.): Reformsozialismus und Sozialdemokratie. Zur Theoriediskussion des Demokratischen Sozialismus in der Weimarer Republik. Bericht zum wissenschaftlichen Kongreß der Friedrich-Ebert-Stiftung "Beiträge zur reformistischen Sozialismustheorie in der Weimarer Republik" vom 9. bis 12. Oktober 1980, Berlin, Bonn 1982.

Heintze, (?): Die Sparkassen als Träger der nationalen Sparkapitalbildung, in: DVW, 10. Jg. 1936, Sonderheft 13 vom 28. Februar 1936 (Unkosten und Rentabilität im deutschen Bankgewerbe), S. 32-35.

Henn, Richard: Das selbständige deutsche Fleischerhandwerk und die Konsumvereine und Werkskonsumanstalten, Diss. Köln (Wiso Fak.), Köln 1933.

Hennig, (?): Der Mustervertrag für die Überführung von Verteilungsstellen aufgelöster Verbrauchergenossenschaften auf Einzelhändler, in: DWZ, Nr. 5 v. 3. Februar 1938, S. 148-151.

Hennig, Eike: Bürgerliche Gesellschaft und Faschismus in Deutschland. Ein Forschungsbericht, Frankfurt/M. 1977.

Hennig, Eike: Thesen zur deutschen Sozial- und Wirtschaftsgeschichte 1933-1938, Frankfurt/M. 1973.

Henning, Friedrich-Wilhelm (Hg.): Probleme der nationalsozialistischen Wirtschaftspolitik, Berlin 1976.

Henzler, Reinhold: Die Rückvergütung der Konsumvereine (= Betriebs- und finanzwirtschaftliche Forschungen, II. Serie, Heft 44), Berlin, Wien 1929.

Henzler, Reinhold: Erneuerung des deutschen Genossenschaftswesens, Berlin 1934.

Hepach, Wolf-D.: 125 Jahre Konsum - co op Ulm. Die Geschichte einer Verbrauchergemeinschaft, hrsg. von der co op Ulm, Ulm 1991.

Herbert, Ulrich: Arbeiterschaft im "Dritten Reich". Zwischenbilanz und offene Fragen, in: GG, 15. Jg. 1989, Heft 3, S. 320-360.

Hertz, Paul: Das Ende der deutschen Konsumgenossenschaftsbewegung, in: Zeitschrift für Sozialismus, Heft 20/21, Mai/Juni 1935, Karlsbad 1935, S. 663-771.

Heuel, Eberhard: Der umworbene Stand. Die ideologische Integration der Arbeiter im Nationalsozialismus 1933-1935, Frankfurt/M., New York 1989.

Holexa, Josef: Die Entwicklung der westdeutschen Konsumgenossenschaften unter Berücksichtigung der Großkonsumgenossenschaften, Diss. Nürnberg, Nürnberg 1960.

Hildebrandt, Klaus: Nationalsozialismus oder Hitlerismus?, in: Bosch, Michael (Hg.): Persönlichkeit und Struktur in der Geschichte. Historische Bestandsaufnahme und didaktische Implikationen, Düsseldorf 1977, S. 55-61.

Hilland, Paul: Nationalsozialistische Einzelhandelspolitik, in: DDV, Nr. 5 1933, S. 139-141.

Hiller v. Gaertringen, Friedrich Freiher: Die Deutschnationale Volkspartei, in: Matthias, Erich/Morsey, Rudolf (Hg.): Das Ende der Parteien 1933, Düsseldorf 1960, S. 541-652.

Hirsch, Julius: Der moderne Handel, seine Organisation und Formen und die staatliche Binnenhandelspolitik (= Grundriß der Sozialökonomik, V. Abteilung, Handel, Transportwesen, Bankwesen. II. Teil), Tübingen 1925[2].

Hirsch, Julius: Stellung und Bedeutung des Handels in der deutschen Volkswirtschaft, in: Harms, Bernhard (Hg.): Strukturwandlungen der Deutschen Volkswirtschaft (Vorlesungen gehalten während des Herbst-Lehrganges 1927 der Deutschen Vereinigung für Staatswissenschaftliche Fortbildung), Bd. 2, Berlin 1928, S. 83-114.

Hirschfeld, Gerhard/Kettenacker, Lothar (Hg.): Der "Führerstaat": Mythos und Realität. Studien zur Struktur und Politik des Dritten Reiches, Stuttgart 1981

Hitler, Adolf: Mein Kampf. Zwei Bände in einem Band. Ungekürzte Ausgabe, München 1934[97-101].

Hitlers Zweites Buch. Ein Dokument aus dem Jahr 1928. Eingeleitet und kommentiert von Gerhard L. Weinberg. Mit einem Geleitwort von Hans Rothfels, Stuttgart 1961.

Holtfrerich, Carl-Ludwig: Die deutsche Inflation 1914-1923. Ursachen und Folgen in internationaler Perspektive, Berlin, New York 1980.

Holtz, Wolfgang: Die Durchführung des Gesetzes über Verbrauchergenossenschaften, in: Deutsche Verwaltung. Organ der Fachgruppe Verwaltungsjuristen des Bundes National-Sozialistischer Deutscher Juristen, 12. Jg. 1935, Heft 10, S. 306-308.

Holtz, Wolfgang: Zur Entscheidung in der Konsumvereinsfrage, in: Die neue Wirtschaft. Blätter für Theorie und Praxis des deutschen Außenhandels, 3. Jg. 1935, Heft 9, S. 15-16.

Huber, Ernst Rudolf: Deutsche Verfassungsgeschichte seit 1789. Band VI, Die Weimarer Reichsverfassung, Stuttgart, Berlin, Köln, Mainz 1981.

Huber, Ernst Rudolf: Deutsche Verfassungsgeschichte seit 1789. Band VII, Aufbau, Schutz und Untergang der Weimarer Republik, Stuttgart, Berlin, Köln, Mainz 1984.

Huber, Josef (Hg): Anders arbeiten - anders wirtschaften. Dualwirtschaft: Nicht jede Arbeit muß ein Job sein, Frankfurt/M. 1979.

Huck, Gerhard: Arbeiterkonsumverein und Verbraucherorganisation. Die Entwicklung der Konsumgenossenschaften im Ruhrgebiet 1860-1914, in: Reuleke, Jürgen/Weber, Wolfhard: Fabrik - Familie - Feierabend. Beiträge zur Sozialgeschichte des Alltags im Industriezeitalter, Wuppertal 1978, S. 215-246.

Hüls, Hans: Wähler und Wahlverhalten im Land Lippe während der Weimarer Republik, Detmold 1974.

Hüttenberger, Peter: Die Gauleiter. Studie zum Wandel des Machtgefüges in der NSDAP, Stuttgart 1969.

Hüttenberger, Peter: Nationalsozialistische Polykratie, in: GG, 2. Jg. 1976, Heft 4, S. 417-442.

Iske, Horst-Dieter/Villmar, Fritz: Selbsthilfe - Genossenschaften - Kommunen. Ein Überblick über neuere Literatur, in: IWK, 26. Jg. 1990, Heft 2, S. 205-234.

Jäckel, Eberhard: Hitlers Weltanschauung. Entwurf einer Herrschaft, Stuttgart 1986[3].

Jahn, Georg: Das deutsche Genossenschaftswesen der Gegenwart (= Beiträge zur Genossenschaftskunde. Schriften des Seminars für Genossenschaftswesen an der Universität Halle-Wittenberg, Heft 3) Leipzig 1936, 1937[2].

Jahrbuch Arbeiterbewegung 1982. Selbstverwaltung und Arbeiterbewegung, hrsg. von Heinz-Gerhard Haupt, Annette Jost, Gerhard Leithäuser, Ulrich Mückenberger, Oskar Negt, Claudio Pozzoli und Hans-Josef Steinberg, Frankfurt/M. 1982.

Jamin, Mathilde: Das Ende der "Machtergreifung": Der 30. Juni 1934 und seine Wahrnehmung in der Bevölkerung, in: Michalka, Wolfgang, (Hg.): Die nationalsozialistische Machtergreifung, Paderborn, München, Wien, Zürich 1984, S. 207-219.

Jamin, Mathilde: Zur Rolle der SA im nationalsozialistischen Herrschaftssystem, in: Hirschfeld, Gerhard/Kettenacker, Lothar (Hg.): Der "Führerstaat": Mythos und Realität. Studien zur Struktur und Politik des Dritten Reiches, Stuttgart 1981, S. 329-360.

Jamin, Mathilde: Zwischen den Klassen. Zur Sozialstruktur der SA-Führerschaft, Wuppertal 1984.

Jaschke, Hans-Gerd: Soziale Basis und soziale Funktion des Nationalsozialismus. Studien zur Bonapartismustheorie, Opladen 1982.

Jasper, Gotthard (Hg.): Von Weimar zu Hitler 1930-1933, Köln, Berlin 1968.

Jokisalo, Jouko: Die antikapitalistische und pseudosozialistische Demagogie in der Ideologie des deutschen Faschismus (1933-39), Diss. Berlin (Humboldt) 1986.

Kadritzke, Niels: Faschismus und Krise. Zum Verhältnis von Politik und Ökonomie im Nationalsozialismus, Frankfurt/M., New York 1976.

Kahlenberg, Friedrich (Hg.): Aus der Arbeit der Archive. Beiträge zum Archivwesen, zur Quellenkunde und zur Geschichte. Festschrift für Hans Booms (= Schriften des Bundesarchivs, Bd. 36), Boppard a. Rhein, 1989.

Kater, Michael H.: Ansätze zu einer Soziologie der SA bis zur Röhm-Krise, in: Engelhardt, Ulrich/Sellin, Volker/Stuke, Horst (Hg.): Soziale Bewegung und politische Verfassung. Beiträge zur Geschichte der modernen Welt, Stuttgart 1976, S. 798-831.

Kater, Michael H.: Methodologische Überlegungen über Möglichkeiten und Grenzen einer Analyse der sozialen Zusammensetzung der NSDAP 1925-1945, in: Mann, Reinhard (Hg.): Die Nationalsozialisten, Stuttgart 1980, S. 155-185.

Kater, Michael H.: Sozialer Wandel in der NSDAP im Zuge der nationalsozialistischen Machtergreifung, in: Schieder, Wolfgang (Hg.): Faschismus als soziale Bewegung. Deutschland und Italien im Vergleich, Göttingen 1983[2], S. 25-67.

Kater, Michael H.: Zur Soziographie der frühen NSDAP, in: VfZ, 19. Jg. 1971, Heft 2, S. 124-159.

Kaufmann, Heinrich: Kurzer Abriß der Geschichte des Zentralverbandes deutscher Konsumvereine, Hamburg 1928.

Kautsky, Karl: Cosumvereine und Arbeiterbewegung, Wien 1897.

Kemeny, Julius: Verbrauchergenossenschaften und Nationalsozialismus, Diss. München 1936, Lohr a. Main 1937.

Kershaw, Ian: Der NS-Staat. Geschichtsinterpretationen und Kontroversen im Überblick, Reinbeck 1988.

Kissenkoetter, Udo: Gregor Straßer und die NSDAP, Stuttgart 1978.

Klepzig, Vollrath: Wirtschaftskrise und Konsumgenossenschaften, Hamburg 1931.

Klönne, Arno: Die deutsche Arbeiterbewegung. Geschichte - Ziele - Wirkungen, Düsseldorf, Köln 1980.

Klotzbach, Kurt: Gegen den Nationalsozialismus. Widerstand und Verfolgung in Dortmund 1930-1945. Eine historisch-politische Studie, Hannover 1969.

Kluthe, Klaus: Genossenschaften und Staat in Deutschland. Systematische und historische Analysen deutscher Genossenschaftspolitik bezogen auf den Zeitraum 1914 bis zur Gegenwart, Berlin 1985.

Kocka, Jürgen: Sozialgeschichte. Begriff - Entwicklung - Probleme, Göttingen 1977.

Kocka, Jürgen: Struktur und Persönlichkeit als methodologisches Problem der Geschichtswissenschaft, in: Bosch, Michael (Hg.): Persönlichkeit und Struktur in der Geschichte. Historische Bestandsaufnahme und didaktische Implikationen, Düsseldorf 1977, S. 152-169.

Köhler, Bernhard: Des Führers Wirtschaftspolitik. Rede gehalten am 8.9.34 in der Sondertagung der Kommission für Wirtschaftspolitik auf dem Reichsparteitag zu Nürnberg (= Hier spricht das neue Deutschland! Heft 8/9), München 1934.

König, Paul: Die Händlergenossenschaft als Band zwischen Erzeuger und Verbraucher, in: Der Genossenschaftsgedanke im neuen Staat. Vorträge gehalten auf dem vom Institut für Genossenschaftswesen an der Johann Wolfgang Goethe-Universität veranstalteten Genossenschaftskurses in Kaiserslautern (= Veröffentlichungen des Instituts für Genossenschaftswesen an der Johann Wolfgang Goethe-Universität Frankfurt a. Main, Heft 8), Berlin, Wien 1934.

Vom Konsumverein zur co op. 120 Jahre im Dienst des Verbrauchers, 1864-1984 (Konsumgenossenschaft Stuttgart), hrsg. von der co op Verbraucher Aktiengesellschaft Frankfurt, Hamburg 1984.

Vom Konsumverein zur co op. 120 Jahre im Dienst des Verbrauchers, 1867-1987 co op Schöningen-Helmstedt, hrsg. von der co op AG, Abteilung Aktionärsinformation, Hamburg, Hamburg 1987.

Warum Konsumgenossenschaften? Sozialistische Bildungshefte, 2. Jg. 1947, Nr. 12, hrsg. vom Zentralsekretariat der Sozialistischen Einheitspartei Deutschlands, Abteilung Parteischulung, zum Politischen Bildungsabend am 24. Juni 1947.

Koonz, Claudia: "Mütter im Vaterland" - Frauen im Dritten Reich, Freiburg 1991.

Korp, Andreas: Stein auf Stein. 50 Jahre Großeinkaufsgesellschaft österreichischer Konsumvereine 1905-1955, Wien 1955.

Koszyk, Kurt: Deutsche Presse im 19. Jahrhundert. Geschichte der deutschen Presse, Teil II, Berlin 1966.

Kratzenberg, Volker: Arbeiter auf dem Weg zu Hitler? Die Nationalsozialistische Betriebszellen-Organisation. Ihre Entstehung, ihre Programmatik, ihr Scheitern. 1927-1934, Frankfurt/M., Bern, New York, Paris 1989².

Kratzsch, Gerhard: Der Gauwirtschaftsapparat der NSDAP. Menschenführung - "Arisierung" - Wehrwirtschaft im Gau Westfalen-Süd. Eine Studie zur Herrschaftspraxis im totalen Staat, Münster 1989.

Krebs, Albert: Tendenzen und Gestalten der NSDAP. Erinnerungen an die Frühzeit der Partei, Stuttgart 1959.

Krohn, Claus-Dieter/Stegmann, Dirk: Kleingewerbe und Nationalsozialismus in einer agrarisch-mittelständischen Region. Das Beispiel Lüneburg 1930-1939, in: AfS, XVII. Bd. 1977, S. 41-98.

Krohn, Klaus-Dieter: Stabilisierung und ökonomische Interessen. Die Finanzpolitik des Deutschen Reiches 1923-1927, Düsseldorf 1974.

Krueger, Hermann Edwin: Die wirtschaftliche und soziale Lage der Privatangestellten, Teil 1, Jena 1910, Teil 2 (= Schriften der Gesellschaft für soziale Reform, III. Band, Heft 8 u. 9, Heft 32 u. 33 der ganzen Reihe), Jena 1912.

Kruse, Christina: Die Volkswirtschaftslehre im Nationalsozialismus, Freiburg 1988.

Kube, Alfred: Pour le mérite und Hakenkreuz. Hermann Göring im Dritten Reich, München 1987[2].

Kühnl, Reinhard: Der 30. Januar 1933 - 60 Jahre danach, in: Blätter für deutsche und internationale Politik, 39. Jg. 1993, Heft 1, S. 40-49.

Kühnl, Reinhard: Die nationalsozialistische Linke 1925-1930, Meisenheim am Glan 1966.

Kulemann, Wilhelm: Die Genossenschaftsbewegung. Bd. 1, Berlin 1922, Bd. 2, Berlin 1925.

Kurzer, Ulrich: Konsumgenossenschaften im nationalsozialistischen Deutschland, in: IWK, 27. Jg. 1991, Heft 4, S. 429-453.

Lahr, Rolf: Zeuge von Fall und Aufstieg. Private Briefe 1934-1974, Hamburg 1981.

Lampe, Adolf: Die steuerliche Begünstigung der Erwerbs- und Wirtschaftsgenossenschaften in Deutschland, in: Wörterbuch der Volkswirtschaft, Bd. 1, Jena 1931[4], S. 751-753.

Lange, Paul: Detailhandel und Mittelstandspolitik, in: Neue Zeit, 25. Jg. 1906-07, 2. Bd., S. 693-702, 730-741, 764-769.

Ley, Robert: Die deutsche Arbeitsfront, ihr Werden und ihre Aufgaben. Rede vor dem Diplomatischen Korps und der ausländischen Presse am 1. März 1934 bei einem Empfangsabend des Außenpolitischen Amtes der NSDAP (= Hier spricht das neue Deutschland! Heft 3), München 1934.

Ley, Robert: Durchbruch der sozialen Ehre. Reden und Gedanken für das schaffende Deutschland. Herausgegeben von Hans Dauer unter Mitarbeit von Walter Kiehl, Berlin 1935.

Link, Werner: Der amerikanische Einfluß auf die Weimarer Republik in der Dawesplanphase (Elemente eines "penetrierten Systems"), in: Mommsen, Hans/Petzina, Dietmar/Weisbrod, Bernd (Hg.): Industrielles System und politische Entwicklung in der Weimarer Republik, Bd. 2, Düsseldorf 1977, S. 485-498.

Longerich, Peter: Die braunen Batallione. Geschichte der SA, München 1989.

Longerich, Peter: Hitlers Stellvertreter. Führung der Partei und Kontrolle des Staatsapparates durch den Stab Heß und die Partei-Kanzlei Bormann, München, London, New York, Paris 1992.

Lösche, Peter: Kleine Geschichte der Parteien, Stuttgart, Berlin, Köln 1993.

Lüer, Carl: Grundfragen der deutschen Absatzwirtschaft, in: Probleme des deutschen Wirtschaftslebens. Erstrebtes und Erreichtes. Eine Sammlung von Abhandlungen. Herausgegeben vom Deutschen Institut für Bankwissenschaft und Bankwesen (Festschrift für Hjalmar Schacht zum 60. Geburtstag), Berlin, Leipzig 1937, S. 243-343.

Luthardt, Wolfgang: Strukturaspekte der Weimarer Republik und des Nationalsozialismus. - Diskutiert am Beispiel zeitgenössischer sozialdemokratischer Analysen, in: Prokla 52, 1983, S. 103-122.

Mai, Gunther: "Warum steht der deutsche Arbeiter zu Hitler?" Zur Rolle der Deutschen Arbeitsfront im Herrschaftssystem des Dritten Reiches, in: GG, 12. Jg. 1986, Heft 2, S. 212-234.

Mai, Gunther: Die Nationalsozialistische Betriebszellen-Organisation. Zum Verhältnis von Arbeiterschaft und Nationalsozialismus, in: VfZ, 31. Jg. 1983, Heft 4, S. 573-613.

Mann, Reinhard (Hg.): Die Nationalsozialisten, Stuttgart 1980.

Mann, Reinhard: Protest und Kontrolle im Dritten Reich. Nationalsozialistische Herrschaft im Alltag einer rheinischen Großstadt, Frankfurt/M., New York 1987.

Mann, Reinhard: Widerstand gegen den Nationalsozialismus, in: NpL, XXII. Jg. 1977, Heft 4, S. 425-442.

Marbach, Fritz: Theorie des Mittelstandes, Bern 1942.

Märker, Friedrich (Hg.): Der Zusammenbruch des Allgemeinen Konsum-Vereins Halle-Saale u. Umgebung eGmbH, Delitzsch, o. J.

Marreck, Adolf: Ein Weg zur Befreiung der Arbeiterklasse, Berlin 1895.

Marrenbach, Otto (Hg.): Fundamente des Sieges. Die Gesamtarbeit der Deutschen Arbeitsfront von 1933 bis 1940, Berlin 1940[2].

Marx, Karl: Der achtzehnte Brumaire des Louis Bonaparte, in: MEW 8, Berlin/DDR 1982[7], S. 111-207.

Marx, Karl: Das Kapital. Kritik der politischen Ökonomie, Bd. 1, in: MEW 23, Berlin/DDR 1979[13].

Marx, Karl: Die Klassenkämpfe in Frankreich 1848-1850, in: MEW 7, Berlin/DDR 1982[8], S. 9-107.

Marx, Karl: Kritik des Gothaer Programms, in: MEW 19, Berlin/DDR 1978[7], S. 11-32.

Mason, Timothy: Arbeiterklasse und Volksgemeinschaft. Dokumente und Materialien zur deutschen Arbeiterpolitik 1936-1939, Opladen 1975.

Mason, Timothy: Die Bändigung der Arbeiterklasse im nationalsozialistischen Deutschland. Eine Einleitung, in: Sachse, Carola/Siegel, Tilla/Spode, Hasso/Spohn, Wolfgang: Angst, Belohnung, Zucht und Ordnung. Herrschaftsmechanismen im Nationalsozialismus, Opladen 1982, S. 11-53.

Mason, Timothy: Zur Entstehung des Gesetzes zur Ordnung der nationalen Arbeit, vom 20. Januar 1934: Ein Versuch über das Verhältnis "archaischer" und "moderner" Momente in der neuesten deutschen Geschichte, in: Mommsen, Hans/Petzina, Dietmar/Weisbrod, Bernd (Hg.): Industrielles System und politische Entwicklung in der Weimarer Republik, Bd. 1, Düsseldorf 1977, S. 322-351.

Mason, Timothy: Zur Funktion des Angriffskrieges 1939, in Ziebura, Gilbert (Hg.): Grundfragen der deutschen Außenpolitik seit 1871, Darmstadt 1975, S. 376-413.

Mason, Timothy: Innere Krise und Angriffskrieg 1938/39, in: Forstmeier, Friedrich/Volkmann, Hans-Erich (Hg.): Wirtschaft und Rüstung am Vorabend des Zweiten Weltkrieges, Düsseldorf 1975, S. 158-188.

Mason, Timothy: Zur politischen Relevanz historischer Theorien. Die Imperialismus-Diskussion im Schatten des Kalten Krieges, in: apuz, B 20/72, S. 33-42.

Mason, Timothy: Primat der Industrie? - Eine Erwiderung, in: Das Argument, 10. Jg. 1968, Nr. 47, S. 193-209.

Mason, Timothy: Der Primat der Politik - Politik und Wirtschaft im Nationalsozialismus, in: Das Argument, 8. Jg. 1966, Nr. 41, S. 473-494.

Mason, Timothy: Sozialpolitik im Dritten Reich. Arbeiterklasse und Volksgemeinschaft, Opladen 1978[2].

Matthias, Erich/Morsey, Rudolf (Hg.): Das Ende der Parteien 1933, Düsseldorf 1960.

Meerwarth, Rudolf/Günther, Adolf/Zimmermann, Waldemar: Die Einwirkungen des Krieges auf die Bevölkerungsbewegung, Einkommen und Lebenshaltung in Deutschland, Stuttgart, Berlin, Leipzig 1932.

Meier-Benneckenstein, Paul (Hg.): Das Dritte Reich im Aufbau. Übersichten und Leistungsberichte. Band 5, Partei und Staat. Der organisatorische Aufbau. Teil IV, Berlin 1941.

Meinck, Gerhard: Hitler und die deutsche Aufrüstung 1933-37, Wiesbaden 1959.

Mersmann, Arno: Wirtschaftliche Selbsthilfe und Selbstverwaltung als politische Bewegung, in: Novy, Klaus/Hombach, Bodo/Karthaus, Frank/Bimberg, Ulrich/Mersmann, Arno/Schepers, Albert: Anders Leben. Geschichte und Zukunft der Genossenschaftskultur, Berlin, Bonn 1985.

Mey, G.: Genossenschaftliche Selbstverwaltung und Führerprinzip, in: Beiträge zur Wirtschaftslehre der Genossenschaften. Eine Vortragsreihe des Instituts für Genossenschaftswesen an der Handels-Hochschule Königsberg (Pr.), Königsberg (Pr.) 1936.

Michalka, Wolfgang, (Hg.): Die nationalsozialistische Machtergreifung, Paderborn, München, Wien, Zürich 1984.

Milatz, Alfred: Wähler und Wahlen in der Weimarer Republik, Bonn 1965.

Milward, Alan Steele: Der deutsche Handel und der Welthandel 1925-1939, in: Mommsen, Hans/Petzina, Dietmar/Weisbrod, Bernd (Hg.): Industrielles System und politische Entwicklung in der Weimarer Republik, Bd. 2, Düsseldorf 1977, S. 472-484.

Milward, Alan Steele: Die deutsche Kriegswirtschaft 1939-1945, Stuttgart 1966.

Mommsen, Hans: Aktionsformen und Bedingungen des Widerstands in der Arbeiterschaft, in: Widerstandsbewegungen in Deutschland und Polen während des Zweiten Weltkrieges. X. deutsch-polnische Schulbuchkonferenz der Historiker vom 2. bis 5. Juni 1977 in Lancut (Polen), Braunschweig 1983[2], S. 64-74.

Mommsen, Hans: Beamtentum im Dritten Reich. Mit ausgewählten Quellen zur nationalsozialistischen Beamtenpolitik, Stuttgart 1966.

Mommsen, Hans: Nationalsozialismus als vorgetäuschte Modernisierung, in: Pehle, Walter H. (Hg.): Der historische Ort des Nationalsozialismus. Annäherungen, Frankfurt/M. 1990, S. 31-46.

Mommsen, Hans: Nationalsozialismus oder Hitlerismus?, in: Bosch, Michael (Hg.): Persönlichkeit und Struktur in der Geschichte. Historische Bestandsaufnahme und didaktische Implikationen, Düsseldorf 1977, S. 62-71.

Mommsen, Hans: Die verspielte Freiheit. Der Weg der Republik von Weimar in den Untergang 1918 bis 1933, Berlin 1989.

Mommsen, Hans/Petzina, Dietmar/Weisbrod, Bernd (Hg.): Industrielles System und politische Entwicklung in der Weimarer Republik, 2 Bände, Düsseldorf 1977.

Mommsen, Hans/Willems, Susanne (Hg.): Herrschaftsalltag im Dritten Reich. Studien und Texte, Düsseldorf 1988.

Mönckmeier, Otto (Hg.): Jahrbuch der nationalsozialistischen Wirtschaft, Berlin, Stuttgart 1935.

Morsch, Günther: Arbeit und Brot. Studien zu Lage, Stimmung, Einstellung und Verhalten der deutschen Arbeiterschaft 1933-1936/37, Frankfurt/M., Berlin, Bern, New York, Paris, Wien 1993.

Müller, Helmut: Die Zentralbank - eine Nebenregierung, Opladen 1973.

Müller, Klaus-Jürgen (Hg.): Der deutsche Widerstand 1933-1945, Paderborn, München, Wien, Zürich 1986.

Müller, Klaus-Jürgen: Armee und Drittes Reich 1933-1939. Darstellung und Dokumentation, Paderborn 1987.

Müller, Klaus-Jürgen: Das Heer und Hitler. Armee und nationalsozialistisches Regime 1933-1940, Stuttgart 1969.

Müller, Martin. Der Interessenkampf zwischen großkapitalistischem und mittelständischem Einzelhandel (allein unter Berücksichtigung des standortsgebundenen Ladenhandels), Diss. Freiburg 1933, Ilmenau 1933.

Müller, Willy: Das soziale Leben im neuen Deutschland unter besonderer Berücksichtigung der Deutschen Arbeitsfront, Berlin 1938.

Neisser, Hans: Sozialstatistische Analyse des Wahlergebnisses, in: Die Arbeit, 7. Jg. 1930, Heft 10, S. 654-659.

Neumann, Franz: Behemoth. Struktur und Praxis des Nationalsozialismus 1933-1944, hrsg. und mit einem Nachwort von Gert Schäfer, Frankfurt/M. 1977.

Nieschlag, Robert: Der Weg des deutschen Binnenhandels. Eine Studie des Deutschen Instituts für Wirtschaftsforschung, 2 Teile, in: Europa-Archiv, 2. Jg. 1947, S. 811-817, 881-886.

Novy, Klaus: Genossenschaften und Arbeiterbewegung, in: Lern- und Arbeitsbuch deutsche Arbeiterbewegung. Darstellung - Chroniken - Dokumente, Bd. 3, hrsg. unter der Leitung von Thomas Meyer, Susanne Miller und Joachim Rohlfes, Bonn 1988[2].

Novy, Klaus, Genossenschafts-Bewegung. Zur Geschichte und Zukunft der Wohnreform, Berlin 1983.

Novy, Klaus: Praxis und Theorie der Wirtschaftsreformen - Zur positiven Ökonomie des Reformsozialismus, in: Heimann, Horst/Meyer,Thomas (Hg.): Reformsozialismus und Sozialdemokratie. Zur Theoriediskussion des Demokratischen Sozialismus in der Weimarer Republik. Bericht zum wissenschaftlichen Kongreß der Friedrich-Ebert-Stiftung "Beiträge zur reformistischen Sozialismustheorie in der Weimarer Republik" vom 9. bis 12. Oktober 1980, Berlin, Bonn 1982, S. 279-300.

Novy, Klaus: Strategien der Sozialisierung. Die Diskussion der Wirtschaftsreform in der Weimarer Republik, Frankfurt/M., New York 1978.

Novy, Klaus: Vorwärts oder rückwärts? Zur Geschichte der Alternativökonomie, in: Benseler, Frank/Heinze, Rolf G./ Klönne, Arno: Zukunft der Arbeit. Eigenarbeit, Alternativökonomie? Hamburg 1982.

Novy, Klaus: Wirtschaftswissenschaften, wirtschaftspolitische Alternativen und Wirtschaftsreformpraxis. Anmerkungen zur Debatte und ihrer vergessenen Vorgeschichte, in: Leviathan, 7. Jg. 1979, Heft 4, S. 466-490.

Novy, Klaus/Hombach, Bodo/Karthaus, Frank/Bimberg, Ulrich/Mersmann, Arno/Schepers, Albert: Anders Leben. Geschichte und Zukunft der Genossenschaftskultur, Berlin, Bonn 1985.

Novy, Klaus/Prinz,Michael: Illustrierte Geschichte der Gemeinwirtschaft. Wirtschaftliche Selbsthilfe in der Arbeiterbewegung von den Anfängen bis 1945, Berlin, Bonn 1985.

Ohm, Hans: Konsumgenossenschaften, in: Handwörterbuch der Sozialwissenschaften, Bd. 6, Stuttgart, Tübingen, Göttingen 1959, S. 154-161.

v. Oppen, Dietrich: Verbraucher und Genossenschaft. Zur Soziologie und Sozialgeschichte der deutschen Konsumgenossenschaften, Köln, Opladen 1959.

Oschilewski, Walther Georg: Wille und Tat. Der Weg der deutschen Konsumgenossenschaftsbewegung aus Anlaß des 50-jährigen Bestehens des Zentralverbandes deutscher Konsumgenossenschaften e. V., Hamburg 1953.

Otruba, Gustav: Die Wirtschafts- und Gesellschaftspolitik des Nationalsozialismus im Spiegel der österreichischen Gesandtschaftsberichte 1933/34, in: Henning, Friedrich-Wilhelm (Hg.): Probleme der nationalsozialistischen Wirtschaftspolitik, Berlin 1976, S. 43-97.

Overy, Richard: "Blitzkriegswirtschaft"? Finanzpolitik, Lebensstandard und Arbeitseinsatz in Deutschland 1939-1942, in: VfZ, 36. Jg. 1988, Heft 3, S. 379-435.

Pehle, Walter H. (Hg.): Der historische Ort des Nationalsozialismus. Annäherungen, Frankfurt/M. 1990.

Pelletier, Walter: Der Handel in der Kriegswirtschaft, in: DWZ, 36. Jg. 1939, Nr. 17, Beilage "Wirtschaft und Wehr" Nr. 4 (April), S. 27-29.

Pentzlin, Heinz: Hjalmar Schacht. Leben und Wirken einer umstrittenen Persönlichkeit, Berlin 1980.

Petzina, Dietmar: Autarkiepolitik im Dritten Reich. Der nationalsozialistische Vierjahresplan, Stuttgart 1968.

Petzina, Dietmar: Die deutsche Wirtschaft in der Zwischenkriegszeit. Wiesbaden 1977.

Petzina, Dietmar: Die Mobilisierung deutscher Arbeitskräfte vor und während des Zweiten Weltkrieges, in: VfZ, 18. Jg. 1970, Heft 4, S. 443-455.

Petzina, Dietmar: Hauptprobleme der deutschen Wirtschaftspolitik 1932-33, in: VfZ, 15. Jg. 1967, Heft 1, S. 18-55.

Petzina, Dietmar: Hitler und die deutsche Industrie. Ein kommentierter Literatur- und Forschungsbericht, in: GWU, 17. Jg. 1966, Heft 8, S. 482-491.

Petzina, Dietmar: Materialien zum sozialen und wirtschaftlichen Wandel in Deutschland seit dem Ende des 19. Jahrhunderts, in: VfZ, 17. Jg. 1969, S. 308-338.

Petzina, Dietmar/Abelshauser, Werner: Zum Problem der relativen Stagnation der deutschen Wirtschaft in den zwanziger Jahren, in: Mommsen, Hans/Petzina, Dietmar/Weisbrod, Bernd (Hg.): Industrielles System und politische Entwicklung in der Weimarer Republik, Bd. 1, Düsseldorf 1977, S. 57-76.

Peukert, Detlev: Der deutsche Arbeiterwiderstand 1933-45, in: Müller, Klaus-Jürgen (Hg.): Der deutsche Widerstand 1933-1945, Paderborn, München, Wien, Zürich 1986, S. 157-181.

Peukert, Detlev: Volksgenossen und Gemeinschaftsfremde. Anpassung, Ausmerze und Aufbegehren unter dem Nationalsozialismus, Köln 1982.

Pfeiffer, Hans Ernst (Hg.): Neuordnung der Werbearbeit für die deutschen Verbrauchergenossenschaften, Hamburg 1934[1-4].

Pfütze-Grottewitz, Arno: Konsumvereinswesen und Kleinhandel in Sachsen nach ihrer neueren Entwicklung, in: Zeitschrift für die gesamte Staatswissenschaft, 74. Jg. 1919, Heft 1, S. 82-103.

Pichler, Michael: Die süddeutschen Konsumgenossenschaften und ihre Verbände im Wandel der Zeit, Hamburg 1952

Picker, Henry: Hitlers Tischgespräche im Führerhauptquartier 1941-1942 (Neuherausgabe von Percy Ernst Schramm - U. K.), Stuttgart 1963.

Plum, Werner (Hg.): Die "Grünen Berichte" der Sopade. Gedenkschrift für Erich Rinner (1902-1982), Bonn 1984.

Postelt, Walter: 75 Jahre Selbsthilfe der Verbraucher. 1885-1960. Verband nordwestdeutscher Konsumgenossenschaften e. V., Hamburg, o. O. (Hamburg), o. J. (1960).

Postelt, Walter: Werden und Ringen der Konsumgenossenschaft "Produktion". Zum 50jährigen Jubiläum, Hamburg o. J. (1949).

Prinz, Michael: Die soziale Funktion moderner Elemente in der Gesellschaftspolitik des Nationalsozialismus, in: Prinz, Michael/Zitelmann, Rainer (Hg.): Nationalsozialismus und Modernisierung, Darmstadt 1991, S. 297-327.

Prinz, Michael/Zitelmann, Rainer (Hg.): Nationalsozialismus und Modernisierung, Darmstadt 1991.

Die PRO - vom Konsumverein zur co op, in: Geschäftsbericht 1982 co op Verbraucher Aktiengesellschaft Frankfurt/M., o. O. (Frankfurt/M.), o. J. (1983).

Probleme des deutschen Wirtschaftslebens. Erstrebtes und Erreichtes. Eine Sammlung von Abhandlungen. Herausgegeben vom Deutschen Institut für Bankwissenschaft und Bankwesen (Festschrift für Hjalmar Schacht zum 60. Geburtstag), Berlin, Leipzig 1937.

Quecke, Hans: Das Reichswirtschaftsministerium. Werdegang und Stand der Wirtschaftsverwaltung (= Schriften zum Staatsaufbau, Heft 57/58. Neue Folge der Schriften der Hochschule für Politik, Teil II), Berlin 1941.

Raubaum, Jörg/Keller, Günter: Zur Geschichte der deutschen Konsumgenossenschaften (Von den Anfängen bis 1945), o. O. (Berlin/DDR), 1974.

Rebentisch, Dieter: Führerstaat und Verwaltung im Zweiten Weltkrieg. Verfassungsentwicklung und Verfassungspolitik 1939-1945, Stuttgart 1989.

Recker, Marie-Luise: Nationalsozialistische Sozialpolitik im Zweiten Weltkrieg, München 1985.

Reiner, Hermann: Die Verbrauchergenossenschaften und ihre Funktion in der gegenwärtigen Wirtschaftsverfassung, in: Jahn, Georg: Das deutsche Genossenschaftswesen der Gegenwart (= Beiträge zur Genossenschaftskunde. Schriften des Seminars für Genossenschaftswesen an der Universität Halle-Wittenberg, Heft 3) Leipzig 1936, S. 149-169.

Reinhardt, Fritz: Die Arbeitsschlacht der Reichsregierung, Berlin 1933.

Reinhardt, Fritz: Finanz- und Steuerpolitik im nationalsozialistischen Staat (= Schriften der Deutschen Hochschule für Politik, Heft 3), Berlin 1934.

Reinhardt, Fritz: Generalplan gegen die Arbeitslosigkeit. Vortrag, gehalten im Klub zu Bremen, Oldenburg i. O., o. J. (1933).

Remmele, Adam: Die Konsumgenossenschaften im Neuaufbau, Offenbach 1947.

Remmele, Adam: Parteipolitische Befehdung der Konsumgenossenschaften, Hamburg 1933.

Reuleke, Jürgen/Weber, Wolfhard: Fabrik - Familie - Feierabend. Beiträge zur Sozialgeschichte des Alltags im Industriezeitalter, Wuppertal 1978.

Reyer, Herbert (Hg.): Aurich im Nationalsozialismus, Aurich 1989.

Richter, Karl (Hg.): Erinnerungen Reinickendorfer Sozialdemokraten. 1933-1945. Jahre der Unmenschlichkeit, Berlin o. J.

Rieger, Josef/Mendel, Max/Postelt, Walter: Die Hamburger Konsumgenossenschaft "Produktion" 1899-1949. Geschichte einer genossenschaftlichen Verbrauchervereinigung von der Gründung bis zum fünfzigsten Geschäftsabschluß und ihrer Vorläufer, Hamburg 1949.

Ritschl, Albrecht: Die deutsche Zahlungsbilanz 1936-1941 und das Problem des Devisenmangels vor Kriegsbeginn, in: VfZ, 39. Jg. 1991, Heft 1, S. 103-123.

Ritschl, Albrecht: Wirtschaftspolitik im Dritten Reich - Ein Überblick, in: Bracher, Karl Dietrich/Funke, Manfred/Jacobsen, Hans-Adolf (Hg.): Deutschland 1933-1945. Neue Studien zur nationalsozialistischen Herrschaft, Düsseldorf 1992, S. 118-134.

Ritter, Gerhard A. (Hg.): Arbeiterkultur, Königstein/Ts. 1979.

Ritter, Gerhard A. (Hrg.): Das deutsche Kaiserreich 1871-1914. Ein historisches Lesebuch, Göttingen 1981[4].

Ritter, Gerhard A.: Die Arbeiterbewegung im Wilhelminischen Reich. Die Sozialdemokratische Partei und die Freien Gewerkschaften 1890-1900, Berlin-Dahlem 1959.

Ritthaler, Anton: Eine Etappe auf Hitlers Weg zur Macht. Hugenbergs Rücktritt als Reichsminister, in: VfZ, 8. Jg. 1960, Heft 2, S. 193-219.

Roesler, Hans: Die weltanschauliche Entwicklung der gewerblichen Kreditgenossenschaften und der Konsumvereine Deutschlands (unter Berücksichtigung ihrer wirtschaftlichen Bedeutung und der Stellung zum Nationalsozialismus), Diss. Berlin 1936, Oelde/Westf. 1936.

Roloff, Ernst-August: Braunschweig und der Staat von Weimar. Politik, Wirtschaft und Gesellschaft 1918-1933, Braunschweig 1964.

Roloff, Ernst-August: Bürgertum und Nationalsozialismus 1930-1933. Braunschweigs Weg ins Dritte Reich, Hannover 1961.

Roloff, Ernst August: Wer wählte Hitler? Thesen zur Sozial- und Wirtschaftsgeschichte der Weimarer Republik, in: Politische Studien, Heft 155, 1964, S. 293-300.

Rosenberg, Arthur: Demokratie und Sozialismus. Zur politischen Geschichte des letzten 150 Jahre, Frankfurt/M. 1962.

Rosenberg, Arthur: Entstehung der Weimarer Republik, Frankfurt/M. 1977[17].

Rosenberg, Arthur: Geschichte der Weimarer Republik, Frankfurt/M. 1980[20].

Roth, Karl Heinz: Historisierung des Nationalsozialismus? Tendenzen gegenwärtiger Faschismusforschung, in: Berliner Debatte Initial. Zeitschrift für sozialwissenschaftlichen Diskurs, 3. Jg. 1993, Heft 5, S. 11-22.

Roth, Karl Heinz: Intelligenz und Sozialpolitik im "Dritten Reich". Eine methodisch-historische Studie am Beispiel des Arbeitswissenschaftlichen Instituts der Deutschen Arbeitsfront, München, New Providence, London, Paris 1993.

Rottländer, Wilhelm: Allmanach des deutschen Genossenschaftswesens (abgeschlossen im Oktober 1939), Berlin 1939².

Ruck, Michael: Bollwerk gegen Hitler? Arbeiterschaft, Arbeiterbewegung und die Anfänge des Nationalsozialismus, Köln 1988.

Ruck, Michael: Führerabsolutismus und polykratisches Herrschaftsgefüge - Verfassungsstrukturen des NS-Staates, in: Bracher, Karl Dietrich/Funke, Manfred/Jacobsen, Hans-Adolf (Hg.): Deutschland 1933-1945. Neue Studien zur nationalsozialistischen Herrschaft, Düsseldorf 1992, S. 32-56.

Rudolph, Karsten/Wickert, Christl (Hg.): Geschichte als Möglichkeit. Über die Chancen der Demokratie. Festschrift für Helga Grebing, Essen 1995.

Ruppert, Wolfgang (Hg.): Die Arbeiter. Lebensformen, Alltag und Kultur, München 1986.

Saage, Richard (Hg.): Solidargemeinschaft und Klassenkampf. Politische Konzeptionen der Sozialdemokratie zwischen den Weltkriegen, Frankfurt/M. 1986.

Saage, Richard: Arbeiterbewegung, Faschismus, Neokonservatismus, Frankfurt/M. 1987.

Saage, Richard: Das "Dritte Reich" und die historische Identität der Deutschen, in: GewMh, 40. Jg. 1989, Heft 5, S. 257-269.

Saage, Richard: Das sozio-politische Herrschaftssystem des Nationalsozialismus. Reflexionen zu Franz Neumanns Behemoth, in: ders.: Rückkehr zum starken Staat? Studien über Konservatismus, Faschismus und Demokratie, Frankfurt/M. 1983, S. 135-155.

Saage, Richard: Faschismustheorien. Eine Einführung, München 1981³.

Saage, Richard: Rückkehr zum starken Staat? Studien über Konservatismus, Faschismus und Demokratie, Frankfurt/M. 1983.

Sachse, Carola/Siegel, Tilla/Spode, Hasso/Spohn, Wolfgang: Angst, Belohnung, Zucht und Ordnung. Herrschaftsmechanismen im Nationalsozialismus, Opladen 1982.

v. Saldern, Adelheid: "Alter Mittelstand" im "Dritten Reich". Anmerkungen zu einer Kontroverse, in: GG, 12. Jg. 1986, Heft 2, S. 235-243.

v. Saldern, Adelheid: Mittelstand im "Dritten Reich". Handwerker - Einzelhändler - Bauern, Frankfurt/M., New York 1979.

v. Saldern, Adelheid: Permanente Krise? - Stabilität und Instabilität des Herrschaftssystems im deutschen Faschismus, in: Prokla 52, 1983, S. 79-102.

Sauer, Wolfgang: Die Mobilmachung der Gewalt, in: Bracher, Karl-Dietrich/Sauer, Wolfgang/Schulz, Gerhard: Die nationalsozialistische Machtergreifung. Studien zur Errichtung des totalitären Herrschaftssystems in Deutschland 1933/34, Köln, Opladen 1962², S. 685-966.

Schaap, Klaus: Die Endphase der Weimarer Republik im Freistaat Oldenburg 1928-1933, Düsseldorf 1978.

Schaap, Klaus: Die Regierungsübernahme durch die Nationalsozialisten in Oldenburg 1932 - Ursachen, Hintergründe und Lehren - in: Oldenburg und das Ende der Weimarer Republik. Zur Regierungsübernahme der NSDAP im Lande Oldenburg 1932. Reden anläßlich einer Veranstaltungsreihe am 2., 7. und 11. Juni 1982 in Oldenburg, Oldenburg 1982, S. 25-48.

Schaap, Klaus: Oldenburgs Weg ins 'Dritte Reich', Oldenburg 1983.

Schach, Eugen: Nationalsozialismus und Genossenschaftswesen (= Nationalsozialistische Bibliothek, Heft 32), München 1931.

Schacht, Hjalmar: 76 Jahre meines Lebens, Bad Wörrishofen 1953.

Schapke, Richard: Die Schwarze Front. Von den Zielen und Aufgaben und vom Kampfe der Deutschen Revolution, Leipzig 1932.

Schieck, Hans: Der Kampf um die deutsche Wirtschaftspolitik nach dem Novembersturz 1918, Diss., ms. Mskr., Heidelberg 1958.

Schieder, Wolfgang: Die NSDAP vor 1933. Profil einer faschistischen Partei, in: GG, 19. Jg. 1993, Heft 2, S. 141-154.

Schieder, Wolfgang (Hg.): Faschismus als soziale Bewegung. Deutschland und Italien im Vergleich, Göttingen 1983[2].

Schloesser, Robert: Wandlungen der deutschen Verbrauchergenossenschaftsbewegung, in: Vierteljahrsschrift für Genossenschaftswesen. Zeitschrift für Wirtschaft und Recht der Genossenschaften. Neue Folge, hrsg. vom Seminar für Genossenschaftswesen der Martin-Luther-Universität Halle-Wittenberg, 12. Jg. 1935, Heft 2, S. 54-58.

Schloesser, Robert/Breuer, Walter: Nationalsozialismus und Konsumgenossenschaftswesen, Köln 1932[2].

Schloesser, Robert/Ruhmer, Otto: Die ersten Haushalt- (Konsum-) Genossenschaften Groß-Deutschlands, ihre Leiden und Kämpfe. Mit einem Anhang über die erste Genossenschaft Groß-Deutschlands, die Tischler-Association zu Delitzsch (= Genossenschafts- und Sozial-Bücherei, Bd. 2), Hamburg-Blankenese 1939.

Schmädecke, Jürgen/Steinbach Peter (Hg.): Der Widerstand gegen den Nationalsozialismus. Die deutsche Gesellschaft und der Widerstand gegen Hitler, München, Zürich 1985.

Schmalenberg, Werner: Das Bäckereigewerbe und die Konsumvereine, Diss. Köln (Wirtschafts- und Sozialwissenschaftliche Fakultät), Gummersbach 1931.

Schneider, Michael: Kleine Geschichte der Gewerkschaften. Ihre Entwicklung in Deutschland von den Anfängen bis heute, Bonn 1989.

Schneider, Michael: Nationalsozialistische Durchdringung von Staat, Wirtschaft und Gesellschaft. Zur Sozialgeschichte des "Dritten Reiches", in: AfS, XXXI. Bd. 1991, S. 514-537.

Schoenbaum, David: Die braune Revolution. Eine Sozialgeschichte des Dritten Reiches, Köln, Berlin 1968.

Schreiber, Gerhard: Hitler - Interpretationen 1923-1983. Ergebnisse, Methoden und Probleme der Forschung, Darmstadt 1988[2].

Schulz, Gerhard: Die Anfänge des totalitären Maßnahmenstaates, in: Bracher, Karl-Dietrich/Sauer, Wolfgang/Schulz, Gerhard: Die nationalsozialistische Machtergreifung. Studien zur Errichtung des totalitären Herrschaftssystems in Deutschland 1933/34, Köln, Opladen 1960, S. 369-681.

Schulz, Gerhard: Gemeinnutz geht vor Eigennutz, Hamburg o. J.

Schumacher, Martin (Bearb.): Deutsche Parlamentshandbücher. Bibliographie und Standortnachweis, Düsseldorf 1986.

Schumacher, Martin: Mittelstandsfront und Republik. Die Wirtschaftspartei - Reichspartei des deutsche Mittelstandes 1919-1933, Düsseldorf 1972.

Schumacher, Martin: Wahlen und Abstimmungen 1918-1933. Eine Bibliographie zur Statistik und Analyse der politischen Wahlen in der Weimarer Republik, Düseldorf 1976.

Schumann, Hans-Gerd: Nationalsozialismus und Gewerkschaftsbewegung. Die Vernichtung der deutschen Gewerkschaften und der Aufbau der "Deutschen Arbeitsfront", Hannover, Frankfurt/M. 1958.

Schwarzwälder, Herbert: Geschichte der Freien Hansestadt Bremen, Bd. 2. Von der Franzosenzeit bis zum Ersten Weltkrieg (1810-1918), Bremen 1976.

Schwarzwälder, Herbert: Geschichte der Freien Hansestadt Bremen, Bd. 4. Bremen in der NS-Zeit (1933-1945), Hamburg 1985.

Schweitzer, Arthur: Die Nazifizierung des Mittelstandes, Stuttgart 1970.

Schweitzer, Arthur: Organisierter Kapitalismus und Präsidialdiktatur 1933 bis 1936, in: Schmollers Jahrbuch für Gesetzgebung, Verwaltung und Volkswirtschaft, 79. Jg. 1959, I. Halbband, Berlin 1959.

Schwendter, Rolf: Notate zu Geschichte und Aktualität der alternativen Ökonomie, in: ders. (Hg.): Zur alternativen Ökonomie III, Materialien der AG SPAK, M 35, Berlin 1978, S. 132-161.

Schwendter, Rolf: Notate zur Kritik der alternativen Ökonomie, in: Zur alternativen Ökonomie I, Materialien der AG SPAK, M 19, Berlin 1978[4], S. 161-192.

Schwendter, Rolf (Hg.): Zur alternativen Ökonomie I, Materialien der AG SPAK, M 19, Berlin 1978[4].

Schwendter, Rolf (Hg.): Zur alternativen Ökonomie II. Materialien der AG SPAK, M 29, Berlin 1979[2].

Schwendter, Rolf (Hg.): Zur alternativen Ökonomie III, Materialien der AG SPAK, M 35, Berlin 1978.

Schwerin von Krosigk, Lutz Graf: Nationalsozialistische Finanzpolitik. Vortrag, gehalten am 27. November 1935 (= Kieler Vorträge gehalten im Institut für Weltwirtschaft an der Universität Kiel, Heft 41), Jena 1936.

60 Jahre Großeinkaufs-Gesellschaft Deutscher Konsumgenossenschaften mit beschränkter Haftung Hamburg. 60 Jahre Dienst am Verbraucher (1894-1954), Hamburg, o. J. (1954). (Zitiert als: 60 Jahre GEG)

60 Jahre Wirken für den Verbraucher. 1892-1952. Festschrift zum 60-jährigen Bestehen. Konsumgenossenschaft Stadthagen, Hamburg (1952)

Seelmann-Eggebert, E. L.: Die Systeme im neuzeitlichen deutschen Genossenschaftswesen, ihre Entstehung und ihr derzeitiger Stand, Stuttgart 1927[2].

Seer, Ernst: Das Genossenschaftswesen in dem ständischen Aufbau des nationalsozialistischen Staates, Stettin 1933.

Selzner, Claus: Die Deutsche Arbeitsfront, Berlin 1935.

Siegel, Tilla: Leistung und Lohn in der nationalsozialistischen "Ordnung der Arbeit", Opladen 1989.

Siegel, Tilla: Lohnpolitik im nationalsozialistischen Deutschland, in: Sachse, Carola/Siegel, Tilla/Spode, Hasso/Spohn, Wolfgang: Angst, Belohnung, Zucht und Ordnung. Herrschaftsmechanismen im Nationalsozialismus, Opladen 1982, S. 54-139.

Siegel, Tilla: Rationalisierung statt Klassenkampf. Zur Rolle der Deutschen Arbeitsfront in der nationalsozialistischen Ordnung der Arbeit, in: Mommsen, Hans/Willems, Susanne (Hg.): Herrschaftsalltag im Dritten Reich. Studien und Texte, Düsseldorf 1988, S. 97-224.

Sieveking, Heinrich: Entwicklung, Wesen und Bedeutung des Handels (= Grundriß der Sozialökonomik, V. Abteilung, Handel, Transportwesen, Bankwesen. I. Teil), Tübingen 1925[2].

Sinclair, Upton: Co-op. Ein Roman der Gemeinschaft, Hamburg 1949.

Smelser, Ronald: Robert Ley. Hitlers Mann an der "Arbeitsfront". Eine Biographie, Paderborn 1989.

Sohn-Rethel, Alfred: Ökonomie und Klassenstruktur des deutschen Faschismus. Aufzeichnungen und Analysen, Frankfurt/M. 1973.

SOST (Sozialistische Studiengruppen): Das Ghetto der Arbeiterbewegung und die Massenbasis des Faschismus, in: Spaltung der Arbeiterbewegung und Faschismus. Sozialgeschichte der Weimarer Republik. Mit Beiträgen von Helmut Drüke, Detlev Peukert und den sozialistischen Studiengruppen (SOST), Hamburg 1980, S. 9-196.

Spaltung der Arbeiterbewegung und Faschismus. Sozialgeschichte der Weimarer Republik, Mit Beiträgen von Helmut Drüke, Detlev Peukert und den sozialistischen Studiengruppen (SOST), Hamburg 1980.

Speer, Albert: Erinnerungen, Berlin 1975[12].

Splettstösser, Johannes: Der Einzelhandel, Berlin 1936.

Spohn, Wolfgang: Betriebsgemeinschaft und innerbetriebliche Herrschaft, in: Sachse, Carola/Siegel, Tilla/Spode, Hasso/Spohn, Wolfgang: Angst, Belohnung, Zucht und Ordnung. Herrschaftsmechanismen im Nationalsozialismus, Opladen 1982, S. 140-208.

Spohn, Wolfgang: Betriebsgemeinschaft und Volksgemeinschaft - Die rechtliche und institutionelle Regelung der Arbeitsbeziehungen im NS-Staat, Berlin 1988.

Stegmann, Dirk: Deutsche Zoll- und Handelspolitik 1924/5-1929 unter besonderer Berücksichtigung agrarischer und industrieller Interessen, in: Mommsen, Hans/Petzina, Dietmar/Weisbrod, Bernd (Hg.): Industrielles System und politische Entwicklung in der Weimarer Republik, Bd. 2, Düsseldorf 1977, S. 499-513.

Stegmann, Dirk: Die Erben Bismarcks. Parteien und Verbände in der Spätphase des Wilhelminischen Deutschlands. Sammlungspolitik 1897-1918, Köln, Berlin 1970.

Stegmann, Dirk: Kapitalismus und Faschismus in Deutschland 1929-1934. Thesen und Materialien zur Restituierung des Primats der Großindustrie zwischen Weltwirtschaftskrise und beginnender Rüstungskonjunktur, in: Gesellschaft. Beiträge zur Marxschen Theorie 6, Frankfurt/M. 1976, S. 19-91.

Stegmann, Dirk: Zum Verhältnis von Großindustrie und Nationalsozialismus 1930-1933. Ein Beitrag zur Geschichte der sogenannten Machtergreifung, in: AfS, XIII Bd. 1973, S. 399-482.

Steinberg, Hans Josef: Sozialismus und deutsche Sozialdemokratie. Zur Ideologie der Partei vor dem 1. Weltkrieg, Berlin, Bad-Godesberg 1976[4].

Steinberg, Hans-Josef: Widerstand und Verfolgung in Essen 1933-1945, Hannover 1969.

Steinle, Jürgen: Hitler als "Betriebsunfall in der Geschichte". Eine historiographische Methapher und ihre Hintergründe, in: GWU, 45 Jg. 1994, Heft 5, S. 288-302.

Sternberger, Dolf/Storz, Gerhard/Süskind, Wilhelm Emanuel: Aus dem Wörterbuch des Unmenschen, München 1962[2].

Steuernagel, Friedrich: Die Gestaltung des Lebensraumes des deutschen Handwerks seit 1933, München 1939.

Stoop, Paul (Hg.): Geheimberichte aus dem Dritten Reich 1933-1935. Der Journalist H. J. Noordewier als politischer Beobachter, Berlin 1990.

Strub, Heinz B./Voigt, Siegfried/Seer, Ernst/Hillringhaus, A./Borsdorff, Kurt: Neubildung des genossenschaftlichen Führertums, Berlin 1934.

Stuchlik, Karl-Heinz: Die Arbeitsverhältnisse in deutschen Konsumgenossenschaften von den Anfängen bis 1933, Berlin 1983.

Suchsland, Emil: Schutz- und Trutzwaffen für den gewerblichen Mittelstand in seiner Notwehr gegen Konsumvereine und Warenhäuser, Halle 1904, 1905[2].

Süß, Werner (Hg.): Übergänge. Zeitgeschichte zwischen Utopie und Machbarkeit. Beiträge zu Philosophie, Gesellschaft und Politik (Festschrift für Hellmuth Bütow zum 65. Geburtstag), Berlin 1990.

Swatek, Dieter: Unternehmenskonzentration als Ergebnis und Mittel nationalsozialistischer Wirtschaftspolitik, Berlin 1972.

Syrup, Friedrich: Hundert Jahre staatliche Sozialpolitik 1839-1939, aus dem Nachlaß hrsg. von Julius Scheuble, bearbeitet von Otto Neuloh, Stuttgart 1957.

Sywottek, Arnold: Genossenschaften oder Die konkrete Utopie der "kleinen Leute", in: Jahrbuch Arbeiterbewegung 1982. Selbstverwaltung und Arbeiterbewegung, hrsg. von Heinz-Gerhard Haupt, Annette Jost, Gerhard Leithäuser, Ulrich Mückenberger, Oskar Negt, Claudio Pozzoli und Hans-Josef Steinberg, Frankfurt/M. 1982, S. 11-38.

Sywottek, Arnold: Konsumgenossenschaften, in: Ruppert, Wolfgang (Hg.): Die Arbeiter. Lebensformen, Alltag und Kultur, München 1986, S. 298-306.

Tenfelde, Klaus/Schönhoven, Klaus/Schneider, Michael/Peukert, Detlev: Geschichte der deutschen Gewerkschaften von den Anfängen bis 1945, hrsg. von Ulrich Borsdorf unter Mitarbeit von Gabriele Weiden. Mit einem Vorwort von Ernst Breit und Ilse Brusis, Köln 1978.

Teschenmacher, Hermann (Hg.): Handbuch des Aufbaus der gewerblichen Wirtschaft. 3 Bände, Leipzig 1935-1937.

Teuteberg, Hans-Jürgen (Hg.): Durchbruch zum modernen Massenkonsum. Lebensmittelmärkte und Lebensmittelqualität im Städtewachstum des Industriezeitalters, Münster 1987.

Theweleit, Klaus: Buch der Könige 2. Orpheus am Machtpol, 2 Bände (2x, 2y), Basel, Frankfurt/M. 1994.

Thomas, Georg: Geschichte der deutschen Wehr- und Rüstungswirtschaft (1918-1943/45), hrsg. von Wolfgang Birkenfeld (= Schriften des Bundesarchivs Koblenz, Bd. 14), Boppard a. Rhein 1966.

Tiburtius, Joachim: Lage und Leistungen des deutschen Handels in ihrer Bedeutung für die Gegenwart, Berlin, München 1949.

Tiburtius, Joachim: Umsatzbewegung und Wettbewerbsregelung im Einzelhandel, in: Wege zur Arbeit. Monatsschrift für Wirtschafts- und Sozialpolitik, Berlin, 1. Jg. 1932, Heft 2, S. 42-45.

Totomianz, Vahan (Hg.): Internationales Handwörterbuch des Genossenschaftswesens, Berlin 1928.

Totomianz, Vahan: Konsumentenorganisation. Theorie, Geschichte und Praxis der Konsumgenossenschaften, Berlin 1929^{3}.

Treue, Wilhelm: Hitlers Denkschrift zum Vierjahresplan 1936, in: VfZ, 3. Jg. 1955, S. 184-209.

Treue, Wilhelm: Mason, Czichon und die historische Wahrheit, in: apuz, B 20/72, S. 43-46.

Treue, Wilhelm: Zur jüngeren Wirtschaftsgeschichtsschreibung in der DDR über den "deutschen Imperialismus", in: apuz, B 33/71, S. 3-31.

Tuchel, Johannes/Schattenfroh, Reinhold: Zentrale des Terrors. Prinz-Albrecht-Straße 8. Das Hauptqurtier der Gestapo, Berlin 1987.

Tuchtfeld, Egon: Gewerbefreiheit als wirtschaftspolitisches Problem, Berlin 1955.

Turner, Henry Ashby: Faschismus und Kapitalismus in Deutschland. Studien zum Verhältnis zwischen Nationalsozialismus und Wirtschaft, Göttingen 1972, 1980[2].

Uhlig, Heinrich: Die Warenhäuser im Dritten Reich, Köln und Opladen 1956.

Vandervelde, Emile: Neutrale und sozialistische Genossenschaftsbewegung, Bonn-Bad Godesberg 1974[2] (= Nachdruck der Erstauflage von 1914).

Verband Bayerischer Konsumgenossenschaften e. V. 1910-1960, hrsg. vom Verband Bayerischer Konsumgenossenschaften e. V., Hamburg 1960.

Vieth, Ferdinand: Die angebliche Stützung der Konsumgenossenschaften und die wirkliche Stützung der Privatwirtschaft, Hamburg 1932.

Vieth, Ferdinand: Die Konsumgenossenschaften unter Naziherrschaft in: Hamburger Echo, Nr. 51 vom 21. September 1946.

Vieth, Ferdinand: Die Konsumgenossenschaftsbewegung als Objekt reaktionärer Angriffe. Vortrag auf dem 44. ordentlichen Verbandstag des Verbandes nordwestdeutscher Konsumvereine e. V., am 4. Mai 1929 in Oldenburg i. Oldenburg, Hamburg 1929.

Vleugels, Wilhelm: Konsumvereine, in: Wörterbuch der Volkswirtschaft, Bd. 2, Jena 1932[4], S. 623-629.

Vogel, Bernhard/Nohlen, Dieter/Schultze, Rainer-Olaf: Wahlen in Deutschland. Theorie - Geschichte - Dokumente 1848-1970, Berlin, New York 1971.

Vogelsang, Thilo: Die Reichswehr und die Politik 1918-1934, Bad Gandersheim 1959.

Vogelsang, Thilo: Neue Dokumente zur Geschichte der Reichswehr 1930-1933, in: VfZ, 2. Jg. 1954, S. 397-436.

Weber, Reinhard: Konsumgenossenschaften und Klassenkampf (Das Neutralitätsprinzip der konsumgenossenschaftlichen Bewegung), Halberstadt 1925.

Wehler, Hans-Ulrich: Entsorgung der deutschen Vergangenheit? Ein polemischer Essay zum "Historikerstreit", München 1988.

Wein, Josef: Die Verbandsbildung im Einzelhandel. Mittelstandsbewegung, Organisation der Großbetriebe, Fachverbände, Genossenschaften und Spitzenverband, Berlin 1968.

Weinzen, Hans Willi: Genossenschaft und Wirtschaftsdemokratie. Zur sozialdemokratischen Strategie der Zwischenkriegszeit, in: Saage, Richard (Hg.): Solidargemeinschaft und Klassenkampf. Politische Konzeptionen der Sozialdemokratie zwischen den Weltkriegen, Frankfurt/M. 1986, S. 104-133.

Weisbrod, Bernd: Der Schein der Modernität. Zur Historisierung der "Volksgemeinschaft", in: Rudolph, Karsten/Wickert, Christl (Hg.): Geschichte als Möglichkeit. Über die Chancen der Demokratie. Festschrift für Helga Grebing, Essen 1995, S. 224-242.

Weisser, Gerhard: Beiträge zur Gesellschaftspolitik. Ausgewählt und herausgegeben von Siegfried Katterle, Wolfgang Mudra und Lothar F. Neumann, Göttingen 1978.

Weisser, Gerhard: Genossenschaften, Hannover 1968

Weiß, Hermann/Hoser, Paul: Die Deutschnationalen und die Zerstörung der Weimarer Republik. Aus dem Tagebuch von Reinhold Quaatz, 1928-1933, München 1989.

Werden und Wirken der Verbraucherselbsthilfe im östlichen Ruhrgebiet. KONSUM Genossenschaft Dortmund - Hamm - Bochum 1902-1967, o. O. (Dortmund), o. J. (1967).

Wernicke, J.: Mittelstandsbewegung, in: Handwörterbuch der Staatswissenschaften, Bd. 6, Jena 1925[4], S. 594-602.

Weuster, Arnulf: Theorie der Konsumgenossenschaftsentwicklung. Die deutschen Konsumgenossenschaften bis zum Ende der Weimarer Zeit, Berlin 1980.

Weyrauch, Walter Otto: Gestapo V-Leute. Tatsachen und Theorie des Geheimdienstes. Untersuchungen zur Geheimen Staatspolizei während der nationalsozialistischen Herrschaft, Frankfurt/M. 1992.

Widerstandsbewegungen in Deutschland und Polen während des Zweiten Weltkrieges. X. deutsch-polnische Schulbuchkonferenz der Historiker vom 2. bis 5. Juni 1977 in Lancut (Polen), Braunschweig 1983[2].

Wilbrandt, Robert: Konsumgenossenschaften, Stuttgart 1922.

Wilhelm, Richard: Das Schicksal der deutschen Konsumgenossenschaften, Balingen 1946.

Winkler, Heinrich August: Besprechung: Saldern, Adelheid von, Mittelstand im "Dritten Reich". Handwerker - Einzelhändler - Bauern, Frankfurt/M., New York 1979, in: HZ, Bd. 231 (1980), S. 499-501.

Winkler, Heinrich August: Der entbehrliche Stand: Zur Mittelstandspolitik im "Dritten Reich", in: AfS, XVII. Jg. 1977, S. 1-40.

Winkler, Heinrich August: Mittelstand, Demokratie und Nationalsozialismus. Die politische Entwicklung von Handwerk und Kleinhandel in der Weimarer Republik, Köln 1972.

Winkler, Heinrich August: Mittelstandsbewegung oder Volkspartei? Zur sozialen Basis der NSDAP, in: Schieder, Wolfgang (Hg.): Faschismus als soziale Bewegung. Deutschland und Italien im Vergleich, Göttingen 1983[2], S. 97-118.

Winkler, Heinrich August: Ein neuer Mythos vom alten Mittelstand. Antwort auf eine Antikritik, in: GG, 12. Jg. 1986, Heft 4, S. 548-557.

Winkler, Heinrich August: Vom Protest zur Panik: Der gewerbliche Mittelstand in der Weimarer Republik, in: Mommsen, Hans/Petzina, Dietmar/Weisbrod, Bernd (Hg.): Industrielles System und politische Entwicklung in der Weimarer Republik, Bd. 2, Düsseldorf 1977, S. 778-791.

Winkler, Heinrich August: Von der Revolution zur Stabilisierung. Arbeiter und Arbeiterbewegung in der Weimarer Republik 1918 bis 1924, Berlin, Bonn 1985[2].

Winkler, Heinrich August: Der Schein der Normalität. Arbeiter und Arbeiterbewegung in der Weimarer Republik 1924 bis 1930, Bonn, Berlin 1988[2].

Winkler, Heinrich August: Der Weg in die Katastrophe. Arbeiter und Arbeiterbewegung in der Weimarer Republik 1930 bis 1933, Berlin, Bonn 1987.

Wippermann, Wolfgang: Faschismustheorien. Zum Stand der gegenwärtigen Diskussion, Damstadt 1989[5].

Wissmann, Karl: Wesen und Werden der Konsumgenossenschaften, Meisenheim/Glan 1948.

Witt, Peter-Christian: Finanzpolitik und sozialer Wandel in Krieg und Inflation 1918-1924, in: Mommsen, Hans/Petzina, Dietmar/Weisbrod, Bernd (Hg.): Industrielles System und politische Entwicklung in der Weimarer Republik, Bd. 1, Düsseldorf 1977, S. 395-425.

Wolffsohn, Michael: Arbeitsbeschaffung und Rüstung im nationalsozialistischen Deutschland: 1933, in: MgM, 22. Jg. 1977, Heft 2, S. 9-21.

Wulfmeyer, Reinhard: Lippe 1933. Die faschistische Machtergreifung in einem deutschen Kleinstaat, Bielefeld 1987.

Zirwas, Reinhold: Die Entwicklung der deutschen Verbrauchergenossenschaften in den Jahren 1924 bis 1935, Hamburg 1936.

Zitelmann, Rainer: Hitler. Selbstverständnis eines Revolutionärs, Hamburg, Leamington, New York 1987.

Zitelmann, Rainer: Nationalsozialismus und Moderne. Eine Zwischenbilanz, in: Süß, Werner (Hg.): Übergänge. Zeitgeschichte zwischen Utopie und Machbarkeit. Beiträge zu Philosophie, Gesellschaft und Politik (Festschrift für Hellmuth Bütow zum 65. Geburtstag), Berlin 1990, S. 195-223.

Verzeichnis der ausgewerteten zeitgenössischen Periodika

Die Arbeit. Zeitschrift für Gewerkschaftspolitik und Wirtschaftskunde, hrsg. von Theodor Leipart, Berlin 1. Jg. 1924 bis 10. Jg. 1933.

Archiv für Genossenschaftswesen, hrsg. von Reinhold Henzler, Karl Rössle, Rudolf Streller. Stuttgart, Berlin Bd. I 1940 bis Bd. II 1942.

Der Aufbau. Alleiniges amtliches Organ der NS-Hago und der Deutschen Arbeitsfront für die Betriebsgemeinschaften Handel und Handwerk, Berlin. 3. Jg. 1935 bis 6. Jg. 1938.

Der Deutsche Volkswirt. Zeitschrift für Politik und Wirtschaft, Berlin. 4. Jg. 1929/30 bis 10. Jg. 1936.

Die Deutsche Volkswirtschaft. Nationalsozialistischer Wirtschaftsdienst, Berlin 1. Jg. 1932 bis 12. Jg. 1943.

FfH-Mitteilungen, hrsg. von der Forschungsstelle für den Handel, Berlin, 1./2. Jg. 1930/32 bis 5. Jg. 1934/35.

Gewerkschafts-Zeitung. Organ des Allgemeinen Deutschen Gewerkschaftsbundes, 34. Jg. 1924 bis 43. Jg. 1933. Reprint, hrsg. von Dieter Dowe, Berlin, Bonn 1983, 1984.

Internationale genossenschaftliche Rundschau. Organ des Internationalen Genossenschaftsbundes London, 25. Jg. 1932, 29. Jg. 1936 bis 32. Jg. 1939.

Konsumgenossenschaftliche Praxis. Halbmonatsschrift des Reichsverbandes deutscher Konsumvereine e. V., Köln 15. Jg. 1926 bis 22. Jg. 1933 (Nr. 17 vom 1. September 1933).

Konsumgenossenschaftliche Rundschau. Organ des Zentralverbandes deutscher Konsumvereine, e. V. und der Großeinkaufs-Gesellschaft deutscher Konsumvereine mbH, Hamburg 1. Jg. 1904 bis 30. Jg. 1933 (Nr. 35 vom 2. September 1933). Nr. 36 vom 9. September bis Nr. 39 vom 30. September 1933 als: Konsumgenossenschaftliche Rundschau des Reichsbundes der deutschen Verbrauchergenossenschaften GmbH (GEG), Hamburg.

Nationalsozialistisches Jahrbuch, München 1932-1937, 1940-1943.

Die Rundschau. Zeitschrift für die deutschen Verbrauchergenossenschaften. Veröffentlichungsorgan der verbrauchergenossenschaftlichen Zusammenschlüsse, Hamburg 35. Jg. 1938 bis 38. Jg. 1941.

Rundschau des Reichsbundes deutscher Verbrauchergenossenschaften, Hamburg 30. Jg. 1933 (Nr. 40 vom 7. Oktober) bis 34. Jg. 1937.

Vierteljahrsschrift für Genossenschaftswesen. Mitteilungen aus dem Seminar für Genossenschaftswesen der Universität Halle (Saale), 7. Jg. 1929/1930 bis 12. Jg. 1935 (Heft 3).

Völkischer Beobachter, Norddeutsche Ausgabe, Berlin 1933 bis 1942.

Völkischer Beobachter, Berliner Ausgabe, Berlin 1934, 1943 bis 1945.

Die wirtschaftliche Parole. Mitteilungen der Kommission für Wirtschaftspolitik der NSDAP, hrsg. von der Kommission für Wirtschaftspolitik, 1. Jg. 1936 bis 6. Jg. 1941 (1. Jg. 1936, Heft 1 bis 16 unter dem Titel: Mitteilungen der Kommission für wirtschaftspolitik der NSDAP. Ab 4. Jg. 1939, Heft 10, hrsg. von Hermann Reischle, Leiter des Amtes Agrarwissenschaft im Reichsamt für Agrarpolitik der NSDAP).

Kolibri 360 GmbH
Ferdinand-Jühlke-Straße 7
99095 Erfurt, Deutschland
produktsicherheit@kolibri360.de